ibo Schriftenreihe

Organisation

Band 1

ibo Schriftenreihe

Band 1

Götz Schmidt

Organisation und Business Analysis – Methoden und Techniken

14. völlig neu bearbeitete Auflage von
Methode und Techniken der Organisation

Verlag Dr. Götz Schmidt, Gießen

ISBN 978-3-921313-78-7

Copyright © 2009
Verlag Dr. Götz Schmidt, Gießen

Vorwort

Dieses Werk liegt nun in seiner 14. Auflage vor; die Gesamtauflage hat die Grenze von 100.000 Exemplaren überschritten. Damit ist dieses immer wieder aktualisierte und überarbeitete Buch im Laufe von 30 Jahren zu einem Standardwerk geworden.

Auch wenn sich das äußere Erscheinungsbild und der Titel geändert haben, das Anliegen ist unverändert geblieben. Nach wie vor geht es darum, Hilfen für eine professionelle Organisations- und Projektarbeit zu bieten. Das Werk wendet sich nicht nur an die klassischen Organisatoren sondern an alle, die mit organisatorischen Veränderungen zu tun haben. Da in den letzten Jahren die Rolle der Business Analysts an Bedeutung gewonnen hat, die ihren Schwerpunkt in der Mittlerrolle zwischen Fachbereich und IT haben, aber auch allgemeinbetriebliche Projekte bearbeiten, wurden die Instrumente für diese Zielgruppe in dieser Auflage zusätzlich berücksichtigt.

Unverändert weist das Systems Engineering den roten Faden durch dieses Buch. Für alle Phasen eines Projekts und für alle Schritte im so genannten Zyklus werden Hilfen in der Form von Werkzeugen (Techniken) geboten.

Erweitert und neu gestaltet wurden die folgenden Themen:

- Methodische Ansätze zur Softwareentwicklung und zum iterativen Vorgehen in Projekten
- Ausbau des Abschnitts Auftragserteilung um die Kapitel Scope (Projektabgrenzung), Stakeholder und Business Case
- Vertiefung der Mengenanalyse
- Komplette Neugestaltung des früheren Kapitels Würdigung, das nun Anforderungsermittlung heißt – Ermittlung, Dokumentation, Gewichtung und Qualitätssicherung von Anforderungen. Die Techniken der Würdigung wurden hier integriert.
- Aufnahme weiterer Kreativitätstechniken zum Lösungsentwurf
- Vertiefung der Wirtschaftlichkeitsrechnungen im Kapitel Bewertung
- Integration von UML (Unified Modeling Language) und BPMN (Business Process Modeling Notation) als zunehmend wichtige Analyse- und Dokumentationstechnik
- Behandlung der Einführungsthematik in einem eigenen Kapitel.

Beim Vergleich mit früheren Auflagen wird aber sehr schnell sichtbar, dass vieles Bewährte auch beibehalten wurde. Unverändert werden alle Teilthemen in ein umfassendes Modell eingebettet, die Fachbegriffe sind unverändert, wurden allerdings um einige angelsächsische Begriffe ergänzt, die in der Praxis weit verbreitet sind. Unverändert ist auch das Anliegen, lediglich praxiserprobte

Instrumente darzustellen. Einige Werkzeuge, die in der Praxis nicht so intensiv genutzt werden, wurden herausgenommen beziehungsweise gekürzt.

Unverändert ist weiterhin das Anliegen, die Inhalte möglichst klar und leicht verständlich darzustellen. Dazu dienen unter anderem mehr als 200 Begriffsübersichten und Grafiken.

Ich danke allen, die direkt oder indirekt zu diesem Buch beigetragen haben. Rückmeldungen von Lesern und Dozenten zu früheren Auflagen wurden ebenso berücksichtigt wie fachliche Hinweise und Ergänzungen. Ein besonderer Dank geht an meine Kolleginnen und Kollegen in der ibo Gruppe, die in vielfältiger Weise eingebunden wurden und an dem Entstehen dieses Werks mitgewirkt haben.

Wettenberg, Juni 2009

Götz Schmidt

Inhaltsverzeichnis

1	**Grundlagen**	15
1.1	Ausgangssituation	15
1.2	Ziele der Abhandlung	17
1.3	Begriffliche Grundlagen	19
1.4	Gesamtmodell der Organisation	25
1.4.1	Methode	26
1.4.2	Projektmanagement	26
1.4.3	Techniken	26
1.4.4	Change Management	27
1.4.4.1	Der Mensch im Projekt	27
1.4.4.2	Widerstände – Ursachen und Maßnahmen	29
2	**Methode**	35
2.1	Begriff	35
2.2	Ziele methodischer Arbeit	37
2.2.1	Zielorientierte Projektarbeit	37
2.2.2	Projektbegleitende Steuerung durch Entscheider und Anwender	39
2.2.3	Vorgehensleitfaden	39
2.2.4	Problemgrenzen erkennen	40
2.2.5	Beherrschen komplexer Probleme	41
2.2.6	Rationalisierungspotenziale nutzen	42
2.2.7	Ergebnisse dokumentieren	43
2.2.8	Akzeptanz fördern	43
2.3	Unterschiedliche Vorgehensweisen	45
2.3.1	Empirisches und konzeptionelles Vorgehen	46
2.3.2	Wasserfall-Modell oder iteratives Vorgehen	47
2.4	Methodisches Vorgehen im Projekt	49
2.4.1	Systems-Engineering – Wasserfall-Modell	49
2.4.1.1	Projektphasen	50
2.4.1.1.1	Anstoß zur Vorstudie	50
2.4.1.1.2	Vorstudie	52
2.4.1.1.3	Hauptstudie	55
2.4.1.1.4	Teilstudien	59
2.4.1.1.5	Systembau (Realisierung)	61
2.4.1.1.6	Einführung	62
2.4.1.1.7	Erhaltung	63
2.4.1.2	Planungszyklus	71

2.4.1.2.1	Auftrag	71
2.4.1.2.2	Erhebung/Analyse	73
2.4.1.2.3	Ermittlung der Anforderungen	74
2.4.1.2.4	Lösungsentwurf	76
2.4.1.2.5	Bewertung und Auswahl	77
2.4.1.3	Zusammenhang zwischen Projektphasen und Techniken	79
2.4.2	Varianten zum Standardablauf von Projekten	80
2.4.2.1	Überlappende Projektphasen (Simultaneous Engineering)	80
2.4.2.2	Zusammenlegen von Phasen	82
2.4.2.3	Späterer Einstieg in die Projektphasen	83
2.4.2.4	Haubentaucher-Modell	84
2.4.2.5	Versionenkonzept	86
2.4.2.6	Prototyping	88
2.4.3	Vorgehensmodelle zur Softwareentwicklung	90
2.4.3.1	Übersicht	90
2.4.3.2	Spiralmodell	91
2.4.3.3	V-Modell	92
2.4.3.4	Agile Systementwicklung	94
2.4.4	Sonstige Vorgehensmodelle	97
2.4.4.1	Kaizen und KVP	97
2.4.4.2	DMAIC	100
3	**Systemdenken**	**105**
3.1	Einordnung und Ziele	105
3.2	Begriffe	108
3.3	Bestandteile des Systemdenkens	111
3.3.1	Klärung des Gestaltungsbereichs – Systemgrenzen bestimmen	112
3.3.2	Ermitteln von Einflussgrößen	116
3.3.3	Isolieren überschaubarer Lösungsbereiche	118
3.3.4	Integrationsfähigkeit von Teillösungen sichern	125
3.3.5	Elemente, Beziehungen und Dimensionen analysieren	132
3.3.6	Gemeinsamkeiten ermitteln	133
3.3.7	Zusammenfassung	135
3.4	Der Zusammenhang zwischen Systemdenken und Projektablauf	136
4	**Projektmanagement**	**139**
4.1	Projektinitiative	140
4.2	Funktionen	141

4.2.1	Projektplanung	141
4.2.2	Projektdiagnose und -steuerung	144
4.2.3	Projektrealisation	147
4.2.4	Projektführung und Zusammenarbeit	147
4.3	Projektaufbau	147
4.3.1	Beteiligte an Projekten und ihre Aufgaben	148
4.3.1.1	Rollen in der Einzelprojektorganisation	149
4.3.1.2	Rollen in der Rahmenprojektorganisation	154
4.3.2	Aufbauorganisation von Projekten	156
4.4	Projektabschluss	163
5	**Techniken der Auftragserteilung**	**165**
5.1	Grundlagen	165
5.2	Projektabgrenzung (Scope)	166
5.3	Ermittlung der Stakeholder	168
5.3.1	Schichtenmodell der Stakeholder	169
5.3.2	Systemdenken und Stakeholder	171
5.3.3	Dokumentieren der Stakeholder	171
5.4	Ermittlung der Ziele	172
5.4.1	Einordnung in den Projektablauf	176
5.4.2	Zielfindung	178
5.4.2.1	Übersicht	178
5.4.2.2	Zielideen suchen	178
5.4.2.3	Ziele analysieren und Zielstruktur aufbauen	181
5.4.2.4	Ziele operationalisieren	186
5.4.2.5	Zielgewichtung	187
5.4.2.6	Zielentscheidung, Zieldokumentation und Zielanpassung	191
5.5	Business Case	192
5.5.1	Anliegen und Problematik eines Business Case	192
5.5.2	Die Schritte zu einem Business Case	193
5.5.3	Der Aufbau eines Business Case	194
5.6	Projektauftrag	195
6	**Techniken der Erhebung**	**197**
6.1	Einordnung des Themas	197
6.2	Inhalte der Erhebung	198
6.3	Erhebungstechniken	200
6.3.1	Interview (mündliche Befragung)	200
6.3.1.1	Auswahl eines qualifizierten Interviewers	200
6.3.1.2	Auswahl der geeigneten Auskunftspersonen	200

6.3.1.3	Klärung der Ziele der Erhebung	200
6.3.1.4	Beziehungen im Interview	201
6.3.1.5	Technische Hinweise	202
6.3.1.6	Interviewformen	204
6.3.1.7	Interviewintensitäten	206
6.3.1.8	Interviewphasen	208
6.3.1.9	Technik der Frage	210
6.3.2	Fragebogen (schriftliche Befragung)	214
6.3.2.1	Durchführung einer Fragebogenaktion	215
6.3.2.2	Technische Hinweise	216
6.3.2.3	Fragebogen und Interview	217
6.3.3	Beobachtung	219
6.3.3.1	Typisierung der Beobachtung	219
6.3.3.2	Beurteilung der Beobachtung	221
6.3.3.3	Multimomentstudie	222
6.3.3.3.1	Grundlagen	222
6.3.3.3.2	Vorgehensweise	223
6.3.3.3.3	Beurteilung der Multimomentstudie	226
6.3.3.4	Multimomentstudien mit Selbstnotierung	227
6.3.3.5	Zeitaufnahmen	230
6.3.4	Dokumentenstudium	230
6.3.5	Selbstaufschreibung	232
6.3.6	Laufzettelverfahren	235
6.3.7	Schätzungen	237
6.3.8	Erhebungsworkshop	238
6.4	Erhebungs-Mix	239
6.5	Einsatzmöglichkeiten der Techniken	240
7	**Techniken der Analyse**	**245**
7.1	Technik der Aufgabenanalyse	246
7.1.1	Sinn der Aufgabenanalyse	246
7.1.2	Ziele der Aufgabenanalysetechnik	247
7.1.3	Aufgabenmerkmale und Aufgabenerfüllungsmerkmale	248
7.1.4	Analyse der Aufgabenmerkmale	249
7.1.4.1	Verrichtungsanalyse	249
7.1.4.2	Objektanalyse	250
7.1.4.3	Kombination der Merkmale	251
7.1.4.4	Die Technik der Darstellung	252
7.1.4.5	Grenzen der Aufgabenanalyse	253
7.2	Informationsanalyse	254

7.2.1	Begriffe	254
7.2.2	Techniken zur Ermittlung des Informationsbedarfs	255
7.2.3	Techniken zur Analyse der Informationen/Datenanalyse	256
7.2.3.1	Begriffe	256
7.2.3.2	Datenanalyse	257
7.3	Analyse der Dimensionen	262
7.3.1	Mengenanalyse – Kennzahlen	262
7.3.2	Mengenanalyse – Verteilungen	266
7.3.3	Mengenanalyse – ABC-Analyse (Pareto-Analyse)	267
7.3.4	Zeitanalyse (Zeitreihen)	271
7.4	Vernetztes Denken	273
8	**Techniken der Anforderungsermittlung**	**277**
8.1	Grundlagen	277
8.1.1	Einordnung des Themas	277
8.1.2	Anforderungsarten	279
8.1.3	Anforderungsermittlung – eine Herausforderung	283
8.1.4	Prozess der Ermittlung von Anforderungen	285
8.2	Dokumentationstechniken zur Ermittlung von Anforderungen	287
8.2.1	System-Use-Case-Diagram	287
8.2.2	(Business) Use-Case	289
8.2.3	Vollständige Beschreibung einer Anforderung	292
8.3	Techniken zur Ermittlung von Anforderungen	294
8.3.1	Erhebungstechniken	294
8.3.2	Schnittstellenanalyse	294
8.3.3	Reverse Engineering	295
8.3.4	Kreativitätstechniken	296
8.3.5	Techniken der Würdigung	296
8.3.5.1	Prüffragenkataloge	297
8.3.5.2	SWOT-Analyse	299
8.3.5.3	Wertanalyse	300
8.3.5.4	Benchmarking	302
8.3.5.5	Problemanalyse	305
8.3.5.6	Ursache-Wirkungs-Diagramm (Ishikawa-Diagramm)	312
8.4	Gewichtung von Anforderungen	314
8.4.1	Präferenzmatrix	315
8.4.2	Kano-Analyse	315
8.5	Qualitätssicherung von Anforderungen	318
8.5.1	Voraussetzungen	318

8.5.2	Techniken	319
8.5.2.1	Stellungnahme	319
8.5.2.2	Walkthrough	320
8.5.2.3	Inspektion	320
8.5.2.4	Prototyp	321
8.6	Änderungsmanagement und Traceability	321
8.6.1	Management von Änderungen	321
8.6.2	Nachvollziehbarkeit von Anforderungen (Traceability)	323
9	**Techniken des Lösungsentwurfs**	**325**
9.1	Einordnung	325
9.2	Traditionelle Technik	326
9.3	Techniken der Aufbau- und Prozessorganisation	327
9.4	Kreativitätstechniken	327
9.4.1	Brainstorming	329
9.4.2	Methode 635	330
9.4.3	Morphologische Analyse	331
9.4.4	Synektik	332
9.4.5	Sechs Hüte (DE BONO)	335
9.5	Mind Map	338
9.6	Entwurfstechniken	340
9.6.1	UML – Aktivitätsdiagramme	340
9.6.1.1	Einsatz der Aktivitätsdiagramme	340
9.6.1.2	Elemente von Aktivitätsdiagrammen	341
9.6.1.3	Zerlegungen (decompositions)	342
9.6.1.4	Teilungen (partitions)	343
9.6.2	Business Process Modeling Notation (BPMN)	344
9.6.3	FMEA – Fehlermöglichkeits- und Einflussanalyse	347
9.6.4	SCAMPER	351
10	**Techniken der Bewertung**	**355**
10.1	Probleme der Bewertung	355
10.2	Vorprüfung	356
10.3	Wirtschaftlichkeitsrechnungen	357
10.3.1	Kostenvergleiche	357
10.3.2	Gewinn- und Rentabilitätsvergleiche	359
10.4	Verbale Bewertung	362
10.5	Nutzwertanalyse	364
10.6	Kosten-/Wirksamkeitsanalyse (= Kosten-/Nutzenanalyse)	369
10.7	Visuelle Bewertung	371

10.8	Sammlung negativer Auswirkungen und Absicherung der Lösung	373
11	**Techniken der Aufbauorganisation**	**375**
11.1	Inhalte der Aufbauorganisation	375
11.2	Von der Aufgabenanalyse zur Aufbauorganisation	376
11.3	Verbale Darstellungstechniken	378
11.3.1	Stellenbeschreibungen	378
11.3.2	Verzeichnisse, Organisationsanweisungen, Geschäftsordnungen	382
11.4	Grafische und tabellarische Techniken	384
11.4.1	Leitungsbeziehungen (Organigramme)	384
11.4.1.1	Symbole	384
11.4.1.2	Erscheinungsformen	386
11.4.2	Funktionendiagramme	390
11.4.3	Anforderungsprofile	394
11.4.4	Kommunikationsbeziehungen	396
12	**Techniken der Prozessorganisation**	**397**
12.1	Inhalte der Prozessorganisation	397
12.2	Ziele der Prozessorganisation	400
12.3	Vorgehensweisen in der Prozessorganisation	400
12.4	Gestaltung der Prozessorganisation	401
12.4.1	Objekt- und Verrichtungsfolgen	401
12.4.2	Grundformen von Prozessstrukturen	401
12.5	Grundlegende Darstellungsformen von Prozessen	406
12.6	Sichten in der Darstellung von Prozessen	408
12.7	Techniken der Prozessorganisation	409
12.7.1	Verbale Beschreibung	409
12.7.2	Grafisch-verbale Techniken	409
12.7.2.1	Prozesslandkarte	409
12.7.2.2	Matrix	410
12.7.2.3	Prozessdiagramm	411
12.7.2.4	Geblockte Texte	411
12.7.3	Grafisch-strukturelle Techniken	416
12.7.3.1	Folgepläne	416
12.7.3.2	Folgestrukturen	420
12.7.4	Business Process Modeling Notation (BPMN)	423
12.7.5	Entscheidungstabellen	426
12.7.5.1	Grundlagen	426

12.7.5.2	Grundaufbau	426
12.7.5.3	Erstellen von Entscheidungstabellen	428
12.7.5.4	Analyse von Entscheidungstabellen	430
12.7.5.5	Beurteilung der Entscheidungstabellentechnik	433
12.8	Organisationshandbücher	434
13	**Managementtechniken**	**437**
13.1	Einordnung	437
13.2	Projektprioritäten	438
13.2.1	Kriterien für Projektprioritäten	438
13.2.2	Rangziffernverfahren zur Vergabe von Prioritäten	439
13.3	Aufgabenplanung/Projektstrukturplan	441
13.4	Ressourcenplanung (-schätzung)	445
13.4.1	Zeitschätzung	446
13.4.2	Kostenschätzung/Budgetierung	446
13.5	Ablaufplanung von Projekten	447
13.5.1	Balkendiagramm	447
13.5.2	Netzplantechnik	450
13.5.2.1	Grundlagen	450
13.5.2.2	Ablaufstrukturplanung	450
13.5.2.3	Zeitplanung	451
13.5.2.4	Kapazitätsplanung	454
13.5.2.5	Kostenplanung	455
13.6	Präsentationstechnik	455
13.6.1	Präsentation im Rahmen des Projektablaufs	455
13.6.2	Vorbereitung der Präsentation	457
13.6.3	Durchführung der Präsentation	464
14	**Einführung betrieblicher Neuerungen**	**467**
14.1	Maßnahmen zur Akzeptanzsteigerung	467
14.2	Vorbereiten der Einführung	468
14.3	Grundsätze der Einführung	474
14.4	Übergabe in den Tagesbetrieb	475

Literaturverzeichnis 477

Stichwortverzeichnis 485

1 Grundlagen

Ziele dieses Kapitels – Was können Sie erwarten?

- Sie kennen aktuelle Entwicklungen im Bereich Organisation und Business-Analysis
- Sie kennen das Anliegen dieses Buches und seine Adressaten
- Sie wissen, welche organisatorischen Elemente und Dimensionen es gibt und durch welche organisatorischen Beziehungen sie mit einander verknüpft werden
- Sie kennen ein ganzheitliches Modell der Organisationsarbeit
- Sie wissen, welche Bedeutung der Mensch als Beteiligter und Betroffener in betrieblichen Projekten spielt
- Sie wissen, wie Widerstände in Projekten entstehen und welche Maßnahmen zur Überwindung der Widerstände ergriffen werden können.

1.1 Ausgangssituation

Die Bedeutung der Organisationsarbeit für Unternehmungen und Verwaltungen ist unbestritten. Managementkonzepte wie zum Beispiel Business Process Reengineering, Sourcing, Lean Management, Total Quality Management, Schlanker Staat etc. stehen nicht nur für strategische Veränderungen. Aus diesen strategischen Ausrichtungen leiten sich umfassende organisatorische Anpassungen ab. Gleiches gilt für strategisch-methodische Ansätze wie z.B. Balanced Score Card. Auch hier spielt die Organisation eine zentrale Rolle. Mit der Zunahme der organisatorischen Veränderungen steigen auch die Anforderungen an die organisatorische Kompetenz der Unternehmen und Verwaltungen.

Hohe Bedeutung der Organisation

Trotz dieser zunehmenden Anforderungen haben viele Unternehmen schon seit längerer Zeit ihre Abteilungen für Organisation und Informationsverarbeitung ausgedünnt. Immer mehr Organisationsarbeit wurde in die betroffenen Unternehmensbereiche oder Abteilungen zurück verlagert. Damit sind immer mehr Mitarbeiter auf den unterschiedlichsten hierarchischen Ebenen mit organisatorischen Aufgaben befasst.

Wenige Organisationsexperten

Außerdem wurden in der Wirtschaftspraxis weitere Rollenprofile entwickelt wie zum Beispiel Inhouse Consultants oder Unternehmensentwickler, ohne das allgemein klar wäre, was deren Zuständigkeiten sind und welche fachlichen Anforderungen sie erfüllen müssen. Klar ist nur eines: diese Rollenträger sind im Kern auch für organisatorische Tätigkeiten zuständig.

Neue Experten für Organisation

Grundlagen

Rollenprofil Business-Analyst

In diesem Zusammenhang gewinnt ein Profil schärfere Konturen, das im angelsächsischen Sprachbereich als Business-Analyst bezeichnet wird und unter diesem Namen auch im deutschen Sprachbereich immer öfter anzutreffen ist – deswegen soll dieser Begriff auch in dieser Schrift benutzt werden. Insbesondere in der Entwicklung und Einführung von IT-Anwendungen spielen Business-Analysts eine immer wichtigere Rolle. In solchen Projekten, die im Kern ebenfalls organisatorische Fragestellungen beinhalten, ist der Business-Analyst in der Mittlerrolle zwischen Fachabteilung und IT. Oft wird der Business-Analyst mit einem Requirements-Analyst gleich gesetzt, also mit einem Experten, der für die Anforderungen an neue Anwendungen zuständig ist. Dazu muss er die zu erledigenden Aufgaben aus der Benutzersicht heraus erheben und verstehen. Gemeinsam mit den Betroffenen, anderen Experten und mit eigenen Ideen soll er dann über bessere Wege der Aufgabenerledigung nachdenken und sie in Anforderungen umsetzen, die sowohl der Anwender wie auch der IT-Experte verstehen.

In einem weiteren Sinne ist der Business-Analyst auch für Projekte zuständig, in denen es um allgemeine betriebswirtschaftliche Fragestellungen geht. Dabei kann es sich um die Vorbereitung von Investitionsentscheidungen, die Mitwirkung bei Marktuntersuchungen für neue Produkte, die Auswahl von Standorten und viele andere Problemstellungen handeln. Die Institution Business-Analysis ist in der Regel eine Assistenzeinheit, die ähnlich wie eine Organisationsabteilung für Aufträge der Linie zuständig ist und damit Stabsaufgaben übernimmt. Business-Analysis wird somit grundsätzlich im Rahmen von Projekten tätig, was die große Nähe zur klassischen Organisationsarbeit deutlich macht. Da sich die Funktionen in ihren Aufgabenstellungen sehr stark ähneln, sind auch die fachlichen Anforderungen an Organisation und Business-Analysis in weiten Bereichen gleich.

Diese Schrift wendet sich somit nicht nur an klassische Organisatoren und IT-Entwickler sondern auch an Business-Analysts. Die in diesem Buch vorgestellten Werkzeuge bieten Hilfen für Organisations-, IT- und sonstige betriebswirtschaftliche Projekte. Die meisten hier vorgestellten methodischen und technischen Hilfen können sowohl von Organisatoren wie auch von Entwicklern und Business-Analysts genutzt werden.

Fachliche Anforderungen an Organisationsexperten und Business-Analysts

Nicht immer sind die mit organisatorischen und analytischen Aufgaben betrauten Mitarbeiter ausreichend vorbereitet worden, anspruchsvolle Projekte zu bearbeiten. Es gibt immer noch Entscheider, die den „gesunden Menschenverstand" als ausreichende Qualifikation ansehen. Ohne jeden Zweifel ist ein gesunder Menschenverstand eine notwendige Voraussetzung für erfolgreiche Analyse- und Organisationsarbeit, allerdings reicht sie nicht aus. Das geistige Rüstzeug für das Management betrieblicher Projekte wie auch die Werkzeuge (besser: „Denkzeuge") der Organisationsarbeit können dazu beitragen, schneller und kostengünstiger zu besseren Ergebnissen zu kommen. Damit sind auch schon die Ziele genannt, die durch dieses Buch angestrebt werden.

1.2 Ziele der Abhandlung

Durch diese Schrift soll das Wissen vermittelt werden, das notwendig ist, um Organisations-, IT- und sonstige betriebliche Projekte mit größtmöglichem Erfolg abzuwickeln. Viele Beispiele beziehen sich auf organisatorische Problemstellungen. Fast alle Aussagen gelten jedoch auch für andere Projekte wie z.B. IT, Marketing, Personal, Produktentwicklung usw.

Diese Schrift wendet sich hauptsächlich an:

- Spezialisten der Organisation und Informationstechnik (IT)
- Business-Analysts
- Inhouse Consultants
- Mitarbeiter in Fachabteilungen, die neben ihren Fachaufgaben organisatorische Aufgaben haben oder in größeren Organisationsprojekten mitarbeiten
- Führungskräfte, die in betrieblichen Projekten weisungsberechtigt sind
- Fachbereichsbetreuer oder Benutzervertreter als Interessenvertreter der Anwender
- Studierende der Wirtschaftswissenschaften und Informatik, die sich auf die genannten Funktionen vorbereiten wollen.

Adressaten dieser Schrift

Diesem Buch liegen zwei wesentliche Annahmen zugrunde:

- Projektarbeit ist Stabsarbeit
- Projekte müssen den Anwendern bzw. dem Unternehmen dienen.

Projekte – auch solche, die in der Verantwortung der Fachabteilung liegen – werden in aller Regel arbeitsteilig bewältigt. Diejenigen, die planen, realisieren und einführen, sind normalerweise nicht diejenigen, die auch über die Planung, Realisation und Einführung entscheiden können. Projektarbeit erfordert damit immer auch die bewusste Übernahme von Rollen und die Beachtung von Regeln über das Zusammenspiel von Entscheidungsvorbereitern und Realisierern einerseits und Entscheidern andererseits. Diese Rollen und Regeln müssen nicht nur die Projektbeteiligten kennen. Sie müssen allen Mitgliedern des Management, die von Projekten betroffen sind, bewusst sein.

Arbeitsteilige Projektarbeit

Über die Qualität einer Lösung entscheidet der Kunde (Benutzer), nicht der Planer, Analyst oder Systementwickler. Nicht die technisch perfekte oder die IT-gerechte Lösung ist anzustreben, sondern die Lösung, die die „Kunden" zu vertretbaren Kosten möglichst gut unterstützt.

Kunde entscheidet über Qualität

Auf diesen Überlegungen basieren die hier behandelten Inhalte. Folgende Themenschwerpunkte beinhaltet dieses Buch:

Grundlagen

Es werden

Thematische Schwerpunkte

- Verfahren und Modelle vorgestellt, mit deren Hilfe planmäßig und systematisch auch komplexe Projekte bearbeitet werden können (Methode)
- die Aufgaben erläutert, die im Rahmen einer systematischen Projektbearbeitung wahrgenommen werden müssen (Funktionen im Projekt)
- die Beteiligten an Projekten und deren Rollen dargestellt (Projektaufbau)
- aufbauorganisatorische Modelle der Projektarbeit gezeigt und deren Anwendungsbedingungen erläutert
- Werkzeuge angeboten, mit deren Hilfe betriebliche Sachverhalte erfasst, dokumentiert, ausgewertet, gestaltet und „verkauft" werden können (Techniken)
- Hinweise gegeben, dass die Projektarbeit sich nicht nur auf die bestmögliche Lösung konzentrieren darf, sondern dass Lösungen auch akzeptiert werden müssen. Organisations- und Projektarbeit bedeuten, mit anderen Menschen und für andere Menschen tätig zu sein. Damit sind die Regeln des Change Management zu beachten. Erfolgreiche Projektarbeit setzt bei den Beteiligten eine hohe „soziale Kompetenz" voraus. Eine fundierte Abhandlung zur „menschlichen Seite" der Projektarbeit findet sich im grundlegend neu gestalteten Band 4 dieser Schriftenreihe „Change Management – (Über-) Leben in Organisationen".

In dieser Schrift werden die Lösungsmodelle der Aufbau- und Prozessorganisation sowie deren Vor- und Nachteile nicht behandelt. Diesen Themen sind zwei weitere Bände der Schriftenreihe (Band 5 „Aufbauorganisation" und Band 9 „Praxishandbuch Prozessmanagement") gewidmet.

Fokus auf Methode und Techniken

Die Schwerpunkte dieses Buches liegen in der methodischen Projektbearbeitung und in den Werkzeugen, die zusammengenommen den weitaus größten Teil dieser Publikation beanspruchen. Hier können und sollen nicht alle heute bekannten Verfahren und Ansätze berücksichtigt werden. Es werden jedoch für alle wesentlichen Aufgaben, die in betrieblichen Projekten zu bearbeiten sind, geeignete Instrumente angeboten.

Mit den hier behandelten Themen soll ein Beitrag dazu geleistet werden, insbesondere die fachliche Kompetenz der Mitarbeiter zu steigern, die sich mit betrieblichen Projekten beschäftigen. Sie soll die professionelle Bearbeitung von Projekten fördern. Die Schrift wendet sich damit ebenso an den „alten Hasen", der keine systematische Ausbildung erhalten hat, wie an den Berufsanfänger.

Aus den genannten Zielsetzungen heraus erklärt sich, dass hier keine theoretische Abhandlung angestrebt wird. Auswahlkriterium für alle dargestellten Inhalte ist deren praktische Verwertbarkeit. Dabei wurde allerdings versucht, auch theoretischen Ansprüchen gerecht zu werden. Wenn – in seltenen Fällen – ein Konflikt zwischen theoretischer „Reinheit" und praktischer Verwendbarkeit auftauchte, wurde der pragmatische Weg gewählt.

Praktischer Nutzen steht im Vordergrund

Ein letztes Ziel sei hier noch erwähnt: Es wurde versucht, alle Teilthemen in einen Zusammenhang zu bringen und diesen Zusammenhang auch optisch zu verdeutlichen. Dem Leser soll bewusst werden, dass nicht das Erlernen einzelner Teilgebiete oder Techniken ausreicht. Erst das Zusammenspiel aller hier behandelten Themen ermöglicht eine wirkungsvolle Organisations-, Analyse- und Projektarbeit.

Ganzheitliches Vorgehen

Schließlich sei noch festgehalten, was diese Schrift nicht leisten kann. Projektarbeit erfordert zwar ein methodisches Vorgehen und sie kann durch Techniken wirkungsvoll unterstützt werden, dabei darf aber nicht übersehen werden, dass eine schöpferisch-gestaltende Leistung darüber hinaus analytisches Denken, Vorstellungskraft, Kombinationsgabe und vor allem auch soziale Kompetenz voraussetzt, die durch dieses Buch nicht vermittelt werden können.

Methode ist nicht alles, aber ohne Methode...

> In dieser Schrift wird das Wissen dargestellt, das zur effizienten Bearbeitung betrieblicher Projekte notwendig ist. Sie wendet sich an Organisatoren, Business-Analysts und Systementwickler sowie an alle, die in betrieblichen Projekten in nennenswertem Umfang mitwirken. Dazu werden methodische Ansätze zur Projektplanung und -durchführung sowie ein umfangreiches Instrumentarium an Techniken dargestellt, mit deren Hilfe die praktische Arbeit unterstützt und verbessert wird.

Zusammenfassung

1.3 Begriffliche Grundlagen

Organisation – Was wird organisiert?

Organisieren heißt regeln oder gestalten. Im Kern geht es um zielorientierte Regelungen zur Erledigung von Aufgaben. Dabei ist es unerheblich, ob Menschen, Maschinen oder Computer eingesetzt werden. In diesem Sinne sind IT-Projekte ebenso Organisationsvorhaben wie beispielsweise Auswahlentscheidungen für Sachmittel. In allen diesen Fällen geht es letztlich um die gleichen Gestaltungsinhalte, allerdings mit unterschiedlichen Schwerpunkten. Die Gestaltungsinhalte – das was geregelt wird – beschreiben den Gegenstand der Organisation. Hier soll auf diese Inhalte nur kurz eingegangen werden. Weitere Details dazu finden sich in Band 5 „Grundlagen der Aufbauorganisation" und Band 9 „Praxishandbuch Prozessmanagement" dieser Schriftenreihe. Die Hinweise hier sollen lediglich helfen, Methoden und Techniken besser einordnen zu können.

Grundlagen

Zur Verdeutlichung wichtiger Gestaltungsinhalte soll eine Arbeitsanweisung dienen. Eine Arbeitsanweisung zur Auftragsabwicklung regelt beispielsweise unter anderem:

Beispiele für Gestaltungsinhalte

Regelung	Beispiel
Aufgaben	■ Bestellung prüfen Lagerauftrag erstellen Lieferfähigkeit prüfen
Aufgabenträger	■ Zuständig ist der Sachbearbeiter im Vertrieb
Zeitliche Aufgabenerfüllung	■ Erst Bestellung prüfen, dann Bestellung ergänzen, dann Lieferfähigkeit prüfen, dann Lagerauftrag erstellen
Räumlicher Fluss	■ Weiterleiten der schriftlichen Bestellung an die Datenerfassung
Sachmittel	■ Bildschirmmaske 11.27 zur Erfassung Lagerauftrag
Informationen	■ Lagerbestand „Dispo" abfragen

Abb. 1.01: Beispiele für Inhalte der Gestaltung

Allgemein gesagt handelt es sich bei den Inhalten der organisatorischen Gestaltung um

- Elemente (Aufgaben, Aufgabenträger, Sachmittel, Informationen), die durch
- Beziehungen (Aufbau-, Ablaufbeziehungen) miteinander verknüpft werden, wobei die
- Dimensionen (Zeit, Raum und Menge) zu regeln sind.

Organisatorische Elemente

Was ist zu tun? Das Kernelement der Organisation ist die Aufgabe. Wenn es keine Aufgabe gibt, sind auch alle übrigen Elemente (Aufgabenträger, Sachmittel und Informationen) entbehrlich. Insofern nimmt die Aufgabe eine ganz besondere Stellung ein. Die Kenntnis der zu bewältigenden Aufgaben ist eine notwendige Voraussetzung, um überhaupt eine Regelung schaffen zu können.

Aufgabenträger sind Menschen, die eingesetzt werden, um Aufgaben zu bewältigen. Normalerweise werden bestimmte typische Qualifikationen unterstellt, die ein Aufgabenträger besitzen muss – Berufsbilder –, um die Aufgabe wahrnehmen zu können. Es gibt aber auch Fälle, wo die Organisation auf eine konkrete Person maßgeschneidert wird (gebundene Organisation). Die Beurteilung der Qualifikation eines Menschen gehört in den Zuständigkeitsbereich der Spezialisten für Personal (Personalabteilung/Human Resources). Bei der organisatorischen Gestaltung müssen die Fähigkeiten, Neigungen und Erwartungen der Menschen berücksichtigt werden. Es zeigt sich immer wieder, dass nicht allein die Leistungsfähigkeit maßgeblich ist für die Leistung, sondern dass die Leistungsbereitschaft – und die Arbeitszufriedenheit – von der gewählten Organisation abhängen. So bringt die „perfekte" Vertriebsorganisation keinen Fortschritt, wenn die betroffenen Spezialisten den Eindruck haben, dass ihre Bedürfnisse nicht ausreichend berücksichtigt sind. Deswegen muss auch der Frage nachgegangen werden, was normalerweise motivationssteigernd und was motivationshemmend ist, was die Arbeitszufriedenheit fördert und was sie beeinträchtigt. Diese Thematik wird im erwähnten Band 4 dieser Schriftenreihe behandelt.

Wer ist zuständig?

Sachmittel unterstützen die Aufgabenerfüllung oder übernehmen klar definierte Aufgaben „selbständig" (Automaten, Computer). Hier wird ein sehr umfassender Sachmittelbegriff verwendet. Das Spektrum reicht vom Schreibgerät über den Vordruck zu den Möbeln und Räumen bis hin zu Automaten und IT-Systemen.

Was macht/ unterstützt die Technik?

Die Bewältigung von Aufgaben setzt Informationen voraus. So muss ein Mitarbeiter im Vertrieb Informationen über Preise und Lagerbestände haben, um überhaupt arbeiten zu können. Darüber hinaus benötigt er vielleicht noch eine Hilfe-Funktion für die von ihm genutzte Software. Diese Hilfe beinhaltet ebenfalls Informationen. Die Aufgaben selbst, die er bewältigt, sind zu einem großen Teil Aufgaben der Informationserfassung und -verarbeitung: Auskünfte geben, Bestände ermitteln, Bestellungen erfassen usw.

Was muss wer wissen?

Jede organisatorische Lösung wird somit aus den genannten vier Elementen zusammengebaut.

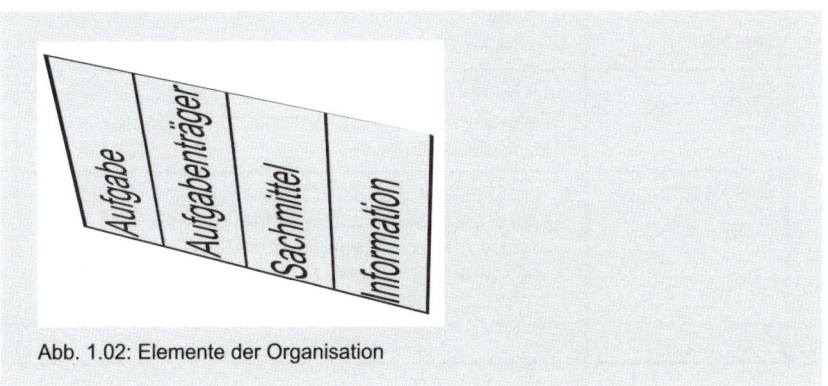

Abb. 1.02: Elemente der Organisation

Grundlagen

Organisatorische Beziehungen

In Theorie und Praxis hat es sich durchgesetzt, von Aufbau- und Prozessorganisation (früher meistens als Ablauforganisation bezeichnet) bzw. von Aufbau- und Prozessbeziehungen zu sprechen. In IT-Projekten geht es um die Automatisierung von Arbeitsprozessen wie beispielsweise auch um die Gestaltung von Informationssystemen (z.B. Datenbankorganisation), also ebenfalls um die Aufbau- und Prozessorganisation.

Beispiele

Inhalte der Aufbauorganisation	
Stelle	■ Bündelung von Aufgaben ■ Zuordnung von Kompetenzen
Leitungssystem	■ Über- und Unterordnung von Stellen und Abteilungen ■ Stellvertretung
Informations- system	■ Bereitstellung von Informationen ■ Regelung der Bereitstellung und des Zugriffs auf Informationen ■ Struktur von Datenbanken
Kommunikations- system	■ Einrichtung von Wegen zum Informationstransport
Sachmittelsystem	■ Auswahl und Einsatz geeigneter Sachmittel

Die Prozessorganisation regelt die Aufgabenerfüllungsprozesse, wie an den folgenden Beispielen kurz demonstriert wird.

Beispiele

Inhalte der Prozessorganisation – logische Folgebeziehungen	
UND-Nach- einander	■ Erst Sendung zusammenstellen, dann Lieferpapierkopie beifügen, dann Sendung verpacken, dann Sendung zum Versand geben
UND-Neben- einander	■ Im Lager: Artikel zusammenstellen ■ In Rechnungswesen: Rechnung erstellen
ODER	■ Lieferfähigkeit prüfen, wenn lieferfähig dann Auslieferung veranlassen, wenn nicht lieferfähig, Kunden informieren
Rückkopplungen	■ Nach Eingang der Bestellung wird sie auf Vollständigkeit geprüft. Wenn eine Information fehlt, wird sie ergänzt, dann wird wieder geprüft, ob die Bestellung vollständig ist – dieser Zyklus wird solange durchlaufen, bis alle erforderlichen Informationen vorliegen.

Begriffliche Grundlagen

Die Trennung zwischen Aufbau- und Prozessorganisation ist nur gedanklich möglich. Faktisch handelt es sich um zwei Seiten derselben Sache. Veränderungen an aufbauorganisatorischen Beziehungen haben in aller Regel auch Veränderungen in den Prozessen zur Folge und umgekehrt. Beide Sachverhalte sind stark miteinander verwoben. Dennoch ist es sinnvoll, nach diesen Begriffen zu unterscheiden, weil man sich gedanklich nacheinander mit diesen Sachverhalten auseinandersetzen muss.

Aufbau und Prozess immer zusammen

Viele Techniken, die in den folgenden Abschnitten behandelt werden, können der Aufbau- bzw. der Prozessorganisation zugeordnet werden.

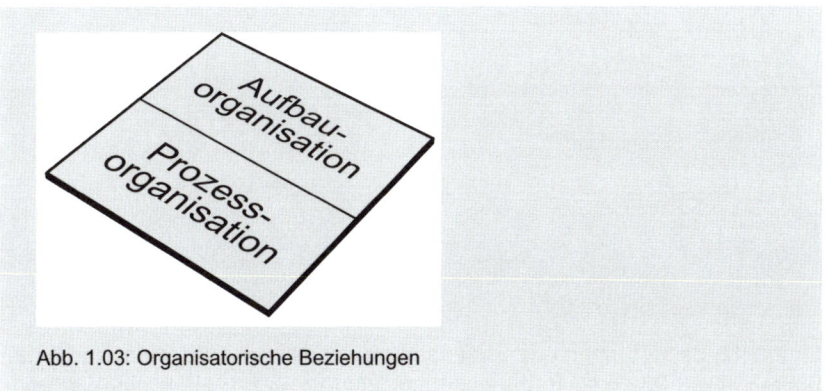

Abb. 1.03: Organisatorische Beziehungen

Organisatorische Dimensionen

Zeit, Raum und Menge werden als organisatorische Dimensionen bezeichnet.

Die Prozessorganisation ist durch logisch-zeitliche Folgen, räumliche (Wege) und quantitative (z.B. Größe von Bearbeitungsstapeln) Regelungen gekennzeichnet.

Dimension im Prozess

Auch in der Aufbauorganisation werden die Dimensionen Zeit, Raum und Menge geregelt. Durch aufbauorganisatorische Regelungen wird z.B. festgelegt, wie viel Platz (Raum) einem Stelleninhaber zugemessen wird. Aufbauorganisatorische Regelungen betreffen z.B. auch die Menge von Aufgabenträgern, die für bestimmte Aufgaben benötigt werden. Vereinfacht ermittelt sie sich über die Menge von Aufgaben multipliziert mit der Zeit pro Aufgabenerfüllung geteilt durch Zeit, die pro Aufgabenträger zur Verfügung steht. Das wird als Personalbemessung bezeichnet. Diese Beispiele zeigen, dass die Aufbauorganisation ebenfalls Regelungen über die Dimensionen erfordert.

Dimensionen im Aufbau geregelt

Schließlich sind die Dimensionen auch noch Eigenschaften der Elemente, unabhängig von den gewählten Regelungen. So entstehen Aufgaben zu bestimmten Zeiten, an bestimmten Orten, in einer bestimmten Menge. Aufgabenträger stehen an bestimmten Orten nur in einer bestimmten Menge und

Dimensionen als Eigenschaften von Elementen

auch nur zu begrenzten Zeiten (z.B. tarifvertraglich geregelt) zur Verfügung. Die Dimensionen der Elemente bilden den Bedingungsrahmen, innerhalb dessen sich die Organisationsarbeit bewegt.

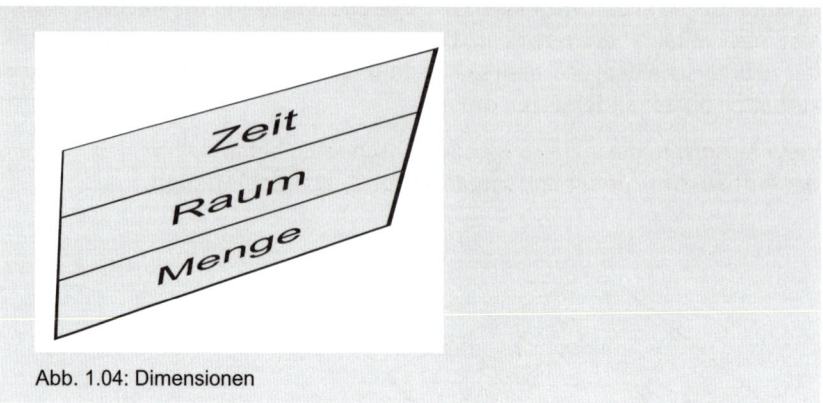

Abb. 1.04: Dimensionen

Der Organisationswürfel (Gestaltungsinhalte)

Elemente, Beziehungen und Dimensionen der Organisation sind die Gestaltungsinhalte. Diese Gestaltungsinhalte können in der Form eines Würfels dargestellt werden. Etwas salopp kann man sagen, dass organisieren nichts anderes bedeutet, als „an dem Würfel drehen".

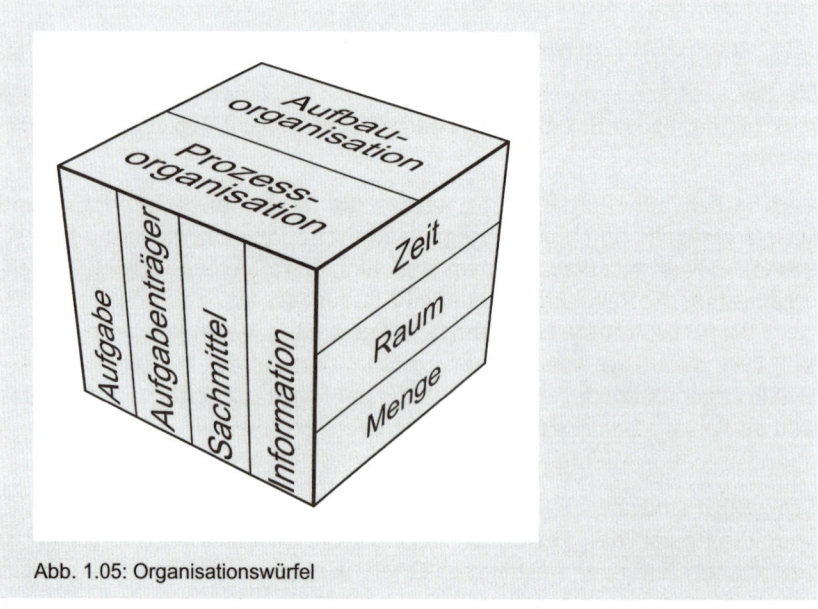

Abb. 1.05: Organisationswürfel

Gesamtmodell der Organisation | 25

> Organisation ist die dauerhaft gültige Regelung von zielorientierten, soziotechnischen Systemen. Lösungen werden aus den Elementen Aufgabe, Aufgabenträger, Sachmittel und Informationen gestaltet. Zwischen diesen Elementen werden Aufbau- und Prozessbeziehungen hergestellt. Sowohl in der Aufbau- wie in der Prozessorganisation sind die Dimensionen (Zeit, Raum, Menge) zu regeln.

Zusammenfassung

1.4 Gesamtmodell der Organisation

Um den Würfel richtig „in den Griff zu bekommen", muss der Organisationsplaner/Analyst

- systematisch vorgehen (Methode)
- die Aufbauorganisation des Projekts regeln (Projektmanagement)
- geeignete Werkzeuge einsetzen (Techniken)
- die betroffenen und beteiligten Menschen angemessen berücksichtigen (Change Management).

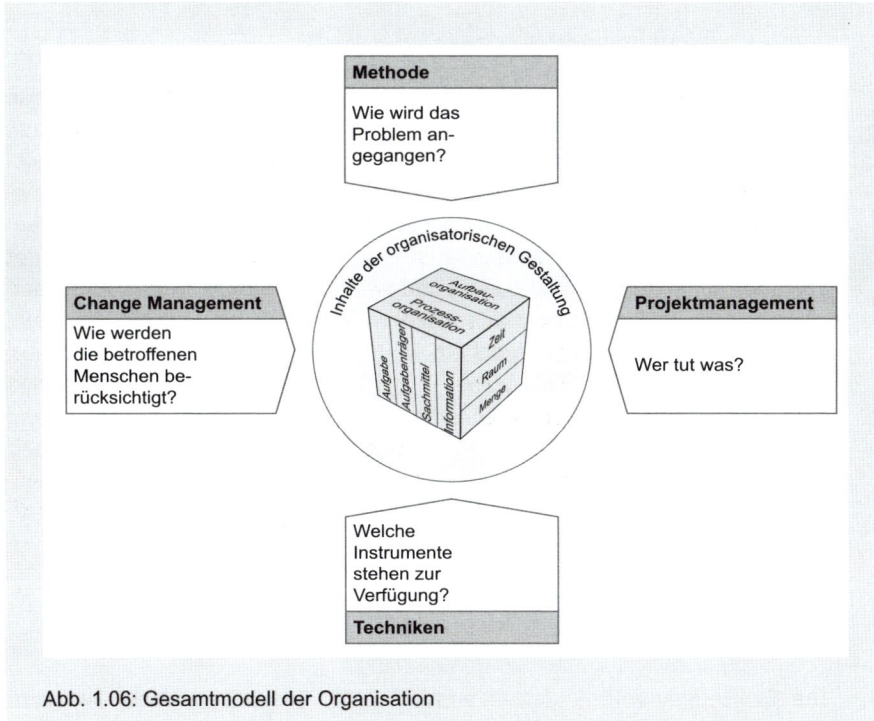

Abb. 1.06: Gesamtmodell der Organisation

Die Abbildung 1.06 soll diese Gesamtzusammenhänge verdeutlichen. Die Gliederung des Buches orientiert sich an diesem Modell. Auf den Bereich „Change Management" wird hier nicht näher eingegangen, da er wie erwähnt in einer eigenständigen Schrift ausführlich behandelt wird. Einige kurze Ausführungen zur Rolle des Menschen und seiner Bedeutung für die Projektarbeit finden sich unter dem Gliederungspunkt 1.4.4 „Change Management".

1.4.1 Methode

Projektablauf und Systemdenken = Methode

Eine Methode regelt die Abwicklung betrieblicher Projekte. Es geht damit um die Organisation der Projektarbeit. Zur Methode gehört zum einen der zeitliche Ablauf von Projekten. Darin werden die einzelnen Schritte, die in einem Projekt zu gehen sind, und deren zeitliche Folge standardisiert. Zum anderen gehört zur Methode das Systemdenken. Das Systemdenken bietet Hilfen zur Beschreibung, Analyse und Abgrenzung von Projekten und Teilprojekten und zur Integration von Teilergebnissen. Das Systemdenken unterstützt die gedankliche Auseinandersetzung mit den Inhalten eines Projekts. Methoden bilden ein zentrales Thema dieses Buches. Sie werden in Kapitel 2 und 3 ausführlich behandelt.

1.4.2 Projektmanagement

Initiative, Rollen, Funktionen und Führung im Projekt

Die Organisation einer Unternehmung oder einer Verwaltung ist normalerweise auf die wiederkehrenden Aufgaben ausgerichtet. Für einmalige Vorhaben wie betriebliche Projekte bestehen nur allgemeine Regelungen. Diese müssen für jedes Projekt ergänzt und maßgeschneidert werden. Die Gesamtheit dieser Regelungen wird hier unter dem Begriff Projektmanagement zusammengefasst. In diesem Zusammenhang ist festzulegen, wie Projekte überhaupt zustande kommen (Projektinitiative) und wer in dem Projekt welche Rolle übernimmt, z.B. als Projektleiter, als Projektmitarbeiter, als Entscheider usw., welche Rechte er hat und in welchem Ausmaß er mitarbeitet (Projektaufbau). Weiterhin ist zu bestimmen, welche Funktionen in dem Projekt wahrzunehmen sind. Dazu gehören beispielsweise die Projektplanung, Projektdiagnose und Projektsteuerung, die Projektrealisation und die Führung und Zusammenarbeit im Projekt. Dem Projektmanagement ist ebenfalls ein eigener Abschnitt (Kapitel 4) gewidmet (vertiefende Informationen finden sich in Bd. 2 dieser Schriftenreihe „Ganzheitliches Projektmanagement").

1.4.3 Techniken

Die Werkzeuge der Projektarbeit werden als Techniken bezeichnet. Hier wird unterschieden nach den so genannten Arbeitstechniken und den Techniken des Projektmanagement.

Die Arbeitstechniken sind Instrumente, mit deren Hilfe direkt an dem Vorhaben gearbeitet wird. Sie unterstützen die Ermittlung der Benutzeranforderungen, Erhebung und Analyse von relevanten Informationen, die inhaltliche Auseinandersetzung mit einer geeigneten Lösung, die Bewertung von Lösungsvarianten usw. Mit diesen Techniken wird „am Würfel gearbeitet".

Arbeitstechniken zur Gestaltung des Würfels

Die Techniken des Projektmanagement unterstützen demgegenüber die Planung, Steuerung, Kontrolle, Dokumentation und Präsentation eines Projekts. Darüber hinaus können die Techniken der Gruppenarbeit und Moderation zu den Managementtechniken gerechnet werden. Diese Techniken unterstützen die oben genannten Funktionen der am Projekt Beteiligten.

Managementtechniken unterstützen Projektfunktionen

Sollen hochwertige und akzeptierte Lösungen mit einem möglichst geringen Aufwand entstehen, sind Projekte planmäßig (methodisch) zu bearbeiten. Es ist eine geeignete Aufbauorganisation für das Projekt zu wählen und es sind wirkungsvolle Techniken einzusetzen, die sowohl die Arbeit an der Lösung wie auch die Funktionen des Projektmanagement unterstützen.

Zusammenfassung

In dieser Schrift werden die folgenden Techniken behandelt:

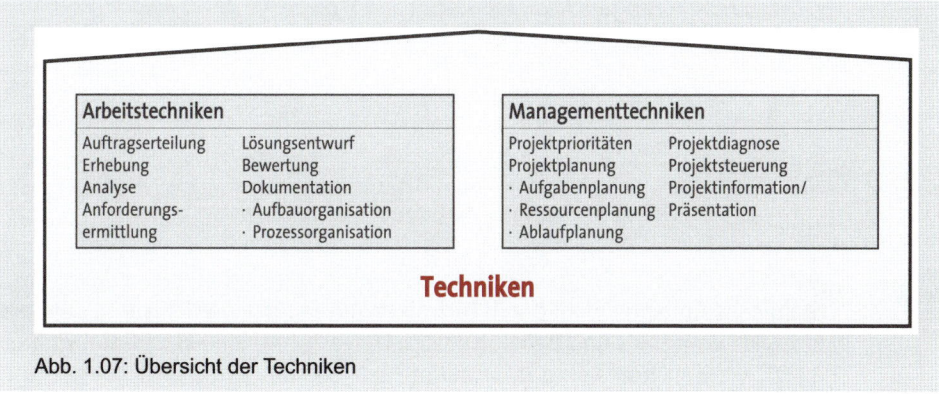

Abb. 1.07: Übersicht der Techniken

1.4.4 Change Management

1.4.4.1 Der Mensch im Projekt

Menschen sind Beteiligte und Betroffene betrieblicher Vorhaben. Es genügt normalerweise nicht, einfach sachlich gute Lösungen zu erarbeiten. Ob eine Lösung gut oder schlecht ist, hängt ganz entscheidend auch von der Wahrnehmung der jeweiligen Menschen ab – also von einem ganz subjektiven Vorgang. Soll eine organisatorische Lösung gut funktionieren, setzt dieses voraus, dass die betroffenen Menschen die Lösung akzeptieren. Daraus folgt, dass der für die Organisation Zuständige sich mit den Menschen, ihren Zielen, Ängsten

Organisation wird für Menschen gemacht

Grundlagen

und Problemen auseinandersetzen muss, dass er bewusst auf die vorhandenen sozialen Strukturen – z.B. informale Rollen – Rücksicht nehmen bzw. sie in seine Überlegungen einbeziehen muss.

Wie gehen wir mit den Menschen um?

Unter dem Begriff Change Management werden alle Strategien und Maßnahmen verstanden, die dazu beitragen können, Akzeptanz zu fördern bzw. Widerstände abzubauen, die Motivation der Beteiligten und Betroffenen zu erhalten oder auszubauen, Konflikte konstruktiv zu nutzen, vorhandene Machtstrukturen zugunsten des Projekts einzusetzen und möglichst störungsfrei miteinander zu kommunizieren, um die wichtigsten Beispiele zu nennen.

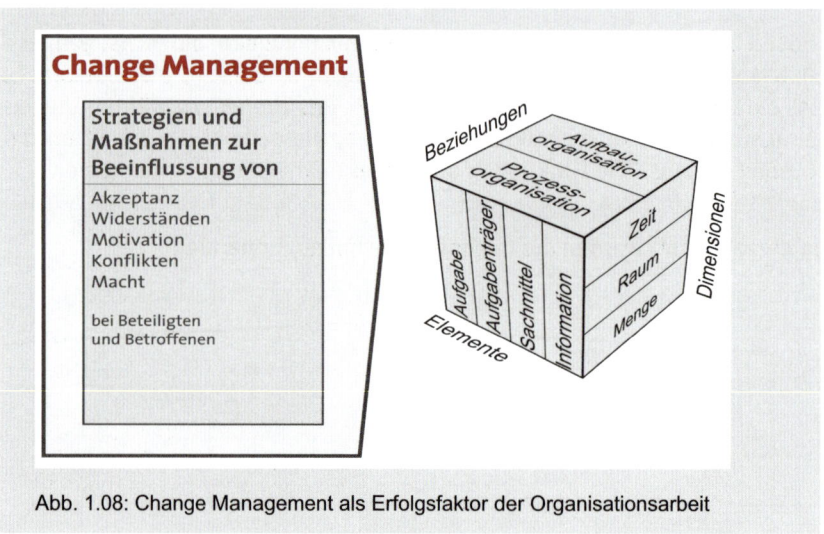

Abb. 1.08: Change Management als Erfolgsfaktor der Organisationsarbeit

Keine Manipulationstechniken

Da dieses Anliegen nicht durch Techniken unterstützt werden kann, sondern soziale Kompetenz und den bewussten Umgang mit den Betroffenen voraussetzt, werden hier keine Instrumente zur „Manipulation von Menschen" angeboten. Die folgenden Ausführungen sollen lediglich das Bewusstsein für diese Seite der Projektarbeit fördern. Sie sind als Mahnung zu verstehen, betriebliche Probleme nicht ausschließlich technokratisch anzugehen, sondern den Menschen als einen wesentlichen und wichtigen Bestandteil jeder Veränderung anzuerkennen.

Am Beispiel von Widerständen gegen organisatorische Maßnahmen soll gezeigt werden, welche „menschlichen" Ursachen es für Widerstände gibt und welche Maßnahmen dagegen ergriffen werden können.

1.4.4.2 Widerstände – Ursachen und Maßnahmen

Ursachen für Widerstände

Organisatorische Maßnahmen schaffen selten etwas völlig Neues. Normalerweise handelt es sich um Eingriffe in bestehende Strukturen. Bei solchen Reorganisationen, die nicht auf den ausdrücklichen Wunsch der Betroffenen zurückgehen oder die nicht durch unabweisbare gesetzliche Vorschriften zwingend notwendig sind, treten gelegentlich erhebliche Widerstände auf, für die es eine Reihe möglicher Ursachen gibt.

Die wohl wichtigste Ursache für Widerstände ist eine allgemeine Neuerungsfeindlichkeit des Menschen. Er ist eher bereit, Unzulänglichkeiten zu ertragen, als diese abzustellen. Vorhandene Probleme werden herunter gespielt und die Notwendigkeit der Umorganisation wird bezweifelt. „Das haben wir schon immer so gemacht, das hat sich im Großen und Ganzen bewährt" so oder ähnlich lautet eine nicht sehr überzeugende, aber dennoch oft zu hörende Formulierung. Diese Änderungsfeindlichkeit beruht zu einem großen Teil auf dem elementaren Sicherheitsbedürfnis des Menschen. Organisatorische Neuerungen stellen neue Anforderungen; neue Aufgaben, neue Technologien müssen beherrscht werden. Die Betroffenen sorgen sich, sie könnten den Anforderungen unter Umständen nicht gewachsen sein. Häufig werden auch Einbußen an Ansehen, Kompetenzen, Statussymbolen usw. befürchtet. Aus diesem Blickwinkel erscheint es nur natürlich, dass Neuerungen als Bedrohung empfunden und zumindest innerlich abgelehnt werden.

Ursachen für Widerstände

Häufig wird eine Neuerung, die von Dritten stammt und nicht von den Betroffenen vorgeschlagen wurde, als direkte oder indirekte Kritik empfunden. Gerade die Betroffenen, aber auch deren Vorgesetzte, empfinden Organisationsvorhaben als unterschwelligen Vorwurf, als Beanstandung eines Weges, den sie jahrelang gegangen sind und der ihnen auch als brauchbar erschien. Durch die Reorganisation wird die „bewährte Praxis" kritisiert, was oft als Kränkung empfunden wird und leicht dazu führt, dass neue Vorschläge kategorisch abgelehnt oder als wenig praxisnah abqualifiziert werden.

Empfundene Kritik

Eine weitere Ursache für Widerstände liegt in der Neigung des Menschen, vorzugsweise solche Informationen wahrzunehmen, die die Richtigkeit früherer Entscheidungen bestätigen. Die bevorzugte Suche nach bestätigenden Informationen geschieht unbewusst, führt aber zu einer verstärkten Wahrnehmung (Selektion) positiver Erfahrungen und trübt den Blick für notwendige Änderungen. Auf der gleichen Ebene liegt auch die Erfahrung, dass eher „der Splitter im Auge des Nächsten" als „der Balken im eigenen Auge" gesehen wird. Störungen und Probleme werden eher in Nachbarbereichen als im eigenen Bereich gesucht und gefunden.

Selektive Wahrnehmung

Nicht nur die von Neuerungen unmittelbar Betroffenen wehren sich gegen die Veränderungen. Widerstände sind auch bei Führungskräften zu erwarten, die ihre Einwilligung zu Organisationsvorhaben geben müssen. Bei vielen organisatorischen Projekten ist der Aufwand relativ leicht zu ermitteln, aber nur sehr

Nutzen oft schwer nachzuweisen

selten kann der Nutzen quantifiziert oder „bewiesen" werden. Wie groß ist beispielsweise der Nutzen, wenn Informationen schneller zur Verfügung stehen? Diese Frage ist kaum zu beantworten. Besonders schwierig wird es, wenn andere Bereiche einen wesentlich größeren Nutzen zu erwarten haben, der eigene Bereich aber einen großen Teil der Last (im Projekt und durch die Umstellung) mit zu tragen hat. Auch in diesem Fall genügt es nicht, gute Ergebnisse zu erarbeiten; sie müssen „verkauft" werden. Die Entscheider müssen von der Notwendigkeit der Maßnahme überzeugt werden.

Zu viele Neuerungen

Widerstände sind besonders dann zu erwarten, wenn die Betroffenen gerade erst eine Reorganisation hinter sich haben und noch unter den „Nachwehen" leiden oder sie noch in frischer Erinnerung haben. Zu häufige organisatorische Eingriffe bringen hohe Belastungen für die Betroffenen mit sich, die oft unterschätzt werden. Unter diesen Umständen kann es besser sein abzuwarten, bis der Bereich eine neue „Organisationsoperation" ertragen kann.

Mächtige Sponsoren fehlen

Wenn schon zu Beginn eines Projekts deutlich wird, dass von betroffenen Mitarbeitern und deren Vorgesetzten massive Widerstände zu erwarten sind, wenn darüber hinaus keine ranghohen Mitarbeiter als Sponsoren für das Projekt gewonnen werden können, sollte überprüft werden, ob das Projekt begonnen bzw. fortgesetzt werden soll. Viele Projekte versanden nach erheblichem Aufwand, weil sie „politisch" nicht durchgesetzt werden können. Hier soll nicht dem Weg des geringsten Widerstands das Wort geredet werden, aber Organisation ist auch Politik und damit die Kunst des Möglichen.

Zusammenfassung

Widerstände resultieren u.a. aus einer allgemeinen Neuerungsfeindlichkeit, aus der empfundenen Kritik am Hergebrachten, aus der begrenzten Fähigkeit, eigene Fehler zu sehen und aus dem nicht erkennbaren eigenen Nutzen. Entscheider stehen Neuerungen oft ablehnend gegenüber, weil die Kosten offensichtlich sind, der Nutzen jedoch vielfach nur schwer messbar ist.

Maßnahmen gegen Widerstände

Die genannten Vorbehalte und Widerstände lassen sich nicht immer völlig ausräumen. Es gibt aber mehr oder weniger geeignete Vorgehensweisen und Maßnahmen, die dazu beitragen können, Abwehrhaltungen abzubauen und eventuell sogar in eine konstruktive Zusammenarbeit umzuwandeln.

Beteiligung der Betroffenen

Betroffenen Einfluss geben

Mit der Einrichtung zentraler Stäbe und mit dem Einsatz externer Berater verloren in der Vergangenheit die Fachabteilungen immer mehr Einfluss auf die Organisation des eigenen Bereichs, auf die Regelungen, nach denen sie arbeiten müssen. Dritte zerbrachen sich den Kopf darüber, was für die Betroffenen gut oder schlecht sei. Es ist deswegen kaum verwunderlich, wenn solche Ergebnisse, die von Dritten erdacht wurden, von den Betroffenen als praxisfremd, nicht anforderungsgerecht, umständlich, zu aufwändig etc. abgewehrt wurden. Am Ende standen sich häufig verunsicherte, sich missverstanden fühlende Anwender und frustrierte Planer gegenüber.

Die Lösung des Dilemmas ist nahe liegend: Miteinander statt gegeneinander, die Betroffenen zu Beteiligten machen sind altbekannte Schlagworte.

Vier Formen der Beteiligung können nach dem Kriterium „Intensität" unterschieden werden:

- Betroffene werden punktuell beteiligt, z.B. in der Form von Interviews durch Mitglieder des Projekts
- Betroffene arbeiten voll- oder nebenamtlich in der Projektgruppe mit
- Die Fachabteilung übernimmt definierte Rollen und Funktionen, wie z.B. die Zuständigkeit für die Formulierung der funktionalen Anforderungen bei einer IT-Anwendung
- Betroffene bearbeiten die Projekte selbst, Dritte sind „Berater" der Fachabteilung und unterstützen die Fachabteilung in ihrer Projektarbeit.

Formen der Beteiligung

Mit der Beteiligung tauchen allerdings meistens neue Probleme auf. Zum einen sind die Betroffenen so vom Tagesgeschäft belastet, dass sie sich kaum in der Lage sehen, „nebenbei" auch noch im Projekt zu arbeiten. Zum anderen können – insbesondere in großen Unternehmen – immer nur einige wenige Repräsentanten in den Projekten mitarbeiten. Die übrigen Betroffenen bleiben „machtlos".

Grenzen der Beteiligung

Information der Betroffenen

Die wichtigste Vorkehrung gegen Widerstände ist eine umfassende, vorbehaltlose Information der Betroffenen – eine Politik der offenen Tür. Im Dunstkreis fehlender Information und mangelhafter „Öffentlichkeitsarbeit" entstehen Gerüchte und Mutmaßungen, die fehlendes Wissen ersetzen. Je schlechter der Informationsstand desto breiter ist die Basis für Spekulationen. Pessimisten, Nörgler und Opponenten finden ein offenes Ohr; die subjektiv empfundene Bedrohung ist meistens sehr viel größer als die tatsächliche. Aus dieser Sicht ist es in aller Regel besser, selbst unbequeme Wahrheiten offen zu legen, als sie zu verschweigen.

Offenheit, ein Schlüssel zum Menschen

Einführungsvorbereitung

Aus organisatorischer Sicht ist die Vorbereitung der Einführung wichtig für die Akzeptanz von Lösungen. Sorgfältige Schulung und Hilfestellung sollen die Angst vor dem Neuen nehmen, allmählich Selbstvertrauen aufbauen und damit emotionale Abwehrhaltungen beseitigen oder verhindern (siehe dazu auch Kapitel 14).

Sorgfältige Einführung

Grundlagen

Organisation der Organisation

Vorbild geben — Schließlich muss die Organisationsarbeit selbst möglichst gut organisiert werden, die „Organisation der Organisation" muss stimmen. Pannen, Terminverzögerungen, nicht eingehaltene Zusagen und ähnliche Probleme bestärken negative Erwartungen nach dem Motto: „Wenn die mit ihrer eigenen Arbeit nicht zurechtkommen, wie wollen sie uns dann helfen?"

Psychologische Maßnahmen gegen Widerstände

Neben der Beteiligung, der Information, der gezielten Einführungsvorbereitung und den erwähnten organisatorischen Maßnahmen gibt es noch einige psychologische „Regeln", die helfen, organisatorische Lösungen zu verkaufen.

Organisationsarbeit ist Verkaufsarbeit — Eine griffige Beraterregel heißt See and sell to everyone (Frei übersetzt: Suche Kontakt zu jedem, der irgendetwas mit dem Projekt zu tun hat und verkaufe ihm deine Lösung). Neben der sachlichen Information wird allein das Bemühen vom Angesprochenen als Aufwertung empfunden. Es gilt auch der Umkehrschluss: Wer nicht zum Kreis derer gehört, um die man sich bemüht hat, wird oft schon aus diesem Grund opponieren.

Bei der Information ist darauf zu achten, dass der subjektive Nutzen des Angesprochenen in den Vordergrund rückt, weil jedem Menschen die persönlichen Belange mehr am Herzen liegen als das Wohlergehen des Unternehmens. In diesem Sinne stimmt der Satz: Der Köder (das Argument) muss dem Fisch schmecken und nicht dem Angler.

Sponsoren gewinnen — Weiterhin ist es wichtig, nicht nur die Betroffenen zu gewinnen sondern auch die Vorgesetzten zu überzeugen. Aus dieser Einsicht wurde auch die Rolle von „Sponsoren" oder „Paten" geboren. Das sind ranghohe, angesehene Mitarbeiter, die sich für das Projekt stark machen. Sie verschaffen dem Vorhaben „Rückenwind" und helfen in schwierigen Phasen mit ihrer Autorität weiter.

Verständlich reden — Viele Schwierigkeiten sind auf Kommunikationsprobleme zurückzuführen. Die Fachsprache von Spezialisten wird von Laien nicht (oder anders) verstanden. Fachchinesisch fördert die Verunsicherung.

Ein letzter Punkt auf der sicherlich nicht vollständigen Liste: Der Projektverantwortliche sollte sich mit seiner Arbeit und mit den Ergebnissen identifizieren, sie mittragen und sich engagieren.

Zusammenfassung — Widerstände gegen organisatorische Neuerungen können verringert oder beseitigt werden, indem die Betroffenen beteiligt, alle Betroffenen möglichst persönlich und offen informiert und Einführungen gründlich vorbereitet werden. Projektarbeit muss – auch gegenüber der Hierarchie – verkauft werden. Dem Betroffenen muss der persönliche Nutzen besonders bewusst gemacht werden.

Abschließend soll das diesem Buch zugrunde gelegte Übersichtsmodell noch einmal im Zusammenhang dargestellt werden.

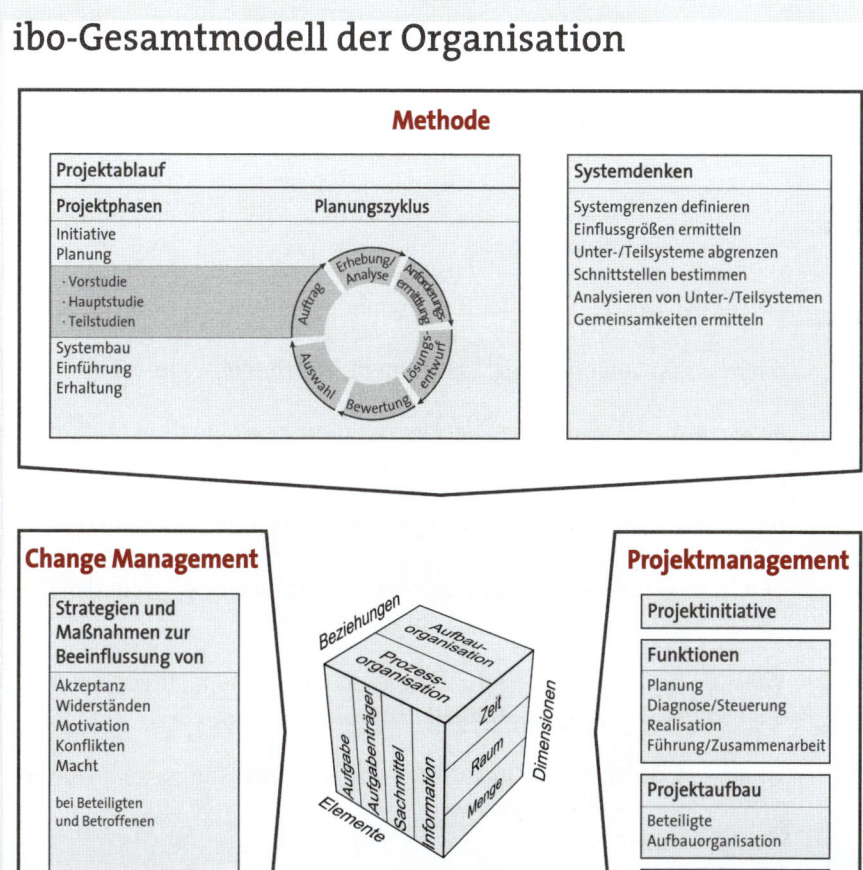

Abb. 1.09: Organisation im Gesamtzusammenhang

Weiterführende Literatur zu diesem Abschnitt

Berger, M; J. Chalupsky; F. Hartmann: Change Management – (Über-) Leben in Organisationen. 6. völlig neu bearbeitete Aufl., Gießen 2008

Bühner, R.: Betriebswirtschaftliche Organisationslehre. 9. Aufl., München u.a. 1988

IIBA (Hrsg.): Business Analysis Body of Knowledge (BABOK). Version 2.0, Toronto 2008

Krüger, W.: Organisation der Unternehmung. 3. Aufl., Stuttgart 1994

Osterloh, G.: Veränderungsmanagement. Wiesbaden 1996

Rosenstiel, L.v.: Grundlagen der Organisationspsychologie. 6. Aufl., Stuttgart 2007

Schmidt, G.: Grundbegriffe der Organisation. 13. Aufl., Gießen 2006

Senge, P. M.: Die fünfte Disziplin. Theorie und Kunst der lernenden Organisation. 10. Aufl., Stuttgart 2006

Vahs, D.: Organisation – Einführung in die Organisationstheorie und -Praxis. 6. Aufl., Stuttgart 2007

Wenger, A. P.; N. Thom: Organisationsarbeit – eine Tätigkeit im Wandel. Glattbrugg 2005

2 Methode

Ziele dieses Kapitels – Was können Sie erwarten?

- Sie wissen, was Projekte sind
- Sie kennen die Ziele methodischer Projektarbeit
- Sie kennen die Grundideen des Systems-Engineering und können ein Projekt in Phasen untergliedern
- Sie wissen, wie Entscheider in die Projektarbeit eingebunden werden
- Sie können die Planungsphase eines Projekts in ihre einzelnen Schritte zerlegen und wissen, was in diesen Schritten getan werden muss
- Sie kennen Varianten des Systems-Engineering und wissen, welche Vor- und Nachteile damit verbunden sind
- Sie kennen ausgewählte methodische Ansätze zur Softwareentwicklung und wissen, welche Zielsetzungen mit ihnen verbunden werden
- Sie kennen wesentliche Bestandteile des Kaizen und die Vorgehensweise in Six Sigma-Projekten zur Prozessverbesserung
- Sie kennen Kriterien für die Auswahl eines geeigneten Vorgehensmodells.

2.1 Begriff

Eine Methode dient ganz allgemein dazu, ein planmäßiges, folgerichtiges Vorgehen zu gewährleisten. In betrieblichen Vorhaben bietet die Methode Hilfen für die Abwicklung von Projekten.

Methode regelt das Vorgehen

Hier wird zur Methode zum einen der Ablauf eines Projekts und zum anderen das Systemdenken gezählt, wie die folgende Grafik zeigt.

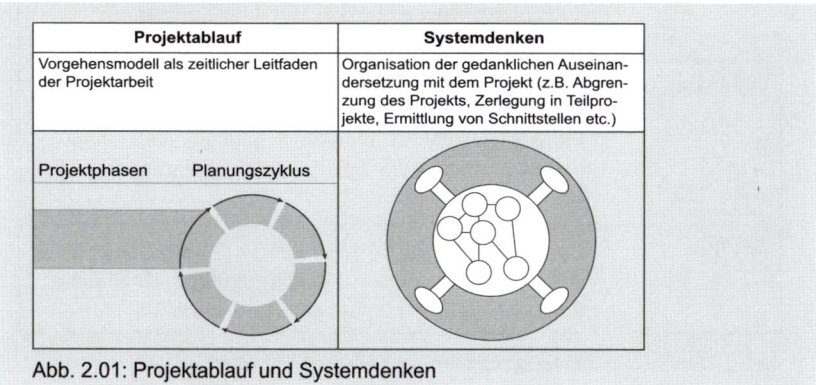

Abb. 2.01: Projektablauf und Systemdenken

Projekte von Aufgaben unterscheiden

Als Projekte werden Vorhaben bezeichnet, die in dieser konkreten Form einmalig sind. Darin unterscheiden sie sich von Aufgaben, die immer wieder gleichartig vorkommen. Jedes Projekt hat somit einen bestimmbaren Anfangs- und Endtermin – es beginnt zu einem Zeitpunkt, und es ist zu einem bestimmten Zeitpunkt erledigt. Unerheblich ist, wie viel Zeit ein Projekt erfordert. So gibt es Projekte, die wenige Tage dauern, und solche, die etliche Mitarbeiterjahre beanspruchen.

In der Praxis spricht man normalerweise erst dann von Projekten, wenn für solche Vorhaben auch besondere organisatorische Vorkehrungen getroffen werden (Zuständige und Entscheider werden festgelegt, ein Projektkonto wird eröffnet, Budgets werden bewilligt, Termine vereinbart etc.), wenn also eine formelle Projektorganisation installiert wird. Formell werden Projekte eingerichtet, wenn einzelne oder mehrere der folgenden Merkmale erreicht sind:

Merkmale	Beschreibung
Einmaligkeit	Die aus dem Projekt sich ergebenden Anforderungen „fallen aus dem normalen Rahmen". Sie sind nicht oder nur schwer in der normalen Organisation zu bewältigen, weil derartige Problemstellungen nur selten oder nur einmal vorkommen.
Bedeutung/ Risiko	Das Projekt hat für das Unternehmen oder für eine Organisationseinheit weit reichende Bedeutung. Das Scheitern oder die verspätete Fertigstellung könnte z.B. erhebliche wirtschaftliche Nachteile zur Folge haben.
Reichweite	Aus dem Projekt sind Auswirkungen für mehrere Bereiche zu erwarten. Es müssen Vertreter verschiedener Bereiche zusammenarbeiten, so dass die Koordination über die Linie umständlich und zeitaufwändig wäre.
Komplexität/ Schwierigkeit	Es sind viele Teilprobleme zu lösen, die miteinander verbunden d.h. voneinander abhängig sind. Die Projektaufgabe ist auch insofern schwierig, als sich die Bedingungen und Anforderungen ständig ändern können (hohe Dynamik).
Umfang	Die Größe des Projekts rechtfertigt es, eine gesonderte Organisationsform zu schaffen. In der Praxis werden formale Projekte beispielsweise häufig erst ab einem Personalaufwand von einem halben „Mitarbeiterjahr" eingerichtet.
Zeitdruck	Bei hohem Zeitdruck – engen Terminen, die z.B. durch gesetzliche Vorgaben erzwungen werden – steigt die Bereitschaft, Projekte formell einzurichten.

Abb. 2.02: Kriterien für die Einrichtung von formellen Projekten

Aber auch kleine, weniger bedeutungsvolle, weniger weit reichende, wenig komplexe, einmalige Vorhaben können und sollen methodisch bearbeitet werden. Auch in diesen Fällen hilft die Methode einem einzelnen Mitarbeiter, systematisch und planvoll mit einer Problemstellung umzugehen. Je mehr die oben genannten Merkmale zutreffen, desto wichtiger wird die methodisch gesicherte Projektarbeit. Wirklich vielschichtige Sachverhalte lassen sich ohne methodische Hilfen überhaupt nicht zu vertretbaren Kosten bewältigen.

Methode hilft auch bei kleinen Vorhaben

Hier werden verschiedene methodische Ansätze vorgestellt. Im Zentrum steht das Systems-Engineering, eine Vorgehensweise, die aus den Ingenieurberufen abgeleitet wurde. Dabei handelt es sich um ein Modell zur geplanten und gedanklich geordneten Abwicklung von klassischen Organisationsvorhaben, das sich auch in anderen Umfeldern wie zum Beispiel in Bauprojekten oder bei Produktinnovationen bewährt hat. Zur Entwicklung von komplexen IT-Anwendungen hat sich dieser Ansatz ebenfalls bewährt. Für kleinere und mittlere IT-Lösungen, bei denen die schnelle Umsetzung von Anforderungen im Vordergrund steht, wurden andere methodische Konzepte wie zum Beispiel die Agile Systementwicklung entwickelt und in der Praxis erprobt. Einige dieser Ansätze werden im Folgenden ebenfalls dargestellt.

Systems-Engineering für klassische Organisationsprojekte

Eine Methode kann naturgemäß keine Aussagen darüber machen, welche Lösung für ein Fachproblem zu wählen ist. Sie unterstützt den Planer auf seinem Lösungsweg und bietet dabei eine Hilfe zur Selbsthilfe.

Die folgenden Ziele der Methode zeigen, dass eine methodische Projektbearbeitung erhebliche Vorteile und Chancen in sich birgt.

> Die Methode besteht aus einem ablauforientierten Vorgehensmodell und dem Systemdenken. Sie hilft besonders bei großen, arbeitsteiligen Vorhaben, kann aber auch bei kleinen Anliegen den Verantwortlichen unterstützen. Die standardisierte Projektabwicklung entspricht weitgehend dem Vorgehen von Ingenieuren bei der Entwicklung neuer technischer Lösungen. Bei der IT-Systementwicklung werden zunehmend auch andere Vorgehensweisen eingesetzt.

Zusammenfassung

2.2 Ziele methodischer Arbeit

2.2.1 Zielorientierte Projektarbeit

Projekte werden oft nicht von denjenigen bearbeitet, die darüber zu entscheiden haben, die Interessen an dem Ergebnis haben oder die direkt von den Ergebnissen betroffen sind. Die Bearbeiter greifen in „fremde" betriebliche Einheiten ein. Für den Erfolg dieser Einheiten werden andere verantwortlich gemacht, z.B. die Bereichs- oder Abteilungsleiter. Um deren Verantwortlichkeit nicht zu unterminieren, verfügen die mit dem Projekt Betrauten normalerweise nicht über Weisungsbefugnisse. Sie sind meistens entweder

Projektmitarbeiter entscheiden nicht, sind nicht selbst betroffen

Stabsspezialisten oder in Projekte delegierte Mitarbeiter der betroffenen Bereiche. Deswegen müssen die Vorschläge dieser Projektmitarbeiter von denjenigen bewilligt werden, welche die erforderlichen Kompetenzen besitzen. Um diese Bewilligung zu erhalten, müssen die Vorschläge die Interessen der so genannten Auftraggeber erfüllen. Unter Umständen noch wichtiger ist es, dass die Ergebnisse aus der Sicht der späteren Betroffenen geeignet sind, ihnen bei ihrer Arbeit zu helfen. Es müssen also sowohl die Interessen der Entscheider wie auch die Ziele der sonstigen Interessenten an dem Ergebnis des Projektes, hier zusammenfassend als Stakeholder bezeichnet, erfüllt werden (siehe dazu auch die Ausführungen im Kapitel 5 zu Stakeholdern und Zielen).

Stakeholder bringen Ziele ein

Die Ziele zu kennen und zu berücksichtigen, ist eine einleuchtende Forderung, die sich allerdings in der Praxis nicht immer so einfach umsetzen lässt. Das kann beispielsweise folgende Gründe haben:

- Die Betroffenen haben zumindest teilweise andere Vorstellungen als die Auftraggeber (z.B. ist Benutzerfreundlichkeit für sie wichtiger als eine wirtschaftliche Lösung)
- Nicht alle Stakeholder sind bereits bei Beginn eines Projekts bekannt. Ihre Ziele entwickeln sich häufig erst mit dem Fortschreiten des Projekts
- Betroffene denken eher an die Beseitigung von Problemen oder an die Erleichterung der eigenen Arbeit und weniger an konzeptionelle, grundlegende Veränderungen
- Der Auftraggeber ist sich selbst oft nicht im Klaren, was er eigentlich will. Oft hat er nur ein Störgefühl. Der Auftrag heißt dann „Sehen Sie da doch mal nach dem Rechten" oder „Kümmern Sie sich doch mal darum". Am Rande sei vermerkt, dass Vorgesetzte, die tendenziell das richtige Störgefühl haben, eine nicht zu unterschätzende Managementfunktion erfüllen
- Der Auftraggeber hat schon viel zu klare Vorstellungen darüber, welche Lösung herauskommen soll, ohne dass untersucht worden wäre, ob diese Lösung im konkreten Fall wirklich geeignet ist. In diesem Fall muss versucht werden, die eigentlichen Ziele herauszufinden oder evtl. sogar den Auftraggeber von seinen Lösungsideen abzubringen
- Der Auftragnehmer glaubt zu wissen, was der Auftraggeber will, und beginnt mit der Arbeit am Projekt, um dann später festzustellen, dass er mit falschen Unterstellungen gearbeitet hat.

Zielvorstellungen nicht immer deckungsgleich

Auftraggeber als Problem

Da selbst kleine Missverständnisse zu Beginn eines Projekts sich zu großen Abweichungen im weiteren Verlauf des Projekts summieren können, ist eine sorgfältige Zielabstimmung zu Beginn äußerst wichtig. Die Ermittlung der Ziele stellt die Grundlage für die spätere Ableitung der konkreten Anforderungen, das so genannte Requirements-Engineering dar. Der Prozess der Zielfindung

Ziele sind Grundlagen für Anforderungen

und Anforderungsermittlung wird durch Techniken unterstützt, die weiter unten ausführlich behandelt werden.

> Projektbearbeiter müssen Vorschläge erarbeiten, die sich im Wesentlichen an den Zielen der Entscheider, der betroffenen Mitarbeiter und anderer Zielträger (Stakeholder) orientieren. Deswegen sorgt die Methode dafür, dass bereits zu Beginn des Projekts sorgfältig die Ziele abgestimmt und später kontinuierlich weiter entwickelt werden.

Zusammenfassung

2.2.2 Projektbegleitende Steuerung durch Entscheider und Anwender

Projekte sollten ständig darauf überprüft werden, ob sich die Bearbeiter auch auf dem richtigen Pfad befinden. Das leitet sich schon aus der oben erwähnten Rolle als nicht entscheidungs- und weisungsberechtigter Stab ab. Je später eine Fehlentwicklung – aus Sicht der Auftraggeber, der sonstigen Stakeholder oder der späteren Anwender – entdeckt wird, desto größer ist der bereits entstandene Schaden. Kommt diese Abstimmung insgesamt zu kurz, leidet mit Sicherheit die Qualität des Projektergebnisses.

Projektmitarbeiter dürfen Entscheider und Benutzer nicht aus den Augen verlieren

Aus einem weiteren Grund ist es wichtig, dass Auftraggeber, sonstige Stakeholder und insbesondere die Betroffenen das Projekt kontinuierlich verfolgen. Die Auftragnehmer sammeln während der Projektarbeit eine Fülle von Fakten und Hintergrundinformationen. Dadurch kann ihr Informationsvorsprung so groß werden, dass der Auftraggeber gedanklich den Anschluss verliert. Er kann nicht mehr durchschauen, welche Auswirkungen seine Entscheidung haben könnte. Die dadurch entstehende Verunsicherung führt oft dazu, dass Entscheidungen hinausgezögert werden. Die Entscheider sollen deswegen laufend eingeschaltet werden, weil dadurch ihre Urteils- und Entscheidungsfähigkeit und damit auch ihre Entscheidungsbereitschaft gefördert werden kann. Aus der Sicht der Stakeholder muss gewährleistet werden, dass sie immer wieder ihre Vorstellungen einbringen und die Vorschläge aus dem Projekt mit ihrer Realität abgleichen können, um festzustellen, ob ihnen das Ergebnis den gewünschten Nutzen bringt. Stellen sie fest, dass die erarbeiteten Lösungen nicht ihren Vorstellungen entsprechen, können sie frühzeitig eingreifen und damit möglicherweise teure Fehlentwicklungen verhindern.

2.2.3 Vorgehensleitfaden

Organisatorische oder andere betriebliche Projekte unterscheiden sich grundlegend von den Aufgaben der Fachabteilungen. In den normalen Fachabteilungen werden immer wieder gleichartige oder doch sehr ähnliche Aufgaben erfüllt, die sich regeln lassen und deswegen auch standardisiert bearbeitet werden. Demgegenüber entsteht im Projekt immer wieder die Frage nach dem zweckmäßigen Vorgehen.

| Methode

Problemlösung folgt einer Struktur

Auf den ersten Blick erscheint es gar nicht möglich, betriebliche Projekte standardisiert abzuwickeln, da doch offensichtlich jedes Projekt wieder neue Herausforderungen bietet. Sieht man jedoch genauer hin, zeigt sich, dass in der Projektarbeit Problemlösungsprozesse ablaufen, die bestimmte Strukturen aufweisen. So müssen die Ziele und Anforderungen bekannt sein, ehe man losgeht. Informationen über einen Ist-Zustand müssen vorhanden sein, ehe man sich mit den Schwächen des Ist-Zustands auseinandersetzen kann. Man muss die Stärken und Schwächen des Ist-Zustands und die Anforderungen der betroffenen Stakeholder kennen, ehe man sinnvoll über neue Lösungen nachdenken kann. Es gibt also so etwas wie eine innere Ordnung der gedanklichen Arbeit. Die Methode soll den Bearbeiter insofern unterstützen, als sie ihm Hinweise gibt, welche Schritte in welcher Reihenfolge zu tun sind. Ein standardisiertes Vorgehen hat den zusätzlichen Vorteil, dass nicht jedes Mal wieder neu nachgedacht werden muss, was als nächstes zu tun ist. Die Methode kann zumindest einen Orientierungsrahmen bieten.

Methode erleichtert Koordination

Schließlich wird mit einem standardisierten Vorgehensmodell noch ein weiteres Ziel verfolgt. Die Standardstruktur erleichtert die Koordination im Projekt. So fällt die Zusammenarbeit im Projekt leichter, wenn alle dem gleichen Schema folgen. Auch wird die Koordination über mehrere Projekte hinweg unterstützt.

2.2.4 Problemgrenzen erkennen

Organisatorische Vorhaben sind oft schwer abgrenzbar.

Beispiel

So kann der Auftrag „IT-gestützte Sachbearbeitung im Kreditbereich einer Bank" sehr unterschiedlich interpretiert werden. Darunter kann man einmal verstehen, dass die Sachbearbeiter in der Kreditabteilung unterstützt werden sollen oder aber, dass alle sachbearbeitenden Funktionen, ganz gleich wo sie anfallen, zum Projekt gehören. Im zweiten Fall könnte das bedeuten, dass auch die Kundenberater in den Zweigstellen, die Sachbearbeiter in der Darlehensbuchhaltung usw. zu dem Projekt gehören.

Man kann es fast schon als typisch bezeichnen: Selbst kleinste Projekte werden riesengroß, wenn man „alles, was damit zusammenhängt", lösen will und wenn man „es richtig machen" möchte. Um überhaupt fertig zu werden, bleibt in der Praxis normalerweise gar keine andere Wahl, als sich zu beschränken, d.h. mit dem Auftraggeber gemeinsam die Grenzen zu vereinbaren.

Darüber hinaus findet der Bearbeiter normalerweise weitere Grenzen vor. Sie liegen einmal in ausgesprochenen oder unausgesprochenen Restriktionen, die der Auftraggeber als unveränderlich ansieht. Derartige Begrenzungen können Budgets oder Termine, aber auch konkrete Lösungsanforderungen sein. Schließlich gibt es zwingende Regelungen und Bedingungen, die etwa der Gesetzgeber vorschreibt und die ebenfalls den Spielraum einengen.

Die Methode muss dafür sorgen, dass der Auftragnehmer frühzeitig solche Begrenzungen erkennt, denn jede „Grenzüberschreitung" führt unweigerlich dazu, dass er „zurückgepfiffen" wird, mit anderen Worten, dass er Aufwand betrieben hat, der vermeidbar gewesen wäre, wenn er seine Grenzen frühzeitig erkannt hätte.

> Die Methode soll ein zielorientiertes Vorgehen gewährleisten. Die Entscheidungsberechtigten und die Betroffenen sollen laufend über den Projektfortschritt informiert werden, um Entscheidungen zu erleichtern und um die Anforderungen der Betroffenen zu erkennen. Die Methode soll einen Vorgehensleitfaden für die unterschiedlichsten Projekte bieten. Sie soll gewährleisten, dass frühzeitig Abmachungen getroffen werden, was verändert werden darf und welche Restriktionen beachtet werden müssen.

Zusammenfassung

2.2.5 Beherrschen komplexer Probleme

Selbst einfach aussehende Problemstellungen erweisen sich bei näherer Betrachtung meistens als vielschichtig und verwickelt. Das liegt vor allem daran, dass Unternehmungen oder Verwaltungen nicht aus isolierten Einheiten bestehen, die jede für sich optimiert werden kann. Diese Institutionen ähneln eher einem vielschichtigen Gewebe.

> Die Fakturierung soll automatisiert und verbessert werden. Dazu müssen neue Tabellen und Konditionen berücksichtigt werden. Für eine Sonderkondition war bisher überhaupt kein Platz auf den Dokumenten vorgesehen. Das wirkt sich auf das Programm aus, auf die zugehörige Erfassungsmaske, damit auf die Information und Schulung der Verkäufer, u.U. auf die Bestellformulare, die die Kunden bei Direktbestellung versenden, auf die Gestaltung der Auftragsbestätigung und der Rechnung selbst, auf den statistischen Teil des Programms usw.

Beispiel

Unter diesen Umständen neigt ein Planer dazu, sich erst einmal einen gründlichen Einblick zu verschaffen. Er steigt in alle möglichen, wichtig erscheinenden Details ein. Dabei stellt er oft weitere Abhängigkeiten fest, die die Problemstellung komplizieren und an seine Merk- und Analysefähigkeit immer größere Anforderungen stellen. Dabei verliert er zunehmend den Überblick – er sieht den Wald vor lauter Bäumen nicht mehr. Das kann – wie erwähnt – auch schon bei relativ einfach erscheinenden Projekten passieren.

Versinken im Detail führt zu Insellösungen

Durch das „Versinken im Detail" wird der Bearbeiter zunehmend verunsichert, da er fürchtet, die gesamten Abhängigkeiten nicht in den Griff zu bekommen. Früher oder später muss er Ergebnisse vorzeigen. Bald sieht er sich gezwungen, mit einer Teillösung zu beginnen, ohne das gesamte Problemfeld zu beherrschen. Dabei wählt er sich typischerweise solche Teilbereiche aus, von denen er glaubt, sie schnell und sicher in den Griff zu bekommen. Solch ein Teilbereich wird dann „fertig" erarbeitet und als Leistungsnachweis auch präsentiert und u.U. sogar eingeführt. Eine „Insel" ist geschaffen.

Von dieser „Insel" geht es dann weiter zur nächsten. Oft stellt sich dann heraus, dass die vorher erarbeitete Lösung in einigen Punkten überarbeitet werden müsste, weil es sachliche Abhängigkeiten zu der neuen Teillösung gibt, die vorher nicht erkannt wurden. Je mehr Teillösungen erarbeitet werden, desto wahrscheinlicher wird es, auf vorher nicht bedachte Abhängigkeiten zu „fertigen" Lösungen zu stoßen und um so größer ist das Risiko, dass die später zu erarbeitenden Lösungen nicht optimiert, sondern angepasst werden.

Methode fördert ganzheitliche Lösungen

Methodisches Vorgehen soll sicherstellen, dass der Überblick bei der Detailbetrachtung nicht verloren geht und dass bei der Erarbeitung von Teillösungen die übergeordneten Abhängigkeiten deutlich bleiben, so dass der Änderungsaufwand bei der sukzessiven Bearbeitung von Teillösungen von vornherein begrenzt werden kann.

2.2.6 Rationalisierungspotenziale nutzen

Rationalisierungspotenziale liegen schon darin begründet, dass Insellösungen vermieden werden. Aber selbst wenn miteinander verträgliche Lösungen herauskommen, ist noch nicht sichergestellt, dass wirklich ein wirtschaftlich vernünftiges Ergebnis gefunden wurde.

Beispiel

Bei der bereits erwähnten IT-Unterstützung der Kreditsachbearbeitung wurde mit der Untersuchung in den Zweigstellen begonnen. Die dort zuständigen Mitarbeiter möchten ein spezielles Programm nutzen, um vor Ort die Beratungsleistung zu verbessern. Aus ihrer isolierten Sicht ist diese Lösung plausibel. Wenn man sich jedoch verdeutlicht, dass alle dort bearbeiteten Informationen noch einmal zentral erfasst und verwaltet werden müssen und dass Informationen über die Kunden sowieso schon zentral vorhanden sind, wäre es wenig rationell, hier eine Insellösung zu schaffen. Dann würden zusätzliche Maßnahmen zur Datenerfassung, Bestandspflege, Datensicherung u.ä. notwendig, die aus gesamtbetrieblicher Sicht besser zentral anzusiedeln wären.

Die Methode muss also helfen, derartige Rationalisierungspotenziale frühzeitig zu erkennen, denn nur wenn sie bekannt sind, können schon bei der Bearbeitung des ersten Teilgebiets eventuell notwendige Konsequenzen gezogen werden.

2.2.7 Ergebnisse dokumentieren

Die Forderung einer laufenden Projektdokumentation ist so alt wie es Projekte gibt. Deswegen muss eine Methode auch dafür sorgen, dass diese Dokumentation im Projektverlauf entsteht und nicht nachträglich erstellt wird.

Fehlende Dokumentationen werden häufig mit Zeitmangel begründet. Dieses Argument wird hinfällig, wenn die eigentlichen Ergebnisse der Projektarbeit für alle Betroffenen und Beteiligten laufend nachvollziehbar sind. Zur Unterstützung solcher Projektdokumentationen gibt es leistungsfähige Werkzeuge. Projektverantwortliche müssen dafür sorgen, dass diese Werkzeuge angemessen genutzt werden.

Eine übertriebene Dokumentation ist genau so schädlich wie eine fehlende Dokumentation. Umfangreiche Dokumentationen werden normalerweise nicht genutzt. Das trifft besonders dann zu, wenn die Dokumentationen auch noch schwer verständlich und schlecht strukturiert sind.

Angemessene, klare Dokumentationen

2.2.8 Akzeptanz fördern

Gerade organisatorische Lösungen sind oft schwer verkäuflich. Das liegt nicht nur an den immer wieder zu beobachtenden Widerständen gegenüber Neuerungen. Das liegt vor allem auch daran, dass die Betroffenen häufig ihre Interessen nicht ausreichend gewürdigt sehen. Zu oft herrscht Sprachlosigkeit zwischen den Mitarbeitern im Projekt und den späteren Anwendern. Und wenn man miteinander spricht, so versteht man sich häufig nicht, weil die Experten im Projekt eine andere Fachsprache nutzen oder aus der Sicht der Betroffenen zu sehr „über den Dingen schweben".

Eine Methode muss also auch dafür sorgen, dass die Betroffenen mit ihren Anliegen zu Wort kommen, dass sie Gelegenheit haben, gefundene Teilergebnisse auch kritisch zu hinterfragen und aus ihrer Sicht zu verbessern. Das ist sicherlich nur in Teilen ein methodisches Problem. Das hat auch sehr viel damit zu tun, wie man miteinander umgeht, wie sehr die Betroffenen sich respektiert und wertgeschätzt fühlen. Eine Methode kann aber zumindest dafür sorgen, dass die notwendigen Plattformen vorgesehen werden, auf denen der Interessenaustausch stattfinden kann. Dazu muss der spätere Kunde immer wieder zur Mitarbeit aufgerufen werden. Diese Thematik wird in den Kapiteln 5 und 8 ausführlich behandelt.

Kunden einbinden und respektieren

Die Methode soll helfen, auch im Detail den Überblick zu bewahren, um Insellösungen zu vermeiden. Sie soll frühzeitig Hinweise geben auf Abhängigkeiten und Rationalisierungspotenziale. Sie muss die laufende Dokumentation sicherstellen. Sie soll Plattformen bereitstellen, auf denen der Austausch mit Entscheidern und Benutzern projektbegleitend stattfinden kann.

Zusammenfassung

In der folgenden Übersicht werden die behandelten Ziele mit kurzen Erläuterungen noch einmal zusammengefasst.

Ziele	Erläuterungen
Zielorientiertes Vorgehen	Es soll sichergestellt werden, dass die Ziele der Verantwortlichen (Entscheider) und aller Stakeholder erkannt und verfolgt werden
Projektbegleitende Steuerung sicherstellen	Der oder die verantwortlichen Entscheider sollen kontinuierlich den Projektfortschritt steuern. Die Betroffenen und die übrigen Stakeholder sollen eingebunden werden, um deren Anforderungen so weit wie möglich zu erfüllen. ■ So steht die Qualität ständig auf dem Prüfstand ■ Kostspielige Fehlentwicklungen können frühzeitig erkannt werden ■ Die Entscheider können den Projektfortschritt besser nachvollziehen. Das steigert die Entscheidungsbereitschaft.
Planungshilfen durch einen Vorgehensleitfaden	Die Projektarbeit soll sich an einem Ablaufmodell orientieren, so dass ■ ein standardisiertes Vorgehen möglich ist, das die Koordination aller Beteiligten erleichtert ■ die Grundstruktur eines Projektablaufs nicht jedes Mal wieder neu geplant werden muss.
Begrenzungen erkennen	Es sollen nur für solche Bereiche Vorschläge erarbeitet werden, die auch verändert werden dürfen. Den Handlungsspielraum einengende Vorschriften – was ist zu beachten, welche Restriktionen sind einzuhalten, was darf nicht herauskommen, was muss unbedingt herauskommen – sollen so früh wie möglich bekannt sein.
Beherrschen komplexer Probleme	Es soll gewährleistet werden, dass ■ die gedankliche Auseinandersetzung mit einem Problem systematisiert (geordnet) und vereinfacht wird ■ bei der Arbeit im Detail der Überblick erhalten bleibt ■ Einzellösungen miteinander verträglich sind, Insellösungen vermieden werden.

Ziele	Erläuterungen
Rationalisierungs-potenziale nutzen	Bei der Entwicklung komplexer betrieblicher Lösungen soll sichergestellt werden, dass ■ mehrfach benötigte Faktoren (Informationen, Sachmittel, Programme etc.) möglichst nur einmal entwickelt oder bereitgestellt werden ■ Teilergebnisse möglichst standardisiert werden.
Dokumentation sicherstellen	Parallel zum Projekt muss eine gut verständliche, klar strukturierte Dokumentation entstehen, die für alle Beteiligten und Betroffenen nachvollziehbar ist.
Akzeptanz fördern	Neben der formalen Qualität der Ergebnisse spielt die Akzeptanz eine wichtige Rolle für den späteren Erfolg. Soll die Akzeptanz gewährleistet werden, müssen ■ Plattformen zur Kommunikation bereitgestellt werden ■ Entwickler und Anwender partnerschaftlich miteinander umgehen.

Abb. 2.03: Ziele methodischer Projektarbeit

2.3 Unterschiedliche Vorgehensweisen

Betriebliche Vorhaben können auf verschiedenen Wegen angegangen werden. Abhängig vom Umfang der geplanten Änderung werden unterschieden:

- Empirisches Vorgehen
- Konzeptionelles Vorgehen.

Abhängig von der voraussichtlichen Beherrschbarkeit des zu lösenden Problems werden unterschieden:

- Wasserfallmodell
- Iteratives (stufenweises) Vorgehen.

Bevor die wichtigsten Vorgehensmodelle dargestellt werden, sollen diese unterschiedlichen Vorgehensstrategien und deren Hintergründe kurz skizziert werden.

2.3.1 Empirisches und konzeptionelles Vorgehen

Empirisches Vorgehen

Politik der kleinen Schritte

Beim empirischen Vorgehen orientiert man sich am Ist-Zustand und versucht, diesen Zustand punktuell zu verbessern. Die empirische Vorgehensweise entspricht weitgehend dem japanischen Kaizen. Sie kann auch als „Politik der kleinen Schritte" bezeichnet werden. Kennzeichnend für das Kaizen ist darüber hinaus die Einbindung der Mitarbeiter und Führungskräfte mit dem Ziel einer kontinuierlichen, schrittweisen Perfektionierung (Kaizen wird im Kapitel 2.4.4.1 weiter unten beschrieben).

Konzeptionelles Vorgehen

Radikale Neuerungen

Bei einem konzeptionellen Vorgehen wird der vorgefundene Zustand grundsätzlich in Frage gestellt. Man denkt über völlig andere Lösungen nach. Das so genannte Business Process Reengineering ist ein Beispiel für einen derartig radikalen Ansatz, der in den neunziger Jahren des letzten Jahrhunderts propagiert wurde. Nach dieser Philosophie soll eine neue Lösung auf einem „weißen Blatt Papier" begonnen werden, was der Aufforderung gleichkommt, den Ist-Zustand zu vergessen und sich ausschließlich auf die Anforderungen an die zukünftigen Lösungen zu konzentrieren.

Diese beiden Vorgehensweisen werden in der folgenden Übersicht kurz skizziert und bewertet.

Empirisches Vorgehen	Konzeptionelles Vorgehen
Zielt primär auf die punktuelle Beseitigung von Schwachstellen des Ist-Zustands.	Zielt primär auf grundlegend neue Lösungsmodelle zur Optimierung.
Erfordert eine detaillierte Erhebung und Analyse.	Erfordert nur die Erhebung und Analyse von allgemeinen, eher groben Informationen und Rahmenbedingungen.
Ein empirisches Vorgehen wird gewählt wenn ■ die Lösung prinzipiell funktioniert ■ punktuelle Verbesserungen gesucht werden ■ eine grundlegende Neuerung als zu riskant oder zu aufwändig erscheint ■ der Fachbereich das Projekt bearbeitet. Oft werden Projekte intuitiv empirisch bearbeitet, wenn man sich also über das Vorgehen wenig Gedanken gemacht hat.	Die Entscheidung für ein konzeptionelles Vorgehen fällt normalerweise bewusst am Ende einer Voruntersuchung wenn ■ Ist-Zustand hoffnungslos überholt ist ■ Planer echte – attraktive – Varianten zum Ist-Zustand kennen ■ von vornherein Neuland betreten werden soll.

Vorteile des empirischen Vorgehens	Vorteile des konzeptionellen Vorgehens
■ Geringes Risiko ■ Niedrige Kosten ■ Schnell vorliegende Ergebnisse ■ Weniger Änderungswiderstand im Fachbereich ■ Leichtere Einführung, weniger Umstellungsprobleme ■ Weniger „anstrengend"	■ Große Chance für eine substanzielle Verbesserung

Abb. 2.04: Empirisches und konzeptionelles Vorgehen

Empirisches Vorgehen orientiert sich an dem vorgefundenen Zustand und strebt punktuelle Verbesserungen an. Bei der **konzeptionellen** Arbeit wird der Ist-Zustand grundsätzlich infrage gestellt.

Zusammenfassung

2.3.2 Wasserfall-Modell oder iteratives Vorgehen

Die Entscheidung für das „richtige" Vorgehen ist in Theorie und Praxis stark umstritten. Unverändert gibt es viele Advokaten des klassischen Vorgehens, des aus dem Systems-Engineering abgeleiteten so genannten Wasserfall-Modells. Bei aller berechtigten Kritik an diesem Vorgehen dürfte dieses Modell heute bei klassischen betrieblichen Vorhaben immer noch der Königsweg der methodischen Projektbearbeitung sein. Deswegen wird das Wasserfall-Modell hier auch ausführlich dargestellt. Außerdem ist es leichter, die anderen Vorgehensmodelle zu verstehen, wenn man die Grundlagen des Systems-Engineering verstanden hat.

Wasserfall-Modell

Kritik an dem Wasserfall-Modell wird insbesondere von Experten der IT-Systementwicklung geäußert. Am Wasserfall-Modell wird insbesondere bemängelt, dass es von einer falschen Grundannahme ausgeht, nämlich der Vorhersehbarkeit und damit der Planbarkeit der Anforderungen. Viele Anforderungen entstehen tatsächlich erst dann, wenn sich der Anwender an fertigen Teillösungen orientieren kann. Weitere Kritikpunkte lauten: Die späteren Benutzer werden viel zu wenig eingebunden, die Entwickler leben in ihrer eigenen Welt und haben zu wenig Verständnis für die eigentlichen Anforderungen der Anwender. Schließlich wird kritisiert, dass es viel zu lange dauert, bis Ergebnisse vorliegen, dass Kosten- und Terminüberschreitungen eher die Norm als die Ausnahme sind und dass die Akzeptanz der Ergebnisse meistens sehr zu wünschen übrig lässt.

Kritik am Wasserfall-Modell

Anforderungen kaum vollständig zu ermitteln

Insbesondere bei der Neuentwicklung von IT-Anwendungen ist es tatsächlich außerordentlich schwierig, frühzeitig alle funktionalen und nicht funktionalen Anforderungen zu erkennen. Deswegen kommt es bei dem klassischen Vorgehen immer wieder zu Nachbesserungen, Verzögerungen und Kostenüberschreitungen. Diese Probleme sind besonders gravierend, wenn die Anforderungen der Anwender erst in der Einführung bewusst werden. Andererseits gibt es viele betriebliche Projekte, in denen die Anforderungen sehr wohl frühzeitig und eindeutig ermittelt werden können und müssen. Beispiele sind Bauprojekte, Investitionsentscheidungen, Einführung neuer Produkte, Bearbeitung neuer Märkte, Reorganisation des Vertriebs oder auch durchgängige betriebliche Prozesse usw. usf. In diesen Fällen ist das Wasserfall-Modell sehr wohl geeignet, weswegen es hier ausführlich dargestellt wird.

Modifikationen des Wasserfall-Modells

Einige der berechtigten Kritikpunkte lassen sich durch eine intelligente Anwendung des Wasserfall-Modells entkräften. Deswegen werden neben dem reinen Modell auch mehrere Varianten vorgestellt, in denen jedoch die Grundstruktur des Systems-Engineering nicht infrage gestellt wird.

Vorgehen für IT-Anwendungen

Die Kritiker des Wasserfall-Modells plädieren für ein iteratives, stufenweises Vorgehen, das auch als interaktive oder inkrementelle Systementwicklung bezeichnet wird. Anstatt erst die komplette Planung abzuschließen, ehe mit der Umsetzung und Einführung begonnen wird, plädieren sie dafür, ein IT-Vorhaben in mehrere kleinere Pakete (Teilanforderungen) zu zergliedern, die dann wie eigenständige Projekte nacheinander geplant, realisiert, getestet und eingeführt werden.

Solche Teilprojekte werden häufig nach dem voraussichtlichen zeitlichen Aufwand (z.B. zwei oder drei Monate) abgegrenzt, so genannte time boxes. Nach dem erfolgreichen Abschluss eines solchen Teilprojekts, wird das nächste Teilprojekt bearbeitet und in das bereits fertige Ergebnis integriert. So kann man sich das iterative Vorgehen als eine Kette kleinerer Projekte vorstellen, die nacheinander entwickelt und stufenweise integriert werden. Typische Vertreter des iterativen Vorgehens sind die Agile Systementwicklung und die Extreme Programmierung.

Wegen ihrer Bedeutung in der Wirtschaftspraxis werden hier neben der Agilen Systementwicklung auch die Grundideen einiger weiterer IT-naher Vorgehensmodelle dargestellt und bewertet, die eher Ähnlichkeiten zum Wasserfall-Modell aufweisen, das V-Modell und das Spiralmodell.

Zusammenfassung

Abhängig vom Umfang der geplanten Änderung können Projekte empirisch oder konzeptionell bearbeitet werden. Sind die Anforderungen vorhersehbar, hat sich das Wasserfall-Modell bewährt, für das es auch spezielle Ausprägungen bei IT-Projekten gibt. Entstehen die Anforderungen erst im Projektfortschritt, können iterative (inkrementelle, stufenweise) Vorgehensmodelle nützlich sein.

2.4 Methodisches Vorgehen im Projekt

2.4.1 Systems-Engineering – Wasserfall-Modell

Der Projektablauf im Systems-Engineering (SE) bietet ein Vorgehensmodell als zeitlichen Leitfaden der Projektarbeit und regelt somit die Prozessorganisation von Organisationsprojekten. Das hier vorgestellte Modell kann für jedes beliebige betriebliche Projekt angewendet werden. Deswegen wurde es bewusst allgemein gehalten.

Das Vorgehensmodell ist ein Standardablauf, der situations- und aufgabengerecht modifiziert werden muss. Grundsätzlich hat er sich in der hier vorgestellten Form bewährt. Varianten dieses Modells und deren Anwendungsbedingungen werden weiter unten behandelt. Neben dem Projektablauf gehört das Systemdenken zur Methode. Im SE wird der Projektablauf in Projektphasen und Planungszyklus gegliedert.

Prozessstandard

Methode		
Projektablauf		Systemdenken
Projektphasen	Planungszyklus	

Abb. 2.05: Bestandteile der Methode

Die Grobstruktur des Ablaufs betrieblicher Projekte wird in den Projektphasen geregelt. Das Vorgehen in den einzelnen Planungsphasen regelt der Planungszyklus. Mit dem Phasenmodell werden folgende Ziele verfolgt:

- Planungshilfe – durch einen Vorgehensleitfaden wird der Ablauf des Projekts strukturiert
- Einbindung des Auftraggebers und der Anwender – es werden Ereignisse definiert, zu denen über das weitere Vorgehen entschieden werden muss
- Erleichterter Umgang mit komplexen Problemen – durch das Vorgehen vom Groben ins Detail ist eher möglich, den Überblick zu bewahren und Zusammenhänge zu erkennen.

Ziele des Phasenmodells

Im folgenden Abschnitt sollen erst die Projektphasen und daran anschließend der Planungszyklus behandelt werden. Dabei ist allerdings zu beachten, dass der Zyklus innerhalb der Planungsphasen durchlaufen wird, dass also eigentlich beide Aspekte gemeinsam behandelt werden müssten. Die Trennung wird hier deswegen gewählt, weil viele grundsätzliche Aussagen zu den Schritten des Zyklus für alle Planungsphasen gemeinsam gelten.

Abb. 2.06: Phasenmodell der Projektarbeit

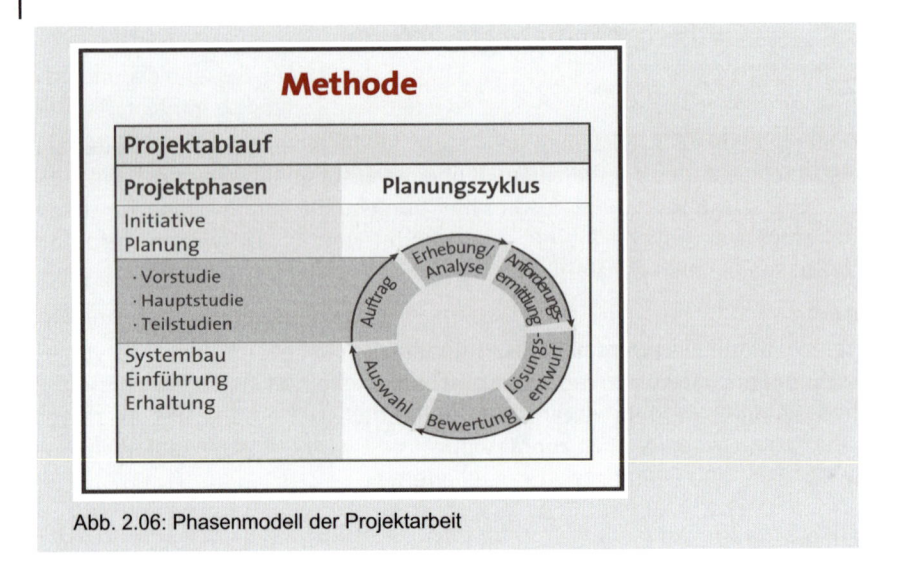

2.4.1.1 Projektphasen

2.4.1.1.1 Initiative – Anstoß zur Vorstudie

Proaktive oder reaktive Organisationsarbeit

Projekte können durch eine strategische Neuorientierung, durch die Aufnahme neuer Produkte oder durch grundsätzliche Überlegungen einer zentralen Organisationseinheit (z.B. Organisation oder Inhouse Consulting) angestoßen werden (proaktive Organisationsarbeit). Sehr häufig kommt es auch vor, dass die Fachabteilung ein Problem hat, die Geschäftsleitung einem aktuellen Managementtrend folgt oder dass der Gesetzgeber neue Anforderungen stellt (reaktive Organisationsarbeit).

Formeller Projektstart?

Der Projektstart kann unterschiedlich formalisiert sein. Entweder

- besteht ein geregeltes Projektantragsverfahren oder
- die Anträge kommen mehr oder weniger ungeordnet und ungefiltert in die Organisations-/IT-Abteilung bzw. zu dem Mitarbeiter, der für dieses Projekt zuständig gemacht wird.

Bei einem geregelten Projektantragsverfahren müssen für alle Vorhaben, unabhängig von dem Verursacher, grundsätzlich schriftliche Projektanträge gestellt werden – Ausnahmen sind nur in besonders dringlichen und wichtigen Fällen etwa bei Pannen oder Störungen zulässig. Dieses Verfahren und die Rollen der daran Beteiligten werden in dem Kapitel 4.1 näher beschrieben.

Für den Fall, dass Projektanträge ungefiltert und nicht formalisiert eingereicht werden, ist eine gründliche Vorabklärung mit dem Auftraggeber unerlässlich.

Es muss zu Beginn eines Projekts versucht werden, die eigentlichen Ziele des Auftraggebers wie auch die Zielvorstellungen der übrigen Stakeholder und insbesondere der späteren Anwender zu erkennen. Zusätzlich braucht der Auftragnehmer weitere Informationen, die für jedes Projekt wieder neu festgelegt werden müssen und die zu einem vollständigen Projektauftrag gehören:

Informationen zu Beginn

- Der Bereich, der organisatorisch verändert werden darf
- Restriktionen wie Budgets oder Muss-Bestandteile der Lösung
- Das verantwortliche Entscheidungsgremium
- Die zur Mitarbeit im Projekt benannten Personen
- Der nächste Entscheidungspunkt (Meilenstein(e) im Projekt)
- Berichtspflichten (wann ist wem in welcher Form Bericht zu erstatten?)

Ein Muster für einen Projektauftrag findet sich in Kapitel 5.6.

Die praktische Erfahrung zeigt nun, dass sehr häufig die Auftragnehmer keinen vollständigen Auftrag erhalten. Es empfiehlt sich, dass der Auftragnehmer einen vollständigen Projektauftrag nach bestem Wissen und Gewissen selbst formuliert. Dazu muss er versuchen, sich in die Lage des Auftraggebers zu versetzen, um dessen Vorstellungen gedanklich nachzuvollziehen (im Kapitel 5 „Techniken der Auftragserteilung" wird gezeigt, wie die Suche nach den Stakeholdern und nach den Zielen unterstützt werden kann). Der so entstandene Entwurf für einen Projektauftrag wird dann mit dem Auftraggeber und möglichst auch mit den übrigen Stakeholdern abgestimmt nach dem Motto: „Habe ich Sie richtig verstanden?" In der Sprache der Juristen handelt es sich bei einem Projektauftrag also um eine Holschuld des Projektleiters.

Auftragsklärung

Die hier vorgeschlagene Formalisierung erscheint auf den ersten Blick sicherlich bürokratisch. Sollen aufwändige Missverständnisse und Fehlentwicklungen vermieden werden, ist jedoch ein formeller Projektauftrag als Vertrag zwischen Auftraggeber und Auftragnehmer unverzichtbar.

Nach der Abklärung des Auftrags ist das Projekt zu registrieren und nach der Vergabe der Projektpriorität in den Gesamtbestand der Projekte einzuordnen.

Projektaufträge müssen vom Projektleiter überprüft, wenn nötig, nach eigenen Überlegungen vervollständigt und mit dem Auftraggeber abgestimmt werden (Holschuld des Projektleiters).

Zusammenfassung

2.4.1.1.2 Vorstudie

Vom Groben ins Detail

Die Vorstudie ist die erste Planungsphase im Projekt. In dieser Phase setzt man sich zwar nur sehr grob – ohne in Einzelheiten einzusteigen – aber dafür sehr breit mit dem Projekt auseinander. Alle überhaupt in Frage kommenden Wege werden untersucht. Von dieser Regel sollte nur in den Fällen abgewichen werden, in denen bereits eindeutig feststeht, wie eine neue Lösung auszusehen hat, beispielsweise weil der Auftraggeber oder der Gesetzgeber klare und eindeutige Vorgaben gemacht haben.

Projektphasen

Initiative
Planung
- **Vorstudie**
- Hauptstudie
- Teilstudien

Systembau
Einführung
Erhaltung

Die Vorstudie hat den Zweck, unter anderem zu klären,

Zweck einer Vorstudie

- ob es vernünftig ist, eine Lösung für das Problem zu suchen
- ob das richtige Problem angefasst wird
- ob es Lösungen gibt, die in technischer, wirtschaftlicher und sozialer Hinsicht realisierbar erscheinen
- ob die Realisierung solcher Lösungen aufgrund von Kriterien, die im Rahmen der Vorstudie zu erarbeiten sind, wünschbar ist (positive und negative Wirkungen des Projekts)
- ob die Lösung eher punktuelle Verbesserungen oder grundlegende Neuerungen bringen soll
- für welche Bereiche die Lösung erarbeitet werden soll
- welchen Anforderungen die Lösung grundsätzlich genügen soll.

Voraussetzungen für die Ermittlung der Anforderungen

Um zu diesen Punkten Aussagen machen zu können, muss der vorhandene Zustand in groben Zügen erhoben werden. Stärken und Schwächen im Ist-Zustand und die ihnen zugrunde liegenden Ursachen sind zu ermitteln. Chancen, die in der Zukunft liegen, sind ebenso zu beachten wie zukünftige Risiken. Wie in der Auftragsklärung sind auch hier die späteren Anwender und die übrigen Stakeholder intensiv zu beteiligen. Aus den erarbeiteten Ergebnissen sind die zu verfolgenden Ziele und Kriterien zur Messung der Zielerreichung abzuleiten. Hier geht es um solche Ziele, die nicht schon bei der Abklärung mit dem Auftraggeber erkannt wurden. Da wie erwähnt hier auch die späteren Anwender und die sonstigen Stakeholder befragt oder beteiligt werden, lassen sich die Ziele dieser Interessentengruppen besser erkennen und berücksichtigen. Aus diesen Zielen können dann die konkreten Anforderungen abgeleitet und bewertet werden. Das ist besonders wichtig, um praxisnahe Lösungen zu erarbeiten, die von den Betroffenen auch akzeptiert werden.

Ein besonderes Augenmerk wird in der Vorstudie auf die an das Projekt angrenzenden, nicht zum eigentlichen Gestaltungsbereich gehörenden organisatorischen Einheiten oder Systeme gerichtet. Auf diese Weise sollen die wichtigsten

Nahtstellen ermittelt werden, um sicherzustellen, dass das neu zu gestaltende System sich später auch reibungslos in seine Umwelt einfügen lässt.

Alle bisher genannten Sachverhalte sind nur global zu ermitteln. Es ist wichtig, sich hier auf das Notwendige zu beschränken und nicht bereits in Details einzusteigen. In dieser Projektphase ist in aller Regel noch nicht klar, ob das Projekt weiter verfolgt wird und in welcher Richtung es weiter verfolgt werden soll. Ein zu großer Detaillierungsgrad in der Vorstudie – häufig mit dem Streben nach größtmöglicher Absicherung zu erklären – führt normalerweise dazu, dass nicht notwendige Erhebungs- und Analysearbeit geleistet wird.

Als nächstes sind Groblösungen für das Gesamtprojekt zu erarbeiten. Wie erwähnt, sollte der Einstieg in das Projekt so breit wie eben möglich gewählt werden, um frühzeitig das überhaupt mögliche Lösungsspektrum zu erkennen. Zu den möglichen Lösungen gehört grundsätzlich auch der Ist-Zustand. Je mehr Lösungen erarbeitet werden, desto leichter fällt das Urteil über die Eignung einer bestimmten Variante. Die Qualität einer Lösung kann normalerweise nämlich nicht beurteilt werden, wenn es keine Vergleichsbasis gibt. Wie gut oder schlecht eine Lösung ist, erweist sich erst durch einen Vergleich mit den möglichen Alternativen. Deswegen sollte nicht darauf verzichtet werden, Varianten zu erarbeiten, es sei denn, der Auftraggeber hat Varianten von vornherein ausgeschlossen.

Erarbeitung mehrerer Varianten

Nach der Erarbeitung von Varianten ist ganz grundsätzlich zu prüfen, ob das Projekt überhaupt machbar ist – technische oder rechtliche Restriktionen können im Weg stehen – , ob es durchsetzbar ist – „politische" Hindernisse oder Widerstände von mächtigen Interessengruppen können dagegen sprechen –, ob es finanzierbar ist usw. Es sollte frühzeitig untersucht werden, ob solche oder andere Restriktionen bestehen oder ob erhebliche Widerstände wahrscheinlich sind. Sind deutliche Widerstände zu erwarten, sollte sich der Projektverantwortliche um einen ranghohen Promotor (Sponsor) bemühen, da zu befürchten ist, dass ohne einen starken Förderer das Projekt später an den Widerständen scheitern oder ganz undramatisch „im Sande verlaufen" wird.

Machbarkeits-Studie

Sind Grobkonzepte erarbeitet und bestehen keine grundsätzlichen Zweifel an der Machbarkeit des Projekts, schließt sich eine Kosten-Nutzen-Schätzung an. Dazu werden die Ziele den Lösungsvarianten gegenüber gestellt und die Kosten der einzelnen Varianten grob geschätzt. Es folgt ein Vorschlag an den Entscheider bzw. an das entscheidungsberechtigte Gremium, das Projekt in einer bestimmten, grob umrissenen Richtung weiterzuführen oder abzubrechen. Für den Entscheider ist es wichtig, dass er eine möglichst eindeutige Aussage erhält. Es genügt nicht, Vorteile, Nachteile und Kosten der Varianten zu nennen. Der Projektverantwortliche sollte sich möglichst eindeutig zu einem Vorschlag bekennen.

Bewertung und Vorschlag

Am Ende der Vorstudie liegt normalerweise der einzige Zeitpunkt, zu dem ein Projekt ohne Gesichtsverlust aller Beteiligten beendet werden kann. Da

Methode

Gute Gelegenheit für Ausstieg

grundsätzlich auch die Null-Variante untersucht wird, kann eine sinnvolle Entscheidung am Ende der Phase heißen: Das Projekt lohnt sich nicht oder sollte aus bestimmten Gründen nicht weiter verfolgt werden. Wird in späteren Phasen ein Projektabbruch diskutiert, müssen sich alle Beteiligten die Frage gefallen lassen, warum sie die Probleme nicht früher erkannt haben. Um das Gesicht zu wahren, werden dann oft Durchhalteparolen ausgegeben „wir haben schon soviel darin investiert" u.ä. oder aber das Projekt wird still beerdigt, indem es in irgendwelchen Schubladen verschwindet. Mit diesen Bemerkungen soll noch einmal verdeutlicht werden, wie wichtig es ist, den Projektabbruch nach der Vorstudie als ernsthafte Variante zu untersuchen.

Wenn empfohlen wird, das Projekt weiter zu verfolgen, ist gleichzeitig ein Vorschlag für einen Auftrag für die Hauptstudie mit vorzulegen, in dem das weitere Vorgehen, die Projektorganisation und ein Budgetrahmen für die Hauptstudie festgelegt werden. Der genehmigte Auftrag ist dann das Startsignal für die Hauptstudie.

Die hier allgemein dargestellten Bearbeitungsschritte in der Vorstudie werden in dem Abschnitt „Planungszyklus" noch einmal weiter detailliert und konkretisiert.

Vorstudie kurz halten!

Auch wenn eine Vorstudie sehr zeitaufwändig erscheint, so sollten doch nicht mehr als ca. 5 - 10% des geschätzten gesamten Zeitaufwands für das Projekt – einschließlich Realisierung und Einführung – dafür verwendet werden. Das erklärt sich vor allem aus dem Tatbestand, dass hier noch viele Varianten im Rennen sind, die niemals realisiert werden. Es ist normalerweise mit geringem Aufwand möglich, prinzipielle Richtungsentscheidungen zu fällen. Alle Wege, die nicht weiter verfolgt werden, sollten so früh wie möglich gesperrt werden, um den Untersuchungsaufwand von vornherein zu begrenzen. Um Wege sperren zu können, müssen sie aber zumindest grob untersucht werden.

Um den Inhalt der Planungsphasen zu verdeutlichen und um insbesondere auch zu zeigen, wie der angemessene Detaillierungsgrad in den Planungsphasen aussehen könnte, soll ein relativ einfaches Beispiel herangezogen werden.

Beispiel

Es geht um die IT-Unterstützung des Einkaufs in einem Dienstleistungsunternehmen. Der Einkauf arbeitet bisher noch konventionell. In einer Vorstudie zu diesem Projekt können beispielsweise die folgenden Aufgaben anfallen.

Bearbeitungsschritte in der Vorstudie	Beschreibung
Auftragsabstimmung	Mit dem Auftraggeber ist ein möglichst vollständiger Auftrag für eine Vorstudie abzustimmen
Erhebung/Analyse	Es ist grob der Ist-Zustand zu erheben. Wer kauft ein, welche Artikel werden von welchen Lieferanten bezogen, wie viele Einkaufsvorgänge finden statt, welche Technik wird eingesetzt etc.? Hier dürften allgemeine Befragungen ausreichend sein
Anforderungen	Was klappt heute gut, was wird als Mangel empfunden? Was sind Ursachen für Mängel? Welche Anforderungen werden an die Lösung gestellt?
Lösungsvarianten	Folgende Grobkonzepte könnten Gegenstand einer Vorstudie sein: ■ Null-Variante (alles bleibt beim Alten) ■ Null + Variante (prinzipiell bleibt alles beim Alten, es wird nur punktuell – empirisch – verbessert) ■ Einsatz einer Standardsoftware ■ Eigenentwicklung einer Anwendung
Bewertung	Globale Ermittlung der Vorteile und Nachteile der Lösungen einschließlich der grob geschätzten Kosten dieser Varianten
Empfehlung	Vorschlag einer favorisierten Variante zur weiteren Detaillierung in einer Hauptstudie

In der Vorstudie wird geprüft, ob es sich lohnt, das Projekt weiter zu verfolgen und in welcher Richtung es gegebenenfalls weiter gehen soll. Dazu müssen Varianten erarbeitet, bewertet und zur Entscheidung vorgelegt werden.

Zusammenfassung

2.4.1.1.3 Hauptstudie

In der Hauptstudie wird nur noch der Weg weiter verfolgt, der nach den Untersuchungen in der Vorstudie als der erfolgsträchtigste angesehen wird. In begründeten Ausnahmefällen können auch zwei Varianten weiter verfolgt werden, das sollte jedoch die Ausnahme bleiben.

Die Hauptstudie unterscheidet sich also von der Vorstudie dadurch, dass sie sich nur noch mit einem ein-

Projektphasen
Initiative
Planung
· Vorstudie
· **Hauptstudie**
· Teilstudien
Systembau
Einführung
Erhaltung

Vertiefung einer Variante

gegrenzten Gebiet auseinandersetzt, dieses Gebiet nun aber intensiver ausleuchtet wie die Abbildung 2.07 verdeutlichen soll.

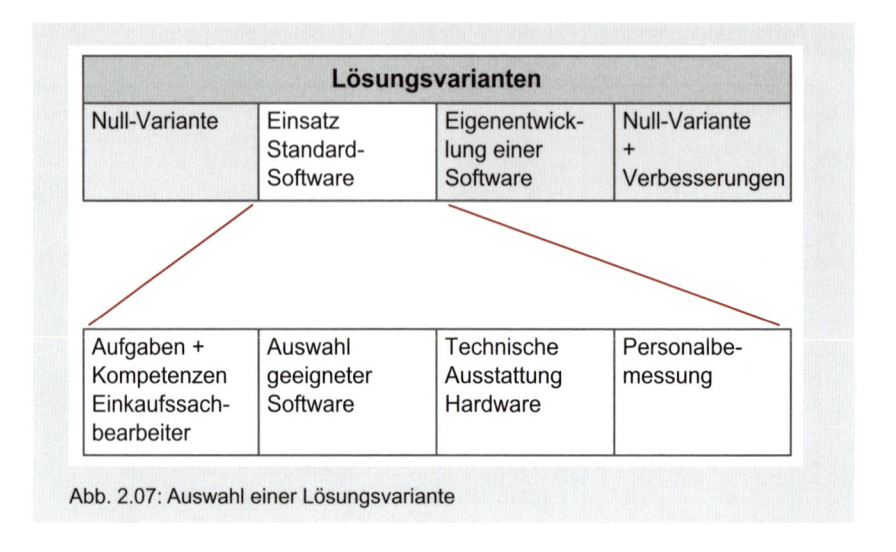

Lösungsvarianten			
Null-Variante	Einsatz Standard-Software	Eigenentwicklung einer Software	Null-Variante + Verbesserungen
Aufgaben + Kompetenzen Einkaufssachbearbeiter	Auswahl geeigneter Software	Technische Ausstattung Hardware	Personalbemessung

Abb. 2.07: Auswahl einer Lösungsvariante

Aufgliederung des Problemfeldes

Bei mittleren und größeren Projekten wird versucht, die Komplexität in den Griff zu bekommen, indem das Gesamtproblem in kleinere Problemfelder (Unter- und Teilsysteme) zerlegt wird. Das dazu notwendige Instrumentarium wird in dem Kapitel 3 Systemdenken behandelt. Dort werden auch Hinweise gegeben, wie die dabei entstehenden Schnittstellen ermittelt und berücksichtigt werden können.

Benutzer intensiv einbinden

Einer der Kernpunkte der Hauptstudie ist die detaillierte Ermittlung der Anforderungen der Benutzer und sonstigen Stakeholder. Gerade die Interessen von Benutzer und Auftraggeber fallen oft auseinander. So verfolgt der Auftraggeber beispielsweise Rationalisierungs- oder Wirtschaftlichkeitsziele, während die Benutzer primär an einer leichten Handhabung, bestimmten Unterstützungsfunktionen usw. interessiert sind. Der Bearbeiter muss deswegen versuchen, in dieser Phase so gründlich wie möglich die Anforderungen der späteren Benutzer und der sonstigen Stakeholder herauszufinden. Dieses ist ein erster Hinweis darauf, dass bereits während der Projektarbeit über die Akzeptanz nachzudenken ist. Projektbegleitend muss der Projektverantwortliche Überzeugungsarbeit leisten. Das überzeugendste Argument für den Benutzer ist zweifellos, wenn man ihm klar machen kann, dass versucht wurde, seine Interessen soweit wie eben möglich zu berücksichtigen. Berücksichtigen kann man diese Interessen aber nur, wenn man sie kennt. Zusätzlich muss der Projektverantwortliche aber auch gegenüber anderen Gruppen (Entscheider, Meinungsführer, Vertreter von Interessengruppen etc.) die Projektergebnisse verkaufen – eine Aktivität, die als Projektmarketing bezeichnet werden kann.

In der Praxis ist es oft schwer, in dieser frühen Phase die Stakeholder schon dazu zu bewegen, sich wirklich gründlich mit ihren Wünschen und Anforderungen auseinanderzusetzen. Vielfach fehlt den Betroffenen auch das Abstraktionsvermögen, das in der Planung notwendig ist. In diesem Zusammenhang haben sich bei IT-Anwendungen wie auch bei technischen Arbeitsplätzen so genannte Prototypen d.h. vereinfachte Modelle bewährt. Sie bilden lediglich die Benutzerschnittstelle ab, z.B. der Aufbau des Bildschirms, oder ermöglichen die Handhabung einzelner Teile einer Lösung, aus denen der Anwender erkennen kann, welche Funktionen er später nutzen kann. Dadurch soll insbesondere den Betroffenen die Vorstellung darüber erleichtert werden, was später auf sie zukommen kann.

Projektarbeit ist Verkaufsarbeit

In der Hauptstudie werden Groblösungen für die abgegrenzten Problemfelder (Teilprojekte) erarbeitet. Dabei wird darauf geachtet, dass die Teilergebnisse mit den anderen Teilen und mit der Umwelt verträglich sind (Beachtung der Schnittstellen). Für jedes Teilprojekt werden wiederum – soweit möglich – Varianten konzipiert. Damit der/die Entscheider über das weitere Vorgehen beschließen können, müssen ihnen für jedes Teilprojekt Kosten-Nutzen-Analysen und klare Aussagen über die favorisierten Varianten vorgelegt werden.

Planungszyklus für Teilprojekte

Außerdem muss in der Hauptstudie das weitere Vorgehen für die nächste(n) Phase(n) geplant werden. Bei größeren Vorhaben, die nicht arbeitsteilig parallel bearbeitet werden können, sind Aussagen über die Reihenfolge der weiteren Bearbeitung zu machen, es sind also Prioritäten für die Teilprojekte festzulegen. Für die folgenden Teilstudien ist ein Projektauftrag zu erarbeiten – bei größeren Projekten unter Umständen auch für jede Teilstudie ein eigener Auftrag, der zusammen mit den Varianten verabschiedet wird. Stimmen die Entscheider den Vorschlägen zu, geht es weiter mit den Teilstudien.

Hier soll das oben begonnene Projektbeispiel fortgeführt werden.

> Es wird unterstellt, dass eine Entscheidung für den Einsatz einer Standardsoftware gefällt wurde. Folgende Teilprojekte könnten dann zu bearbeiten sein:
>
> - Festlegung der Aufgaben und Kompetenzen der Einkaufsmitarbeiter
> - Auswahl einer geeigneten Software
> - Technische Ausstattung mit Hardware
> - Personalbemessung usw.

Beispiel

Für jedes dieser Teilprojekte ist wieder eine ganze Reihe von Bearbeitungsschritten zu erledigen. Das soll am Beispiel des Teilprojekts „Aufgaben und Kompetenzen der Einkaufsmitarbeiter" gezeigt werden.

Bearbeitungsschritte in der Hauptstudie	Beschreibung
Erhebung/Analyse	Nachdem in der Vorstudie nur sehr global untersucht wurde, wer alles im Einkauf mitwirkt, wird nun genauer erhoben, welche mit der Beschaffung zusammenhängenden Aufgaben konkret durch welche Stellen wahrgenommen werden
Anforderungen	Positive wie negative Erfahrungen mit der heutigen Organisation des Einkaufs werden ermittelt. Die konkreten Anforderungen werden im Detail geklärt
Lösungsvarianten	Hier können drei idealtypische Varianten unterschieden werden: ■ ausschließlich zentraler Einkauf ■ zentrale Rahmenabschlüsse und dezentrale Bestellungen ■ dezentraler Einkauf durch die Verbraucher
Bewertung	Auf der Ebene dieses Teilprojekts werden anhand eines speziell dafür entwickelten Zielkatalogs die genannten Varianten verglichen (Vorteile, Nachteile, Kosten)
Empfehlung	Die am besten geeignete Variante wird vorgeschlagen

Analog sind für die weiteren Teilprojekte ebenfalls Erhebungen durchzuführen, der Ist-Zustand ist auf Stärken und Schwächen zu prüfen, Anforderungen sind zu ermitteln, Lösungen sind zu erarbeiten und zu bewerten. Bei Arbeitsteilung ist es selbstverständlich möglich, dass mehrere Teilprojekte gleichzeitig oder überlappend bearbeitet werden (Simultaneous Engineering). Das ist bei großen Projekten vor allem wichtig, um die Projektabwicklung zu beschleunigen.

Zusammenfassung In der Hauptstudie werden für abgegrenzte Teilprojekte grobe Lösungsmodelle erarbeitet und anhand von Zielen bewertet.

2.4.1.1.4 Teilstudien

Der bisherige Ablauf in Vor- und Hauptstudie verdeutlicht, dass dieses Modell ein Vorgehen vom Groben ins Detail fordert. Man setzt sich erst mit den Details auseinander, wenn sichergestellt ist, dass die Entscheider die Lösung akzeptieren. Dadurch werden auch nur für solche Varianten Details erarbeitet, die wirklich realisiert werden sollen. Das erspart dem Projektzuständigen Arbeit und Enttäuschungen. Außerdem wird dem Bearbeiter der Überblick erleichtert, wenn er nicht gleich in die Details hinein steigt und dann „den Wald vor lauter Bäumen nicht mehr sieht".

Projektphasen
Initiative
Planung
· Vorstudie
· Hauptstudie
· **Teilstudien**
Systembau
Einführung
Erhaltung

Für die Entscheider ist sichergestellt, dass sie an allen wichtigen Gabelungen des Weges nach der gewünschten Richtung gefragt werden und notfalls sogar ein Projekt vorzeitig abbrechen können. Durch die Zwischenentscheide sind die Entscheider über das Projekt laufend informiert, was dazu beiträgt, dass sie leichter und fundierter entscheiden können.

Vor der Detailplanung intensive Beteiligung von Entscheidern und Anwendern

Die von der Lösung Betroffenen und die übrigen Stakeholder sollten ebenfalls in der Vor- und der Hauptstudie beteiligt werden, um deren Anforderungen und Lösungsvorstellungen zu ermitteln und um die Ideen aus dem Projekt kritisch aus ihrer Sicht zu hinterfragen.

In den Teilstudien werden die Grobentwürfe aus der Hauptstudie so weit detailliert, dass diese Planung dann umgesetzt bzw. realisiert werden kann. Bei Bauprojekten liegen die Ausschreibungen vor, und die Bauzeichnungen sind in einem Feinheitsgrad verfügbar, dass die Handwerker beginnen können. Bei IT-Projekten steht das logische Datenmodell fest, die Datenbankorganisation ist konzipiert, die Anwenderschnittstelle ist – eventuell als Prototyp – fertig etc.

Ausführungsreife Planung

In der Praxis hat es sich bewährt, bei der Erarbeitung der Teilstudien mit den so genannten Normalfällen zu beginnen und die Lösung auf diese Fälle auszurichten. Erst wenn die Normalfälle „unter Dach und Fach" sind, sollten die Ausnahme- oder Sonderfälle bearbeitet werden. Dazu muss selbstverständlich die Verteilung der Normal- und der Ausnahmefälle bekannt sein. Es kann auch sinnvoll sein, für sehr seltene und wenig wichtige Sonderfälle überhaupt keine spezielle Lösung zu erarbeiten, sondern sich auf die Standardfälle zu konzentrieren. Diese Standardfälle sind oft mit einem Bruchteil des Aufwandes zu bewältigen, der für die Sonderfälle veranschlagt werden muss. Untersuchungen in der Praxis zeigen, dass die Anwender bei komplexen IT-Systemen oftmals trotz gründlicher Schulungen die Existenz der Lösungen für solche Sonderfälle vergessen. Sie nutzen fast ausschließlich die Standardfälle – ein Phänomen das jedem Nutzer von Standardsoftware bekannt ist. Die Lösungen für die Sonderfälle haben normalerweise einen sehr hohen Aufwand verursacht, so dass sich oft die paradoxe Situation ergibt, dass sehr viel Zeit

Vom Normal- zum Sonderfall

Exoten identifizieren

und Geld in Lösungen investiert wird, die später – fast – niemand nutzt. Diese Tatsache führte einen Systementwickler dazu, das 1. Gesetz der Systementwicklung zu formulieren: „Don't do it". Diese bewusst überspitzte Formulierung soll nachdenklich machen und den Systementwickler daran erinnern, dass Lösungen auch wirtschaftlich vertretbar sein müssen.

Sollen oder müssen auch für Sonderfälle Lösungen geboten werden, kann es sinnvoll sein, für sie „Insellösungen" zu erarbeiten, die dann über eine Schnittstelle mit den Normalfällen zusammengeführt werden.

Beispiel Eine Unternehmung wickelt ihren Zahlungsverkehr mit Hilfe eines Debitoren- und Kreditoren-Programmpakets ab, das in die Finanzbuchhaltung integriert ist. 98% aller Zahlungsvorgänge werden von diesen Programmen abgedeckt. Bei den übrigen 2% handelt es sich um Überweisungen in das außereuropäische Ausland (Sonderfälle), für die keine angemessene Lösung in den Programmen besteht. Für diese Fälle bedient sich das Unternehmen der Dienstleistung einer Bank, die die gesamte Bearbeitung übernimmt und nach Abschluss der Transaktionen Datenträger liefert, mit deren Hilfe die benötigten Daten in die Finanzbuchhaltung eingespielt werden.

Detailplanung mit Anwendern Während der Erarbeitung der Teilstudienergebnisse sollten die späteren Anwender intensiv beteiligt und ihre Anforderungen im größten Detaillierungsgrad ermittelt werden. Nur so kann verhindert werden, dass Lösungsbestandteile erarbeitet und eingeführt werden, die von den Anwendern als praxisfern oder unbrauchbar qualifiziert werden. Je intensiver die Beteiligung in dieser Phase ist, desto besser werden die Lösungen in der Einführung akzeptiert und im laufenden Betrieb genutzt.

Zum Abschluss der Teilstudien müssen die realisationsreifen Detailpläne von den Entscheidungsberechtigten verabschiedet werden. Sie prüfen, ob die Umsetzung den Vorgaben aus der Hauptstudie entspricht, entscheiden über Einzelheiten, die erst in dieser Planungsstufe aufgetaucht sind, und entscheiden über die Realisierung und die dafür benötigten finanziellen, personellen und sonstigen Mittel.

Nach dieser Entscheidung sollte der Planungsstand eingefroren werden – es gibt also einen Redaktionsschluss für die aktuelle Version des Projekts. Während der Realisierung sollten möglichst keine grundlegenden Änderungen an den Planungen mehr vorgenommen werden. Neue oder veränderte Anforderungen sollten gut begründet werden.

Das oben begonnene Teilprojekt „IT-Unterstützung im Einkauf" soll hier nun beispielhaft in der Teilstudie weitergeführt werden. Es wird unterstellt, dass die Entscheider beschlossen haben, die Variante „Zentrale Rahmenabschlüsse, dezentrale Bestellungen" weiter zu verfolgen. Folgende Bearbeitungsschritte fallen beispielsweise an:

Bearbeitungsschritte in der Teilstudie	Beschreibung	
Erhebung/Analyse	Gründliche Ermittlung der technischen Ausstattung der zentralen und dezentralen Beschaffungsstellen. Welche Produkte, Leistungen werden wo eingekauft?	Beispiel
Anforderungen	Detaillierte Ermittlung der Anforderungen	
Lösungsentwurf	Aufgabenabgrenzung und Zuständigkeitsklärung des zentralen und dezentralen Einkaufs. Festlegung der individuellen Anpassungen der Standardsoftware (Customizing). Erstellung von Pflichtenheften für die technische Ausstattung. Ermittlung der Schulungsanforderungen und Planung der Schulungsmaßnahmen	
Bewertung	Soweit hier noch Varianten vorliegen, sind sie zu bewerten	
Empfehlung	Mit dem Ziel einer Qualitätskontrolle sind den Entscheidern und den sonstigen Stakeholdern die Ergebnisse vorzustellen und Lösungsempfehlungen zu unterbreiten	

Mit der Entscheidung über die Fortsetzung des Projekts werden auch die notwendigen Ressourcen für die Realisierung freigegeben.

In den Teilstudien erfolgt die ausführungsreife Planung. Dabei sind insbesondere die späteren Anwender intensiv zu beteiligen. Es sollte mit den Normalfällen begonnen werden. Für Sonderfälle ist zu prüfen, ob sie zwingend gelöst und integriert werden müssen. Am Ende der Teilstudien werden mit der Entscheidung für die Realisation (Systembau) auch die benötigten Ressourcen freigegeben. — Zusammenfassung

2.4.1.1.5 Systembau (Realisierung)

Im Systembau werden die Konzeptionen aus den Teilstudien realisiert. Bei Bauprojekten wird ausgehoben, fundamentiert, gemauert usw. Bei IT-Projekten wird programmiert, Tests werden durchgeführt, die physische Datenbank wird erstellt, die technische Ausstattung wird bereitgestellt etc. Bei konventionellen aufbau- und ablauforganisatorischen Vorhaben ist die Hauptarbeit schon fast getan, es sei denn, mit dem Projekt wären bauliche Maßnahmen oder die Installation von Geräten bzw. Maschinen verbunden.

Projektphasen
Initiative
Planung
· Vorstudie
· Hauptstudie
· Teilstudien
Systembau
Einführung
Erhaltung

Es folgt die Fertigstellung der Dokumentation. Zum einen ist die Projektdokumentation abzuschließen. Diese Dokumentation ist während des gesamten Projektfortschritts laufend erstellt worden. Außerdem muss die Abschlussdokumentation erarbeitet werden. Sie besteht aus der Verfahrensdokumentation – für die Spezialisten, z.B. Dokumentation der Datenbank – und aus der Benutzerdokumentation – für die Anwender, z.B. Handbuch für die Anwender.

Liegen fertig ausgetestete Ergebnisse vor, ist die Einführung vorzubereiten.

Am Ende des Systembaus liegt ein fertig installiertes, betriebsbereites System vor.

Auch nach Abschluss dieser Phase ist eine Entscheidung einzuholen. Dabei geht es um die Freigabe für die Einführung und damit auch um die Bewilligung der dazu notwendigen Mittel.

In dem Beispielprojekt sind im Systembau unter anderem die folgenden Arbeiten zu bewältigen:

Beispiel

- Erfassen der Artikel- und Lieferantenstammdaten
- Herstellen der Benutzerhandbücher
- Installation und Test der Hard- und Software
- Vorbereiten der Schulung der
    - Mitarbeiter im Einkauf
    - Besteller als Kunden des Einkaufs.

Zusammenfassung

Im Systembau werden die Ergebnisse der Teilstudien realisiert. Die Projektdokumentation ist abzuschließen, und die Benutzerdokumentation wird erstellt. Die Einführung wird vorbereitet. Am Ende liegt ein fertig installiertes, betriebsbereites System vor.

2.4.1.1.6 Einführung

Es wurde bereits erwähnt, dass die Einführung eines Projekts von langer Hand vorbereitet werden muss. Es wäre viel zu spät, sich mit der Einführung erst dann auseinanderzusetzen, wenn die Planung und die Realisation abgeschlossen sind. Die Planung und die Vorbereitung der Einführung müssen spätestens im Systembau abgeschlossen sein, normalerweise beginnen sie jedoch bereits in der Hauptstudie.

Projektphasen
Initiative
Planung
· Vorstudie
· Hauptstudie
· Teilstudien
Systembau
Einführung
Erhaltung

Da sich die Einführung in Systems-Engineering nicht wesentlich von der Einführung in andere methodische Modelle unterscheidet, werden Details zu diesem Thema weiter unten behandelt (siehe dazu Kapitel 14).

2.4.1.1.7 Erhaltung

Die Erhaltung dient dazu, die technische Betriebsbereitschaft – die Anwendung läuft – und die funktionale Betriebsbereitschaft – die Anwendung leistet das, was sie leisten soll – zu gewährleisten. Dazu müssen Störungen ermittelt und behoben werden. Treten Störungen auf, wird ein – normalerweise eilbedürftiger – Reparaturauftrag ausgelöst, aber kein neues Projekt. Gleiches gilt für kleinere Anpassungen, die formell zwingend sind, beispielsweise wenn der Gesetzgeber Steuertabellen oder Sozialabgaben ändert.

Projektphasen
Initiative
Planung
· Vorstudie
· Hauptstudie
· Teilstudien
Systembau
Einführung
Erhaltung

Anders sieht es aus, wenn die Stakeholder – insbesondere die Anwender – zusätzliche Anforderungen an die Anwendung stellen. In diesen Fällen sind Projektanträge zu stellen, die ein formelles Genehmigungsverfahren durchlaufen sollten. Damit soll zum einen Wildwuchs verhindert und zum anderen sichergestellt werden, dass genügend Zeit bleibt, um die wirklich wichtigen Dinge vorrangig zu bearbeiten. Dass es sich hier nicht nur um ein theoretisches Problem handelt, wird deutlich, wenn man sich vor Augen führt, dass derartige Anpassungsmaßnahmen in vielen Unternehmen bis zu 70% der Kapazität von IT-Entwicklern beanspruchen. *Umgang mit neuen Anforderungen*

Kontrovers wird diskutiert, wer für die Wartungsaufgaben verantwortlich sein soll. Diese Frage kann nur aus dem betrieblichen Umfeld heraus beantwortet werden. Feststeht, dass nach Abschluss des Projekts geklärt sein muss, wer für diese Aufgaben zuständig ist. Das ist insofern nicht trivial, als die Mitarbeiter im Projekt nach dessen Abschluss für andere Aufgaben oder Projekte eingesetzt werden und damit für diese Wartungsaufgaben keine Zeit mehr haben. *Wartungszuständigkeiten klären*

Nach der Einführung, möglichst sogar nach einem längeren Praxisbetrieb, sollte das Projekt noch einmal kontrolliert werden. Dabei geht es um drei Aspekte: *Qualitätskontrolle*

- Wird die Lösung so praktiziert wie geplant
- Sind die versprochenen oder erwarteten Ergebnisse eingetreten
- Wie sind Kosten und Nutzen dieser Anwendung zu beurteilen?

Letztlich geht es hier um die Qualität der Projektarbeit. Diese Frage können die zuständigen Projektverantwortlichen kaum objektiv beantworten. Andererseits sind sie oft die einzigen, die überhaupt die notwendigen Fachkenntnisse besitzen, um ein solches Urteil abzugeben. In den meisten Unternehmen versucht die allgemeine Revision, diesen Fragen nachzugehen, in einigen Unternehmen übernimmt die spezielle Einheit Organisationscontrolling diese Aufgabe.

Insbesondere sollte hier auch die effektive Nutzung überprüft werden. Stellt sich heraus, dass wesentliche Teile von Anwendungen von den Nutzern nicht *Akzeptanzkontrolle* angenommen werden, ist den Ursachen nachzugehen. Wenn beispielsweise aus einem Perfektionsstreben heraus zu viel in die Lösungen „hinein gepackt" wurde, müsste dieses an die Entscheider gemeldet werden, die über die Projekte und deren Prioritäten entscheiden. Nur so kann ein Regelkreis geschaffen werden, der dafür sorgt, dass „die richtigen Dinge getan werden".

Zusammen-fassung	Die Erhaltung dient der Sicherung der technischen und funktionalen Betriebsbereitschaft. Nach der Einführung sollte überprüft werden, ob die ursprünglichen Ziele mit einem vertretbaren Aufwand erreicht und ob die bereitgestellten Leistungen auch genutzt werden.

Exkurs: Entscheidungen im Projektablauf

Die Projektarbeit wird von Entscheidungen begleitet. Diese Entscheidungen dienen zwei Zielsetzungen, die eng zusammenhängen:

- Steuerung im Sinne der Auftraggeber
- Sicherung der Qualität der Ergebnisse.

Diese beiden Zielsetzungen sollen nun etwas näher beleuchtet werden.

Steuerung im Sinne der Auftraggeber

Frühzeitige Verpflichtung der Entscheider	Die Bearbeiter organisatorischer Projekte besitzen – wie erwähnt – im Normalfall keine Entscheidungsbefugnisse. Mitarbeiter mit den entsprechenden Kompetenzen rufen Projekte ins Leben, geben Ziele vor und heißen das Ergebnis entweder gut oder verwerfen es. Um frühzeitig Fehlentwicklungen zu erkennen und sie nötigenfalls zu korrigieren, sind die Instanzen kontinuierlich zu beteiligen.

Eine kurzfristige, vorher nicht geplante Einschaltung der Entscheidungsberechtigten ist in der Praxis jedoch oft schwierig, da

- leitende Mitarbeiter meist nicht ad hoc abkömmlich sind – das ist ein besonderes Problem, wenn mehrere Instanzen gemeinsam verantwortlich sind
- die Zuständigen nicht immer ausgesprochen entscheidungsfreudig sind, speziell wenn es sich um unbequeme oder unternehmenspolitisch brisante Sachverhalte handelt.

Aus diesen Gründen sollte bereits zu Beginn eines Projekts im Vorgehensplan eindeutig festgelegt werden, zu welchen Anlässen bzw. Zeitpunkten die Entscheidungsberechtigten einzuschalten sind. Hier können zwei Arten von Entscheidungsanlässen unterschieden werden:

- Ereignisorientierte Entscheidungspunkte
- Zeitorientierte Entscheidungspunkte.

Ereignisorientierte Entscheidungspunkte liegen am Ende aller Projektphasen. Da die Aufträge jeweils nur für eine Phase gelten, sind neue Aufträge und damit auch neue Entscheidungen vor dem Start jeder neuen Phase zwingend notwendig. Darüber hinaus können für wichtige Teilprojekte ebenfalls phasenweise Entscheidungen fällig werden. Solche Entscheidungspunkte sind Meilensteine eines Projekts.

Bei längerfristigen Projekten sind zusätzlich zeitorientierte Entscheidungspunkte einzubauen. Das kann in der Form geschehen, dass grundsätzlich alle vier bis acht Wochen Bericht zu erstatten und eine Entscheidung einzuholen ist. Damit wird den Entscheidungsberechtigten Gelegenheit gegeben, sich über den Projektfortschritt auf dem Laufenden zu halten und steuernd in die Projektarbeit einzugreifen. Damit wird auch gewährleistet, dass der Informationsvorsprung der Projektmitarbeiter gegenüber den Entscheidern nicht zu groß wird.

Periodische Treffen

Ereignisorientierte Entscheidungen sollten bei mittleren und größeren Projekten grundsätzlich in der Form einer Präsentation durchgeführt werden. Die Projektmitarbeiter stellen ihre Ergebnisse den anwesenden Entscheidern persönlich vor und führen eine Entscheidung herbei. Bei kleineren Vorhaben und bei zeitpunktorientierten Anlässen kann auch die Form des schriftlichen Berichts gewählt werden. Eine Präsentation bietet allerdings wesentlich bessere Chancen, die Entscheider zu überzeugen und gezielt zu informieren.

Wird ein schriftlicher Bericht abgegeben, sollte eine Vereinbarung getroffen werden, dass Schweigen nach einer bestimmten Frist als Billigung angesehen wird.

Die Abbildung 2.08 soll die beiden genannten Formen von Entscheidungspunkten bei einem Großprojekt verdeutlichen.

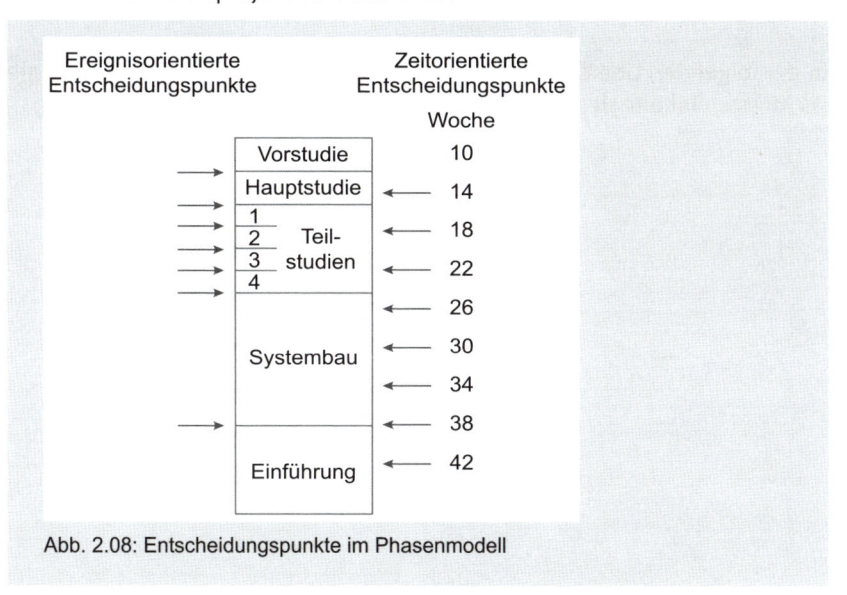

Ereignisorientierte Entscheidungspunkte		Zeitorientierte Entscheidungspunkte Woche
→	Vorstudie	10
→	Hauptstudie	← 14
→	1	← 18
→	2 Teil-	
→	3 studien	← 22
	4	
		← 26
	Systembau	← 30
		← 34
→		← 38
	Einführung	← 42

Abb. 2.08: Entscheidungspunkte im Phasenmodell

Exkurs: Sicherung der Qualität der Ergebnisse

Ziele zur Qualitätssicherung

Voraussetzung einer Qualitätssicherung sind die Qualitätsplanung und die Qualitätskontrolle. Eine Qualitätsplanung findet im weitesten Sinne schon statt, wenn Ziele mit dem Auftraggeber vereinbart werden. Insofern kann auch die Zielformulierungstechnik (siehe Kapitel 5.4) einen Beitrag zur Qualitätsplanung leisten. Die Ziele müssen allerdings so weit konkretisiert (operationalisiert) werden, dass die Zielerreichung überprüft werden kann. Da am Ende der Phasen Ziele und Lösungen einander gegenübergestellt werden, findet automatisch eine Qualitätssicherung durch die Entscheidungsberechtigten statt.

Anwender sichern Qualität

Um die Qualität eines Projekts zu gewährleisten, müssen neben den Entscheidern auch die späteren Nutzer und die sonstigen Stakeholder der Lösung zu Wort kommen. Auch ihnen sind in möglichst kurzen Abständen die jeweiligen Projektergebnisse zu präsentieren beziehungsweise zu demonstrieren. Sie werden aufgefordert, sich kritisch mit den Ergebnissen auseinander zu setzen. Das führt zu einer spürbaren Steigerung der Qualität und fördert gleichzeitig die Akzeptanz für die neuen Lösungen.

Zusammenfassung

> Projektbegleitend müssen nach den Phasen und evtl. noch darüber hinaus zusätzliche Entscheidungen durch die Auftraggeber gefällt werden, um sicherzustellen, dass Projekte in die gewünschte Richtung laufen und die geforderte Qualität auch erreicht wird. Zur Qualitätssicherung dienen Ziele als Planwerte. Die Qualität ist projektbegleitend, kontinuierlich mit den Entscheidern und den übrigen Stakeholdern zu überprüfen.

Übersicht zu den Projektphasen

In der folgenden Übersicht (siehe Abbildung 2.09) werden noch einmal die wichtigsten Inhalte der Projektphasen zusammengefasst.

Phase		
Initiative	Ziel	Ermittlung der Vorgaben des Auftraggebers sowie der Aufbauorganisation des Projekts
	Ergebnis	Abgestimmter Auftrag
Vorstudie	Ziel	Feststellen, ob das Projekt weiter verfolgt werden soll und falls ja, in welche Richtung
	Ergebnis	Ein bewerteter Vorschlag für die Lösungsrichtung
Hauptstudie	Ziel	Konkretisieren der Lösung in Form von Grobkonzepten für abgegrenzte Teilprojekte. Detaillierte Ermittlung der Benutzeranforderungen
	Ergebnis	Bewertete Vorschläge für Teilprojekte
Teilstudien	Ziel	Freigabe der Realisation
	Ergebnis	Abgeschlossene, ausführungsreife Detailpläne
Systembau	Ziel	Umsetzen der Planung in eine betriebsfertige Lösung
	Ergebnis	Fertiggestelltes, betriebsbereites System
Einführung	Ziel	Ein formell abgenommenes, voll funktionsfähiges System
	Ergebnis	Nutzungsfreigabe = Projektende
Erhaltung	Ziel	Aufrechterhaltung der technischen und funktionalen Betriebsbereitschaft
	Ergebnis	Ein angepasstes, funktionsfähiges, genutztes System

Abb. 2.09: Ziele und Ergebnisse der Projektphasen

Vorstudie

- Erheben und Analysieren von Informationen
- Modellieren der Situation
  - Abgrenzen des Projekts
  - interne Wirkungszusammenhänge darstellen
- Ermitteln externer Beziehungen und Einflüsse
- Verfeinern der Ziele
- Ermitteln der wichtigsten Anforderungen an die Lösung (was muss, soll sie leisten können)
- Erarbeiten grober Lösungsvarianten bzw. prinzipieller Lösungsrichtungen
- Realisierbarkeit prüfen u.a. nach den Kriterien
  - machbar
  - durchsetzbar
  - sozial verträglich
  - wirtschaftlich sinnvoll (Vergleich mit der Null-Variante)
- Bewerten
  - Kosten (einmalig und laufend)
  - Nutzen
- Erarbeiten einer Empfehlung
- Vorbereiten und Durchführen einer Entscheidungspräsentation

Hauptstudie

- Verfeinern der modellierten Situation
- Zerlegen des Projekts in abgrenzbare Teilprojekte
- Ermitteln der Schnittstellen zwischen den abgegrenzten Teilprojekten sowie den Teilprojekten und der Projektumwelt
- Weitergehendes Erheben und Analysieren zu den abgegrenzten Teilprojekten sowie den Teilprojekten und der Projektumwelt
- Ermitteln der Anforderungen in dem größtmöglichen Detaillierungsgrad
- Ermitteln bzw. Detaillieren von Qualitätsanforderungen mit Entscheidern und Anwendern
- Erarbeiten globaler Lösungsvarianten für die abgegrenzten Teilprojekte
- Verfeinern der Ziele und Anforderungen für die Teilprojekte
- Bewerten der Lösungsvarianten (Kosten/Nutzen)
- Prüfen der Verträglichkeit von Teillösungen
- Ermitteln der Prioritäten für Teilprojekte
- Durchführen der Qualitätssicherung mit Entscheidern und Anwendern
- Erarbeiten von Empfehlungen für Teilprojekte

Erhaltung | 69

Beispiele für Sonderheiten bei IT-Projekten (sind abhängig vom gewählten Verfahren der Systementwicklung):

- Prüfen der technischen Realisierbarkeit (globale Anforderungen an Hardware und Systemsoftware)
- Erarbeiten eines funktionalen Modells (Input und Output festlegen)
- Ermitteln eines Mengengerüsts
- Darstellen des logischen Datenmodells
- Weitgehend eindeutiges Darstellen der Benutzerschnittstelle z.B. durch Prototypen/Listen/Masken
- Planen der Konvertierung bestehender Daten
- Planen des Ausfallverfahrens/Backup-Konzepts
- Planen des Sicherheitskonzepts

Teilstudien

- Bedarfsabhängig weiteres Erheben und Analysieren von Informationen
- Komplettieren, Aktualisieren der Anforderungen und der Ziele
- Erarbeiten ausführungsreifer Pläne
- Ermitteln des quantitativen und qualitativen Bedarfs an
  - Personal
  - Raum, Gebäuden
  - sonstigen Sachmitteln
- Aufstellen von Pflichtenheften/Anforderungskatalogen
- Erstellen der Ausschreibungsunterlagen
- Einholen von Angeboten und Bewerten der Angebote
- Planen der Einführung
- Durchführen der Qualitätssicherung mit Entscheidern und Anwendern
- Erarbeiten entscheidungsreifer Vorlagen für die Realisierung

Beispiele für Sonderheiten bei IT-Projekten

- Beschreiben Datenfluss
- Beschreiben von Schnittstellen zwischen Systemkomponenten
- Beschreiben von Elementarfunktionen
- Entwerfen der physischen Datenbankstruktur
- Entwerfen des endgültigen Datenmodells
- Entwerfen und Spezifizieren der Tests
- Festlegen detaillierter Anforderungen an Hard- und Systemsoftware

Systembau

- Umsetzen der Pläne in arbeitsfähige Lösungen
- Vergabe und Überwachen von Fremdaufträgen
- Durchführen baulicher Maßnahmen
- Installation notwendiger Sachmittel
- Abschlusstests
- Abschluss der Projektdokumentation
- Fertigstellen der Benutzerdokumentation
- Abschluss der Einführungsvorbereitung
- Durchführen der Qualitätssicherung

Beispiele für Sonderheiten bei IT-Projekten
- Vollständiges Beschreiben der Struktur und des Ablaufs jeden Programms
- Erstellen der Programme
- Installation von Hard- und Software
- Bereitstellen von Testdaten
- Tests der Programme
- Integration von Programmen
- Test der Integration
- (Erst-) Erfassen von Daten

Einführung

- Information der indirekt Betroffenen
- Information und Schulen der direkt Betroffenen
- Unterstützen der Anwender in der Anfangsphase
- Sicherstellen des störungsfreien Funktionierens (Stabilisiereng der Lösung)
- Vorbereiten der Entscheidung für die Nutzungsfreigabe

Erhaltung

- Sammeln von Betriebs- und Nutzungsinformationen
- Störungsdiagnose und Beheben von Störungen
- Überprüfen auf sachgerechte Ergebnisse
- Überprüfen, in welchem Ausmaß Regelungen eingehalten werden, bzw. die Lösung genutzt wird
- Soll/Ist - Vergleich: In welchem Ausmaß sind die Ziele erreicht worden?
- Ermitteln von Anpassungs-/Änderungsbedarf (evtl. Anstoß für ein neues Projekt)

2.4.1.2 Planungszyklus

Bei der Darstellung der Projektphasen wurde schon darauf hingewiesen, dass die drei Planungsphasen die gleiche Grundstruktur aufweisen. Sie unterscheiden sich lediglich in der Abgrenzung und im Detaillierungsgrad der jeweils bearbeiteten Problemfelder. Es ist allerdings zu beachten, dass

- nicht immer alle Schritte im Zyklus getan werden müssen (wenn z.B. die benötigten Informationen schon vorliegen, erübrigt sich deren Erarbeitung)
- der Zyklus keine Einbahnstraße darstellt (in späteren Schritten kann es sich beispielsweise herausstellen, dass Informationen noch fehlen, so dass hier nachgearbeitet werden muss).

Flexibel zu handhaben

Der Planungszyklus soll dem Projektverantwortlichen als Checkliste dienen. Sie weist auf vermutlich notwendige Bearbeitungsschritte hin. Diese Checkliste dient aber nur als Empfehlung für den Normalfall. Sie ist nicht sklavisch abzuarbeiten.

Checkliste für den Projektleiter

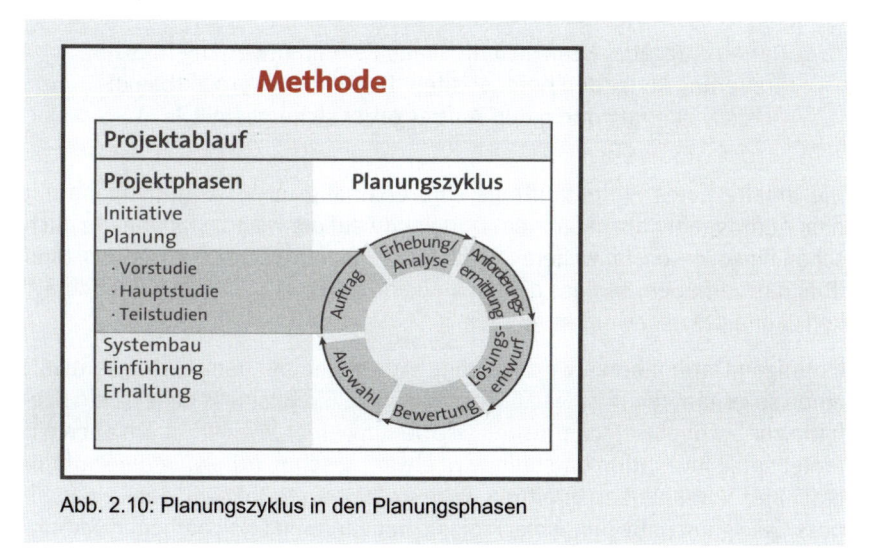

Abb. 2.10: Planungszyklus in den Planungsphasen

2.4.1.2.1 Auftrag

Es wurde bereits mehrfach erwähnt, dass die Projektverantwortlichen für andere tätig werden. Da sie normalerweise keine Entscheidungsbefugnisse besitzen, werden sie durch Aufträge gesteuert. Die Bedeutung eines vollständigen Auftrags (engl. project charter) und die Schwierigkeiten, ihn zu erhalten, wurden schon im Abschnitt über die Ziele der methodischen Projektbearbeitung behandelt, so dass hier darauf verwiesen werden kann.

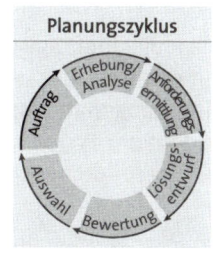

Methode

Im Zentrum dieses Schritts im Zyklus steht sie Ermittlung aller Stakeholder und der Ziele, die diese Stakeholder verfolgen. Da die Stakeholder und deren Ziele zu Beginn eines Projekts in der Regel nicht vollständig ermittelt werden können, müssen sie im Projektfortschritt immer weiter vervollständigt werden. Weitere Details zu den Zielen und zur Ermittlung der Stakeholder finden sich im Kapitel 5.

Mit den Zielen und den Stakeholdern sind auch die Grenzen des Projekts (Scope) im Auftrag zu definieren (siehe dazu 3.3.1 und 5.2).

Für jede Phase einen Auftrag

Ein Projekt wird nicht mit einem Auftrag gesteuert, sondern mit einer Kette von Aufträgen. Für jede Phase eines Projekts, d.h. sowohl für die Planungsphasen wie auch für den Systembau und die Einführung, sind einzelne Aufträge zu erteilen. Das hat zwei einander ergänzende Wirkungen:

- Der Projektleiter bekommt jedes Mal nur grünes Licht (d.h. auch Personal, Budget usw.) für eine Phase. Er darf ein Projekt nicht bis zur Einführung durchziehen, ohne Zwischenentscheide eingeholt zu haben
- Der Auftraggeber kann sich nicht aus der Verantwortung für seine Steuerungsaufgaben heraushalten. Damit ist die projektbegleitende Steuerung durch den Auftraggeber sichergestellt.

Zunehmende Präzisierung

Die Inhalte eines Projektauftrags sind erstmalig in der Initiativphase mit dem Auftraggeber abzustimmen. Dort wurde auf die wichtigsten Inhalte auch schon hingewiesen. Im weiteren Verlauf des Projekts wächst der Wissensstand über das Vorhaben, so dass die nachfolgenden Projektaufträge immer detaillierter und präziser werden.

Business Case als Auftragsbestandteil

In einigen Unternehmen wird verlangt, zusammen mit dem Auftragsentwurf einen so genannten Business Case vorzulegen. Ein Business Case ist ein Szenario zur betriebswirtschaftlichen Beurteilung einer Investition. Da auch ein Projekt eine Investition darstellt, wird erwartet, schon frühzeitig die Rentabilität eines Vorhabens zu ermitteln. Es leuchtet unmittelbar ein, dass ein Business Case ganz zu Beginn eines Projekts mit enormen Unsicherheiten verbunden ist. Die Forderung nach einem Business Case in dieser frühen Phase verführt die Beteiligten leicht dazu, das Projekt „schön zu rechnen". Je weiter die Planung voranschreitet, desto realitätsnäher und präziser können die Zahlen werden.

Die Projektaufträge der nachfolgenden Projektphasen sind praktisch identisch mit den Beschlüssen am Ende der Vorphasen und den dort getroffenen Vereinbarungen für das weitere Vorgehen. Der Projektleiter muss deswegen am Ende jeder Phase seine Entscheidungsvorlage so vorbereiten, dass sie die Inhalte für den nächsten Projektauftrag (Phasenauftrag) beinhaltet.

Zusammenfassung

Projekte werden durch Aufträge gesteuert, die jeweils für eine Phase gelten.

Weitere Einzelheiten und Techniken im Zusammenhang mit der Auftragsabstimmung finden sich im Kapitel 5.

2.4.1.2.2 Erhebung/Analyse

Unter einer Erhebung wird die Sammlung von Informationen verstanden. Als Analyse wird die Ordnung (Aufbereitung) des erhobenen Informationsmaterials bezeichnet.

Nach der Auftragserteilung müssen Informationen über den Ist-Zustand erhoben werden. Dabei kann es sich um Informationen über Aufgaben, deren Volumen, Zeit und Ort des Aufgabenanfalls, über Aufgabenträger, über Sachmittel, über bestehende Verfahren, kurz gesagt über die Inhalte des so genannten Organisationswürfels handeln. Dabei ist zu beachten, dass nicht nur Informationen über das IST sondern auch über die zukünftige Entwicklung zu erheben sind. Lösungen werden für die überschaubare Zukunft erarbeitet. Damit wird es häufig notwendig sein, zukünftige Entwicklungen – z.B. die Entwicklung des Mengengerüsts – in die Überlegungen mit einzubeziehen, sonst können Lösungen schon bei der Einführung überholt sein.

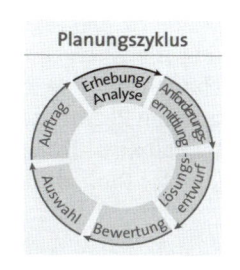

Ausgangssituation und zukünftige Entwicklung klären

Die notwendige Breite und Tiefe der Informationen hängen vom Projektfortschritt ab. Die Regel heißt, dass in der Vorstudie und teilweise auch noch in der Hauptstudie eher breit und global, in den Teilstudien dagegen für eng begrenzte Untersuchungsbereiche sehr detailliert erhoben wird. Es ist nicht sinnvoll, bereits in einer Vorstudie detaillierte Erhebungen anzustellen, da noch nicht erkennbar ist, welches der am ehesten Erfolg versprechende Lösungsweg sein dürfte. Auch steht der Untersuchungsbereich zu Beginn normalerweise noch nicht fest, so dass auch aus diesem Grund die Erhebung eher breit angelegt wird. Je weiter man im Projekt voranschreitet, desto klarer ist der Informationsbedarf zu erkennen, der auch im Detail ermittelt werden muss. Das Prinzip muss auf jeder Stufe also heißen: Soviel erheben wie unbedingt nötig.

Vom Groben ins Detail

Von der Qualität der erhobenen Informationen hängt zu einem nicht unerheblichen Teil auch die Qualität der späteren Lösung ab. Aus diesem Grund gibt es eine ganze Reihe von Werkzeugen, die die Erhebungsarbeit unterstützen, die so genannten Erhebungstechniken, die im Kapitel 6 ausführlich behandelt werden.

Die Erhebung ist jedoch nicht nur ein technisches Problem. Da organisatorische Vorhaben von den Betroffenen manchmal als Bedrohung empfunden werden, verlangen Erhebungen eine Menge Fingerspitzengefühl. Neben den sachlichen Fragen ist immer darauf zu achten, dass die persönliche Beziehung „stimmt", weil eine positive zwischenmenschliche Beziehung auch bessere Erhebungsergebnisse erwarten lässt und letztendlich sogar die Akzeptanz für neue Lösungen fördern kann.

| Methode

Aufbereitete Informationen über das IST

Die erhobenen Informationen müssen – wenn dieses nicht bereits durch eine entsprechende Strukturierung in der Erhebung geschehen ist – zusätzlich aufbereitet, geordnet, ausgewertet und systematisiert werden. Diese Ordnung wird hier als Analyse bezeichnet.

Beispiel

> Bei der Untersuchung der Schadensfälle einer Versicherung wurden alle Fälle des zurückliegenden Jahres gesammelt. An diese Erhebung schließt sich dann die Analyse an. So werden die Fälle gegliedert nach der Höhe der Schadenssumme, der Art des Schadens, der Altersstruktur der Beteiligten, nach den Regionen, in denen der Schaden entstanden ist etc. Das erhobene Material wird also geordnet, und zwar nach Kriterien, die sich aus der Zielsetzung des Projekts ergeben.

Durch spezielle Techniken wird beispielsweise die Analyse von Aufgaben, Daten und Mengen unterstützt (siehe dazu die Techniken der Analyse, Kapitel 7).

Oft ist es möglich, bereits bei der Erhebung Merkmale der Analyse zu verwenden, so dass Erhebung und Analyse im Gleichschritt erfolgen.

Wertfreie Aufbereitung

Die Analyse ist – zumindest gedanklich – eine wertfreie Ordnung von Informationen über den Ist-Zustand.

Zusammenfassung

> Die Erhebung beinhaltet die Sammlung von relevanten Informationen. Analyse ist die wertfreie Ordnung der erhobenen Informationen. Sowohl für die Erhebung wie für die Analyse stehen organisatorische Techniken zur Verfügung.

2.4.1.2.3 Ermittlung der Anforderungen

Die Ermittlung der Anforderungen der verschiedenen Parteien, die ein Interesse an der Lösung haben, kann ohne Übertreibung als eine der wichtigsten Aufgaben in jedem Projekt bezeichnet werden. Mit Parteien sind die so genannten Stakeholder gemeint, deren Anforderungen an die Lösung für den Erfolg des Projekts maßgeblich sind.

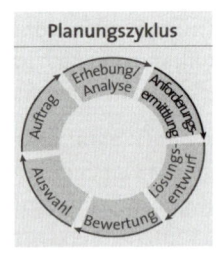

Anforderungen der Stakeholder

Die Ermittlung der Anforderungen – in der Literatur auch als Requirements-Engineering bezeichnet – ist besonders schwierig, wenn „auf der grünen Wiese" Lösungen gefunden werden sollen. Dann fällt es den Beteiligten und insbesondere den Anwendern ausgesprochen schwer, Vorstellungen über die zukünftigen Anforderungen zu entwickeln.

Handelt es sich demgegenüber um die Weiterentwicklung einer vorhandenen Lösung, wird normalerweise auf den Erfahrungen mit dieser Lösung aufgebaut, um daraus die Anforderungen an die Weiterentwicklung abzuleiten. Die Würdigung einer bereits bestehenden Lösung setzt sich wertend mit dem Ist-Zustand auseinander. Sie fragt nach Stärken und Schwächen, Chancen und Risiken dieser Lösung, um daraus die Anforderungen abzuleiten.

Schwächen sind meistens der Ausgangspunkt für organisatorische Vorhaben. Weil etwas unbefriedigend ist, möchte man es ändern. Allerdings sind zu Beginn eines Projekts meistens nicht alle Schwächen bekannt. Sie müssen planmäßig gesucht und auf ihre Ursachen zurückgeführt werden.

Stärken und Schwächen, Chancen und Risiken

Die Suche nach Schwachstellen darf aber nicht den Blick für die Stärken des Ist-Zustands versperren. Oftmals ist man sich dieser Stärken gar nicht recht bewusst. Wie gut die bisherige Lösung war, merkt man erst dann, wenn es zu spät ist, wenn nämlich die neue Lösung schon eingeführt wurde. Die Kenntnis der Stärken ist genauso wichtig wie die Kenntnis der Schwachstellen. Nur wenn man sich der Stärken bewusst ist, kann man dafür sorgen, sie auch für die Zukunft zu erhalten oder, falls das nicht möglich ist, zusätzliche Maßnahmen ergreifen, um den Verlust einer Stärke zu kompensieren.

Darüber hinaus sollten auch die zukünftigen Chancen und Risiken des Ist-Zustands ermittelt werden. Nur erkannte Chancen können bewusst genutzt, nur erkannte Risiken können bewusst vermieden werden.

Stärken und Schwächen, Chancen und Risiken müssen auf ihre Ursachen untersucht werden, um mit neuen Lösungen nicht am Symptom zu kurieren. Sind z.B. die Ursachen für Schwächen bekannt, ist es oftmals relativ einfach, auch sinnvolle Lösungen zu finden. Sind die Ursachen für Stärken bekannt, fällt es leichter, sie zu erhalten.

Ermittlung von Ursachen

Nach der Ermittlung und Bewertung der Stärken und Schwächen, der Chancen und der Risiken sind die Ziele im Projektauftrag und die Anforderungskataloge zu überarbeiten. Aus Schwächen (Problemen) werden ebenso Ziele (z.B. lange Durchlaufzeiten im Ist werden zum Ziel „kurze Durchlaufzeiten") wie aus Stärken (z.B. gute Beziehungen zum Kunden werden zum Ziel „Kundenbindung fördern"). Aus Chancen können ebenso Ziele abgeleitet werden (z.B. Erweiterungsfähigkeit einer Lösung, wenn die Chance besteht, einen Mitbewerber aufzukaufen) wie aus Risiken (wenn z.B. der Lieferant von Hardware ausfallen könnte, dann wäre ein denkbares Ziel „Sicherung der technischen Unterstützung"). Bei bekannten Risiken können frühzeitig vorbeugende Maßnahmen ergriffen werden, an die sonst niemand gedacht hätte.

Ziele und Anforderungskataloge

Nach der Präzisierung der Anforderungen kann auch der Business Case präzisiert und detailliert werden.

Ergebnis dieses Schrittes sind die Anforderungen der Benutzer, der Kunden, der Entscheider und aller übrigen Stakeholder an die spätere Lösung. Die Qualität einer Lösung hängt letztendlich davon ab, inwieweit deren Anforderungen erfüllt werden. Jede betriebliche Lösung muss dafür sorgen, dass die Erwartungen der Kunden so gut wie möglich erfüllt werden. Nur dann bleiben sie als

Kunde und Anwender wichtige Stakeholder

Kunden erhalten und sichern die Existenz der Unternehmung. Die Kunden können nur dann bestmöglich versorgt werden, wenn alle Mitarbeiter auf Lösungen und Systeme zurückgreifen können, die solche Bestleistungen ermöglichen. Darüber hinaus gibt es aus der Sicht der Entscheider (Management) Anforderungen, die sich nicht immer hundertprozentig mit den Anforderungen der Nutzer decken, ja ihnen sogar widersprechen können. Derartige Interessenkonflikte werden in spannungsgeladenen Diskussionen zwischen Arbeitnehmer- und Arbeitgeberinteressen sichtbar.

Zur Ermittlung der Anforderungen können verschiedene Techniken herangezogen werden, die im Kapitel 8 näher behandelt werden.

Zusammenfassung

> Anforderungen sind Erwartungen von Kunden, Anwendern und Management und sonstigen Stakeholdern an die zukünftige Lösung. Soll ein bestehender Zustand verbessert werden, sind Stärken und Schwächen, Chancen und Risiken der vorhandenen Lösung Ausgangspunkt für derartige Überlegungen. Bei Neuentwicklungen müssen die Anforderungen konzeptionell erarbeitet werden. Die Ergebnisse der Anforderungsermittlung werden in die Projektziele und in die Anforderungskataloge eingearbeitet. Business Cases können anschließend präzisiert und detailliert werden.

2.4.1.2.4 Lösungsentwurf

Detaillierungsgrad abhängig vom Projektfortschritt

Nach der Erhebung, Analyse und Anforderungsermittlung sind Lösungsvarianten zu erarbeiten. Je nach dem Standort im Planungsfortschritt handelt es sich um Grobkonzepte für das Gesamtproblem (Vorstudie), um Grobkonzepte für einzelne Problemfelder bzw. Teilprojekte (Hauptstudie) oder um Detailkonzepte (Teilstudien).

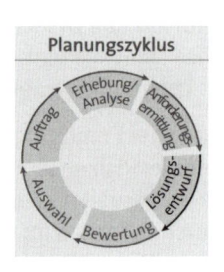

In der Erhebung und Analyse wird das Material für die Lösungen gewonnen. Es werden die zu verteilenden Aufgaben, die benötigten Informationen, die einzusetzenden Sachmittel usw. ermittelt. Im Lösungsentwurf werden diese Elemente miteinander verknüpft zu Prozessen, zu Stellen, zu Abteilungen, zu Sachmittelsystemen, zu Informationssystemen etc.

Varianten ermöglichen Bewertung

Zu einer rationalen Entscheidung gehört es, dass nicht die erstbeste mögliche Lösung auf ihre Eignung untersucht wird, sondern dass Alternativen gesammelt werden. Mit der Zahl der vorliegenden Lösungsmöglichkeiten steigt die Wahrscheinlichkeit, dass die bestmögliche Lösung gefunden wird. Außerdem wird die Auswahl der bestmöglichen Lösung erleichtert, wenn alternative Lösungen vorliegen, da so die relativen Vor- und Nachteile einzelner Varianten erkannt werden können.

Der Lösungsentwurf lässt sich nur unterstützend durch Techniken begleiten. Zu groß ist das Spektrum betrieblicher Fragestellungen, als dass hier Techniken eingesetzt werden könnten, die direkt den Weg zur optimalen Lösung weisen. Techniken der Aufbau- und Prozessorganisation, Kreativitätstechniken und Entwurfstechniken können eine gewisse Hilfe bieten. Auch kann der Einsatz der Moderationstechnik hilfreich sein, wenn Lösungen beispielsweise mit den Betroffenen gemeinsam erarbeitet werden. Ansonsten ist der Projektverantwortliche hier auf die Ergebnisse der Befragungen, auf intensive Diskussionen mit den späteren Anwendern, auf seine eigenen Erfahrungen wie auch auf seine Kombinationsfähigkeit und Vorstellungskraft angewiesen (zu den Techniken des Lösungsentwurfs siehe Kapitel 9).

Im Lösungsentwurf werden in den einzelnen Projektphasen zunehmend detaillierte Lösungsvarianten erarbeitet mit dem Ziel, die bestmögliche Lösung zu erkennen.

Zusammenfassung

2.4.1.2.5 Bewertung und Auswahl

In einer Bewertung werden Aussagen darüber gemacht, inwieweit mit den erarbeiteten Varianten die gesetzten Ziele erreicht und Anforderungen erfüllt werden können. Da sowohl die Aussage darüber, was ein Ziel ist, wie auch die Aussage, wie wichtig ein Ziel oder eine Anforderung ist, ja selbst die Aussage, ob eine Variante ein Ziel oder eine Anforderung mehr oder weniger gut erreicht, von individuellen Wertmaßstäben abhängt – unterschiedliche Bewerter kommen oft zu unterschiedlichen Ergebnissen – kann es keine objektive Bewertung geben. Die Objektivierung der Bewertung ist methodisch nicht zu lösen. Das führt zu einem Dilemma, da bei betrieblichen Vorhaben ganz verschiedene „Parteien" (Stakeholder) mit sehr unterschiedlichen Präferenzen beteiligt sind.

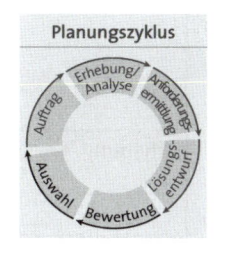

Transparenz statt objektiver Bewertung

Das Ziel kann also nicht heißen, so objektiv wie möglich zu bewerten – eine solche Zielsetzung klingt zwar plausibel, ist aber praktisch nicht umzusetzen. Vielmehr sind die Entscheidungsgrundlagen so transparent wie möglich zu machen, so dass die Entscheider erkennen können, unter welchen Prämissen die Bewerter zu ihrer Aussage gekommen sind. Die Entscheider müssen dann sagen, ob sie die Prämissen akzeptieren. Wenn sie gegebenenfalls anders werten, müssen die Auswirkungen dieser Abweichungen ermittelt werden.

Techniken der Bewertung werden im Kapitel 10 vorgestellt.

An die Bewertung – genauer gesagt an den Bewertungsvorschlag – durch die Projektverantwortlichen schließt sich dann die Bewertung durch die dazu befugten Stellen oder Gremien an. Diese Bewertung mündet in die Auswahlentscheidung, die gleichzeitig die Grundlage für den Auftrag zur nächsten Projektphase bildet. Womit sich ein Kreis (Zyklus) geschlossen hat und gleichzeitig ein neuer Kreis beginnt.

Methode

Zusammenfassung

In der Bewertung wird ermittelt, inwieweit die Varianten die gesetzten Ziele erreichen beziehungsweise die Anforderungen erfüllen. Der Bewertungsvorschlag durch die Projektmitarbeiter sollte für den Entscheider nachvollziehbar sein.

Die Bestandteile des Planungszyklus werden in der Abbildung 2.11 noch einmal zusammengefasst.

Schritt im Zyklus	Zu erledigende Aufgaben
Auftrag	Ziele, Restriktionen, Projektorganisation, Termine, Kosten (Budget) für diese Phase evtl. auch eine Rentabilitätsrechnung für das Projekt (Business Case). Am Ende der Phase muss eine neue Entscheidung eingeholt/gefällt werden. Da Aufträge oft unvollständig (zu vage) oder zu sehr lösungsorientiert formuliert werden, ist ein vollständig formulierter Auftrag als Holschuld des Projektleiters anzusehen
Erhebung/Analyse	Sammeln von Informationen zum Ist-Zustand und über die zukünftige Entwicklung. Aufbereiten (ordnen) des erhobenen Materials
Ermittlung der Anforderungen	Ermitteln der Anforderungen von Kunden, Betroffenen, Entscheidern und sonstigen Stakeholdern, bei Weiterentwicklungen auf der Grundlage von Stärken und Schwächen, Chancen und Risiken. Überarbeiten des Zielkatalogs/Anforderungskatalogs für das Projekt/Teilprojekt
Lösungsentwurf	Sammeln möglicher (Teil-) Lösungen – in der Vorstudie sollte die Ist-Lösung auch eine Variante sein
Bewertung	Die ermittelten Varianten werden den Zielen gegenübergestellt. Der Zielerreichungsgrad der Varianten wird ermittelt. Es wird eine Empfehlung für die Entscheider erarbeitet
Auswahl	Die Entscheidungsberechtigten überprüfen den Vorschlag und legen verbindlich fest, wie weiter vorzugehen ist. Wenn das Projekt fortgeführt wird, erteilen sie einen Auftrag für das weitere Vorgehen

Abb. 2.11: Bestandteile eines Planungszyklus

2.4.1.3 Zusammenhang zwischen Projektphasen und Techniken

Die meisten Techniken, die in den folgenden Kapiteln behandelt werden, können einzelnen Projektphasen bzw. den Schritten des Planungszyklus zugeordnet werden. Die folgende Abbildung zeigt die wichtigsten Techniken und ihren Bezug zu den Projektphasen.

Projektphasen		Techniken
Vorstudie/Hauptstudie/Teilstudien	Auftrag	**Projektabgrenzung** Ermittlung Stakeholder, Zielformulierung, Business Case
	Erhebung	**Erhebungstechniken** Interview, Fragebogen, Beobachtung, Selbstaufschreibung, Laufzettel, Schätzungen, Erhebungsworkshop
	Analyse	Aufgabenanalyse Informationsanalyse Datenanalyse Vernetztes Denken
	Anforderungsermittlung	Dokumentationstechniken, Techniken der/des Anforderungsermittlung, Gewichtung Qualitätssicherung, Änderungsmanagement
	Lösungsentwurf	Kreativitätstechniken Techniken der Aufbau- und Prozessorganisation FMEA
	Bewertung und Auswahl	Wirtschaftlichkeitsrechnung, Nutzwertanalyse, Kosten-Wirksamkeits-Analyse, visuelle Bewertung
	Systembau	Techniken zur Darstellung und Gestaltung von Aufbau- und Prozessorganisation
	Einführung	Präsentationstechnik
	Erhaltung	

Oben: **Ziele – Probleme** / Unten: **Lösung/Ergebnis**

Abb. 2.12: Zusammenhang zwischen Projektphasen und Techniken

2.4.2 Varianten zum Standardablauf von Projekten

Die oben genannten Projektphasen sollten in betrieblichen Projekten grundsätzlich eingehalten werden. Allerdings gibt es durchaus Situationen, in denen es sinnvoll ist, davon abzuweichen und eine der folgenden Varianten zu nutzen:

- Überlappende Projektphasen (Simultaneous Engineering)
- Zusammenlegen von Phasen
- Späterer Einstieg in das Projekt
- Haubentaucher-Modell
- Versionenkonzept
- Prototyping.

2.4.2.1 Überlappende Projektphasen (Simultaneous Engineering)

Flexible Übergänge In der praktischen Projektarbeit ist es nicht immer möglich und auch nicht immer sinnvoll, eine Phase komplett abzuschließen, ehe mit der Folgephase begonnen wird. Oft ist es auch notwendig, zu einer vorhergehenden Phase zurückzukehren, etwa weil sich später herausstellt, dass es weitere sinnvolle Varianten gibt oder weil eine verfolgte Variante sich aus irgendwelchen Gründen als nicht realisierbar erweist. Auch können Informationen aus früheren Phasen noch fehlen, die später nacherhoben werden müssen. Das führt zu überlappenden Phasen, wie die Abbildung 2.13 zeigt.

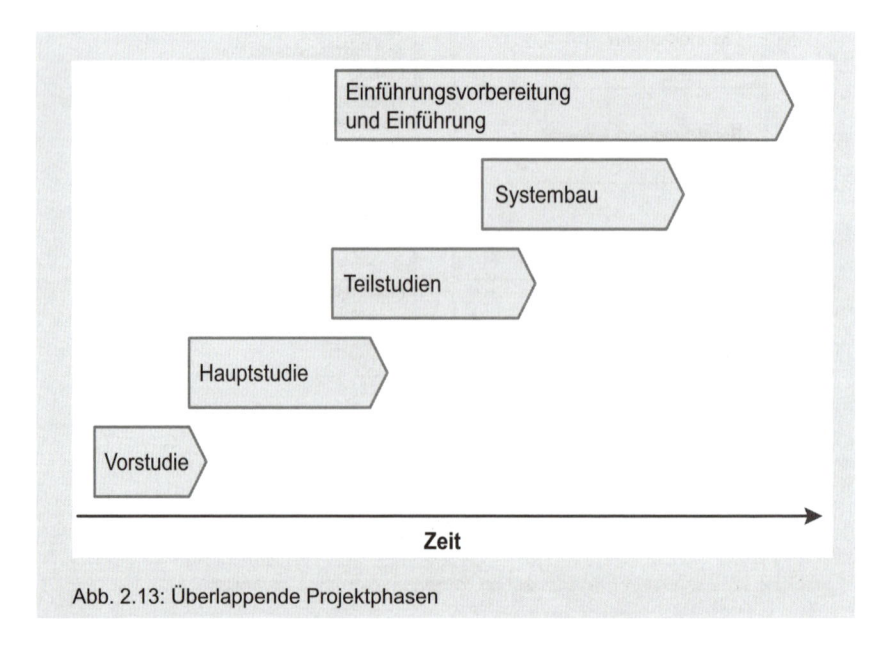

Abb. 2.13: Überlappende Projektphasen

Überlappende Projektphasen (Simultaneous Engineering)

Besonders groß ist normalerweise der Überlappungsbereich bei der Einführung bzw. bei der Einführungsvorbereitung. Mit Vorbereitungen zur Einführung kann schon in der Hauptstudie begonnen werden.

Weiterhin können sich Phasen insofern überlappen, als bei einigen Teilprojekten noch an der Planung gearbeitet wird, während bei anderen Teilprojekten bereits die Realisation begonnen hat. Das kann beispielsweise bei einem Projekt der Fall sein, wo in der Beschaffung mit langen Lieferzeiten zu rechnen ist. Ohne die detaillierte, ausführungsreife Planung abgeschlossen zu haben, werden „Grobaufträge" (Optionen) vergeben. Die Spezifikationen werden dann mit dem Projektfortschritt präzisiert.

Überlappende Planung und Realisation

Das so genannte Simultaneous Engineering hat stark an Bedeutung gewonnen, insbesondere um schneller neue Produkte im Markt einführen zu können. Im Simultaneous Engineering werden die Phasen überlappend abgewickelt. Außerdem wird innerhalb der Phasen darauf geachtet, dass solche Teilprojekte mit hoher Priorität bearbeitet werden, die lange Bearbeitungszeiten haben und von denen andere Teilprojekte abhängen. Schließlich wird versucht, möglichst viele Teilprojekte parallel zueinander zu entwickeln, weil dadurch die Projektdauer erheblich verkürzt werden kann.

Simultaneous Engineering

Das Simultaneous Engineering stellt das Phasenkonzept nicht grundsätzlich in Frage, die Grundstruktur des Projekts bleibt unverändert, sie wird lediglich modifiziert. Damit sind die folgenden Vor- und Nachteile verbunden.

Vorteile	Nachteile
▪ Kürzere Durchlaufzeit von Projekten	▪ Gefahr von Insellösungen
▪ Verbesserte Koordination über die Phasen hinweg ist möglich	▪ Künstliche Schaffung von Restriktionen für nachfolgende Teilprojekte
▪ Leichtere Überbrückung der Kluft zwischen Planern und Realisierern	▪ Hoher Aufwand für die Koordination

Überlappende Projektphasen und parallel bearbeitete Teilprojekte können dazu beitragen, die Durchlaufzeit von Projekten zu beschleunigen und die Kooperation der Beteiligten im Projekt zu verbessern.

Zusammenfassung

2.4.2.2 Zusammenlegen von Phasen

Im Einzelfall kann es sinnvoll sein, zwei oder gar alle drei Planungsphasen zusammenzulegen. Die den Phasen zugeordneten Planungsaufgaben werden zwar erledigt, aber nicht jedes Mal mit der Projektinstanz formell abgestimmt. Typisch ist die Zusammenlegung der Haupt- und der Teilstudien, nachdem zuvor eine Richtungsentscheidung nach einer – evtl. kurzen – Vorstudie eingeholt wurde. Denkbar ist auch die Zusammenlegung der Vor- und Hauptstudie, um dann nach der Entscheidung mit der ausführungsreifen Planung zu beginnen.

Planungsphasen verdichtet

Die Zusammenlegung von Phasen kann unter folgenden Umständen sinnvoll sein:

- Kleines Projekt (geringer Zeitaufwand, geringe Kosten)
- Einfaches Projekt (geringe Schwierigkeit, wenig neuartig)
- Geringe Bedeutung des Projekts (kaum wesentliche Auswirkungen auf wichtige Ziele)
- Hoher Zeitdruck (Handeln ist wichtiger als Perfektionieren).

Vorteile	Nachteile
■ Schnelle Ergebnisse ■ Geringerer Planungsaufwand ■ Entscheider werden weniger behelligt	■ Suche nach sinnvollen Varianten wird vernachlässigt ■ Tatsächlich vorhandene Komplexität wird unzulässig reduziert (man gibt sich mit Insellösungen oder mit „einfachen" Lösungen zufrieden) ■ Einengen des Blickfelds auf Varianten, die eine hohe Realisierungs- oder Akzeptanzchance haben

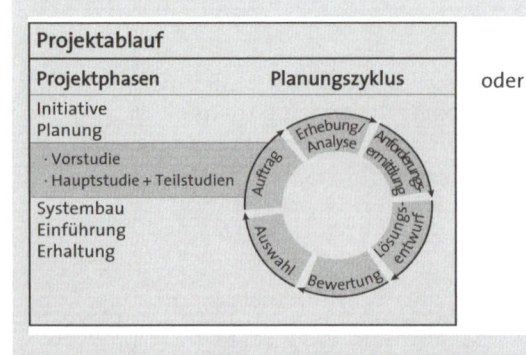

Abb. 2.14: Zusammenlegen von Phasen

2.4.2.3 Späterer Einstieg in die Projektphasen

Das Standardmodell kann dahingehend modifiziert werden, dass erst in einer späteren Phase in das Projekt eingestiegen wird. So kann beispielsweise die Vorstudie übersprungen werden. Oder es wird sogar gleich mit der Feinplanung, im Extremfall sogar mit der Realisierung begonnen.

Grobplanung entbehrlich

Dieser Weg kann sinnvoll sein, wenn beispielsweise die folgenden Bedingungen gegeben sind:

- Lösung steht bereits fest (der Entscheider will ein bestimmtes Ergebnis)
- Keine echten Varianten vorhanden (politische oder rechtliche Vorgaben erzwingen eine bestimmte Lösung)
- Einführen fertiger Ergebnisse (die Grundsatzentscheidung für die Lösung wurde beispielsweise schon in einem früheren Projekt gefällt; dieser Fall liegt immer dann vor, wenn eine stufenweise Einführung geplant ist und jede Einführungsstufe wie ein eigenes Projekt behandelt wird)
- Projekt hat geringe Bedeutung (die Qualität der Lösung spielt keine große Rolle)
- Wegwerfprojekt (das Ergebnis wird nur einmalig oder kurzfristig genutzt).

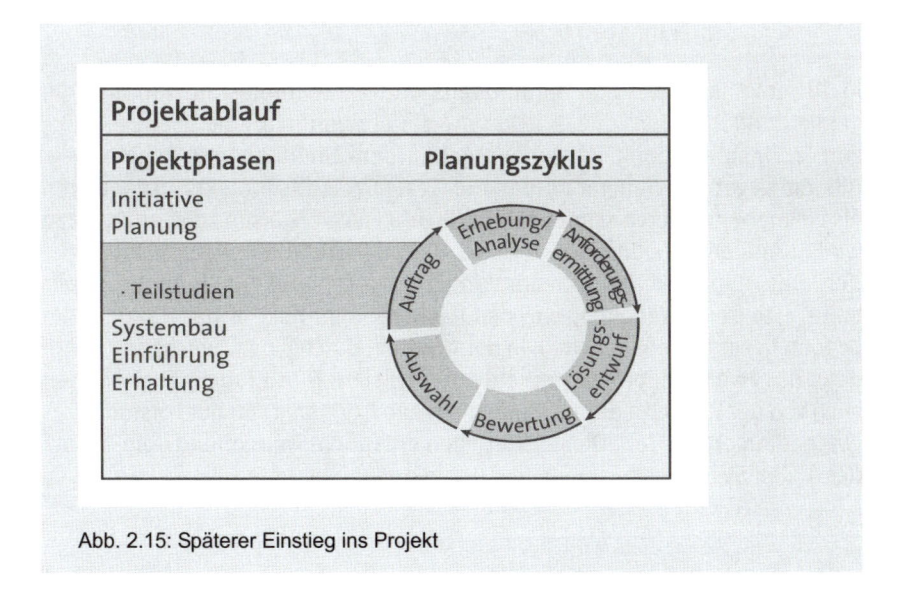

Abb. 2.15: Späterer Einstieg ins Projekt

Mit dieser Variante sind die folgenden Vor- und Nachteile verbunden:

Vorteile	Nachteile
■ Schnelle Resultate ■ Keine Beschäftigung mit Varianten, die keine Realisierungschance haben ■ Weniger Planungsaufwand ■ Kein Perfektionismus bei Einmalprojekten	■ Keine Suche nach deutlich besseren Lösungen ■ Einengen des Handlungsspielraums des Planers (Motivationsproblem)

Zusammenfassung Bei kleinen Vorhaben und in den Fällen, wo bestimmte Entscheidungen im Vorfeld bereits getroffen wurden, kann es sinnvoll sein, Planungsphasen zusammenzulegen oder auch einzelne Phasen auszulassen.

2.4.2.4 Haubentaucher-Modell

Schnelle Ergebnisse für Teilprojekte In dieser Variante des Standardmodells wird ein Teilprojekt ausführungsreif geplant und realisiert, ehe die Planung der übrigen Teilprojekte abgeschlossen ist. Insofern ähnelt dieses Vorgehen dem Simultaneous Engineering. Allerdings geht es weniger darum, die Gesamtzeit des Projekts zu verkürzen als vielmehr möglichst schnelle (Teil-) Ergebnisse vorweisen zu können. Dazu wird normalerweise das Projekt in der Hauptstudie in Teilprojekte aufgegliedert. Das Teilprojekt mit höchster Priorität wird dann bis zur Einführung bearbeitet („tief eingetaucht"), ehe das nächste Teilprojekt in der Hauptstudie begonnen wird („aufgetaucht"). In dem zweiten Durchgang („Tauchgang") wird dann das zweite Teilprojekt geplant und realisiert. Diese Tauchgänge können auch von der Plattform der Teilstudien oder im Extremfall von der Vorstudie aus vorgenommen werden. Dieses Vorgehen entspricht weitgehend dem Ansatz der Agilen Systementwicklung in IT-Projekten (siehe unten Kapitel 2.4.3.4).

Abb. 2.16: Haubentaucher-Modell

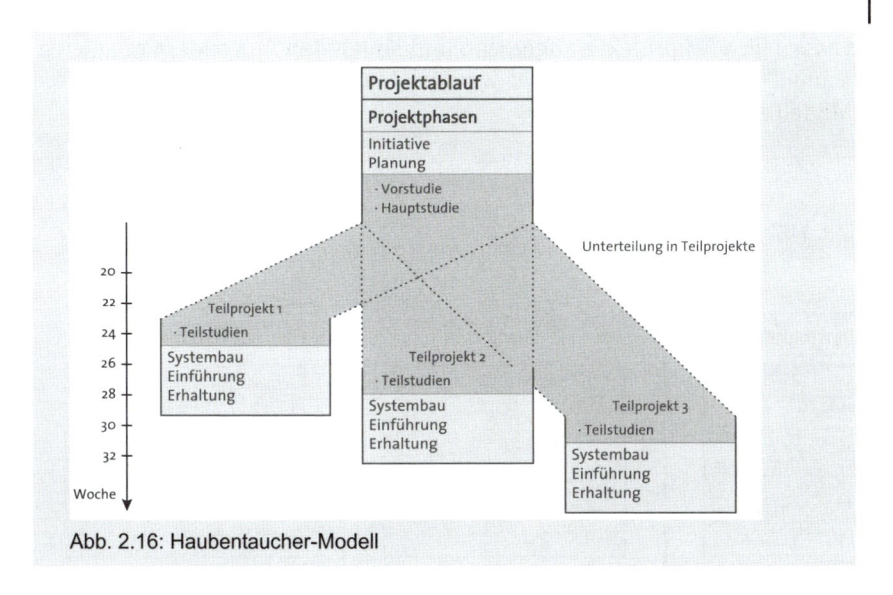

Dieses Vorgehen kann unter folgenden Bedingungen sinnvoll sein:

- Projekt kann in abgrenzbare Teilprojekte zerlegt werden
- Teilprojekte können weitgehend unabhängig von einander entwickelt werden
- Ein Teilprojekt ist für sich funktionsfähig (es setzt nicht die Realisierung eines anderen Teilprojekts voraus)
- Es handelt sich um ein großes Projekt mit einem hohen Zeitaufwand und deswegen mit einem großen Vorlauf zur Realisierung des gesamten Projekts
- Hoher Zeitdruck bei einzelnen Teillösungen.

Mit diesem Ansatz sind folgende Vor- und Nachteile verbunden:

Vorteile	Nachteile
- Schnelle (Teil-) Resultate (Anwender sehen, dass es voran geht) - Projektmitarbeiter bleiben mit Anwendern auf Tuchfühlung - Schnellere Erfolgserlebnisse der Mitarbeiter im Projekt (Motivation)	- Gefahr von Insellösungen - Hoher Nachbesserungsaufwand bei später realisierten Teilprojekten möglich

86 | Methode

Zusammen-fassung | Lassen sich Teilprojekte abgrenzen und sollen den Anwendern möglichst schnell Ergebnisse ermöglicht werden, bietet sich das Haubentaucher-Modell an.

2.4.2.5 Versionenkonzept

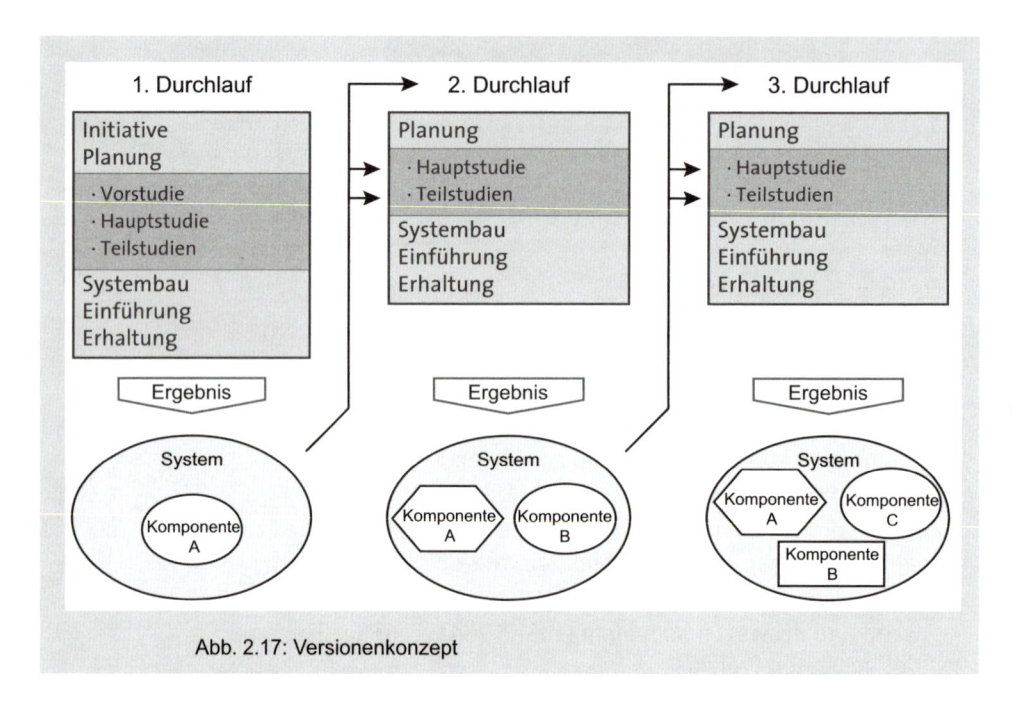

Abb. 2.17: Versionenkonzept

Nicht alles auf einmal | Beim Versionenkonzept wird von einer begrenzten Zielsetzung ausgegangen. Statt zu versuchen, eine perfekte, komplette Lösung zu erarbeiten, die für die überschaubare Zukunft allen Anforderungen gerecht wird, entwickelt man eine Annäherung an die Ideallösung, ohne von Anfang an zu wissen, wo dieses Ideal im Einzelnen liegt. In einem zweiten Durchlauf wird dann versucht, weitere wichtige Bestandteile der Ideallösung zu erarbeiten. Nach den Erfahrungen mit der ersten und der zweiten Version wird dann eine weitere Annäherung an eine – fortgeschriebene – Ideallösung versucht. Dieses Vorgehen wird im angelsächsischen Sprachbereich als ein „Slowly growing system" genannt. Dieses Vorgehen findet sich oft bei IT-Anwendungen (z.B. Release XY). Es ist auch typisch für die japanische Form der Produkt- und Fertigungsverbesserung (Kaizen – siehe 2.4.4.1).

Das Versionenkonzept ist kein eigenes Vorgehensmodell. Für jede Version können die Projektphasen durchlaufen werden. Es handelt sich eher um ein Vorgehen mit begrenzter Zielsetzung im Rahmen mehrerer Projektabläufe.

Dieses Vorgehensmodell kann unter folgenden Bedingungen sinnvoll sein:

- Schnelle Ergebnisse sind gefordert
- Entwicklungsrisiko soll minimiert werden
- Keine klaren Vorstellungen über die Ideallösung
- Schwieriges Projekt (hohe Anforderungen an die Beteiligten wegen hoher Komplexität und Neuartigkeit)
- Große Bedeutung des Projekts (es ist wichtig für die Erreichung wesentlicher Ziele)
- Breiter und langfristiger Bedarf (es lohnt sich, das Projekt mit langem Atem anzugehen, weil es langfristig viele Anwender/Nutzer gibt).

Mit diesem Vorgehen sind folgende Vor- und Nachteile verbunden:

Vorteile	Nachteile
- Schnelle Ergebnisse - Reduzierung des Risikos - Begrenzter finanzieller Aufwand für die einzelne Version - Besseres Erkennen des „wahren" Bedarfs beim Anwender (damit steigt die Bereitschaft, nicht gleich die 100% Lösung zu fordern) - Stufenweise Qualitätsverbesserung (Lernfortschritte der Beteiligten bei jeder Version) - Kommunikation zwischen Entwicklern und Anwendern wird gefördert - Frühere Erfolgserlebnisse für die Projektmitarbeiter	- Gefahr teurer Schnellschüsse (Irrwege, die zu spät erkannt werden) - Verführung zum „muddling through" (Durchwursteln) - Belastung der Anwender (Zwang zum Umlernen bzw. Nachbearbeiten bereits vorhandener Ergebnisse z.B. Datenbestände) - Überbordende Anforderungen („Der Appetit kommt beim Essen") - Hohe Anforderungen an die laufende Dokumentation der Versionen (wichtig insbesondere für die Wartung bei bereits ausgelieferten Versionen)

Werden schnelle Ergebnisse gewünscht und sind die Beteiligten bereit, auch mit nicht perfekten (Teil-)Lösungen zu leben, die dann erst in späteren Schritten erweitert oder verbessert werden, kann das Versionenkonzept ein geeignetes Vorgehen sein.

Zusammenfassung

2.4.2.6 Prototyping

Modell der späteren Lösung

Im Prototyping wird bereits in der Planung ein System erstellt, das wesentliche Merkmale der späteren Lösung aufweist, um dem Benutzer und anderen Stakeholdern ein klareres Bild darüber zu verschaffen, was sie später von der fertigen Anwendung erwarten können.

Folgende Prototypen können unterschieden werden:

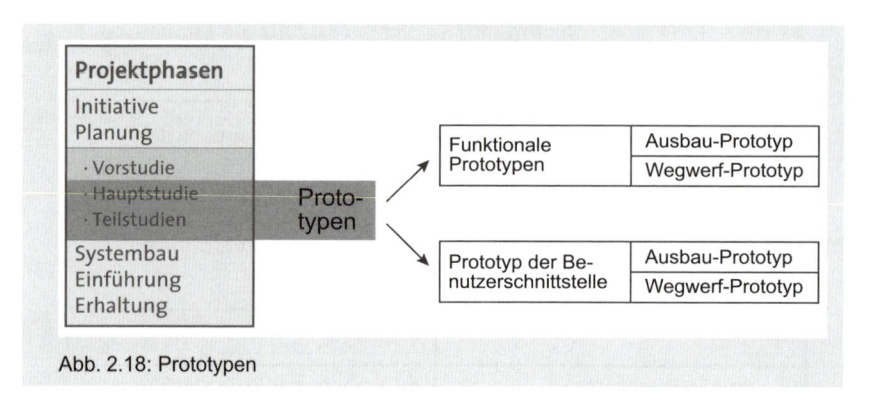

Projektphasen			
Initiative			
Planung	→ Proto- typen →	Funktionale Prototypen	Ausbau-Prototyp
· Vorstudie			Wegwerf-Prototyp
· Hauptstudie			
· Teilstudien		Prototyp der Be- nutzerschnittstelle	Ausbau-Prototyp
Systembau			Wegwerf-Prototyp
Einführung			
Erhaltung			

Abb. 2.18: Prototypen

Arten von Prototypen

Ein funktionaler Prototyp stellt bereits die wesentlichen Leistungen zur Verfügung, welche die fertige Lösung aufweisen wird. In einem Prototyp der Benutzer-Schnittstelle werden lediglich die Eigenschaften der späteren Benutzer-Schnittstelle (Bildschirmaufbau, Tastaturbelegung usw.) simuliert, um dem Benutzer zu verdeutlichen, wie er später mit der Anwendung arbeiten kann. Wegwerf-Prototypen sind Modelle, die später nicht weiter verwendet werden können. Sie werden ausschließlich zur Abstimmung mit dem Entscheider oder dem späteren Benutzer hergestellt. Demgegenüber können Ausbau-Prototypen als Bausteine der späteren Lösung verwendet werden, die Entwicklungsarbeit geht also nicht „verloren".

Prototypen werden insbesondere bei IT-Anwendungen erstellt. Ähnliche Ansätze finden sich auch beim Bau von Gebäuden – Einrichtung von Muster-Arbeitsplätzen oder Einrichtung einer Muster-Geschäftsstelle – und im Maschinenbau.

Unscharfe Grenze zwischen Planung und Realisierung

Prototypen, die lediglich dazu dienen, die Anforderungen der Stakeholder zu ermitteln, werden normalerweise bereits in der Hauptstudie hergestellt – hier steht die Ermittlung der Anforderungen im Mittelpunkt. Ausbau-Prototypen entstehen typischerweise in den Teilstudien. Bei den Ausbau-Prototypen verwischen sich die Grenzen zwischen den Planungsphasen und der Realisation. In der Planung werden bereits Bestandteile der späteren Lösung fertig gestellt. Dieses Vorgehen ähnelt stark dem Haubentaucher-Modell, da ein Prototyp in aller Regel nur ein Teilprojekt betrifft.

Die Entwicklung von Prototypen kann unter folgenden Bedingungen sinnvoll sein:

- Geeignete Werkzeuge sind verfügbar (es gibt Werkzeuge, welche die Entwicklung von Prototypen mit einem vertretbaren Aufwand erlauben z.B. „Rapid Prototyping")
- Schwierige Ermittlung der Anforderungen (relativ schwache Vorstellungen der Stakeholder darüber, was sie sich wünschen sollten, etwa weil zukünftig völlig neuartige Arbeitsverfahren möglich werden)
- Hoher Zeitdruck, schnelle (Teil-) Ergebnisse werden gefordert
- Hohe Schwierigkeit des Projekts (neuartige Aufgabenstellung, geringe Fehlertoleranz – Fehler können weitreichende negative Auswirkungen haben)
- Widerstände insbesondere bei den späteren Anwendern sollen abgebaut werden. Der eher spielerische Umgang mit einem Prototypen baut Vorbehalte ab und führt häufig zu einer starken Identifikation mit der anstehenden Entwicklung.

Mit diesem Vorgehen sind folgende Vor- und Nachteile verbunden:

Vorteile	Nachteile
- Anforderungen können gut erkannt werden (spätere Nachbesserungswünsche werden deutlich vermindert)
- Risikoverminderung (frühzeitige Prüfung, ob die Anforderungen erfüllt werden, schnelle, kostengünstige Behebung von Fehlern)
- Förderung der Kommunikation mit den Stakeholdern – damit Förderung der Akzeptanz
- Hohe Motivation der Entwickler (schneller sichtbare Ergebnisse, weniger Risiko von Fehlentwicklungen)	- Aufwand für Prototypen (insbesondere bei Wegwerf-Prototypen und bei wenig geeigneten Entwurfswerkzeugen)
- (Ver-)führt zum Tun und lenkt ab vom Denken (Gefahr wenig integrierter, wenig konzeptionell durchdachter Lösungen)
- Eher geringe Bereitschaft, einen funktionierenden Prototyp in eine ausgereifte Lösung zu überführen (es läuft ja schon)

Zusammenfassung zu den Vorgehensvarianten

Der Standardablauf von Projekten kann modifiziert werden, wenn bestimmte Bedingungen gegeben sind. So können Phasen einander überlappen, bzw. Teilprojekte parallel nebeneinander bearbeitet werden (Simultaneous Engineering), Phasen können zusammengelegt werden, es kann nach der Vorstudie oder nach der Hauptstudie in das Projekt eingestiegen werden, einzelne Teilprojekte können realisiert und eingeführt werden, ehe die Gesamtplanung abgeschlossen ist (Haubentaucher-Modell), es können Versionen für Lösungen erarbeitet werden – begrenzte Zielsetzung für ein Projekt – oder es können bereits in der Planung Bestandteile der späteren Lösung realisiert werden, insbesondere um die Anforderungen der Anwender besser erkennen zu können (Prototyping).

2.4.3 Vorgehensmodelle zur Softwareentwicklung

2.4.3.1 Übersicht

Das Wasserfall-Modell des Systems-Engineering wurde primär für klassische organisatorische wie auch für technische Projekte entwickelt. Das gilt grundsätzlich auch für die Varianten zu dem Wasserfall-Modell. Das oben beschriebene Prototyping hat sich allerdings ebenso in der klassischen Organisationsarbeit wie auch in der IT-Systementwicklung bewährt.

Hier sollen nun beispielhaft drei Vorgehensmodelle zur Softwareentwicklung vorgestellt werden. Grundsätzlich geht es auch hier darum, den Entwicklungsprozess zu planen, die Zusammenarbeit der Beteiligten zu strukturieren und die Komplexität beherrschbar zu machen. Vorgehensmodelle zur IT-Systementwicklung definieren bestimmte Aktivitäten oder Ergebnisse und ordnen sie bestimmten Phasen im Projekt zu. In einem Wasserfall-Modell werden diese Phasen im Prinzip nur einmalig, beim so genannten Spiralmodell, beim V-Modell, wie auch bei der so genannten Agilen-Systementwicklung mehrmals durchlaufen. Wesentliche Unterschiede bestehen vor allen Dingen in dem Detaillierungsgrad der Modelle.

Alternative Modelle

Über die Eignung der Vorgehensmodelle herrscht in Theorie und Praxis Uneinigkeit. Insbesondere das Wasserfall-Modell wird von vielen Experten als überholt angesehen. Es wird argumentiert, dass der Entstehungsprozess von Software normalerweise nicht so gut beherrscht (verstanden) wird, dass er ingenieurmäßig geplant und abgewickelt werden könnte. Im Kern handele es sich vielmehr um einen kreativen Prozess, der durch ein Wasserfall-Modell eher behindert als gefördert würde. In diesem Zusammenhang werden dann immer wieder Beispiele genannt für Projekte, die scheiterten oder erheblich verzögert waren und oftmals obendrein wesentlich teurer wurden als ursprünglich geplant. Hier soll nicht wertend in diese Diskussion eingegriffen werden. Ziel dieses Kapitels ist es vielmehr, die unterschiedlichen Modelle zu skizzieren und die zu Grunde liegenden Überlegungen zu verdeutlichen. Abschließend werden einige Kriterien genannt, die die Entscheidung für eines der Vorgehensmodelle erleichtern können.

2.4.3.2 Spiralmodell

Das Spiralmodell ist ein Vorgehensmodell der IT-Systementwicklung, das auf dem bekannten methodischen Ansatz aufbaut, demzufolge betriebliche Vorhaben in Zyklen abgewickelt werden. Im Unterschied zu dem oben dargestellten Systems-Engineering umfassen die Zyklen nicht nur Planungsschritte sondern auch die Realisation und den Test von Lösungen. Außerdem wird die Arbeit mit Prototypen in diesen Ansatz integriert. Insofern kann es als eine Weiterentwicklung des Wasserfall-Modells angesehen werden. *Zyklisches Vorgehen*

Kennzeichnendes Merkmal dieses Spiralmodells ist die Möglichkeit der Entscheider, immer wieder in den Entwicklungsprozess einzugreifen. Auch können die Stakeholder in jedem Zyklus auf die spätere Lösung Einfluss nehmen.

Dieses Modell fasst den Entwicklungsprozess als iterativen Vorgang auf. Jeder Zyklus wird zunehmend detailliert und umfasst die folgenden Aktivitäten:

- Festlegung von Zielen, Ermittlung von Varianten und Beschreibung der Rahmenbedingungen
- Bewertung von Varianten, ermitteln und bewerten von Risiken, vorbeugende Maßnahmen gegen Risiken
- Realisieren von Ergebnissen in der Form von – zunehmend ausführungsreifen – Prototypen
- Überprüfen der Ergebnisse (Review) und Planung des nächsten Zyklus
- Am Ende dieses Prozesses stehen die Abnahme und der laufende Betrieb.

Abbildung 2.19 verdeutlicht die kreisförmig verlaufende Vorgehensweise.

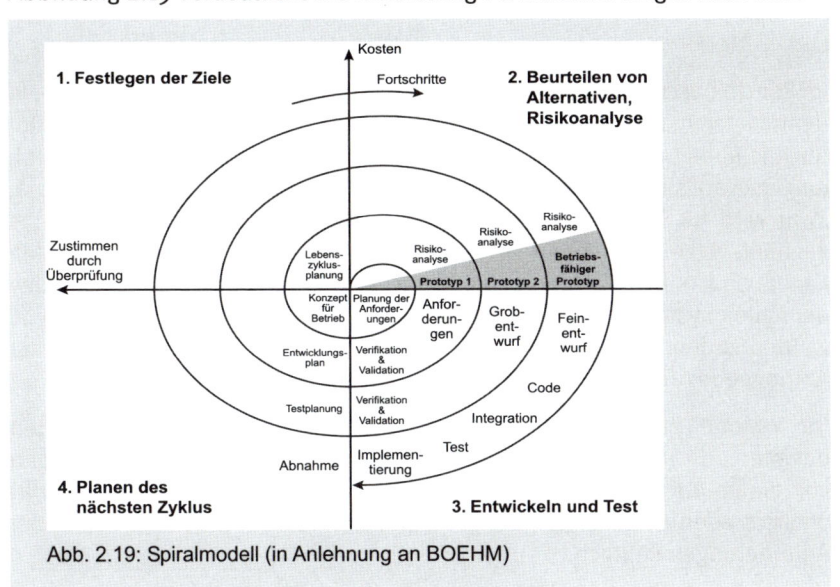

Abb. 2.19: Spiralmodell (in Anlehnung an BOEHM)

Methode

Zusammenfassung

Im Spiralmodell werden IT-Anwendungen entwickelt, indem die Ergebnisse zyklisch detailliert werden, wobei zu jedem Zyklus bereits die Entwicklung und der Test von Lösungsbestandteilen gehören.

2.4.3.3 V-Modell

Vom Groben zum Detail zur Verdichtung

Das V-Modell ist ein allgemeiner, umfassender Leitfaden für die Entwicklung von IT-Systemen. Es wurde primär für den Bereich der öffentlichen Verwaltung entwickelt. Der Name leitet sich aus der grafischen Darstellung der Phasen dieses Modells ab, die in der Zeitfolge erst immer detaillierter werden, um diese Details dann wieder stufenweise zu verdichten. Es definiert verschiedene Projekttypen, sowie die in einem Projekt zu erstellenden Ergebnisse und beschreibt die konkreten Vorgehensweisen, mit denen diese Ergebnisse erarbeitet werden. Darüber hinaus werden die Verantwortlichkeiten der Projektbeteiligten untereinander sowie zwischen Auftraggebern und Auftragnehmern festgelegt. Es ist grundsätzlich für die unterschiedlichsten Projektarten geeignet, wird hier aber im Hinblick auf IT-Projekte erörtert.

Ziele

Mit dem V-Modell werden die folgenden Ziele verfolgt:

- Minimierung der Projektrisiken
- Verbesserung und Gewährleistung der Qualität
- Begrenzung der Kosten über den gesamten Projekt- und Systemlebenszyklus
- Verbesserung der Kommunikation zwischen den Beteiligten.

Das V-Modell

Im Prinzip beschreibt das V-Modell den Ablauf eines Entwicklungsprojekts, in dem Vorgehensbausteine und die darin enthaltenen Produkte und Aktivitäten und Rollen vorgegeben werden, die für die Erfüllung dieser Aufgabenstellung relevant sind. Es gibt verpflichtende und optionale Vorgehensbausteine. Zwar wird für verschiedene Projekttypen eine idealtypische Reihenfolge genannt, von der aber problem- und situationsabhängig abgewichen werden kann. Damit nähert sich dieses Modell dem weiter unten dargestellten Modell der Agilen Systementwicklung an. In den neueren Versionen dieses Modells werden zudem gezielt Entscheidungspunkte berücksichtigt, in denen der Auftraggeber den Projektfortschritt abnehmen muss.

Das V-Modell geht davon aus, dass zwischen den Anforderungen von Seiten der internen Auftraggeber, die in einem Lastenheft festgelegt werden, und den von einem Auftragnehmer zu erbringenden Leistungen, dem Pflichtenheft, unterschieden werden muss. Damit werden zwei verschiedene Sichtweisen der Anforderungen deutlich.

Im V-Modell gibt es einen so genannten Kern. Das sind Vorgehensbausteine, die bei Projekten immer wieder verwendet werden müssen. Diese Bausteine sind:

- Projektmanagement (Beteiligte im Projekt und deren Kompetenzen, Projektaufbauorganisation, Kommunikation und Berichtswesen, verfügbare Ressourcen, Folge von Aktivitäten und Entscheidungspunkten)
- Qualitätssicherung (formale und inhaltliche Prüfung anhand von Vorgaben, Prüfung der Konsistenz mit anderen Produkten durch Mitarbeiter des Projekts und/oder durch eine eigenständige Qualitätssicherung, Dokumentation der Ergebnisse)
- Konfigurationsmanagement (Dokumentation und Verwaltung aller fertig gestellten Produkte und deren Versionen)
- Problem- und Änderungsmanagement (formale Verfolgung der Änderungen an bereits fertig gestellten Produkten beispielsweise aufgrund veränderter Anforderungen).

Kern im V-Modell

Darüber hinaus gibt es weitere Vorgehensbausteine, die jeweils abhängig vom Projekttyp eingesetzt werden können oder müssen.

Produkte und Aktivitäten

Im V-Modell werden Ergebnisse definiert, die als Produkte bezeichnet werden. Jedes Produkt durchläuft die folgenden vier Zustände:

- Geplant
- In Bearbeitung
- Vorgelegt
- Akzeptiert.

Die Produkte werden durch Aktivitäten verändert, die sich wiederum aus verschiedenen Teilaktivitäten zusammensetzen. Für jede Aktivität wird im Einzelnen definiert, an welchen Produkten sie vorgenommen wird und welche Arbeitsschritte notwendig sind, um das gewünschte Ergebnis zu erzielen. Dazu werden für jede Aktivität ein Produktfluss und eine Abwicklung definiert. Im Produktfluss wird beschrieben, aus welchen Aktivitäten die benötigten Eingabeprodukte kommen, um dann in veränderter Form an eine nachfolgende Aktivität weitergegeben zu werden. Die Abwicklung beinhaltet die genauere Anweisung zur Durchführung der Aktivität.

In der folgenden Darstellung (Abbildung 2.20) wird das V-Modell leicht verkürzt abgebildet.

Methode

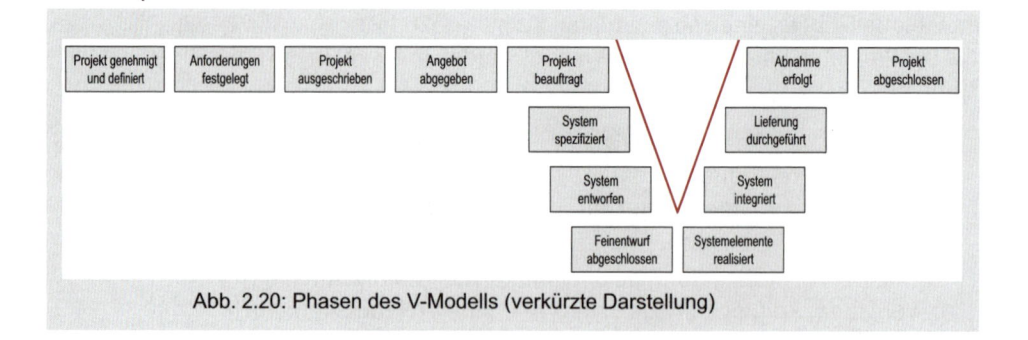

Abb. 2.20: Phasen des V-Modells (verkürzte Darstellung)

Zusammenfassung Das V-Modell folgt dem Grundsatz vom Umfassenden zum Detail, um am Ende mit der Integration der Teilergebnisse ein ganzheitliches Ergebnis zu liefern. Ergebnisse, Vorgehensbausteine und Verantwortlichkeiten werden für bestimmte Projekttypen definiert und vorgegeben.

2.4.3.4 Agile Systementwicklung

Basar statt Kathedrale Die Grundgedanken der Agilen Systementwicklung leiten sich aus den negativen Erfahrungen mit dem so genannten Wasserfall-Modell und den Modellen ab, die immer konkretere, immer detailliertere Methoden und professionellere Tools (Werkzeuge) hervorbrachten. Das ganze Instrumentarium wird in Frage gestellt oder zumindest weniger gewichtet als die Kommunikation, das Team und das gegenseitige Vertrauen.

Der Entwicklungsprozess von Software soll flexibler und schlanker werden als es bei den klassischen Vorgehensmodellen möglich ist – agil bedeutet im Wortsinn beweglich, flink. Dieser Ansatz kann sich entweder auf einen Teilbereich der Systementwicklung, die agile Modellierung (Agile Modeling) oder auf den gesamten Softwareentwicklungsprozess beziehen, wie es in der so genannten Extremprogrammierung (Extreme Programming) propagiert wird. Die Agile Systementwicklung wird auch als interaktive, iterative oder inkrementelle Systementwicklung bezeichnet.

Die Agile Systementwicklung besteht aus:

Komponenten der Agilen Systementwicklung
- Agilen Werten
- Agilen Prinzipien
- Agilen Praktiken und dem
- Agilen Prozess.

Agile Systementwicklung

Agile Werte

Die so genannten Agilen Werte bilden das Fundament dieser Systementwicklung. Sie wurden 2001 im Manifesto for Agile Software Development formuliert und lauten im Einzelnen:

- Die beteiligten Individuen und deren Interaktionen sind wichtiger als Prozesse und Werkzeuge. Unbestreitbar sind definierte Entwicklungsprozesse und leistungsfähige Werkzeuge wichtig, noch wichtiger sind die Qualifikation der Beteiligten und deren effiziente Kommunikation.
- Funktionierende Programme sind wichtiger als ausführliche Dokumentation. Eine transparente, leicht verständliche Dokumentation ist hilfreich, wichtiger aber ist eine gut funktionierende, intuitiv zu nutzende Software.
- Die permanente Zusammenarbeit mit den Kunden ist wichtiger als jeder Vertrag. Zwar sind Verträge oder klare Aufträge notwendig, die sich im Projektfortschritt normalerweise weiterentwickelnden Anforderungen der Kunden können jedoch nur durch einen ständigen Austausch ermittelt und erfüllt werden.
- Der Mut und die Offenheit für Änderungen sind wichtiger als das Befolgen eines festen Plans. Der Erkenntniszuwachs im Projektfortschritt und die Veränderung der Bedingungen erfordern eine schnelle und unbürokratische Reaktion.

Werte

Agiles Prinzip

Ein Agiles Prinzip beschreibt einen Grundsatz, der bei der Systementwicklung zu beachten ist. Es handelt sich um Leitsätze für die Agile Arbeit. Beispiele für Agile Prinzipien sind:

- Vorhandene Ressourcen mehrfach nutzen
- Einfachheit vor Komplexität (Keep it simple)
- Kurze Entwicklungszyklen, schnelle (Teil-) Ergebnisse
- Zweckmäßige Lösungen
- Don't do it (nicht alles Wünschbare gleich realisieren)
- Nutzerinteressen im Vordergrund.

Prinzipien

Agile Praktiken

Agile Praktiken sind Forderungen beziehungsweise Lösungsansätze, die als geeignet angesehen werden, Flexibilität, Kundenorientierung und Schnelligkeit zu fördern. Außerdem soll der Aufwand dadurch begrenzt werden. Die Agilen Praktiken sind nicht immer sauber vom Agilen Prinzip zu trennen.

96 | Methode

Beispiele für Agile Praktiken sind:

Lösungsansätze

- Paarprogrammieren (zwei Programmierer sitzen gleichzeitig vor einem Computer, einer bedient das System – codiert, der andere denkt mit und hat das „große Bild" im Kopf. Die Rollen werden regelmäßig getauscht)
- Kollektives Eigentum (die zu erfüllenden Aktivitäten werden zunächst nicht an einzelne Personen verteilt, sondern an die gesamte Projektgruppe. Damit stehen alle in der Verantwortung für das Ergebnis, nur alle gemeinsam können erfolgreich sein, Einzelne besitzen kein Wissensmonopol)
- Permanente Integration (einzelne Komponenten werden in kurzen Zeitabständen zu einem lauffähigen Gesamtsystem integriert, so können frühzeitig Fehler erkannt und die Integrationskosten minimiert werden)
- Permanentes Testen (die Modultests werden geschrieben, bevor die eigentliche Funktionalität programmiert wird. Das zwingt den Entwickler, sich frühzeitig mit dem Design auseinander zu setzen, im Laufe der Integration werden Integrationstests durchgeführt)
- Einbeziehen der Kunden (die gewünschten Neuerungen werden gemeinsam mit dem Kunden durch so genannte User Stories – Funktionsanforderungen an ein System aus der Sicht eines Anwenders oder Kunden – beschrieben, der Kunde erhält in regelmäßigen Zeitabständen einen lauffähigen Zwischenstand des Produkts, Akzeptanztests werden durchgeführt)
- Refactoring (da auch ein Code akzeptiert wird, der zu Beginn nicht perfekt ist, müssen laufend Verbesserungen der Architektur des Designs und des Codes vorgenommen werden. Gefundene Dysfunktionalitäten oder Fehler werden zeitnah behoben).

Agiler Prozess

Schnelle, kundennahe Ergebnisse

Ein Agiler Prozess ist ein Vorgehen in der Systementwicklung, in dem Agile Werte gelten, Agile Prinzipien beachtet und Agile Praktiken angewandt werden. Der Agile Prozess kann auch als eine Methode der Systementwicklung bezeichnet werden. Abbau der Bürokratie, Flexibilität, starke Berücksichtigung der menschlichen Aspekte und der Kundeninteressen stehen im Vordergrund. Die reine Entwurfsphase wird auf ein Mindestmaß reduziert, um so schnell wie möglich zu ausführungsreifer Software zu kommen, die dann in regelmäßigen Abständen mit dem Kunden gemeinsam abgestimmt wird. So kann flexibel auf Kundenwünsche eingegangen und die Kundenzufriedenheit erhöht werden. Das macht den wesentlichen Unterschied zum Wasserfall-Modell und zum V-Modell aus.

> Flexibilität und Schnelligkeit bei intensiverer Einbindung der späteren Anwender stehen im Vordergrund der Agilen Systementwicklung. Dazu wurden Agile Werte, Agile Prinzipien, Agile Praktiken entwickelt, und in einem Agilen Prozess zusammengefasst.

Zusammenfassung

2.4.4 Sonstige Vorgehensmodelle

Abschließend sollen hier zwei weitere methodische Konzepte vorgestellt werden, die in der Wirtschaftspraxis anzutreffen sind:

- Kaizen
- DMAIC.

Kaizen ist im strengen Sinne weniger ein Vorgehensmodell als ein philosophisches Konzept, das aus Japan stammt und eine kontinuierliche Verbesserung anstrebt. DMAIC ist ein Kunstwort für eine Vorgehensweise, die heute im so genannten Six Sigma eine große Rolle spielt.

2.4.4.1 Kaizen und KVP

Kai bedeutet im Japanischen Veränderung, Wandel und Zen bedeutet zum Besseren. Kaizen ist sowohl ein methodisches Konzept wie auch eine Philosophie, derzufolge eine schrittweise, punktuelle Perfektionierung oder Optimierung eines Produkts oder Prozesses angestrebt wird. In diesen Prozess sind alle Beteiligten eingebunden. Die permanente Suche nach Verbesserungen auf allen Ebenen eines Unternehmens ist das zentrale Anliegen. In westlichen Ländern wurde dieses Konzept unter der Bezeichnung KVP Kontinuierlicher Verbesserungsprozess übernommen und auf breiter Front eingeführt. In Europa stehen die ständige Qualitätsverbesserung und Kostensenkung im Vordergrund. Deswegen wird es auch als integraler Bestandteil des Qualitätsmanagement gesehen. Im japanischen Denken wird Kaizen umfassender verstanden als Philosophie einer ständigen, sichtbaren Veränderung, indem beispielsweise permanent die Funktionen eines Produkts erweitert werden.

KVP, die europäische „Version" von Kaizen

Dieser Ansatz hat dazu geführt, dass für sehr viele Produkte in immer kürzeren Zyklen weitere Anwendungsgebiete erschlossen werden, was beispielsweise an der ständig steigenden Funktionalität von Mobiltelefonen deutlich wird. Kaizen wird auch in Japan zusätzlich als Bestandteil des Qualitätsmanagement verstanden. Durch die kontinuierliche Verbesserung der Produktionsprozesse haben einige japanische Unternehmen sich den Ruf der Qualitätsführerschaft erarbeitet. Das hat wesentlich dazu beigetragen, dieses Gedankengut in westlichen Ländern zu verbreiten.

Das Kaizen beinhaltet fünf zentrale Bestandteile:

- Prozessorientierung – nicht nur die Ergebnisse sind wichtig, sondern auch wie sie zu Stande kommen
- Kundenorientierung – jeder Prozess hat einen internen oder externen Kunden. Kunden entscheiden über die Art der Leistung. Interne Kunden, die einen Fehler feststellen, sind verpflichtet, unmittelbar den Lieferanten zu informieren, um Folgefehler zu vermeiden. Kundenbefragungen dienen dazu, Mängel zu beseitigen und **bessere** Leistungen zu erbringen.
- Qualitätsorientierung – Total Quality Control. Durch aufwändige Messverfahren wird die Qualität permanent produktionsbegleitend überwacht. Dabei gelten sehr anspruchsvolle Qualitätsstandards.
- Kritikorientierung – Kritik ist nicht nur erlaubt sondern erwünscht. Jeder Mitarbeiter ist aufgefordert, Vorschläge zu machen; jeder Entscheider ist gefordert, Vorschläge konstruktiv aufzunehmen und so weit wie möglich umzusetzen.
- Standardisierung – Verbesserungen werden, sobald sie sich als geeignet erwiesen haben, als Standard übernommen. Erst dann kann ein neuer Veränderungsprozess angestoßen werden.

Kaizen bietet eine Reihe von Werkzeugen und Techniken zur Dokumentation und Analyse beziehungsweise zur statistischen Auswertung. Außerdem gibt es eine Reihe von Grundsätzen und Checklisten, die dazu beitragen sollen, Fehler gezielt zu erkennen und Verbesserungen zu entwickeln. Beispiele dafür sind

- 5S-Bewegungen
- 7M-Checkliste
- 3Mu-Checkliste
- 8V-Regel.

Bei den 5S-Bewegungen handelt sich um fünf Regeln den Arbeitsplatz betreffend

- Seiri – Ordnung schaffen, alles nicht Notwendige beseitigen
- Seiton – Jeden Gegenstand an seinem richtigen Platz aufbewahren
- Seiso – Arbeitsplatz sauber halten
- Seiketsu – Persönliche Sauberkeit und Ordnung
- Shitsuke – Vorschriften einhalten, diszipliniert sein.

Die 7M-Checkliste beschreibt die sieben wichtigsten Faktoren, die immer wieder überprüft werden müssen

- Menschen
- Maschine/Material
- Messung
- Methode
- Milieu/Umwelt
- Money (Geld)
- Management.

Die 3Mu-Checkliste als Quellen von Störungen, die zu vermeiden sind

- Muda – Verschwendung, siehe dazu die 8V-Regel
- Muri – Überlastung von Mitarbeitern und Maschinen
- Mura – Unregelmäßigkeiten in den Prozessen.

Die 8V-Regel ist eine Checkliste, um typische Verlustquellen zu erkennen. Typische Verschwendung kann verursacht sein durch

- Überproduktion
- Bestände
- Transportzeit
- Wartezeit
- Herstellungsprozess
- Unnötige Bewegung
- Fehler und deren Reparatur
- Nicht genutztes Potenzial der Mitarbeiter.

Der Erfolg des Kaizen hängt entscheidend davon ab, inwieweit es gelingt, die Philosophie der permanenten, schrittweisen Verbesserung im Bewusstsein aller Beteiligten zu verankern. Die aus europäischer Sicht unter Umständen ein wenig befremdlich wirkenden Bestandteile sind vor dem Hintergrund der japanischen Kultur zu sehen, in der Kritik normalerweise nicht offen geäußert wird, so dass es eines strengen formalen Gerüsts bedarf, um diese inneren Widerstände zu überwinden.

Kontinuierliche Veränderungsprozesse basieren weniger auf derartigen Checklisten und Regelwerken als auf organisatorischen Rahmenbedingungen, die kontinuierliche Qualitätsverbesserungen sicherstellen sollen. Mitarbeiter werden in Teamarbeit und Moderationstechnik geschult, um dann in KVP-Gruppen konkrete Verbesserungsvorschläge zu erarbeiten. Dabei folgen sie einem Vorgehensmodell, das weitgehend dem Zyklus ähnelt, ohne allerdings mehrere Projektphasen zu durchlaufen, da schnelle Ergebnisse erzielt und eingeführt werden sollen. Die typischen Schritte eines solchen Vorgehensmodells beinhalten:

KVP = organisatorische Rahmenbedingungen

- Aufgabenstellung abgrenzen (was soll verbessert werden?)
- Ist-Zustand beschreiben, Kennzahlen für den Sollzustand vereinbaren
- Probleme beschreiben und bewerten
- Ursachen der Probleme ermitteln, Zusammenhänge sichtbar machen
- Lösungen erarbeiten
- Lösungen bewerten und Empfehlung erarbeiten
- Konkrete Maßnahmen ableiten
- Vorschläge einem Entscheidungsgremium präsentieren
- Maßnahmen vereinbaren und Ressourcen zuweisen
- Maßnahmen umsetzen
- Erfolg anhand vorher vereinbarter Kennzahlen überprüfen.

Zusammenfassung

Kaizen ist eine aus Japan stammende Unternehmensphilosophie, derzufolge die kontinuierliche Verbesserung von Produkten und Prozessen im Vordergrund steht. Prozessorientierung, Kundenorientierung, Qualitätsorientierung, Kritikorientierung und Standardisierung stehen im Vordergrund und werden durch Checklisten und Kriterienkataloge unterstützt. In westlichen Ländern wurde dieser Denkansatz übernommen und als KVP Kontinuierlicher Veränderungsprozess in vielen Unternehmen eingeführt.

2.4.4.2 DMAIC

DMAIC ist ein Kunstwort (Akronym), das sich auf den ersten Buchstaben der Schritte eines Vorgehensmodells zusammensetzt. Es steht für:

Schritte des DMAIC

D = Define (abgrenzen)
M = Measure (erheben und messen)
A = Analyze (analysieren)
I = Improve (verbessern)
C = Control (einführen).

Prozessverbesserung

Dieses Vorgehensmodell wurde im Six Sigma entwickelt, und soll eine Projektgruppe oder ein Team dabei unterstützen, ein Projekt planmäßig abzuwickeln. Bei organisatorischen Vorhaben handelt es sich in der Regel um Prozesse, für die messbare Verbesserungen bei Kosten, Zeit und Qualität angestrebt werden.

Die folgende Übersicht zeigt die Schritte des DMAIC-Vorgehensmodells, die Zielsetzung der einzelnen Schritte und deren Ergebnisse.

Schritt	Zielsetzung	Ergebnis
Define	Klarer Auftrag liegt vor	Problembeschreibung Ziele, erwünschte Ergebnisse Projektabgrenzung Stakeholder Zeitplan Projektorganisation, -information Überprüfte Ziele, Problembeschreibungen und Nutzenerwartungen
Measure	Fundierte Kenntnisse über die Ausgangssituation	Prozessbeschreibungen mit quantifizierten und überprüften Input- und Outputgrößen Detaillierte Sammlung und Dokumentation weiterer relevanter Daten Überarbeitung der Zielvorgaben Entwurf eines Messsystems Messung der Prozessleistung Umsetzung schnell wirkender Einzelmaßnahmen
Analyze	Ursachen für Probleme im Prozessverhalten sind bekannt	Kritische Eingangsgrößen Wert steigernde Elemente Benchmarking Verifizierte Ursachen für Prozessmängel
Improve	Getestete Lösung liegt vor	Entwickelte, überprüfte und pilotierte Lösung Nachweis der Zielerreichung Plan für flächendeckende Einführung
Control	Übergabe des Prozesses in laufenden Betrieb	Dokumentation Quantifizierte Erfolgsnachweise Begleitung der Einführung Verfahren zur laufenden Erfolgsmessung Projektabschluss

Verfahren für eng abgegrenzte Projekte mit quantifizierten Zielen

Das DMAIC-Vorgehensmodell weist große Ähnlichkeiten auf zu dem Vorgehen beim kontinuierlichen Veränderungsprozess (KVP). Die Reihenfolge ist nahezu identisch, wenngleich die einzelnen Aufgaben unterschiedlich gruppiert sind. Dieses Vorgehen lässt sich auch mühelos aus dem Ansatz des Systems-Engineering ableiten. Der wesentliche Unterschied liegt darin, dass Projekte von vornherein so eng abgegrenzt werden, dass ein mehrstufiges Vorgehen (Vorstudie, Hauptstudie, Teilstudien) entbehrlich ist. Großzügig interpretiert könnte der Schritt Define auch mit einer Vorstudie des Systems-Engineering gleichgesetzt werden. Darüber hinaus wird ein sehr starkes Augenmerk auf quantifizierbare Kosten-, Zeit- und Qualitätsziele gelegt. Nicht-funktionale Anforderungen werden dann eher beiläufig bearbeitet, soweit sie dazu beitragen können, quantifizierbare Ziele zu erreichen. Außerdem gehört es zu den Besonderheiten des Six Sigma, dass ein umfangreicher Werkzeugkasten zur Dokumentation, Analyse und Aufbereitung von Daten in das Modell integriert ist.

Zusammenfassung

DMAIC ist ein Vorgehensmodell des Six Sigma, das für eng abgegrenzte Projekte entwickelt wurde, in denen es primär um quantifizierbare Verbesserungen für Prozesse geht. Es kann für bereits eingeführte Prozesse verwendet werden, bei denen Verbesserungen hinsichtlich Zeit, Kosten und Qualität angestrebt werden. Die Grundstruktur weist große Ähnlichkeiten zu anderen Vorgehensmodellen auf.

Abschließend sollen die behandelten methodischen Ansätze anhand ausgewählter Kriterien miteinander verglichen werden. Diese Übersicht (Abbildung 2.21) soll eine Hilfe bieten für die Auswahl eines geeigneten methodischen Ansatzes, ohne dass hier eindeutige Empfehlungen gegeben werden können. Die Einordnung der methodischen Ansätze von links nach rechts erhebt keinen Anspruch darauf, „korrekt" zu sein. Vielmehr ist es ein Versuch, eher tendenziell die Richtung zu zeigen, welche Vor- und Nachteile die genannten Vorgehensweisen mit sich bringen können.

		Systems-Engineering (Wasserfall-Modell) mit Varianten	V-Modell Spiralmodell Prototyping	DMAIC Agile System-entwicklung Kaizen und KVP	
Anwendungs-bedingungen	Ausprägung				Ausprägung
Projektumfang	Eher groß				Eher klein
Mögliche Anzahl Betroffene	Sehr viele				Eher wenige
Planbarkeit Vorhaben	Eher hoch				Eher gering
Komplexität	Hoch				Eher gering
Merkmale/ Wirkungen					
Ablauf	Eher linear				Kurzzyklisch
Strukturiertes Vorgehen	Ausgeprägt				Eher gering
Flexibilität	Gering				Hoch
Qualitätsziel	Hoch von Anfang an		Tendenzielle Ausprägung der Anwendungsbedingungen und der Merkmale/Wirkungen		Mit Mängeln leben
Qualität Ergebnis	Oft mangelhaft				Am Ende gut
Kosten	Oft überzogen				Besser steuerbar
Ergebnisse	Spät				Sehr schnell
Zyklen	Eher lang				Eher kurz
Einbindung Entscheider	Planmäßig				Weniger geplant
Einbindung Anwender	Eher spät				Frühzeitig
Eingehen auf Anwender	Sporadisch				Permanent
Kontakt mit Anwender	Wenig intensiv				Sehr intensiv
Beteiligung	Konzeptionell				Operativ
Kommunikation mit Anwendern	Eher gering				Intensiv
Akzeptanz	Bedroht				Erleichtert
Testen	Am Ende				Laufend
Integration	Im Systembau				Kurzzyklisch

Abb. 2.21: Vergleich methodischer Konzepte

Weiterführende Literatur zu diesem Abschnitt

Balzert; H.: Lehrbuch der Softwaretechnik. Softwaremanagement. Berlin/Heidelberg 2008

Beck, K.: Extreme Programming – das Manifest. Die revolutionäre Methode für Softwareentwicklung in kleinen Teams. 2000

Boehm, B.W.: A Spiral Model of Software Development and Enhancement. In: IEEE Computer, Vol. 21, S. 61-72

Bröhl, A.P.; W. Dröschel: Das V-Model. 2. Aufl., München/Wien 1999

Bundesrepublik Deutschland: V-Modell XT, o.O. 2004

Chestnut, H.: Methoden der Systementwicklung. München 1973

Cockburn, A.: Agile Software Development. Boston/San Francisco u.a. 2001

Dröschel, W.; M. Wiemers: Das V-Model 97. Der Standard für die Entwicklung von IT-Systemen mit Anleitungen für den Praxiseinsatz. München 1999

Fowler, M.: UML Distilled Third Edition. A Brief Guide to the Standard Object Modeling Language. Boston/San Francisco u.a. 2006

Frühauf, K.; J. Ludewig; H. Sandmayr: Software-Projektmanagement und -Qualitätssicherung. 2. Aufl., Stuttgart 1991

George, M.L.; D. Rowland et.al.: The Lean Six Sigma Pocket Toolbook. New York/Chicago u.a. 2005

Heinrich, L.J.; P. Burgholzer: Systemplanung. Die Planung von Informations- und Kommunikationssystemen. Band 1. Der Prozess der Systemplanung, Vorstudie und Feinstudie. 7. Aufl., München/Wien 1996

Huber, F. (Hrsg. von W.F. Daenzer): Systems Engineering. Methodik und Praxis. 11. Aufl., Zürich 2002

Kostka, C.; S. Kostka: Der kontinuierliche Verbesserungsprozess. Methoden des KVP. 3. Aufl., München 2006

Lunau, St. (Hrsg.): Six Sigma + Lean Toolset. 2. Aufl., Berlin/Heidelberg u.a. 2007

Madauss, B.J.: Handbuch Projektmanagement. 5. Aufl., Stuttgart 1994

Masaaki, I.: Gemba Kaizen: Permanente Qualitätsverbesserung, Zeitersparnis und Kostensenkung am Arbeitsplatz. München 1997

Pfetzing, K.; A. Rohde: Ganzheitliches Projektmanagement. 3. Aufl., Gießen 2009

Rupp, Ch. & die SOPHISTen: Requirements-Engineering und -Management. 4. Aufl., München/Wien 2007

Schönbach, G.: Total Quality Management bei Projekten. Projekt Management 4/1993, S. 9-23

Siemens AG (Hrsg.): Organisationsplanung. Planung durch Kooperation. 8. Aufl., Berlin/München 1992

Ulrich, H.; G.J.B. Probst: Anleitung zum ganzheitlichen Denken und Handeln. 3. Aufl., Stuttgart 1991

Zehnder, C.A.: Informatik-Projektentwicklung. 2. Aufl., Stuttgart 1991

3 Systemdenken

Ziele dieses Kapitels – Was können Sie erwarten?

- Sie kennen grundlegende Begriffe des Systemdenkens und wissen, was mit dem Systemdenken in der Projektarbeit erreicht werden soll
- Sie können Systeme von ihrer Umwelt abgrenzen
- Sie kennen die Bedeutung von Restriktionen und Rahmenbedingungen für die Projektarbeit
- Sie können Projekte in kleinere Teilprojekte aufgliedern und kennen den Nutzen eines solchen Vorgehens
- Sie wissen, wie trotz der Zergliederung von Projekten ein ganzheitliches Ergebnis erreicht werden kann
- Sie wissen, wie in Projekten vom Groben ins Detail vorangeschritten wird, ohne dabei den Überblick zu verlieren
- Sie wissen, an welchen Punkten im Projektablauf das Systemdenken als methodische Hilfe genutzt werden kann.

3.1 Einordnung und Ziele

Das Systemdenken ist ein wesentlicher Bestandteil der methodischen Arbeit. Es überlagert und ergänzt die ablauforientierte Betrachtung der Projektphasen. Das Systemdenken kann somit in allen Projektphasen herangezogen werden und dabei die Arbeit in den einzelnen Schritten des Planungszyklus erleichtern. Allgemein formuliert unterstützt und organisiert das Systemdenken die gedankliche Auseinandersetzung mit einem Vorhaben in folgender Hinsicht:

Beschreiben und Abgrenzen der Ausgangssituation und der Wirkzusammenhänge in der Ausgangssituation (= Modellieren und Analysieren des Problemfelds)

- Abgrenzen der Sachverhalte, die zu verändern sind (siehe dazu auch Kapitel 5.2 Projektabgrenzung (Scope)
- Ermitteln von Beziehungen (Schnittstellen) zwischen abgegrenzten Einheiten
- Beschreiben der Lösungen und ihrer Auswirkungen (= modellieren, analysieren und bewerten von Lösungsvarianten).

Abb. 3.01 zeigt die Bestandteile des Systemdenkens.

> **Systemdenken**
>
> Systemgrenzen definieren
> Einflussgrößen ermitteln
> Unter-/Teilsysteme abgrenzen
> Schnittstellen bestimmen
> Analysieren von Unter-/Teilsystemen
> Gemeinsamkeiten ermitteln

Abb. 3.01: Bestandteile des Systemdenkens

Die Zusammenhänge zwischen dem Systemdenken und dem Projektablauf werden am Ende dieses Abschnitts noch einmal aufgegriffen, nachdem das Systemdenken vorgestellt wurde.

Eine Methode soll dazu beitragen, praktische Probleme gezielt und mit möglichst geringem Aufwand zu bearbeiten. Der Projektablauf bietet dazu Regeln für das zeitliche Vorgehen in betrieblichen Projekten. Das Systemdenken gibt ein Instrumentarium an die Hand, das vor allem dann besonders wirkungsvoll ist, wenn komplexe, vielschichtige Aufgabenstellungen bearbeitet werden müssen, wobei zu Beginn häufig noch gar nicht feststeht, was alles zum Problemfeld gehört, was die Ursachen für erkennbare Probleme sind etc.

Komplexe Aufgabenstellungen müssen beherrscht werden

Die Grundidee des Systemdenkens ist ein Vorgehen vom Groben ins Detail und von Außen nach Innen. Mit diesen Grundgedanken und den daraus abgeleiteten Bestandteilen des Systemdenkens wird es möglich, auch sehr komplexe Probleme zu „durchschauen" und handhabbar zu machen.

Derartige Hilfen werden immer wichtiger. Gerade im Bereich der Entwicklung von Informationssystemen, aber auch in anderen organisatorischen und sonstigen Fragestellungen ist ein deutlicher Trend zur Komplexität festzustellen. Das ist eine Folge der steigenden Leistungsfähigkeit der Technik, der zunehmenden Anforderungen der internen und externen Kunden, der immer unübersichtlicher werdenden Flut von Regelungen und Vorschriften, die an die Planer immer größere Anforderungen stellen.

Beispiel

In einer Personalabteilung fallen sehr viele Informationen über die Mitarbeiter an. So gibt es Gehaltslisten, Urlaubslisten, Aufstellungen über Krankheitsabwesenheiten, Statistiken über die Personalstruktur, Listen über Fortbildungsmaßnahmen der einzelnen Mitarbeiter usw. Für jede einzelne Aufstellung eine Anwendung zu entwickeln, ist relativ einfach. Selbst unerfahrene Programmierer können solche Programme schreiben. Sollen jetzt aber alle diese isolierten Anwendungen zu einem integrierten „Personal-Informations-System" verdichtet werden, steigt die Komplexität sprunghaft auf ein

Vielfaches. Dazu ein Vergleich: Wenn man einen zwei Meter breiten Graben überwinden will, nimmt man sich ein Brett und legt es über den Graben. Dieses Verfahren kann auch noch bei einem 3-4 Meter breiten Graben klappen. Mit leistungsfähigeren Materialien geht es vielleicht auch noch bis 10 Meter. Dann bekommt diese Aufgabe eine neue Dimension, für die man sich besser eines Fachmannes bedient. Ein 200 Meter breiter Graben ist nur mit ingenieurmäßig sehr anspruchsvollen Methoden zu überwinden. Genau in dieser Situation befinden sich heute die meisten Verantwortlichen in betrieblichen Projekten.

Das Systemdenken erweist sich immer dann als besonders wirkungsvoll, wenn Projekte komplex sind – es sind viele Elemente und vielschichtige Beziehungen zu beachten – und wenn darüber hinaus das System im Zeitablauf eine große Anzahl unterschiedlicher Zustände annehmen kann (zeitliche Dynamik).

Da sich Ingenieure schon lange mit komplexen technischen Systemen befassen, ist es nur nahe liegend, sich auch für die Entwicklung nicht-technischer Systeme der Verfahren zu bedienen, die sich bei den Technikern bewährt haben. Die Anwendung des Systemdenkens auf betriebwirtschaftliche Problemstellungen wird auch als Systems-Engineering, d. h. als die ingenieurmäßige Gestaltung von Systemen bezeichnet. Pionierarbeit in dieser Richtung haben u.a. Wissenschafter der Eidgenössisch Technischen Hochschule in Zürich geleistet, auf deren Ergebnissen hier aufgebaut wird.

SE basiert auf ingenieurmäßigem Denken

Die Ziele des Systemdenkens werden in der folgenden Übersicht (siehe Abbildung 3.02) zusammengefasst. Welche Bestandteile des Systemdenkens welchen Beitrag leisten können, wird auf den folgenden Seiten deutlich.

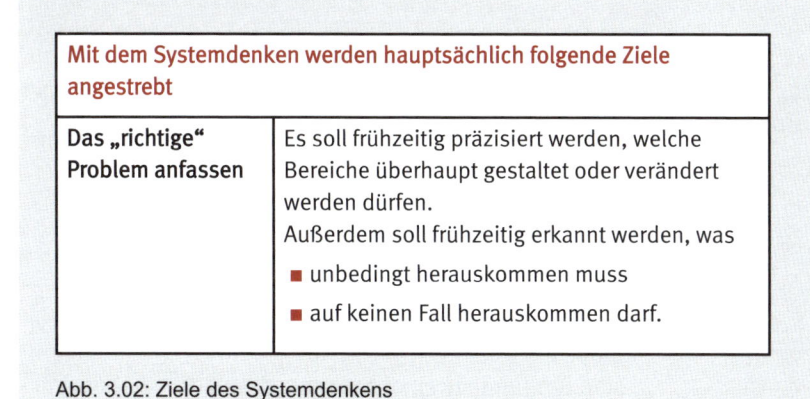

Mit dem Systemdenken werden hauptsächlich folgende Ziele angestrebt	
Das „richtige" Problem anfassen	Es soll frühzeitig präzisiert werden, welche Bereiche überhaupt gestaltet oder verändert werden dürfen. Außerdem soll frühzeitig erkannt werden, was ■ unbedingt herauskommen muss ■ auf keinen Fall herauskommen darf.

Abb. 3.02: Ziele des Systemdenkens

Mit dem Systemdenken werden hauptsächlich folgende Ziele angestrebt	
Beherrschen komplexer Probleme	Es soll gewährleistet werden, dass ■ komplexe Probleme in leichter beherrschbare Teilprobleme untergliedert werden, die auch arbeitsteilig erledigt werden können ■ bei der Arbeit im Detail der Überblick erhalten bleibt ■ integrationsfähige Lösungen entstehen (Insellösungen vermieden werden) ■ Systeme in ihre Umwelt passen.
Realistischen Projektaufwand abschätzen	Es sollen Hilfen geboten werden, schon frühzeitig zu erkennen, welcher Aufwand mit dem Projekt verbunden sein wird.
Rationalisierungspotenziale nutzen	Es soll gewährleistet werden, dass ■ gleiche Probleme gleich gelöst werden ■ standardisierte Lösungselemente mehrfach genutzt werden (Modularisierung) ■ überflüssige Bestandteile (z.B. redundante Daten oder Doppelspurigkeiten) erkannt und vermieden werden.

Abb. 3.02ff: Ziele des Systemdenkens

Zusammenfassung Das Systemdenken soll helfen, auch komplexe und vielschichtige Probleme abzugrenzen, leichter zu bearbeiten und möglichst redundanzfreie Ergebnisse zu erhalten.

3.2 Begriffe

Ein System ist gegenüber seiner Umwelt abgegrenzt. Es besteht aus Teilen (Elementen), die miteinander verknüpft sind (Beziehungen) und die aufeinander einwirken. Elemente sind Bestandteile eines Systems, die – auf einer bestimmten Betrachtungsebene – nicht mehr unterteilt werden sollen. Beziehungen sind Verbindungen (Relationen, Verknüpfungen) zwischen Elementen, aber auch zwischen Systemen, zwischen Teilsystemen sowie zwischen dem System und der Systemumwelt. Bei planmäßig gestalteten Systemen werden Elemente so ausgewählt und miteinander verbunden, dass bestimmte Ziele möglichst gut erreicht werden können.

> Der Vertrieb eines Unternehmens kann als ein System aufgefasst werden. Grundlegende Elemente sind Aufgaben (Bedarf ermitteln, Kunden besuchen, Angebote erstellen, interne Aufträge erfassen usw.). Die Aufgaben werden durch Beziehungen miteinander verknüpft, es werden Aufgabenpakete verschnürt – Stellen gebildet. Diese Aufgabenpakete werden einer weiteren Gruppe von Elementen zugeordnet, den Aufgabenträgern. Es werden also Beziehungen zwischen Aufgaben und Aufgabenträgern hergestellt. Dann werden die Stellen untereinander durch Prozess-, Kommunikations- und Weisungsbeziehungen miteinander verbunden. Den Stellen werden Sachmittel und Informationen zugeordnet, so dass weitere Beziehungen entstehen. Alle Regelungen ordnen sich dem Ziel unter, möglichst wirkungsvoll die vorhandenen Produkte am Markt zu verkaufen und frühzeitig die Anforderungen des Marktes zu erkennen. Diese wenigen Beispiele sollen verdeutlichen, dass sich hinter den abstrakten Begriffen „Elemente" und „Beziehungen" ganz konkrete – im Beispiel organisatorische – Sachverhalte verbergen.

Beispiel

Um den Verkauf als ein System zu definieren, muss er aber auch von den übrigen Sachverhalten abgegrenzt werden, die nicht zum System zählen. Hier kann die Grenze formal um die Organisationseinheit herum gezogen werden, die für den Verkauf zuständig ist. Es ist aber auch möglich, die Grenze weiter zu ziehen und alle Beteiligten dazu zu zählen, die Aufgaben im Zusammenhang mit dem Verkauf erledigen. So schreibt beispielsweise die Buchhaltung die Rechnungen, in der Betriebswirtschaftlichen Abteilung werden Verkaufsstatistiken erstellt, die Entwicklungsabteilung arbeitet bei der Angebotserstellung mit usw.

Das Systemdenken kann und will keine Aussagen machen, wo die Grenze eines Systems verläuft. Das Systemdenken fordert den Bearbeiter eines Projekts lediglich auf, sich bewusst mit dem System und damit auch mit der Systemgrenze auseinander zu setzen. Mit anderen Worten gesagt: Für jedes Projekt ist die Systemgrenze bewusst zu definieren. Aus diesen Bemerkungen wird deutlich, dass es keine Systeme gibt, die zu entdecken wären. Vielmehr wird ein System durch bewusste Entscheidungen als solches definiert. Systemorientiertes Arbeiten fordert also, dass für jedes Projekt die Systemgrenze bestimmt und damit auch die Projektgröße festgelegt werden muss.

Bewusste Klärung der Systemgrenze

Ein System, das außerhalb der Systemgrenzen liegt, zu dem abgegrenzten System aber Beziehungen aufweist, wird als Umsystem bezeichnet. Die Summe aller Umsysteme bildet die Systemumwelt.

Abb. 3.03: System, Umsystem und Systemumwelt

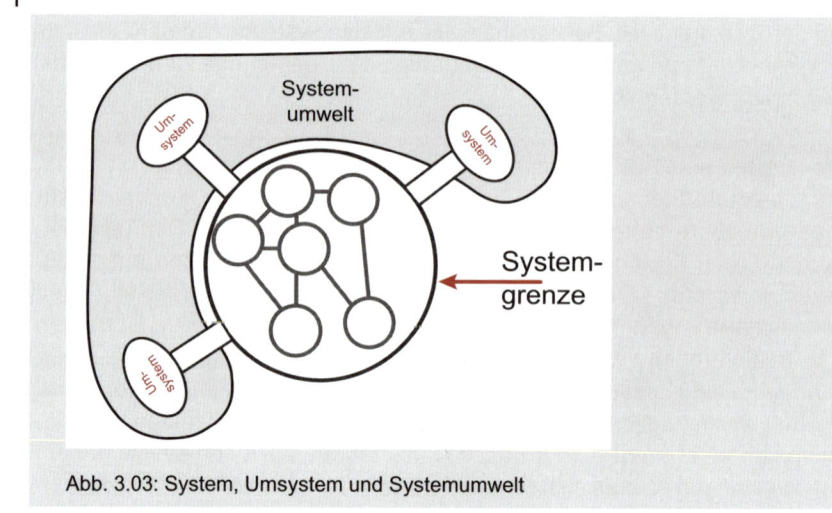

Beispiel Der Verkauf hat mit verschiedenen Umsystemen wie Kunden, Lieferanten und anderen Fachabteilungen zu tun. Normalerweise kann ein Unternehmen nicht in die Organisation seiner Kunden oder Zulieferer eingreifen. Intern wurde entschieden, dass die anderen Fachabteilungen im Rahmen des Projekts ebenfalls nicht verändert werden dürfen. Dann bestehen zwar Beziehungen zu den Kunden, den Lieferanten und zu den anderen Fachabteilungen. Diese Beziehungen müssen erkannt und beachtet werden. Es gibt Schnittstellen zu diesen Einheiten. So nutzt ein bestimmter Kunde beispielsweise für seine Bestellungen grundsätzlich selbst formatierte Datenträger. Bei der Organisation des Verkaufs muss dann dafür gesorgt werden, dass diese Datenträger gelesen und die Bestelldaten effizient weiter verarbeitet werden können. Das Umsystem – der Kunde – beeinflusst also die Lösung, obwohl der Kunde nicht zum Projekt gehört.

Hier drängt sich die Frage auf, ob man das alles nicht „einfacher" sagen könnte, ob diese neuen Begriffe – System, Systemgrenze, Umsystem usw. – denn überhaupt nötig sind. Im Augenblick fällt eine Begründung schwer. Dazu müsste das Instrumentarium bekannt sein. Deswegen soll hier erst einmal behauptet werden: Diese abstrakten Begriffe zum Systemdenken und das damit verbundene Denkmodell erleichtern den Umgang mit komplexen organisatorischen Problemen. Die Erklärung dafür wird gleich nachgeliefert.

Der Darstellung des Systemdenkens soll folgendes Beispiel zugrunde gelegt werden:

Beispiel Die Auftragsabwicklung in einem Verlagsbetrieb soll reorganisiert werden. Es handelt sich um einen Fachverlag für Bücher und Fachzeitschriften.

Beispiel

Mit dem Auftraggeber, dem Geschäftsführer des Verlags, wurden in einem Vorgespräch folgende Ziele vereinbart, die bei der Lösung zu beachten sind:
- Schnelle Abwicklung von Aufträgen
- Fehlerfreie Auslieferungen
- Eine möglichst kostengünstige Lösung.

Der gesamte Verlag kann als ein System angesehen werden. Er ist aber offensichtlich nicht das System, das hier neu zu gestalten ist. Hier setzt das Systemdenken an.

Zusammenfassung

Systeme bestehen aus Elementen und Beziehungen. Sie müssen nach außen abgegrenzt werden. Die Abgrenzung von Systemen ist eine bewusste Entscheidung der Verantwortlichen. Das Umsystem weist Beziehungen zum System auf, soll oder kann aber im Rahmen des Projekts nicht verändert werden.

3.3 Bestandteile des Systemdenkens

Hier sollen sechs wesentliche Bestandteile des Systemdenkens behandelt werden, die für die praktische Projektarbeit besonders wichtig sind. Dabei handelt es sich um folgende Punkte, die hier als SEUSAG merktechnisch verdichtet werden:

SEUSAG

S	**S**ystemgrenze bestimmen	Projekt abgrenzen
E	**E**influssgrößen ermitteln	Restriktionen und Rahmenbedingungen erkennen
U	**U**nter- und Teilsysteme abgrenzen	Zerlegen des Projekts in kleinere Einheiten
S	**S**chnittstellen ermitteln	Beziehungen zwischen den abgegrenzten kleineren Einheiten untereinander wie auch zum Umsystem ermitteln
A	**A**nalysieren	Erheben und Ordnen von Informationen über die abgegrenzten kleineren Einheiten
G	**G**emeinsamkeiten feststellen	Mehrfach vorkommende Aufgaben, Informationen (Elemente) in den abgegrenzten Einheiten herausfinden

3.3.1 Klärung des Gestaltungsbereichs – Systemgrenzen bestimmen

Offensichtlich wünscht der Auftraggeber in dem eben skizzierten Beispielprojekt keine vollständige Reorganisation des Verlags. Vielmehr soll nur ein Bereich überarbeitet werden, der jedoch zu Beginn eines Projekts normalerweise noch nicht klar abgegrenzt ist. Deswegen muss der Projektverantwortliche so früh wie möglich die Frage klären, innerhalb welcher Grenzen überhaupt organisatorische Veränderungen vorgenommen werden dürfen, was also angefasst werden darf. Hier geht es um die Abgrenzung des Systems nach außen. Solche Grenzen können einmal durch die betroffenen organisatorischen Einheiten definiert werden. Es ist aber auch möglich, die Grenzen aus einem anderen Blickwinkel zu bestimmen. So könnte der Geschäftsführer vielleicht festlegen, dass durch dieses Vorhaben das Vergütungssystem nicht geändert werden darf. Auch durch eine solche Ausgrenzung wäre der Handlungsspielraum des Auftragnehmers eingeschränkt.

Hier soll die Klärung des Gestaltungsbereichs am Beispiel organisatorischer Einheiten demonstriert werden. Das Organigramm des Verlags sieht folgendermaßen aus:

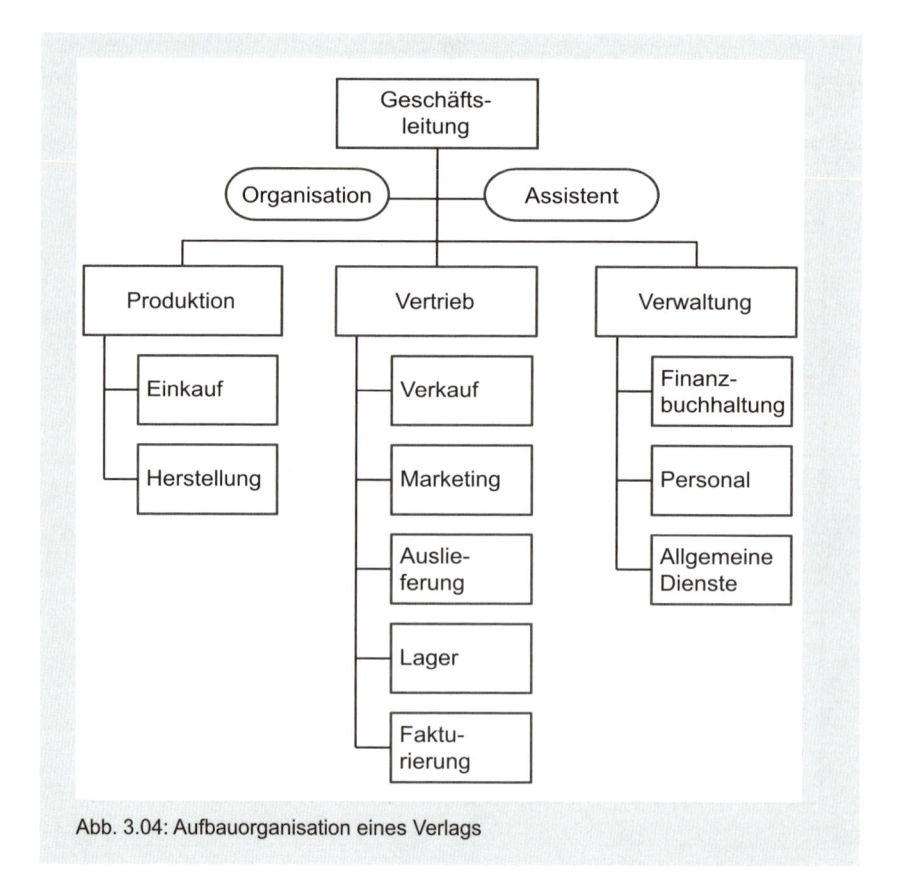

Abb. 3.04: Aufbauorganisation eines Verlags

Klärung des Gestaltungsbereichs – Systemgrenzen bestimmen

Der Produktionsbereich ist offensichtlich nicht von diesem Projekt betroffen, da es keine Auftragsfertigung gibt. Alle Aufträge werden vom Lager ausgeliefert. Ein Vorschlag für die Abgrenzung des Gestaltungsbereichs könnte folgendermaßen aussehen:

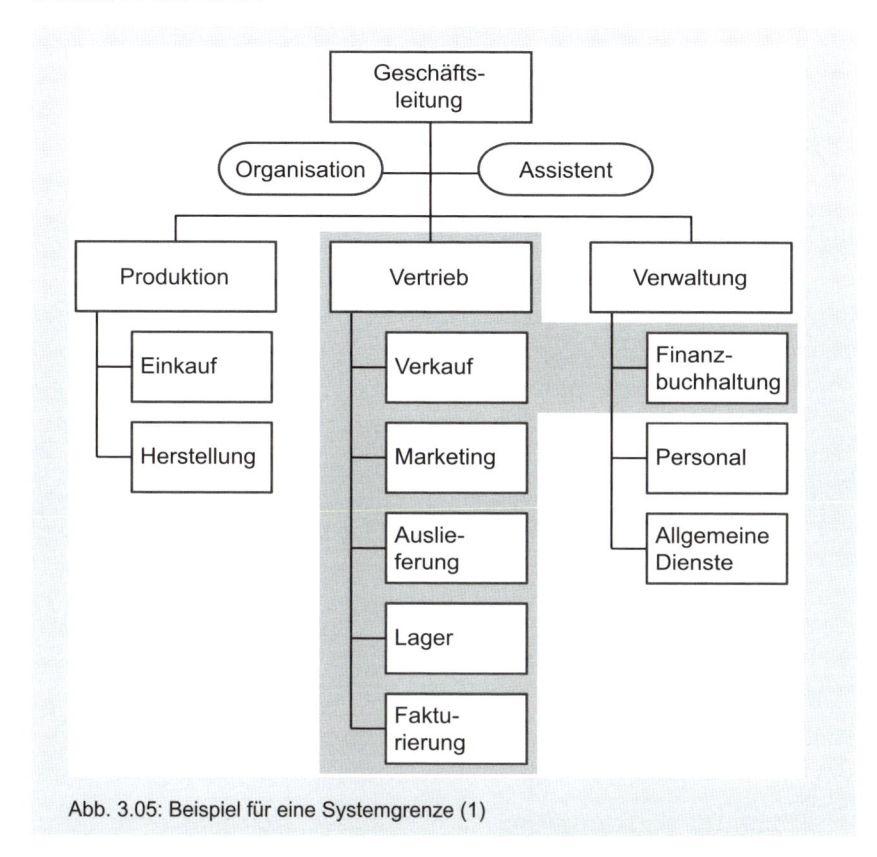

Abb. 3.05: Beispiel für eine Systemgrenze (1)

Nach einer Diskussion mit dem Auftraggeber stellt sich heraus, dass das Marketing mit dem täglichen Geschäft nichts zu tun hat und deswegen ausgeschlossen bleiben soll. Auch für den Vertriebsleiter selbst soll sich nichts ändern. Weiter steht der Auftraggeber auf dem Standpunkt, dass die Abläufe in der Finanzbuchhaltung, in der erst vor kurzem eine neue IT-Anwendung eingeführt wurde, durch das Projekt nicht berührt werden dürfen. Die zur Finanzbuchhaltung führenden Schnittstellen müssen unverändert beibehalten werden.

Durch diese unterstellte Diskussion mit dem Auftraggeber und evtl. mit den Hauptverantwortlichen der betroffenen Einheiten – später werden sie Stakeholder genannt – hat sich der Untersuchungsbereich weiter eingeengt. Selbstverständlich hätte die Erörterung auch eine Erweiterung der Systemgrenzen mit sich bringen können.

Die Systemgrenzen für das Projekt sehen nun folgendermaßen aus:

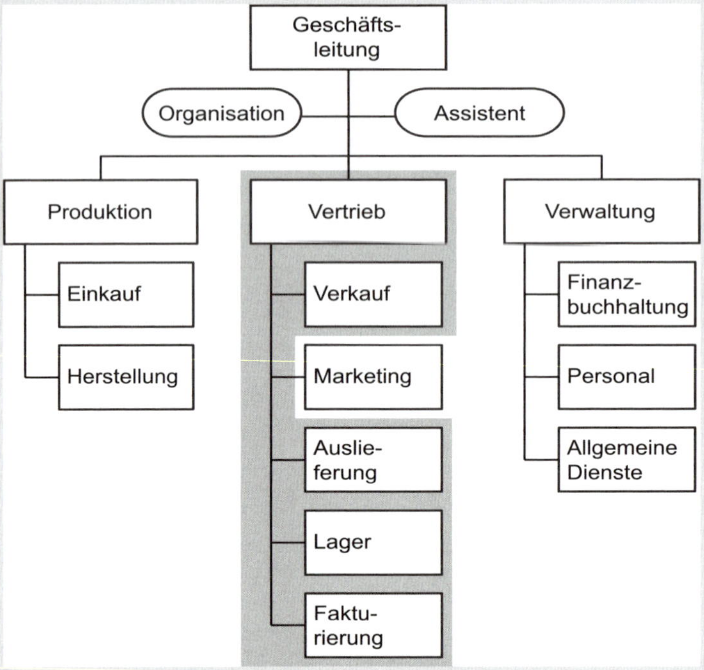

Abb. 3.06: Beispiel für eine Systemgrenze (2)

Welche Bedeutung und welche Vorteile hat dieser Schritt zur Bestimmung der Systemgrenzen?

Was bringt Festlegung der Systemgrenze?

- Es wird für die nächste Untersuchungsphase verbindlich festgelegt, wo überhaupt organisatorische Veränderungen vorgenommen werden dürfen und wo nicht. Alles, was außerhalb dieses Bereichs liegt, ist „Tabuzone". Diese Festlegung ist insofern sehr wichtig, als selbst kleinere Vorhaben sehr weit reichende Verästelungen haben, die jedoch aus diversen Gründen wie Zeit, Kosten, Macht usw. normalerweise nicht alle berücksichtigt werden können oder sollen.
- Der Projektverantwortliche und auch die Betroffenen wissen, wer alles vom Projekt „bedroht" ist. Mit Organisationsmaßnahmen geht meistens einige Unruhe einher, da viele Mitarbeiter für sich selbst Nachteile befürchten. Durch die festgelegten Grenzen wird die Unruhe auf die wirklich Betroffenen begrenzt.
- Durch die Systemgrenzen werden auch schon erste Hinweise auf die so genannten Schnittstellen gegeben, d. h. auf Berührungspunkte zu fertigen oder nicht veränderbaren Bereichen.

- Klare Systemgrenzen geben Hinweise, wo überhaupt detaillierte Informationen erhoben werden müssen. Damit wird der Untersuchungsaufwand klarer erkennbar und meistens auch schon frühzeitig reduziert.
- Durch die Systemgrenzen wird gleichzeitig auch der Bereich möglicher Lösungen eingegrenzt. Es sind nur noch Lösungen zulässig, die innerhalb der definierten Grenzen realisiert werden können. Das ist ein weiterer Hinweis darauf, dass sich durch klare Systemgrenzen oftmals der Untersuchungsaufwand deutlich verringern lässt.

Folgende Grundsätze sind bei der Systemabgrenzung zu beachten	
Laufende Abstimmung mit dem Auftraggeber	Die Entscheidung über die Systemgrenze kann nur der Auftraggeber fällen. Deswegen ist er frühzeitig – erstmals bei der Abstimmung des Auftrags zur Vorstudie – zur Systemgrenze zu befragen. Selbstverständlich sollte der Projektleiter dazu eigene Vorstellungen entwickeln, um den Auftraggeber beraten zu können. Die einmal festgelegte Grenze ist im Projektfortschritt ständig darauf hin zu überprüfen, ob sie nach wie vor sinnvoll ist.
Weite Grenzen zu Beginn	In den frühen Phasen eines Projekts empfiehlt es sich, die Grenzen eher weit zu ziehen und dann schrittweise solche Bereiche auszugrenzen, die nicht bearbeitet werden sollen. Zu Beginn setzt man sich normalerweise nur sehr global mit einem Problem auseinander, so dass der Aufwand für dieses Vorgehen vertretbar bleibt. Werden demgegenüber wichtige Teilbereiche zu spät erkannt und nachträglich hinzugenommen, kann die gesamte bisherige Planung in Frage gestellt werden.
Minimierung von Schnittstellen	Bei der Festlegung der Systemgrenze sollte beachtet werden, dass möglichst wenige und einfache Schnittstellen entstehen (Übergewicht der inneren Bindung), um die Koordination zum Umsystem zu erleichtern.
Bestimmung des relevanten Umsystems	Mit der Abgrenzung wird der Bereich definiert, innerhalb dessen Änderungen vorgenommen werden dürfen. Dazu sind aber auch Sachverhalte zu untersuchen, die außerhalb der Systemgrenze angesiedelt sind. Der Projektverantwortliche muss sich also bewusst mit der Frage auseinandersetzen, welche Informationen über das Umsystem zu erheben und zu analysieren sind, damit das neu zu schaffende System später auch in seine Umwelt hinein passt.

| Zusammen-fassung | Durch die Bestimmung der Systemgrenze wird festgelegt, welcher Bereich überhaupt von einem organisatorischen Vorhaben betroffen ist – Systemabgrenzung nach außen. Diese Übereinkunft ist mit dem Auftraggeber zu treffen, laufend zu überprüfen und bei Bedarf zu korrigieren. Bei der Grenzziehung ist die Minimierung der Schnittstellen zu beachten. Weiterhin muss der relevante Bereich des Umsystems bestimmt werden. |

3.3.2 Ermitteln von Einflussgrößen

Organisatorische Vorhaben spielen sich nie im luftleeren Raum ab. Es sind vielerlei Einflussgrößen zu beachten. Hier werden zwei Gruppen von Einflussgrößen unterschieden:

Arten von Einflussgrößen

Einflussgrößen	
Restriktionen	**Rahmenbedingungen**
Zwingende Vorgaben: Was muss eingehalten werden? Was darf nicht herauskommen?	Welche Sachverhalte sind zu beachten, weil von ihnen wichtige Einflüsse auf die Eignung der Lösung zu erwarten sind?

Restriktionen

Betriebliche und außerbetriebliche Restriktionen

Restriktionen sind verbindliche Vorgaben, die zwingend eingehalten werden müssen. Damit ist eine Restriktion grundsätzlich so zu formulieren, dass sie immer mit Ja (erreicht, eingehalten) oder Nein (nicht erreicht, nicht eingehalten) beurteilt werden kann. Eine mögliche Vorgabe könnte es sein, dass die IT-Anwendung in der Finanzbuchhaltung als gegeben hingenommen werden muss und nicht verändert werden darf. Daneben könnte es noch weitere Restriktionen geben, die bei der Neugestaltung der Auftragsabwicklung zu berücksichtigen sind, und die teilweise betrieblicher und teilweise außerbetrieblicher Art sein können. Betriebliche Vorgaben sind beispielsweise begrenzte finanzielle Mittel (z. B. „darf nicht mehr kosten als …"), außerbetriebliche Restriktionen sind Vorschriften, Verträge oder Gesetze.

Dieser Bestandteil des Systemdenkens soll wiederum anhand des Beispiels verdeutlicht werden (siehe dazu Abb. 3.07)

Letztlich ist auch die zuvor genannte Systemgrenze eine Restriktion für das Projekt.

Ermitteln von Einflussgrößen | 117

Außerbetriebliche Restriktionen
- Auflagen von Behörden
- Abgeschlossene Verträge
- Gesetzliche Vorschriften
- Anforderungen von Seiten des Verbands

Innerbetriebliche Restriktionen
- Vorhandene IT-Konfiguration nutzen
- Vorhandene Anwendungsprogramme in der Finanzbuchhaltung nicht ändern
- Vorhandenes Personal muss weiterhin eingesetzt werden
- Heutige Personalkosten dürfen nicht überschritten werden

(Mittelkreis: Verkauf, Fakturierung, Auslieferung, Lager)

Abb. 3.07: Restriktionen

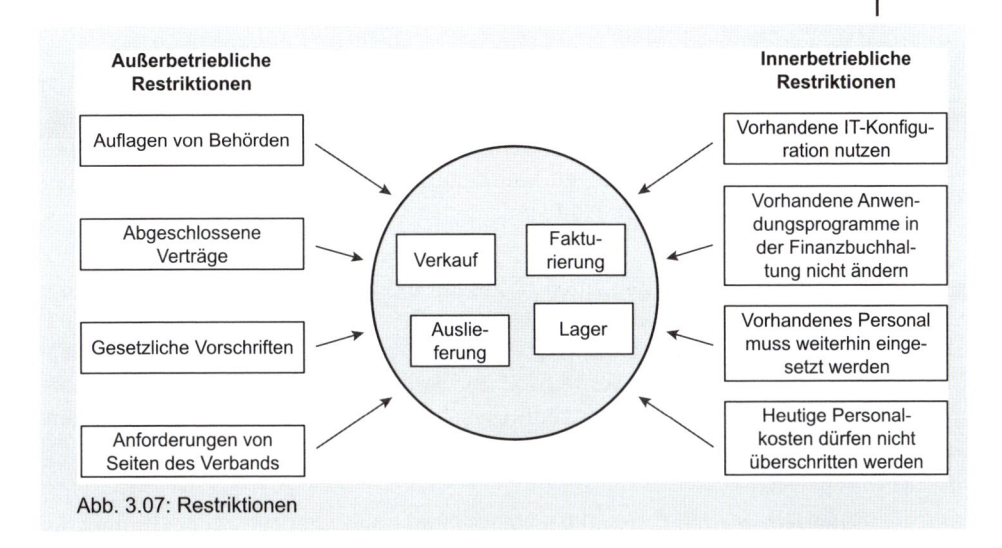

Normalerweise begrenzen Restriktionen den Lösungsspielraum des Projektverantwortlichen; sie zeigen ihm die Grenzen auf. Daraus wird auch schon deutlich, welche Vorteile es hat, die Restriktionen frühzeitig zu ermitteln:

- Der Projektleiter erkennt, welche Muss- bzw. Darf-Nicht-Lösungen vom Auftraggeber erwartet werden. Das engt zwar den Bereich möglicher Lösungen – unter Umständen drastisch – ein, verhindert aber auch, dass Lösungen an den Wünschen der Entscheidungsberechtigten vorbei laufen.
- Der Projektverantwortliche setzt sich so früh wie möglich mit außerbetrieblichen Faktoren auseinander, die bestimmte Lösungselemente erzwingen, aber auch Lösungsbestandteile verhindern können.
- Restriktionen begrenzen in der Regel den Aufwand für ein Projekt. Bestimmte, grundsätzlich mögliche Varianten oder Bereiche werden von vornherein ausgeschlossen. Allerdings können zwingende Vorgaben im Einzelfall auch dazu führen, dass mehr Aufwand betrieben werden muss, als ursprünglich geplant.
- Die Restriktionen müssen mit dem Projektfortschritt laufend kontrolliert werden. Insbesondere die innerbetrieblichen – also aus Sicht des Auftraggebers zumindest teilweise veränderlichen – Größen werden normalerweise zu Beginn etwas allgemeiner und lockerer gefasst. Je mehr man über das Projekt weiß, desto enger wird der Gürtel gespannt – so wird z. B. der für das Projekt gültige Finanzrahmen immer mehr konkretisiert.

Restriktionen verringern Projektaufwand

Rahmenbedingungen

Rahmenbedingungen sind für das Projekt relevante Sachverhalte, die durch das Projekt nicht unmittelbar verändert werden können, die also nicht Gegenstand aktiver Eingriffe sein können. Von diesen Rahmenbedingungen kann es aber entscheidend abhängen, welche organisatorischen Lösungen mehr oder weniger Erfolg versprechend sind.

Beispiel
> Die Mitbewerber bieten einen „Rund-um-die-Uhr-Service". Das eigene Unternehmen kann nur während der normalen Geschäftszeiten erreicht werden. Um im Wettbewerb nicht zurück zu fallen, muss untersucht werden, ob dieser Service auch angeboten werden soll und welche organisatorischen Voraussetzungen dafür zu schaffen sind. Diese Rahmenbedingung kann also einen erheblichen Einfluss auf die Lösung haben.

Theoretisch gibt es unendlich viele Rahmenbedingungen für ein Projekt. Es gehört zu den Aufgaben des Projektleiters, die – meist wenigen – wirklich wichtigen zu erkennen und angemessen zu berücksichtigen.

Zusammenfassung
> Restriktionen sind verbindliche interne oder externe Vorgaben für ein Projekt. Ihre frühzeitige Kenntnis und Abstimmung verhindern Fehlentwicklungen. Rahmenbedingungen können einen maßgeblichen Einfluss auf die Lösung haben, durch das Projekt selbst aber nicht beeinflusst werden.

3.3.3 Isolieren überschaubarer Lösungsbereiche

Die beiden ersten Schritte des Systemdenkens sind hauptsächlich nach außen orientiert. Der Auftragnehmer will sichergehen, dass er die Aufgabenstellung des Auftraggebers richtig verstanden hat, und er will sonstige Außeneinflüsse ermitteln. Die nächsten Schritte des Systemdenkens können auch diesem Ziel dienen, vor allem tragen sie aber dazu bei, dass sich der Projektverantwortliche seine eigene Arbeit strukturiert.

Systemdenken erleichtert die Arbeit
Schon bei den Eingangsüberlegungen wurde klar, dass es in der praktischen Arbeit normalerweise unmöglich ist, organisatorische Projekte in einem Schritt zu lösen und dabei gleichzeitig alle Beziehungen und Lösungselemente im Auge zu behalten. Daraus folgt, dass man versuchen muss, sich die Aufgabenstellung zu vereinfachen, ohne sie unzulässig zu simplifizieren, d. h. so zu tun, als ob sie nicht komplex wäre.

Dieses Ziel kann erreicht werden, wenn man

- überschaubare Lösungsbereiche abgrenzt und
- sich gleichzeitig über die damit geschaffenen Grenzen (Schnittstellen) klar wird.

In diesem Abschnitt soll zuerst der Frage nachgegangen werden, wie überschaubare, beherrschbare Lösungsbereiche abgegrenzt werden können.

Abgrenzen von Untersystemen

In dem gewählten Beispiel sollen lediglich die Abteilungen „Verkauf", „Auslieferung", „Lager" und „Fakturierung" reorganisiert werden. Diese Einheiten sind sogenannte Untersysteme.

Beispiel

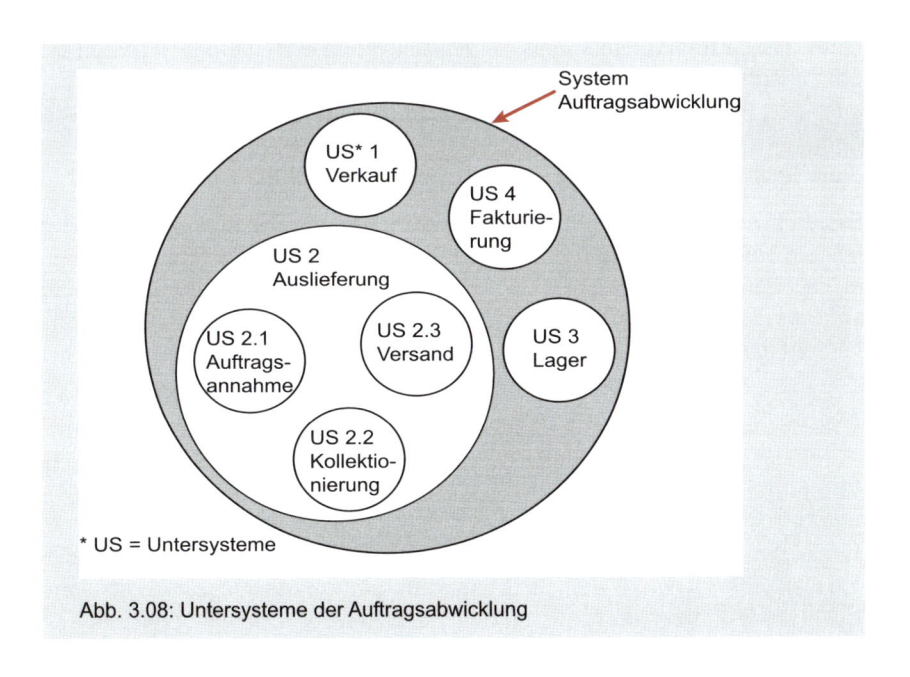

Aus der Sicht des Systems „Gesamtunternehmung" sind die Hauptabteilungen „Produktion", „Vertrieb" und „Verwaltung" Untersysteme. Die Abteilungen – die nächste Ebene unter den Hauptabteilungen – sind Untersysteme des Systems „Hauptabteilung". Auch die Abteilungen können in kleinere Untersysteme gegliedert werden, so z. B. in Gruppen oder einzelne Stellen. Selbst die Stellen können noch weiter untergliedert werden in einzelne Aufgaben. Was als Untersystem anzusehen ist, hängt somit von der Betrachtungsweise ab. Das System in dem hier verwendeten Beispiel besteht aus den genannten Abteilungen im Vertrieb. Diese Abteilungen sind gleichzeitig Untersysteme des untersuchten Systems. Möglicherweise sind damit schon ausreichend einfache, überschaubare Einheiten abgegrenzt. Unterstellterweise soll das Untersystem „Auslieferung" noch weiter unterteilt werden, z. B. in die „Auftragsannahme", das „Kollektionieren" (Zusammenstellen von Bestandteilen eines Auftrags) und das „Versenden". Schaubildlich könnte das wie in Abb. 3.08 dargestellt aussehen.

Abb. 3.08: Untersysteme der Auftragsabwicklung

Systemdenken

Untersysteme durch hierarchische Gliederung

Untersysteme sind also kleinere organisatorische (Abteilungen, Gruppen, Stellen) oder nach anderen Kriterien abgrenzbare Einheiten (Aufgabenpakete, Funktionseinheiten, Bauteile), die sich ergeben, wenn ein System hierarchisch in kleinere Einheiten zerlegt wird. Dabei wird die kleinere Einheit als Ganzes betrachtet. Werden also die Untersysteme Verkauf, Fakturierung etc. abgegrenzt, dann werden sie als komplette Einheiten (mit allen Elementen und Beziehungen, also mit ihrem ganzen Innenleben) betrachtet, dieses im Unterschied zu der Teilsystembetrachtung, in der man sich auf bestimmte Aspekte konzentriert.

Mit der Bildung von Untersystemen entstehen kleinere, überschaubare Einheiten. Allerdings ist ein zerschnittenes System nicht lebensfähig. Es muss bei einer Zerlegung bedacht werden, dass die so entstandenen Schnittstellen später wieder miteinander verbunden werden müssen. Dieser Sachverhalt wird im nächsten Abschnitt „Integrationsfähigkeit von Teillösungen sichern" behandelt. Zuvor soll ein anderer „Trick" erörtert werden, wie man eine komplexe Situation vereinfachen kann.

Herausheben von Teilsystemen

Probleme nach innen abgrenzen

Bei der Abgrenzung von Untersystemen wird unterstellt, dass das komplette Untersystem Gegenstand des Projekts ist. Aus dieser Sicht könnten alle überhaupt denkbaren organisatorischen Sachverhalte im Untersystem verändert werden. Das dürfte jedoch so gut wie niemals der Fall sein. In einem konkreten Projekt muss immer auch geklärt werden, welche Sachverhalte innerhalb eines Untersystems unverändert bleiben sollen und wo Änderungen erwünscht oder erlaubt sind. Es wird also zusätzlich zur Problemabgrenzung nach außen auch eine Problemabgrenzung nach innen notwendig sein, die zusammen mit dem Auftraggeber vorgenommen werden muss. Dazu dient – unter anderem – die Teilsystembetrachtung.

Systeme werden aus Elementen und Beziehungen gebildet. Wenn in einem System bestimmte Elementarten, Beziehungszusammenhänge, Beziehungsarten oder funktionale Aspekte hervorgehoben und abgegrenzt werden, spricht man von Teilsystemen. Auch dieser Begriff soll anhand eines Beispiels verdeutlicht werden:

Beispiel

Eine Buchhandlung bestellt telefonisch ein Fachbuch. Der Anruf wird an die Abteilung „Auslieferung" weitergeleitet. Der Mitarbeiter gibt die telefonisch übermittelten Bestelldaten in das System ein – er füllt eine Bildschirmmaske aus – ergänzt interne Vermerke, druckt einen Lieferschein aus und leitet diesen weiter an den Mitarbeiter, der für die Kollektionierung zuständig ist. Der geht mit dem Beleg ins Lager, entnimmt das gewünschte Buch, verbucht die Entnahme und geht mit dem Buch zum Verpackungsbereich, wo er das Buch ablegt. Er ergänzt das Gewicht der Sendung und gibt eine Kopie des

Lieferscheins an die Fakturierung. Dort werden die Rechnung und die Versandpapiere erstellt. Originalrechnung und Versandpapiere gehen an den Versandbereich, wo die Rechnung in das Buch eingelegt und beides zusammen verpackt wird usw. Dieser spezielle Prozess in der Auftragsabwicklung wird als ein Teilsystem bezeichnet.

Was kennzeichnet diese Betrachtungsweise?

Hier wird ein bestimmter Prozess betrachtet, der über mehrere Untersysteme hinweg geht, der aber offensichtlich auch nur einen Teil aller Ablaufbeziehungen ausmacht: Es gibt ja auch noch schriftlich eingehende Bestellungen, sowie Bestellungen von Kommissionsware, bei der keine Rechnung geschrieben wird, es gibt Bestellungen, die im Moment nicht ausgeliefert werden können, wie auch Anfragen bzw. Mahnungen seitens der Kunden. Alles das gehört insgesamt zur Auftragsabwicklung des Vertriebs. Oben wurde nur ein Teilsystem, nämlich die Abwicklung eines telefonischen Einzelauftrags eines Kunden (Buchhandlung) mit gleichzeitiger Rechnungsstellung beschrieben. Es handelt sich also um ein Teilsystem, das in einem anderen Zusammenhang als Prozess bezeichnet wird. Somit können Prozesse oder Ablaufbeziehungen immer auch als Teilsysteme abgegrenzt werden. Solche Teilsysteme können mehrere Untersysteme berühren, müssen es aber nicht. Auch ein Prozess, der lediglich die Auftragsannahme berührt, ist ein Teilsystem in dem Untersystem „Auftragsannahme".

Teilsysteme sind isolierte Wirkungszusammenhänge

Daneben gibt es noch andere Teilsysteme. So ist z. B. das interne Telefonnetz in einem Unternehmen ein Teilsystem, das bereitgehalten wird, um damit Informationen auszutauschen, zu kommunizieren. Weiterhin gibt es auch Kommunikationssysteme, die physisch nicht sichtbar sind, wie z. B. Weisungssysteme (die betriebliche Hierarchie) oder allgemeine Kommunikationsbeziehungen (z. B. Berichtspflichten des Verkaufs an die Verkaufsleitung).

Beispiele für Teilsysteme

Ein weiteres Beispiel für ein Teilsystem ist das Kompetenzsystem, in dem die Gesamtheit aller Entscheidungs- oder Verfügungsbefugnisse geregelt ist. Auch hier wird nur ein bestimmter Ausschnitt betrachtet, das System aus einer einseitigen Perspektive gesehen.

Schließlich soll beispielhaft – aber nicht erschöpfend – eine weitere Art von Teilsystemen genannt werden. In den verschiedenen Untersystemen des Verlags werden PC, Server, Kopiergeräte und Drucker eingesetzt. Auch hier kann man von einem Teilsystem, dem Teilsystem Sachmittel sprechen, da bei der Auswahl der Sachmittel Abhängigkeiten zu berücksichtigen sind.

Es werden nur solche PC eingesetzt, die vorgegebene technische Spezifikationen einhalten (z.B. nur Geräte, die ein bestimmtes Betriebssystem anwenden, die vorgegebene Schnittstellen aufweisen, die bestimmte Datenträger „lesen" können etc.)

Systemdenken

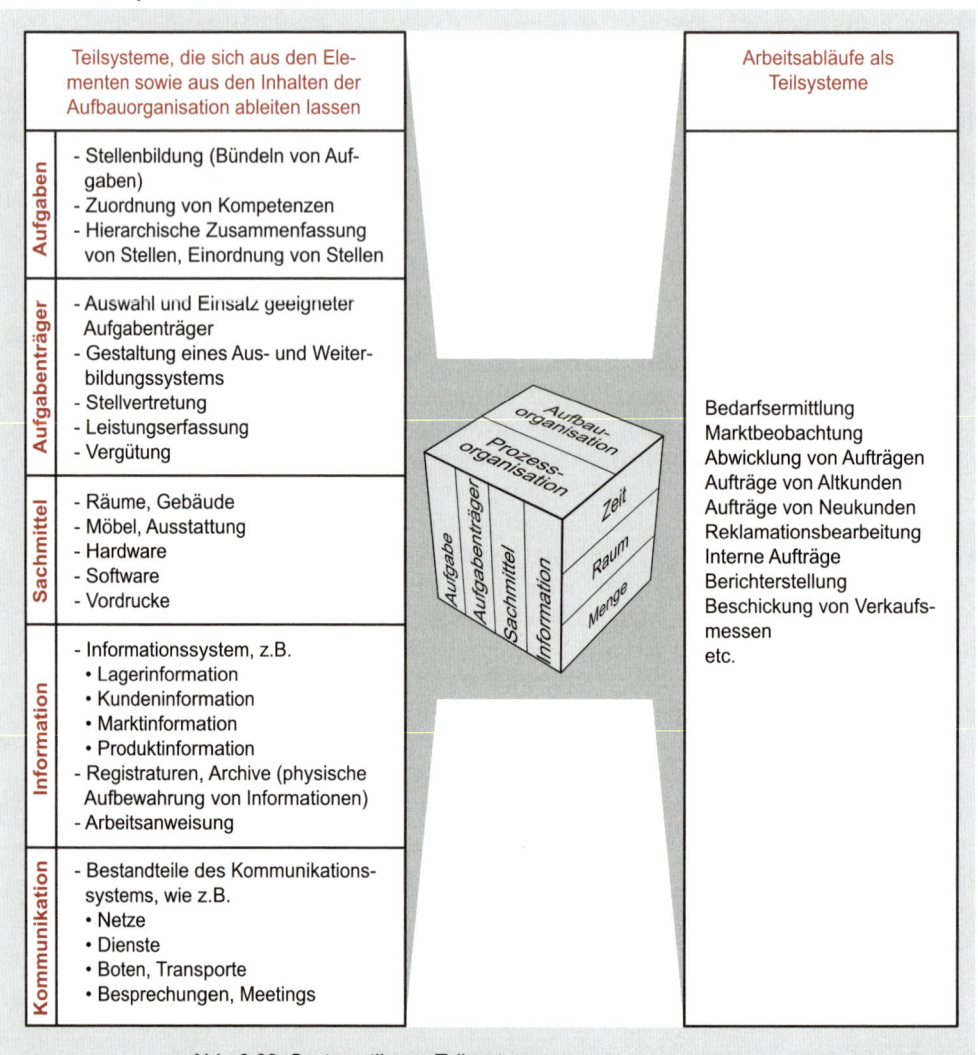

	Teilsysteme, die sich aus den Elementen sowie aus den Inhalten der Aufbauorganisation ableiten lassen	Arbeitsabläufe als Teilsysteme
Aufgaben	- Stellenbildung (Bündeln von Aufgaben) - Zuordnung von Kompetenzen - Hierarchische Zusammenfassung von Stellen, Einordnung von Stellen	
Aufgabenträger	- Auswahl und Einsatz geeigneter Aufgabenträger - Gestaltung eines Aus- und Weiterbildungssystems - Stellvertretung - Leistungserfassung - Vergütung	Bedarfsermittlung Marktbeobachtung Abwicklung von Aufträgen Aufträge von Altkunden Aufträge von Neukunden Reklamationsbearbeitung Interne Aufträge Berichterstellung Beschickung von Verkaufsmessen etc.
Sachmittel	- Räume, Gebäude - Möbel, Ausstattung - Hardware - Software - Vordrucke	
Information	- Informationssystem, z.B. • Lagerinformation • Kundeninformation • Marktinformation • Produktinformation - Registraturen, Archive (physische Aufbewahrung von Informationen) - Arbeitsanweisung	
Kommunikation	- Bestandteile des Kommunikationssystems, wie z.B. • Netze • Dienste • Boten, Transporte • Besprechungen, Meetings	

Abb. 3.09: Systematik von Teilsystemen

Bei einer Teilsystembetrachtung wird ein bestimmter Beziehungszusammenhang oder eine bestimmte Gruppe von Elementen isoliert betrachtet. Ein solcher Beziehungszusammenhang kann fließen (Prozess) oder auch ruhen (statische Beziehung = Aufbau). Allgemein formuliert handelt es sich bei Teilsystemen um funktionale Zusammenhänge.

Der bereits vorgestellte „Würfel" (siehe Kapitel 1) kann helfen, die Teilsysteme zu erkennen. Aus den Elementen wie auch aus den Themen der Aufbau- und Prozessorganisation können Teilsysteme abgeleitet werden.

Selbstverständlich werden nicht in jedem Projekt alle genannten Teilsysteme bearbeitet. Und es gibt noch viele Teilsysteme, die sich nicht so einfach aus dem Würfel ableiten lassen. Eine ganz wichtige Funktion des Systemdenkens ist es, frühzeitig die Frage aufzuwerfen, welche Tatbestände (Teilsysteme) innerhalb der abgegrenzten Untersysteme überhaupt zum Projekt gehören könnten. Diese Frage ist wiederum mit dem Auftraggeber zu klären. Bei der Bestimmung der zu behandelnden Teilsysteme wird von der Systemabgrenzung nach innen gesprochen.

Systeme im Inneren abgrenzen

Die Abgrenzung eines Systems und die Darstellung zu bearbeitender Unter- und Teilsysteme ist auch ein Beispiel für eine so genannte Kognitive Karte (mental map) als einer vereinfachten Abbildung einer komplexen Realität.

Kognitive Karte

Bei der Abgrenzung von Unter- und Teilsystemen sind folgende Grundsätze zu beachten:

Grundsätze für die Abgrenzung von Unter- und Teilsystemen	
Übergewicht der inneren Bindung	Wie schon bei der Abgrenzung des gesamten Systems sollte auch bei den Unter- und Teilsystemen darauf geachtet werden, dass die Einheiten so abgegrenzt werden, dass sie relativ viele Beziehungen im Inneren und relativ wenige Beziehungen nach außen haben (siehe Abb. 3.10).
Fachliche Abgrenzung	Es sollten Unter- und Teilsysteme so abgegrenzt werden, dass sie als Arbeitspakete – ggf. an entsprechende Spezialisten – übertragen werden können.
Module abgrenzen	Teilprojekte sollten so gebildet werden, dass mehrfach nutzbare, standardisierbare Teile (Module) mit klar definierten Funktionen abgegrenzt werden.
Angemessene Gliederungstiefe	Systeme können über mehrere Stufen in immer kleinere Untersysteme (z.B. Hauptabteilung, Abteilung, Gruppe, Stelle, Aufgabe) oder Teilsysteme (Ablauf Auftragsabwicklung, Abwicklung Aufträge Altkunden, Aufträge Neukunden usw.) zerlegt werden. Bei der Bestimmung der angemessenen Tiefe sollte das Prinzip gelten: So fein wie nötig, um gedanklich beherrschbare Aufgabenstellungen zu erhalten.

124 | Systemdenken

Geeignete Schnittstellen
– – – (es werden relativ wenige Beziehungen zerschnitten)

Ungeeignete Schnittstelle
.... (da zu viele Beziehungen zerschnitten würden)

Abb. 3.10: Übergewicht der inneren Bindung

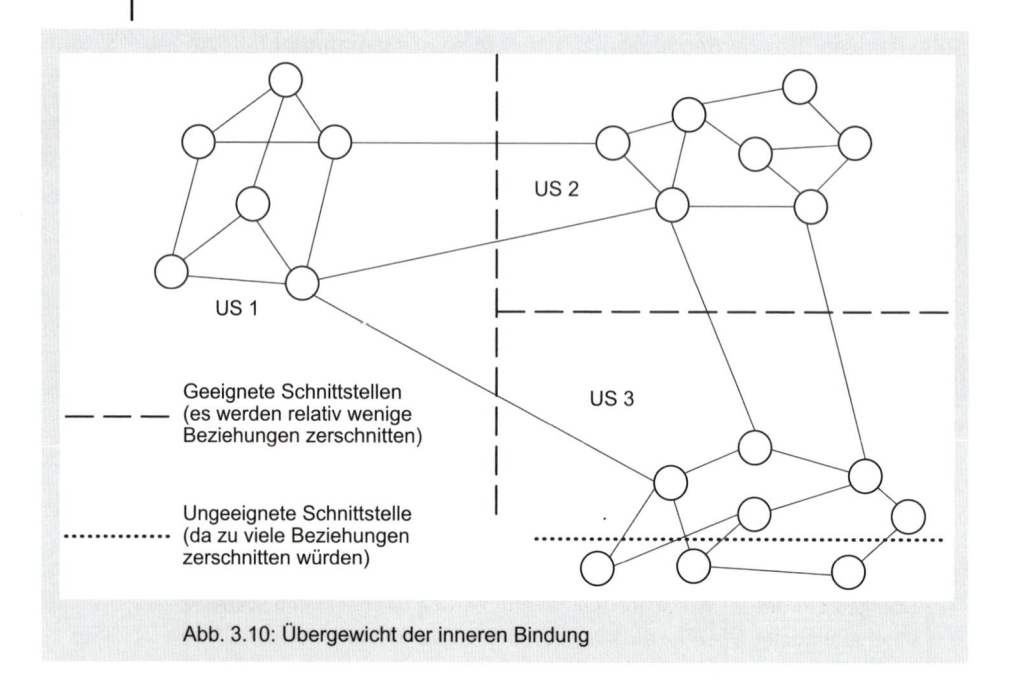

Inwiefern hilft das Denken in Unter- und Teilsystemen nun dem Projektverantwortlichen?

Systemdenken hilft Projektverantwortlichen

- Es erleichtert die Klärung der Frage, welche Untersysteme bzw. welche Teilsysteme überhaupt neu gestaltet werden können oder sollen (insofern wird auch hier das Ziel verfolgt, das richtige Problem zu lösen) – Systemabgrenzung nach innen und außen.
- Es verhindert die aufwändige Erhebung von Informationen aus solchen Unter- und Teilsystemen, deren Veränderung nicht beabsichtigt ist.
- Es ermöglicht eine Bearbeitung – nacheinander oder nebeneinander – der isolierten Unter- oder Teilsysteme. Der Hauptvorteil ist darin zu sehen, dass es für den Bearbeiter leichter wird, eine komplexe Situation zu erfassen und neu zu gestalten. Er kann auf Ausschnitte „fokussieren" – wie ein Fotograf sagen würde – und muss dabei nicht immer alles gleichzeitig „im Blick" haben.
- Es ermöglicht die Bildung von Arbeitspaketen, die arbeitsteilig – evtl. von den entsprechenden Spezialisten – erledigt werden können.
- Es trägt wesentlich dazu bei, schon frühzeitig zu erkennen, was in einem Projekt alles geleistet werden muss, und ermöglicht damit realistische Zeit- und Aufwandsschätzungen.

Die Konzentration auf ausgewählte Teil- und Untersysteme könnte jedoch zu so genannten „Insellösungen" führen. Um das zu vermeiden, soll nun gezeigt werden, wie die Integrationsfähigkeit von Teillösungen gesichert werden kann.

Um den zu gestaltenden Bereich eindeutig abzugrenzen und um leichter beherrschbare, bei Bedarf auch arbeitsteilig zu erledigende Problemfelder (Teilprojekte, Arbeitspakete) zu erhalten, werden Unter- und Teilsysteme abgegrenzt. Untersysteme sind kleinere Einheiten eines Systems, die durch eine hierarchische Zerlegung entstehen. In Teilsystemen werden bestimmte funktionale Zusammenhänge isoliert.

Zusammenfassung

3.3.4 Integrationsfähigkeit von Teillösungen sichern

In dem verwendeten Beispiel wurden folgende Untersysteme abgegrenzt:

- US 1 Verkauf
- US 2.1 Auftragsannahme
- US 2.2 Kollektionierung
- US 2.3 Versand
- US 3 Lager
- US 4 Fakturierung

Wenn diese Untersysteme nacheinander bearbeitet werden, können Unverträglichkeiten entstehen. Es muss also das Ziel sein, Ein- und Ausgänge von Untersystemen so aufeinander abzustimmen, dass problemlose „Lieferungen" von Informationen, Belegen und Waren zwischen den Untersystemen möglich sind. Dann sind die Untersysteme integriert, d.h. miteinander verträglich. Diese Übergänge zwischen einzelnen Untersystemen werden als Schnittstellen bezeichnet.

An den Schnittstellen werden grundsätzlich Teilsystembeziehungen zerschnitten. Also nur dort, wo etwas fließt oder wo eine Beziehung besteht, kann überhaupt etwas zerschnitten werden. Dieser Hinweis ist insofern wichtig, als bereits bei dem Versuch, die Integration von Untersystemen zu sichern, auch ein wesentlicher Beitrag zur Integration von Teilsystemen geleistet wird.

Schnittstellen machen Teilsysteme sichtbar

Diese – im Augenblick vermutlich noch sehr abstrakt erscheinenden – Aussagen sollen anhand eines Beispiels griffiger gemacht werden. Dabei soll gleichzeitig ein praktikabler Weg aufgezeigt werden, wie Schnittstellen zwischen Untersystemen ermittelt, analysiert bzw. festgelegt werden können.

| Systemdenken

Beispiel

> Innerhalb des Untersuchungsbereichs liegen die Untersysteme US 1, US 2.1, US 2.2, US 2.3, US 3, US 4. Diese Untersysteme haben vermutlich eine ganze Reihe von Schnittstellen untereinander. Darüber hinaus haben sie auch Schnittstellen zu organisatorischen Einheiten, die außerhalb der Grenzen des untersuchten Systems liegen. In dem Beispiel sind das folgende innerbetriebliche Organisationseinheiten: Herstellung, Marketing, Vertriebsleitung, Finanzbuchhaltung. Außerbetrieblich haben die untersuchten Untersysteme lediglich mit dem Kunden zu tun.

Um die Schnittstellen zu definieren, hat es sich als zweckmäßig erwiesen, die untersuchten Untersysteme und die damit verbundenen Einheiten in der Form einer Matrix aufzulisten und in die Matrix den „grenzüberschreitenden Verkehr" einzutragen. Grenzüberschreitender Verkehr sind Teilsystembeziehungen, die von der Untersuchung betroffen sind und mehrere Untersysteme und evtl. auch Einheiten des Umsystems berühren.

In der nachstehenden Matrix (siehe Abbildung 3.11a und 3.11b) sind beispielhaft mehrere mögliche Kategorien von Teilsystembeziehungen berücksichtigt wie Informationsfluss, Belegfluss, Warenfluss. Selbstverständlich ist es auch möglich, eine Matrix beispielsweise nur für Informationsbeziehungen zu erarbeiten. Es könnten auch weitere Beziehungsarten abgebildet werden wie z.B. Zahlungsströme.

In die Matrix wird eingetragen, was von den Untersystemen und den Umsystemen an die übrigen Untersysteme bzw. die Umsysteme geliefert wird. Dabei handelt es sich im Beispiel um folgende „Lieferungen":

- Informationen
- Belege (Datenträger, Vordrucke)
- Produkte
- Anfragen, Richtlinien, Abklärungen
- Bestellungen, Rechnungen
- Bücher, Verpackungsmaterial

Bei der Aufstellung der Matrix sind folgende Punkte zu beachten:

Ist oder Soll
- Die Matrix kann für die Abbildung des Ist-Zustands ebenso verwendet werden wie für die Darstellung eines nur gedachten Soll-Zustands. Anstelle der Frage, „was geht von X nach Y?", müsste dann die Frage lauten, „vorausgesetzt wir hätten das Untersystem oder die Funktionseinheit X, was müsste dann an Y und alle anderen gehen?"

Alle Sender und Empfänger
- In der Kopfzeile und in der Kopfspalte werden sämtliche zum Untersuchungsbereich gehörenden Untersysteme sowie die betrieblichen und außerbetrieblichen Umsysteme eingetragen, soweit sie mit dem Untersuchungsbereich Beziehungen aufweisen. Dann

wird in horizontaler Richtung eingetragen, was von einem Untersystem an alle übrigen „geliefert" wird. Es ist auch möglich, in die Matrix Teilsysteme mit aufzunehmen. So wäre ein Teilsystem „IT-Anwendung" Sender und Empfänger von Informationen, die aus anderen Teil- oder Untersystemen stammen.

- Es werden nur die Außenbeziehungen der zum Untersuchungsbereich gehörenden Systeme untersucht. Die Unter- und Teilsysteme selbst werden als Black-Box, als schwarzer Kasten, angesehen, dessen Inhalt zum gegenwärtigen Zeitpunkt noch nicht interessiert. Dieses Vorgehen vom Überblick in die Einzelheiten oder von außen nach innen ist einer der Kernpunkte des Systemdenkens. Es soll verhindern, sich zu früh in Details zu verlieren.

  Sender und Empfänger als Black-Box

- Alle Felder, in denen sich Einheiten der Umwelt – betrieblich wie außerbetrieblich – treffen, werden nicht ausgefüllt, da deren Beziehungen untereinander definitionsgemäß außerhalb des Untersuchungsbereichs liegen.

- Bestehen zwischen zwei Systemen keine Beziehungen, bleibt das betreffende Feld leer bzw. wird mit einem Strich (-) versehen.

Wenn die Matrix der Schnittstellen zu umfangreich wird, kann man zwei unterschiedliche Maßnahmen ergreifen:

- Die Matrix wird in mehrere Matrices aufgelöst, z. B. eine Matrix für die Übergänge des Warenflusses, eine für den Informations- bzw. Belegfluss usw., oder aber eine Matrix für den normalen Verkauf mit Rechnung, eine für die Auslieferung von Kommissionsware usw. Das bedeutet, dass für abgegrenzte Teilsysteme eigene Matrices aufgestellt werden.

  Vereinfachung

- Die Felder der Matrix werden in Listenform geführt: z. B. wird für das Feld US 1/US 2.1 eine eigene Seite angelegt. In diese Listen können beliebig umfangreiche Schnittstellenkataloge aufgenommen werden.

Die Erhebung der darzustellenden Informationen muss in enger Zusammenarbeit mit den Betroffenen (bei der Darstellung des Ist-Zustands) oder mit Fachleuten geschehen, die detaillierte Sachkenntnisse besitzen. Besonders bewährt haben sich in diesem Zusammenhang Workshops, in denen Repräsentanten der betroffenen Einheiten miteinander diskutieren und die geforderten Ein- und Ausgänge gemeinsam erarbeiten.

Würdigung des Ist

- Wenn in der Matrix die Beziehungen des Ist-Zustands dargestellt werden, ist als nächster Schritt zu prüfen, ob diese Beziehungen auch für den Soll-Zustand noch sinnvoll sind, d. h. ob alle Ausgänge für die Empfänger notwendig oder wünschenswert sind und ob die Eingänge in dieser Art, Form, Häufigkeit usw. benötigt werden.

	US 1 Verkauf	US 2.1 Auftragsannahme	US 2.2 Kollektionierung	US 2.3 Versand
US 1 **Verkauf**		Bestellungen telef., Bestellungen schriftl., Lieferanfragen, Stornierungen, Meldungen über fehlerhafte Lieferungen	———	———
US 2.1 **Auftragsannahme**	Lieferaussagen, Terminbestätigung, Stornierungsbestätigung, monatliche Statistik		Schriftliche Bestellungen, Interne Aufträge	Terminanfragen, Versandhinweise
US 2.2 **Kollektionierung**	———	Meldung über nicht lieferbare Titel		Ware, Bestellungen, Interne Aufträge
US 2.3 **Versand**	———	Versandbestätigung, Mengenabweichung	Rückfragen bei Abweichungen, Ware und Papiere	
US 3 **Lager**	Auskünfte über Liefermöglichkeiten, Restposten	Auskunft über Lieferfähigkeit, Periodische Bestandsmeldung	Bestandsabweichungen	Verpackungsmaterial, Entnahmeschein für Verpackungsmaterial
US 4 **Fakturierung**	Anfragen über Sonderkonditionen, Auskünfte über Mahnungen	Rückfragen über Konditionen	———	Rechnung, Versandpapiere, Bestellkopie
Betriebliche Umwelt	Leiter Vertrieb: Umsatzziele, Preisstaffeln/Konditionen Finanzbuchhaltung: Liste über zahlungsunfähige Kunden Marketing: Verkaufsunterstützung	Finanzbuchhaltung: Klärungen Leiter Vertrieb: Entscheidung über Sonderkonditionen Produktion: Aussagen über Auslieferung	———	Leiter Vertrieb: Versandrichtlinien Finanzbuchhaltung: Porto
Außerbetriebliche Umwelt (Kunde)	Besuchsterminabstimmungen, Anforderungen von Prospekten und Werbematerial, Bestellungen - Kaufaufträge - Kommissionsaufträge Reklamationen	Anforderungen von Prospekten und Werbematerial, Bestellungen - Kaufaufträge - Kommissionsaufträge Reklamationen	———	———

Abb. 3.11a: Schnittstellenmatrix (1)

Integrationsfähigkeit von Teillösungen sichern | 129

US 3 Lager	US 4 Fakturierung	Betriebliche Umwelt	Außerbetriebliche Umwelt (Kunde)
Eilige Anfragen über Lieferungen	Abstimmung über Mahnungen	Leiter Vertrieb: Aufträge, Reklamationen, neue Produkte	Neue Produkte, Preislisten, Prospektmaterial, Antworten auf Reklamationen, Besuchstermine, Anfragen
Anfragen über Lieferfähigkeit	———	Leiter Vertrieb: Genehmigung von Sonderkonditionen Produktion: Anfragen über Auslieferung	Mitteilung bei nicht lieferbaren Titeln, Stellungnahme bei Falschlieferungen
Entnahmevermerke, Bestandsabweichungen	———	———	———
Abrufen von Verpackungsmaterial	Bestellung, Entnahmeschein, Warengewicht, Versandweg, Kommissionspapiere	Finanzbuchhaltung: Portobuch, -quittung Leiter Vertrieb: Versandstatistik	Verpackte Ware mit Rechnung und Versandpapieren
	———	Finanzbuchhaltung: Periodische Bestandsmeldungen, Schwund, Inventuren Leiter Vertrieb: Bestandsmeldung	———
———		Finanzbuchhaltung: Rechnungskopien, Anfragen bei Differenzen	Lieferschein über Kommissionswaren, Klärung Zahlungsdifferenzen
Leiter Vertrieb: Auslagerungen Finanzbuchhaltung: Bewertete Bestandsliste Produktion: Lieferankündigungen	Finanzbuchhaltung: Fakturierungsaufforderung für Kommissionsware, Anfragen		
———	Anfragen bei Zahlungsdifferenzen		

Abb. 3.11b: Schnittstellenmatrix (2)

Systemdenken

Zusammenfassung

> Zur Integration von Unter- und Teilsystemen sowie zur Integration des Systems in seine Umwelt dient eine Matrix, worin die Beziehungen eingetragen werden, die bei der Abgrenzung zerschnitten wurden. Die Unter- bzw. Teilsysteme selbst werden vorläufig als Black-Box behandelt, um bei der gedanklichen Auseinandersetzung nicht zu früh in den Details zu versinken.

Welche Vorteile ergeben sich nun für den Projektverantwortlichen, wenn er den bisher beschriebenen Weg geht, d. h. Untersysteme und Teilsysteme abgrenzt und die Schnittstellen ermittelt?

Nutzen der Schnittstellenmatrix

- Durch die Definition der Schnittstellen kann sich der Bearbeiter auf ein Untersystem oder ein Teilsystem konzentrieren und dabei die Abhängigkeiten zu anderen Unter- oder Teilsystemen bzw. der Umwelt im Auge behalten, ohne im Detail in die anderen Systeme oder die Umwelt einsteigen zu müssen. Das hauptsächliche Ziel, die Integrationsfähigkeit zu sichern, wird erreicht.
- Wenn im Folgenden die Black-Boxes geöffnet, d.h. zu White-Boxes gemacht werden, kann der Bearbeiter beliebig tief in die Details hinein steigen, ohne dabei den Überblick zu verlieren. Er kennt die Berührungspunkte zu den übrigen Systemen.
- Die Matrix sichert eine weitgehend vollständige Erfassung. So muss beispielsweise eine Information, von der ein Untersystem behauptet, dass es sie weitergibt, auch bei dem Adressaten ankommen, d. h. dort als Eingang gemeldet werden.

Es wurde schon erwähnt, dass die Integration von Teilsystemen bzw. von Teil- und Untersystemen auch mit Hilfe der Matrix möglich ist. Daneben gibt es einen weiteren Ansatz, der an folgendem Beispiel verdeutlicht werden soll:

Beispiel

> Die eingehenden Bestellungen werden am Bildschirm erfasst. Das System prüft automatisch die Verfügbarkeit von Titeln. Im Falle der Verfügbarkeit wird der Bestand entsprechend verringert. Das System erstellt automatisch Lieferschein und Rechnung usw. Das Teilsystem Bestellabwicklung muss also koordiniert werden mit dem Teilsystem Bestandsführung. Außerdem muss das Kommunikationssystem, d. h. das Netz zum Datentransport in der Kapazität und in der Geschwindigkeit auf das Volumen der abzuwickelnden Aufträge abgestimmt werden. Die Versandpapiere und die Rechnungen sind aufeinander abzustimmen usf.

Wie kann nun diese Koordination solcher Teilsysteme erreicht werden? Viele Schnittstellen zwischen Teilsystemen zeigen sich oft erst bei der Gestaltung der einzelnen Teilsysteme. Um sie möglichst effizient zu bearbeiten, können folgende Regeln helfen:

- **Wichtige Teilsysteme**, die viele Beziehungen zu anderen Teilsystemen haben, sollten als erste bearbeitet werden. Wichtig sind beispielsweise solche Teilsysteme, die mit der Bearbeitung der Normalfälle, d. h. des Mengengeschäfts, zu tun haben (im Beispiel etwa der Ablauf der schriftlich eingehenden Bestellungen, die sofort fakturiert werden) siehe dazu auch im Kapitel 7.3.3 Mengenanalyse – ABC-Analyse.
- Als nächstes wird ein Teilsystem bearbeitet, das zu dem fertigen Teilsystem relativ viele Berührungspunkte hat. So hält sich die Komplexität in Grenzen, wenn zwischen den ersten Teilsystemen koordiniert werden muss (beispielsweise könnte es sinnvoll sein, die Teilsysteme Bestellabwicklung mit Fakturierung und Bestellabwicklung von Kommissionsware nacheinander zu planen, weil die Abwicklung weitgehend gleich läuft, an einigen Punkten jedoch erhebliche Unterschiede bestehen).
- Die Planung erfolgt iterativ, d. h. nach der Planung des zweiten Teilsystems wird überprüft, ob dieses Teilsystem mit dem bereits fertigen verträglich ist. Falls nicht, wird eines von beiden angepasst. Dann wird das dritte Teilsystem geplant und auf Verträglichkeit mit den bereits fertigen Teilsystemen überprüft. Notfalls werden Änderungen vorgenommen usw. Nach diesem Muster wird Schicht über Schicht gelegt und rückwärts schauend aufeinander abgestimmt.
- Es sollte erst dann mit der Realisierung begonnen werden, wenn sämtliche Teilsystem-Planungen abgeschlossen sind, da andernfalls vollendete Tatsachen geschaffen werden könnten. Das bedeutet gleichzeitig, dass mit dem Beginn der Realisierung der jeweilige Planungsstand festgeschrieben werden sollte. (Diese Forderung ist bei komplexen Projekten „theoretisch richtig", aber nicht immer praktikabel. Wird dieser Grundsatz verletzt, sollte zumindest die Planung der wichtigsten Teilsysteme abgeschlossen sein, die mit anderen Teilsystemen markante Beziehungen aufweisen, ehe mit deren Realisierung begonnen wird). Diese Forderung nach einer ganzheitlichen Planung vor der Realisation steht in einem deutlichen Gegensatz zu den Ideen der Agilen Systementwicklung – siehe Kapitel 2.4.3.4. Letztlich ist abzuwägen, ob die Integration von vornherein angestrebt wird oder ob man durch stufenweise Freigaben und iterative Nachbesserungen die Integration in mehreren Schritten wirkungsvoller und kostengünstiger erreicht.

Regeln zur Koordination der Teilsysteme

Bei sehr komplexen Projekten gibt es nicht nur Zuständigkeiten für einzelne Teil- oder Untersysteme. Es werden auch Schnittstellen-Spezialisten benannt, die dafür sorgen müssen, dass die Teilprojekte aufeinander abgestimmt werden. Daran kann man erkennen, welche herausragende Bedeutung die Beherrschung der Schnittstellen besitzen kann.

| Systemdenken

Zusammen- Durch iteratives Vorgehen können Teilsysteme integriert werden. Dazu sind
fassung Teilsysteme mit vielen Berührungspunkten möglichst direkt nacheinander zu
planen und auf Verträglichkeit zu überprüfen. Grundsätzlich sollte vor dem
Abschluss aller Planungen nicht mit der Realisierung von Teilsystemen
begonnen werden – begründete Ausnahmen sind durchaus möglich.

3.3.5 Elemente, Beziehungen und Dimensionen analysieren

Die vorhergehende Ermittlung von Schnittstellen und die sich daran anschließende Analyse folgen den methodischen Prinzipien von außen nach innen und vom Groben ins Detail. Erst wenn die Zusammenhänge bekannt sind, wird der Inhalt der abgegrenzten Systeme untersucht. In der Abbildung 3.12 soll das symbolisch angedeutet werden – erst werden die Untersysteme US 1 – US 4 abgegrenzt und deren Beziehungen zur Umwelt ermittelt, in einem nächsten Schritt wird beispielhaft das Untersystem US 2 weiter zergliedert, schließlich wird, wie am US 2.1 symbolisch angedeutet, der Würfel als gedankliche Hilfe genutzt, um die Elemente, Beziehungen und Dimensionen dieses Untersystems zu ermitteln – gleiches gilt dann auch für die anderen Untersysteme US 2.2 und US 2.3.

Erhebung und Dieses Element des Systemdenkens wird zwar als Analyse bezeichnet, es
Analyse in den müsste jedoch eigentlich Erhebung und Analyse genannt werden. Die in den
Black-Boxes abgegrenzten Unter- und Teilsystemen bedeutsamen Sachverhalte sollen ermittelt und aufbereitet werden. Dabei kann wiederum der Würfel helfen, solche Sachverhalte zu erkennen, die erhoben und analysiert werden müssen.

Zur Analyse der Elemente (Aufgaben-, Informationsanalyse), Beziehungen (Aufbau- und Ablaufbeziehungen) sowie der Dimensionen stehen geeignete Werkzeuge zur Verfügung, die im Kapitel 7 behandelt werden.

Am Rande sei erwähnt, dass die Analyse im Rahmen des Systemdenkens identisch ist mit der (Erhebung und) Analyse im Planungszyklus. Sie wird hier als Bestandteil systemorientierten Arbeitens gesehen, wohingegen sie im Planungszyklus in die Ablauforganisation eines Projekts eingeordnet ist.

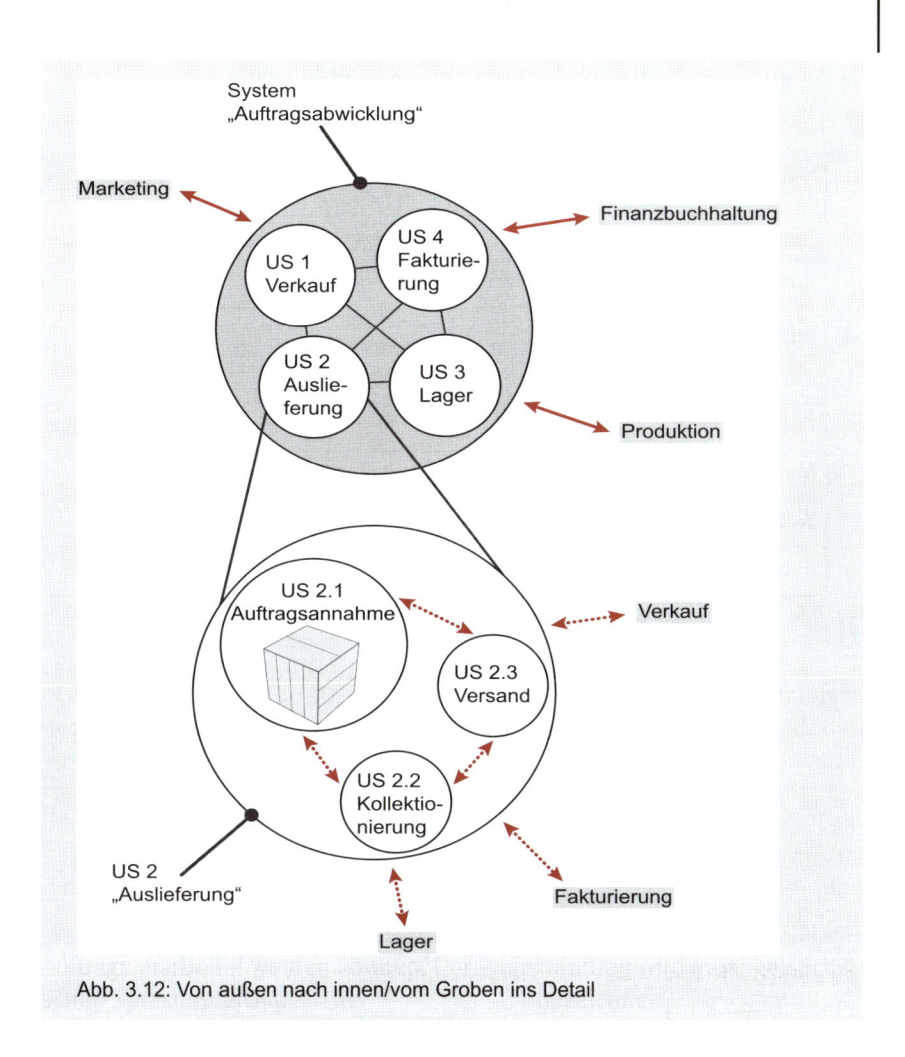

Abb. 3.12: Von außen nach innen/vom Groben ins Detail

3.3.6 Gemeinsamkeiten ermitteln

In der praktischen Arbeit ist es möglich und – um die Entwicklungszeiten kurz zu halten – oft auch notwendig (siehe dazu „Simultaneous Engineering"), die abgegrenzten Untersysteme bzw. Teilsysteme nebeneinander zu bearbeiten. Also beispielsweise die Auftragsabwicklung parallel zur Kollektionierung usw. zu bearbeiten. Integrationsprobleme dürften lösbar sein, wenn zuvor die Schnittstellen vollständig erfasst wurden. Allerdings muss man bei einem derartigen Ansatz unter Umständen einen gravierenden Nachteil in Kauf nehmen. Es kann sich später herausstellen, dass in den verschiedenen Untersystemen oder Teilsystemen Gemeinsamkeiten vorhanden sind, die, wären sie frühzeitig bekannt gewesen, andere Lösungen zur Folge gehabt hätten. Deswegen sollten vor der Bearbeitung der abgegrenzten Unter- und Teilsysteme erst die Gemeinsamkeiten untersucht und dokumentiert werden.

Derartige Gemeinsamkeiten können beispielsweise in einer Matrix dokumentiert und analysiert werden, wie die folgende Abbildung exemplarisch zeigt.

Untersystem / Element „Information"	Auftragsannahme	Lager	Versand	Fakturierung
Kundenname	X		X	X
Kundenadresse	X		X	X
Artikelbezeichnung	X	X		X
Artikelnummer		X		X
Menge	X	X	X	X
Wert	X			X
Skonto	X			X

Abb. 3.13: Matrix von Gemeinsamkeiten bei benötigten Informationen

In gleicher Weise können auch die übrigen Elemente auf Gemeinsamkeiten in den Untersystemen oder Teilsystemen untersucht werden. Besonders ergiebig kann das bei dem Element „Aufgabe" sein. So erkennt der Bearbeiter frühzeitig, wo gleiche Aufgaben anfallen. Das gibt ihm Hinweise darauf, entweder die Aufgabenerfüllung zusammenzulegen oder die Aufgabenerfüllung modular (im Baukastensystem) so zu lösen, dass in den verschiedenen Unter- oder Teilsystemen dieselben oder nur geringfügig modifizierte Lösungsbausteine eingesetzt werden.

Was bringt die Ermittlung von Gemeinsamkeiten dem Projektbearbeiter?

Vorteile Ermittlung von Gemeinsamkeiten

- Er erkennt Mehrspurigkeiten und kann sie, falls sie unerwünscht sind, beseitigen oder so berücksichtigen, dass möglichst wenig Mehrfachaufwand anfällt.
- Er kann gewünschte oder notwendige Mehrspurigkeiten berücksichtigen, z.B. indem er sie koordiniert, oder indem er sie modular löst und die Bausteine mehrfach einsetzt.

Zusammenfassung

Analyse im Systemdenken bedeutet die tiefere Auseinandersetzung mit abgegrenzten Unter- und Teilsystemen. Der Würfel kann helfen, Merkmale zu erkennen, nach denen das erhobene Material geordnet wird. Gemeinsamkeiten in Unter- und Teilsystemen sollten berücksichtigt werden. Deswegen sind solche Gemeinsamkeiten zu ermitteln, ehe mit der Gestaltung von Unter- oder Teilsystemen begonnen wird.

3.3.7 Zusammenfassung

Aus den besprochenen wesentlichen Bestandteilen des Systemdenkens ergeben sich einige ganz konkrete Hinweise für die praktische Projektarbeit. In der folgenden Übersicht (Abbildung 3.14) werden die Bestandteile des Systemdenkens inhaltlich noch einmal zusammengefasst.

Bestandteile	Beschreibung	Wichtige Ziele
Systemgrenzen bestimmen = Abgrenzung des Systems nach außen	Wie soll das zu bearbeitende System von der Systemumwelt abgegrenzt werden? Welche Sachverhalte dürfen/sollen verändert oder bearbeitet werden und welche nicht?	Das richtige Problem

Einflussgrößen ermitteln = Restriktionen und Rahmenbedingungen	Welche – aus der Sicht des Projekts – nicht lenkbare Faktoren sind zu beachten. Es werden unterschieden:
	■ Restriktionen
	  unternehmensintern gesetzte Vorgaben (Muss-Ziele)
	  extern erzwungene Vorgaben (z.B. Gesetze, Verordnungen, Verträge)
	■ Rahmenbedingungen
	  (Sie haben Einfluss auf die Problemsituation, können durch das Projekt jedoch nicht verändert werden)
		Lösen
		
		Die Größe des Projekts

Untersysteme/ Teilsysteme abgrenzen = Abgrenzung von Systemen im Innern	Welche kleineren Teilprojekte (Arbeitspakete) können abgegrenzt werden, um sie getrennt – evtl. durch Spezialisten – zu bearbeiten? Was gehört im Inneren der Untersysteme zum Projekt? Abschätzung des personellen und finanziellen Aufwands und realistischer Termine	Komplexe Probleme
Schnittstellen ermitteln	Welche Schnittstellen gibt es zwischen den abgegrenzten Unter- und Teilsystemen sowie zwischen den Unter- und Teilsystemen und den Umsystemen? ■ Integration der Unter- und Teilsysteme von außen nach innen (z.B. Schnittstellenmatrix) ■ Integration der Teilsysteme durch iterative/ schichtenweise Planung	Beherrschen
Analysieren	Erhebung und Ordnung der Elemente, Beziehungen und Dimensionen innerhalb der abgegrenzten Unter- und Teilsysteme (Prinzip: Von außen nach innen)	Rationalisierungspotenzial nutzen
Gemeinsamkeiten ermitteln	Ermittlung gemeinsamer Elemente und Beziehungen in den abgegrenzten Unter- und Teilsystemen	

Abb. 3.14: Bestandteile des Systemdenkens

3.4 Der Zusammenhang zwischen Systemdenken und Projektablauf

Systemdenken wird im Projektablauf genutzt

Der Projektablauf strukturiert ein Projekt in zeitlicher Hinsicht. Das Systemdenken ist demgegenüber ein Modell zur inhaltlichen Strukturierung eines Projektes. Es unterstützt vor allem die Arbeit in den Planungsphasen. Auch in den weiteren Phasen kann das Systemdenken die Projektarbeit erleichtern. Systemorientiertes Arbeiten überlagert somit die ablauforientierte Vorgehensweise.

Als erstes soll verdeutlicht werden, wie innerhalb einer Planungsphase das Systemdenken eingreift. In den Planungsphasen wird ein Planungszyklus durchlaufen, der oben schon vorgestellt wurde. In der folgenden Übersicht werden den Schritten des Zyklus mögliche Bestandteile des Systemdenkens zugeordnet.

Systemdenken im Planungszyklus	
Auftrag	Definition wichtiger Auftragsbestandteile wie Systemgrenzen, vorgegebene Restriktionen
Erhebung/Analyse	Ermittlung des Erhebungsbedarfs durch die Bestimmung der relevanten Unter- und Teilsysteme sowie der Umsysteme. Darstellung und Analyse der Beziehungen zwischen den Unter- und Teilsystemen. Erhebung und Analyse innerhalb der abgegrenzten Unter- und Teilsysteme
Anforderungen	Modellierung von Unter- und Teilsystemen und deren Zusammenwirken, Anforderungen an Unter- und Teilsysteme ermitteln
Lösungsentwurf	Modellierung möglicher Lösungsvarianten für Unter- und Teilsysteme
Bewertung	Untersuchung der Wirkungen von Veränderungen in den Unter- und Teilsystemen unter dem Aspekt, wie gut die vorgegebenen Ziele erreicht werden

Da sich in den Planungsphasen im Prinzip die gleichen Bearbeitungsschritte wiederholen, bieten sich in allen drei Phasen die Bestandteile des Systemdenkens an. Je detaillierter die Planung wird (Hauptstudie, Teilstudien), desto wichtiger wird das Systemdenken. So sind die in einer Hauptstudie abgegrenzten Teilprojekte in der Sprache des Systemdenkens identisch mit den Unter- und Teilsystemen. Für diese Unter- und Teilsysteme sind Schnittstellen zu ermitteln, sie sind zu analysieren, auf Gemeinsamkeiten zu untersuchen usw.

Der Zusammenhang zwischen Systemdenken und Projektablauf

Auch im Systembau und in der Einführung kann das Systemdenken hilfreich sein. So werden häufig Teilprojekte (Unter- und Teilsysteme) nacheinander realisiert und eingeführt. Dabei entstehen wiederum Schnittstellen zwischen bereits umgestellten und noch nicht angepassten Teilbereichen, die mit Hilfe des Systemdenkens ermittelt und dokumentiert werden können. Selbst in der Einführung können sich die Systemgrenzen noch verändern, etwa wenn man sich dort mit der Frage auseinandersetzt, wie weit der Kreis derer zu ziehen ist, die über das Projekt zu informieren sind.

Teilprojekte entstehend durch Systemdenken

Projektablauf und Systemdenken bilden somit gemeinsam die „Säulen", auf denen die Methode ruht.

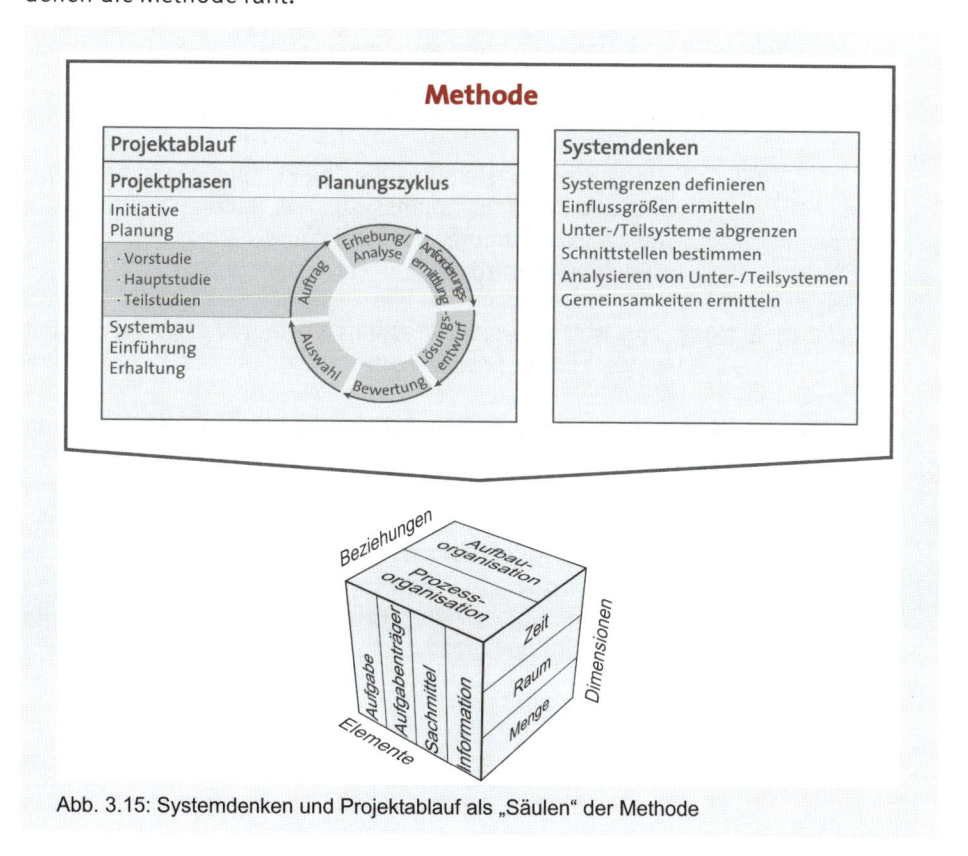

Abb. 3.15: Systemdenken und Projektablauf als „Säulen" der Methode

Das Systemdenken bedient sich bei Bedarf auch der verschiedensten Techniken der Dokumentation (Prozessbeschreibungen, Matrices, vernetztes Denken usw.), um Zusammenhänge sichtbar zu machen und Beziehungen und Wirkzusammenhänge zu untersuchen. Diese Techniken stehen in den weiteren Kapiteln des Buches im Vordergrund. Zuvor soll aber noch erörtert werden, welche weiteren Funktionen in Projekten zu erledigen sind und welche aufbauorganisatorischen Regelungen bei der Abwicklung von Projekten getroffen werden müssen.

Ausblick

Weiterführende Literatur zu diesem Abschnitt

Bertalanffy, L.v.: General system theory. 7. Aufl., New York 1980

Chestnut, H.: Methoden der Systementwicklung. München 1970

Churchman, C.W.: The systems approach. München 1979

Gomez, P.; G. Probst: Die Praxis des ganzheitlichen Problemlösens. 3. Aufl., Bern/Stuttgart/Wien 1999

Haberfellner, R.: Die Unternehmung als dynamisches System. Der Prozeßcharakter der Unternehmungsaktivitäten. 2. Aufl., Zürich 1975

Heinrich, L.J.; P. Burgholzer: Systemplanung. Die Planung von Informations- und Kommunikationssystemen. Band 1. Der Prozess der Systemplanung, Vorstudie und Feinstudie. 7. Aufl., München/Wien 1996

Huber, F. (Hrsg. von W. F. Daenzer): Systems Engineering. Methodik und Praxis. 11. Aufl., Zürich 2002

Luhmann, N.: Zweckbegriff und Systemrationalität; über die Funktionen von Zwecken in sozialen Systemen. 2. Aufl., Tübingen 1973

Senge, P.M.: Die fünfte Disziplin. Theorie und Kunst der lernenden Organisation. 10. Aufl., Stuttgart 2006

Ulrich, H.; G.J.B. Probst: Anleitung zum ganzheitlichen Denken und Handeln. 3. Aufl., Stuttgart 1999

4 Projektmanagement

Ziele dieses Kapitels – Was können Sie erwarten?

- Sie kennen grundlegende Begriffe des Projektmanagement
- Sie wissen, wie Projekte formell gestartet werden
- Sie kennen den Gegenstand der Projektplanung
- Sie wissen, was in der Projektdiagnose und -steuerung zu tun ist und welche Bedeutung die Ziele für die Qualitätssicherung haben
- Sie wissen, welche Beteiligten in Projekte eingebunden sein können und welche Rollen diese Beteiligten übernehmen
- Sie kennen die zentralen Modelle der Aufbauorganisation von Projekten.

Organisatorische Vorhaben sind normalerweise in ihrer konkreten Form einmalig. Sie haben einen Start- und einen Endtermin und unterscheiden sich darin grundlegend von den sonstigen wiederkehrenden Aufgaben einer Unternehmung. Solche einmaligen Vorhaben wurden oben als Projekte bezeichnet.

Da die Organisation einer Unternehmung oder einer Verwaltung nur auf die ständig gleichartig wiederkehrenden Aufgaben ausgerichtet werden kann, müssen für einmalige Vorhaben besondere organisatorische Vorkehrungen getroffen werden. Die Gesamtheit dieser Vorkehrungen wird hier unter dem Sammelbegriff Projektmanagement zusammengefasst.

Unter den Oberbegriff Projektmanagement fallen die Projektinitiative, in der geregelt wird, wie es zu einem Projekt kommt, die Funktionen, das sind die Aufgaben, für die der Projektleiter – evtl. mit seinen Mitarbeitern gemeinsam – verantwortlich ist, die Aufbauorganisation eines Projekts (die Beteiligten und deren Zuständigkeiten) und schließlich der Abschluss mit allen Aufgaben, die nach dem Ende des Projekts anfallen.

Was gehört zum Projektmanagement?

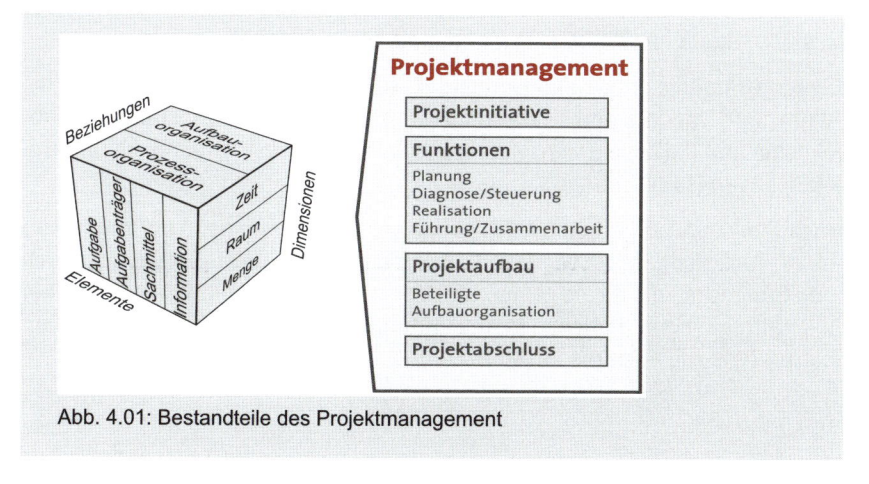

Abb. 4.01: Bestandteile des Projektmanagement

Projektmanagement

Zusammenfassung: Projektmanagement setzt sich aus den Teilgebieten Projektinitiative, Funktionen des Projektmanagement, Aufbauorganisation von Projekten und Projektabschluss zusammen.

4.1 Projektinitiative

Auslöser für Projekte

Es gibt eine Fülle von Anlässen, die Projekte auslösen können. So kann die Neuformulierung der Strategie oder die gezielte Suche nach Verbesserungspotenzialen ebenso zu Projekten führen wie Kundenreklamationen oder plötzliche „Einsichten" ranghoher Auftraggeber. Setzte sich früher oft einfach derjenige mit seinen Vorhaben durch, der am meisten Macht auf sich vereinte oder eine solche Macht hinter sich versammeln konnte, so gilt dieses „Gesetz" heute nicht mehr uneingeschränkt. Gut geführte Unternehmen und Verwaltungen haben ein standardisiertes Verfahren, in dem aus einem Antrag ein Projekt werden kann, wenn das Vorhaben nach einer fundierten Bewertung als „projektwürdig" anerkannt wird. Letztlich geht es darum, die richtigen Dinge zu tun und darauf die Kräfte zu konzentrieren.

Antragsverfahren

In einem standardisierten Verfahren wird unter anderem festgelegt, wie ein Vorhaben formal zu beantragen ist. Dort ist festgelegt, welche Informationen der Antragsteller liefern muss, damit die Projektwürdigkeit geprüft werden kann. Dazu wird meistens nach verschiedenen Projektklassen unterschieden.

Bewilligungsgremium

Dieser Antrag wird dann von einem Bewilligungsgremium (Decision Committee) bewertet, ob das Vorhaben mit der Strategie verträglich ist, ob die notwendigen Ressourcen bereit stehen oder bereit gestellt werden können, welche Erfolgserwartungen und welche wirtschaftlichen Konsequenzen (Kosten für das Projekt, notwendige Investitionen, mögliche Einsparungen etc.) damit voraussichtlich verbunden sind. Dieses Gremium ist grundsätzlich für alle Projektanträge zuständig und kann deswegen auch als erstes die relative Wichtigkeit und Dringlichkeit des Projekts beurteilen, Abhängigkeiten zu anderen Vorhaben einschätzen und damit Aussagen über das Projektportfolio – die Gesamtheit aller bewilligten Projekte und deren Priorität – machen.

Dieses Gremium entscheidet meistens auch über die Ressourcen für das Projekt und über die personelle Verantwortlichkeit, zumindest über den Projektleiter und die Zusammensetzung des Entscheidungsgremiums für das Projekt (Lenkungsausschuss).

Nachdem ein Antrag zu einem Projekt geworden ist, wird dazu ein vorläufiger Auftrag formuliert, der im weiteren Projektfortschritt weiter entwickelt oder auch modifiziert wird. In einer so genannten Kick-off-Sitzung treffen sich Auftraggeber und Auftragnehmer (Projektleiter und Mitarbeiter), um die mit dem Projekt verfolgten Ziele wie auch die Ressourcen und Restriktionen zu vereinbaren.

Projektplanung | 141

Als Projektinitiative werden alle Aufgaben und Regelungen bezeichnet, die der Prüfung der Projektwürdigkeit und der relativen Bedeutung eines Projekts (Projektportfolio) dienen. Es wird entschieden, ob ein Projekt auf den Weg gebracht wird, wer dafür verantwortlich ist und mit welchen Ressourcen es versorgt wird.

Zusammenfassung

4.2 Funktionen

Nachdem ein Vorhaben zu einem Projekt „erhoben" wurde, sind in der Verantwortung des Projektleiters – evtl. unterstützt durch weitere Projektmitarbeiter – die folgenden Funktionen wahrzunehmen, die in den Übersichten noch ein wenig weiter detailliert werden:

- Projektplanung
- Projektdiagnose, -steuerung
- Projektrealisation (Ausführung)
- Führung und Zusammenarbeit.

Was ist zu tun?

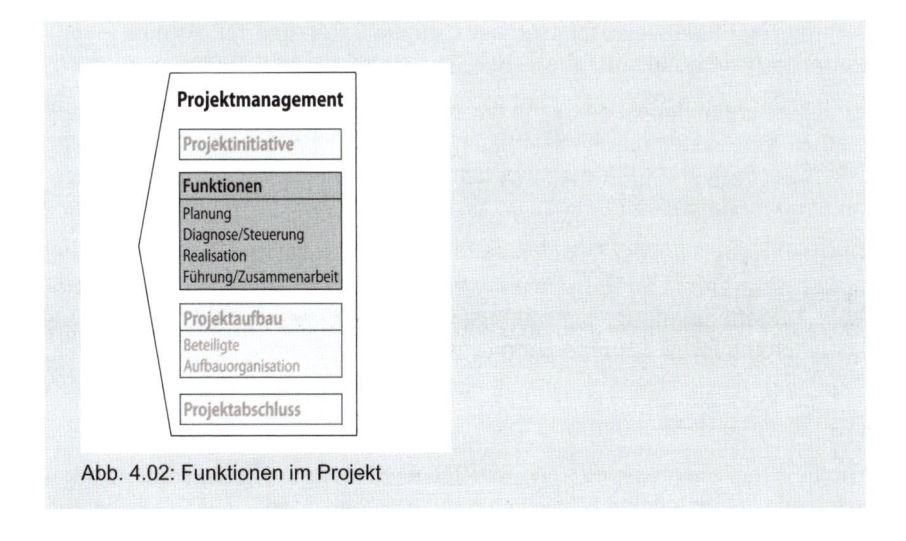

Abb. 4.02: Funktionen im Projekt

4.2.1 Projektplanung

Planung von Projektzielen

Projektziele beschreiben, was mit dem Projekt erreicht werden soll. Diese Ziele sind mit dem Auftraggeber abzustimmen. Die Technik der Zielformulierung wird unten noch ausführlich behandelt (Kapitel 5.4). Sie kann den Projektleiter bei der Ermittlung, Strukturierung, Operationalisierung und Gewichtung von Zielen unterstützen.

Planung des Projektumfangs

Mit dem Projektumfang wird das Projekt abgegrenzt, indem festgelegt wird, was verändert und was durch das Projekt nicht verändert werden darf.

Planung der Aufgaben

Projektablauf und Systemdenken als Säulen der Aufgabenplanung

Die Aufgaben müssen für die Aufbau- wie für die Ablauforganisation des Projekts bekannt sein. Auch kann eine vernünftige Aufwands- und Zeitplanung nur vorgenommen werden, wenn die Aufgaben bekannt sind, die im Projekt zu erledigen sind. So selbstverständlich diese Aussagen erscheinen, so schwer ist es, sie in der Praxis umzusetzen.

Einen ersten Anhaltspunkt für die im Projekt anfallenden Aufgaben bietet der bereits behandelte Projektablauf. So kann eine Vorstudie oder eine Hauptstudie oder auch die Einführung als eine komplexe Aufgabe angesehen werden, die im Rahmen des Projekts zu erledigen ist. In aller Regel müssen diese Aufgaben jedoch noch weiter untergliedert werden. Bei der Untergliederung kann auch auf das Systemdenken zurückgegriffen werden. Es erlaubt die Abgrenzung von Unter- und Teilsystemen, die im Projekt zu bearbeiten sind. Damit werden – meistens wiederum noch sehr komplexe – Aufgabenpakete sichtbar. Normalerweise müssen dann für die Unter- und Teilsysteme eigene Planungszyklen durchlaufen werden. So werden weitere Aufgaben deutlich.

Sind die Aufgaben bekannt, kann der so genannte Projektstrukturplan erstellt werden, eine systematische Sammlung und Ordnung aller Aufgaben eines Projekts. Der Projektstrukturplan wird unter den Techniken des Projektmanagement näher dargestellt.

Zunehmende Detaillierung

Die Gliederungstiefe der Teilaufgaben des Projekts sollte dem Projektfortschritt angepasst werden. So reicht in einer Vorstudie normalerweise eine eher globale Aufgabenplanung, die dann auf der Grundlage der getroffenen Entscheidungen fortgeschrieben und detailliert wird.

Planung des Zeitaufwands und der Zeitdauer

Für die Aufgaben müssen Zeiten ermittelt werden. Das ist insbesondere dann schwierig, wenn wenige Erfahrungen mit gleichen oder ähnlichen Projekten vorliegen. Die beste Basis für eine gute Zeitaufwandsplanung ist eine gründliche Ermittlung und Detaillierung der Aufgaben. Wenn Aufgaben (Teilprojekte) erst später erkannt werden, wenn solche Aufgaben vielleicht sogar Voraussetzung sind, um mit anderen Aufgaben weiter zu machen (es wurde z.B. vergessen, eine Bewilligung einzuholen oder den Betriebsrat zu informieren), dann können erhebliche Projektverzögerungen die Folge sein.

In der Praxis werden häufig Schätzverfahren verwendet. Eine derartige Technik des Schätzens, die sich in der Projektarbeit durchaus bewährt hat, wird im Kapitel Erhebungstechniken behandelt. Außerdem werden Analogieverfahren eingesetzt. Hier wird auf Erfahrungswerte aus früheren Projekten zurückgegriffen.

Besonderheiten des anstehenden Projekts werden durch Zu- oder Abschläge berücksichtigt. Das Prozentsatzverfahren setzt ebenfalls voraus, dass Erfahrungen mit ähnlichen Projekten vorliegen. Vom prozentualen Aufwand einer – geplanten oder bereits abgeschlossenen – Projektphase oder Teilaufgabe wird auf den Aufwand der noch ausstehenden Phasen oder Teilaufgaben geschlossen.

Verfahren der Aufwandsplanung

Ist der Aufwand für die Aufgaben im Projekt bekannt, muss der Projektleiter – unter Berücksichtigung der verfügbaren Ressourcen – die Projektzeitdauer planen.

Planung des Projektablaufs

Es ist zu ermitteln, welche zeitlichen und/oder logischen Abhängigkeiten zwischen den Aufgaben bestehen, um daraus die Ablauforganisation des Projekts zu bestimmen. Ausgewählte Techniken zur Ablaufplanung – z.B. Netzpläne und Balkendiagramme – werden unten noch näher vorgestellt (siehe dazu Kapitel 13.5).

Zur Planung der Abläufe gehört auch die Planung von Meilensteinen, das heißt von wichtigen Ereignissen im Projekt. Ein typischer Meilenstein ist etwa das Ende der Vorstudie. Normalerweise werden an Meilensteinen auch Entscheidungen fällig, die entweder vom Entscheidungsgremium oder von Dritten (z.B. Betriebs- oder Personalrat) getroffen werden.

Planung der Kosten

Auf der Grundlage der Aufgaben und der geschätzten Zeiten können die Kosten geplant und zu einem Budget verdichtet werden. Auch hier ist davon auszugehen, dass ein zu Beginn aufgestelltes Budget mit dem Projektfortschritt angepasst und detailliert wird.

Planung der Ressourcen

Neben Mitarbeitern werden für das Projekt Räume, technische Hilfsmittel, finanzielle Mittel, Fremdleistungen usw. benötigt, die der Projektleiter auf der Grundlage der Projektaufgaben planen und beantragen muss.

Planung des Projektaufbaus

Hier geht es um die Frage, wer alles im Projekt mitarbeiten sollte, d.h. also welche Qualifikation in welchem zeitlichen Umfang benötigt wird. Der Projektleiter stellt die benötigten Kapazitäten zusammen und macht Vorschläge, inwieweit Mitarbeiter ganz für das Projekt freigestellt werden sollten oder nur punktuell mitarbeiten. Normalerweise sollte dem Projektleiter auch das Recht zugestanden werden, konkrete Personen zu empfehlen, da neben der fachlichen Qualifikation in einer Projektgruppe auch die zwischenmenschliche „Chemie" für den Projekterfolg äußerst wichtig ist.

Zur Planung des Projektaufbaus gehört auch die Klärung der Weisungsrechte im Projekt (Näheres dazu unter 4.3 Projektaufbau).

Planung der Projektinformation
Zur Projektinformation gehören zum einen Berichtspflichten gegenüber Entscheidern, Betroffenen und sonstigen Beteiligten. Darüber hinaus wird auch die Projektdokumentation dazu gezählt.

Planung des Projektmarketing
Zum Projektmarketing zählen alle Maßnahmen, die dazu beitragen, die Ziele des Projekts und die Ergebnisse zu akzeptieren. Solche Marketingaktivitäten sind für alle zu planen, die in irgendeiner Form vom Projekt betroffen sind, wie z.B. Entscheider, Anwender in den Fachabteilungen, Interessenvertreter, funktional Beteiligte usw.

Für alle genannten Sachverhalte gilt, dass diese Planungen normalerweise „rollend" vorgenommen werden. Auf der Basis der erreichten Werte werden die Planungen fortgeschrieben und zunehmend detailliert. Insbesondere bei innovativen Projekten ist es in aller Regel nicht möglich und nicht sinnvoll, bereits zu Beginn detaillierte Planungen vorzulegen.

Zusammenfassung

> Zur Projektplanung gehören die Planung der Projektziele, des Projektumfangs, der Aufgaben, des Zeitaufwands und der Zeitdauer, des Projektaufbaus und -ablaufs, sowie der notwendigen Ressourcen, der Kosten, der Projektinformation und des Projektmarketing.

4.2.2 Projektdiagnose und -steuerung

Zur Projektdiagnose und -steuerung gehören das/die

Soll-Ist-Vergleiche

- Erfassen und Darstellen der Ist-Werte des Projektfortschritts einschließlich der Qualität, der Kosten, der Termine und der Risiken
- Vergleichen der Planwerte mit den Ist-Werten, Darstellen und Bewerten der gefundenen Abweichungen und Ermitteln der Abweichungsursachen. Weiter gehören dazu die vorausschauende Diagnose, mit der Risikobereiche identifiziert, mögliche Ursachen ermittelt und vorbeugende Maßnahmen geplant werden und evtl. ein Frühwarnsystem eingerichtet wird
- laufende Information durch Berichte an Betroffene, Entscheider und Beteiligte, Durchführen von Projektsitzungen und Erstellen einer Projektdokumentation
- steuernden Eingriffe in das Projekt, indem Maßnahmen ergriffen werden, um Abweichungen zu verhindern oder auf eingetretene Abweichungen zu reagieren.

Die Qualitätssicherung ist ein zentrales Thema der Projektdiagnose und -steuerung. Mit Projekten werden bestimmte Ziele verfolgt. Je besser diese Ziele durch das Projekt erreicht werden, desto besser ist die Qualität der Ergebnisse. Es können folgende Zielarten unterschieden werden:

- Systemziele
- Vorgehensziele.

Qualitätssicherung

Systemziele beschreiben die Anforderungen an die Lösung. Welche Leistungen erbracht werden müssen, welche Kosten dabei entstehen dürfen, wird in den Systemzielen für ein Projekt konkretisiert. Ein Beispiel für solche Ziele ist die Funktionalität (was muss das System alles können?). Weitere Kriterien, die zur Qualitätssicherung angelegt werden können, sind z.B.:

Ziele als Maßstäbe der Qualität

- **Zielwirksamkeit**
  Werden die Leistungen zielgerecht erbracht, z.B. schnell, kostengünstig, aktuell, störungsfrei, anwenderfreundlich etc.?
- **Vollständigkeit**
  Sind alle Anforderungen erfüllt, sind Sonderfälle geregelt, sind Vorkehrungen für den Ausfall des Systems oder von Systemkomponenten getroffen?
- **Integrität**
  Sind notwendige Schnittstellen berücksichtigt, gibt es Regelungen hinsichtlich Zugriffsschutz, Wiederanlaufverfahren, Fehlerbehandlung etc.?
- **Modularität**
  Sind die Lösungen baukastenmäßig entwickelt, können Komponenten ausgetauscht werden?
- **Wartbarkeit**
  Sind die Lösungen „pflegeleicht", was unter anderem auch durch die Modularität erreicht werden kann?
- **Kompatibilität**
  Ist die Lösung mit der vorhandenen Hardware, Software, den eingesetzten Sachmitteln verträglich?

Was muss ein System leisten – Systemziele?

Vorgehensziele beziehen sich auf das Projekt selbst. So ist die Einhaltung vorgegebener oder versprochener Termine ebenso ein Vorgehensziel wie ausreichende Information über den Projektfortschritt, die Einbindung der Betroffenen usw.

Qualität sollte nicht erst im Nachhinein „erprüft", sondern von vornherein „erplant" und erarbeitet werden. Neben den Zielen ist in diesem Zusammenhang auch das Qualitätsbewusstsein – ein wesentliches Merkmal der Kultur im Projekt – wichtig für die Zielerreichung.

Qualität kann nicht „erprüft" werden

Projektmanagement

Alle Projektbeteiligten sind direkt oder indirekt auch für die Qualitätssicherung zuständig wie die folgende Aufstellung (Abbildung 4.03) beispielhaft zeigen soll.

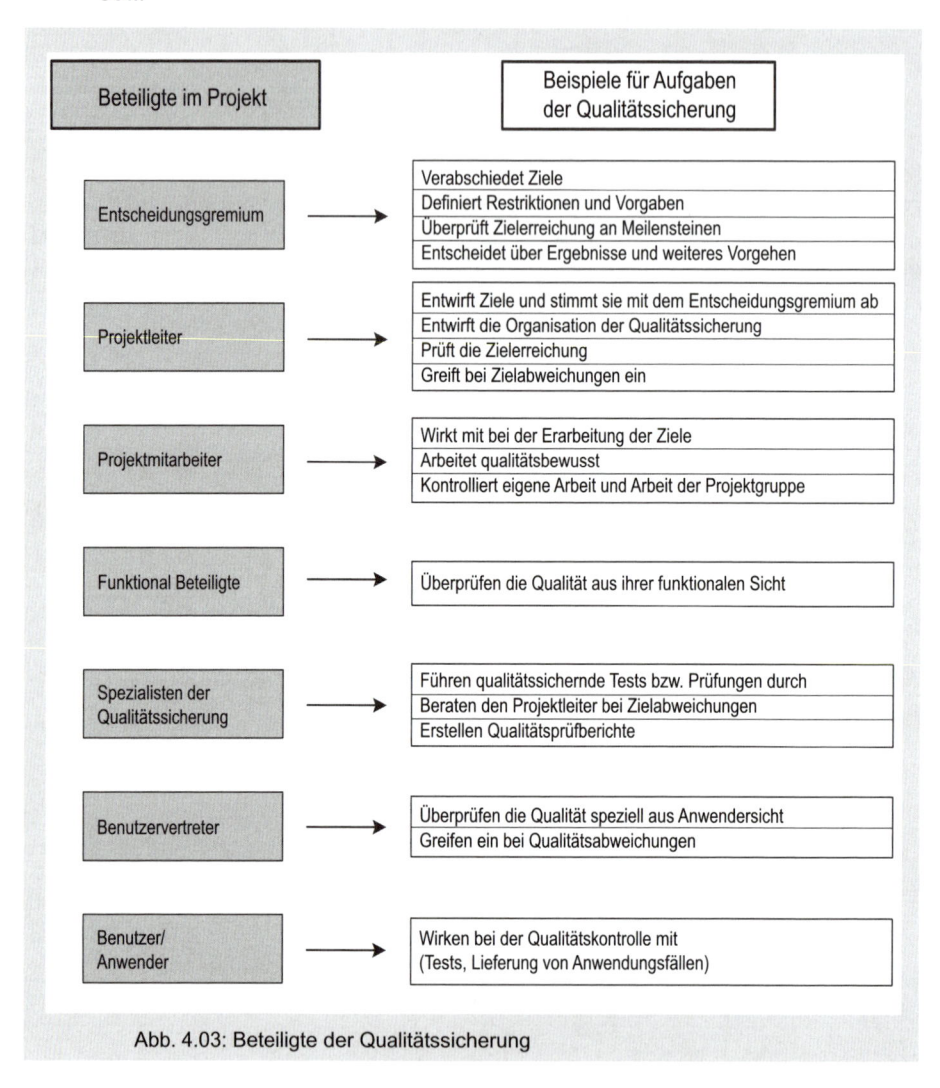

Beteiligte im Projekt	Beispiele für Aufgaben der Qualitätssicherung
Entscheidungsgremium	Verabschiedet Ziele Definiert Restriktionen und Vorgaben Überprüft Zielerreichung an Meilensteinen Entscheidet über Ergebnisse und weiteres Vorgehen
Projektleiter	Entwirft Ziele und stimmt sie mit dem Entscheidungsgremium ab Entwirft die Organisation der Qualitätssicherung Prüft die Zielerreichung Greift bei Zielabweichungen ein
Projektmitarbeiter	Wirkt mit bei der Erarbeitung der Ziele Arbeitet qualitätsbewusst Kontrolliert eigene Arbeit und Arbeit der Projektgruppe
Funktional Beteiligte	Überprüfen die Qualität aus ihrer funktionalen Sicht
Spezialisten der Qualitätssicherung	Führen qualitätssichernde Tests bzw. Prüfungen durch Beraten den Projektleiter bei Zielabweichungen Erstellen Qualitätsprüfberichte
Benutzervertreter	Überprüfen die Qualität speziell aus Anwendersicht Greifen ein bei Qualitätsabweichungen
Benutzer/Anwender	Wirken bei der Qualitätskontrolle mit (Tests, Lieferung von Anwendungsfällen)

Abb. 4.03: Beteiligte der Qualitätssicherung

Zusammenfassung
Als Projektsteuerung werden die laufenden Eingriffe in ein Projekt bezeichnet. Voraussetzung dazu ist eine Diagnose, auf der Grundlage von Soll-Ist-Abweichungen und deren Ursachen. Projektqualität wird daran gemessen, inwieweit Systemziele und Vorgehensziele erreicht werden. An der Qualitätssicherung sind letztlich alle am Projekt Mitwirkenden planend, ausführend oder kontrollierend beteiligt. Qualität sollte nicht erst am Ende eines Projektes „erprüft", sondern im Projektfortschritt erarbeitet werden.

4.2.3 Projektrealisation

In der Projektrealisation werden die geplanten Sachverhalte umgesetzt. So werden beispielsweise für abgegrenzte Teilprojekte Informationen gesammelt, Lösungen erarbeitet, Präsentationen vorbereitet usw. Die Aufgaben obliegen an erster Stelle den Mitarbeitern im Projekt. Außerdem können einzelne Leistungen auch extern beschafft werden. Der Projektleiter ist in kleinen Projekten an der Realisation beteiligt. Bei großen Projekten wird er durch die übrigen Funktionen so sehr beansprucht, dass für die Realisation kaum Zeit bleibt.

4.2.4 Projektführung und Zusammenarbeit

Zur Projektführung und Zusammenarbeit gehören

- das Projektmarketing, zu dem die Bedarfsermittlung (Anforderungen, Bedürfnisse der Anwender herausfinden) ebenso zählt wie eine adressaten- und bedürfnisgerechte Information und Argumentation, die Beteiligung Betroffener, die Gewinnung von Sponsoren („starke" Mitarbeiter, die sich für das Projekt „stark machen") und die Pflege der Kontakte zu ihnen. Unternehmensweit müssen die Notwendigkeit und die Zielsetzung des Projekts öffentlichkeitswirksam vermittelt werden
- die Führung der Mitarbeiter im Projekt, der Umgang mit Konflikten, die Bewältigung von Krisen, die Behebung von Störungen in der Kommunikation und die Förderung der Teamarbeit und der Fähigkeit zur Problemlösung.

4.3 Projektaufbau

Zum Projektaufbau gehören die Beteiligten und deren organisatorische Verknüpfung. Beteiligte sind solche Stellen oder organisatorische Einheiten, die an einem Projekt mitwirken, unabhängig von dem Umfang oder der Intensität der Mitwirkung. Die unten genannten Einheiten können grundsätzlich bei Organisationsvorhaben beteiligt sein. Wer im Einzelfall an einem Projekt zu beteiligen ist, hängt u. a. von folgenden Faktoren ab:

Beteiligte und Aufbauorganisation

- Art des Projekts (z.B. Innovations- oder Wartungsprojekt)
- Größe des Projekts
- Bedeutung des Projekts
- Dringlichkeit des Projekts
- Aktuelle Projektphase
- Verfügbarkeit von Mitarbeitern
- Art und Anzahl der betroffenen Bereiche

Kriterien für Beteiligung an Projekten

- Vorhandene Regelungen zur Projektorganisation (z.B. gibt es ein Projektbewilligungsgremium?)
- Gesetzliche Vorschriften (z.B. Mitbestimmungsgesetze)
- Unternehmenskultur.

Zusammenfassung: Im Projektaufbau wird geregelt, welche Mitarbeiter im Projekt welche Rolle übernehmen, wie der Projektleiter hierarchisch eingegliedert wird und welche Rechte er gegenüber den im Projekt mitwirkenden Mitarbeitern hat.

4.3.1 Beteiligte an Projekten und ihre Aufgaben

Wer wirkt mit? Hier sollen Projektbeteiligte, deren Rollen dauerhaft besetzt sind, von den Rollen in der Einzelprojektorganisation unterschieden werden. Zur dauerhaft besetzten Projektrahmenorganisation zählen Stellen und Gremien, die für die Projektbewilligung, das Multiprojektmanagement und für das betriebliche Projektmanagement als Ganzes zuständig sind. Die Einzelprojektorganisation umfasst Stellen, die spezielle Aufgaben in einem konkreten Projekt wahrnehmen, d.h. die für ein konkretes Projekt festgelegten Rollen und Entscheidungsinstanzen.

Grundsätzlich ist davon auszugehen, dass es bei einem Projekt immer zwei Ebenen gibt, die des Auftraggebers, der ein Projekt „will", und eines Auftragnehmers, der sein Projekt bearbeitet.

Hier sollen die Aufgaben der in der Abbildung 4.04 gezeigten Beteiligten, sowie die Rolle von Auftraggebern kurz skizziert werden.

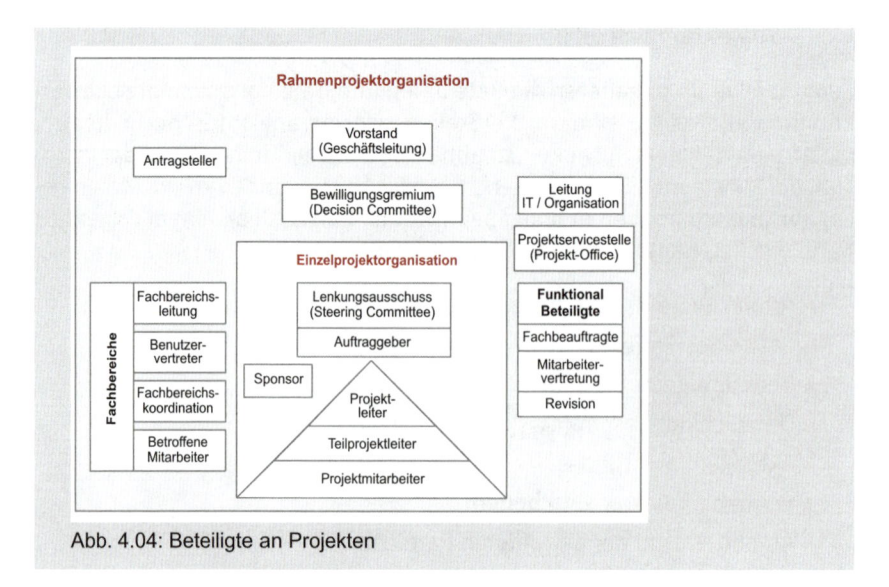

Abb. 4.04: Beteiligte an Projekten

> Beteiligte an Projekten sind zum einen die Mitarbeiter in der dauerhaft gültigen Projektrahmenorganisation, die in der Projektinitiative mitwirken, und zum anderen die Beteiligten der Einzelprojektorganisation, deren Zuständigkeit mit dem Ende des Projekts erlischt.

Zusammenfassung

4.3.1.1 Rollen in der Einzelprojektorganisation

Lenkungsausschuss (Steering Committee)

Der Lenkungsausschuss repräsentiert den/die Auftraggeber des Projekts. Die Rolle des Auftraggebers übernimmt der Fachbereichsleiter, der den größten Nutzen aus dem Projekt zieht, der zumeist auch Antragsteller für das Projekt war und der normalerweise auch die Kosten des Projekts trägt. Er ist „geborenes Mitglied" des Lenkungsausschusses.

Entscheidungsgremium

Generell setzt sich der Lenkungsausschuss aus leitenden Mitarbeitern der Organisationseinheiten zusammen, die vom Projekt wesentlich betroffen sind. Bei sehr wichtigen Projekten kann auch ein Mitarbeiter der Geschäftsführung dem Lenkungsausschuss angehören. Bei Organisations- oder IT-Projekten ist oftmals auch der Leiter Organisation bzw. IT Mitglied des Lenkungsausschusses. Der Lenkungsausschuss entscheidet über die Organisation des Projekts und sorgt dafür, dass die benötigten personellen, finanziellen und sonstigen Ressourcen bereitgestellt werden. Er entscheidet an den Meilensteinen (z.B. Ende der Phasen) und bei wichtigen Anlässen über den zu verfolgenden Weg und gibt die Budgets für das Projekt frei. Werden bei laufenden Projekten Erweiterungsanträge gestellt, entscheidet dieses Gremium auch darüber.

Mitglieder

Projektleiter

Der Projektleiter ist für die fach- und termingerechte Abwicklung des Projekts zuständig. Seine Aufgaben entsprechen im Wesentlichen den oben genannten Funktionen. Bei sehr großen Vorhaben kann auch die Stelle eines Projektkoordinators geschaffen werden, der drei bis fünf Projektleiter steuert. Erfahrungsgemäß sind Projektgruppen nur dann effizient, wenn nicht mehr als sechs Personen zusammenarbeiten. Bei großen Vorhaben bietet sich deswegen eine Aufgliederung in Teilprojekte und damit auch eine Hierarchie in der Projektleitung an.

Projektverantwortlicher

Die Spanne möglicher Befugnisse eines Projektleiters ist sehr groß. So kann er im einen Extrem gegenüber den beteiligten Mitarbeitern lediglich Empfehlungs- und Beratungsrechte haben und im anderen Extremfall volle Weisungsbefugnisse. Das hängt von dem gewählten Modell der Projektorganisation ab, das weiter unten behandelt wird (Kapitel 4.3.2).

Projektmanagement

Befugnisse des Projektleiters

In der Praxis hat es sich heute weitgehend durchgesetzt, dass der Projektleiter gegenüber voll ins Projekt delegierten Mitarbeitern fachliche Weisungsbefugnisse hat (was ist bis wann evtl. auch wie zu tun?). Darüber hinaus hat er die notwendigen disziplinarischen Befugnisse wie z.B.

- Anwesenheitskontrolle
- Genehmigung von Abwesenheiten
- Überwachung und Genehmigungen im Rahmen von Gleitzeit-Regelungen
- Projektbezogene Aus- und Weiterbildung.

Demgegenüber gehen wesentliche Teile der so genannten langfristigen Mitarbeiterentwicklung von den Stamm-Vorgesetzten nicht auf den Projektleiter über. Dazu zählen z.B. folgende Maßnahmen:

- Mitarbeiterbeurteilung
- Gehaltsfindung
- Allgemeine Aus- und Weiterbildungsmaßnahmen
- Beförderungen.

Rolle des Stamm-Vorgesetzten

Bei langfristigen Projekten kann der Projektleiter vom Vorgesetzten zur Beratung über die genannten Sachverhalte hinzugezogen werden oder hinsichtlich der Weiterbildung eigene Vorschläge machen. Die Verantwortung für die genannten Punkte bleibt aber beim Stamm-Vorgesetzten. Diese Lösung ist schon deswegen gerechtfertigt, weil sich normalerweise nur der Stamm-Vorgesetzte seinem Mitarbeiter gegenüber auch längerfristig verpflichtet fühlt.

Zusammenfassung

Projektleiter sind für die Projektqualität sowie für die Kosten und Termineinhaltung verantwortlich. Ihre Befugnisse sind unterschiedlich ausgestaltet. In der Regel haben sie fachliche Weisungsrechte und begrenzte disziplinarische Befugnisse.

Projektmitarbeiter (Projektgruppe)

Mitarbeiter im Projekt

Eine Projektgruppe wird eingerichtet, wenn das Projekt nicht von einem einzelnen Mitarbeiter bewältigt werden kann. Die Projektgruppe erledigt die Aufgaben im Projekt und wird durch den Projektleiter koordiniert und betreut. Die Zusammensetzung der Gruppe kann im Verlauf des Projekts wechseln, abhängig von den quantitativen und fachlichen Anforderungen in den verschiedenen Phasen.

Projektarbeit als Nebenaufgabe

Als Projektmitarbeiter werden solche Beteiligten bezeichnet, die ganz oder teilweise für ein Projekt freigestellt werden. In vielen Unternehmen ist es üblich, Mitarbeiter nur zu einem bestimmten Prozentsatz für ein Projekt freizustellen (z.B. 20%). Selten wird dann allerdings die fehlende Kapazität ersetzt. Vielmehr wird von dem Projektmitarbeiter erwartet, dass er die Projektarbeit „nebenbei" bzw. durch erhöhte Intensität bewältigt. Das kann im Einzelfall durchaus gut gehen. Wird die Belastung jedoch zu groß, entstehen unweigerlich Kapazitätskonflikte zwischen den Stammaufgaben und dem Projekt. Hier liegt eine Erklärung dafür, dass viele Projekte nicht zeitgerecht fertig werden.

Bei der Auswahl der Projektmitarbeiter sollte der Projektleiter ein Vorschlagsrecht, aber keinesfalls ein Weisungsrecht haben. Die letzte Entscheidung für oder gegen die Freigabe muss der verantwortliche Vorgesetzte des Mitarbeiters fällen. Bei der Auswahl der Projektmitarbeiter sollte neben der fachlichen auch die soziale Kompetenz beachtet werden. Zwischenmenschliche Spannungen in Projektgruppen sind eine wichtige Ursache für Verzögerungen, ja sogar für das Scheitern von Projekten.

Projektleiter schlägt vor

Als Projektmitarbeiter können folgende Personen eingesetzt werden:

- Interne Spezialisten aus zentralen Abteilungen (z.B. Organisation, IT, Unternehmensplanung, Human Resources)
- Externe Spezialisten
- Mitarbeiter aus betroffenen Fachabteilungen
- Mischung aus den Genannten.

Woher kommen Beteiligte?

Vor- und Nachteile dieser Lösungen ergeben sich aus der folgenden Gegenüberstellung (Abbildung 4.05).

Träger organisatorischer Projekte	Vorteile	Nachteile
Interne Spezialisten	■ Gute Kenntnis der Unternehmung, der formalen und informalen Organisation ■ In der Regel billiger als externe Berater ■ Sind auch nach der Einführung noch dabei, was die Bereitschaft fördert, die langfristigen Folgen zu bedenken ■ Gute, bereichsübergreifende Koordination.	■ Betriebsblindheit ■ Die Mitarbeiter haben eine betriebliche „Geschichte", so dass sie nicht immer vorurteilsfrei akzeptiert werden ■ „Der Prophet gilt nichts im eigenen Land" ■ Es ist für die internen Mitarbeiter oft schwierig, hochrangige Gesprächspartner zu finden.

Abb. 4.05a: Gegenüberstellung Träger organisatorischer Projekte

Träger organisatorischer Projekte	Vorteile	Nachteile
Externe Berater	■ Die Nachteile des Internen gelten nicht oder sind weniger gravierend ■ Keine Fixkosten für den Auftraggeber ■ Breitere Erfahrungsbasis ■ Neutralität ■ Unabhängiger, da normalerweise keine eigenen (Karriere-) Interessen verfolgt werden ■ Höhere Bereitschaft, auch unbequeme Projekte zu übernehmen und unangenehme Wahrheiten zu sagen.	■ Lange Einarbeitungszeit in die ihnen fremde Unternehmung/Verwaltung ■ Sind nicht frei verfügbar, da sie in der Regel für mehrere Auftraggeber arbeiten ■ Gefahr, dass sie anstelle maßgeschneiderter Lösungen Standardmodelle verkaufen, die sie bereits anderswo eingesetzt haben ■ Da sie nach dem Projekt normalerweise aus dem Unternehmen ausscheiden, kann „Nach-mir-die-Sintflut"-Mentalität entstehen.
Betroffene in den Fachabteilungen	■ Gute Kenntnis der Sachverhalte im Ist-Zustand ■ Gute Urteilsfähigkeit hinsichtlich der Anforderungen an praxisnahe Lösungen ■ Keine Akzeptanzprobleme ■ Keine Bedrohung der Motivation; es entfällt die Gefahr, keine empfundene Ohnmacht gegenüber fremden Planern zu fühlen.	■ Bereichsegoismus ■ Begrenzte Fähigkeit oder Bereitschaft, selbst entwickelte Lösungen zu kritisieren ■ In verschiedenen Abteilungen wird das gleiche Problem mehrfach gelöst (Mehrspurigkeiten) ■ Kaum anwendbar bei Rationalisierungsvorhaben zu Lasten eines Bereichs ■ Höhere Kosten wegen fehlender methodischer Kenntnisse ■ Die eigene Arbeit (oder die Projektarbeit) bleibt während des Projekts liegen ■ Gute Detailkenntnisse führen zu Betriebsblindheit (empirische Lösungen werden bevorzugt).

Abb. 4.05b: Gegenüberstellung Träger organisatorischer Projekte

Träger organisatorischer Projekte	Vorteile	Nachteile
Betroffene zusammen mit (internen oder externen) Beratern	■ Die meisten Vorteile, die für Spezialisten sprechen, verbinden sich mit den Vorteilen, die für die Betroffenen sprechen ■ Verbesserte Kommunikation zwischen zentralen Stellen und Fachbereich (wenn interne Berater eingesetzt werden).	■ Zeitaufwändige Abstimmungsprozesse im Fachbereich und zwischen Fachbereich und Beratern ■ Interessenkonflikte zwischen Beratern und Fachbereich können aufbrechen ■ Dieses Vorgehen stellt hohe Anforderungen an die soziale Kompetenz aller Beteiligten.

Abb. 4.05c: Gegenüberstellung Träger organisatorischer Projekte

Projektmitarbeiter werden ganz oder teilweise für ein Projekt freigestellt. Der Projektleiter hat ein Vorschlagsrecht. Interne Spezialisten, Mitarbeiter der Fachabteilungen, externe Berater, oder eine Mischung aus diesen Personen bilden die Projektgruppe.

Zusammenfassung

Sponsor

Die Praxis bietet eine Fülle von Beispielen, in denen Projekte abgebrochen werden mussten oder in denen Vorhaben einfach versandet sind – Projektruinen. Oft wurden bereits erhebliche Beträge aufgewendet. Solche Abbrüche können auf technische oder fachliche Probleme zurückzuführen sein. Öfter liegt es jedoch daran, dass im Laufe eines Projekts Widerstände wachsen, weil in Besitzstände eingegriffen wird, weil Machtstrukturen in Frage gestellt werden, weil unerwartete Nebenwirkungen auftreten, weil Leistungen erbracht – z.B. Mitarbeiter freigestellt – werden müssen usw. Wenn in solchen Situationen der Projektleiter auf sich selbst gestellt ist, hat er kaum eine Chance, diese Widerstände zu überwinden.

Sponsoren gegen Projektruinen

Um solche Projektruinen soweit möglich zu vermeiden, kann es sinnvoll sein, bereits zu Beginn für ein Projekt einen Sponsor (Promotor, Paten) zu benennen. Wenn erst die Widerstände aufgetreten sind, ist es meistens zu spät. Auch findet sich dann so leicht niemand, der bereit wäre, die Sponsorenrolle zu übernehmen. Ein Sponsor wird erfahrungsgemäß vor allem bei solchen Projekten benötigt, die erheblich in Besitzstände eingreifen, also bei allen

Kein wichtiges Projekt ohne Sponsor

größeren Rationalisierungsprojekten. Bei strategisch wichtigen Projekten sollte es grundsätzlich immer einen Sponsor geben.

Macht hilft — Ein Sponsor ist ein ranghoher Förderer des Projekts (erste oder zweite Hierarchieebene), der sich offiziell zu dieser Rolle bekennt und seine Autorität für den erfolgreichen Abschluss des Projekts einsetzt. Die bewusste Wahrnehmung dieser Rolle fördert die Chance, dass ein Projekt auch erfolgreich zu Ende gebracht wird.

Zusammenfassung — Ein Sponsor ist ein ranghoher Förderer eines Projekts, der sich offiziell zu dieser Rolle bekennt und seine Autorität für das Projekt einsetzt.

4.3.1.2 Rollen in der Rahmenprojektorganisation

Antragsteller

Jeder kann Antrag stellen — Antragsteller kann im Prinzip jeder Mitarbeiter eines Unternehmens sein – beispielsweise im Zusammenhang mit einem betrieblichen Vorschlagswesen. Antragsteller mittlerer oder unterer Ebenen benötigen allerdings meistens einen ranghohen Förderer, um bei der Vielzahl der Projektwünsche „ernst genommen zu werden".

Vorstand

Rolle Vorstand — Der Vorstand (Geschäftsleitung) ist die oberste Instanz für Projekte. Abgeleitet aus der Strategie stößt der Vorstand Projekte an, ist verantwortlich für die jährliche Budgetplanung und gibt damit den Rahmen für Investitionen und Kapazitäten der Projekte vor. Er ist außerdem oberste Eskalationsinstanz bei Konflikten, die sich in oder zwischen Projekten ergeben.

Bewilligungsgremium

Entscheidungen über Projektportfolio — Das Bewilligungsgremium oder Decision Committee ist die oberste Entscheidungsinstanz für alle Projekte. Sie tagt in der Regel 2 bis 4 Mal pro Jahr, prüft alle Projektanträge, vergibt Prioritäten, holt Stellungnahmen ein und entscheidet über die beantragten Projekte, über das gesamte Projektportfolio und die dafür bereit zu stellenden Ressourcen.

Leitung Organisation/IT

IT-Projekte — Die Organisation/IT kann bei wichtigen Organisations-/IT-Projekten Mitglied im Lenkungsausschuss sein. Sie stellt eigene Mitarbeiter für Projekte frei, prüft Projektergebnisse fachlich und sorgt für eine projekt- und fachgebietsübergreifende Koordination. Darüber hinaus unterstützt sie die Projektleiter bei Bedarf.

Fachbereichsleitung

Die Fachbereichsleitung stellt Mitarbeiter für das Projekt frei. Sie wirkt mit bei der Projektplanung und insbesondere bei der Formulierung der Anforderungen des Fachbereichs. Sie ist immer dann Mitglied im Lenkungsausschuss, wenn für den eigenen Fachbereich wesentliche Auswirkungen aus dem Projekt zu erwarten sind.

Rolle Fachbereichsleiter

Benutzervertreter

Der Benutzervertreter kann einem Projektleiter zur Seite gestellt werden, wenn ein Projekt nicht vom Fachbereich selbst geleitet wird. Der Benutzervertreter steht neben dem Projektleiter – ohne ihm Weisungen geben zu können – und sorgt dafür, dass der Fachbereich seine Forderungen artikuliert und, soweit machbar, auch erfüllt bekommt. Er ist zuständig für die Koordination zwischen den Benutzern und dem Projekt.

Interessenvertreter Fachbereich

Fachbereichskoordinatoren

Fachbereichskoordinatoren sind Mitarbeiter eines Fachbereichs, die normalerweise als Nebenaufgabe in Projekten mitwirken – z.B. Anforderungen erarbeiten – in der Einführung als Multiplikatoren tätig sein können und im laufenden Betrieb als Ansprechpartner der übrigen Mitarbeiter des Fachbereiches zur Verfügung stehen (Superuser).

Helfer in Projekten

Betroffene

Betroffene sind die Mitarbeiter, für die das Projekt Veränderungen in ihrer Arbeitssituation bewirkt. Sie können zu Beteiligten gemacht werden, wenn sie für das Projekt Leistungen erbringen (z.B. durch Delegation in die Projektgruppe, Mitwirkung in Arbeitsgruppen – Workshops – oder bei Befragungen).

Projektservicestelle

Erarbeitet und überwacht betriebliche Standards. Unterstützt Projektleiter und Projektmitarbeiter im Projektmanagement.

Service für Projekte

Funktional Beteiligte

Als funktional Beteiligte werden Mitarbeiter bezeichnet, die fachlich begrenzte Funktionen übernehmen und damit normalerweise auch nicht laufend im Projekt mitarbeiten. Sie können sich zur Beratung, zur fachlichen Bewilligung, zur Interessenvertretung bzw. zur Wahrnehmung gesetzlicher Aufgaben (Mitbestimmung, Fachbeauftragte etc.) einschalten.

Projektmanagement

Zusammenfassung

Rollen in der Projektrahmenorganisation sind Antragsteller, Bewilligungsgremium, Betroffene und die Fachbereichsleitung. In bestimmten Fällen können auch der Vorstand/Geschäftsführung, Leitung IT/Organisation, Benutzervertreter, Fachbereichskoordinatoren, eine Projektservicestelle und funktional Beteiligte zur Rahmenorganisation gehören.

4.3.2 Aufbauorganisation von Projekten

Projektorganisation neben der Hierarchie

Kleinere Projekte können von einzelnen Personen bearbeitet werden. Handelt es sich demgegenüber um umfangreiche, relativ neuartige, komplexe Problemstellungen, die mehrere Organisationseinheiten betreffen und für das Unternehmen oder die Verwaltung sehr bedeutsam sind, ist der einzelne Beauftragte schnell überfordert. Die normale Leitungsorganisation, die auf Dauer eingerichtet ist, stellt häufig ein schwer zu überwindendes Hindernis für eine effiziente Projektarbeit dar. In diesen Fällen lohnt sich der Einsatz einer speziellen Projektorganisation, d.h. die Einrichtung von Projektgruppen.

Unterschiedliche Macht der Projektleiter

Idealtypisch lassen sich drei Formen der Organisation von Projektgruppen unterscheiden, in denen die Projektleiter unterschiedliche Befugnisse haben und die je nach Bedeutung, Entwicklungsstand und Umfang des Projekts unterschiedlich geeignet sind:

- Stabs-Projektorganisation
- Reine Projektorganisation
- Matrix-Projektorganisation.

Diese drei Formen sollen nun näher dargestellt werden.

Stabs-Projektorganisation

Bei dieser Lösung ist der Projektleiter für ein Vorhaben verantwortlich, ohne dass ihm irgendwelche formalen Weisungsrechte gegenüber den Mitarbeitern zugebilligt werden. Es wird dann auch von einem Projektverfolger gesprochen.

Informiert, empfiehlt, berät

Ein Projektverfolger ist mit der Aufgabe betraut, den Ablauf des Projekts in sachlicher, kostenmäßiger und terminlicher Hinsicht zu steuern. Da er keine Weisungsbefugnisse besitzt (Stabsfunktion), schlägt er Maßnahmen vor, über die bestimmte Instanzen entscheiden. Insofern kann er für die sachliche, kostenmäßige und terminliche Projektzielerreichung auch nicht allein verantwortlich gemacht werden. Verantwortlich ist er für die rechtzeitige Information der Instanzen sowie für die Qualität der Vorschläge, Empfehlungen und Berichte, in denen er die ihm zur Verfügung gestellten Informationen verarbeitet hat.

Der Projektleiter kann sehr hoch, etwa direkt unter der Geschäftsleitung oder auf tieferer Ebene, etwa unter dem Leiter einer Abteilung eingegliedert werden, wie die Abbildung 4.06 zeigt.

Abb. 4.06: Stabs-Projektorganisation

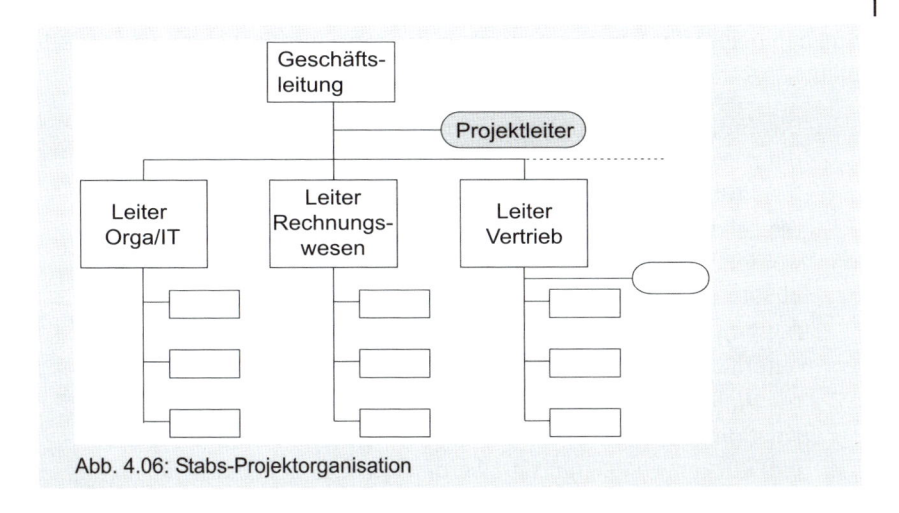

Bewertung der Stabs-Projektorganisation	
Vorteile	Nachteile
■ Geringe Beeinträchtigung der übrigen laufenden Arbeit in der Unternehmung ■ Niedrige organisatorische „Umstellungskosten" ■ Da Mitarbeiter in diesem Fall meistens nur zeitweise für das Projekt freigestellt sind, geringe Probleme bei der Rekrutierung von Projektmitarbeitern ■ Eine eher sachgerechte Einflussnahme des Projektleiters, da er keine formale Macht hat ■ Keine Auslastungsprobleme der Mitarbeiter; sie werden nur soweit durch das Projekt in Anspruch genommen, wie tatsächlich Arbeit vorliegt ■ Hohe Flexibilität; so kann ein Mitarbeiter u.U. gleichzeitig für mehrere Projekte tätig sein ■ Guter Informationsstand beim Vorgesetzten des Projektleiters, da dieser „bei jeder Kleinigkeit" eingeschaltet werden muss.	■ Umständliche Entscheidungsvorbereitung ■ Permanenter „Kampf" um die Kapazitäten der Mitarbeiter ■ Zeitliche Verzögerungen, die sich aus den oben genannten Punkten ergeben können ■ Außer dem Projektleiter fühlt sich niemand für das Vorhaben verantwortlich ■ Hohe Belastung der Linienstellen u.U. auch mit Kleinigkeiten, die der Projektleiter nicht selbst lösen kann ■ Gefahr der Isolierung des Projektleiters.

Aus den beispielhaft genannten möglichen Vor- und Nachteilen lassen sich einige Anwendungsbedingungen für die Stabs-Projektorganisation ableiten:

Wann kann das gut gehen?

- Das Projekt betrifft mehrere Einheiten einer Unternehmung, allerdings nur punktuell, so dass eine Freistellung von Mitarbeitern für das Projekt nicht gerechtfertigt ist
- Die Leistungen der Projektmitarbeiter können getrennt erbracht werden. Es reicht aus, wenn man sich in gelegentlichen Sitzungen abstimmt und das weitere Vorgehen vereinbart
- Der Projektleiter besitzt eine hohe persönliche und fachliche Autorität, so dass er auch ohne formale Befugnisse Einfluss hat
- Der Projektleiter hat im Bewusstsein der Mitarbeiter eine starke Position, so kann z.B. von hohen hierarchischen Ebenen (Sponsoren) Rückenwind signalisiert werden, so dass er faktisch viel mehr Einfluss hat, als formal zugewiesen
- Das Projekt ist in einer frühen Phase – z.B. in der Vorstudie – in welcher der Umfang noch nicht abgeschätzt werden kann
- Schließlich kann es sich auch um ein Projekt handeln, das „unter ferner liefen" einzustufen ist.

Zusammenfassung

In der Stabs-Projektorganisation hat der Projektleiter lediglich Beratungs-, Empfehlungs- und Informationsbefugnisse – keine Weisungsrechte. Unter bestimmten Bedingungen kann eine derartige Lösung dennoch zielführend sein.

Reine Projektorganisation

Starker Projektleiter

In der Reinen Projektorganisation hat der Projektleiter volle Kompetenzen gegenüber den ihm zugeordneten Projektmitarbeitern. Er ist befugt, den Mitarbeitern Aufträge zu erteilen, Prioritäten zu vergeben usw., soweit es die Aufgabenerfüllung im Projekt betrifft. Wie schon erwähnt, bleiben grundlegende disziplinarische Befugnisse beim Linienvorgesetzten. Teile der disziplinarischen Befugnisse, wie zum Beispiel Anwesenheitskontrolle, Entscheidungen über Urlaub, Arbeitszeiten, Steuerung des Verhaltens in der Projektgruppe usw. gehen jedoch auf den Projektleiter über. Diese Befugnisse benötigt er, um die laufende Arbeit sicherzustellen.

Die Reine Projektorganisation ist meistens mit einer Vollzeit-Freistellung der Mitarbeiter für das Projekt verbunden. Wenn der Mitarbeiter „freigestellt" wird, ohne ihn bei seinen sonstigen Aufgaben zu entlasten, ist das eine der Hauptursachen für Probleme und Verzögerungen in Projekten.

Bei wichtigen und übergreifenden Projekten kann der Projektleiter sehr hoch angesiedelt werden, im Extremfall sogar direkt unter der Geschäftsleitung.

Aufbauorganisation von Projekten | 159

Abb. 4.07: Reine Projektorganisation

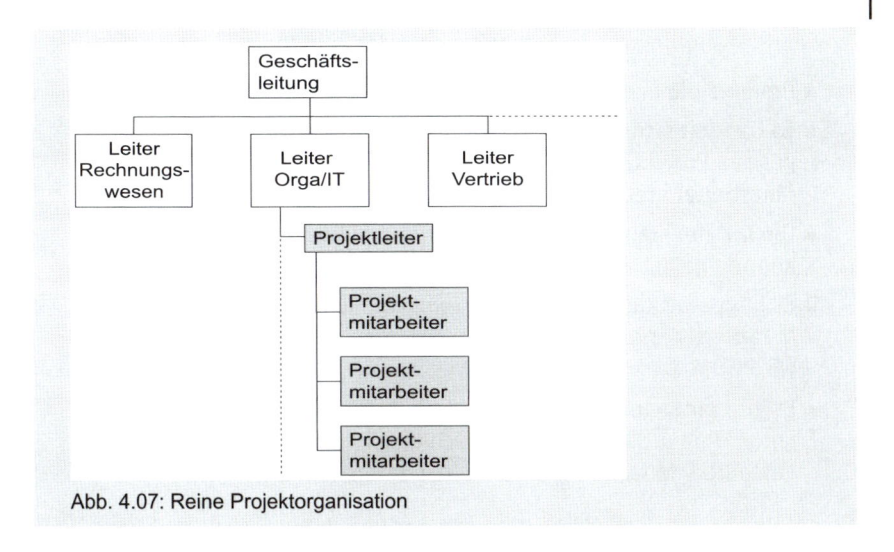

Bewertung der Reinen Projektorganisation	
Vorteile	**Nachteile**
■ Volle Konzentration auf ein Vorhaben ■ Einheitliche Willensbildung, da der Projektleiter verantwortlich und befugt ist ■ Schnelle Reaktion bei Störungen oder Abweichungen von gesetzten Zielen ■ Weniger Konflikte zwischen den Fachabteilungen und der Projektgruppe in der laufenden Projektarbeit ■ Verkürzen der Projektlaufzeiten ■ Die Vorteile einer echten Gruppenarbeit kommen voll zum Tragen ■ In der Projektgruppe können Stellvertretungsprobleme leichter gelöst werden ■ Verstärkte Identifikation mit dem Projekt führt zu verstärkter Motivation.	■ Hohe organisatorische Umstellungskosten; so z.B. Vertretungsregelungen für freigestellte Mitarbeiter; Lernphase für Projektgruppe, bis sie arbeitsfähig ist ■ Probleme in der Rekrutierung – speziell bei sehr qualifizierten Mitarbeitern ■ Unsicherheit für die Mitarbeiter, was nach dem Projekt aus ihnen wird ■ Gefahr der Unterauslastung von Mitarbeitern im Projekt; der Projektleiter wird versuchen, die Mitarbeiter so lange wie möglich im Projekt zu behalten ■ Mitarbeiter aus den Fachabteilungen werden immer mehr ihren angestammten Abteilungen entfremdet (primäre Identifikation mit dem Projekt).

Anwendungsbedingungen für den Einsatz der **Reinen Projektorganisation**:

- Projektziele und Projektumfang sind klar definiert
- Es handelt sich um ein umfangreiches, sehr wichtiges und dringendes Projekt, das die völlige oder teilweise Freistellung von Mitarbeitern rechtfertigt
- Die mit der Freistellung verbundenen Stellvertretungsprobleme können gelöst werden
- Es liegt eine klare Personalplanung vor, so dass die freigestellten Mitarbeiter erkennen können, was nach dem Projekt aus ihnen wird
- Es gibt einen ausreichend qualifizierten und angesehenen Projektleiter, dem u.U. auch hierarchisch gleichgestellte – selten höher gestellte – Mitarbeiter unterstellt werden können.

Wann geeignet?

Zusammenfassung

In der **Reinen Projektorganisation** hat der Projektleiter volle fachliche Weisungsbefugnis gegenüber den – ganz oder zeitweise – freigestellten Mitarbeitern. Das sichert eine schnelle und effiziente Projektabwicklung, kann aber die auf Dauer angelegte Organisation unter Umständen erheblich belasten.

Matrix-Projektorganisation

Die dritte Modellvariante ist die Matrix-Projektorganisation. Streng genommen wird eine beliebige **Organisation** einer Unternehmung **durch zusätzliche projektbezogene Weisungsrechte überlagert**. Es entsteht dadurch ein zeitlich befristetes **Mehrliniensystem**. Dieses Mehrliniensystem wird meistens als Matrix dargestellt, weswegen hier von einer Matrix-Organisation gesprochen wird. Beispielhaft könnte das Modell wie in Abbildung 4.08 aussehen:

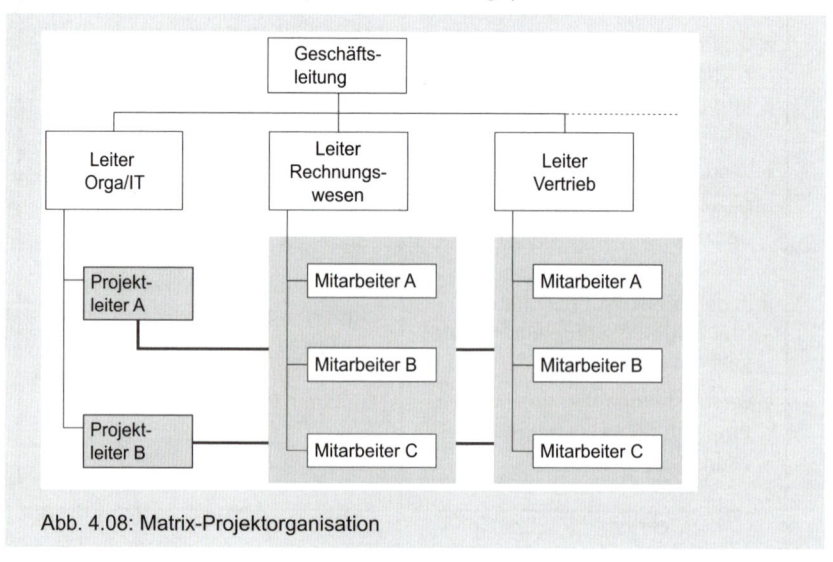

Abb. 4.08: Matrix-Projektorganisation

In diesem Beispiel können die Projektleiter auf einzelne Mitarbeiter der Bereiche Vertrieb und Rechnungswesen zugreifen. Unter Umständen können sogar zwei Projektleiter gleichzeitig beim gleichen Mitarbeiter Ansprüche anmelden. Wenn mehrere Weisungswege bei einem Mitarbeiter enden, muss geregelt werden, wer für was zuständig ist; sonst sind Kompetenzkonflikte unvermeidbar. Diese Konflikte entzünden sich hauptsächlich an der Frage, welche Kapazitäten zu welchen Zeiten bzw. in welchem Umfang zur Verfügung gestellt werden.

Da der Projektleiter für die Einhaltung seiner Terminvorgaben verantwortlich gemacht wird, billigt man ihm üblicherweise zu, verbindliche Anweisungen geben zu dürfen,

- was (welche Aufgabe, welche Leistung)
- wann (bis zu welchem Termin)

Kompetenzverteilung zwischen Projekt und Fachabteilung

von den zugeordneten Stellen erbracht werden soll. Demgegenüber kann in der Fachabteilung entschieden werden,

- wie die Leistung zu erbringen ist
- welche Interessenlage zu vertreten ist,

da dort die entsprechenden Spezialkenntnisse vorhanden bzw. die Interessen am Ergebnis angesiedelt sind.

In der Praxis hat sich eher eine Modifikation dieses Modells durchgesetzt. Der Projektleiter hat das Recht, von den Fachabteilungen bestimmte Leistungen (was) zu bestimmten Terminen (wann) zu verlangen. Dazu wendet er sich jedoch nicht direkt – weisungsberechtigt – an die Mitarbeiter der Fachabteilung, sondern an deren zuständigen Leiter. Diesem Leiter sind die Anforderungen frühzeitig mitgeteilt worden, so dass er seine eigenen Ressourcen langfristig einplanen kann. Der Leiter der Fachabteilung sorgt dafür, dass die geforderte Leistung erbracht wird, das bedeutet, er bestimmt

Leistungen über die Hierarchie abrufen

- durch wen sie zu erbringen ist (sofern der Projektmitarbeiter nicht bereits bestimmt ist) und gegebenenfalls
- wie die Leistung zu erbringen ist (siehe dazu Abb. 4.09).

Dadurch wird die zugrunde liegende Struktur nicht übermäßig gestört, und mögliche Konflikte werden nicht beim betroffenen Mitarbeiter ausgetragen. Dem Projektleiter steht es dann natürlich frei, sich auf dem „kleinen Dienstweg" mit dem zuständigen Mitarbeiter direkt abzustimmen. Falls dabei Konflikte auftreten sollten, wird der Vorgesetzte des Bereichs eingeschaltet.

Bewertung der Matrix-Projektorganisation	
Vorteile	Nachteile
■ Geringer Umstellungsaufwand, da nur kleinere Eingriffe in die bestehende Organisation nötig sind ■ Problemlose Rekrutierung ■ Geringere Akzeptanzprobleme bei den Betroffenen als bei der Reinen Projektorganisation, da sie in ihrer Fachabteilung bleiben ■ Flexibler Personaleinsatz möglich; wenn im Projekt nicht die ganze Kapazität eines Mitarbeiters benötigt wird, kann er sich seinen normalen Aufgaben widmen ■ Es ist sichergestellt, dass im Projekt die Interessen der Fachabteilung gewahrt bleiben, da dem Projektmitarbeiter das Hemd (der Linienvorgesetzte) näher ist als die Jacke (der Projektleiter).	■ Konflikte um knappe Ressourcen, je nach Variante auf der Ebene Projektleiter/Mitarbeiter oder auf der Ebene Projektleiter/Fachabteilungsleiter ■ Wenn mehrere Projekte gleichzeitig laufen, können auch noch Konflikte um Ressourcen zwischen den Projektleitern entstehen ■ Hoher Koordinationsaufwand zwischen Tagesgeschäft und „Projektgeschäft" ■ Bereichsegoismus der Fachabteilungen, so dass die – meistens dringende – Tagesarbeit die Projektarbeit beeinträchtigt ■ Speziell für die reine Modellvariante gilt: Gefahr der Überforderung oder Überlastung der Mitarbeiter der Fachabteilungen, da sie von allen Seiten „bedrängt" werden.

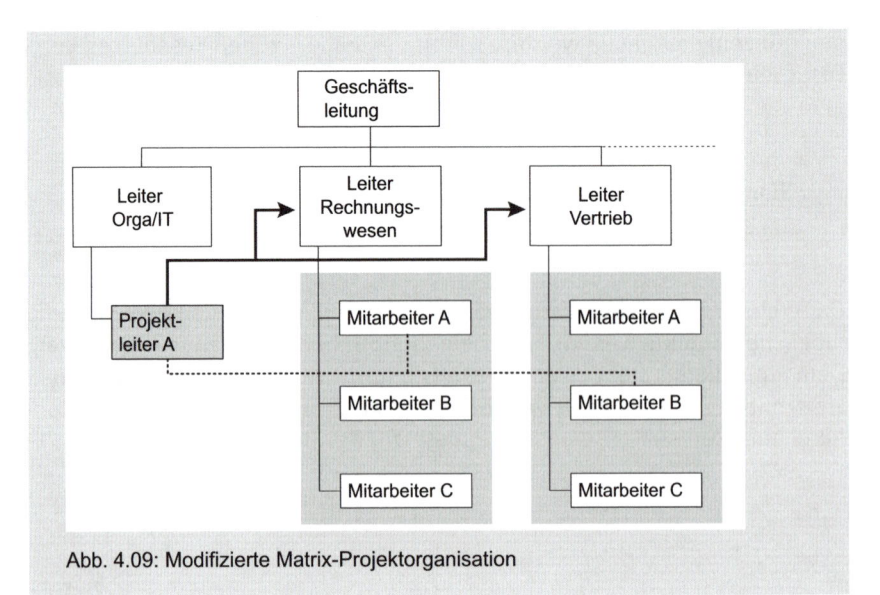

Abb. 4.09: Modifizierte Matrix-Projektorganisation

Die folgenden Anwendungsbedingungen sollten gegeben sein, wenn man sich für die Matrix-Projektorganisation entscheidet:

- Das Projekt lässt sich in relativ klare Pakete gliedern, die auch getrennt bearbeitet werden können
- Kleine bis mittlere Komplexität des Projekts, es ist keine permanente Koordination in Gruppenarbeit erforderlich
- Der Projektleiter hat eine relativ starke formale und/oder informale Stellung, so dass er die Projektinteressen mit dem nötigen Nachdruck vertreten kann
- In den Fachabteilungen ist die notwendige Kapazität vorhanden.

Wann ist die Matrix geeignet?

> In der Matrixlösung teilt sich der Projektleiter (was, wann) die Rechte mit dem Fachvorgesetzten (wer, wie) des Projektmitarbeiters. Meistens kann der Projektleiter diese Rechte nur auf Umwegen – über den Stammvorgesetzten des Projektmitarbeiters – ausüben.

Zusammenfassung

Mischformen

In der Praxis haben sich vielfältige Mischformen herausgebildet. So kann beispielsweise ein Projektleiter gegenüber einem oder mehreren fest zugeordneten Mitarbeitern alle Weisungsrechte haben, die in der Reinen Projektorganisation beschrieben wurden. Gegenüber anderen Mitwirkenden hat er nur Empfehlungsrechte (Stabs-Projektorganisation) oder fachlich begrenzte Weisungsrechte, die er sich mit dem Fachvorgesetzten teilen muss (Matrix-Projektorganisation).

Solche Lösungen wechseln auch im Projektfortschritt in den einzelnen Phasen. Oft wird erst während der Projektarbeit erkannt, dass weitere Leistungen zu erbringen sind, so dass dann situativ die bereits etablierte Projektorganisation ergänzt wird. Diese neu hinzukommenden Mitarbeiter werden im Projekt eingesetzt, ohne dass die Befugnisse des Projektleiters formal festgelegt werden – man arrangiert sich im Sinne der gemeinsamen Sache (oder auch nicht).

4.4 Projektabschluss

Ein „sauberer" Projektabschluss ist aus sachlichen Gründen wie aus Überlegungen zur Führung notwendig. Einmal müssen der Projektleiter und die Mitarbeiter aus ihrer Verantwortung „entlastet" und in ihre zukünftige Rolle überführt werden. Das ist gerade bei lang laufenden, großen Projekten oft auch eine „bewegende" Erfahrung, die umso leichter fällt, je besser die Leistung der Beteiligten anerkannt wird.

Erfahrung nutzen

Formal ist über die genutzte Infrastruktur und deren weitere Verwendung zu entscheiden.

Das Projektergebnis ist abschließend zu bewerten, es muss also sichtbar gemacht werden, inwieweit die mit dem Projekt verfolgten Ziele auch erreicht sind. Diese Bewertung fließt in den Abschlussbericht für das Projekt ein. Darin sind auch Erfahrungen und Ergebnisse zu dokumentieren und somit für Folgeprojekte nutzbar zu machen.

In einer ausführlichen Abschlussbesprechung sollte der Verlauf noch einmal nachvollzogen werden, um daraus für die Zukunft zu lernen. Ein erfolgreicher Projektabschluss sollte durchaus „gefeiert" werden, als Anerkennung für die hohen Anforderungen aus dem Projekt, für die großen und kleinen Krisen, die in Projekten unvermeidbar erscheinen.

Eine solche sorgfältige Nachbearbeitung eines Projekts kann wesentlich dazu beitragen, das Projektmanagement als wertvolles Instrument der Sekundärorganisation in einem Unternehmen zu verankern und Motivation für weitere Projekte zu gewinnen.

Weiterführende Literatur zu diesem Abschnitt

Burke, R.: Projektmanagement – Planungs- und Kontrolltechniken. Bonn 2004

Cleland, D.I.; W.R. King (Hrsg.): Project Management Handbook. New York 1988

Füting, U. Ch.; I. Hahn: Projektcontrolling leicht gemacht. Frankfurt 2005

Huber, F. (Hrsg. von W.F. Daenzer): Systems Engineering. Methodik und Praxis. 11. Aufl., Zürich 2002

Kerzner, H.: Projektmanagement. 8. Aufl., Bonn 2003

Kupper, H.: Die Kunst der Projektsteuerung. 9. Aufl., München/Wien 2000

Litke, H-D.: Projektmanagement. Methoden, Techniken, Verhaltensweisen. 9. Aufl., München/Wien 1995

Page-Jones, M.: Praktisches DV-Projektmanagement. Grundlagen und Strategien. München/Wien 1991

Pfetzing, K.; A. Rohde: Ganzheitliches Projektmanagement. 3. überarbeitete Aufl., Gießen 2009

Schelle, H.; R. Ottmann; A. Pfeiffer: Projektmanager. Nürnberg 2005

Schelle, H.; H. Reschke et al. Hrsg.: Projekte erfolgreich managen. Köln 2004

Schmidt, G.: Grundlagen der Aufbauorganisation. 4. Aufl., Gießen 2000

5 Techniken der Auftragserteilung

Ziele dieses Kapitels – Was können Sie erwarten?

- Sie wissen, was zur Abgrenzung von Projekten gehört
- Sie kennen Techniken zur Ermittlung der Stakeholder und wissen, wie Informationen über die Stakeholder dokumentiert werden können
- Sie kennen die Bedeutung von Zielen für das Projekt und wissen, wie die Zielfindung in den Projektablauf eingebettet ist
- Sie kennen Techniken zur Suche von Zielideen, zur Analyse und Operationalisierung von Zielen
- Sie können Techniken zur Gewichtung von Zielen einsetzen
- Sie wissen, wie ein Business Case entsteht, welche Inhalte dazu gehören und wie er strukturiert sein kann
- Sie kennen ein Muster für einen Projektauftrag.

5.1 Grundlagen

Aufträge lösen Projekte aus. Die zentrale Bedeutung eines Projektauftrags wurde bereits im Kapitel 2 betont. Dort wurde auch schon darauf hingewiesen, dass es normalerweise zu den Aufgaben des Projektverantwortlichen gehört, sich einen vollständigen Projektauftrag zu besorgen. Zu einem vollständigen Projektauftrag gehören mehrere Sachverhalte, die ebenfalls im Kapitel 2 kurz skizziert wurden. Hier soll nun gezeigt werden, wie die wichtigsten Inhalte des Auftrags erarbeitet werden können. Der Projektauftrag wird im angelsächsischen Sprachbereich auch als Project charter bezeichnet.

<small>Aufträge = Project charter</small>

Ein zentrales Element des Auftrags ist die Projektabgrenzung (engl. scope). Hier geht es einmal um die Frage, was alles im Rahmen eines Projekts zu bearbeiten ist und was nicht zum Projekt gehört. Zum anderen geht es darum, Restriktionen und Rahmenbedingungen für dieses Vorhaben zu beschreiben.

<small>Projekt abgrenzen (Scope)</small>

Zusammen mit der Abgrenzung des Projekts sind die Interessenten an dem Projekt (Stakeholder) und deren Ziele zu ermitteln. Das ist gerade zu Beginn eines Vorhabens nicht immer ganz einfach. Die Ziele müssen aber erarbeitet werden, da sie die notwendige Voraussetzung für die spätere Ermittlung der Anforderungen bilden – es werden nur solche Anforderungen akzeptiert, die auf Ziele der Stakeholder zurückgeführt werden können. Deswegen werden in diesem Kapitel Instrumente dargestellt, mit deren Hilfe die Stakeholder erkannt und deren Ziele ermittelt werden können.

<small>Stakeholder und deren Ziele als Ausgangspunkt</small>

In vielen Unternehmen wird schon zu Beginn eines Projekts verlangt, den wirtschaftlichen Nutzen eines Vorhabens nachzuweisen, bevor mit der Projekt-

Techniken der Auftragserteilung

Wirtschaftlichkeitsnachweis durch Business Case

arbeit begonnen wird. Die Projektverantwortlichen müssen – in der Regel gemeinsam mit den Antragstellern – einen so genannten Business Plan (Business Case) vorlegen. Auch wenn diese Anforderung ganz zu Beginn eines Projekts eher kritisch gesehen wird – sie ist am Ende einer Vorstudie sicherlich unerlässlich – bleibt den Projektverantwortlichen nichts anderes übrig, als den Forderungen der Auftraggeber zu entsprechen.

Damit werden in diesem Kapitel vier wesentliche Felder der Auftragserteilung behandelt:

- Projektabgrenzung
- Ermittlung der Stakeholder
- Ermittlung der Ziele
- Grundaufbau eines Business Case.

Ehe diese Themengebiete behandelt werden, soll noch einmal daran erinnert werden, dass nach der Philosophie des Systems-Engineering ein Projekt durch eine Kette von Aufträgen gesteuert wird. Nach einem eher groben Auftrag zur Vorstudie werden die Auftragsbestandteile für Hauptstudie und Teilstudien immer weiter detailliert. Auch die Phasen Systembau und Einführung werden durch Aufträge ausgelöst und autorisiert.

5.2 Projektabgrenzung (Scope)

Was gehört zum Projekt?

Das in Kapitel drei behandelte Systemdenken kann dazu beitragen, ein Projekt abzugrenzen. Die Festlegung der Systemgrenzen, die Abgrenzung von Unter- und Teilsystemen und die Ermittlung von Einflussgrößen können helfen, sich darüber klar zu werden, was alles zum Projekt gehört und was bei der Systementwicklung zu beachten ist. Die wichtigsten Bestandteile werden hier noch einmal zusammengefasst.

Systemgrenzen festlegen

Systemgrenze nach außen – was darf nicht geändert werden?

Bei der Systemabgrenzung geht es um eine Abgrenzung nach außen. Hier wird also festgelegt, welche Organisationseinheiten, Applikationen oder Einrichtungen durch das Projekt nicht verändert werden dürfen. Haben solche außerhalb der Systemgrenze liegenden Systeme Beziehungen zu dem zu verändernden System, dann müssen die Schnittstellen so gestaltet werden, dass die außerhalb liegenden Systeme unverändert weiter funktionieren können.

Zu Beginn eines Projekts kann es sinnvoll sein, die Systemgrenze eher ein wenig weit zu ziehen oder bewusst eine Grauzone zu akzeptieren, weil anfangs noch nicht klar ist, was alles zu dem späteren System gehören soll.

Unter- und Teilsysteme abgrenzen

Wird ein System etwa durch seine Untersysteme beschrieben, so heißt das noch nicht, dass alle das System betreffenden Teilsysteme in dem betreffenden Projekt auch neu gestaltet werden dürfen. Zur Projektabgrenzung gehört damit auch die Benennung aller Teilsysteme, die zwar innerhalb der Systemgrenzen liegen, aber dennoch nicht verändert werden dürfen.

Systemgrenze nach innen

Einflussgrößen ermitteln

Für die Systemabgrenzung sind außerdem die so genannten Einflussgrößen von Bedeutung. Dabei handelt es sich um Restriktionen und Rahmenbedingungen für das Projekt.

Restriktionen sind K.O.-Kriterien für ein Projekt. Wenn eine Variante auch nur eine Restriktion nicht erfüllt, ist diese Variante nicht zulässig und damit zu eliminieren. Restriktionen sind immer Ja/Nein-Ziele. Es muss eindeutig beurteilt werden können, ob eine Restriktion erreicht ist oder nicht. Dabei können Restriktionen als Ober- oder Untergrenze formuliert werden (z.B. Investitionskosten maximal x €) oder aber als konkrete Forderung (z.B. Einsatz von Standardsoftware) beziehungsweise als konkretes Verbot (z.B. keine Eigenentwicklung, keine Personalaufstockung). Zahlreiche Restriktionen wirken auch von außen auf das Projekt ein. So sind beispielsweise Auflagen der öffentlichen Hand zu beachten, gesetzliche Vorschriften einzuhalten oder bestehende vertragliche Regelungen zu beachten.

Mussvorschriften und Verbote

Rahmenbedingungen sind für das Projekt relevante Sachverhalte, die durch das Projekt nicht unmittelbar verändert werden können. Sie müssen bekannt sein, wenn von ihnen Einflüsse auf die Lösung ausgehen. Es ist eine Herausforderung für den Projektleiter, frühzeitig die wichtigsten Rahmenbedingungen für das Projekt zu erkennen und allen Beteiligten bewusst zu machen.

Was beeinflusst das Projekt?

Die frühzeitige Beschäftigung mit der Projektabgrenzung ist eine große Hilfe, den Umfang des Vorhabens zu erkennen. Restriktionen grenzen den Lösungsspielraum der Projektverantwortlichen ein. Das kann die Arbeit im Projekt insofern erleichtern, als bestimmte denkbare Lösungen gar nicht erst untersucht werden müssen. Andererseits kann durch sie auch bewusst werden, welche Lösungsbestandteile auf jeden Fall bearbeitet werden müssen. Rahmenbedingungen verdeutlichen, welche Sachverhalte im Rahmen der Lösungsentwicklung im Auge zu behalten sind. All das trägt dazu bei, die Zeit- und Aufwandsplanung im Projekt frühzeitig zu konkretisieren und gleichzeitig die Grundlagen für einen Business Case (siehe Abschnitt 5.5) zu legen.

Abgrenzung erleichtert Projektplanung

Im weiteren Sinne können auch die Ziele als Bestandteile der Projektabgrenzung angesehen werden. Hier wird auf den Abschnitt 5.4 verwiesen.

Oftmals ist im Anstoß zur Vorstudie eines geplanten Projekts noch kein Projektleiter ernannt. In diesem Fall ist es die typische Aufgabe eines Business Analyst oder eines Organisators, die Daten für die Projektabgrenzung zusammenzutragen und zu dokumentieren.

| Dokumentation der Projektabgrenzung | Zur Dokumentation kann Prosatext verwendet werden. Übersichtlicher lässt es sich in den „Bubble Charts" des Systemdenkens oder auch in den grafischen Dokumentationsstandards (Notationen) der UML (Unified Modelling Language) siehe dazu Kapitel 8.2.1 darstellen. |

Diese Daten sind in einem nächsten Schritt mit dem Auftraggeber abzustimmen, der sie dann für die folgende Projektphase verbindlich vorgibt. Werden im Projektfortschritt neue Einsichten gewonnen, so ist es durchaus denkbar, dass Bestandteile der Projektabgrenzung später modifiziert, ergänzt oder aufgehoben werden.

| Zusammenfassung | Die Systemabgrenzung (Scope) wird durch das Systemdenken unterstützt. Die Definition der Systemgrenze über die eingeschlossenen Unter- und Teilsysteme und die bewusste frühzeitige Ermittlung von Restriktionen und Rahmenbedingungen verdeutlichen den Umfang des Projekts und erleichtern eine realistische Zeit- und Aufwandsschätzung. |

5.3 Ermittlung der Stakeholder

| Stakeholder haben Interesse am Projekt = Voice of the customer (VOC) | Als Stakeholder werden solche Personen, Organisationseinheiten oder Rollen betrachtet, die an dem Ergebnis des Projekts unmittelbar oder mittelbar interessiert sind oder die einen wesentlichen Einfluss auf die Lösung haben. Sie sind im weitesten Sinne Kunden dieses Ergebnisses. Ihr Interesse kann auf der Nutzung der Lösung beruhen – etwa als Anwender oder Auftraggeber – oder sich auf die eigentliche Entwicklung des Systems beziehen, also die Interessenlage der Projektverantwortlichen widerspiegeln. Dieses Interesse kann sehr stark und unmittelbar sein, etwa wenn ein späterer Anwender zu einer Lösung konkrete Vorstellungen über die Funktionsweise und den Benutzerkomfort hat, oder eher mittelbar, etwa wenn die Finanzbuchhaltung erwartet, dass eine Schnittstelle zu ihren Systemen bereitgestellt wird. Im angelsächsischen Sprachbereich wird häufig der Begriff VOC (Voice of the customer – Stimme des Kunden) verwendet, wenn von den Stakeholdern die Rede ist. |

| Stakeholder verantwortlich für Ziele und Anforderungen | Stakeholder vertreten bestimmte Interessen, die als Ziele für ein Projekt und als konkrete Anforderungen an die Lösung bedeutsam sind. Werden wichtige Stakeholder zu spät erkannt, kann das weit reichende negative Wirkungen für das gesamte Projekt haben. Im schlimmsten Fall werden Stakeholder und deren Erwartungen oder Anforderungen an die Lösung erst in der Phase der Einführung entdeckt. Das kann dazu führen, dass die bisherige Arbeit in wesentlichen Teilen in die falsche Richtung gelaufen ist, so dass erhebliche Nachbesserungen notwendig werden. Das führt unweigerlich zu Zeit- und Kostenüberschreitungen und belastet darüber hinaus die Zusammenarbeit aller Beteiligten. Schon die Tatsache, dass Stakeholder zu spät erkannt und einbezogen werden, kann deren Motivation und Kooperationsbereitschaft stark beeinträchtigen, da sie das leicht als mangelnde Wertschätzung interpretie- |

ren. Deswegen ist es außerordentlich wichtig, sich bereits zu Beginn eines Projekts intensiv mit den Stakeholdern für dieses Projekt auseinander zusetzen und der „Stimme des Kunden" zu lauschen. Zumindest die für das Projekt wichtigsten Stakeholder sollten bereits beim Projektstart bekannt sein.

5.3.1 Schichtenmodell der Stakeholder

So plausibel die Forderung ist, alle relevanten Stakeholder schon zu Beginn zu identifizieren und angemessen zu beteiligen, so schwierig ist es, diese Forderung umzusetzen. Es gibt offensichtliche Stakeholder, die kaum übersehen werden können, es gibt aber auch starke Interessen an den Ergebnissen, die erst auf den zweiten oder dritten Blick erkannt werden können. Um alle bedeutsamen Stakeholder möglichst schon zu Beginn eines Projekts zu erkennen, hat sich in der Praxis das Schichtenmodell (Zwiebelmodell) bewährt. In Verbindung mit dem Systemdenken kann das Zwiebelmodell dazu beitragen, frühzeitig wichtige Stakeholder zu erkennen.

Vom direkten zum mittelbaren Interesse

> In einer Bank sollen die Kundenberater von administrativen Aufgaben weitgehend freigestellt werden, so dass sie einen größeren Teil ihrer Arbeitszeit für die Betreuung und Beratung ihrer Kunden einsetzen können. Dazu wurde ein Projekt aufgesetzt, in dem sowohl die Schnittstellen zwischen dem so genannten Marktbereich (Kundenberater) und dem Marktfolgebereich überprüft und zudem die IT-Unterstützung verbessert werden sollen. Es ist unmittelbar einleuchtend, dass die direkt betroffenen Berater und die Mitarbeiter im Marktfolgebereich wichtige Stakeholder sind. Da der Auftrag von der Geschäftsführung (dem Vorstand) der Bank erteilt wurde, ist dieser Auftraggeber sicherlich ebenfalls ein sehr wichtiger Stakeholder. Sollten sich die Mitarbeiter des Projekts nur auf diese Zielträger konzentrieren, würden wichtige weitere Stakeholder und deren Interessen unberücksichtigt bleiben.

Beispiel

In dem Zwiebelmodell werden um die eigentliche Lösung mehrere Schichten (Schalen) gelegt, die als gedankliche Stütze für das Auffinden von Zielträgern dienen können, wie die folgende Abbildung 5.01 zeigt. In der ersten Schicht finden sich diejenigen Stellen oder Rollen, die unmittelbar mit dem System zu tun haben. In der zweiten Schicht werden die Zielträger eingeordnet, für die direkte Auswirkungen sowohl aus dem Projekt wie auch aus der späteren Lösung zu erwarten sind. In der dritten Schicht werden dann alle diejenigen Zielträger aufgelistet, die einen Bezug zu dem Projekt und dessen Auswirkungen haben, die aber eher indirekt betroffen sind.

Von der Lösung zu den Interessenten

Das Zwiebelmodell für unser Beispiel könnte wie folgt aussehen.

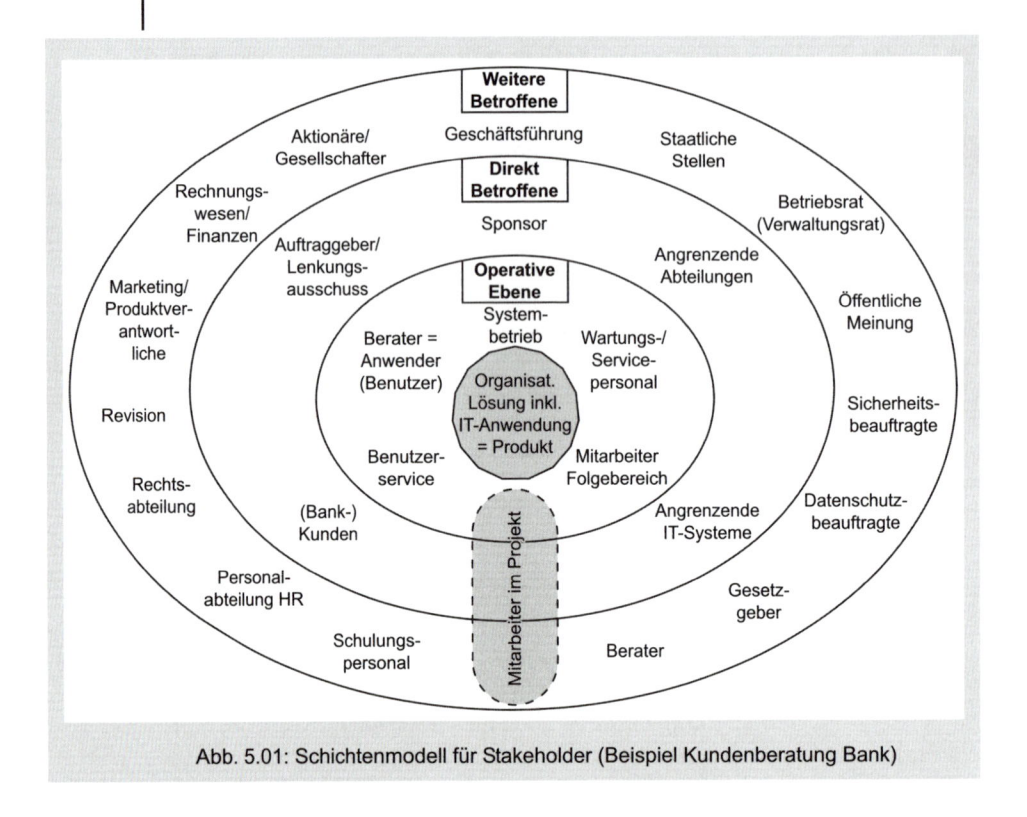

Techniken der Auftragserteilung

Abb. 5.01: Schichtenmodell für Stakeholder (Beispiel Kundenberatung Bank)

Schichten von innen nach außen:

- **Operative Ebene**: Organisat. Lösung inkl. IT-Anwendung = Produkt; Systembetrieb; Berater = Anwender (Benutzer); Wartungs-/Servicepersonal; Benutzerservice; Mitarbeiter Folgebereich
- **Direkt Betroffene**: Sponsor; Auftraggeber/Lenkungsausschuss; Angrenzende Abteilungen; (Bank-)Kunden; Angrenzende IT-Systeme
- **Weitere Betroffene**: Geschäftsführung; Aktionäre/Gesellschafter; Staatliche Stellen; Rechnungswesen/Finanzen; Betriebsrat (Verwaltungsrat); Marketing/Produktverantwortliche; Öffentliche Meinung; Revision; Sicherheitsbeauftragte; Rechtsabteilung; Datenschutzbeauftragte; Personalabteilung HR; Gesetzgeber; Schulungspersonal; Berater

Querlaufend: Mitarbeiter im Projekt

Zunehmende Klarheit über Zielträger

Für das Ergebnis ist es nicht so wichtig, ob die Genannten in der „richtigen" Schicht angeordnet wurden. Viel wichtiger ist es, dass sie überhaupt bewusst als Zielträger wahrgenommen werden und dass ihre relative Bedeutung für das Projekt richtig eingeschätzt wird. Es wäre unrealistisch anzunehmen, dass dies gleich in einem ersten Schritt gelingt. Mit dem Projektfortschritt steigen die Kenntnisse über die Zielträger und über deren Interessenlage.

Repräsentanten der Stakeholder

Für jeden bedeutsamen Stakeholder ist zumindest ein Repräsentant zu bestimmen, der seine Interessenlage im Projekt vertritt. Dabei ist darauf zu achten, dass diese Repräsentanten fachlich und sozial kompetent sind und von den anderen Interessenvertretern auch respektiert und anerkannt werden – andernfalls dürften sie Mühe haben, die von ihnen vertretenen Interessen einzubringen beziehungsweise die Ergebnisse ihrer Gruppe zu „verkaufen".

Die ganz oder teilweise freigestellten Mitarbeiter im Projekt können aus allen Schichten der Zwiebel rekrutiert werden.

Selbstverständlich sind nicht alle Stakeholder gleich wichtig und haben nicht alle die gleiche Durchsetzungskraft. Es darf nicht übersehen werden, dass der Auftraggeber, also derjenige, der die Ressourcen für das Projekt bereitstellt, auch der zentrale Stakeholder ist. In dem Beispielprojekt könnte das für das Privatkundengeschäft zuständige Vorstandsmitglied die Rolle als Auftraggeber übernehmen. Er selbst oder ein von ihm autorisierter Lenkungsausschuss fällt alle Entscheidungen über den Fortgang des Projekts. Das bedeutet nun aber nicht, dass der Auftraggeber nach freiem Belieben seine eigenen Interessen durchsetzen und die Interessen der anderen übergehen kann. Um am Markt erfolgreich zu sein, muss er auch die Interessen der Kunden berücksichtigen. Um qualifizierte Mitarbeiter zu gewinnen und zu behalten, müssen die Interessen der Berater berücksichtigt werden. Um eine stabile IT-Infrastruktur zu erhalten, müssen die Interessen der Systementwickler berücksichtigt werden, um nur einige Beispiele zu erwähnen. Dennoch sollte man immer im Auge behalten, dass gegen den erklärten Willen des Auftraggebers „nichts läuft".

Auftraggeber ist stärkster Stakeholder

Handelt es sich in dem Projekt um die Entwicklung von Produkten für externe Kunden, wird es besonders wichtig sein, die Interessenlage aller potenziellen Kunden herauszufinden. Dann muss die Innensicht verlassen werden, um frühzeitig die Ziele und Anforderungen des Marktes zu ermitteln.

5.3.2 Systemdenken und Stakeholder

Zur Ermittlung der Zielträger kann auf das Systemdenken zurückgegriffen werden. Das Denken in Unter- und Teilsystemen ist ebenso hilfreich wie die Abgrenzung des Systems zur Systemumwelt. Wird das zu bearbeitende System durch seine Unter- und Teilsysteme definiert, kann davon ausgegangen werden, dass es für jedes Unter- oder Teilsystem einen oder mehrere „Repräsentanten" gibt, die als Stakeholder anzusehen sind. Gleiches gilt für die so genannten Umsysteme. Sie stehen definitionsgemäß in einer unmittelbaren Beziehung zu dem neu zu gestaltenden System und vertreten damit eigene Interessen an der Lösung. Auch hier sind die Interessenvertreter und deren relative Bedeutung zu ermitteln (siehe dazu Kapitel 3.3.3).

Stakeholder aus Unter- und Teilsystemen

> Bereits gefundene Stakeholder sind eine gute Informationsquelle, um weitere Zielträger, deren Interessen und deren relative Bedeutung für das Projekt herauszufinden. Es empfiehlt sich in jedem Fall, den Auftraggeber an der Auswahl der weiteren Stakeholder zu beteiligen und gemeinsam deren Gewicht einzuschätzen.

Tipp

5.3.3 Dokumentieren der Stakeholder

Der Projektverantwortliche sollte alle Stakeholder dokumentieren und dazu auch die wichtigsten Informationen festhalten. Diese Liste ist im Projektfortschritt laufend zu aktualisieren. Zu dem oben genannten Beispiel könnte der Zielträger „Kundenberater" etwa folgendermaßen dokumentiert werden, wie auf der folgenden Seite beschrieben.

Rolle Stakeholder	Kundenberater für alle Bankprodukte im Privatkundengeschäft
Beschreibung	Kennt das eigene Informationsbedürfnis und das der Kunden, hat Vorstellungen über die Benutzerschnittstelle und die Anforderungen der Anwender an das System
Vertreter	Gunter Schäuble, Tel. 4711, Email: gunter.schäuble.@bank.com Wird von seinen Kollegen als kompetenter und fairer Vertreter ihrer Interessen akzeptiert
Verfügbarkeit	Maximal 10 Stunden pro Monat
Wissensgebiete	Alle Produkte des Privatkundengeschäfts, alle bisherigen IT-Anwendungen für Berater sowie deren Vor- und Nachteile, Erwartungen und Forderungen der Kunden
Information/ Beteiligung	Laufende Information über Projektfortschritt, intensive Beteiligung bei der Ermittlung der Anwenderanforderungen

Zusammenfassung Die Stakeholder (VOC) und deren Interessen müssen frühzeitig erkannt werden. Das Schichtenmodell und das Systemdenken können zur Identifikation beitragen. Außerdem ist die relative Stärke der internen und externen Stakeholder abzuschätzen. Wichtige Merkmale der Stakeholder sollten dokumentiert werden.

5.4 Ermittlung der Ziele

Unter einem Ziel wird ein angestrebter Zustand, eine erwünschte Wirkung verstanden. Ziele beschreiben also zukünftige Ergebnisse, die durch bestimmte Maßnahmen oder Lösungen erreicht werden sollen. Hier werden Ziele behandelt, die im Rahmen betrieblicher Projekte angestrebt werden, so genannte Projektziele. Sie sollten mit den allgemeinen Unternehmenszielen verträglich sein, lassen sich aber nicht immer eindeutig aus den Unternehmenszielen ableiten.

Ziele vor Anforderungen Die Ziele für das Projekt sollten bekannt sein, ehe mit der Ermittlung der Anforderungen begonnen wird. Ziele beschreiben die übergeordneten Erwartungen an den Erfolg des Projekts. Jede einzelne Anforderung muss sich auf ein Ziel zurückführen lassen. Nur so kann sichergestellt werden, dass mit dem Projekt kein „Wunschkonzert" veranstaltet wird, sondern Ziele verfolgt werden, die vorher vom Auftraggeber autorisiert worden sind. Zu Beginn reicht es normalerweise aus, wenn die Ziele der wichtigsten Stakeholder ermittelt, strukturiert und vom Auftraggeber akzeptiert und möglichst gewichtet sind.

Ziele	Lösungen
Verringerung Durchlaufzeiten	⇒ Einsatz von Workflow-Software
Senkung Personalkosten	⇒ Outsourcing von Aufgaben
Transparenz	⇒ Einführung von Arbeitsanweisungen
Was soll erreicht werden?	⇒ Auf welchem Weg soll es erreicht werden?

Abb. 5.02: Ziele und Lösungen

Was und wie?

Nicht immer kann eindeutig entschieden werden, ob ein Ziel oder eine Lösung (Anforderung) vorliegt. Es ist zu beachten, dass mit zunehmender Detaillierung der Ziele diese auch immer lösungsnäher werden.

Ziele, die sich auf die Lösung selbst beziehen, werden als Systemziele bezeichnet (z.B. die fehlerfreie Auslieferung von Bestellungen). Daneben gibt es so genannte Vorgehensziele, die den Weg zur Lösung betreffen (z.B. schneller Abschluss des Projekts, geringe Kosten für das Projekt).

System- und Vorgehensziele

Von den Zielen sind Restriktionen zu unterscheiden. Restriktionen sind zwingende Vorgaben, die in verschiedenen Ausprägungen auftreten können. Gelegentlich werden diese Restriktionen auch als MUSS-Ziele bezeichnet.

	Restriktionen	
Richtung	Positiv – zwingende Forderung (z.B. Konzernrichtlinien sind einzuhalten)	Negativ – verbindliches Verbot (z.B. keine Eigenentwicklung von Software)
Quelle	Intern – Vorgaben durch Entscheider im Projekt	Extern – Vorgaben durch Stellen außerhalb des Projekts (z.B. Gesetze)

Abb. 5.03: Restriktionen oder MUSS-Ziele

Mit Zielen werden unterschiedliche Zwecke verfolgt, wie die folgende Übersicht zeigt (Abbildung 5.04).

Zwecksetzung	Beschreibung
Koordination	Projekte erfordern normalerweise die Zusammenarbeit mehrerer Beteiligter. Über Ziele soll gewährleistet werden, dass die Leistungen der Beteiligten zielorientiert erfolgen und aufeinander abgestimmt sind. Darüber hinaus soll durch Ziele auch die Koordination zwischen Projekten gefördert werden.
Steuerung	Die Steuerung von Projekten durch Entscheider wie auch die Steuerung innerhalb des Projekts durch den Projektleiter erfolgt auf der Basis von Zielen.
Anforderungen	Anforderungen müssen sich auf Ziele zurückführen lassen, nur dann kommen sie für das Projekt in Betracht. In der Regel lassen sich aus den Zielen auch konkrete Anforderungen ableiten.
Lösungssuche	Ziele stoßen die Suche nach Lösungen an, wenn der Ist-Zustand bzw. die bereits bekannten Varianten aus der Sicht der Ziele unbefriedigend sind (das wird auch als Value-Focused Thinking bezeichnet).
Bewertung/ Entscheidung	Ziele sind Kriterien für die Eignung von Lösungen. Zielkataloge oder Zielhierarchien ermöglichen Bewertungen von Lösungsvarianten (Prognose zukünftiger Wirkungen).
Messung	Ziele erlauben die Messung von Resultaten der Projektarbeit. So kann im Nachhinein überprüft werden, inwieweit angestrebte Ziele erreicht worden sind (Feststellung eingetretener Wirkungen).
Motivation	Sind die Ziele bekannt und realistisch gesetzt (nicht zu hoch und nicht zu niedrig), fördert dieses die Leistungsbereitschaft der Beteiligten.

Abb. 5.04: Was soll mit Zielen erreicht werden?

Im Rahmen organisatorischer Projekte werden normalerweise mehrere Ziele gleichzeitig angestrebt, die jedoch dem Auftragnehmer oft nicht oder zumindest nicht alle bekannt sind.

Das kann folgende Gründe haben:

- Der Auftraggeber ist sich über die Ziele selbst nicht im Klaren – er hat möglicherweise nur ein Störgefühl
- Der Auftraggeber hat relativ klare Vorstellungen über die Lösung, hat aber über die damit verfolgten Ziele noch nicht nachgedacht
- Der Auftraggeber hat klare Zielvorstellungen, die er jedoch dem Auftragnehmer nicht mitteilt, etwa weil er sie für selbstverständlich hält
- Neben dem Auftraggeber bringen noch andere Interessenten ihre Ziele in das Projekt ein, die zu Beginn noch nicht alle bekannt sind (siehe Abschnitt 5.3 Stakeholder).

Warum Ziele nicht auf dem Silberteller präsentiert werden

Eine Technik der Zielformulierung dient dazu

- möglichst frühzeitig die relevanten Ziele zu erkennen
- Ziele zu Zielsystemen zu ordnen
- Ziele klar und möglichst eindeutig zu formulieren
- die Maßstäbe für die Zielerreichung festzulegen (Operationalisierung)
- die Zielgewichtung zu unterstützen
- die Zielformulierung als einen Prozess zu verstehen, der ein Projekt begleitet.

Die Forderung, sich über das Ziel klar zu werden, ehe man sich auf den (Projekt-) Weg macht, ist trivial, und dennoch wird in der praktischen Arbeit immer wieder dagegen verstoßen. Oft haben die Beteiligten von Anfang an klare Vorstellungen über die geeignete Lösung, so dass es auszureichen scheint, im Nachhinein Ziele zu formulieren, die die Berechtigung dieser Lösung „beweisen".

Denken in Lösungen behindert Zielfindung

Sollen Ziele die oben genannten Zwecke erfüllen, sind einige Forderungen zu erfüllen (siehe Abbildung 5.05).

Anforderungen an Ziele	
Strategieverträglichkeit	Ziele dürfen der Strategie nicht widersprechen
Lösungsneutralität	Ziele müssen unterschiedliche Lösungen erlauben, sie dürfen nicht von vornherein nur eine Lösung zulassen
Redundanzfreiheit	Gleiche Ziele – auch wenn sie sich hinter unterschiedlichen Begriffen verbergen – sollen nicht mehrfach genannt werden
Widerspruchsfreiheit	Ziele dürfen sich nicht widersprechen, Zielkonkurrenzen sind jedoch nicht zu vermeiden
Realisierbarkeit	Ziele müssen im Rahmen des konkreten Projekts beeinflusst werden können (nicht unrealistisch sein oder außerhalb des Kompetenzbereichs des Projekts liegen)
Beurteilbarkeit	Ziele sind so zu formulieren, dass im Vorhinein bekannt ist, anhand welcher Kriterien die Zielerreichung gemessen werden soll (Operationalisierung)
Vollständigkeit	Alle Ziele mit einem nennenswerten Gewicht sollten bekannt sein (zu viele Ziele können allerdings den Blick für das Wesentliche verstellen)
Relevanz	Ziele müssen für die jeweilige Fragestellung (z.B. ein Teilprojekt) maßgeschneidert sein
Aktualität	Ziele sind permanent an die aktuelle Situation und den aktuellen Wissensstand anzupassen

Abb. 5.05: Anforderungen an Ziele

Zusammenfassung Ziele beschreiben angestrebte Wirkungen oder Zustände. Die Zielfindungstechnik (Zielformulierung) soll helfen, Ziele zu erkennen, zu ordnen, zu präzisieren und die Gewichtung zu unterstützen.

5.4.1 Einordnung in den Projektablauf

Die Technik der Zielfindung (Zielformulierung) hat ihre größte Bedeutung beim Start und in den ersten Planungsphasen eines Projekts. Da Aufträge normalerweise nicht so aussagefähig sind, wie sie für den Auftragnehmer sein müssten, und da es praxisfern wäre, einfach vollständige Projektaufträge zu fordern, muss der Auftragnehmer sich selbst darum kümmern. Ziele sind somit – wie auch die übrigen Bestandteile eines Projektauftrags – eine Holschuld des Projektleiters.

Die Zielformulierung ist ein Prozess, der die Projektarbeit begleitet. In jeder Phase werden

Kontinuierliche Weiterentwicklung der Ziele

- Ziele ergänzt oder eliminiert
- Ziele präzisiert oder detailliert
- neue Zielkataloge für die nächste Projektphase vereinbart.

Die Zielformulierung findet in allen Planungsphasen und in den folgenden Schritten des Planungszyklus statt:

- Auftrag (Vereinbarung von Zielen mit dem Auftraggeber)
- Anforderungsermittlung (aus Stärken und Schwächen, Risiken und Chancen werden Ziele abgeleitet, konkrete Anforderungen können Hinweise auf übergeordnete Ziele geben)
- Lösungsentwurf (Leistungsmerkmale von Lösungen, deren Stärken und Schwächen können weitere Hinweise auf Ziele geben)
- Bewertung und Auswahl (Ziele dienen als Kriterien der Bewertung).

Phase	Zyklus	Aktivität zur Zielformulierung
Anstoß	Auftragsbestandteile klären	Ziel ermitteln und abstimmen
Vorstudie	Auftrag	Ziele
	Erhebung / Analyse	
	Anforderungsermittlung	Weitere Ziele aus Anforderungen, Stärken / Schwächen, Chancen / Risiken ableiten
	Lösungsentwurf	aus Lösungen Ziele ableiten
	Bewertung	Ziele zur Bewertung aufbereiten
	Auswahl	Ziele Auftrag Hauptst. abstimmen
Hauptstudie	Auftrag	Ziele
	Erhebung / Analyse	
	Anforderungsermittlung	Ziele überarbeiten - für Unter- und Teilsysteme detaillieren / ergänzen / präzisieren
	Lösungsentwurf	aus Lösungen Ziele ableiten
	Bewertung	Ziele zur Bewertung aufbereiten
	Auswahl	Ziele Auftrag Teilstudien abstimmen
Teilstudien	Auftrag	Ziele
	Erhebung / Analyse	
	Anforderungsermittlung	Ziele für Unter- und Teilsysteme weiter präzisieren / detaillieren / ergänzen
	Lösungsentwurf	aus Lösungen Ziele ableiten
	Bewertung	Ziele zur Bewertung aufbereiten
	Auswahl	Ziele Auftrag Systembau abstimmen

Abb. 5.06: Einordnung der Zielfindung und Bewertung in die Projektphasen

Techniken der Auftragserteilung

Zusammenfassung
Die Zielfindung begleitet die Projektarbeit. Ziele werden mit dem Projektfortschritt zunehmend detailliert und mit dem jeweiligen Planungsfortschritt konkretisiert.

5.4.2 Zielfindung

5.4.2.1 Übersicht

Zum Prozess der Zielfindung gehören folgende Schritte (siehe Abb. 5.07). Sie werden hier im Einzelnen vorgestellt.

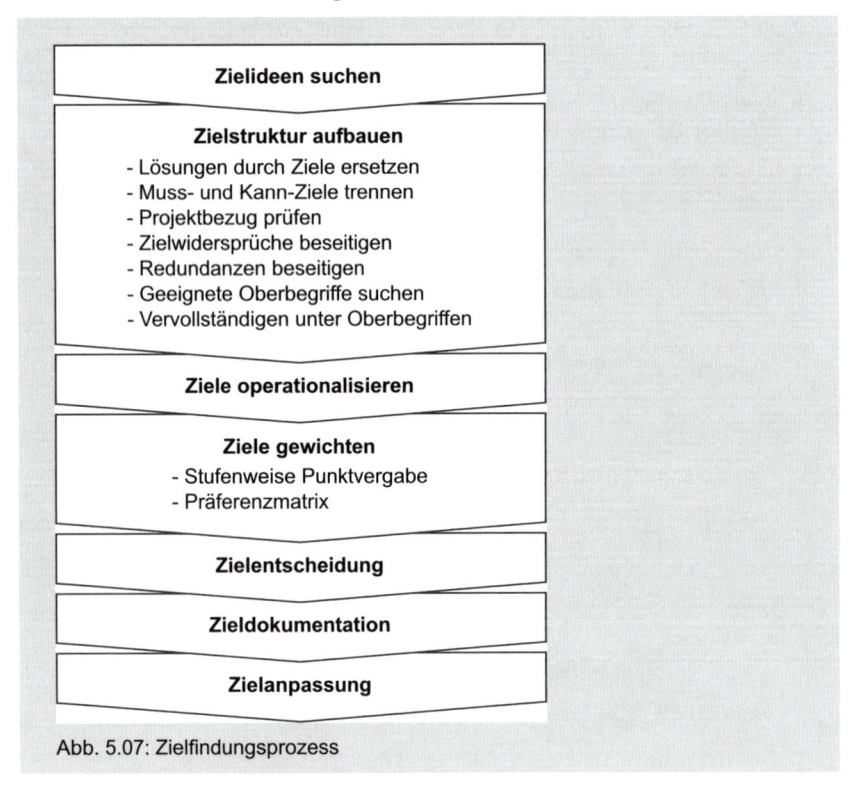

```
Zielideen suchen

Zielstruktur aufbauen
- Lösungen durch Ziele ersetzen
- Muss- und Kann-Ziele trennen
- Projektbezug prüfen
- Zielwidersprüche beseitigen
- Redundanzen beseitigen
- Geeignete Oberbegriffe suchen
- Vervollständigen unter Oberbegriffen

Ziele operationalisieren

Ziele gewichten
- Stufenweise Punktvergabe
- Präferenzmatrix

Zielentscheidung

Zieldokumentation

Zielanpassung
```

Abb. 5.07: Zielfindungsprozess

5.4.2.2 Zielideen suchen

Unterschiedliche Interessen zeigen sich in widersprüchlichen Zielen

Im Abschnitt 5.3 wurde bereits dargestellt, dass die unterschiedlichsten Stakeholder (Zielträger) ihre eigenen Zielvorstellungen in betriebliche Projekte einbringen. Dass diese Ziele normalerweise nicht deckungsgleich sind, sich teilweise sogar widersprechen, zeigt die Lebenserfahrung. Nicht umsonst gibt es für bestimmte Zielträger sogar formalisierte Interessenvertretungen, die dafür sorgen sollen, dass die Ziele ihrer Gruppe nicht zu kurz kommen (z.B.

Arbeitnehmervertreter). Wenn wirklich „alle in einem Boot sitzen" oder „alle an einem Strang ziehen" würden, käme es nicht zu den ständigen Interessenkonflikten, die den betrieblichen Alltag kennzeichnen.

Gerade die Organisationsarbeit aber auch alle anderen betrieblichen Projekte liegen mitten im Spannungsfeld dieser Interessen. Da unmöglich alle Betroffenen in allen Belangen ihre Ziele realisieren können, ist Projektarbeit die Kunst des Möglichen – es muss ein Ausgleich gefunden werden, indem die jeweilige Situation und damit auch die Macht der Träger von Zielen berücksichtigt wird.

Interessenkonflikte oft in Projekten ausgetragen

Auch wenn nicht alle Ziele gleichzeitig erreicht werden können, ist es für die Auftragnehmer wichtig, die Ziele aller Interessengruppen zu kennen. Nur wenn die Ziele bekannt sind, können

- Wege der Zielerreichung (konkrete Anforderungen und geeignete Lösungen) gesucht und beurteilt werden
- Begründungen geliefert werden, warum einzelne Interessen zurücktreten mussten
- adressatengerechte Argumente beim Verkauf der Lösungen gefunden werden (der Köder – das Argument – muss dem Fisch und nicht dem Angler schmecken).

Theoretisch wäre es am einfachsten, alle relevanten Stakeholder ausfindig zu machen und deren Ziele etwa durch Befragungen oder Workshops zu erheben. Dieser Weg ist aber nicht immer ratsam, da gerade die erste Phase eines Projekts – die so genannte Vorstudie – auch der Frage gewidmet wird, ob dieses Projekt überhaupt weiter verfolgt werden soll. Würde der Auftraggeber nach der Vorstudie zu dem Ergebnis kommen, dieses Vorhaben nicht weiter zu verfolgen und wären alle möglichen Interessenten an dem Projekt jedoch schon gefragt worden, so wären deren Enttäuschungen und Irritationen unvermeidlich. Deswegen kann es ganz zu Beginn eines Projekts sinnvoll sein, erst einmal gedanklich – sozusagen am Schreibtisch – sich über die wichtigsten Zielträger Gedanken zu machen und deren vermutliche Zielvorstellungen zu erarbeiten und dann mit dem Auftraggeber abzustimmen. Wird das Projekt dann nach der Vorstudie fortgesetzt, werden alle infrage kommenden Stakeholder und deren Ziele ermittelt. Der zunächst hypothetisch erarbeitete Zielkatalog müsste dann entsprechend angepasst werden.

Zu Beginn besser Ableitung als Befragung

Bei nahezu allen betrieblichen Vorhaben gibt es folgende Zielträger (Zielträgergruppen) (Abbildung 5.08):

- Geschäftsführung/oberes Management als Repräsentant der Unternehmensziele
- Leitende Vertreter der/des betroffenen Bereiche(s) (Abteilungsverantwortliche), hier findet sich oft auch der Auftraggeber

Zielträger für die gedankliche Ableitung der Ziele

- Unmittelbar betroffene Mitarbeiter (Betroffene, die mit der Lösung arbeiten müssen)
- Interne oder externe Kunden der betroffenen Bereiche.

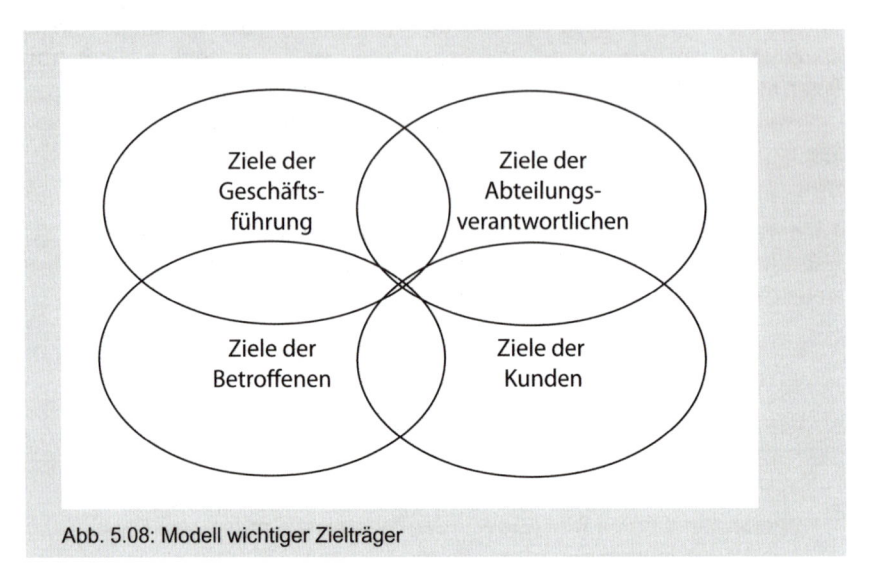

[Abbildung: Vier sich überlappende Ellipsen mit den Beschriftungen "Ziele der Geschäftsführung", "Ziele der Abteilungsverantwortlichen", "Ziele der Betroffenen", "Ziele der Kunden"]

Abb. 5.08: Modell wichtiger Zielträger

Wie schon erwähnt, können viele andere Stakeholder ihre Ziele in Projekte einbringen. Für eine erste grobe Näherung reicht es jedoch normalerweise aus, sich mit den vier erstgenannten Zielträgern auseinanderzusetzen, da sie die Mehrzahl der wichtigen Ziele vertreten.

Ziele am grünen Tisch erarbeiten

Um frühzeitig – und ohne gezielte Befragung der Stakeholder – die für das anstehende Projekt bedeutsamen Ziele zu ermitteln, empfiehlt es sich

- durch ein Brainstorming ungeordnet zu sammeln und
- sich dabei gedanklich in die Interessenlage der Zielträger zu versetzen.

Hier soll wiederum das Beispiel zugrunde gelegt werden, in dem es darum geht, Freiräume für Kundenberater einer Bank zu schaffen, indem sie besser durch IT-Lösungen und durch den so genannten Marktfolgebereich unterstützt werden.

Beispiel

Zur Auftragsabstimmung bei dem obigen Projekt hat der Projektleiter mit Hilfe des Zielträgermodells folgende Ziele (Abbildung 5.09) erarbeitet:

Ziele analysieren und Zielstruktur aufbauen

Beispiel

Ziele der Geschäftsführung	Ziele Geschäftsstellenleiter
■ Kosten senken ■ Marktanteile steigern ■ Kunden binden ■ Unabhängigkeit von einzelnen Beratern ■ Kein zusätzliches Personal ■ Kein Outsourcing des Vertriebs ■ Schnelle Abwicklung des Projekts ■ Einhaltung des Budgets ■ Zentralisation vermögender Privatkunden	■ Mehr Personal ■ Qualifizierte Mitarbeiter ■ Schnelle Abwicklung ■ Transparente Lösung ■ Gute Kundenkenntnis beim Berater ■ Chancengleichheit der Berater ■ Betroffene beteiligen
Ziele der Mitarbeiter	**Ziele der Kunden**
■ Gute Ausbildung in den Produkten ■ Gleichmäßiger Arbeitsanfall ■ Anspruchsvolle Aufgaben ■ Gute Bezahlung ■ Gute IT-Unterstützung ■ Einfache Handhabung	■ Schnelle Abwicklung ■ Hochwertige Beratung ■ Eindeutige Ansprechpartner ■ Kurze Wege ■ Schnelle Entscheidungen ■ Niedrige Preise

Abb. 5.09: Beispiele für Ziele unterschiedlicher Zielträger

In der frühen Phase eines Projekts sollte die Zahl der Ziele begrenzt werden, da es normalerweise einige wenige wichtige Ziele sind, die darüber entscheiden, ob ein Projekt fortgeführt wird oder nicht. Pragmatisch können 15-20 Ziele als Obergrenze angesehen werden. Als Vorarbeit für die Ermittlung der Anforderungen kann es jedoch durchaus sinnvoll sein, alle überhaupt erkannten Zielvorstellungen zu erfassen, um sie dann später zu verdichten und zu bereinigen.

Zusammenfassung

In betrieblichen Projekten werden durch verschiedene Interessenten die unterschiedlichsten Ziele verfolgt. Wird zu Beginn eines Projekts auf eine Erhebung der Ziele verzichtet, empfiehlt es sich, gedanklich die Position wichtiger Stakeholder einzunehmen und mit Hilfe eines Brainstorming deren mögliche Ziele zu sammeln.

5.4.2.3 Ziele analysieren und Zielstruktur aufbauen

Die hypothetisch erarbeiteten oder auch durch Befragungen ermittelten Ziele sind in einem nächsten Schritt zu analysieren und zu einer Zielstruktur zu verdichten. Zur Analyse und Strukturierung gehören:

Techniken der Auftragserteilung

Analyse von Zielen

- Lösungen durch Ziele ersetzen
- Restriktionen und Ziele trennen
- Projektbezug prüfen
- Zielwidersprüche beseitigen
- Redundanzen beseitigen
- Geeignete Oberbegriffe suchen
- Vervollständigen unter den Oberbegriffen.

Lösungen durch Ziele ersetzen

Lösungen verstellen den Blick auf die Ziele

Oft werden in Zielkatalogen bereits Lösungen anstelle von Zielen genannt. Die Aussage Zentralisation vermögender Privatkunden ist eine Lösung. Wenn der Auftraggeber diese Zentralisation unbedingt haben will, ist sie als Restriktion aufzunehmen. Andernfalls ist zu prüfen, welche Ziele hinter dieser Lösung stehen – z.B. gute Produktkenntnis oder gute Kundenkenntnis. Es lässt sich allerdings nicht immer eine eindeutige Grenze zwischen Lösungen und Zielen ziehen. In allen Fällen jedoch, wo eine bestimmte Wirkung auf verschiedenen Wegen erreicht werden kann, sollte immer die gewünschte Wirkung – das Ziel – und nicht die Lösung genannt werden.

Restriktionen und Ziele trennen

Bedeutung von Restriktionen bewusst machen

Restriktionen sind K.O.-Kriterien für ein Projekt. Es wurde oben bereits erwähnt, dass Restriktionen Grenzen für das Projekt beschreiben. Wenn also eine Variante auch nur eine Restriktion nicht erfüllt, ist diese Variante nicht zulässig und damit zu eliminieren. Oft verwechseln Stakeholder Ziele mit Restriktionen. Das ist dann den Zielträgern bewusst zu machen. Manche Restriktionen sind zwar einerseits K.O.-Kriterien, andererseits können sie gleichzeitig eine Ober- oder Untergrenze eines so genannten dimensionalen Zieles bilden. Beispiel: Die Investitionskosten dürfen nicht höher sein als X Geldeinheiten. Damit fallen alle Varianten heraus, die höhere Investitionskosten verlangen. Alle Varianten, die diese Restriktionen einhalten, unterscheiden sich aber möglicherweise deutlich in ihren Investitionskosten. Dann werden die Investitionskosten nicht nur eine Restriktion, sondern gleichzeitig ein dimensionales Wunsch-Ziel (je niedriger desto besser) sein.

Kann-Ziele gewichten und zu einer Zielstruktur verdichten

Alle Ziele, die keine Restriktionen darstellen, sind somit Wunsch-Ziele (Kann-Ziele). Entweder wird eine möglichst gute Zielerreichung angestrebt „schnelle Abwicklung" oder es wird ein Ja/Nein-Ziel als wünschenswert (nice to have) genannt wie z.B. „Einsatz vorhandener Mitarbeiter". In diesem Fall sind Lösungen – zwar nicht erwünscht, aber – zulässig, in denen die Leistung durch andere als die bereits vorhandenen Mitarbeiter erbracht wird. Die Kann-Ziele müssen gewichtet werden, um ihre relative Bedeutung bei der Entscheidung

Ziele analysieren und Zielstruktur aufbauen | 183

berücksichtigen zu können. Dazu werden unten zwei Verfahren der Gewichtung vorgestellt.

Nur die Wunsch-Ziele werden zu einer Zielstruktur – auch als Zielhierarchie bezeichnet – verdichtet. Die Restriktionen werden getrennt aufgeführt, um ihren Stellenwert als K.O.-Kriterien zu verdeutlichen. Somit können folgende Fälle unterschieden werden (Abbildung 5.10):

Zielarten	Restriktionen (K.O.-Kriterien)		Ziele (Wunsch-Ziele)	
	Es gibt nur erfüllt oder nicht erfüllt (Ja/Nein)	Ober- oder Untergrenze eines (dimensionalen) Zieles	Dimensionales Ziel (mehr oder weniger gut erreichbar)	Ja/Nein-Ziel (es gibt nur erfüllt oder nicht erfüllt)
Beispiel	Unterstützung muss intern erfolgen	Keine Erhöhung der Personalkosten (wenn dieses Ziel erfüllt ist, kann es gleichzeitig noch ein dimensionales Ziel sein)	Möglichst niedrige Personalkosten	Einsatz vorhandener Mitarbeiter
Gewichtung	Nein		Ja	
Regel	Ziele nicht in Zielstruktur aufnehmen		Ziele zur Zielstruktur verdichten/ ausbauen	

Abb. 5.10: Zielarten

Projektbezug prüfen

Aus der Zielsammlung sind solche Ziele zu streichen, die zwar durchaus gültig sein können, die aber im Rahmen des anstehenden Projekts nicht erreicht bzw. nicht beeinflusst werden können. In der Zielsammlung wurde „niedrige Preise" als Ziel der Kunden bezeichnet. Das ist ohne Frage deren Ziel, das allerdings im Rahmen des Projekts nicht erreicht werden kann. Die Entscheidung für die Höhe der Preise fällt nicht in dem Projekt. Bestenfalls ist ein indirekter Bezug denkbar, indem darauf geachtet wird, dass insgesamt niedrige Kosten anfallen, so dass damit eine Grundlage für niedrige Preise gelegt wird.

Nur Ziele aufnehmen, die durch Projekt erreicht werden können

Zielwidersprüche beseitigen

Zielwiderspruch – eins wird gewinnen

Wenn in einer Zielsammlung einander widersprechende Ziele auftreten – wird ein Ziel erreicht, verhindert es die Erreichung des anderen Zieles – dann ist dieser Widerspruch vor der anschließenden Strukturierung zu beseitigen, d.h. eines der sich widersprechenden Ziele ist zu streichen oder aber als limitierende Restriktion zu formulieren. So widersprechen sich das Ziel „Senkung der Kosten" und „Mehr Personal". Dieser Widerspruch lässt sich beispielsweise auflösen, indem das Ziel „Senkung der Kosten" durch die Restriktion „Keine Erhöhung der Personalkosten" oder „Personalkosten maximal x" ersetzt wird. Das Ziel „Mehr Personal" ist dann zu ersetzen durch „Ausreichend Personal".

Redundanzen beseitigen

Redundanzen gefährden transparente Gewichtung

Wird das gleiche Ziel mehrfach genannt, sollte diese Mehrfachnennung (Redundanz) beseitigt werden. Andernfalls besteht die Gefahr, dass dieses Ziel insgesamt zu stark gewichtet – weil zu oft berücksichtigt – wird. Diese Bereinigung ist insofern nicht immer ganz einfach, als sich häufig hinter sehr unterschiedlichen Begriffen letztlich die gleichen Inhalte verbergen. So sind die Ziele „hochwertige Beratung" und „qualifizierte Mitarbeiter" redundant.

Geeignete Oberbegriffe suchen

Stakeholder sind ungeeignete Oberbegriffe für Zielhierarchie

Die Ziele sind dann zu einer Zielstruktur (Zielhierarchie) zu verdichten. Dabei sollten die Zielträger möglichst nicht als Oberbegriffe verwendet werden, weil sonst unweigerlich Diskussionen darüber entstehen, wem ein Ziel „wirklich" zuzurechnen ist. Eine Ausnahme wird häufig bei dem Zielträger Betroffene Mitarbeiter (Anwender) gemacht. Unter dem Oberbegriff Personelle Ziele oder Anwender-Ziele werden die Ziele der Benutzer aufgeführt, weil die Akzeptanz organisatorischer Lösungen in der Regel entscheidend davon abhängt, inwieweit die Ziele dieser Zielträger erreicht wurden.

Typische Oberziele in organisatorischen oder sonstigen betrieblichen Projekten sind beispielsweise:

Systemziele			Vorgehensziele
Wirtschaftlichkeitsziele	Leistungsziele	Mitarbeiterziele	
z.B. Investitionskosten, laufende Kosten	z.B. kurze Bearbeitungszeiten	z.B. attraktive Aufgaben	z.B. schnelle Abwicklung des Projekts

Abb. 5.11: Beispiele für Oberziele

Ziele analysieren und Zielstruktur aufbauen

Die hier verwendete Unterscheidung von Systemzielen und Vorgehenszielen weist auf einen wichtigen Unterschied hin. Systemziele sind Ziele, die mit der eigentlichen Lösung angestrebt werden. Sie dienen gleichzeitig als Kriterien zur Beurteilung von Lösungen. Bei Vorgehenszielen handelt es sich demgegenüber um Ziele, die nur während der Laufzeit des Projekts gültig und mit dem Abschluss des Projekts erledigt sind. Vorgehensziele eignen sich deswegen normalerweise nicht zur Auswahl einer geeigneten Lösung.

Systemziele und Vorgehensziele unterscheiden

Vervollständigen unter den Oberbegriffen

Nachdem geeignete Oberziele (Oberbegriffe) gefunden und die Ziele den Oberbegriffen zugeordnet wurden, sollten die Oberziele darauf hin untersucht werden, ob weitere Unterziele für das anstehende Projekt relevant sein könnten, die in der Sammlung nach den Zielträgern noch nicht erkannt wurden. So wird beispielsweise das Ziel „Niedrige Investitionskosten" ergänzt, nachdem der Oberbegriff „Wirtschaftlichkeitsziele" eingeführt wurde.

Aufgrund der Zielanalyse und Zielstrukturierung (-ergänzung) ergibt sich für das Beispiel die folgende Zielhierarchie (Zielstruktur):

Reorganisation Vertrieb			
Wirtschaftlichkeitsziele	Leistungsziele	Mitarbeiterziele (Anwenderziele)	Vorgehensziele

■ Niedrige Kosten
■ Investitionskosten
  - Personal
  - Bau/Einrichtung
■ Laufende Personalkosten
	■ Qualifizierte Berater
	  - Gute Produktkenntnisse
	  - Gute Kundenkenntnisse
	■ Eindeutige Ansprechpartner
	■ Kurze Wege für Kunden
	■ Schnelle Bearbeitung
	  - Geringe Wartezeit
	  - Schnelle Abwicklung
	■ Transparente Lösung
		■ Anspruchsvolle Aufgaben
		■ Chancengleichheit der Mitarbeiter
		■ Gleichmäßiger Arbeitsanfall
		■ Einfache Handhabung
			■ Schnelle Abwicklung des Projekts
			■ Betroffene beteiligen (akzeptiertes Vorgehen)

Abb. 5.12: Beispiel für eine Zielhierarchie

Zusätzlich sind folgende Restriktionen zu beachten:

- Kein zusätzliches Personal
- Kein Outsourcing
- Budgeteinhaltung.

Zusammenfassung

> Die gesammelten Ziele sind zu analysieren und zu strukturieren. Dazu werden Lösungen auf ihre Ziele zurückgeführt, Restriktionen und Ziele werden getrennt, Ziele, die sich durch das Projekt nicht erreichen lassen, werden ebenso wie Zielwidersprüche und Redundanzen beseitigt, für die Ziele werden gemeinsame Oberbegriffe gesucht und schließlich werden die Ziele unter den Oberbegriffen vervollständigt.

5.4.2.4 Ziele operationalisieren

Eindeutige Kriterien für die Zielerreichung

Ziele sollten möglichst eindeutig formuliert werden, um Missverständnisse zwischen Auftraggebern und Planern zu vermeiden. Ziele müssen normalerweise durch ergänzende Hinweise

Maßstäbe für die Zielerreichung = Kriterien

eindeutig gemacht werden. Wenn Ziele durch Kriterien verdeutlicht werden, spricht man von der Operationalisierung von Zielen. Neben dem Zielinhalt (z.B. Personalkosten) muss die Zielausprägung (welchen Zustand soll das Ziel annehmen, wie viel soll erreicht oder vermieden werden?) genannt werden.

Zur Zielausprägung gehören

- Zieleigenschaft (z.B. Gesamtkosten für einen Mitarbeiter incl. Sozialabgaben ohne Arbeitsplatzkosten)
- Zielmaßstab (z.B. Geldeinheiten wie €, CHF, US $)
- Zielausmaß (z.B. möglichst niedrig, nicht mehr als etc.).

Beispiele für die Operationalisierung von Zielen	
Ziel	Maßstab
■ Niedrige Personalkosten	■ Gehälter und Gehaltsnebenkosten pro Jahr für alle Mitarbeiter, die im Marktbereich und im Marktfolgebereich tätig sind
■ Kurze Durchlaufzeiten	■ Durchschnittliche Laufzeit eines Kundenauftrags vom Kunden zum Kunden gemessen in Stunden
■ Anspruchsvolle Aufgaben	■ Anzahl unterschiedlicher Aufgaben in einer Stelle

Bei der Auswahl der Maßstäbe für die Operationalisierung ist zu beachten, dass sinnvolle Vorhersagen (Prognosen) etwa auf der Basis von eigenen oder fremden Erfahrungen gemacht werden können. Die Maßstäbe sollen helfen, aus mehreren Varianten die geeignete herauszufinden. Dazu können nicht alle Varianten eingeführt und „ausprobiert" werden. Diese Forderung erschwert die Auswahl geeigneter Maßstäbe.

Maßstäbe müssen Prognosen erlauben

Je nach Zielart ist unter Umständen auch noch die

- Zielzeit (z.B. Umsatz pro Monat) anzugeben.

Einige Ziele sind schwer oder gar nicht operationalisierbar, wie z.B. die Ziele „Transparente Lösung" oder „Chancengleichheit der Mitarbeiter". Dennoch sollte man solche Ziele aufnehmen, wenn sie tatsächlich angestrebt werden. Man muss sich dann aber dessen bewusst sein, dass es große Auffassungsunterschiede darüber geben kann, ob und in welchem Umfang solche Ziele erreicht werden.

> Ziele sollen soweit möglich und sinnvoll operationalisiert werden, indem der Zielinhalt und die Zielausprägung (Zieleigenschaft, -maßstab und -ausmaß) angegeben werden. Dabei ist zu beachten, dass der Maßstab Prognosen zulassen muss.

Zusammenfassung

5.4.2.5 Zielgewichtung

Kann-Ziele haben nicht alle den gleichen Stellenwert, die gleiche Bedeutung. Diese unterschiedliche Bedeutung der Ziele wird durch die Gewichtung ausgedrückt. Dabei ist zu beachten:

- Zu Beginn eines Projekts reicht es normalerweise aus, die Ziele mit „hoch", „mittel" oder „niedrig" zu bewerten. Eine quantifizierte Gewichtung erfolgt sinnvollerweise erst nach dem Lösungsentwurf im Zusammenhang mit der Bewertung der Lösungen. Bereits zu Beginn sollten aber die aus der Sicht des Auftraggebers „gewichtigsten" Ziele bekannt sein
- Die Gewichtung ist ein subjektiver Vorgang, der auch durch das beste Verfahren nicht objektiviert werden kann. Die Gewichtung hängt immer von der individuellen Interessenlage desjenigen ab, der gewichtet
- Das „letzte Wort" bei der Gewichtung hat der Entscheider (der Auftraggeber) im Projekt.

Gewichtung zeigt Bedeutung eines Zieles

Zur Zielgewichtung können zwei Verfahren eingesetzt werden:
- Stufenweise Gewichtung
- Präferenzmatrix.

Techniken der Auftragserteilung

Stufenweise Vergabe von Gewichtspunkten

Verteilung der Punkte von oben nach unten

Bei der stufenweisen Gewichtung wird von einem begrenzten Punktvorrat – normalerweise 100 – ausgegangen. Dadurch wird die Möglichkeit begrenzt, alle Ziele als wichtig zu qualifizieren – werden einige Ziele hoch gewichtet, „fehlen" die Punkte bei den weniger wichtigen. Die 100 Punkte werden dann auf die erste Zerlegungsstufe verteilt. In einem nächsten Schritt werden die verbliebenen Punkte je Oberziel auf die darunter stehenden Ziele verteilt – je nach Gliederungstiefe, evtl. in mehreren Schritten. Das Ergebnis kann dann folgendermaßen aussehen:

Reorganisation Vertrieb		
Wirtschaftlichkeitsziele $G = 30$	**Leistungsziele** $G = 50$	**Mitarbeiter-/Anwenderziele** $G = 20$

■ Niedrige Kosten
■ Investitionskosten $/G = 10$
  - Personal $/G = 5$
  - Bau/Einrichtung $/G = 5$
■ Laufende Personalkosten $/G = 20$
	■ Qualifizierte Berater $/G = 35$
	  - Gute Produktkenntnisse $/G = 15$
	  - Gute Kundenkenntnisse $/G = 20$
	■ Eindeutige Ansprechpartner $/G = 5$
	■ Kurze Wege für Kunden $/G = 3$
	■ Schnelle Bearbeitung $/G = 5$
	  - Geringe Wartezeit $/G = 3$
	  - Schnelle Abwicklung $/G = 2$
	■ Transparente Lösung $/G = 2$
		■ Anspruchsvolle Aufgaben $/G = 10$
		■ Chancengleichheit der Mitarbeiter $/G = 5$
		■ Gleichmäßiger Arbeitsanfall $/G = 5$

Abb. 5.13: Stufenweise Gewichtung von Zielen

Die stufenweise Gewichtung hat verschiedene Vor- und Nachteile.

Stufenweise Gewichtung	
Vorteile	Nachteile
■ Einfache Handhabung ■ Hohe Transparenz des Verfahrens	■ Bei einer größeren Anzahl von Zielen ist das Urteilsvermögen schnell überfordert, insbesondere was die Abhängigkeiten der Ziele betrifft (wichtiger als, weniger wichtig als....) ■ Es sind frühzeitige, bewusste Weichenstellungen leicht möglich, da das Verfahren sehr „durchsichtig" ist.

Präferenzmatrix

In der Präferenzmatrix wird jedes Ziel mit jedem anderen verglichen. Es werden die Ziele ermittelt, die im jeweiligen Paarvergleich bevorzugt (präferiert) werden. Je öfter ein Ziel im direkten Vergleich „gewinnt", desto wichtiger ist es relativ zu den anderen Zielen.

Paarvergleiche jedes Zieles mit jedem

Die Gewichtung mit Hilfe der Präferenzmatrix läuft in folgenden Schritten ab:

1. Entscheidung für die Ebene, auf der gewichtet werden soll (häufig die zweite oder dritte Ebene der Zielhierarchie). Große Unterschiede in der gewählten Ebene bei den verschiedenen Ästen einer Zielhierarchie sollten vermieden werden.
2. Die Ziele der gewählten Zerlegungsstufe (somit ohne die jeweiligen Oberbegriffe) werden in die Präferenzmatrix eingetragen und alphabetisch (a, b, c usw.) aufsteigend gekennzeichnet.
3. Jedes Ziel wird mit jedem anderen verglichen. Im Schnittfeld der beiden betrachteten Ziele wird dann der „Gewinner", das präferierte Ziel mit der alphabetischen Kurzbezeichnung eingetragen. Hier können auch unsinnig erscheinende Vergleiche auftauchen. Das ist insofern unschädlich, als es um die Tendenz geht, nicht um die Ermittlung eines einzig richtigen, präzisen Wertes.
4. Nachdem alle Ziele bewertet wurden, wird in der Matrix ausgezählt, welches Ziel wie oft gewonnen hat.

5. Diese Zahl wird dann in die Spalte m (Zahl der Nennungen) eingetragen. Nach der Formel N = n * (n-1)/2 gibt es insgesamt 13 * (13 - 1)/2 = 78 direkte Vergleiche.
6. Nach der Formel A = m * 100/N (N = Zahl der Vergleiche insgesamt) wird dann der prozentuale Anteil der „Gewinne" ermittelt, so dass sich wie bei der stufenweisen Gewichtung wieder ein Gesamtgewicht von 100 ergibt. Diese Werte werden in die Spalte % eingetragen.
7. Da bei jedem direkten Vergleich die Aussage immer zu 100% zu Gunsten des Gewinners ausgeht (wenn z. B. nur 2 Ziele vorhanden sind, hat ein Ziel ein Gewicht von 100 und das andere von 0), da das Verfahren also nicht erlaubt, hier zu differenzieren, ist es in einem weiteren Schritt zulässig und auch üblich, die Gewichtung noch einmal zu verändern. Dabei sollte allerdings die Rangfolge der Ziele nicht beeinflusst werden. Die veränderte Gewichtung kann dann in der Spalte „Gewicht" eingetragen werden.

Die Präferenzmatrix für das Beispiel kann dann wie folgt aussehen:

Modifiz. Gewichte	%-Anteile	Zahl der Nennungen		Ziele
5	6,4	5	a	Niedrige Investitionskosten Personal
4	3,8	3	b	Niedrige Investitionskosten Bau
10	11,5	9	c	Niedrige lfde. Personalkosten
15	14,1	11	d	Gute Produktkenntnis
22	15,4	12	e	Gute Kundenkenntnis
12	12,8	10	f	Eindeutige Ansprechpartner
4	5,1	4	g	Kurze Wege
7	9,0	7	h	Geringe Wartezeit
3	2,6	2	i	Schnelle Abwicklung
2	1,3	1	k	Transparente Lösung
9	10,3	8	l	Anspruchsvolle Aufgaben
6	7,7	6	m	Chancengleichheit Mitarbeiter
1	0	0	n	Gleichmäßiger Arbeitsanfall
			o	
			p	
			q	
			r	
			s	
			t	
			u	
			v	
			w	
			x	
			y	
			z	
100	100	78		

Abb. 5.14: Präferenzmatrix

Die Präferenzmatrix hat folgende Vor- und Nachteile:

Präferenzmatrix	
Vorteile	**Nachteile**
■ Weitergehende Auseinandersetzung mit den Zielen – man steigt gedanklich tiefer ein ■ Die Einzelvergleiche erschweren den Überblick und behindern frühzeitige bewusste Weichenstellungen.	■ Aufwändiger als die stufenweise Vergabe von Gesichtspunkten ■ Das Verfahren ist einem Dritten gegenüber erklärungsbedürftig.

Die Gewichte kennzeichnen die Bedeutung von Zielen. Sie können freihändig vergeben werden, indem stufenweise der Vorrat von 100 Punkten verteilt wird. Der Gefahr einer relativ leichten Manipulation kann mit der Präferenzmatrix begegnet werden, die weniger transparent ist und dazu zwingt, jedes Ziel mit jedem anderen zu vergleichen.

Zusammenfassung

5.4.2.6 Zielentscheidung, Zieldokumentation und Zielanpassung

Da die Auftragnehmer organisatorischer Projekte normalerweise nicht selbst entscheiden können, welche Ziele mit welcher Gewichtung in einem Projekt berücksichtigt werden sollen, ist eine Entscheidung bei denjenigen einzuholen, die dazu autorisiert sind. Diese Zielentscheidung sollte auch schriftlich festgehalten werden. Das ist insbesondere deswegen wichtig, weil sich oftmals im Verlaufe eines Projekts die Vorstellungen und damit auch die Ziele wandeln. Die Zieldokumentation – am besten im Projektauftrag für die nächste Projektphase – stellt sicher, dass jederzeit nachvollzogen werden kann, welche Ziele den Projektverantwortlichen mit auf den Weg gegeben worden sind.

Entscheidung möglichst schriftlich einholen

Wie schon erwähnt, werden Ziele nicht einmalig festgeschrieben, sondern im Projektverlauf weiterentwickelt. Diese Anpassung geschieht in enger Abstimmung mit dem Auftraggeber und allen vom Projekt betroffenen Stakeholdern.

Abschließend sollen noch einmal die wichtigsten Regeln der Zielfindung genannt werden:

- Es sollten nur wirkliche Ziele, nicht Lösungen oder Ergebnisse formuliert werden
- Bei der Sammlung sollte man sich an den Zielträgern orientieren
- Ziele sollten möglichst mit allen Betroffenen gemeinsam erarbeitet werden

Zusammenfassung Regeln der Zielfindung

- Ziele sind mit dem Auftraggeber permanent abzustimmen
- Ziele dürfen nicht inhaltsgleich mit anders formulierten Zielen sein
- Ziele müssen durch das Projekt erreichbar sein, andernfalls sind sie auszuscheiden, wenn die Unerreichbarkeit offensichtlich wird
- Werden Ziele zur Bewertung von Varianten verwendet, müssen alle Ziele auf alle Varianten anwendbar sein
- Maximal sollten 15-20 Ziele berücksichtigt werden
- Restriktionen sind kenntlich zu machen
- Ziele sollten so weit wie möglich operationalisiert werden
- Die Zielhierarchie ist laufend auf Vollständigkeit zu prüfen
- Ziele sind schriftlich zu fixieren.

5.5 Business Case

5.5.1 Anliegen und Problematik eines Business Case

Business Case als Entscheidungsgrundlage für oder gegen ein Projekt

Ein Business Case dient dazu, möglichst frühzeitig und möglichst fundiert darüber entscheiden zu können, ob sich ein Projekt lohnt. Dieses Anliegen hat insbesondere der Auftraggeber großer Projekte, der für die Finanzierung des Projekts zu sorgen hat und der den größten Nutzen aus dem Projekt erwarten kann. Der Auftraggeber würde am liebsten schon vor dem eigentlichen Projektstart sicher sein, dass der materielle und immaterielle Nutzen aus diesem Vorhaben höher ist als der mit dem Projekt verbundene Aufwand. In einigen Unternehmen wird der wirtschaftliche Nachweis verlangt, dass sich die Investitionen in das Projekt in spätestens x Jahren amortisieren. Etwas vereinfacht gesagt übersteigen ab diesem Zeitpunkt die Rückflüsse aus dem Projekt die getätigten Investitionen. Alle Projekte, deren Amortisationszeitraum beispielsweise größer als drei Jahre ist, werden nicht in das Projektportfolio aufgenommen.

Problematische Forderung bei Projektbeginn

Auch wenn die Problematik einer solchen Forderung ganz zu Beginn eines Projekts offensichtlich ist – zu Beginn fehlen nahezu alle Informationen, die notwendig sind, fundierte und nachvollziehbare Aussagen zu machen – müssen die Projektverantwortlichen der Forderung nachkommen. Normalerweise werden dann die Zahlen so lange „aufbereitet", bis die gewünschte Amortisationszeit erreicht und die Anforderungen an einen Projektstart erfüllt sind.

Business Case am Ende der Vorstudie

Hier sollen keine grundsätzlichen Einwände gegen Business Cases erhoben werden. Ein Business Case etwa am Ende einer Vorstudie ist eine legitime und sachlich sehr gut begründbare Anforderung des Auftraggebers. Es ist ja gerade das zentrale Anliegen einer Vorstudie, sich auch mit der Frage zu beschäftigen, ob sich dieses Projekt lohnt. Dazu müssen Informationen gesammelt werden, die nach dem Durchlauf eines Planungszyklus zumindest grob verfügbar sind.

5.5.2 Die Schritte zu einem Business Case

Folgende Schritte werden durchlaufen, um einen Business Case aufzubauen. Die genannten Fragen müssen dazu beispielsweise beantwortet werden:

1. Klärung des Auftrags mit dem Auftraggeber. Was sind die wichtigsten Ziele, die mit dem Projekt verfolgt werden, welche Restriktionen sind zu beachten (Budget, Projektabgrenzung etc.), wer sind die wichtigen Stakeholder neben dem Auftraggeber, welche Ressourcen stehen für den Business Case bereit, bis wann muss ein Ergebnis vorliegen usw.?
2. Grobe Erhebung der Ausgangssituation. Wie sieht die technische und personelle Infrastruktur aus, welche IT-Anwendungen werden genutzt, wie sieht das Mengengerüst aus, wie hoch ist der Zeitbedarf für Kernprozesse, welche Stärken und Schwächen hat die gegenwärtige Situation, welche Chancen und Risiken sind damit verbunden, was sind die zentralen Anforderungen an die neue Lösung etc?
3. Erarbeitung einer Grob-Lösung. Welche Lösungen kommen überhaupt in Frage, welche Bedingungen müssen geschaffen werden, damit die Lösungen erfolgreich sein können, welche Investitionen in das Projekt und in die Lösungen selbst sind zu tätigen, wie können die Lösungen in das betriebliche Umfeld eingebettet werden etc?
4. Bewertung – Auswirkungen der Lösung. Welche Lösung kann die Ziele und Anforderungen am besten erfüllen, welchen materiellen und immateriellen Nutzen bringt die Lösung, wie lässt sich der Nutzen zukünftig messen, welche Investitionskosten und welche laufenden Kosten entstehen für das Projekt und für den zukünftigen Betrieb der Lösung, welche wirtschaftlichen Kennzahlen (z.B. Return-on-Investment, Rentabilität, Nutzwerte – siehe dazu Kapitel 10 Bewertungstechniken) lassen sich durch die Lösung erreichen, welche Voraussetzungen müssen geschaffen werden, damit die Lösung erfolgreich wird, welche Risiken sind mit der Lösung verbunden, welche möglichen Probleme und Chancen sind mit der Lösung verbunden etc.? Insbesondere die wirtschaftlichen Kennzahlen stehen normalerweise im Zentrum eines Business Case. Zusätzlich sollten auch Aussagen gemacht werden über die Methoden der Informationsgewinnung, über die verwendeten Berechnungsmodelle, über die Annahmen, die gemacht, und über die Kriterien, die der Bewertung zu Grunde gelegt wurden.

Bearbeitungsschritte folgen dem Modell des Planungszyklus

5.5.3 Der Aufbau eines Business Case

Fordert ein Auftraggeber einen Business Case an, dann gibt es in aller Regel in diesem Unternehmen bereits einen betrieblichen Standard, wie ein solcher Business Case aufzubauen ist.

Ein Business Case kann folgendermaßen strukturiert werden:

1. Zusammenfassung für den Auftraggeber (Management Summary)
2. Beschreibung der Ausgangssituation
    a. Ist-Zustand und Gründe für den Auftrag
    b. Stakeholder und wichtige Ziele für das Projekt
    c. Projektabgrenzung, Restriktionen
    d. Zentrale Anforderungen
3. Untersuchte Lösungsvarianten
4. Bewertung der Lösungsvarianten
    a. Bewertungskriterien und deren Gewichtung
    b. Eingesetztes Bewertungsverfahren
    c. Gemachte Annahmen
    d. Anforderungen, die sich aus den Lösungen ergeben
    e. Kosten für das Projekt und für den laufenden Betrieb
    f. Monetärer und nicht-monetärer Nutzen
5. Empfehlung
    a. Vorschlag für eine Variante
    b. Finanzielle, personelle, technische und sonstige Anforderungen für das Projekt und für die Lösung
    c. Organisation des Projekts (Entscheider, Projektorganisation, Projektberichtswesen etc.)
    d. Risikoabwägung und Maßnahmen zur Risikobegrenzung
    e. Weiteres Vorgehen – Realisierungsplan
6. Entwurf eines Auftrags für die folgende Projektphase
7. Zusammenfassung

Zusammenfassung

Ein Business Case ist eine Entscheidungsgrundlage für ein Projekt. In einer sehr frühen Phase sollen Aussagen gemacht werden über Kosten, Nutzen, Anforderungen und erwartete Auswirkungen. Entscheider erwarten hier normalerweise quantitative Aussagen, die möglichst eindeutig die Vorteilhaftigkeit einer solchen Investition „beweisen". Der Grundaufbau eines Business Case orientiert sich an den Schritten des Planungszyklus.

5.6 Projektauftrag

Abschließend soll ein Muster für einen Projektauftrag gezeigt werden, in dem die wesentlichen Inhalte der Auftragsabstimmung für jede einzelne Projektphase festgehalten werden. Der Projektauftrag „lebt" und „atmet" mit dem Projektfortschritt.

Projektauftrag		Projekt-Nr.: Datum:
Bezeichnung des Projekts / Phase		
Projekt - Organisation		
Entscheider	Projekt-Leiter	Projekt-Mitarbeiter
Betroffene Organisationseinheiten (Gestaltungsbereich)		
Hauptbetroffene Einheit	Weitere betroffene Einheiten	
Termine		
Starttermin	Endtermin Phase	Spätester Einführungstermin
Budget		
Phase	Gesamtbudget	
Information		
Empfänger	Termin/Ereignis	Form

1. Grundlage des Auftrags
2. Ziele/Anforderungen
3. Aufgaben

Auftraggeber		Erledigt	
Datum	Unterschrift	Datum	Unterschrift

Abb. 5.15: Projektauftrag

Weiterführende Literatur zu diesem Kapitel

Alexander, I.; R. Stevens: Writing Better Requirements. Boston/San Francisco u. a. 2002

Altrogge, G.: Investition. 2. Aufl., München et. al. 1991

Blohm, H.; K. Lüder: Investition. 6. Aufl., München 1988

Bundesminister des Innern (Hrsg.): Empfehlung zur Durchführung von Wirtschaftlichkeitsbetrachtungen beim Einsatz der IT in der Bundesverwaltung. Schriftenreihe der Koordinierungs- und Beratungsstelle der Bundesregierung für Informationstechnik in der Bundesverwaltung. Köln 1992

Eisenführ, F.; M. Weber: Rationales Entscheiden. 2. Aufl., Berlin/Heidelberg et.al. 1994

Hauschild, J.: Zielbildung und Problemlösung. In: Innovative Entscheidungsprozesse. Hrsg. V.E. Witte; J. Hauschild; O. Grün. Tübingen 1988

Huber, F. (Hrsg. von W.F. Daenzer): Systems Engineering. Methodik und Praxis. 11. Aufl., Zürich 2002

Kepner, C.H.; W.B. Tregoe: Entscheidungen vorbereiten und richtig treffen. Rationales Management: neue Herausforderung. Landsberg L. 1992

Krüger, W.: Zielbildung und Bewertung in der Organisationsplanung. Wiesbaden o. J.

Meyer, M.: Ziele in Organisationen. Funktionen und Äquivalente von Zielentscheidungen. Wiesbaden 1994

Rinza, P.; H. Schmitz: Nutzwert-Kosten-Analyse. Düsseldorf 1977

Robertson, S.; J. Robertson: Mastering the Requirements Process. 2. Aufl., Boston/San Francisco u.a. 2006

Rupp, Chr. & die SOPHISTen: Requirements-Engineering und -Management. 4. Aufl., München/Wien 2007

Schmidt, R.-B.: Zielsysteme der Unternehmung. In: Handwörterbuch der Betriebswirtschaft. Hrsg. v. W. Wittmann et al., 5. Aufl., Stuttgart 1993, Sp. 4794 - 4806

Schneider, D.: Investition und Finanzierung. 6. Aufl., Wiesbaden 1990

Wild, J.: Grundlagen der Unternehmensplanung. 3. Aufl., Opladen 1981

Zangemeister, Chr.: Nutzwertanalyse in der Systemtechnik. 4. Aufl., Opladen 1981

6 Techniken der Erhebung

Ziele dieses Kapitels – Was können Sie erwarten?

- Sie kennen die wichtigsten Inhalte der Erhebung
- Sie wissen, wie ein Interview vorbereitet und durchgeführt wird
- Sie kennen die grundlegende Struktur eines Interviews und wissen, was bei der Formulierung von Fragen beachtet werden muss
- Sie wissen, wie eine Fragebogenaktion vorbereitet wird
- Sie kennen verschiedene Formen der Beobachtung
- Sie wissen, welche Bedeutung Erhebungsworkshops für die Ermittlung von Anforderungen haben
- Sie kennen weitere Techniken der Erhebung
- Sie kennen die Vor- und Nachteile der verschiedenen Techniken und können beurteilen, wann sie eingesetzt werden können.

6.1 Einordnung des Themas

Die Erhebung ist Bestandteil des Planungszyklus. In den Planungsphasen eines Projekts müssen Informationen über den Ist-Zustand, über zukünftige Entwicklungen, insbesondere über Ziele und Anforderungen der Stakeholder, sowie über konkrete Lösungsmöglichkeiten erhoben und aufbereitet werden. Erhoben werden also auch Sachverhalte, die zu den anderen Schritten im Zyklus gehören.

Da der Projektbearbeiter es bei Erhebungen fast immer direkt (z.B. Interview) oder indirekt (z.B. Fragebogen) mit Menschen zu tun hat, ist Fingerspitzengefühl, die so genannte emotionale Intelligenz, besonders gefragt. So muss ein Interviewer beispielsweise dafür sorgen, dass die befragten Personen offen und kooperativ mitwirken, wenn er erfolgreich sein will.

Die Einordnung der Erhebung kann aus dem Stofforientierungsmodell entnommen werden (Abbildung 6.01).

Abb. 6.01: Einordnung der Erhebungstechniken

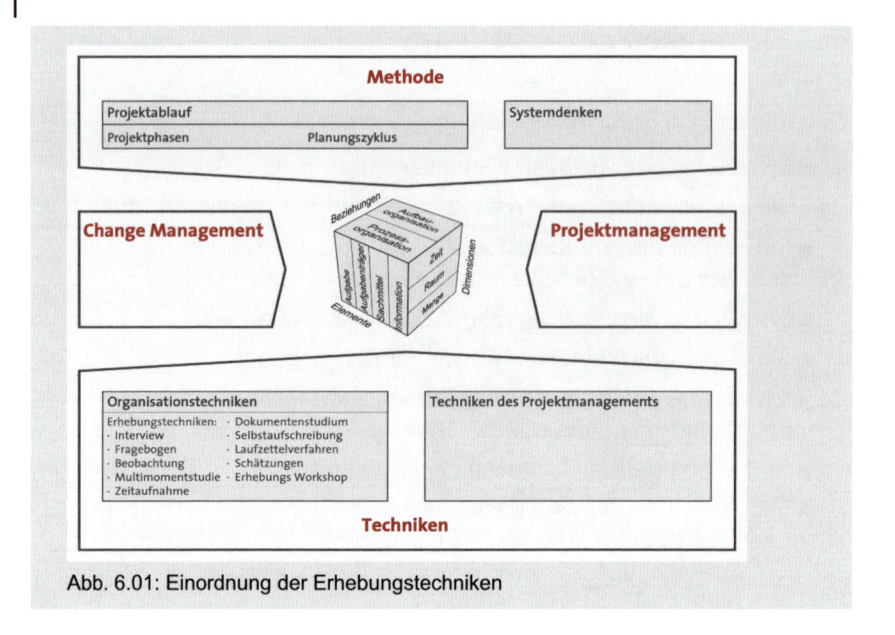

6.2 Inhalte der Erhebung

Welche Inhalte für eine Erhebung von Bedeutung sind, hängt von dem jeweiligen konkreten Projekt ab. Ein Organisator oder Business Analyst muss sich vor der Erhebung also darüber Gedanken machen, welche Sachverhalte für die konkrete Problemstellung relevant sind. Handelt es sich um Organisationsprojekte und steht der Ist-Zustand im Vordergrund, können die wesentlichen Inhalte der Erhebung aus dem Würfel abgeleitet werden.

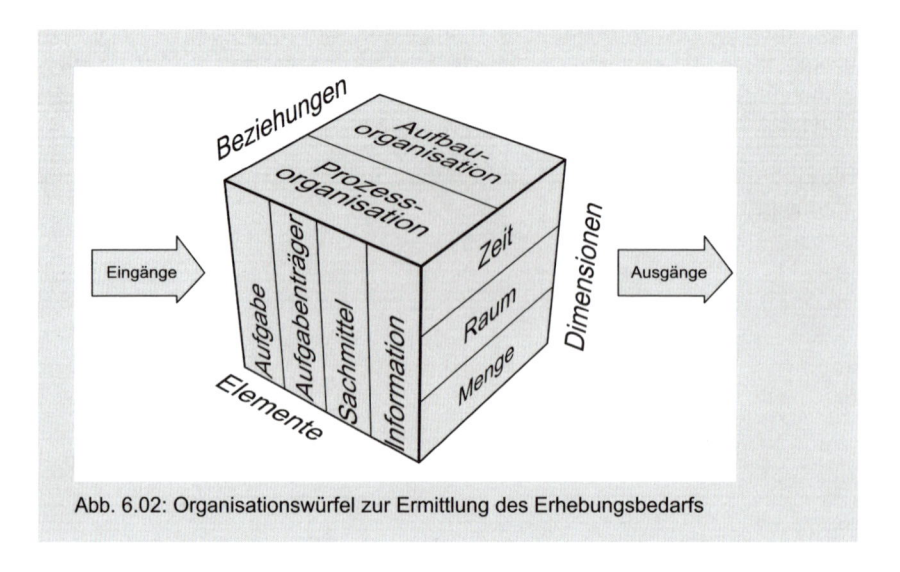

Abb. 6.02: Organisationswürfel zur Ermittlung des Erhebungsbedarfs

Neben den im Würfel dargestellten Elementen und deren Dimensionen können auch die aufbau- und prozessorganisatorischen Beziehungen erhoben werden, soweit das für das Verständnis der Ausgangssituation notwendig ist. In der folgenden Tabelle (Abbildung 6.03) werden einige Beispiele für mögliche Fragestellungen zu den organisatorischen Beziehungen aufgeführt.

Würfel zur Beschreibung des Ist

Inhalte	Beispiel
Stellen	Welche Aufgabenbündel gehören zu einer Stelle?
	Welche Kompetenzen hat ein Stelleninhaber?
Sachmittelsystem	Sachmittel sind den Stellen zugeordnet?
	Welche Beziehungen bestehen zwischen den Sachmitteln?
Informationssystem	Wer liefert welche Informationen?
	Wer erhält welche Informationen?
	Wer hat das Recht, bestimmte Informationen abzurufen?
Leitungssystem	Wer ist wem unter-/übergeordnet?
	Welche Weisungsrechte hat ein Vorgesetzter?
Kommunikationssystem	Welche Wege der Kommunikation (zum Informationstransport) gibt es?
Prozessbeziehungen	Welche Arbeitsschritte sind in welcher Reihenfolge zu bearbeiten?
	Unter welchen Bedingungen sind die verschiedenen Bearbeitungsschritte zu tun?
	Welche Verknüpfungen, welche Rückkopplungen gibt es im Prozess?

Abb. 6.03: Aufbau- und Prozessbeziehungen als Inhalte der Erhebung

Neben den formalen Elementen, Dimensionen und Beziehungen der Organisation stehen die Ziele und die Anforderungen der Stakeholder im Zentrum der Erhebung. Dazu soll hier ein kurzer Hinweis genügen, da auf diese Thematik ausführlich im Kapitel 8 eingegangen wird.

Anforderungen sind zentrale Erhebungsinhalte

Nach diesem Überblick über die möglichen Inhalte einer Erhebung sollen nun die Erhebungstechniken dargestellt werden.

Erhebungsinhalte können alle Schritte des Zyklus betreffen, vom Ist-Zustand bis zur Bewertung von Lösungsvarianten. Die Inhalte der Erhebung lassen sich in organisatorischen Projekten aus den drei Seiten des Würfels ableiten. Zentrales Thema aller Erhebungen sind die Anforderungen der Stakeholder. Erhebungstechniken unterstützen den Schritt „Erhebung" im Planungszyklus.

Zusammenfassung

6.3 Erhebungstechniken

6.3.1 Interview (mündliche Befragung)

Sollen Interviews durchgeführt werden, müssen die folgenden Sachverhalte geklärt sein:

- Auswahl eines geeigneten, fachlich qualifizierten Interviewers
- Auswahl der geeigneten Auskunftspersonen
- Klärung der Ziele und Inhalte der Erhebung
- Klärung der technischen Merkmale von Interviews.

6.3.1.1 Auswahl eines qualifizierten Interviewers

Hohe Anforderungen an Interviewer

An die Qualifikation des Interviewers sind relativ hohe Anforderungen zu stellen. Ein qualifizierter Interviewer sollte

- grundlegende Kenntnisse der Ausgangssituation haben
- die Interviewtechnik beherrschen
- eine gute Beobachtungsgabe haben
- gut zuhören und sich verbal gut ausdrücken können
- sozial kompetent sein und insbesondere auch mit Konflikten umgehen können
- abstrakt und analytisch denken, wesentliche Sachverhalte erkennen können
- Interviewergebnisse fundiert dokumentieren können.

6.3.1.2 Auswahl der geeigneten Auskunftspersonen

Anforderungen an die Befragten

Die Wahl der Auskunftspersonen hängt vom Ziel der jeweiligen Erhebung ab. Zum einen muss sichergestellt sein, dass die Befragten über das benötigte Wissen verfügen. Außerdem sollten sie selbst möglichst an dem jeweiligen Vorhaben Interesse haben. Das trifft fast immer für die Stakeholder zu, die in irgendeiner Weise von dem Projekt betroffen sind. Bevorzugt sind solche Personen zu befragen, deren innerbetrieblicher Status hoch ist. Aussagen und Bewertungen dieser Personen werden von Dritten eher akzeptiert als wenn sie von weniger anerkannten Interviewpartnern stammen.

6.3.1.3 Klärung der Ziele der Erhebung

Die Ziele der Erhebung sind abhängig von dem jeweiligen Projekt und von dem Bearbeitungsstatus, in dem sich das Projekt befindet. So werden zu Beginn eines Projekts eher allgemeine Auskünfte im Vordergrund stehen, mit denen die Ziele und die allgemeinen Anforderungen der Stakeholder ermittelt werden. Je weiter ein Projekt voranschreitet desto wichtiger werden konkrete Lösungsideen und Anforderungen. Die Ableitung der konkreten Fragen aus den Zielen des Projekts stellt hohe Anforderungen an die Qualifikation des Interviewers.

6.3.1.4 Beziehungen im Interview

Ein Interview ist eine besondere Gesprächssituation, die durch den Interviewer (Projektmitarbeiter) gelenkt wird. Die Beziehung ist insofern ungleichgewichtig, als der Befragte den größten Teil des Gesprächs bestreiten soll. Instrument der Lenkung ist die Frage.

Durch Fragen lenken

Wenn die unmittelbar vom Projekt betroffenen Anwender befragt werden, empfinden diese das häufig als Bedrohung ihres Status. Mögliche Konsequenzen dieser Belastung sind Manipulationen, die der Betroffene – teilweise bewusst, zum größeren Teil jedoch vermutlich unbewusst – verwendet, um sich gegen mögliche nachteilige Auswirkungen zu schützen.

Diese Belastung kann durch den Interviewer zumindest teilweise abgebaut werden. Einmal kann er durch offene Informationen versuchen, unberechtigte Befürchtungen zu entkräften bzw. Spekulationen den Boden zu entziehen. Außerdem kann er versuchen, durch eine zwischenmenschlich angenehme Beziehung ein positives Gesprächsklima zu schaffen, d.h. ein Sympathiefeld aufzubauen. Das so gewonnene Vertrauensverhältnis lässt mehr Auskunftsbereitschaft – quantitativ wie qualitativ – erwarten. Allerdings muss beachtet werden, dass nur „lautere" Maßnahmen ergriffen werden, um das Gesprächsklima zu beeinflussen. Entscheidend ist, die Gesprächssituation zu entkrampfen und weitgehend angstfrei zu machen. Am ehesten wird es gelingen, eine positive Beziehung aufzubauen, wenn der Interviewer glaubhaft machen kann, dass mit dem Interview die Anforderungen des Befragten ermittelt werden sollen, um für die Zukunft eine – auch aus der Sicht des Befragten – bessere Lösung zu finden.

Positive Beziehung fördert Ergebnisse

An die Qualifikation eines Interviewers werden hohe Anforderungen gestellt. Befragte sollten fachlich kompetent, an der Sache interessiert und möglichst angesehen sein. Interviews führen leicht zu einer psychologischen Belastung des Befragten, der durch offene Information und durch den Aufbau eines Sympathiefelds begegnet werden kann.

Zusammenfassung

6.3.1.5 Technische Hinweise

Interviewwort

In vertrauter Umgebung interviewen

Das Interview soll grundsätzlich in der vertrauten Umgebung des Befragten stattfinden. Hier sind die Bremsen am ehesten zu lösen. Häufig möchte der Befragte auch auf praktische Beispiele, Formulare, Berichte u.ä. zurückgreifen, die an seinem Arbeitsplatz verfügbar sind. Diese Unterlagen erleichtern dem Erheber die Arbeit und geben dem Befragten gleichzeitig einen Rückhalt, da er seine Aussagen so „beweisen" kann. Das Interview am Arbeitsplatz hat darüber hinaus den Vorteil, dass man zusätzlich beobachtend erheben kann. Besucher- und Telefonhäufigkeiten, Arbeitsstil und Sachmittel, besondere Bedingungen des Arbeitsplatzes und manches mehr kann ermittelt werden, ohne dass man sich auf Auskünfte und Auskunftsbereitschaft verlassen muss.

Hat der Befragte seinen Arbeitsplatz in einem Zwei- oder Mehrpersonenzimmer, sollte das Interview in einem Besprechungsraum stattfinden, da die Anwesenheit von Kollegen die Auskunftsbereitschaft einschränken oder in eine bestimmte Richtung lenken kann. Einzelzimmer wie Großraumbüros sind – soweit die notwendige Abschirmung gewährleistet ist – für Interviews am Arbeitsplatz grundsätzlich geeignet.

Interviewpartner

Handelt es sich um Fragenkreise, die nicht ausschließlich von einem konkreten Stelleninhaber beantwortet werden können, kann es sinnvoll sein, zwei oder mehr Auskunftspersonen gemeinsam zu befragen. Mehr als zwei Auskunftspersonen zu gleicher Zeit zu befragen, führt jedoch häufig zu Diskussionen, Meinungsverschiedenheiten werden ausgetragen, vielleicht werden auch zu vorsichtige Antworten gegeben. Die Befragten entwickeln sich leicht als selbsttragende Gruppe. Es entsteht eher eine Situation, die als Workshop bezeichnet werden kann, der Interviewcharakter geht dabei meistens verloren.

Einzelgespräche fördern Vertrauen

Wenn heikle, problematische Themen angesprochen werden sollen, bzw. wenn für den Befragten viel auf dem Spiel steht, ist auf jeden Fall ein Gespräch unter vier Augen anzuraten. Wenn überhaupt, kann nur so ein vertrauensvolles Klima entstehen.

Grundsätzlich sollte ein Interview von nur einem Interviewer geführt werden. Interviews mit zwei Fragern arten leicht zu einem Verhör aus.

Dokumentation im Interview

Der Erheber muss, in realistischer Einschätzung seiner Speicherfähigkeit, bereits während des Interviews Aufzeichnungen anfertigen. Bei längeren Sitzungen werden u.U. derartig viele Punkte angesprochen, dass eine vollständige Wiedergabe nach dem Ende des Interviews schwierig oder gar unmöglich ist. Je nach Thema und Befragungsform kann sogar eine vollständige Dokumentation notwendig sein. Soll etwa ein Arbeitsablauf erhoben werden, muss jeder einzelne Prozessschritt verbal oder grafisch festgehalten und vom Gesprächspartner bestätigt werden, da eine Rekonstruktion durch den Erheber allein oft kaum möglich ist. Normalerweise geht der Erheber mit einer vorbereiteten Liste anzusprechender Punkte in das Gespräch. Dann reicht es zumeist aus, stichwortartig, ohne den Gesprächsfluss zu bremsen, die Aussagen zu notieren.

Laufende Dokumentation während des Interviews

Interviews zu zweit führen leicht zu verhörähnlichen Situationen. Deswegen wird gelegentlich empfohlen, einen Erheber interviewen und den anderen dokumentieren zu lassen. Wenn ein Befragter zwei Personen gegenüber sitzt, wird er vorsichtig taktieren und formulieren, eine verständliche Haltung, die jedoch für das Interviewergebnis nachteilig sein kann. Die gleiche negative Wirkung ergibt sich bei jeder Art technischer Aufzeichnung etwa durch ein Tonbandgerät.

Erheber dokumentiert selbst

Interviewserien sind auf jeden Fall so zu planen, dass zwischen den einzelnen Interviews ausreichend Zeit für ein gründliches Gesprächsprotokoll bleibt. Dieses Protokoll sollte auf keinen Fall am Ende einer Folge von mehreren Interviews ausgearbeitet werden. Zuviel vermischt sich in weiteren Gesprächen, so dass später angefertigte Protokolle weniger präzise sein werden.

Protokoll direkt nach Interview

Im Sinne einer offenen und vertrauensvollen Zusammenarbeit zwischen Erheber und Betroffenen hat es sich bewährt, das Interviewprotokoll dem Befragten zur Einsichtnahme vorzulegen. Sollten schwerwiegende Missverständnisse aufgetreten sein, können sie korrigiert werden.

Interviewzeit

Die begrenzte Konzentrationsfähigkeit der Menschen sollte auf zweierlei Weise berücksichtigt werden. Interviews sollten in Zeiträumen stattfinden, zu denen die meisten Menschen ihre Leistungsspitzen haben, d.h. von Arbeitsbeginn bis etwa 11.00 Uhr und von 15.00 Uhr bis Arbeitsschluss. Außerdem sollten Interviews im Normalfall nicht länger als 30-60 Minuten dauern. Bei länger dauernden Interviews sollte der Erheber ganz bewusst Erholungsphasen einschieben, die der Regeneration der Beteiligten dienen (siehe dazu weiter unten „Interviewintensitäten").

Befragte zeitlich nicht überfordern

Interviews sollten grundsätzlich am Arbeitsplatz des Befragten stattfinden. Im Regelfall sitzt einem Interviewer ein Befragter gegenüber. Während des Interviews ist nur das absolut Notwendige vom Interviewer selbst zu dokumentieren. Direkt nach jedem Interview ist ein ausführliches Protokoll anzufertigen. Interviews sollten zu günstigen Tageszeiten geführt werden.

Zusammenfassung

6.3.1.6 Interviewformen

Es gibt verschiedene Möglichkeiten, die Gesprächssituation zu gestalten. Folgende Formen werden unterschieden:

- Standardisiertes Interview
- Halbstandardisiertes Interview
- Nicht-standardisiertes Interview.

Beim standardisierten Interview liegt ein Fragebogen vor. Der Interviewer liest die Fragen in der vorgegebenen Reihenfolge wörtlich vor. Die Antwortmöglichkeiten sind ganz oder teilweise im Voraus festgelegt. Einem solchen Vorgehen liegen zwei Annahmen zugrunde:

- Das Vokabular und die Formulierungen sind für alle Befragten gleich
- Die Bedeutung jeder Frage ist für jeden Befragten identisch.

Standardisierte Befragungen selten sinnvoll

Diese Annahmen treffen häufig nicht zu. Insbesondere sind organisatorisch relevante Tatbestände für den Laien meist erklärungsbedürftig – sie müssen übersetzt werden in die Sprache des Befragten.

Oft entdeckt der Interviewer bei der Befragung, dass in dem speziellen Fall ganz besondere Bedingungen vorliegen, die für das Projekt jedoch äußerst bedeutsam sind, denen er aber aufgrund seines standardisierten „Korsetts" nicht nachgehen kann. Bei den meisten Vorhaben ist es in der Regel auch nicht sinnvoll, allen Befragten die gleichen Fragen vorzulegen. In verschiedenen Bereichen, auf verschiedenen Ebenen interessieren oft sehr unterschiedliche Informationen, die gar nicht auf einen Nenner gebracht werden können.

Dem halbstandardisierten Interview liegen ein fest vorgegebener Themenblock sowie ein flexibel aufgebautes Fragenschema zugrunde, das der Interviewer nach eigenem Gutdünken mit eigenen Formulierungen durchgeht. Er hält sich nicht an eine fest vorgegebene Reihenfolge, sondern macht die Reihenfolge von der Auskunftsbereitschaft des Interviewpartners abhängig.

Interviewleitfaden als Hilfe

Wird die Form des nicht-standardisierten Interviews gewählt, liegt dem Frager nur ein Interviewleitfaden vor. Dieser Leitfaden enthält stichwortartige Merkhilfen, damit der Interviewer keine wichtige Frage vergisst. Sowohl die Formulierung als auch die Reihenfolge sind in das Ermessen des Interviewers gestellt. Er entscheidet, ob er alle Fragen stellt, ob sich einiges erübrigt oder ob er zusätzliche Fragen aufnimmt, weil Gesichtspunkte auftauchen, an die zuvor niemand gedacht hat.

Interviewformen			
Merkmale	Standardisiertes Interview	Halbstandardisiertes Interview	Nicht-standardisiertes Interview
Anzahl der Fragen	Feststehend	Im Kern feststehend, freier Bereich	Frei (stichwortartiger Interview-Leitfaden)
Inhalt der Fragen	Feststehend	Im Kern feststehend	Weitgehend frei
Formulierung	Feststehend	Teils feststehend – teils frei	Frei
Reihenfolge	Feststehend	Grundgerüst steht fest	Frei
Antwortmöglichkeiten	Feststehend	Meist feststehend	Meist frei
Anwendung/ Inhalte	Quantitative bekannte Dimensionen Erhebung von Vorhandenem Rein rationale Ebene	Quantitative und qualitative, weitgehend bekannte Dimensionen Erhebung von Vorhandenem Vorwiegend rationale Ebene	Qualitative, weitgehend unbekannte Dimensionen Gewinnung neuer Aspekte Weitgehend emotionale Ebene
Kreis der Befragten	Homogen	Weitgehend homogen	Heterogen
Terminologie	Einheitlich	Weitgehend einheitlich	Uneinheitlich (nicht notwendig)
Kenntnisse der Interviewer ■ über Interviewtechniken	Gering	Mittel bis hoch	Hoch
■ Gegenstand des Interviews	Gering	Mittel bis hoch	Hoch
Zusammenhang mit anderen Erhebungsverfahren	Entspricht weitgehend Fragebogen	Entspricht teilweise Fragebogen	Mögliche Vorstufe zum Fragebogen

Abb. 6.04: Interviewformen

In der Projektpraxis überwiegt das nicht-standardisierte Interview auf der Basis eines Interviewleitfadens. Gelegentlich werden auch halbstandardisierte Interviews durchgeführt. Standardisierte Interviews können allenfalls dann eingesetzt werden, wenn unerfahrene Erheber als Interviewer tätig werden.

Zusammenfassung

> Standardisierte Interviews sind mündliche Befragungen nach einem festen Schema. Nicht-standardisierten Interviews liegt ein stichwortartiger Leitfaden zugrunde, den der Erheber lediglich als Gedächtnisstütze verwendet. Dieses ist der Königsweg eines Interviews in betrieblichen Projekten.

6.3.1.7 Interviewintensitäten

Weiter können Gesprächssituationen unterschiedlich gestaltet werden nach dem Merkmal der Beziehung des Interviewers zum Befragten. Nach diesem Kriterium lassen sich drei Arten der Beziehungen unterscheiden:

- Weiches Interview
- Hartes Interview
- Neutrales Interview.

Weiche Gesprächsphasen zu Beginn und am Ende

Bei der Form des weichen Interviews enthält sich der Interviewer jeglicher Unterbrechungen. Er ermutigt den Befragten, hilft nach durch ermunternde Bemerkungen. Eine angenehme Gesprächsatmosphäre gehört zu dieser Interviewform, die sich für betriebliche Erhebungen schon deswegen weniger gut eignet, weil von der Art der persönlichen Beziehungen zwischen dem Interviewer und dem Befragten die Auskunft, zumindest aber die Färbung der Antworten abhängen kann. In der einleitenden Phase, die dazu dienen soll, eine entkrampfte Gesprächsatmosphäre zu bewirken, ist das weiche Interview jedoch geeignet. Ebenso zum Ende des Interviews. Außerdem kann durch weiche Phasen die geistige Regeneration gefördert werden mit dem Ziel, lange Interviews bei hoher Konzentration durchzuführen.

Harte Interviews nicht zielführend

Das harte Interview zeichnet sich aus durch schnelle, suggestive, u.U. auch provozierende Fragen. Die Auskunftsperson wird unter ständigen Druck gesetzt, um ihr kaum Chancen zum Nachdenken zu lassen. Die schnelle Folge der Fragen verhindert, dass die einzelne Antwort auf ihre Verträglichkeit mit früheren Antworten geprüft wird. Unrichtigkeiten und Denkfehler werden so am besten erkannt. Diese Interviewform wird auch als „Verhör" bezeichnet. Abgeschwächte Formen des harten Interviews mögen gelegentlich auch in Projekten von Nutzen sein. Insbesondere wenn offensichtlich „gemauert" wird, können provokative Fragen oder Feststellungen dazu beitragen, den Interviewpartner aus der Reserve zu locken. Damit geht jedoch die Gefahr einher, die Auskunftsperson zu verärgern.

Die übliche Form der Beziehung zwischen Interviewer und Befragtem wird im neutralen Interview hergestellt. Zwischen dem Interviewer und seinem Partner wird eine versachlichte Beziehung angestrebt. Der Frager versucht, Färbungen der Antworten zu vermeiden, die sich auf Zuneigung, Abneigung, Gefallenwollen usw. zurückführen lassen. Er verbirgt seinen eigenen Standpunkt, selbst dann, wenn er danach gefragt wird. Diese neutrale Form des Interviews spricht die rationale Ebene des Menschen an.

> **Tipp** Weiche Interviewphasen eignen sich im Einführungs- und Schlussteil. Ansonsten sollte die Interviewintensität neutral sein.

Beziehung zum Befragten			
Merkmale	Weich	Neutral	Hart
Auftreten	Freundlich, zuvorkommend, hilfsbereit, nachgiebig	Freundlich, höflich zurückhaltend	Provokativ aggressiv
Orientierung	Personen- und sachorientiert	Sachorientiert, nicht emotional	Sachorientiert, nach außen emotional
Eingriffe	Vermeiden	Nur wenn sachlich begründet	Permanent auch zur Provokation und Irreführung
Offenlegung des eigenen Standpunkts	Zulässig zur Ermunterung	Nicht zulässig	Mittel, um Gegenposition zu beziehen
Steuerung der Antworten	In Grenzen zulässig	Unzulässig	Mittel, um gewünschte Reaktionen zu provozieren
Zeitlicher Ablauf	Kein Zeitdruck	Vorgegebener Zeitrahmen	Permanenter Zeitdruck
Anwendung	Vorgehen zur ■ Lockerung der Gesprächsatmosphäre ■ Kontaktgewinnung ■ Positiver Ausklang nach neutralem und hartem Interview	Normalfall, um ■ sachliche Beziehungen herzustellen ■ rationale Argumente ■ unbeschönigte Auskünfte ■ klare Antworten zu erhalten	Ausnahmefall ■ Information durch Aggression und Provokation ■ wenn erhebliche Widerstände vorliegen Gefahren ■ völlige Verweigerung ■ Kontakt zerstört ■ Verwirrung

Abb. 6.05: Interviewintensitäten

6.3.1.8 Interviewphasen

Interviews sollten grundsätzlich in drei Phasen ablaufen:

- Einleitungsphase
- Sachliche Erhebungsphase
- Ausklangsphase.

In gutes Gesprächsklima investieren

Die Einleitungsphase dient zwei Zielen. Zum einen und ganz zu Beginn gibt der Interviewer das Vorhaben und die Zielsetzung der Untersuchung bekannt. Auch wenn der Befragte bereits informiert ist, empfiehlt sich eine Wiederholung. Zum zweiten, und das ist der wesentlich wichtigere Teil der Einleitung, sollte bewusst versucht werden, die Gesprächsatmosphäre aufzulockern, etwa durch persönliche Hinweise oder aktuelle Themen, d.h. nicht zur eigentlichen Untersuchung gehörende Bemerkungen. Dieser Gesprächsabschnitt verlangt viel Geschick und Einfühlungsvermögen, damit er nicht mit der Bemerkung abgeschlossen wird: „Aber deswegen sind Sie doch nicht hier? Wollen Sie nicht zum Thema kommen?" Der Interviewanfänger befürchtet immer wieder, durch dieses „Vorgeplänkel" zu viel Zeit zu verlieren. Es drängt ihn, in die Sachfragen einzusteigen. Erfahrene Interviewer – wie auch Verhandlungspartner – bestätigen jedoch, dass die Zeit für diesen Vorlauf leicht wieder aufgeholt wird, wenn es gelingt, zwischen den Partnern eine positive Einstellung herbeizuführen.

Sachliche Erhebungsphase folgt dem Zyklus

Die sachliche Erhebungsphase gliedert sich wie folgt:

- Sammlung allgemeiner Informationen
- Würdigung des Ist-Zustands/Anforderungen/Ursachen für Probleme
- Lösungsansätze
- Bewertung der Lösungsansätze
- Zusammenfassung.

Hintergründe erfragen

Die Sammlung allgemeiner Informationen dient einmal dazu, nach der Einleitungsphase nicht zu abrupt in Einzelfragen einzusteigen. Noch wichtiger ist jedoch, dass Probleme, Ursachen und Anforderungen für den Interviewer überhaupt erst verständlich werden, wenn er deren Hintergrund kennt. Ein Beispiel für eine allgemeine Frage wäre etwa: „Was sind Ihre Aufgaben?", „Wie läuft die Arbeit bei Ihnen ab?" Derartige Fragen sind für den Interviewten „subjektiv" leicht und helfen, die Anfangsspannungen zu überwinden.

Probleme belasten

Als nächster Schritt sind Ziele, Anforderungen und Probleme zu erfragen. Werden Probleme angesprochen, sollte sich der Interviewer die Probleme aus der Sicht des Befragten nennen lassen. Es gibt viele Beispiele, in denen Projektmitarbeiter glaubten, die Probleme zu kennen, die Beteiligten sie jedoch ganz woanders sahen. Die Frage nach Problemen kann ein Interview belasten, weil der Befragte sich „mitverantwortlich" oder „angeklagt" fühlt. Aus diesem

Grund hat es sich bewährt, nicht nach Problemen, sondern nach Verbesserungsmöglichkeiten oder Zielen zu fragen. Dadurch wird der Befragte subjektiv entlastet.

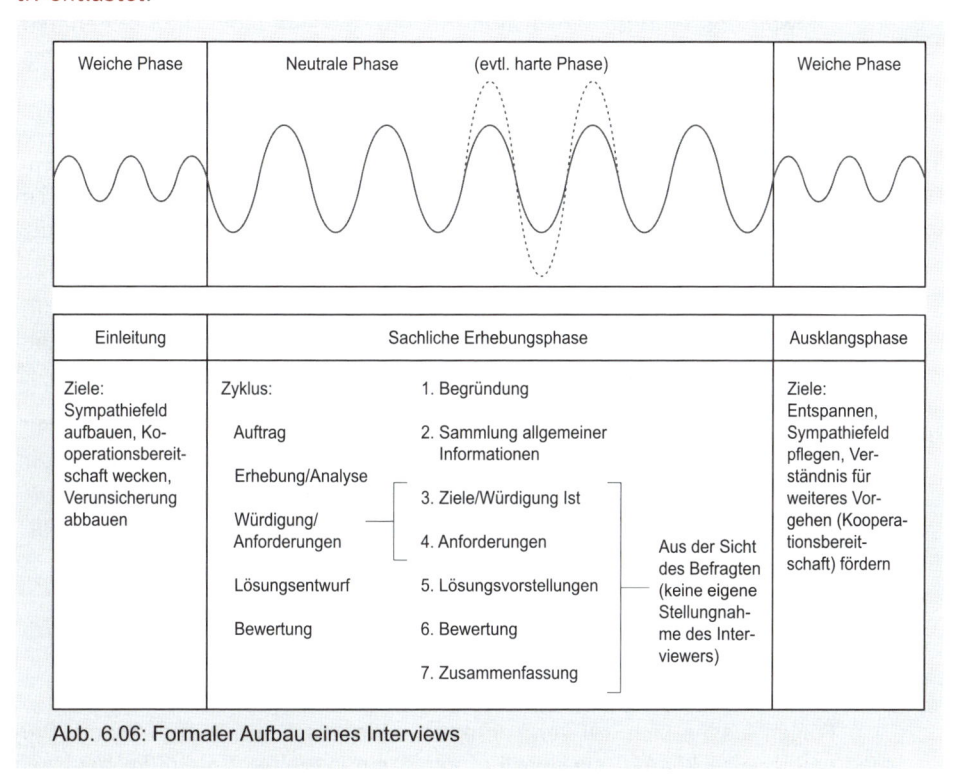

Weiche Phase	Neutrale Phase	(evtl. harte Phase)	Weiche Phase
Einleitung	Sachliche Erhebungsphase		Ausklangsphase
Ziele: Sympathiefeld aufbauen, Kooperationsbereitschaft wecken, Verunsicherung abbauen	Zyklus: Auftrag Erhebung/Analyse Würdigung/ Anforderungen Lösungsentwurf Bewertung	1. Begründung 2. Sammlung allgemeiner Informationen 3. Ziele/Würdigung Ist 4. Anforderungen 5. Lösungsvorstellungen 6. Bewertung 7. Zusammenfassung Aus der Sicht des Befragten (keine eigene Stellungnahme des Interviewers)	Ziele: Entspannen, Sympathiefeld pflegen, Verständnis für weiteres Vorgehen (Kooperationsbereitschaft) fördern

Abb. 6.06: Formaler Aufbau eines Interviews

Die Fragen nach Problemursachen folgen logisch als nächster Schritt im Interview. Nur wenn die Ursachen bekannt sind, können Wege zu deren Beseitigung gesucht werden.

Sehr häufig haben sich die Betroffenen selbst schon Gedanken gemacht, wie ein bestehendes Problem gelöst werden könnte. Deswegen sind im Interview auch Lösungsansätze und Anforderungen an die spätere Lösung zu erfragen. So wird den Betroffenen bewusst, dass sie selbst maßgeblich die Lösungen beeinflusst haben, was später die Einführung erleichtern kann. Soweit aus übergeordneten Gesichtspunkten die Vorschläge des Befragten nicht berücksichtigt werden können, sollte dieses auf jeden Fall vor der Einführung begründet werden. Die Ermittlung der Anforderungen ist besonders wichtig, wenn mit den Nutzern oder späteren Anwendern der Lösung gesprochen wird. Je besser diese so genannten Benutzeranforderungen (User Requirements) ermittelt werden, desto eher können die Ergebnisse den Erwartungen der Betroffenen gerecht werden. Im Kapitel 8 werden dazu ausgewählte Techniken vorgestellt.

Erhebung von Anforderungen äußerst wichtig

Befragter bewertet eigene Vorschläge	Falls die Zeit es zulässt, sollte der Befragte gebeten werden, sich selbst zu den Vor- und Nachteilen seiner Vorschläge zu äußern. Diese Bewertung darf auf keinen Fall durch den Interviewer vorgenommen werden. Hier ist die Technik des „Anwalt des Teufels" (advocatus diaboli), der alle möglichen Gegenargumente vorträgt, unangebracht, da der Befragte das meistens als Besserwisserei empfindet.
Zusammenfassung zur Qualitätssicherung	Nach jeder Etappe der sachlichen Erhebungsphase sollte der Interviewer zusammenfassen. Das dient zur Prüfung, ob alles richtig verstanden wurde, zur Vervollständigung der Notizen und zur Strukturierung des Interviews. Ob zum Schluss eine Gesamtzusammenfassung versucht wird, hängt vom Umfang des Themas und von der „Wiederholbarkeit" ab.

In der Ausklangsphase sollte erneut versucht werden, eine positive Atmosphäre auf- oder auszubauen, da in vielen Fällen weitere Gespräche notwendig werden bzw. im Projektfortschritt sich weitere Kontakte ergeben.

Zusammenfassung	Jedes Interview folgt einem formalisierten Aufbau. Zwischen den „weichen" Einführungs- und Ausklangsphasen liegt eine sachliche Erhebungsphase, in der die Stufen „Sammlung allgemeiner Informationen", „Ziele/Anforderungen", „Lösungen", „Bewertung der Lösungen" und „Zusammenfassung" durchlaufen werden.

6.3.1.9 Technik der Frage

Fragen lassen sich auf sehr unterschiedliche Art und Weise stellen. Beispielsweise können sie dem Befragten einen weiten Spielraum belassen oder ihn in der Wahl der Antwortmöglichkeiten einengen. Sie können ihn zu objektiven Aussagen ermuntern oder eine Erwartungshaltung des Interviewers erkennen lassen. Sie können kurz, eindeutig und leicht verständlich oder lang, mehrdeutig und vielschichtig sein. So gesehen gibt es keine richtigen oder falschen Fragen, sondern nur zweckmäßige und unzweckmäßige Fragen, je nach der Zielsetzung des Erhebers und nach der jeweiligen Situation.

Fragetypen und ihre Wirkungen	In der nachfolgenden Aufstellung werden Wirkungen bestimmter Fragetypen charakterisiert. Daraus leitet sich die KROKUS-Regel ab, eine Merkhilfe, die sich aus den Anfangsbuchstaben der Fragetypen (Regeln) ergibt (Abbildung 6.07). Einige Begriffe aus der Übersicht werden unten erläutert.

Fragetyp/Regel	Wirkungen des Fragetyps/der Regel
K urze Fragen stellen	■ Interviewer wird besser seiner Steuerungsfunktion gerecht ■ Höhere Chance, dass Antwort ebenfalls kurz ausfällt ■ Befragter wird nicht überfordert
R edundante Fragen vermeiden	Redundanzfreie Fragen bewirken ■ eine geringere zeitliche Belastung für den Befragten ■ eine erleichterte Dokumentation ■ bessere Transparenz (der rote Faden ist leichter erkennbar)
O ffene Fragen stellen	■ Wecken Auskunftsbereitschaft ■ Geben Fragendem Zeit zum Nachdenken ■ Vermeiden Manipulation und Spekulation ■ Fördern neue Gesichtspunkte ■ Engen den Befragten nicht ein, wie es bei geschlossenen Fragen der Fall ist
K onkrete Fragen stellen	■ Straffen ■ Bremsen Vielredner ■ Fördern Verständnis
U nterfragen und Kettenfragen vermeiden	Werden Unter- und Kettenfragen vermieden, ■ wird jede Frage beantwortet (nicht nur die letzte) ■ sichert sich der Fragende ab, dass er nichts übersieht ■ wird der Befragte weniger verunsichert
S uggestive Fragen vermeiden	Werden suggestive Fragen vermieden, ■ sagt der Befragte, was er denkt, nicht was der andere erwartet ■ wird weniger Widerspruch geweckt.

Abb. 6.07: KROKUS-Regel der Fragestellung

Als redundant werden Fragen bezeichnet, in denen mit anderen Worten mehrfach inhaltlich das Gleiche gefragt wird. Es kann allerdings gelegentlich sinnvoll sein, eine Frage mit anderen Worten zu wiederholen, wenn auf diesem Wege sichergestellt werden kann, dass die Frage richtig verstanden wird.

Redundanzen können sinnvoll sein

Offene Fragen enthalten keine vorgegebenen Antwortkategorien. Der Befragte wird dadurch gezwungen, selbst über die Antwort nachzudenken. Bei geschlossenen Fragen werden Antworten angeboten, aus denen der Befragte auszuwählen hat – im Extremfall kann nur mit Ja oder Nein geantwortet werden. Geschlossene Fragen empfehlen sich, wenn der Interviewer prüfen will, ob er richtig verstanden hat oder auch, wenn er Vielredner bremsen will.

Unter- und Kettenfragen bezeichnen eine Aneinanderreihung von Fragen, ohne dass der Befragte zwischenzeitlich antworten kann. Bei Kettenfragen handelt es sich um eine nicht zusammenhängende Folge von Fragen, wohingegen eine Unterfrage eine zuvor gestellte Frage detailliert.

Eine suggestive Frage legt dem Befragten die Antwort in den Mund. Der Befragte erkennt, welche Aussage der Fragende erwartet. Schon der Tonfall einer Frage kann suggestiv wirken.

Grundsätze der Fragestellung

Bei den eben erwähnten Fragetypen/Regeln wurde bereits auf deren Wirkung und Einsatzmöglichkeiten hingewiesen. Darüber hinaus sind folgende Grundsätze zu beachten:

Regeln für erfolgreiche Interviews

- Mit allgemeinen Fragen sollte zu Beginn die Auskunftsbereitschaft geweckt werden
- Einleitende Fragen am besten mit Beispiel. So können innere Widerstände abgebaut werden
- Die Frage sollte in der Alltagssprache gehalten sein
- Gefühlsbeladene Begriffe sollten vermieden werden. Wird etwa der Begriff Profit an Stelle von Gewinn gebraucht, so ruft das bei vielen Menschen eine negative Reaktion hervor
- Das Erinnerungsvermögen an Vergangenes sollte nicht überstrapaziert werden. Es besteht die Gefahr der Verallgemeinerung von Einzelfällen, Verdrängung unangenehmer Einzelheiten usw.
- Alle Antwortmöglichkeiten sind anzugeben oder gar keine. Werden nur einige genannt, fällt beim Befragten häufig der Prüfvorgang weg, ob es nicht noch weitere Möglichkeiten gibt. Bei mündlicher Befragung spielen Anzahl und Reihenfolge der Antwortmöglichkeiten eine entscheidende Rolle. Werden viele Fälle angeboten, steigt für die zuletzt genannten die Wahrscheinlichkeit als zutreffend bezeichnet zu werden, weil sie noch „frisch" in der Erinnerung haften
- Fragen sollten an konkrete Erfahrungen anknüpfen. Die meisten Menschen besitzen kein ausgeprägtes Abstraktionsvermögen. Beispiele und Sachverhalte aus dem eigenen Erfahrungsbereich erhöhen die Verständlichkeit

- Gefühlsbeladene oder wertende Fragen sollten erst gestellt werden, nachdem die Auskunftsbereitschaft geweckt ist
- Hast sollte vermieden werden. Schnell aufeinander folgende Fragen lassen dem Antwortenden kaum Zeit, sich zu besinnen. Die Antworten bewegen sich auf den vorgedachten Bahnen
- Fragendes Schweigen nutzen. Diese Technik lässt sich mit Vorteil anwenden, wenn der Frager das Gefühl hat, dass die Auskunft noch nicht vollständig ist, dass Sonderfälle nicht berücksichtigt wurden oder dass der Partner noch irgend etwas zurückhält, das er vielleicht gerne loswerden möchte
- An Mengenangaben herantasten. Da es häufig schwer fällt, durchschnittliche Bearbeitungszeiten oder den durchschnittlichen Arbeitsanfall zu schätzen, empfiehlt sich ein Umweg. Zuerst wird nach der kürzesten Zeit oder der geringsten Menge gefragt, dann nach der längsten Zeit oder der größten Menge. Dann wird geprüft, ob der rechnerische Mittelwert dem tatsächlichen Mittelwert entspricht. Dadurch, dass reale Bezugsgrößen vorab geklärt werden, steigt die Wahrscheinlichkeit, dass die Schätzung realistischer wird.

> Fragen im Interview sollten kurz, redundanzfrei, offen, konkret, nicht-suggestiv sein und keine Unterfragen enthalten. Der Interviewer sollte die Grundsätze der Fragestellung beherrschen.

Zusammenfassung

Die folgenden Vor- und Nachteile können mit einem nicht-standardisierten Interview verbunden sein:

Vorteile des Interviews	Nachteile/Grenzen des Interviews
- Beteiligung fördert Akzeptanz des Projekts, wird oft als Wertschätzung empfunden - Aufbau positiver Beziehungen zu Befragten möglich - Ermöglicht vertiefte Diskussionen und erleichtert das gegenseitige Verständnis - Ermöglicht Beobachtungen, unabhängig von der Auskunftsbereitschaft des Befragten - Erleichtert die Beurteilung der Glaubwürdigkeit von Aussagen - Kann schnell und flexibel an die jeweilige Situation angepasst werden.	- Kann sehr zeitaufwändig sein und hohen Einsatz der Beteiligten erfordern - Nur bei begrenzter Anzahl Befragter möglich - Zwischenmenschliche Beziehungen können auf die Ergebnisse abfärben - Interviewer müssen gut ausgebildet sein - Die Dokumentation von Interviewergebnissen kann sehr aufwändig sein.

6.3.2 Fragebogen (schriftliche Befragung)

Besonderheiten des Fragebogens

Hohe Anforderungen an Fragebogen

Erhebungen durch Fragebogen sind dem standardisierten Interview ähnlich. In diesem Zusammenhang wird auf die Ausführungen zum Punkt 6.3.1 hingewiesen. Es besteht jedoch ein wesentlicher Unterschied. Die Fragen werden nicht vorgelesen, sondern schriftlich festgehalten und zugesandt. Dabei ist es unerheblich, ob der Versand auf dem klassischen Postweg oder per E-Mail geschieht. Im letzteren Fall gibt es allerdings die Möglichkeit, den Komfort für die Befragten zu steigern, etwa indem sie gezielt durch das Dokument geleitet werden. Da bei einer schriftlichen Befragung kein sachkundiger Interviewer zur Verfügung steht, muss eine Fragebogenaktion besonders sorgfältig vorbereitet werden.

Geschlossene Fragen dominieren

Auch im Fragebogen sollten die Fragen kurz, redundanzfrei und nicht suggestiv sein. Allerdings ist eine Besonderheit zu beachten. Geschlossene Fragen bzw. Fragen mit vorgegebenen Antwortmöglichkeiten stehen eindeutig im Vordergrund, da so die Auswertung der Fragebogen erleichtert wird. Offene Fragen werden immer dann verwendet, wenn differenzierte Antworten oder auch Anregungen erwartet werden. Werden den Befragten zu viele offene Fragen zugemutet, steigt die Gefahr, dass Antworten verweigert oder nur oberflächlich gegeben werden. Außerdem steigt dann auch der Aufwand für die Auswertung.

Anwendungsbedingungen

Fragebogen erweisen sich als besonders leistungsfähig, wenn folgende Bedingungen gegeben sind:

Nur unter bestimmten Bedingungen anwendbar

- Es handelt sich um quantitative Sachverhalte, d.h. die Befragung dient dem Zählen oder Messen
- Die Inhalte liegen weitgehend auf der rationalen Ebene; sie sind zumindest nicht in jüngster Zeit emotional hochgespielt
- Es handelt sich um sensitive Inhalte – da bei Fragenbogen Anonymität hergestellt werden kann, sind eher ehrliche Antworten zu erwarten
- Dem Erheber ist bekannt, zu welchen Sachverhalten Informationen erhoben werden müssen
- Die zu erhebende Thematik betrifft gleichzeitig eine größere Anzahl von Mitarbeitern
- Die Fragen sind nicht erklärungsbedürftig
- Der Kreis der Befragten ist relativ homogen
- Die Befragten sprechen alle in etwa die gleiche Sprache.

Wegen des noch zu erläuternden relativ großen Vorbereitungsaufwands – im Vergleich zum Interview – sind Fragebogenaktionen normalerweise erst ab einer Mindestzahl von 10-20 Befragten wirtschaftlich sinnvoll. Sind die Fragen unkompliziert und/oder sind die Befragten schwer erreichbar – z.B. wegen größerer räumlicher Distanzen oder wegen häufiger Abwesenheiten – kann die Schwelle niedriger liegen.

Aufwändige Vorbereitung

6.3.2.1 Durchführung einer Fragebogenaktion

Im ersten Schritt ist der Kreis der Befragten festzulegen. Dabei muss darauf geachtet werden, dass dieser Kreis in sich relativ homogen ist, zumindest soweit es den Inhalt des Fragebogens betrifft. Ansonsten besteht die Gefahr, dass der Fragebogen durch Fragen und durch Erläuterungen, die nur einige Auskunftspersonen betreffen, zu sehr aufgebläht wird.

Vorarbeiten

Zur inhaltlichen Vorbereitung kann nur selten auf vorhandenes Material zurückgegriffen werden. Neben dem Dokumentenstudium sind deswegen meistens vorab nicht-standardisierte Interviews zu führen. Mit ihrer Hilfe soll der Themenbereich abgesteckt werden. Es ist nicht sinnvoll, diese Vorbereitung am Schreibtisch vorzunehmen, da der Erheber von vornherein kaum erkennen kann, welche Informationen er benötigt und bei den Auskunftspersonen auch erwarten kann.

Im Anschluss daran wird ein Fragebogen-Entwurf hergestellt. Eindeutige Formulierungen und standardisierte Antwortmöglichkeiten erleichtern die Auswertung. Werden präzise definierte Begriffe zugrunde gelegt, die nicht allen geläufig sein könnten, oder sind beim Ausfüllen andere, nicht selbstverständliche Dinge zu beachten, müssen – möglichst im Fragebogen selbst – entsprechende Ausfüllanleitungen gegeben werden. Zusätzlich ist ein Begleitbrief als Anschreiben an die Empfänger zu entwerfen.

Um Fehler zu vermeiden, sollte man Tests vorausschicken. Diese dienen der Untersuchung, ob

- die Fragen richtig verstanden werden
- die verwendeten Ausdrücke eindeutig sind oder an verschiedene Kreise von Befragten angepasst werden müssen
- die Antwortmöglichkeiten klar und vollständig abgegrenzt sind
- Antworten nicht suggestiv herausgefordert werden
- eingebaute Kontrollfragen richtig funktionieren
- benutzte Hilfsmittel (Listen, Bilder usw.) richtig verstanden und angewendet werden
- das Auswertungsverfahren geeignet ist.

Tests der Fragebogen unerlässlich

Nach dem Test wird der Fragebogen korrigiert, hergestellt und an die Auskunftspersonen unter Angabe eines spätesten Rücksendetermins verteilt. Nach Ablauf der Frist wird der Rücklauf geprüft. Ausstehende Bogen werden angemahnt. Die Auswertung schließt sich an.

6.3.2.2 Technische Hinweise

Bei der Gestaltung und dem Versand von Fragebogen sind einige technische Hinweise und Regeln zu beachten.

Regeln für das Anschreiben

Befragung „verkaufen"

- Gründe für die Befragung nennen
- Vorteile für die Befragten deutlich machen
- Allgemeine Bearbeitungshinweise geben (z.B. spätester Abgabetermin, Empfänger des ausgefüllten Fragebogens, Ansprechpartner bei Rückfragen etc.)

Allgemeine Regeln für den Fragebogen

- Angemessene äußere Form (z.B. gut lesbar, sorgfältig aufbereitet)
- Nur Inhalte behandeln, die man den Befragten auch zumuten kann – keine belastenden Fragen
- Zugesagte Anonymität in jedem Fall einhalten
- Nicht zu viele Fragen stellen, da mit der Zahl der Fragen normalerweise auch die Bereitschaft zur Beantwortung sinkt – ausgenommen, der Befragte hat ein starkes persönliches Interesse an der Befragung. Als Regel kann gelten, dass weniger als 10 Fragen gestellt werden sollten
- Der Aufwand für das Ausfüllen sollte möglichst 5 bis 10 Minuten nicht überschreiten
- Das Angebot von Anreizen – etwa die Zusage von kleinen Geschenken – kann die Bereitschaft deutlich fördern, den Fragebogen auszufüllen
- Wenn eine IT-gestützte Auswertung beabsichtigt ist, sollte eine Codierungsspalte vorgesehen werden
- Übersichtliche Anordnung der Fragen und der Antwortmöglichkeiten
- Optische Trennung der Fragen (nicht zu viele auf einer Seite)
- Durchnummerieren der Fragen (um die Auswertung zu erleichtern).

Hinweise zum Ausfüllen

- In die Fragebögen sind gut verständliche Ausfüllanleitungen einzuarbeiten (nicht ans Ende stellen)
- Der Befragte soll durch den Fragebogen geführt werden (z.B. Hinweis, wo es weitergeht, wenn eine Frage nicht zutreffen sollte)
- Dem Befragten ist zu sagen, was er tun soll (z.B. ankreuzen, unterstreichen, streichen)
- Bei offenen Fragen sollte ausreichend Platz für die Antwort gelassen werden
- Wenn Verständnisprobleme erwartet werden, sollten Beispiele angeboten werden – auf einem getrennten Blatt oder auf der Rückseite des Fragebogens
- Werden Skalen verwendet, sollten die Skalenwerte auch verbalisiert werden (z.B. 1 = sehr gut erreicht oder trifft zu)

Hilfen für den Befragten

Vor dem Einsatz von Fragebogen müssen die Anwendungsbedingungen geprüft werden. Nach dem Entwurf des Fragebogens sollte ein Test durchgeführt werden, ob der Bogen und die Ausfüllanleitungen so wie beabsichtigt verstanden werden. Den Befragten sollte das Ausfüllen der Fragebogen leicht gemacht werden.

Zusammenfassung

6.3.2.3 Fragebogen und Interview

Gegenüberstellung Fragebogen und Interview

Vorteile des nicht-standardisierten Interviews (gegenüber dem Fragebogen)	Vorteile des Fragebogens, die gleichzeitig Nachteile von nicht-standardisierten Interviews sind
■ Gewinnung vorher nicht bedachter, neuer Gesichtspunkte ■ Fragen können der Position, Bildung und Auskunftsbereitschaft des Befragten angepasst werden – konkretisierte, auf das Notwendigste beschränkte Fragen ■ Bedeutsame, aber vorher nicht erkannte Punkte können entdeckt und weiter verfolgt werden	■ Schnellere Auskünfte. Nach wenigen Tagen kann die Ist-Aufnahme zu einem Stichtag fertig sein ■ Die Fragen können präziser formuliert werden ■ Abgewogenere Auskünfte; die Befragten haben genügend Zeit, sich Gedanken zu machen ■ Die Befragten können in Ruhe Informationen zusammentragen, z.B. Statistiken erstellen

Vorteile des nicht-standardisierten Interviews (gegenüber dem Fragebogen)	Vorteile des Fragebogens, die gleichzeitig Nachteile von nicht-standardisierten Interviews sind
■ Die Aussagen des Befragten können von einem erfahrenen Interviewer weitgehend aus dem Bild heraus interpretiert werden, das der Befragte hinterlässt ■ Die persönliche Anwesenheit des Interviewers am Arbeitsplatz des Befragten kann mit einer zusätzlichen Aufnahme verbunden werden ■ Die Befragungssituation ist kontrollierbar. Andere Personen können keinen Einfluss nehmen, wie das beim Fragebogen häufig geschieht ■ Die direkte Befragung wirkt persönlicher. Gegenüber Fragebogen bestehen häufig starke emotionale Widerstände ■ Die Befragten haben weniger Hemmungen, sich zu äußern. Viele Menschen haben eine Scheu, sich schriftlich zu artikulieren ■ Weniger Vorbereitungsaufwand ■ Durch ein Interview fühlt sich der Befragte eher aufgewertet und identifiziert sich besser mit der Untersuchung.	■ Es sind keine Erheber notwendig ■ Der Interviewer fällt als Fehlerquelle weg. Die möglichen Einflüsse auf die Antworten, die sich durch das Verhalten, die Frageform oder die Reihenfolge der Fragen ergeben können, werden ausgeschaltet ■ Es sind keine thematischen Abschweifungen möglich ■ Aussagen können später nicht widerrufen werden ■ Kostengünstigere Auskünfte, wenn es viele Befragte gibt ■ Es kann – falls gewünscht – Anonymität gewahrt werden ■ Es ist leichter, viel beschäftigte und häufig abwesende Mitarbeiter zu erreichen ■ Es ist kein gesondertes Protokoll nötig.

Kombinierte Anwendung

Wie aus der Gegenüberstellung der Vor- und Nachteile beider Verfahren hervorgeht, werden die Nachteile der einen Technik durch die Vorteile der jeweils anderen teilweise wieder aufgehoben. Ideal erscheint deswegen eine Kombination beider Verfahren. Es wird mit der Versendung von Fragebogen begonnen. Als Ergebnis liegt eine Darstellung des Zustands zu einem bestimmten Zeitpunkt vor. Die schriftlich erhobenen Sachverhalte werden systematisch weiter untersucht. Normalerweise zeigen sich dann Unstimmigkeiten, Fragen tauchen auf und neue Probleme werden sichtbar. Andererseits liegen aber bereits umfangreiche Informationen über den Untersuchungsgegenstand vor. Um Lücken aufzufüllen und Unklarheiten zu beseitigen, schließt man an die Auswertung der Fragebogen Interviews an. In diesen Interviews kann nun gleich auf das Wesentliche, auf die Besonderheiten sowie auf die offenen Punkte eingegangen werden, da der Interviewer sich anhand der Fragebogen bereits ein umfassendes Bild gemacht hat. Die Beschränkung auf Besonderheiten bedeutet, dass die Interviewzeiten wesentlich verkürzt werden können.

Interviews und Fragebogen haben jeweils ihre eigenen Vorteile und Begrenzungen. Eine Kombination von Fragebogen und Interview ergibt häufig die besten Ergebnisse bei der Befragung.	Zusammenfassung

6.3.3 Beobachtung

Beobachten umfasst die optische Aufnahme und die Interpretation der beobachteten Vorgänge. Beobachten lassen sich nur sinnlich wahrnehmbare Sachverhalte und Prozesse. Bei der Beobachtung fließt der Informationsstrom nur in einer Richtung, nämlich vom Beobachtungsgegenstand zum Beobachter. Die Beobachtung ermöglicht keine Aussagen über Sinnzusammenhänge, auslösende Ursachen und Zielsetzungen. Deswegen ist die Beobachtung für verschiedene Fragestellungen ungeeignet, z.B. um die Aufbaustruktur einer Unternehmung zu erkennen oder um zu verstehen, aus welchen Gründen bestimmte Prozessschritte getan werden.

Informationen über das „was", nicht über das „warum"

Die Beobachtung gibt Auskunft über das wirkliche Verhalten, unabhängig von der Fähigkeit und der Bereitwilligkeit der beobachteten Person, Auskünfte zu geben. Das wirkliche Verhalten ist wiederum nicht eindeutig durch die Befragung zu ermitteln. Für die vollständige Erfassung von Vorgängen sind häufig beide Erhebungsformen notwendig.

6.3.3.1 Typisierung der Beobachtung

Offene und verdeckte Beobachtung

Abhängig von der Beziehung zwischen Beobachtungsgegenstand und Beobachter und abhängig von der Vorgehensweise gibt es verschiedene Beobachtungsformen.

Bei der offenen Beobachtung tritt der Beobachter ausdrücklich als Untersuchender auf, d.h. die beobachteten Personen kennen zumindest den Zweck

Beobachter ist bekannt

seiner Anwesenheit. Der Beobachter sollte bei organisatorischen Erhebungen die beobachteten Personen grundsätzlich über Ziel und Inhalt der Beobachtung informieren.

Apprenticing als mitarbeitende Beobachtung

Der Beobachter kann aktiv im beobachteten Bereich mitarbeiten (aktiv-teilnehmende Beobachtung) oder lediglich beobachten und aufzeichnen (passiv-teilnehmende Beobachtung). Die aktive Mitarbeit im Beobachtungsbereich eröffnet die Möglichkeit, durch Rückfragen bei den Experten sehr umfassende und detaillierte Informationen zu gewinnen. Im angelsächsischen Sprachbereich wird dies auch als Apprenticing bezeichnet, was soviel bedeutet wie „bei jemandem in die Lehre gehen".

Verdeckte Beobachtungen sind tabu

Bei der verdeckten Beobachtung gibt der Untersuchende seine Identität als Beobachter nicht zu erkennen. Diese Form sollte in betrieblichen Projekten praktisch bedeutungslos sein.

Abhängig von der Art des Vorgehens lässt sich die Beobachtung weiter in die strukturierte und in die unstrukturierte Beobachtung aufteilen.

Strukturierte und unstrukturierte Beobachtung

Strukturierung erleichtert Auswertung und Koordination

Bei der strukturierten Beobachtung zeichnet der Beobachter seine Beobachtungen nach einem System von Beobachtungskategorien auf. Diese Beobachtungskategorien werden im Voraus festgelegt. Dadurch wird später die Auswertung der erhobenen Daten erleichtert. Außerdem wird eine einheitliche Erfassung beim Einsatz mehrerer Beobachter erreicht. Eine Sonderform der strukturierten Beobachtung ist die Multimomentstudie, die weiter unten behandelt wird.

Formen und Umfang unstrukturierter Beobachtungen

Bei der unstrukturierten Beobachtung liegen nur grobe Hauptkategorien (allgemeine Richtlinien) als Rahmen vor. Innerhalb dieses Rahmens hat der Beobachter Spielraum für seine Beobachtungen. Begehungen, Film- und Fotoaufnahmen, deren zeitliche und räumliche Reihenfolge nicht vorgegeben sind, fallen in diese Kategorie. Ein typisches Beispiel für die unstrukturierte Beobachtung ist die so genannte Dauerbeobachtung. Dabei hält sich der Beobachter über mehrere Tage hinweg kontinuierlich an den Arbeitsplätzen auf, die untersucht werden sollen. Aufgaben, Hilfsmittel, Störungen, Belege, Umwelteinflüsse und ähnliche Größen werden laufend dokumentiert.

Der zeitliche Rahmen der Beobachtung hängt wesentlich von der Vielfalt der Beobachtungskategorien ab. Je mehr verschiedenartige Aufgaben oder Prozesse vorkommen, desto länger ist der notwendige Beobachtungszeitraum. Normalerweise stellt eine Woche die Untergrenze dar, da bei kürzeren Beobachtungen ein verfälschender Einfluss vom Beobachter ausgehen kann.

Eine Dauerbeobachtung kann nur in räumlich eng begrenzten Bereichen angewandt werden. Besonders vorteilhaft ist dieses Verfahren, wenn es um die Beurteilung der Auslastung von Aufgabenträgern, Fehlerquellen im Arbeitsablauf und um die Auswirkungen von Umwelteinflüssen geht. Unabdingbare Voraussetzung ist, dass der Beobachter etwas von den anfallenden Arbeiten und Prozessen versteht, da er andernfalls zu leicht getäuscht werden kann und zu falschen Schlüssen kommt.

6.3.3.2 Beurteilung der Beobachtung

Die Beobachtung bringt verschiedene Vor- und Nachteile mit sich, wie die folgende Gegenüberstellung zeigt.

Vorteile der Beobachtung	Nachteile der Beobachtung
■ Die Vorgänge werden im Zeitpunkt ihres tatsächlichen Geschehens aufgenommen ■ Der Erheber kann alle Vorgänge direkt und unverfälscht beobachten ■ Die Beobachtung vermittelt die Kenntnis über die Sachverhalte und Vorgänge, unabhängig von der Fähigkeit und Bereitwilligkeit der Beobachteten, sie bekannt zu geben.	■ Die Ermittlung von Daten mit Hilfe der Beobachtung kostet immer den Zeitaufwand, den der beobachtete Vorgang dauert ■ Die Vorgänge können nur während ihres Auftretens beobachtet werden. Da sich dieser Zeitpunkt häufig nicht vorherbestimmen lässt, kann eine Beobachtung sehr zeitaufwändig sein ■ Es besteht die Gefahr der Identifizierung mit den beobachteten Personen, was zu Verfälschungen führen kann ■ Der Beobachter beeinflusst u.U. den Beobachteten ■ Bei allen nicht wahrscheinlichkeitstheoretisch abgesicherten Beobachtungen können atypische Beobachtungszeitpunkte oder -zeiträume zu falschen Beobachtungsergebnissen führen.

In der Praxis betrieblicher Projekte werden nur die Formen offener Beobachtungen angewendet. Neben strukturierten Beobachtungen, bei denen die Beobachtungsmerkmale vorher festgelegt werden, gibt es auch unstrukturierte Formen.

Zusammenfassung

6.3.3.3 Multimomentstudie

6.3.3.3.1 Grundlagen

Ziel einer Multimomentstudie ist es, von einer begrenzten Anzahl beobachteter Fälle – einer Stichprobe – auf die Gesamtheit aller Ereignisse (die Grundgesamtheit) zu schließen. Man beobachtet den in Frage kommenden Sachverhalt in vielen Augenblicken (Multi-Moment). Werden bestimmte Regeln befolgt, kann unterstellt werden, dass die Stichprobe ein brauchbares Abbild der Grundgesamtheit liefert. Dieses Verfahren erspart im Vergleich zu einer Dauerbeobachtung erheblich Zeit und Kosten.

Von der Stichprobe wird auf die Grundgesamtheit geschlossen

Am weitesten verbreitet ist das Multimoment-Häufigkeitszählverfahren. Dabei werden Vorkommnisse (Ereignisse) zu zufällig bestimmten Zeitpunkten notiert. Man erhält eine Auskunft über absolute oder prozentuale Häufigkeiten von Vorgängen. Wenn beispielsweise bei 1000 Beobachtungen 280mal Schreibarbeiten und 720mal andere Vorkommnisse angetroffen wurden, ist unter bestimmten Voraussetzungen der Schluss zulässig, dass der tatsächliche Zeitanteil der Schreibarbeiten etwa 28% beträgt (280 : 1000) x 100. Dieses Ergebnis erlaubt dann die Folgerung, dass in etwa 28% der gesamten Arbeitszeit, also etwa während 50 Stunden pro Monat (= Grundgesamtheit), an der betreffenden Stelle Schreibarbeiten erledigt werden.

Ehe auf das Verfahren näher eingegangen wird, sollen kurz die wichtigsten Begriffe skizziert werden.

Statistische Sicherheit = Wahrscheinlichkeit

Wenn man eine totale Sicherheit erreichen wollte, müsste eine Vollerhebung durchgeführt werden. Jede Stichprobe bringt Unsicherheit mit sich. Durch die statistische Sicherheit (Wahrscheinlichkeit) wird angegeben, wie zuverlässig die Aussagen sind. Normalerweise geht man bei Multimomentstudien von einer statistischen Sicherheit (Wahrscheinlichkeit) von 95% aus, d.h. in 95% der Fälle stimmen die ermittelten Ergebnisse. In 5% der Fälle kann es durchaus sein, dass der tatsächliche Wert (in der Regel dicht) neben dem ermittelten Ergebnis liegt.

Genauigkeit begrenzt Bereich, in dem tatsächlicher Wert liegt

Das Ergebnis einer Stichprobe ist ein Prozentanteil (z.B. 28 % Schreibarbeiten). Nun gibt die Multimomentstudie aber nicht nur diesen Punkt an. Sie sagt vielmehr, dass der tatsächliche Wert – mit 95% Sicherheit – innerhalb eines Bereichs liegt, dessen Mittelpunkt der ermittelte Prozentsatz darstellt. Der Bereich wird durch die so genannte Genauigkeit begrenzt.

Beispiel

28±x%, wobei x die Genauigkeit ist. Bei einer gewählten Genauigkeit von 2% bedeutet das beispielsweise: 28±2%, d.h. der tatsächliche Wert liegt innerhalb der Grenzen 28-2% = 26% und 28+2% = 30%, und das mit einer Sicherheit von 95%.

Statistische Sicherheit und Genauigkeit stehen in einer gegenläufigen Beziehung zueinander. Je sicherer eine Aussage sein soll, desto ungenauer muss sie sein, vorausgesetzt der Sachverhalt ist nicht exakt bekannt. So ist z.B. die Aussage, dass ein bestimmter Zug um 16.50 Uhr abfährt, sehr genau, aber auch nicht hundertprozentig sicher. Je ungenauer die Aussage gemacht wird – der Zug fährt zwischen 16.50 und 17.00 Uhr – desto sicherer wird sie.

> Die Multimomentstudie ist eine Stichprobenerhebung, die aus punktuellen Beobachtungen Aussagen über Zeitanteile zulässt. Meistens wird eine statistische Sicherheit von 95% angestrebt. Die Genauigkeit der Ergebnisse begrenzt den Bereich, innerhalb dessen der tatsächliche Wert liegt. Die gewünschte Genauigkeit legt der Erheber selbst fest – siehe „Zahl der Notierungen festlegen".

Zusammenfassung

6.3.3.3.2 Vorgehensweise

Eine Multimomentstudie läuft nach folgendem Schema ab:

- Ziel festlegen
- Beobachtungsmerkmale festlegen
- Zahl der notwendigen Notierungen (Beobachtungen) festlegen
- Zahl der Rundgänge ermitteln
- Rundgangswege und Beobachtungsstandpunkte festlegen
- Startzeitpunkte der Rundgänge festlegen
- Beobachtungsbogen entwerfen
- Betroffene und Betriebs-/Personalrat informieren
- Erheben
- Auswerten.

Ziel festlegen

Es ist zu bestimmen, was mit der Multimomentstudie erreicht werden soll. Mögliche Aufgabenstellungen sind etwa die Ermittlung von

- Zeitanteilen für bestimmte Aufgabenarten
- Bearbeitungszeiten je Vorgang (nur bei gleichzeitiger Erfassung des Mengengerüsts)
- Auslastungsgraden für Mitarbeiter
- Auslastungsgraden für Sachmittel
- Häufigkeiten bestimmter Ablaufarten
- Warteschlangen (z.B. vor Schaltern).

Was soll gemessen werden?

Beobachtungsmerkmale festlegen

Was soll beobachtet werden?

Es ist festzulegen, welche Sachverhalte (Merkmale) in der Studie erhoben werden sollen. Diese Sachverhalte müssen beobachtbar und eindeutig abgrenzbar sein. Die Zahl der Merkmale sollte 20 nicht überschreiten.

Aus Erfahrungswerten, früheren Studien oder Voruntersuchungen können die zu beobachtenden Merkmale (Sachverhalte) gewonnen werden. An mehreren Arbeitsplätzen ist beispielsweise zu ermitteln, wie groß der Anteil bestimmter Aufgaben ist, wie z.B. telefonieren, Bildschirmarbeit, Registraturarbeiten, Kunden bedienen, Sonstiges.

Beobachtungen von Abwesenheiten

Neben Aufgaben sind häufig aber noch weitere Merkmale von Interesse, wie z.B. Ursachen für Abwesenheiten oder Wartezeiten wie planmäßige Abwesenheit (Pause, Krankheit, Urlaub, Schulung, Gleitzeitspanne etc.), dienstliche oder persönlich bedingte Abwesenheit, persönlich oder prozessbedingte Wartezeiten.

Da Abwesenheit nur als solche beobachtet werden kann – der Grund der Abwesenheit bleibt dem Beobachter verschlossen – muss das Prinzip der reinen Beobachtung durchbrochen werden. In der Praxis hat es sich bewährt, dem Beobachteten entsprechende Kärtchen zu geben, die er je nach der Ursache der Abwesenheit aufstellt.

Zahl der Notierungen festlegen

Statistische Ermittlung der Zahl notwendiger Notierungen

Die notwendige Zahl der Notierungen (N) = Beobachtungen ist bei einer unterstellten Sicherheit von 95% abhängig von der gewünschten Genauigkeit und dem Anteilswert des beobachteten Merkmals (p). Da bei einer Multimomentstudie p zu Beginn nicht bekannt ist, muss dieser Wert geschätzt werden, notfalls nach einer Voruntersuchung von etwa 400 Notierungen. Im Normalfall werden bei einer Studie gleichzeitig verschiedene Anteilswerte ermittelt. Die Zahl der Notierungen hängt dann von dem Anteilswert ab, der voraussichtlich am dichtesten bei 50% liegt. Nomogramme und IT-Tools können zur Bestimmung der Anzahl notwendiger Notierungen herangezogen werden (siehe dazu REFA, Methodenlehre des Arbeitsstudiums). Untersuchungen mit 2.000 bis 20.000 Notierungen sind durchaus üblich.

Zahl der Rundgänge festlegen

Die Zahl der notwendigen Rundgänge R ermittelt man aus der Zahl der notwendigen Notierungen N und aus der Zahl der je Rundgang zu beobachtenden gleichartigen Stellen oder Arbeitsplätze (Ap) R= N/Ap.

Je mehr Stellen oder Arbeitsplätze man bei einem Rundgang beobachten kann, desto weniger Rundgänge sind erforderlich. Diese Aussage gilt nur, wenn an jedem Arbeitsplatz die gleichen Sachverhalte beobachtet werden. Alle Aussagen der Multimomentstudie gelten dann auch nur für alle Beobachteten als Durchschnittswert.

Rundgangswege und Beobachtungsstandpunkte festlegen

Die Rundgangswege werden skizziert und die Beobachtungsstandpunkte eingetragen.

Startzeitpunkte der Rundgänge festlegen

Die statistische Sicherheit und Genauigkeit von Stichprobenergebnissen kann nur dann gewährleistet werden, wenn alle Ereignisse oder Merkmale die gleiche Chance haben, bei der Beobachtung notiert zu werden. Diese Voraussetzung wird nur erfüllt, wenn die Beobachtungszeitpunkte zufällig gewählt werden. Zur Festlegung der Startzeitpunkte der Rundgänge können Tabellen oder entsprechende IT-Tools herangezogen werden.

Startzeitpunkte nach dem Zufallsprinzip

Beobachtungsbogen entwerfen

Nach diesen Vorarbeiten muss ein Beobachtungsbogen entworfen werden. Besondere Rubriken für Rundgangszeiten, Arbeitsplätze, Beobachtungsmerkmale sowie Summen und Auswertungsspalten und ausreichender Raum für die eigentlichen Notierungen sind vorzusehen.

Informieren

Da es sich um eine offene Beobachtung handelt, ist es unerlässlich, vorher die Betroffenen über die Art der Vorgehensweise und über die Zielsetzung zu informieren. Der deutsche Betriebsrat hat lt. § 90 des Betriebsverfassungsgesetzes ein Unterrichtungs- und Beratungsrecht, lt. § 91 ein Mitbestimmungsrecht bei verschiedenen organisatorischen Belangen und lt. § 92 ein Unterrichtungs- und Beratungsrecht bei der Personalplanung (Entsprechendes gilt auch für die verschiedenen Personalvertretungsgesetze, welche die Mitbestimmung durch Personalräte im öffentlichen Dienst regeln). Da Multimomentstudien grundsätzlich vor dem Hintergrund organisatorischer Regelungen und u.U. auch mit dem Ziel der Personalbemessung durchgeführt werden, empfiehlt es sich in jedem Fall, den Betriebsrat (Personalrat) rechtzeitig einzuschalten und über das geplante Vorgehen zu informieren.

Betroffene und Mitarbeitervertretungen informieren

Erhebung

Mit Proberundgängen vor Beginn der Multimomentaufnahme prüft man, ob jeder Erheber jedes Merkmal richtig notiert. Der Erheber kann sich mit dieser Aufnahmetechnik vertraut machen. Gleichzeitig wird der Beobachtungsbogen nochmals auf Vollständigkeit geprüft.

Auswerten

In der Auswertung ermittelt man die Notierungen je Beobachtungsmerkmal und setzt sie zur Gesamtzahl der Notierungen in Beziehung.

1300 Gesamtzahl der Notierungen		Anteile
Telefonieren	(210 : 1300) x 100 =	16,2%
Bildschirmarbeit	(180 : 1300) x 100 =	13,9%
Schreiben	(640 : 1300) x 100 =	49,2%
Ablegen	(90 : 1300) x 100 =	6,9%
Sonstiges	(180 : 1300) x 100 =	13,8%
	1300	100%

Beispiel

Wenn insgesamt

10 Mitarbeiter vier Wochen lang beobachtet wurden, errechnen sich folgende Zeiten:

10 Mitarbeiter x 4 Wochen x 40 Stunden/W = 1600 Stunden

16,2% der Zeit Telefonieren = 259,2 Stunden

Nach der Wahrscheinlichkeitstheorie beträgt die Genauigkeit eines Anteils von 16,2% bei 1300 Notierungen ± 1,8%.

Die Aussage lautet demnach: Der tatsächliche Zeitanteil, der für das Telefonieren aufgewandt wird, liegt mit 95% Sicherheit innerhalb des Intervalls von

16,2 - 1,8 = 14,4% und

16,2 + 1,8 = 18,0% der gesamten Arbeitszeit.

Zusammenfassung

Eine Multimomentstudie läuft nach folgendem Schema ab: Ziel festlegen, Beobachtungsmerkmale festlegen, Zahl der Notierungen festlegen, Zahl der Rundgänge festlegen, Startzeitpunkte der Rundgänge festlegen, Rundgangswege und Beobachtungsstandpunkte festlegen, Beobachtungsbogen entwerfen, informieren, erheben, auswerten.

6.3.3.3.3 Beurteilung der Multimomentstudie

Die Multimomentstudie birgt eine Reihe von Vor- und Nachteilen in sich, wie die folgende Gegenüberstellung zeigt.

Vorteile der Multimomentstudie	Nachteile der Multimomentstudie
■ Die Untersuchungsergebnisse sind ein Spiegelbild des tatsächlichen Ist-Zustands. Es gibt keine Verfälschung durch bewusst oder unbewusst falsche Auskünfte ■ Es werden keine Zeitmessgeräte benötigt ■ Der Arbeitsablauf wird nicht gestört, da der Beobachtete keine Auskünfte zu geben braucht ■ Auf einem Rundgang können nahezu beliebig viele Arbeitsplätze beobachtet werden (bis zu 50) ■ Die Beobachtung kann jederzeit abgebrochen und später fortgesetzt werden ■ Jede gewünschte Genauigkeit – von der Grob- bis zur Feinuntersuchung – ist möglich ■ Die Auswertung geht schnell.	■ Durch Multimomentaufnahmen können keine Aussagen über Leistungsgrade gemacht werden ■ Bei Ereignissen, deren Anteil kleiner als 1% ist, können keine Genauigkeitsaussagen getroffen werden ■ Die Beobachtung durch „fremde" Erheber kann menschliche Abwehrhaltungen hervorrufen. Deswegen müssen die Beobachteten gründlich vorbereitet – informiert und mit den erhebenden Personen bekannt gemacht – werden.

6.3.3.4 Multimomentstudien mit Selbstnotierung

Das Verfahren

Im Prinzip handelt es sich um Multimomentstudien, so dass alle allgemeinen Aussagen über Stichprobenerhebungen aus dem Kapitel 6.3.3.3 sinngemäß auch hier gelten. Der wesentliche Unterschied zu der oben geschilderten Multimomentstudie mit Fremdbeobachtern ist die Selbstnotierung der Merkmale durch die Betroffenen. Dazu wird ihnen ein Gerät oder eine Software zur Verfügung gestellt, das (die) von einem Zufallsgenerator gesteuert wird und durch optische und akustische Signale den betreffenden Mitarbeiter zur Notierung auffordert und die Eingabe der jeweiligen Aufgabe ermöglicht. Auch diese Erhebungstechnik ist insofern strukturiert, als nur bestimmte, vorher festgelegte Merkmale notiert werden.

Strukturierte, zufallsgesteuerte Selbstaufschreibung

Zur Vorbereitung einer solchen Studie müssen die Merkmale in einem Katalog zusammengefasst werden. Jedes Ereignis soll möglichst in drei Komponenten beschrieben werden:

- Verrichtung   -   Was wird getan?
- Objekt   -   Woran wird es getan?
- Empfänger   -   Bei wem oder für wen wird es getan?

Was? Verrichtung	Woran? Objekt	Bei wem? Für wen? Leistungsempfänger
1. Lesen	1. Anfragen	1. Kunden
2. Schreiben/ Konzipieren	2. Bestellungen	2. Mitarbeiter
3. Rechnen	3. Reklamationen	3. Lager
4. Besprechen	4. Lageraufträge	4. Fertigung
5. Telefonieren	5. Fertigungs- aufträge	5. Allgemeine Verwaltung
6. Warten	6. Statistik	6. Vorgesetzter
7. Fahren	7. Sonstiges	7. Sonstige
8. Pause/Privates		
9. Sonstiges		

Abb. 6.08: Merkmalskatalog für eine Multimomentstudie mit Selbstnotierung

Aus Gründen der Übersichtlichkeit sollten in jeder Kategorie möglichst nicht mehr als 10 Kriterien verwandt werden.

Bei Arbeitsbeginn schaltet der Mitarbeiter das Gerät ein bzw. startet die Software und gibt dann die jeweiligen Werte direkt ein.

Nach Abschluss der meist etwa einmonatigen Erhebung erfolgt die Auswertung. Dazu werden – analog zur Multimomentstudie mit Fremdbeobachtern – folgende Ergebnisse ermittelt:

Mögliche Auswertungen

- Die Zahl der Notierungen insgesamt
- Die prozentualen Anteile der Merkmale
  - für die Verrichtungen
  - für die Objekte
  - für die Leistungsempfänger
  - für beliebige Kombinationen
- Der Zeitverbrauch für die Merkmale
- Die erreichten Genauigkeiten
- Die Mengen (wenn in getrennten Strichlisten erfasst).

Bewertung

Die Multimomentstudie mit Selbstnotierung hat gegenüber der Studie mit Fremdbeobachtern einige wesentliche Vorteile und Nachteile.

Vorteile Multimomentstudie mit Selbstnotierung	Nachteile Multimomentstudie mit Selbstnotierung
■ Die Merkmale können erheblich weiter aufgegliedert werden, weil jetzt die fehlende „Beobachtbarkeit" einzelner Merkmale nicht mehr im Wege steht. Die Ergebnisse sind aussagefähiger und genauer, da die Merkmale nach den drei Komponenten geordnet sind; fundierte Analysen sind möglich ■ Es werden keine Erheber benötigt ■ Die Selbstnotierung wird von den Betroffenen leichter akzeptiert, weil sie weniger als Kontrolle empfunden wird ■ Es können auch einzelne Stellen untersucht werden.	■ Der Mitarbeiter kann nahezu unbegrenzt manipulieren. Das wirkt sich vor allem im Auslastungsgrad aus. Verteilzeiten werden nicht ihrem wirklichen Gewicht entsprechend notiert. Insofern ist dieses Verfahren für Auslastungsstudien und Personalbemessungsaktionen nur begrenzt verwendbar. Die Manipulation kann auch dazu führen, dass solche Aufgaben, die der Betroffene als höherwertig empfindet, überrepräsentiert werden ■ Die laufenden Notierungen belasten und stören den Mitarbeiter.

Diese Erhebungstechnik eignet sich besonders, wenn differenzierte Untersuchungen über Zeitanteile für bestimmte Aufgabenarten durchzuführen sind. Besonders vorteilhaft ist es, wenn mehrere gleichartige Stellen untersucht werden, da dann durch Quervergleiche objektivere Ergebnisse erreicht werden können.

Die Multimomentstudie mit Selbstnotierung ist eine Stichprobenerhebung, die durch Zufallsgeneratoren gesteuert wird und differenzierte Aussagen über Zeiten liefert, die für bestimmte Verrichtungen, Objekte und Leistungsempfänger anfallen. Das wesentliche Problem ist die mit der Selbstnotierung verbundene Manipulationsgefahr.

Zusammenfassung

6.3.3.5 Zeitaufnahmen

Direkte Messung von Zeiten

Die Zeitaufnahme (Zeitstudie) setzt die Gliederung der zu untersuchenden Aufgaben in bestimmte Teilaufgaben bzw. Prozessschritte voraus. Für diese Teilaufgaben oder Prozesse werden direkt und kontinuierlich mit Hilfe von Zeitmessgeräten die Bearbeitungszeiten für einzelne beobachtbare Fälle erfasst.

Die Zeitaufnahme ist das genaueste Verfahren zur Zeitermittlung. Sie lässt sich sinnvoll jedoch nur bei kurzzyklischen Arbeiten und bei solchen Arbeiten anwenden, bei denen keine großen Schwankungen im Zeitverbrauch auftreten. Die Zeitstudie per Stoppuhr oder Filmkamera oder Tonbandgerät, die nur von Fachleuten vorgenommen werden kann, da gleichzeitig ein Leistungsgrad geschätzt werden muss, ist ein äußerst kostspieliges Verfahren. Deswegen lohnt sich dieses Verfahren nur bei sehr häufig wiederkehrenden Arbeitsprozessen, die einen hohen Zeitbedarf haben. Zeitstudien im Büro oder Verwaltungsbereich sind besonders schwierig, da die Aufgaben meistens inhaltlich gar nicht beobachtbar sind. Aus diesem Grund wurden Zeitstudien im Verwaltungsbereich bisher nur in sehr geringem Umfang, vorwiegend bei manuellen Routinearbeiten eingesetzt.

Zusammenfassung

Zeitaufnahmen sind Verfahren zur Ermittlung von Einzelzeiten mit Hilfe von Zeitmessgeräten. Diese Erhebungstechnik setzt voraus, dass die Aufgaben beobachtbar sind.

6.3.4 Dokumentenstudium

Dokumentenstudium in der Vorbereitung

Beim Dokumentenstudium werden Erhebungen am Schreibtisch vorgenommen. In der Regel werden die Betroffenen nicht eingeschaltet. Das Dokumentenstudium steht meistens am Anfang einer Untersuchung, um sich in eine Materie einzuarbeiten und allgemeine Informationen zu sammeln.

Da Dokumente in Form von Briefen, Berichten, Dateien, Akten, Gutachten, Arbeitsanweisungen, Stellenplänen, Statistiken usw. nahezu alle betrieblichen Sachverhalte abdecken, ist das Dokumentenstudium eine wichtige und häufig angewandte Erhebungstechnik.

Zwei Arten von Dokumenten können unterschieden werden:

- Planmäßig, unabhängig von dem betrieblichen Vorhaben erstellte Dokumente
- Ad-hoc erstellte Dokumente.

Da bei den planmäßig erstellten Dokumenten kein aktuelles Vorhaben im Hintergrund steht, sind diese Unterlagen nicht im Hinblick auf das Untersuchungsziel manipuliert, was aber nicht heißt, dass sie vollständig und aktuell sind und dass (etwa bei Arbeitsanweisungen) tatsächlich nach ihnen gearbeitet wird. Typische Beispiele sind Stellenbeschreibungen, Stellenpläne, Arbeitsanweisungen, Durchführungsverordnungen, allgemeine Regelungen usw.

Ad-hoc erstellte Dokumente sind aus irgendwelchen aktuellen Anlässen entstanden. Typische Beispiele sind Sitzungsberichte, Protokolle, Prüfungsberichte, Aktennotizen und allgemeine Aufzeichnungen. Mit ihnen wird häufig ein bestimmtes Ziel verfolgt, das mit betrieblichen Vorhaben im Zusammenhang stehen kann.

Dokumente können strukturiert oder unstrukturiert ausgewertet werden. Bei einer unstrukturierten Auswertung setzt sich der Erheber mit den Dokumenten auseinander, macht eventuell Auszüge und versucht, die ihm wichtig erscheinenden Sachverhalte zu speichern. Eine strukturierte Auswertung erfordert Vorarbeit. Der Erheber legt vorab die Merkmale fest, nach denen er die Auswertung vornehmen will. So werden beispielsweise bei jedem Dokument systematisch Empfänger, Ersteller, Zeitpunkt der Erstellung oder auch die Inhalte nach vorher definierten Gruppen ausgewertet. Diese Strukturierung ist bei einem größeren Volumen vergleichbarer Dokumente sinnvoll, da die spätere Analyse des Materials beschleunigt werden kann.

Formen der Auswertung

Folgende Vorteile und Nachteile bringt das Dokumentenstudium mit sich:

Vorteile Dokumentenstudium	Nachteile Dokumentenstudium
▪ Breite Informationsbasis	▪ Fehlende Vollständigkeit
▪ Gute Vorbereitung für eine gezieltere Folgeerhebung	▪ Fehlende Aktualität
▪ Schneller Zugriff (wenn gut geordnetes und registriertes Material vorliegt)	▪ Dokumente geben u.U. nur Soll, nicht aber Ist wieder
▪ Keine Verfälschung durch den aktuellen Anlass	▪ Unter Umständen sehr zeitaufwändig.
▪ Keine Störung der Betroffenen	
▪ Vermeidet unnötige Unruhe, etwa im Rahmen einer Vorstudie, wo noch gar nicht feststeht, ob das Projekt fortgeführt wird.	

Wegen der genannten Eigenschaften wird das Dokumentenstudium selten allein, sondern meistens im Zusammenhang mit anderen Erhebungstechniken eingesetzt.

> **Zusammenfassung**
>
> Das Dokumentenstudium wird meistens benutzt, um sich in eine Materie einzuarbeiten. Dokumente können planmäßig oder ad-hoc erstellt werden. Aktualität, Vollständigkeit und Korrektheit können Probleme darstellen. Meistens wird Dokumentenstudium im Zusammenhang mit anderen Techniken eingesetzt.

6.3.5 Selbstaufschreibung

Neben Befragung, Beobachtung und Dokumentenstudium kann die Selbstaufschreibung als Erhebungstechnik herangezogen werden. Die Selbstaufschreibung wird insbesondere zur Ermittlung von Aufgaben bzw. Tätigkeiten sowie Zeiten und Mengen eingesetzt. Um die spätere Auswertung zu erleichtern, empfehlen sich leicht verständliche Vordrucke, die von den Betroffenen ohne Vorkenntnisse ausgefüllt werden können. Eine sorgfältige Information über das Ziel der Erhebung und über die Vorgehensweise ist unerlässlich. Speziell in den ersten Tagen der Erhebung muss der Erheber Starthilfe geben.

Aufgaben und Zeiterhebung

Aufgaben und Zeiten in Tagesberichten

Ein typisches Beispiel der Selbstaufschreibung ist ein Tagesbericht. In die erste Spalte eines Erfassungsvordrucks werden die erledigten Aufgaben oder Tätigkeiten eingetragen. Sie werden in der Reihenfolge ihres Auftretens untereinander vermerkt. In der zweiten Spalte werden die zugehörigen Zeiten festgehalten. Tritt eine Aufgabe erneut auf, wird in der zweiten Spalte lediglich der Zeitverbrauch notiert. So bedeutet in der zweiten Spalte „3, 2, 4, 5, 2", dass fünfmal die Aufgabe auftrat und insgesamt 16 Minuten beanspruchte.

Es empfiehlt sich, vorab einen Aufgabenkatalog zu erarbeiten, aus dem die Aufgaben oder Tätigkeiten auszuwählen sind. Außerdem sollen auch alle Aktivitäten mit erfasst werden, die keine Aufgabenerfüllung darstellen, dennoch aber Arbeitszeit des Betroffenen beanspruchen. Darunter fallen etwa Wartezeiten, Privatgespräche, persönliche Verrichtungen, Erholungszeiten und Ähnliches. Für organisatorische Maßnahmen können auch Informationen über solche Zeiten von Interesse sein.

Weitere Informationen bei Bedarf

Neben der Spalte, in der die Aufgaben/Tätigkeiten eingetragen werden, können noch weitere Spalten vorgesehen werden, in denen durch bestimmte Symbole Zwischentätigkeiten (wie ein- und ausgehende Anrufe, Besprechungen usw.) einzutragen sind. Durch diese zusätzlichen Informationen lassen sich Störungen und deren Häufigkeit abbilden. In einer weiteren Spalte kann der Mitarbeiter noch angeben, mit wem er zusammengearbeitet hat, um bestimmte Aufgaben zu erledigen.

Die Selbstaufschreibung eignet sich bei entsprechender Vordruckgestaltung und Einweisung insbesondere zur Erfassung von Aufgaben bzw. Tätigkeiten,

Mengen und Zeiten. Die Tagesberichte werden zur Analyse verdichtet. Die Aufbereitung für die spätere Analyse und Würdigung kann nur von ausgebildeten Mitarbeitern vorgenommen werden.

Tagesbericht		Name:		Vorname:		
		Abteilung:				
Datum:	Unterschrift:	Stellenbez.:		Stellennr.:		
		Raum:		Telefon:		
Aufgabe/Tätigkeit		Einzelfälle in Minuten				
			Telefon		Besprechung	Zusammenarbeit
			Ein	Aus		
a		b	c	d	e	f
Zeichen Vorgesetzter				Blatt		

Abb. 6.09: Formblatt „Tagesbericht"

Die Tagesberichte müssen parallel zur Arbeit erstellt werden, da andernfalls Schätzfehler und Manipulationen auftreten. Speziell zu Beginn einer Erhebung muss der Erheber durch Stichproben prüfen, ob die Aufschreibungen auf dem Laufenden sind und ob es noch ungeklärte Fragen gibt. Die Tagesberichte sind jeden Abend möglichst vom Vorgesetzten einzusammeln und zumindest grob zu prüfen. Offensichtliche Unrichtigkeiten bzw. eine oberflächliche

Laufende Erstellung und Überwachung

Handhabung muss er sofort reklamieren, um zu zeigen, dass die Erhebung ernst genommen wird.

Die Ergebnisse der Selbstaufschreibung sind nur dann hinreichend aussagekräftig, wenn sie mindestens während zweier Wochen erstellt werden. Sie sollten in größeren Zeitintervallen, etwa nach Wochenabschnitten, zusammengefasst und verdichtet werden.

In einer weiteren Liste müssen noch solche Aufgaben erfasst werden, die periodisch wiederkehren – etwa Jahresabschlussarbeiten – und solche, die nur gelegentlich anfallen, in den Tagesberichten jedoch nicht aufgeführt worden sind.

Mängel- oder Wunschlisten

Es kann zweckmäßig sein, zusätzlich mit Mängel- und Wunschlisten zu arbeiten, die der Mitarbeiter parallel zu seiner Arbeit ausfüllen kann. Sie können als wichtige Materialsammlung für die Anforderungsermittlung angesehen werden.

Die Mitarbeiter werden aufgefordert, sich über Verbesserungsmöglichkeiten Gedanken zu machen. Hier wird eine deutliche Beziehung der „Selbstaufschreibung" zum betrieblichen Vorschlagswesen erkennbar. Mitdenken und Vorschläge sollen gefördert werden, weil gerade die Ausführenden, aber auch die mittleren hierarchischen Ebenen die Einzelheiten der Aufgabenerfüllung am besten kennen. Die wichtigsten Anregungen für betriebliche Verbesserungen stammen daher häufig von denjenigen, die täglich die zu erfüllenden Aufgaben erledigen müssen. Eindeutig besser bewährt haben sich hier allerdings so genannte Workshops, in denen Verbesserungsvorschläge gemeinsam erarbeitet werden.

Verlässlichkeit der Aufschreibung

Bei der Selbstaufschreibung taucht die Frage auf, inwieweit die Angaben vertrauenswürdig sind. Allgemeine Aussagen sind dazu nicht möglich. Nirgendwo wird es dem Betroffenen leichter gemacht, Informationen zu manipulieren. Er kann in aller Ruhe überlegen, was er angeben will.

Vorgesetzte überprüfen Selbstaufschreibung

Die Neigung, sich besser – z.B. stärker ausgelastet – darzustellen, als es den Tatsachen entspricht, kann sicherlich nicht ignoriert werden. Es gibt jedoch ein wichtiges Korrektiv, wodurch starke Verzerrungen eingeschränkt werden. Tagesberichte sind dem jeweiligen Vorgesetzten vorzulegen, der sie bearbeitet oder doch zumindest abzeichnet. Allein das Wissen darum, dass diese Berichte vom Vorgesetzten – und nicht nur von einem Außenstehenden – zur Kenntnis genommen werden, verhindert extreme Verfälschungen. Ein zweites Korrektiv hat der Erheber selbst in der Hand. Wenn ein Stelleninhaber bei einem Acht-Stunden-Tag acht Stunden produktive Arbeit angibt, ist die Manipulation offenkundig. Nicht-produktive Zeit (Verteilzeiten) für persönliche

Bedürfnisse oder auch Wartezeiten sind nicht zu umgehen. Behauptet also ein Mitarbeiter von sich, „pausenlos" gearbeitet zu haben, so sollte nachgefasst werden, damit er sieht, dass die Berichte sorgfältig ausgewertet werden. Bei der weiteren Selbstaufschreibung sinkt dann die Neigung zur Verfälschung.

Das wohl wichtigste Korrektiv ist der Quervergleich zwischen vergleichbaren Stellen. Von dieser Möglichkeit sollte immer Gebrauch gemacht werden, wenn es die Situation erlaubt. Die gemeinsame Erörterung von deutlichen Abweichungen zwischen vergleichbaren Stellen fördert die Bereitschaft, korrekte Aufzeichnungen zu führen.

Mit Hilfe der Selbstaufschreibung können folgende Informationen gewonnen werden:

- Die den Stellen und Abteilungen übertragenen Aufgaben
- Der Zeitaufwand für einzelne Aufgaben
- Der Zeitanteil einzelner Aufgaben (Zeitrang) im Vergleich zu anderen
- Die Häufigkeit des Aufgabenanfalls.

Aufgaben, Zeiten und Mengen

Damit kann ein aussagefähiger Katalog für die anschließende Auswertung geschaffen werden.

> Bei dem Verfahren der Selbstaufschreibung werden von den Mitarbeitern Tagesberichte sowie Formblätter für zusätzliche Aufgaben bzw. Tätigkeiten ausgefüllt. Sie werden verdichtet und für die Analyse aufbereitet. Die Ergebnisse können manipuliert werden, allerdings gibt es Möglichkeiten, die Manipulationen zu begrenzen.

Zusammenfassung

6.3.6 Laufzettelverfahren

Das Laufzettelverfahren ist eine arbeitsablaufbezogene Untersuchungstechnik. An einen Informationsträger (Beleg, Vorgang, Akte, Antrag usw.) wird ein Laufzettel geheftet, der ähnlich geführt wird wie die Begleitpapiere eines Auftrags in der Fertigung. Der jeweilige Aufgabenträger trägt die folgenden Informationen ein, ehe der Laufzettel mit dem bearbeiteten Objekt weitergegeben wird:

- Bearbeiter/Stelle
- Art der Bearbeitung/Aufgabe(n)
- Eingangstag und Eingangszeit
- Bearbeitungstag mit Beginn und Ende der Bearbeitung
- Ausgangstag und Ausgangszeit
- Dauer des Bearbeitungsvorgangs.

Erhebungsinhalte

Damit die Art der Bearbeitung standardisiert aufgeschrieben wird – was die spätere Auswertung erleichtert – , ist es sinnvoll, auf dem Laufzettel einen Katalog der in Frage kommenden Bearbeitungsarten anzugeben, aus dem die Aufschreibenden jeweils die zutreffende auswählen.

Der Erhebungszeitraum ist so festzulegen, dass eine ausreichende Anzahl von Fällen erfasst wird. Meistens genügt ein Zeitraum von einem Monat. Zur Auswertung können auf dem Laufzettel gesonderte Spalten für die verschiedenen Bearbeitungsarten, für die dafür aufgewendeten Zeiten usw. vorgegeben werden.

Mit Hilfe des Laufzettelverfahrens können folgende Fragestellungen beantwortet werden:

Ergebnisse

- Beteiligte an einem Arbeitsprozess
- Alternative Wege (Verzweigungen) in einem Prozess
- Häufigkeiten der alternativen Wege
- Gesamte Durchlaufzeit, Bearbeitungszeiten, Liegezeiten, Transportzeiten
- Bearbeitungszeiten an den einzelnen Arbeitsplätzen
- Rückläufe.

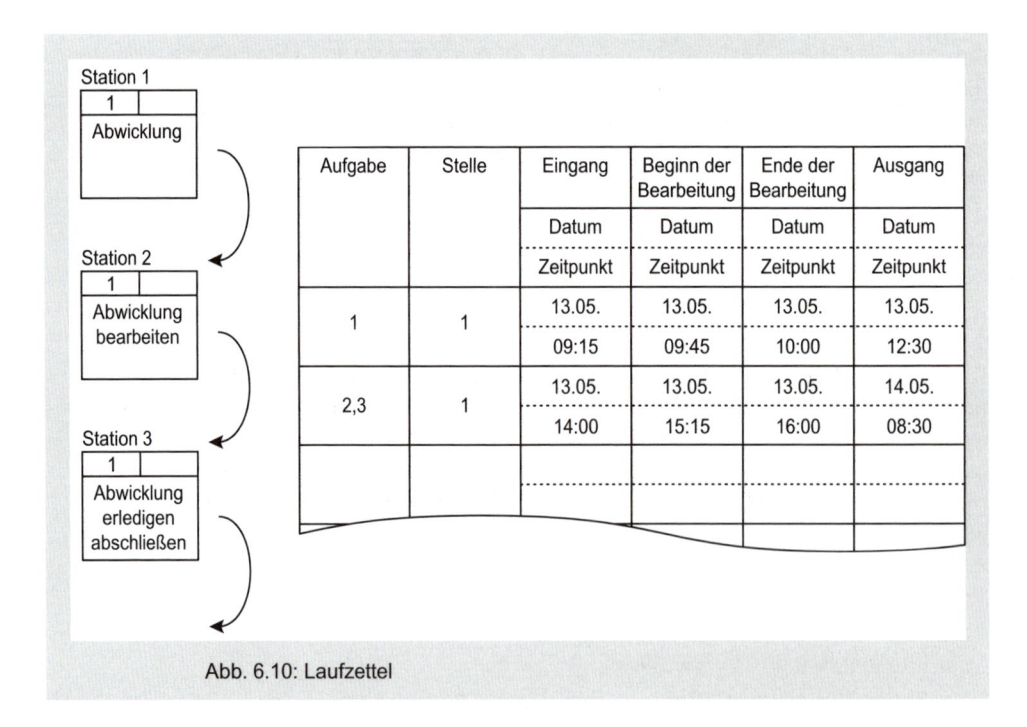

Aufgabe	Stelle	Eingang	Beginn der Bearbeitung	Ende der Bearbeitung	Ausgang
		Datum	Datum	Datum	Datum
		Zeitpunkt	Zeitpunkt	Zeitpunkt	Zeitpunkt
1	1	13.05.	13.05.	13.05.	13.05.
		09:15	09:45	10:00	12:30
2,3	1	13.05.	13.05.	13.05.	14.05.
		14:00	15:15	16:00	08:30

Station 1: Abwicklung
Station 2: Abwicklung bearbeiten
Station 3: Abwicklung erledigen abschließen

Abb. 6.10: Laufzettel

> Das Laufzettelverfahren ist eine prozessorientierte Erhebungstechnik. Im Laufzettel werden Eingangs-, Ausgangs- und Bearbeitungszeiten, die Art der Bearbeitung und der Bearbeiter eingetragen.

Zusammenfassung

6.3.7 Schätzungen

Eine Schätzung ist formal eine einfache Technik der Erhebung. Durch möglichst leicht greifbare Daten von Vorperioden (historische Schätzmethode), eventuell auch durch Vergleich mit verwandten Sachverhalten können Informationen über Zeiten und Mengen gewonnen werden, die auch der Gegenwart und Zukunft zugrunde gelegt werden. Schätzungen lassen sich leicht durchführen und bringen wenig Aufwand mit sich. Dieser Vorteil wird meist mit Ungenauigkeiten in den Aussagen erkauft.

Am Anfang einer Schätzung muss der Sachverhalt, der zu schätzen ist, festgelegt werden. Es kann sich dabei handeln um:

- Zeiten für Prozesse (Stückzeiten)
- Zeiten für bestimmte Aufgabenarten oder für Teilprojekte
- Mengen (z.B. Anzahl von Bestellungen) und Häufigkeiten
- Zeitliche Verteilung von Ereignissen
- Veränderungen in der Zeit usw.

Quantifizierbare Sachverhalte

Wenn hinsichtlich des zu schätzenden Sachverhalts bereits Erfahrungen vorliegen, muss die als Vergleichsperiode verwendete Zeitspanne bestimmt werden. Dabei ist zu beachten, dass bei vielen Sachverhalten zyklische Schwankungen auftreten. Atypische Vergleichszeiträume müssen ausgesondert werden. Ist der Sachverhalt komplex, empfiehlt es sich, ihn zu zerlegen. Bei dieser so genannten analytischen Zeitschätzung werden die Aufgaben so weit in Teilaufgaben gegliedert, bis es möglich ist, den Zeitbedarf für die Erledigung dieser Aufgabenelemente zu schätzen. Die Einzelzeiten werden dann zu einer Gesamtzeit addiert. Die so ermittelten Werte sollten anschließend mit den entsprechenden Experten noch einmal auf Plausibilität überprüft werden.

Analytische Zeitschätzungen sind immer dann geeignet, wenn die Aufgaben

- überwiegend mit geistiger Arbeit verbunden sind
- unregelmäßig auftreten
- in großen Zeitabständen auftreten
- sich über einen größeren Zeitraum erstrecken
- erst in der Zukunft wahrgenommen werden
- im Zeitbedarf stark streuen
- auf sehr unterschiedliche Art und Weise erledigt werden.

Analytische Zeitschätzungen

Eingabeln bei Schätzungen

Interviews mit Fachleuten oder Betroffenen eignen sich zur Erhebung der Schätzwerte. Zur Steigerung der Präzision der Ergebnisse hat sich die Technik des „Eingabelns" als vorteilhaft erwiesen. Es wird erst nach den Extremwerten (z.B. mindestens, höchstens) und dann nach dem Normalfall gefragt.

Liegen brauchbare Aufzeichnungen vor, sind diese auszuwerten und zu Kennzahlen zu verdichten.

Entwicklung abschätzen

Da Schätzungen meist für zukünftig wirksame Regelungen vorgenommen werden, müssen die Werte in die Zukunft „verlängert" (extrapoliert) werden. Dabei sind jedoch solche Bedingungen zu beachten, die sich auf die Schätzwerte auswirken und die sich verändert haben oder verändern werden. Um diese Veränderungen der Bedingungen müssen die Schätzwerte korrigiert werden.

Zusammenfassung

Schätzungen dienen meistens der Ermittlung von Zeiten oder Mengen und werden in Interviews erhoben. Durch eine Zerlegung einer Gesamtschätzung in Teilschätzungen und durch das „Eingabeln" kann die Qualität der Ergebnisse deutlich gesteigert werden.

6.3.8 Erhebungsworkshop

Ein Erhebungsworkshop ist eine Arbeitsgruppe, die speziell für den Zweck der Erhebung einberufen wird. Sie setzt sich meistens aus Experten des betreffenden Fachgebiets und den wichtigsten Stakeholdern zusammen und wird von einem Moderator begleitet, der für ein zielorientiertes Vorgehen sorgt. Meistens ist auch noch die Rolle eines Protokollanten besetzt, der die laufende Diskussion visualisiert und die Ergebnisse dokumentiert.

Workshops zur Ermittlung von Anforderungen

Erhebungsworkshops werden insbesondere dann einberufen, wenn es um die Ermittlung von Anforderungen an neue Lösungen geht (JAD Joint Application Design). Der Workshop grenzt das gemeinsame Themenfeld ab, sammelt und bewertet Ideen und priorisiert die Anforderungen. Durch die frühzeitige Einbindung vieler Stakeholder steigt die Wahrscheinlichkeit für vollständige Ergebnisse. Gleichzeitig besteht die Chance, die Akzeptanz deutlich zu verbessern. Mit Workshops kann wechselseitiges Verständnis gefördert und Vertrauen aufgebaut werden.

Der Moderator eines solchen Workshops hat die folgenden Aufgaben – und sollte dabei die Regeln der Moderation beachten. Der Moderator

Rolle des Moderators

- klärt das Ziel des Workshops (in der Regel mit dem Auftraggeber des Projekts)
- ermittelt die am besten geeigneten Beteiligten insbesondere die wichtigsten Stakeholder
- legt die Tagesordnung fest

- bereitet die Infrastruktur vor (Raum, Technik, Versorgung etc.)
- stellt den Beteiligten vorbereitendes Material zur Verfügung
- bereitet sich selbst fachlich vor beispielsweise durch Vorab-Interviews
- moderiert die Veranstaltung, stellt ein fokussiertes, zielorientiertes Vorgehen sicher und sorgt dafür, dass sich alle Anwesenden in die gemeinsame Arbeit einbringen
- strebt bei Meinungsverschiedenheiten eine Einigung an.

Vorteile Erhebungsworkshop	Nachteile Erhebungsworkshop
■ Einbindung von Stakeholdern fördert wechselseitiges Verständnis und Akzeptanz von Ergebnissen	■ Viel beschäftigte Stakeholder erschweren einen gemeinsamen Termin
■ Konzentration auf gemeinsame Ziele, frei vom Tagesgeschäft	■ Es ist oft schwierig, die „richtigen" Experten im Voraus ausfindig zu machen
■ Gruppenarbeit verhindert einseitige Ergebnisse	■ Nichteingeladene können sich später „rächen"
■ Fehlerwahrscheinlichkeit sinkt deutlich	■ Ergebnisse hängen entscheidend von der Qualifikation und Akzeptanz des Moderators ab
■ Relativ kostengünstig im Vergleich zu einer Vielzahl von Interviews.	■ Bei vielen Beteiligten kann es schwierig und zeitaufwändig sein, zu gemeinsamen Ergebnissen zu kommen.

6.4 Erhebungs-Mix

Notwendigkeit

In der Organisationspraxis geht es meistens nicht darum, die eine oder andere Erhebungstechnik zur organisatorischen Bestandsaufnahme einzusetzen. Vielmehr wird es häufig auf das Sowohl-als-auch hinauslaufen. Da jede Erhebungsaktion vorbereitender und nachbereitender Schritte bedarf, kommt es auf die zweckmäßige Kombination einzelner Erhebungstechniken an. Zur Vorbereitung einer Interviewserie wird es beispielsweise nützlich sein, auf vorhandene Unterlagen zurückzugreifen (Dokumentenstudium). Zur Vorbereitung einer Multimomentstudie bzw. einer Fragebogenaktion muss eine

Kombination von Erhebungstechniken

Reihe von Interviews stattfinden. In der Phase der Auswertung wiederum wird weder eine Multimomentstudie noch eine Fragebogen- oder Selbstaufschreibungsaktion ohne klärende bzw. weiterfragende Gespräche („Nachfass"-Interviews) auskommen können.

Erhebungsinstrumente können sowohl hintereinander, wie auch parallel geschaltet werden. Bei größeren, relativ homogenen Untersuchungsbereichen könnte sich beispielsweise die parallele Durchführung einer Fragebogenaktion (für z.B. 95 % der Betroffenen) einerseits und einer Interviewserie (für die restlichen 5 %) andererseits empfehlen.

Auswahlproblematik

Bei der Hintereinanderschaltung einzelner Erhebungsinstrumente hat der Erheber normalerweise einen Entscheidungsspielraum. Ein „Rezept" für den „richtigen" Erhebungs-Mix gibt es nicht. Entscheidend sind die Ziele der Erhebung und die besonderen Anwendungsbedingungen der Techniken. Im Folgenden werden die wichtigsten Kriterien genannt, die bei der Auswahl der Erhebungstechniken herangezogen werden können.

6.5 Einsatzmöglichkeiten der Techniken

Bei der Darstellung der verschiedenen Erhebungstechniken wurde bereits darauf hingewiesen, dass diese Instrumente unterschiedlich geeignet sind, bestimmte Sachverhalte zu erfassen. Darüber hinaus sind bestimmte Kriterien zu berücksichtigen, die im konkreten Fall eine Hilfe bei der Auswahl der geeigneten Erhebungstechnik sein können. Im Folgenden werden die wesentlichen Kriterien genannt, deren Gewichtung allerdings vom jeweiligen Einzelfall abhängig ist.

Ein wesentliches Kriterium sind die durch die Erhebung verursachten Kosten. Dabei sind unterschiedliche Kostenarten zu berücksichtigen:

- Kosten der Vorbereitung
- Kosten der Durchführung
    - die bei den Erhebern anfallen
    - die bei den Auskunftspersonen anfallen
- Kosten der Aufbereitung der Erhebungsinhalte
- Sonstige Sachkosten.

Einige weitere Kriterien betreffen die Zeit. Hier ist einmal bedeutsam, wie schnell die Ergebnisse vorliegen müssen, d.h. die Dringlichkeit der Erhebung. Zum anderen ist wichtig, ob die Informationen zu einem Zeitpunkt erhoben werden müssen oder ob es zulässig oder wünschenswert ist, die Informationen über einen Zeitraum zu erfassen. Schließlich sind die Erhebungsvarianten unterschiedlich geeignet zur Erhebung vergangenheits-, gegenwarts- oder zukunftsbezogener Informationen.

Kriterien für die Auswahl der geeigneten Technik(en)

Auch die räumlichen und geographischen Gegebenheiten spielen eine Rolle. So bieten sich beispielsweise Interviews an, wenn die Anzusprechenden räumlich leicht erreichbar sind, wohingegen bei starker regionaler Streuung eher Fragebogen eingesetzt werden könnten.

Bei der Auswahl einer geeigneten Erhebungstechnik ist außerdem zu beachten, dass unterschiedliche Anforderungen an die Erheber gestellt werden. Die entscheidenden Kriterien sind die fachlichen und menschlichen Anforderungen, der Stand der Vorinformation und die quantitative und qualitative Verfügbarkeit des Erhebungspersonals.

Die verschiedenen Erhebungsinstrumente stellen auch unterschiedliche Anforderungen an die Auskunftspersonen. So erfordern beispielsweise Multimomentstudien durch Eigennotierung eine sehr gründliche Schulung. Auch kann die innere Einstellung der Befragten zum Projekt, zur Erhebungstechnik und zum Erheber mitbestimmend für die Wahl der Technik sein. Wenn beispielsweise vor kurzer Zeit eine misslungene Fragebogenaktion durchgeführt wurde, so liegt es schon aus diesem Grund nahe, bei dem nächsten Projekt eine andere Technik einzusetzen. Auch die hierarchische Position der Auskunftsperson kann die Auswahl der Erhebungstechnik beeinflussen. So lassen sich ranghohe bzw. qualifizierte Mitarbeiter nur ungern nach einem standardisierten Schema befragen. Sie bevorzugen vielmehr das nicht-standardisierte Interview. Darüber hinaus ist der Umfang der Störung durch die Erhebung in Abhängigkeit vom jeweiligen Erhebungsverfahren zu beachten.

Die Erhebungsergebnisse sind unterschiedlich genau bzw. sicher, je nach der gewählten Technik. Auch ist nicht in allen Fällen die Gefahr der Manipulation gleich groß. Schließlich gibt es Instrumente, die die Prüfung der Ergebnisse leichter ermöglichen als andere.

Weiterhin sind noch einzelne technische Gesichtspunkte zu beachten. Unabdingbare Voraussetzung einer Multimomentstudie mit Fremdbeobachtern sind beobachtbare Erhebungsmerkmale. Daneben spielt eine Rolle, ob die Auskunftspersonen überhaupt angetroffen werden können. Mitarbeitergruppen, die ständig unterwegs sind, erzwingen möglicherweise den Einsatz von Fragebogen, ohne Rücksicht auf die Eignung anderer Erhebungstechniken. Auch ist die Anzahl der Auskunftspersonen zur Bestimmung der geeigneten Erhebungstechnik zu beachten.

Zum Abschluss sollten noch zwei wesentliche Kriterien etwas genauer untersucht werden.

Techniken der Erhebung

Technik und Projektphase

Hinsichtlich der Projektphasen gibt es unterschiedliche Einsatzschwerpunkte (siehe dazu das Kapitel 2.4.1 „Projektablauf"). Es ist ersichtlich, dass die gröberen Instrumente, wie Schätzungen und Dokumentenstudium, in der Vorstudie eine bedeutsame Rolle spielen. Die arbeitsaufwändigeren Instrumente, die darüber hinaus die Betroffenen stärker „stören", gewinnen erst im Projektfortschritt an Bedeutung (siehe dazu Abb. 6.11).

Projekt-phasen	Interview	Fragebogen	Multimomentstudie	Multimomentstudie mit Selbstnotierung	Zeitaufnahmen	Dokumentenstudium	Selbstaufschreibung	Laufzettel	Schätzungen	Erhebungs-Workshop
Vorstudie	X X X	X X	X	X	/	X X X	X	/	X X X	X
Hauptstudie	X X X	X X	X	X	X	X X	X	X	X X	X X
Teilstudien	X X X	X X	X X	X X	X X	X	X X	X X	X	X X

xxx   sehr gut geeignet   xx   gut geeignet
x   wenig geignet   /   nicht geeignet

Abb. 6.11: Erhebungstechnik und Projektphasen

Technik und Inhalte

Die Abbildung 6.12 soll verdeutlichen, welche Erhebungstechnik besonders geeignet ist, bestimmte Erhebungsinhalte zu erfassen. Die Anzahl der Kreuze in den nachfolgenden Abbildungen signalisiert die Eignung der Erhebungstechniken. Drei Kreuze bedeuten „sehr geeignet", ein Schrägstrich bedeutet, dass diese Technik praktisch nicht einsetzbar ist, bekannt bedeutet, dass diese Information für diese Erhebungstechnik vorausgesetzt wird.

Selbstverständlich geben beide Übersichten nur eine Richtschnur, die nicht für jeden Einzelfall passen muss.

Einsatzmöglichkeiten der Technik

Erhebungs-inhalte		Erhebungs-techniken	Interview	Fragebogen	Beobachtung	Multimomentstudie xxx	MM mit Selbstnotierung xxx	Zeitaufnahme xxx	Dokumentenstudium	Selbstaufschreibung	Laufzettelverfahren	Schätzungen	Erhebungsworkshop
Elemente		Aufgaben	xxx	x	xx	bekannt	bekannt	bekannt	x	bekannt	xx	/	xxx
		Aufgabenträger	xxx	xx	xx	bekannt	bekannt	bekannt	x	bekannt	xxx	/	bekannt
		Sachmittel	xxx	xx	xx	bekannt	bekannt	bekannt	x	bekannt	/	/	x
		Informationen	xxx	xx	/	/	bekannt	bekannt	x	bekannt	/	/	xxx
Dimensionen		Menge	x	xx	x	gesonderte Ermittlung	gesonderte Ermittlung	gesonderte Ermittlung	xx	xxx	xxx	x	xx
		Zeit / Raum	x	xx	xx	xxx	xxx	xxx	/	xx	xxx	xx	xx
Beziehungen		Prozessbeziehungen	xxx	x	x	/	/	/	x	/	xx	/	xx
		Aufbaubeziehungen	xxx	xx	/	bekannt	bekannt	/	xx	bekannt	x	/	xx
Zyklus		Ziele	xxx	x	/	/	/	/	/	/	/	/	xxx
		Anforderungen	xxx	x	xx	/	/	/	/	x	/	/	xxx
		Lösungen	xx	x	x	/	/	/	/	/	/	/	xxx
		Bewertung	xx	x	x	/	/	/	/	/	/	/	xxx

Abb. 6.12: Erhebungstechnik und Erhebungsinhalt

Weiterführende Literatur zu diesem Kapitel

Acker, H.B.: Organisationsanalyse. Verfahren und Techniken praktischer Organisationsarbeit. 9. Aufl., Baden-Baden/ Bad Homburg v.d.H. 1977

Alexander, I.; R. Stevens: Writing Better Requirements. Boston/San Francisco u.a. 2002

Atteslander, P.: Methoden der empirischen Sozialforschung, 11. Aufl., Berlin 2006

Gottesdiener, E.: Requirements by Collaboration: Workshops for Defining Needs. Boston/San Francisco u.a. 2002

Haller-Wedel, E.: Das Multimoment-Verfahren in Theorie und Praxis. Ein statistisches Verfahren zur Untersuchung von Vorgängen in Industrie, Wirtschaft und Verwaltung. Bd. II, 2. Aufl., München 1969

Kahn, R. L.; Ch. F. Cannel: The Dynamics of Interviewing. Theory, Technique and Cases. London/Sydney 1964

Kommunale Gemeinschaftsstelle für Verwaltungsvereinfachung: Organisationsuntersuchungen in der Kommunalverwaltung. 5. Aufl., Köln 1998

Kühl, S.; P. Strodtholz (Hrsg.): Methoden der Organisationsforschung. Reinbek 2002

Lauesen, S.: Software Requirements. Styles and Techniques. Boston/San Francisco u.a. 2002

REFA (Hrsg.): Methodenlehre des Arbeitsstudiums. Datenermittlung. München 1997

Schmidt, G.: Organisationstechniken. In: Handwörterbuch der Organisation. 3. Aufl., Hrsg. v. E. Frese, Stuttgart 1992, Sp. 1688 - 1706

Schnell, R.; P.B. Hill; E. Esser: Methoden der empirischen Sozialforschung. 2. Aufl., München/Wien 1989

7 Techniken der Analyse

Ziele dieses Kapitels – Was können Sie erwarten?

- Sie kennen die Bedeutung von Aufgaben für die Projektarbeit und wissen, wozu die Aufgabenanalyse dient
- Sie kennen die Merkmale der Aufgabenanalyse und wissen, wie die Ergebnisse der Analyse dokumentiert werden
- Sie wissen, wie eine Analyse des Informationsbedarfs durchgeführt werden kann
- Sie wissen, in welchen Schritten eine Datenanalyse durchgeführt wird
- Sie kennen wichtige Kennzahlen der Mengenanalyse und können Sie einsetzen
- Sie können die ABC-Analyse (Pareto-Analyse) zur Auswertung quantitativer Informationen einsetzen
- Sie kennen Verfahren zur Analyse und Dokumentation von Zeitreihen
- Sie kennen Anwendungsfälle des vernetzten Denkens und wissen, wie eine solche Analyse eingesetzt wird.

Analyse wurde definiert als die Ordnung des erhobenen Materials. Ordnungskriterien sind solche Merkmale, die für die weitere Projektarbeit relevant sind. Grundsätzlich kann der Würfel nach allen „Seiten" analysiert werden, nach den Elementen, den Beziehungen und den Dimensionen.

Den Aufbau- und Prozessbeziehungen sind gesonderte Kapitel gewidmet, die dort behandelten Techniken der Aufbau- und Ablauforganisation können auch zur Analyse der Aufbau- und Prozessorganisation herangezogen werden. Von den organisatorischen Elementen werden hier die Aufgabenanalyse und die Informationsanalyse behandelt. Der „Analyse" des Aufgabenträgers (Menschen) ist eine eigene Publikation in dieser Schriftenreihe (Berger, M.; J. Chalupsky; F. Hartmann: Change Management – (Über-) Leben in Organisationen, Band 4) gewidmet. Das Element Sachmittel soll hier ausgeklammert bleiben, da es dazu eine fast unüberschaubare Anzahl von Veröffentlichungen gibt, die zudem mit dem technischen Fortschritt schnell veralten. Auch gibt es im strengen Sinn kaum Techniken, die die Analyse der Sachmittel unterstützen.

Analyse von Elementen, Beziehungen und Dimensionen

Die Analyse von Raum und Zeit steht im Mittelpunkt der Prozessorganisation. Detailliert wird diese Thematik in einer eigenständigen Schrift dieser Schriftenreihe behandelt (G. Fischermanns: Praxishandbuch Prozessmanagement, Band 9).

246 | Techniken der Analyse

In diesem Kapitel werden einige allgemein bedeutsame Techniken zur Zeit- und Mengenanalyse dargestellt, die sowohl in der Aufbau- wie in der Prozessorganisation eingesetzt werden können. Im Übersichtsmodell (Abbildung 7.01) sind die Organisationstechniken aufgelistet, die in diesem Kapitel behandelt werden.

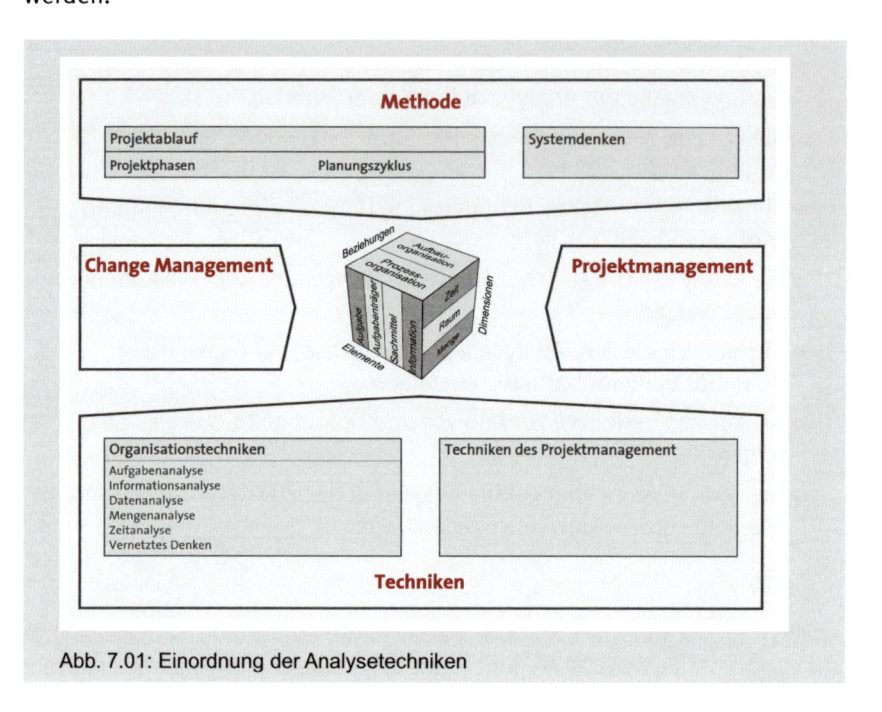

Abb. 7.01: Einordnung der Analysetechniken

7.1 Technik der Aufgabenanalyse

7.1.1 Sinn der Aufgabenanalyse

Aufgaben als Kernelemente der Organisation

Ganz gleich ob eine Gesamtunternehmung neu aufgebaut, eine bestehende Unternehmung reorganisiert oder nur ein kleines Segment einer Unternehmung organisatorisch bearbeitet werden soll, immer lässt sich der Bezugsbereich durch seine Aufgaben beschreiben. Diese Aufgaben stellen die Basis aller aufbau- und prozessorganisatorischen Lösungen dar. Organisieren bedeutet „Verknüpfen von Elementen". Die wesentlichste Elementgruppe wird von den Teilaufgaben gebildet, die so miteinander verbunden werden sollen, dass die Gesamtaufgabe bestmöglich erfüllt werden kann. Anders gesagt, ohne Aufgaben ist auch keine Organisation notwendig, gibt es nichts zu regeln. Die in der Analyse (erhobenen und) geordneten Aufgaben stellen das Baumaterial der Organisationsarbeit dar, die Steine, aus denen organisatorische Gebäude zusammengesetzt sind.

Aufgaben müssen für aufbauorganisatorische und für prozessorganisatorische Projektvorhaben erhoben und analysiert, d.h. geordnet und gegliedert werden. Im Rahmen der Aufbauorganisation werden analytisch gewonnene Aufgaben zu Stellen und Abteilungen zusammengefasst. Die Prozessorganisation regelt, in welcher zeitlichen, logischen und räumlichen Folge Aufgaben zu erledigen sind – es werden Aufgabenerfüllungsprozesse strukturiert.

Eine formale Aufgabenanalyse steht nicht zwingend am Anfang einer Aufbau- oder Prozessorganisation. In vielen Fällen wird mit der Erhebung von Prozessen – etwa der Abwicklung eines Auftrags – begonnen. Selbstverständlich sind auch auf diesem Wege organisatorische Verbesserungen möglich. Soll die Aufbauorganisation eines Unternehmens oder eines Bereichs konzeptionell neu gestaltet werden, so hat es sich bewährt, mit einer systematischen Aufgabenanalyse zu beginnen.

Prozesserhebung zur Ermittlung von Aufgaben

Da die Technik der Aufgabenanalyse (Aufgabengliederungstechnik) in der Praxis in den vergangenen Jahren an Bedeutung verloren hat, soll hier nur noch ein grober Überblick gegeben werden. Detaillierte Beschreibungen dieses Instruments finden sich in den früheren Auflagen dieses Werkes.

Die Aufgabengliederung dient dazu, die zu verteilenden Aufgaben zu erkennen und nach organisatorisch bedeutsamen Kriterien zu ordnen. Die erhobenen Aufgaben werden sowohl für aufbauorganisatorische als auch für prozessorganisatorische Regelungen benötigt.

Zusammenfassung

7.1.2 Ziele der Aufgabenanalysetechnik

Die Technik der Aufgabenanalyse, auch Aufgabengliederungstechnik genannt, bietet ein Instrumentarium an, mit dessen Hilfe folgende Ziele erreicht werden können:

- Vollständige Erfassung
- Systematische Gliederung
- Übersichtliche Darstellung
- Beliebige, stufenweise Detaillierung (Vom Groben ins Detail)
- Erleichterte Kommunikation und Arbeitsteilung.

Vorteile der Gliederungstechnik

Mit den traditionellen Erhebungstechniken, wie unstrukturiertes Interview und Selbstaufschreibung, können zwar Aufgaben erhoben werden, Vollständigkeit und Systematik lassen sich jedoch nur mit einem unvertretbar hohen Erhebungsaufwand erreichen. Die Technik der Aufgabenanalyse liefert demgegenüber bereits im ersten „strukturierten Interview" weitgehend vollständige und geordnete Ergebnisse. Diese Ergebnisse können mit einfachen Mitteln übersichtlich und leicht lesbar dargestellt werden.

Die ermittelten Aufgaben stehen nicht unverbunden nebeneinander. Sie werden in einem stufenweisen Prozess aus jeweils übergeordneten Aufgaben abgeleitet. Dieser Prozess kann auf jeder beliebigen Ebene abgebrochen und später gegebenenfalls fortgesetzt werden, so dass der Detaillierungsgrad der analysierten Aufgaben dem Projektauftrag und dem Projektfortschritt entsprechend gewählt werden kann.

Da die Technik für vollständige und systematisch geordnete Ergebnisse sorgt, die außerdem noch übersichtlich dargestellt werden, ist die Kommunikation zwischen den Projektbearbeitern und den Betroffenen wesentlich verbessert.

Zusammenfassung

Die Analysetechnik stellt sicher, dass vollständige, systematisch geordnete und übersichtliche Ergebnisse entstehen. Sie erlaubt eine beliebige Detaillierung und fördert Kommunikation und Arbeitsteilung in der Erhebung.

7.1.3 Aufgabenmerkmale und Aufgabenerfüllungsmerkmale

Um eine Aufgabe vollständig zu beschreiben, muss man Angaben über die Merkmale der Aufgabe machen. Objekt und Verrichtung beschreiben eine Aufgabe.

Aufgabenmerkmale

- Objekt (z.B. Bestellung)
- Verrichtung (z.B. ausliefern).

Neben Verrichtung und Objekt sind für den Erheber auch noch andere Informationen wichtig. Sie sollen hier Merkmale der Aufgabenerfüllung (= Organisation der Aufgabe) genannt werden.

Zur Beschreibung der Aufgabe selbst ist es nicht notwendig zu sagen, wer die Aufgabe erfüllen soll – die Aufgabe besteht unabhängig von dem

- Aufgabenträger (wer?), der sie ausführt. Gleiches gilt für
- Sachmittel (womit?),

Merkmale der Aufgabenerfüllung

die herangezogen werden müssen, um die Aufgaben zu erfüllen. Für die Erfüllung der Aufgaben ist nicht nur wichtig „was" „woran" getan werden muss. Angaben über den Zeitpunkt oder die Zeitdauer sind nötig, um die Aufgabenerfüllung zeitlich zu konkretisieren.

- Zeit (wann? wie lange?)

Zur Konkretisierung der Aufgabenerfüllung ist weiterhin anzugeben, wo eine Aufgabe zu erfüllen ist bzw. woher etwas kommt und wohin etwas weiterzuleiten ist.

- Ort/Raum (wo? woher? wohin?)

Außerdem müssen noch Angaben über die Menge gemacht werden.

- Menge (wie viel? wie oft?)

Die Angabe der Erfüllungsmerkmale, das sei noch einmal betont, dient jedoch nicht mehr der Beschreibung der Aufgabe. Aufgabenträger, Raum, Zeit, Menge und Sachmittel stellen vielmehr zusätzliche Informationen dar, die für den Analytiker von Bedeutung sind, weil sie die Aufbau- und Prozessorganisation der Aufgabe beschreiben, und die er deswegen auch erheben muss. Die Aufgabe selbst wird durch diese Merkmale jedoch nicht bestimmt.

Beschreiben der Organisation der Aufgabe

Ziel(e) → Aufgabe(n) [Verrichtung, Objekt]	Aufgabenträger	Sachmittel	Zeit	Ort	Menge
Was, wie? Woran?	Wer?	Womit?	Wann, wie lange?	Wo, woher, wohin?	Wie oft, wieviel?
Aufgabenmerkmale	Merkmale der Aufgabenerfüllung				

Abb. 7.02: Aufgabenmerkmale und Merkmale der Aufgabenerfüllung

In diesem Zusammenhang soll noch ein Bezug zu den Zielen hergestellt werden. Ziele sind angestrebte Wirkungen oder Zustände. Um Ziele erreichen zu können, muss das System Aufgaben erfüllen. Anders gesagt, Aufgaben lassen sich aus den verfolgten Zielen ableiten.

> Aufgaben leiten sich aus Zielen ab. Mit Angaben über Verrichtung und Objekt wird eine Aufgabe beschrieben. Neben diesen Aufgabenmerkmalen sind organisatorisch weiter bedeutsam die Merkmale der Aufgabenerfüllung – Aufgabenträger, Sachmittel, Raum, Zeit und Menge.

Zusammenfassung

7.1.4 Analyse der Aufgabenmerkmale

7.1.4.1 Verrichtungsanalyse

Die Verrichtung ist die eine Seite der Münze „Aufgabe", die andere Seite ist das Objekt. Die Verrichtung (Tätigkeit oder Aktivität) gibt an, was zu tun ist. Verrichtung und Objekt gehören immer zusammen. Nur für die Überlegung, welche verschiedenen Verrichtungen zu erfüllen sind oder auf welche verschie-

Verrichtungen erfolgen an Objekten

dene Art und Weise ein und dieselbe Aufgabe erfüllt werden kann, empfiehlt es sich, von den Objekten zu abstrahieren und sich auf die Verrichtungen zu konzentrieren. Die Aufgabe „Abwickeln von Aufträgen" lässt sich wie folgt nach dem Merkmal „Verrichtung" weiter untergliedern:

Abwickeln von Aufträgen				
Annehmen (Auftrag)	Prüfen (Auftrag)	Weiterleiten (Auftrag)	Fakturieren	Versenden

Abb. 7.03: Verrichtungsanalyse (Und-Verrichtungsgliederung)

Auf dieser zweiten Ebene stehen also die Verrichtungen im Vordergrund, nach ihnen wird gegliedert. Das Merkmal Verrichtung kann nahezu beliebig oft hintereinander angewandt werden. Die nötige Tiefe der Untergliederung der Verrichtung lässt sich nicht allgemeingültig bestimmen. Sie hängt unter anderem von der voraussichtlichen Lösung ab.

Und- und Oder-Gliederung der Verrichtung

In der Verrichtungsanalyse gibt es zwei logisch zu unterscheidende Gliederungsmöglichkeiten. Hier werden die

- Und-Verrichtungsgliederung (siehe oben)
- Oder-Verrichtungsgliederung

unterschieden. Zur Und-Verrichtungsgliederung gelangt man durch die Frage: Was muss man alles tun, um das Objekt zu bearbeiten? Die Oder-Verrichtungsgliederung erkennt man auf die Frage: Auf welche verschiedene Art und Weise kann das Objekt bearbeitet werden?

Zusammenfassung

Bei einer Verrichtungsanalyse wird die Verrichtungskomponente zerlegt ohne Betrachtung der Auswirkungen auf das Objekt. Die Tiefe der Zerlegung hängt ab vom Ziel der Untersuchung und von den möglichen Lösungen. Es gibt die beiden Gliederungsmöglichkeiten der Verrichtungen nach „Und" und „Oder".

7.1.4.2 Objektanalyse

Verrichtungen werden immer an Objekten vollzogen. Aber so, wie bei der Untergliederung nach der Verrichtung dieses Merkmal in den Vordergrund geschoben wurde, so können gedanklich auch die Objekte isoliert werden.

Beispiel

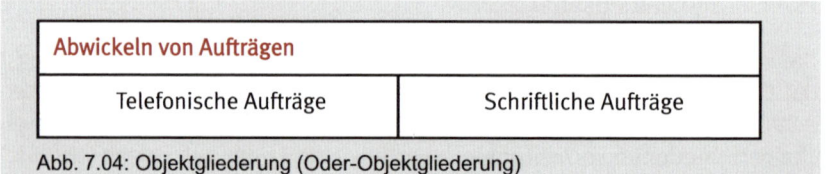

Abwickeln von Aufträgen	
Telefonische Aufträge	Schriftliche Aufträge

Abb. 7.04: Objektgliederung (Oder-Objektgliederung)

Objektanalyse | 251

Bei der Objektanalyse können ebenfalls zwei Gliederungsformen unterschieden werden:

- Und-Objektgliederung
- Oder-Objektgliederung

Und- und Oder-Gliederung von Objekten

Die Oder-Objektgliederung kann durch folgende Frage erreicht werden: Gibt es verschiedene selbständige Objekte, die bearbeitet werden?

Die Und-Objektgliederung leitet sich aus der Frage ab: Welche Teile eines Objekts werden bearbeitet?

7.1.4.3 Kombination der Merkmale

Diese vier logisch möglichen Formen der Aufgabenanalyse und die zugehörigen analytischen Fragen werden in der folgenden Übersicht zusammengefasst. In der praktischen Projektarbeit werden sie in Interviews nacheinander aus der konkreten Aufgabe abgeleitet, als verständliche Fragen formuliert. Stufenweise kann so ein immer höherer Detaillierungsgrad erreicht werden.

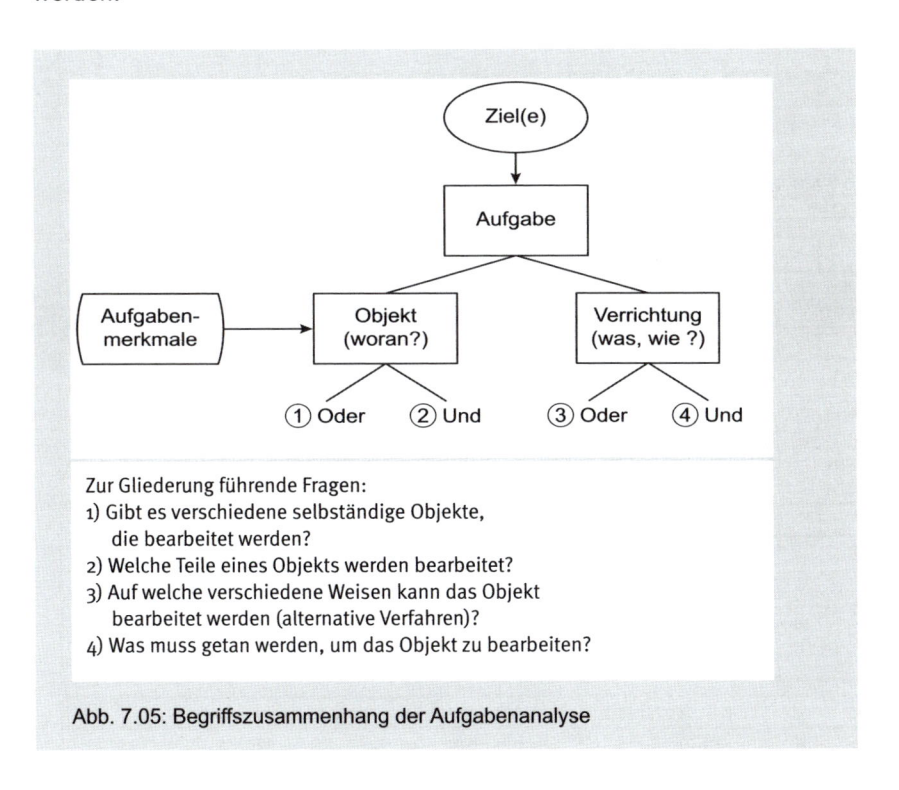

Zur Gliederung führende Fragen:
1) Gibt es verschiedene selbständige Objekte, die bearbeitet werden?
2) Welche Teile eines Objekts werden bearbeitet?
3) Auf welche verschiedene Weisen kann das Objekt bearbeitet werden (alternative Verfahren)?
4) Was muss getan werden, um das Objekt zu bearbeiten?

Abb. 7.05: Begriffszusammenhang der Aufgabenanalyse

7.1.4.4 Die Technik der Darstellung

Dokumentation im Rasterblatt

Die Ergebnisse der Befragung können in einem so genannten Rasterblatt dokumentiert werden. Dadurch kann die Vollständigkeit erheblich gefördert werden. Außerdem kann an jeder beliebigen Stelle unterbrochen und später wieder fortgesetzt werden. Ein Beispiel für eine im Rasterblatt dokumentierte Aufgabengliederung findet sich in Abbildung 7.06.

	1	2	3	4	5	6	
1 X Abwickeln von Aufträgen							a
1 1 X Annehmen Auftrag	1 2 X Prüfen Auftrag	1 3 - Weiterleiten Auftrag	1 4 X Fakturieren	1 5 - Versenden			b
111 - Schriftliche Aufträge	112 X Telefonische Aufträge						c
112 1 - Entgegennehmen	112 2 X Erstellen internen Auftrag						d
112 21 - Kundendaten	112 22 - Auftragsdaten						e
121 X Vollständigkeit prüfen	122 X Bonität prüfen	123 X Lieferfähigkeit prüfen					f
121 1 - Nachfragen	121 2 - Ergänzen						g
122 1 - Vermerk: Rechnung	122 2 - Vermerk: Nachnahme						h
123 1 - Absagen	123 2 - Weiterbearbeiten						i
141 X Erstellen Rechnung	142 - Prüfen Rechnung	143 - Trennen Rechnungssatz	144 - Weiterleiten Rechnung				k
141 1 - Aufrufen Maske	141 2 - Eingeben Kundennummer	141 3 X Eingeben Auftragsdaten	141 4 - Auslösen Auftrag				l
141 31 - Artikel	141 32 - Menge	141 33 - Mehrwertsteuersatz	141 34 - Lieferart				m

Projekt:	Vertrieb Buch		
Aufgenommen am: 30.06	bei: Huber	durch: SCH	
Aufgabe:	Auftragsabwicklung		Blatt 1

Abb. 7.06: Rasterblatt zur Dokumentation einer Aufgabenanalyse

Die Gliederungssystematik (Dezimalklassifikation) im Rasterblatt ermöglicht es, durch eine einfache Umsortierung die Aufgabenanalyse in einer Form darzustellen, die die Kommunikation mit dem Befragten erleichtert. In Abbildung 7.07 findet sich ein Beispiel für eine Aufgabengliederungsübersicht, die auch als Aufgabenstrukturbild bezeichnet wird.

Transparente Aufbereitung

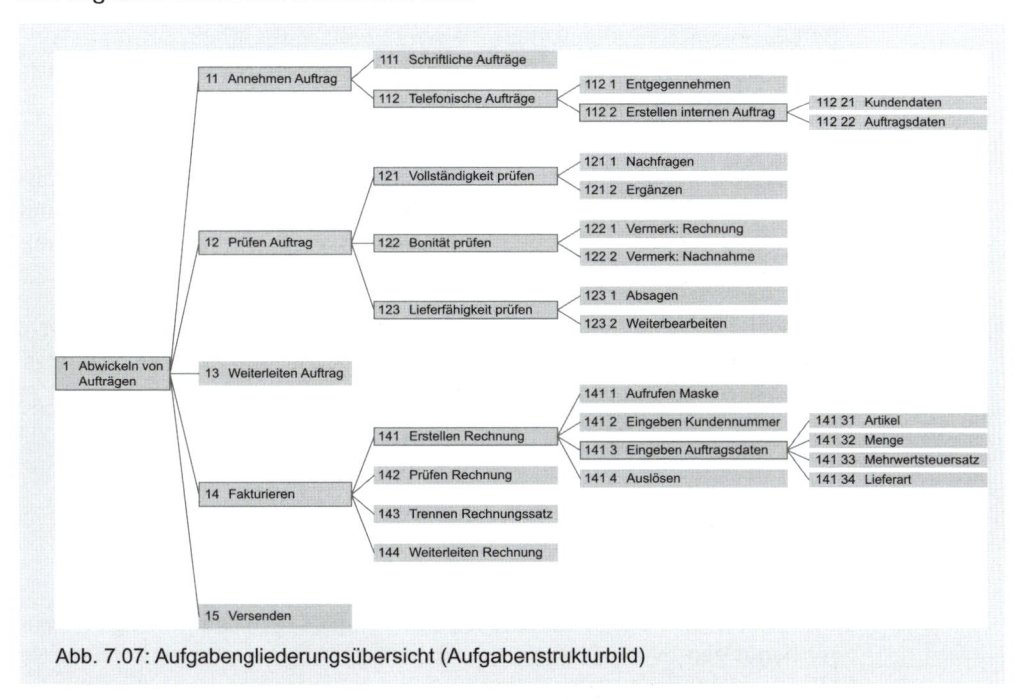

Abb. 7.07: Aufgabengliederungsübersicht (Aufgabenstrukturbild)

Aufgabenanalysen können in eine Matrix überführt und zur Dokumentation der Aufbauorganisation verwendet werden. Beispiele dafür finden sich unter den Techniken der Aufbauorganisation (Kapitel 11).

7.1.4.5 Grenzen der Aufgabenanalyse

Bei allen Vorzügen der Aufgabenanalyse darf nicht übersehen werden, dass auch sie ihre Grenzen hat. Zum einen – und das versteht sich von selbst – liefert die Aufgabengliederung nicht alle Informationen, die für die organisatorischen Gestaltungsmaßnahmen notwendig sind. Angaben über die zur Verfügung stehenden Aufgabenträger, Sachmittel, Häufigkeit und Dauer der Aufgabenerfüllung, die vorhandene Aufbauorganisation, Formulare, Prozesse usf. müssen zusätzlich erhoben werden.

Weitere Informationen sind nötig

Eine weitaus wichtigere Grenze der Aufgabengliederung, die sich zudem nicht ohne weiteres beheben lässt, ist darin zu sehen, dass einige Aufgaben unmittelbar abhängig sind von der gewählten organisatorischen Gestaltung.

Aufgaben wandeln sich

Durch strukturelle Maßnahmen entstehen Aufgaben neu, die im Rahmen der Gliederung vorhandener Aufgaben nicht erkannt werden konnten, weil sie noch nicht zu erfüllen waren.

Beispiel
Es wird ein Benutzerservice neu eingerichtet. Aufgaben, die der Leiter des Benutzerservice erledigen muss – etwa Einteilung der Arbeit, Leistungskontrolle –, gab es in dieser Form früher überhaupt nicht. Sie können also auch nicht bei der Untersuchung des Ist-Zustands erkannt werden.

Und umgekehrt fallen u.U. bestimmte Aufgaben durch organisatorische Maßnahmen fort. Aus diesen Grenzen wird ersichtlich, dass die Aufgabengliederung immer nur Auskunft geben kann über Aufgaben, die zu einem bestimmten Zeitpunkt zu erfüllen sind.

Zusammenfassung
Die Aufgabenanalyse liefert eine weitgehend vollständige, systematisch gegliederte und transparente Darstellung der Aufgaben. Sie enthält allerdings nicht alle organisatorisch bedeutsamen Informationen.

7.2 Informationsanalyse

7.2.1 Begriffe

Aufgabenerfüllung = Informationsverarbeitung
Informationen sind ein wesentliches Element der Organisation. Aufgabenträger benötigen Informationen, um überhaupt tätig werden zu können. So benötigt ein Kassierer Informationen über den Kontostand eines Kunden, ehe er eine Auszahlung vornehmen kann. Gleichzeitig verarbeitet er Informationen, indem er den Kundenwunsch entgegennimmt und in ein System eingibt. Schließlich produziert er – oder auch das ihn unterstützende IT-System – neue Informationen über die Abbuchung und den veränderten Kontostand.

In Banken, Versicherungen und sonstigen Unternehmen des Dienstleistungssektors wie der öffentlichen Verwaltung sind die eigentlichen Leistungsaufgaben – die „Produktion" – mit Prozessen der Informationsaufnahme, -verarbeitung, -speicherung und -weiterleitung weitgehend identisch. In allen anderen – z.B. Güter produzierenden – Unternehmen werden die physischen Prozesse (z.B. Beschaffen, Herstellen, Verkaufen von Gütern) von breiten Informationsströmen begleitet.

Informationssysteme
Kunden-Informations-Systeme, Personal-Informations-Systeme, Produkt-Informations-Systeme, Börsen-Informations-Systeme, computerunterstützte Sachbearbeitung sind Beispiele für Entwicklungen, in denen die Information eindeutig im Mittelpunkt steht. Sollen solche oder ähnliche Systeme entwickelt werden, müssen zuvor Informationsanalysen vorgenommen werden. Dieses Thema soll hier nur insoweit behandelt werden, wie die Informations-Analyse durch organisatorische Techniken unterstützt werden kann.

Informations-Systeme bestehen – wie alle Systeme – aus Elementen und Beziehungen. Auch hier sind wieder die bekannten Elemente der Organisation anzutreffen, Aufgabe, Aufgabenträger, Sachmittel und Informationen.

Diese Elemente werden in einem Informations-System miteinander verbunden:

- Beziehungen zwischen den Informationen selbst, beispielsweise in einer Datenbank, aber auch in einem Telefonbuch
- Beziehungen zwischen Aufgaben und Informationen, etwa durch die Ermittlung des Informationsbedarfs zur Erledigung der Aufgaben
- Beziehungen zwischen Informationen und Aufgabenträgern bzw. Stellen (z.B. Zugriffsberechtigungen)
- Beziehungen zwischen Sachmitteln und Informationen, indem beispielsweise geregelt wird, welche Sachmittel zur Informationsaufnahme, Informationsspeicherung, Informationsverarbeitung, Informationsabgabe bereitgestellt werden.

Informationsbeziehungen

> Die Analyse von Informationen ist die notwendige Voraussetzung für die Gestaltung von Informationssystemen. Im Vordergrund steht die Ermittlung des Informationsbedarfs.

Zusammenfassung

7.2.2 Techniken zur Ermittlung des Informationsbedarfs

Für den Informationsbedarf können zwei wesentliche Ursachenbündel verantwortlich gemacht werden:

- Die zu erledigenden Aufgaben (sachbezogener Bedarf)
- Die Bedürfnisse des Menschen z.B. nach Anerkennung, Sicherheit o.ä. (personenbezogener Bedarf).

Aufgaben und menschliche Bedürfnisse bestimmen Informationsbedarf

Da der personenbezogene Bedarf nicht verallgemeinert werden kann, ist er einer organisatorischen Regelung nicht zugänglich. Die Informations-Analyse muss sich also an den zugrunde liegenden Aufgaben orientieren. Soll der Informationsbedarf ermittelt werden, müssen die zu erledigenden Aufgaben bekannt sein.

Grundsätzlich bieten sich Interviews zur Ermittlung des Informationsbedarfs an. Der dabei angemeldete Bedarf ist jedoch meistens überhöht. Das hat verschiedene Ursachen, wie z.B. das jedem Menschen eigene Sicherheitsbestreben, Neugierde, der mit dem Informationsbesitz verbundene Status, evtl. aber auch die fehlende Urteilsfähigkeit eines Aufgabenträgers.

256 | Techniken der Analyse

Der Informationsbedarf lässt sich tendenziell objektivieren, wenn folgende Maßnahmen ergriffen werden:

Objektivierung des Informationsbedarfs

- Logische Überprüfung anhand der zu erledigenden Aufgaben
- Wert-analytische Abklärung – was könnte schlimmstenfalls passieren, wenn eine Information nicht zur Verfügung stehen würde?
- Befragung von Experten – z.B. Vorgesetzten, Fachleuten etc.
- Gemeinsame Diskussion zwischen Nachfragern und Anbietern (etwa in Workshops).

Diese und weitere Techniken werden insbesondere im Kapitel 6 „Erhebung" und Kapitel 8 „Anforderungsermittlung" behandelt, deswegen wird hier nicht näher darauf eingegangen.

7.2.3 Techniken zur Analyse der Informationen/Datenanalyse

Aufbereitung des Informationsbedarfs

Hier soll eine Technik skizziert werden, mit deren Hilfe ein bereits ermittelter Informationsbedarf geordnet und aufbereitet werden kann. In der Fachliteratur wird dazu auch der Begriff Datenmanagement bzw. Datenanalyse verwendet (Daten sind Informationen, die maschinell verarbeitet werden können).

Redundanzfreie Datenbanken

Ziel der Datenanalyse ist es, Informationen (Daten), die in relationalen Datenbanken verwaltet werden, möglichst redundanzfrei und damit auch widerspruchsfrei zu erfassen und bereitzustellen. Es entsteht dadurch ein Datenmodell, auf dessen Grundlage dann nahezu beliebige Auswertungen für die Anwender erstellt werden können. Ein solches sauber strukturiertes Datenmodell erleichtert die Pflege wie auch die Erweiterung der Datenbank.

Der vorgestellte Ansatz baut auf der Normalisierungsmethode auf. Es handelt sich dabei um ein sehr komplexes Modell, das hier nur in einer vereinfachten, aber in der Praxis bewährten Form dargestellt werden soll.

7.2.3.1 Begriffe

Bei diesem Ansatz werden in der Fachliteratur einige Begriffe verwendet, die anhand eines kleinen Beispiels vorgestellt werden sollen.

Hersteller	Autotyp	Hubraum	Leistung	Farbe	
BMW	523i	2,5	170	schwarz	
Mercedes	T320	3,0	220	grau	
BMW	540i	4,0	286	rot	

Abb. 7.08: Fahrzeug-Datenbank

Ein Tupel ist eine Liste von Werten. In einer Tabelle entspricht ein Tupel einer Zeile.

Tupel, Attribute und Relationen

Attribute finden sich in den Spalten einer Tabelle. Jede Spalte hat einen Attributsnamen (z.B. Farbe). Attributswerte sind die eigentlichen Inhalte (z.B. rot).

Eine Relation ist eine Menge von Tupeln, die in der Regel tabellenförmig dargestellt werden (Abbildung 7.08 stellt eine Relation dar).

7.2.3.2 Datenanalyse

Die Datenanalyse läuft in den folgenden Schritten ab:

- Datensammlung/Datenkatalog erstellen
- Primärschlüssel definieren
- Normalisierung durchführen.

Datensammlung/Datenkatalog

Zu Beginn ist die Frage zu klären, welche Datenfelder überhaupt benötigt werden, um in eine relationale Datenbank übernommen zu werden. Ein Datenfeld setzt sich aus dem Namen, den Eigenschaften und der Beschreibung des Datenfelds zusammen.

Name	Eigenschaften		Bedeutung/Beschreibung	Inhalt (Beispiel)
	Typ	Länge		
PLZ	Num	5	Schlüssel zur postalischen Klassifikation von Orten	35435

Beispiel

Abb. 7.09: Beschreibung von Datenfeldern

Der Name des Datenfelds sollte eindeutig und „sprechend" sein. Bei den Eigenschaften werden Typ (z.B. „alpha" besteht nur aus Buchstaben oder Sonderzeichen, „num" besteht nur aus Zahlen, „alphanum" besteht aus Buchstaben und Zahlen) und Länge (z.B. 5 Zeichen) unterschieden. Die Bedeutung/Beschreibung soll auch für Dritte nachvollziehbar machen, was der Ersteller der Datenbank gemeint hat. Ergebnis der Datensammlung ist ein vollständiger Katalog an Beschreibungen der Datenfelder, der auch als Datadictionary bezeichnet wird. Er beinhaltet Daten über Daten (Metadaten).

Datadictionary als Ergebnis der Datensammlung

Primärschlüssel definieren

Im nächsten Schritt ist für den erarbeiteten Datenkatalog der Primärschlüssel zu definieren. Der Primärschlüssel sollte ein Tupel aus einer Relation eindeutig identifizieren. Der Primärschlüssel kann aus einem oder aus mehreren

Primärschlüssel identifizieren ein Tupel

Datenfeldern bestehen. Im letzten Fall spricht man von einem zusammengesetzten Primärschlüssel. In der Fahrzeug-Datenbank könnte die Modellbezeichnung (z.B. BMW 523i) der Primärschlüssel sein.

Normalisierung durchführen

Es gibt 7 Normalformen, von denen allerdings nur die ersten drei für die Praxis relevant sind. Diese drei Schritte der Normalisierung werden hier zuerst abstrakt beschrieben und dann in einem Beispiel dargestellt.

1. Normalform (Mehrfachabhängigkeiten)

Die wesentliche Zielsetzung ist es, die Zahl der Zeilen (Tupel) einer Tabelle so gering wie möglich zu halten. Dazu werden Mehrfachfelder (Felder, die bezogen auf den Primärschlüssel mehrfach – unterschiedlich – vorkommen) zusammen mit dem Primärschlüssel in einer neuen Tabelle abgelegt. Diese neue Tabelle ist über den Primärschlüssel mit der Ausgangstabelle verknüpft.

2. Normalform (Teilschlüsselabhängigkeiten)

Felder, die nur von einem Teilschlüssel abhängen, werden zusammen mit dem Teilschlüssel in jeweils einer zusätzlichen Tabelle abgelegt.

3. Normalform (Transitive Zergliederung)

Nichtschlüsselfelder, die von anderen Nichtschlüsselfeldern abhängen, werden zusammen mit diesen in jeweils eigenen Tabellen abgelegt.

Um diese schwierig erscheinende Thematik ein wenig greifbarer zu machen, soll die Datenanalyse an einem vereinfachten Beispiel gezeigt werden. Es wird von dem folgenden Datenkatalog ausgegangen, der beispielhaft mit Tupeln gefüllt wurde.

Ginventarnr	Gtyp	Gmarke	Gart	Abt.-nr	Abt	Produktnr	Pseriennr	Produktbez	Version	Produktart
0001	300 PL	IBM	PC	0047	Kredit	13	1234567	1-2-3	V9.0	Kalk
0001	300 PL	IBM	PC	0047	Kredit	15	2233445d	Word	97	Text
0002	300 GL	IBM	PC	0047	Kredit	13	3437543	1-2-3	V9.0	Kalk
0003	4080XCDT	Toshiba	Notebook	0053	Beratung	14	1234567	Excel	97	Kalk
0003	4080XCDT	Toshiba	Notebook	0053	Beratung	15	2233445d	Word	97	Text
0004	300 GL	IBM	PC	0059	Vertrieb	13	9876543	1-2-3	V9.0	Kalk

Abb. 7.10: Beispieldatenbank

- Ginventarnr: Geräte Inventarnummer
- Gtyp: Geräte Typ
- Gmarke: Geräte Marke
- Gart: Geräte Art
- Abt.nr: Abteilungs-Nummer
- Abt.: Abteilungs-Name
- Produktnr: Produkt-Nummer
- Pseriennr: Produkt-Seriennummer
- Produktbez: Produkt-Bezeichnung
- Version: Versionsnummer
- Produktart: Produkt-Art

Als Primärschlüssel wird zunächst das Datenfeld „Ginventarnr" ausgewählt.

1. Normalform

Unter der Annahme, dass „Ginventar" der Primärschlüssel ist, kommen die Datenfelder „Produktnr", „Pseriennr", „Version" und „Produktart" mehrfach unterschiedlich vor. Einfacher gesagt, auf dem Gerät „0001" sind mehrere unterschiedliche Softwareprodukte installiert. Nach den Regeln der ersten Normalform ergibt sich somit eine neue Tabelle, die Ausgangstabelle wird dafür von sechs Tupel auf vier und von 11 Spalten auf 6 verkleinert. Der Primärschlüssel „Ginventarnr" wurde dupliziert, so dass die beiden Tabellen miteinander verknüpft werden können. In der zusätzlich aufgebauten Tabelle ist ein neuer Primärschlüssel definiert worden, der sich aus den Teilschlüsseln „Ginventarnr" und „Produktnr" zusammensetzt.

Ginventarnr	Gtyp	Gmarke	Gart	Abtnr	Abt.
0001	300 PL	IBM	PC	0047	Kredit
0002	300 GL	IBM	PC	0047	Kredit
0003	4080XCDT	Toshiba	Notebook	0053	Beratung
0004	300 GL	IBM	PC	0059	Vertrieb

Ginventarnr	Produktnr	Pseriennr	Produktbez	Version	Produktart
0001	13	1234567	1-2-3	V9.0	Kalk
0001	15	2233445d	Word	97	Text
0002	13	3437543	1-2-3	V9.0	Kalk
0003	14	1234567	Excel	97	Kalk
0003	15	2233445d	Word	97	Text
0004	13	9876543	1-2-3	V9.0	Kalk

Abb. 7.11: Tabellen nach der 1. Normalisierung

2. Normalform

Um nach der 2. Normalform weiter zu analysieren, muss ein zusammengesetzter Primärschlüssel vorliegen. Einen solchen zusammengesetzten Primärschlüssel gibt es in der neu entstandenen, zweiten Tabelle. Es ist nun zu prüfen, welche Datenfelder von nur einem Teilschlüssel abhängen. Von „Ginventarnr" allein hängt kein Datenfeld ab, von „Produktnr" allerdings „Produktbez", „Version" und „Produktart". Die „Pseriennr" hängt sowohl von der „Ginventarnr" wie von der „Produktnr" ab. Primärschlüssel der dritten Tabelle ist nun „Produktnr". Durch dieses Datenfeld wird die Verknüpfung zu der ursprünglichen Tabelle hergestellt.

Ginventarnr	Gtyp	Gmarke	Gart	Abtnr	Abt.
0001	300 PL	IBM	PC	0047	Kredit
0002	300 GL	IBM	PC	0047	Kredit
0003	4080XCDT	Toshiba	Notebook	0053	Beratung
0004	300 GL	IBM	PC	0059	Vertrieb

Ginventarnr	Produktnr	Pseriennr
0001	13	1234567
0001	15	2233445d
0002	13	3437543
0003	14	1234567
0003	15	2233445d
0004	13	9876543

Produktnr	Produktbez	Version	Produktart
13	1-2-3	V9.0	Kalk
14	Excel	97	Kalk
15	Word	97	Text

Abb. 7.12: Tabellen nach der 2. Normalisierung

3. Normalform

Nun ist zu prüfen, ob es in den Tabellen Nichtschlüsselfelder gibt, die von anderen Nichtschlüsselfeldern in der jeweiligen Tabelle abhängen. Wenn das der Fall sein sollte, sind sie in eine eigene Tabelle zu bringen.

In der ersten Tabelle hängen die Datenfelder „Gmarke" und „Gart" von „Gtyp" ab. Sie werden in einer neuen Tabelle ausgegliedert und über „Gtyp" mit der Ausgangstabelle verknüpft. Von dem Datenfeld „Abteilnr" hängt „Abteilung" ab, sie werden ebenfalls ausgegliedert und über „Abteilnr" mit der Ausgangstabelle verknüpft. Damit ergibt sich das folgende Ergebnis:

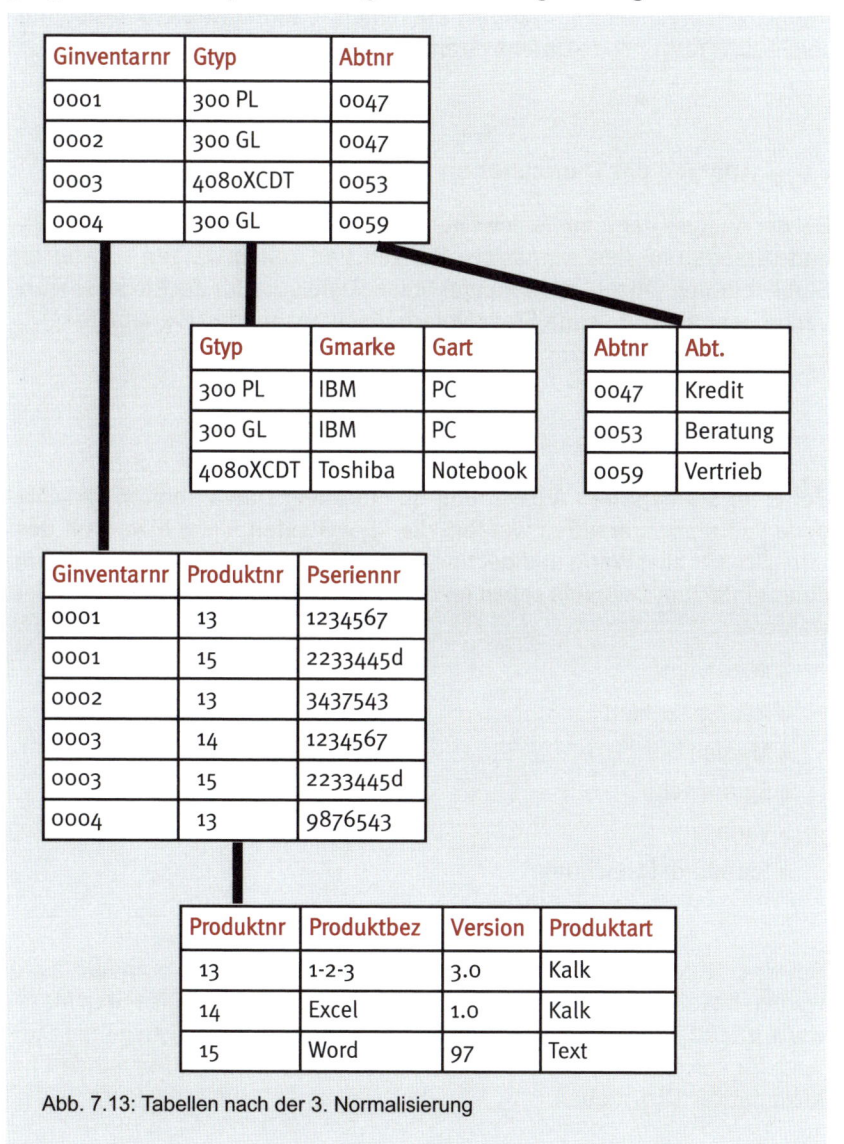

Ginventarnr	Gtyp	Abtnr
0001	300 PL	0047
0002	300 GL	0047
0003	4080XCDT	0053
0004	300 GL	0059

Gtyp	Gmarke	Gart
300 PL	IBM	PC
300 GL	IBM	PC
4080XCDT	Toshiba	Notebook

Abtnr	Abt.
0047	Kredit
0053	Beratung
0059	Vertrieb

Ginventarnr	Produktnr	Pseriennr
0001	13	1234567
0001	15	2233445d
0002	13	3437543
0003	14	1234567
0003	15	2233445d
0004	13	9876543

Produktnr	Produktbez	Version	Produktart
13	1-2-3	3.0	Kalk
14	Excel	1.0	Kalk
15	Word	97	Text

Abb. 7.13: Tabellen nach der 3. Normalisierung

Techniken der Analyse

Als Ergebnis der Normalisierung liegen Tabellen vor, die bis auf die Schlüssel redundanzfrei sind. Das Ergebnis sieht zunächst etwas komplexer aus, es minimiert jedoch die zu verwaltenden Datenbestände, ist in sich konsistent, fördert die umfassende Auswertbarkeit und beschleunigt in der Regel Abfragen und Auswertungen der Datenbank.

Zusammenfassung

Die Datenanalyse beginnt mit der Erstellung eines Datenkatalogs. Dann wird der Primärschlüssel definiert. Schließlich wird die Normalisierung durchgeführt, die in der Praxis in der Regel aus drei Schritten besteht: Ermittlung von Mehrfachabhängigkeiten, Ermittlung von Teilschlüsselabhängigkeiten und Transitive Zergliederung. Dadurch entstehen redundanzfreie, konsistente, leicht zu verarbeitende Datenbestände.

7.3 Analyse der Dimensionen

Bei der Analyse der Dimensionen geht es einerseits um die Mengenanalyse, andererseits um die Zeitanalyse. Mengen und Zeiten werden z.B. für die Stellenbildung (Anzahl notwendiger Stellen) wie auch für die Prozessorganisation benötigt (z.B. wann Stapelverarbeitung, wann Direktverarbeitung).

7.3.1 Mengenanalyse – Kennzahlen

Kennzahlen zur quantitativen Analyse

Bei einer statistischen Auswertung quantitativer Daten können verschiedene Kennzahlen ermittelt werden, die im weitesten Sinne etwas mit dem Durchschnitt aller Werte und der Verteilung der Werte zu tun haben. Anhand eines einfachen Beispiels sollen hier die folgenden Werte kurz demonstriert werden:

- Mittelwert
- Häufigster Wert
- Median
- Spannweite
- Varianz
- Standardabweichung.

Beispiel

Bei einer Untersuchung der durchschnittlichen Durchlaufzeit von Aufträgen wurden bei einer Stichprobe von 19 untersuchten Fällen die folgenden Messwerte ermittelt (Abbildung 7.14) – alle hier gemachten Aussagen gelten aber auch für solche Fälle, in denen eine Vollerhebung durchgeführt wurde und nicht nur für Stichproben.

Anzahl der Fälle	Zeitdauer pro Fall	Produkt = Zeit gesamt
1	2	2
2	3	6
2	4	8
3	5	15
3	6	18
4	8	32
3	26	78
1	34	34
19		193

Abb. 7.14: Beispiel zur Berechnung von Kennzahlen

Der Mittelwert der betrachteten Fälle wird errechnet, indem die Gesamtzeit durch die Anzahl der Fälle geteilt wird. Bei dem Beispiel ergibt sich als mittlere Durchlaufzeit:

Beispiel Durchlaufzeit

Mittelwert

193 Stdn./19 Fälle = 10,2 Stunden mittlere Durchlaufzeit.

Der Mittelwert errechnet sich nach der Formel:

$$\bar{x} = \frac{1}{N} \sum_{i=1}^{N} x_i$$

Der häufigste Wert ist derjenige, der in der untersuchten Stichprobe mit der größten Frequenz auftrat.

Häufigster Wert = 8

Der Median ist der Wert, der genauso viele Werte unter sich wie über sich hat. Bei 19 Fällen insgesamt, hat der 10. Fall 9 Werte unter sich und 9 Werte über sich.

Median

Der Median lautet in diesem Fall 6.

Bei einem Vergleich dieser Werte wird deutlich, dass sie sehr stark von einander abweichen:

Mittlere Durchlaufzeit	=	10,2 Stdn.
Häufigste Durchlaufzeit	=	8,0 Stdn.
Median der Durchlaufzeit	=	6,0 Stdn.

Techniken der Analyse

Auswahl der geeigneten Kennzahl

Es gibt keine allgemein gültigen Regeln für die Nutzung dieser Mittelwerte. Häufig wird ihre Wahl davon abhängig gemacht, was man demjenigen vermitteln möchte, der diese Zahlen erhält. Generell kann man empfehlen, den Mittelwert zu nehmen, wenn die Verteilung der Werte tendenziell einer glockenförmigen Normalverteilung entspricht. Der häufigste Wert bietet sich an, wenn es einen eindeutigen „Sieger" gibt, also ein Ereignis, das in Relation zu allen anderen Fällen sehr oft auftritt. Der Median kann Sinn machen, wenn es Ausreißer gibt, die den Mittelwert stark in eine Richtung ziehen, wie es in dem obigen Beispiel der Fall ist.

Spannweite

Die Spannweite gibt die Distanz an, die zwischen dem größten und dem kleinsten Wert besteht. Im Beispiel beträgt die Spannweite:

Größter Wert = 34   kleinster Wert = 2   Spannweite = 32

Varianz

Die Varianz ist ein Maß, das beschreibt, wie sehr ein Sachverhalt „streut". Je größer die Varianz, desto breiter die Streuung der Einzelwerte. Die Varianz wird in den folgenden Schritten berechnet:

1. Ermittlung des Mittelwerts
2. Ermittlung der Differenz der Messwerte (Zeitdauer pro Fall) vom Mittelwert
3. Multiplikation dieser Differenzwerte mit sich selbst (quadrieren)
4. Addition der quadrierten Werte (Summe der Quadratwurzeln)
5. Division der Summe der Quadratwurzeln durch die Anzahl der Messwerte - 1.

Die allgemeine Formel für die Varianz sieht folgendermaßen aus:

$$v_x = \sigma_x^2 = \frac{1}{N-1} \sum_{i=1}^{N} (x_i - \bar{x})^2$$

Dabei bedeuten:

σ_x^2 = Quadrat der Standardabweichung

x = Merkmalswert (z.B. Durchlaufzeit eines Auftrags)

$\bar{x}$ = Mittelwert (hier 10,2 Stdn.)

$\sum$ = Summe

N = Anzahl der Fälle

Für das obige Beispiel berechnet sich die Varianz wie folgt:

N = Anzahl der Fälle	x = Zeitdauer pro Fall	Produkt = Zeit gesamt	Diff. zum Mittelwert (10,2)	Quadrat der Differenz	Quadrat * Zahl der Fälle
1	2	2	8,16	66,55	66,55
2	3	6	7,16	51,24	102,47
2	4	8	6,16	37,92	75,84
3	5	15	5,16	26,60	79,81
3	6	18	4,16	17,29	51,86
4	8	32	2,16	4,66	18,63
3	26	78	-15,84	250,97	752,92
1	34	34	-23,84	568,45	568,45
19		193			1.716,52

x = 193 : 19 = 10,16

σ_x^2 = 1.716,52 : 18 = 95,36

Abb. 7.15: Berechnungsbeispiel Varianz

In dem Beispiel beträgt der Wert für die Varianz σ_x^2 = 95,36. Ein Nachteil dieses Wertes (der Varianz) ist es, dass sie nicht den gleichen Wert repräsentiert, der ursprünglich berechnet wurde (Stunden Durchlaufzeit). Diese Aussage macht jedoch die Standardabweichung.

Eine Standardabweichung σ_x ist der durchschnittliche Abstand der Einzelwerte vom Mittelwert. Die Standardabweichung kann aus der Varianz ermittelt werden, indem aus der Varianz die Wurzel gezogen wird.

Standardabweichung

$\sigma_x = \sqrt{95,36} = 9,76$

Die Standardabweichung ist in unserem Beispiel also σ_x = 9,76. Dieser Wert entspricht wieder der ursprünglichen Messgröße „Stunden Durchlaufzeit".

Bei der Analyse eines Prozesses, der sich aus mehreren Schritten zusammensetzt, für die jeweils eigene Varianzwerte ermittelt wurden, können die Varianzen addiert werden. Wenn aus deren Summe die Quadratwurzel gezogen wird, erhält man die Standardabweichung für den gesamten untersuchten Prozess. Demgegenüber ist es nicht zulässig, die Standardabweichungen zu addieren.

Analyse mehrstufiger Prozesse

7.3.2 Mengenanalyse – Verteilungen

Sollen Mengen oder Häufigkeiten dargestellt werden, bieten sich dazu die folgenden Grafiken an:

- Häufigkeitsverteilung (Dot Plot)
- Kreisdiagramm.

Für beide Formen sollen Beispiele gezeigt werden:

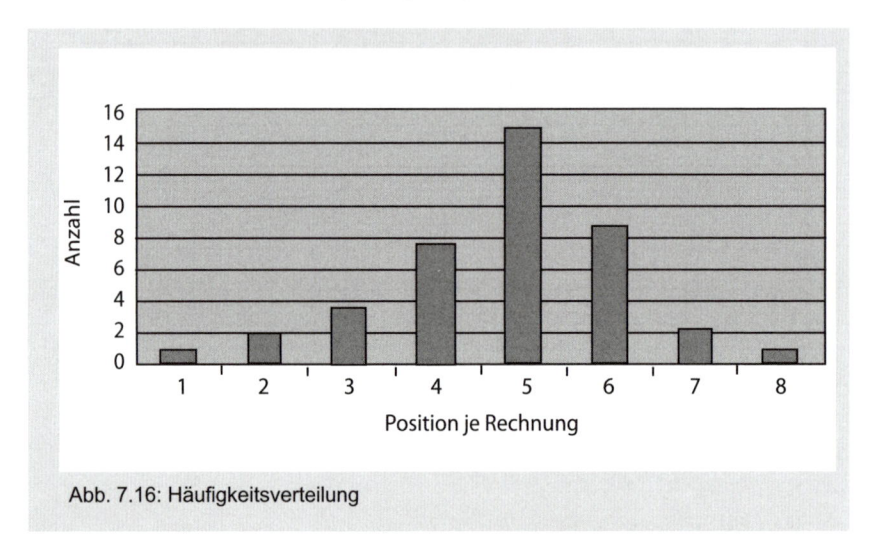

Abb. 7.16: Häufigkeitsverteilung

Werden anstelle von Säulen übereinander aufgeschichtete Punkte zur Darstellung verwendet, spricht man auch von einem Dot Plot.

Gaußsche Normalverteilung
Streuen diese Werte gleichmäßig um den häufigsten Wert, erhalten wir eine Normalverteilung (siehe dazu Abbildung 7.17). Eine solche Normalverteilung (Gauß-Kurve) der Werte ergibt sich häufig bei Stichproben, die nach dem strengen Zufallsprinzip gezogen werden. Die Standardabweichung (s) gibt für eine solche Normalverteilung das Maß der Streuung der Werte an.

Beispiel
Ergibt sich aus einer Stichprobe ein errechneter Anteilswert (z.B. ein Sachbearbeiter berät Kunden zu einem Zeitanteil von 25%), so liegt dieser Wert mit einer Wahrscheinlichkeit (statistischen Sicherheit) von 68,26% innerhalb eines Bereichs, der maximal ± 1 σ_x von dem errechneten Wert abweicht. Der tatsächliche Wert fällt mit einer Wahrscheinlichkeit von 95,46% in einen Bereich, der von ± 2 σ_x begrenzt wird. Angenommen, der Wert für 2 σ_x = 1,5 (die Größe dieses Wertes hängt von dem Anteilswert – hier 25 – und von der Größe der Stichprobe ab), dann ist die folgende Aussage zulässig: Der tatsächliche Wert für Beratungsleistungen liegt mit einer statistischen Sicherheit von 95,46 innerhalb eines Intervalls von 25 ± 1,5 = 23,5 – 26.5%. (siehe dazu auch die Ausführungen zur Multimomentstudie Kapitel 6.3.3.3)

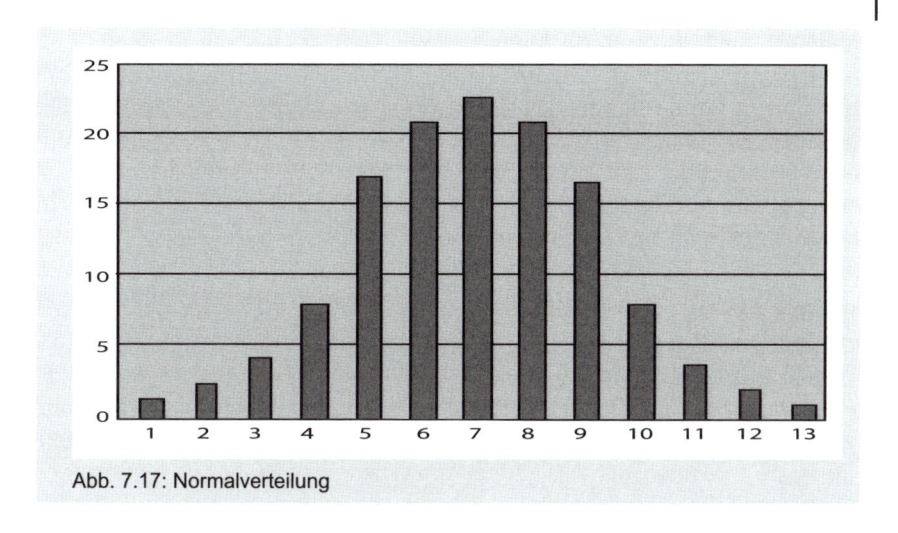

Abb. 7.17: Normalverteilung

Kreissegment-Diagramme bieten sich immer dann an, wenn der relative Anteil eines Ereignisses oder einer Menge grafisch dargestellt werden soll.

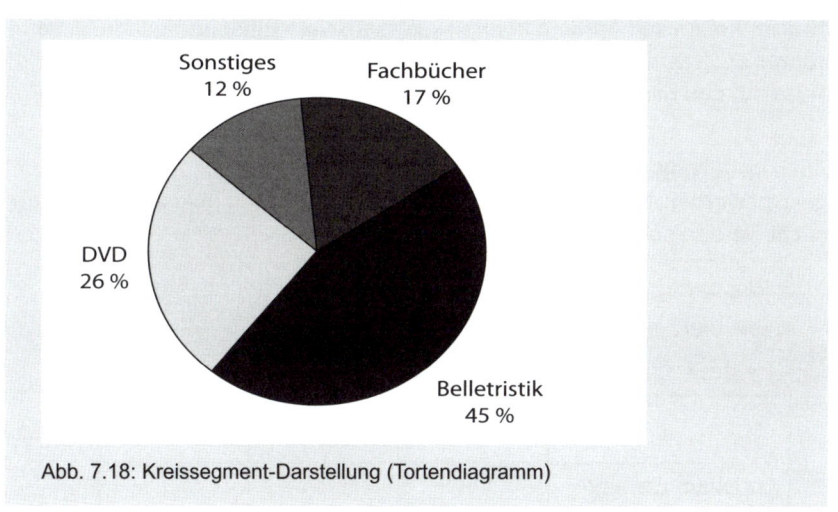

Abb. 7.18: Kreissegment-Darstellung (Tortendiagramm)

7.3.3 Mengenanalyse – ABC-Analyse (Pareto-Analyse)

Die ABC-Analyse ist eine allgemein anwendbare Methode, um Aufgaben oder sonstige mengenmäßig erfassbare Sachverhalte (Produkte, Kunden, Artikel, Verfahren usw.) nach ihrer Häufigkeit oder nach anderen Kriterien zu ordnen und daraus eventuell Prioritäten für deren Behandlung festzulegen. Welche Kriterien für die Gruppierung maßgebend sind, ist je nach Anwendungsgebiet verschieden. Pareto untersuchte die Verteilung des Vermögens in Italien und fand heraus, dass ca. 20% der Familien ca. 80% des Vermögens besitzen. Daraus leitete er beispielsweise die Empfehlung ab, dass sich Kreditinstitute vor-

Pareto-Verteilung

nehmlich um diese 20% der Menschen kümmern sollten, um so einen Großteil ihres Geschäfts zu sichern. Pareto entwickelte daraus das nach ihm benannte Pareto-Prinzip, das auch „80-zu-20-Regel" oder Pareto-Effekt genannt wird. Dieses Prinzip besagt, dass sich viele Aufgaben mit einem Mitteleinsatz von 20% so erledigen lassen, dass 80% aller Probleme gelöst werden. Die ABC-Analyse ist mit der Pareto-Analyse praktisch identisch. Beide Begriffe werden hier synonym verwendet.

Beispiel Werden Kunden in Kategorien A/B/C eingeteilt, so könnten die Umsätze für diese Einteilung maßgebend sein, d.h. die wenigen Kunden mit den großen Umsätzen gehören in die Kategorie A, die mittelgroße Anzahl Kunden mit mittleren Umsätzen in die Kategorie B und die vielen Kunden, die zusammen nur wenig Umsatz machen, in die Kategorie C. (Pareto geht hier von einer festen 80-15-5% – Relation aus. Das Pareto-Prinzip bzw. die ABC-Analyse gelten aber auch, wenn diese Prozentanteile nicht exakt zutreffen. Wenn es z.B. darum geht, Lagerkosten zu optimieren, wird man u.U. die Positionen ermitteln, die den größten Anteil am Inventarwert haben. Von 1000 Positionen sind z.B. 50 A-Positionen, weil sie zusammen 80% des Lagerwerts ausmachen. Einsparungen bei diesen Artikeln können zu drastischen Einsparungen insgesamt führen, während Verbesserungen bei C-Artikeln keinen nennenswerten Einfluss auf das Gesamtergebnis haben.

Analytiker legt die Kriterien fest Auch im Verwaltungs- und Dienstleistungsbereich kann die ABC-Analyse eingesetzt werden, z.B. um festzustellen, welche Aufgaben in erster Linie untersucht werden sollten. Hier werden die Kriterien vor allem sein:

- Wie häufig ist diese Aufgabe zu erfüllen?
- Wie viel Zeit wird jeweils dafür benötigt?

	A-Aufgaben	B-Aufgaben	C-Aufgaben
Anteil am Gesamt-Arbeitsaufwand	ca.80%	ca. 15%	ca. 5%
Anzahl Aufgaben	klein	mittel	groß

Abb. 7.19: ABC- Aufgaben

Es können aber auch andere Sachverhalte nach der ABC-Analyse untersucht werden, z.B. Antragsteller und Zahl der Anträge, Aufträge und Auftragswert etc.

Mengenanalyse – ABC-Analyse (Pareto-Analyse)

Die Technik

Steht die Untersuchung der Aufgaben im Vordergrund, werden vor der Durchführung der ABC-Analyse die einzelnen Aufgaben ermittelt. Sodann werden für diese Aufgaben deren Häufigkeit und der Zeitbedarf für die Durchführung erhoben. Anstelle einer exakten Zeitmessung oder sonstigen Erhebung, die oft mit einem großen Aufwand verbunden ist, kann zunächst geschätzt werden (groß/mittel/klein). Mit den Werten Häufigkeit und Zeitbedarf lässt sich der prozentuale Zeitanteil der einzelnen Aufgaben am gesamten Zeitaufwand errechnen.

Als nächstes sind die Kategorien A, B, C gegeneinander abzugrenzen und die einzelnen Aufgaben diesen Kategorien zuzuteilen – nachdem die Aufgaben vorher nach dem fallenden Anteil am gesamten Zeitaufwand geordnet wurden.

Ordnung nach abnehmenden Werten

Die Verteilung kann graphisch aufgezeichnet werden. Die Kurve, die durch die Abbildung der kumulierten Werte (fortlaufende Zwischensummen) entsteht, nennt man Lorenzkurve. Bei völliger Gleichverteilung müssten die kumulierten Werte auf Abszisse (Waagerechte) und Ordinate (Senkrechte) gleich sein, die Lorenzkurve würde gleichmäßig ansteigen (Abb. 7.21 gestrichelte Linie). Je stärker die Konzentration ist, umso mehr weicht die Lorenzkurve von dieser Geraden ab.

Grafische Aufbereitung als Lorenzkurve

Der wesentliche Vorteil der ABC-Analyse liegt darin, dass die Aufgaben (allgemein: Sachverhalte) leicht erkannt werden können, für die es sich lohnt, tätig zu werden. In den A-Aufgaben finden sich meistens die vielen Normalfälle. Gelegentlich kann es sinnvoll sein, nur für diese Normalfälle überhaupt Regelungen zu entwerfen. Einzel- und Ausnahmefälle werden als solche erkannt.

Die Anwendung

Die beschriebene Technik soll hier am Beispiel der Auftragsabwicklung eines Buchverlags angewendet werden.

Die Aufgabe wird in Teilaufgaben aufgegliedert und für jede Teilaufgabe werden Häufigkeit (Anzahl pro Jahr) und jeweiliger Zeitaufwand (Minuten) festgestellt oder geschätzt. Der Rest ist Rechenarbeit. Im hinteren Teil der Tabelle werden dann die Teilaufgaben nach ihrem %-Anteil am Gesamtzeitaufwand geordnet und die kumulierten Werte werden errechnet.

Vorbereiten						Ordnen		
Kurz-bez.	Aufgaben	Anzahl pro Jahr	Zeit-aufw. Gewicht	Ges. Zeit-aufwand	Proz.-anteil	Kurz.-bez.	Proz.-anteil	Add. Proz.
AA	Auftrag annehmen	10.000	3`	30.000	8,86	VS	59,18	59,18
AV	Vollständigkeit prüfen	10.000	2`	20.000	5,9	F	11,8	71,0
AB	Bonität prüfen	500	5`	2.500	0,7	AA	8,86	79,8
AL	Lieferfähigkeit prüfen	1.000	2`	2.000	0,6	RB	8,86	88,7
RB	Rückfragen bearbeiten	2.000	15`	30.000	8,86	AV	5,9	94,6
F	Fakturieren	10.000	4`	40.000	11,8	SO	2,9	97,5
AE	Änderungen bearbeiten	500	8`	4.000	1,2	AE	1,2	98,7
SO	Sonderfälle (Eilaufträge) verfolgen	1.000	10`	10.000	2,9	AB	0,7	99,4
VS	Versenden	10.000	20`	200.00	59,1	AL	0,6	100,0
	Summen:	45.000		338.500	100		100	

Abb. 7.20: ABC-Analyse von Aufgaben

Die Teilaufgaben werden nun in dieser Reihenfolge längs der Abszisse eingetragen und die zugehörigen kumulierten Werte auf der Ordinate vermerkt. Dies ergibt die Lorenzkurve für dieses Beispiel (siehe Abb. 7.21).

Es ist nun eine Ermessensfrage, ob man als A-Aufgaben diejenigen bezeichnen und entsprechend behandeln will, die zusammen z.B. 70% oder 80% der Zeit beanspruchen. Je nach Wahl erhält man 2 oder 3 A-Aufgaben. Im Beispiel wurde der Wert 80% gewählt, und die Grenze zwischen B- und C-Aufgaben wurde bei 95% angesetzt.

Zusammenfassung Die ABC-Analyse (Pareto-Analyse) dient dazu, Aufgaben oder sonstige Sachverhalte nach ihrer Menge, dem Zeitverbrauch oder anderen Merkmalen zu ordnen, um daraus Prioritäten für deren Behandlung zu ermitteln.

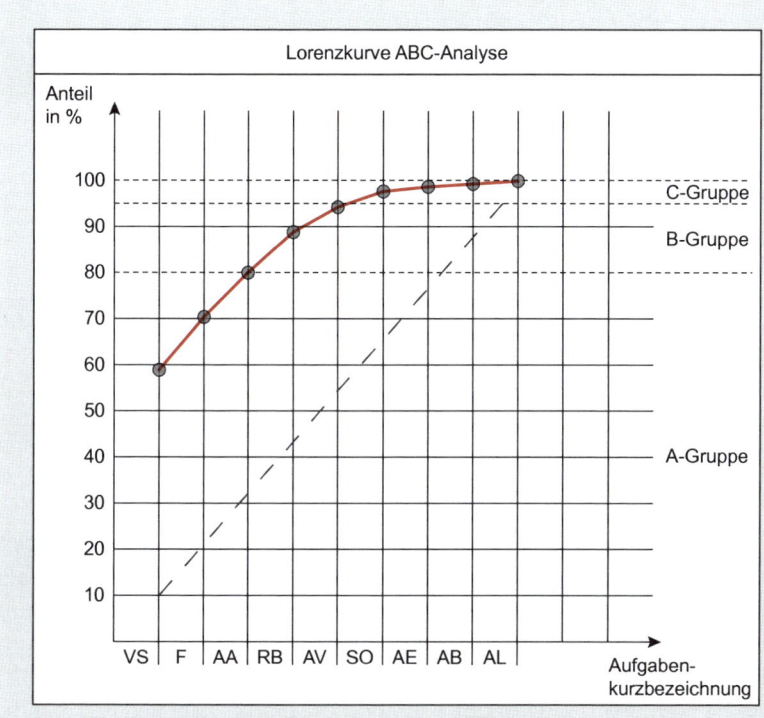

Abb. 7.21: Lorenzkurve zur Darstellung einer ABC-Analyse

7.3.4 Zeitanalyse (Zeitreihen)

Von einer Zeitreihe wird gesprochen, wenn Daten über den gleichen Sachverhalt für eine Reihe von Zeitpunkten oder Zeiträumen vorliegen. Zur Darstellung wird normalerweise ein Koordinatensystem verwendet. Auf der Abszisse werden die Zeitpunkte oder Zeiträume und auf der Ordinate die Merkmalswerte (Kapazität, Menge, Kosten usw.) dargestellt. Der zeitliche Abstand der einzelnen Werte sollte gleich groß gewählt werden.

Normalerweise werden die aufeinander folgenden Punkte durch eine Gerade miteinander verbunden. Dadurch kommt die zeitliche Entwicklung besser zum Ausdruck. Das soll durch folgendes Beispiel verdeutlicht werden. Die Verkäufe für bestimmte Produkte haben sich folgendermaßen entwickelt (Abbildung 7.22):

Zeitreihen als Linien

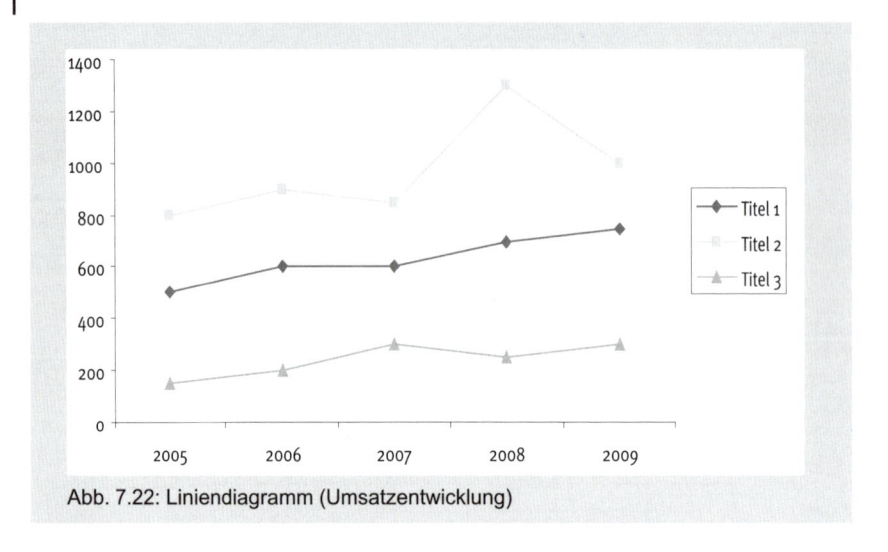

Techniken der Analyse

Abb. 7.22: Liniendiagramm (Umsatzentwicklung)

Zeitreihen als Säulen

Sollen demgegenüber die exakten Mengen dargestellt und in ihrer absoluten Größe verglichen werden, bietet sich die Säulendarstellung an, die auch als Histogramm bezeichnet wird. Die Fläche des Balkens (bzw. die Höhe, da die Breite stets gleich sein soll) repräsentiert die Merkmalswerte, d.h. die Besetzungszahlen oder Häufigkeiten. Durch Schraffierung, Rasterung oder Farbgebung können mehrere Zeitreihen (hier Absatzmengen verschiedener Produkte) in dem gleichen Koordinatensystem abgebildet werden, wie das folgende Beispiel (Abbildung 7.23) zeigt.

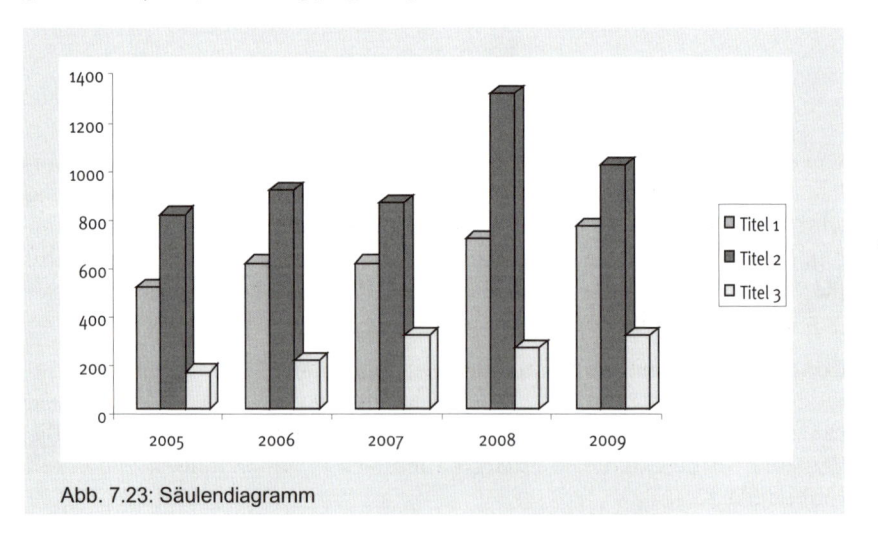

Abb. 7.23: Säulendiagramm

Skalierung ermöglicht Manipulation

Es ist leicht möglich, durch die geeignete Wahl des Maßstabs den Eindruck über eine Entwicklung in einem gewünschten Sinn zu manipulieren, wie die folgenden zwei Darstellungen des gleichen Sachverhalts zeigen (Abb. 7.24).

Abb. 7.24: Veränderungen der Skalierung

Zusammenfassung

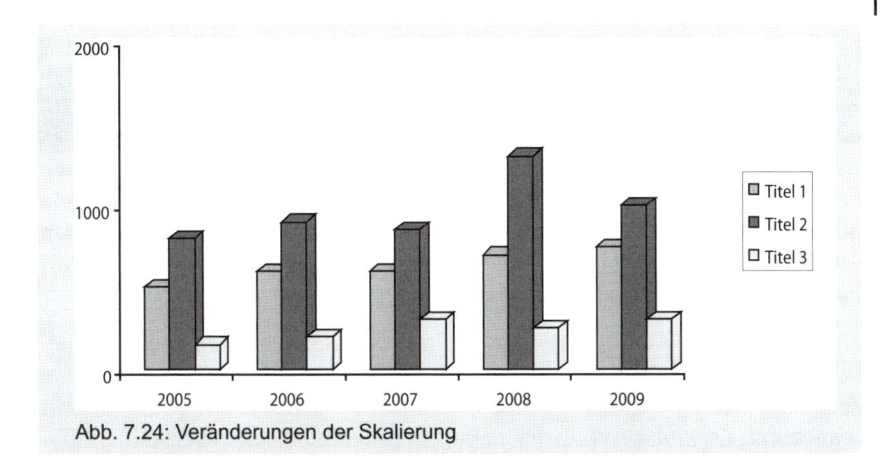

Zeitreihen liegen vor, wenn Daten über den gleichen Sachverhalt für eine Reihe von Zeitpunkten oder Zeiträumen zueinander in Beziehung gesetzt werden. Zeitreihen können durch Liniendiagramme oder Säulendiagramme graphisch dargestellt werden.

7.4 Vernetztes Denken

Das vernetzte Denken wird hier unter den Techniken der Analyse behandelt, es kann aber auch in anderen Schritten im Zyklus angewendet werden, wie noch gezeigt wird. Das vernetzte Denken ist ein Anwendungsfall des Systemdenkens. Es greift auf Begriffe und Denkansätze systemorientierter Arbeit zurück. Mit Hilfe des vernetzten Denkens werden Projekte und die in ihnen zu bearbeitenden Problemsituationen modelliert, das heißt dargestellt, und in ihrem Verhalten untersucht.

Graphische Aufbereitung von Zusammenhängen

Mit dem vernetzten Denken wird versucht, Probleme ganzheitlich darzustellen und zu lösen. Menschen neigen dazu, komplexe Zusammenhänge zu vereinfachen.

„Wenn – dann – Aussagen" etwa mit dem Inhalt: „Wenn ich einem Kundenberater eine bessere Technik zur Verfügung stelle, gewinnt er Zeit für die Beratung!" sind zwar prinzipiell vermutlich richtig. Derartige Vereinfachungen lassen aber beispielsweise außer Betracht, dass verschiedene Faktoren dafür maßgeblich sind, ob die Technik genutzt wird (empfundene Bedrohung durch die Technik, Schulungsanstrengungen bei den Anwendern usw.), ob die Technik überhaupt geeignet ist (Art der Aufgaben, Wiederholungshäufigkeit der Aufgaben etc.), ob die Technik nicht neue Aufgaben hervorruft, die mit ihrem Einsatz einher gehen (z.B. Anwender legen sich selbst umfangreiche Dateien an) usw. Werden solche Zusammenhänge unzulässig vereinfacht, treten unerwartete (Neben-)Wirkungen auf, die oftmals sogar das Gegenteil von dem bewirken, was eigentlich beabsichtigt wurde.

Beispiel

Techniken der Analyse

Modellmäßige Untersuchung von Wirkzusammenhängen

Mit dem vernetzten Denken wird versucht, Problemsituationen in ihrer realen Komplexität zu erfassen und die Auswirkungen von Eingriffen zu untersuchen. Aus diesem Grund beschränkt sich das vernetzte Denken auch nicht auf organisatorische Sachverhalte (Elemente und Beziehungen), sondern es bezieht alle Faktoren und deren Verknüpfungen mit ein, die mit einem Problem bzw. mit einem Vorhaben zusammenhängen, auch wenn sie durch das Projekt nicht verändert werden können. So können dann aus einem organisatorischen Projekt heraus Hinweise gegeben werden, wo weiterer Handlungsbedarf besteht, wenn das Problem ganzheitlich gelöst werden soll.

Zeitliche Entwicklung kann modelliert werden

Ein weiteres Merkmal des vernetzten Denkens besteht darin, dass die zeitliche Dynamik von Systemen bewusst berücksichtigt wird. Veränderungen im Zeitablauf und die sich daraus ergebenden Wirkungsverläufe werden bewusst untersucht. Es sind also Entwicklungen zu prognostizieren, die sich aus Eingriffen ergeben (so kann beispielsweise der Einsatz von Technik erst zu Einbußen und später zu deutlichen Verbesserungen führen).

Bei der Modellierung einer Situation geht man von Zielen oder erwünschten Wirkungen aus. Es werden dann alle Faktoren ermittelt, die direkt oder indirekt, positiv oder negativ, kurz-, mittel- oder langfristig, stark oder schwach usw. auf das Ziel wirken. Im Einzelnen sind folgende Bearbeitungsschritte zu durchlaufen:

Schritte zur Modellierung von Netzwerken	Beispiele
Zielvorstellungen klären	Verbesserung der Beratungsleistung
Relevante, zielwirksame Faktoren ermitteln	Beraterqualifikation Beratermotivation Aussagefähige Informationen beim Berater Teilhabe am Erfolg
Verbinden der Faktoren durch Beziehungen (möglichst als Regelkreise)	Teilhabe am Erfolg wirkt auf Beratermotivation Motivation wirkt auf Beratungsqualität Qualität wirkt auf Umsatz Umsatz wirkt auf Teilhabe-Ergebnis
Wirkungsverläufe ermitteln ■ positiv oder negativ ■ stark oder schwach ■ kurz-, mittel- oder langfristig	Positive Wirkung von Teilhabe auf Motivation Starke Wirkung bei hoher Teilhabe Kurzfristige Wirkung bei hoher Teilhabe Langfristig stark negative Wirkung bei langsamen Entscheidungen durch Vorgesetzte usw.
Wechselbeziehungen mit der Systemumwelt darstellen	Teilhabe wirkt eher negativ, wenn sie im Vergleich mit anderen Stellen oder Abteilungen als ungerecht – zu niedrig – empfunden wird
Rahmenbedingungen ermitteln, die durch das Projekt nicht beeinflusst werden können	Konjunktur und Verhalten der Mitbewerber haben unabhängig von den Anstrengungen der Berater einen ganz wesentlichen Einfluss auf die Erfolge der Berater

Im folgenden Beispiel wird die Problemstellung „Stärkung der Marktstellung durch verbesserte Beratungsleistungen in einem Kreditinstitut" modelliert.

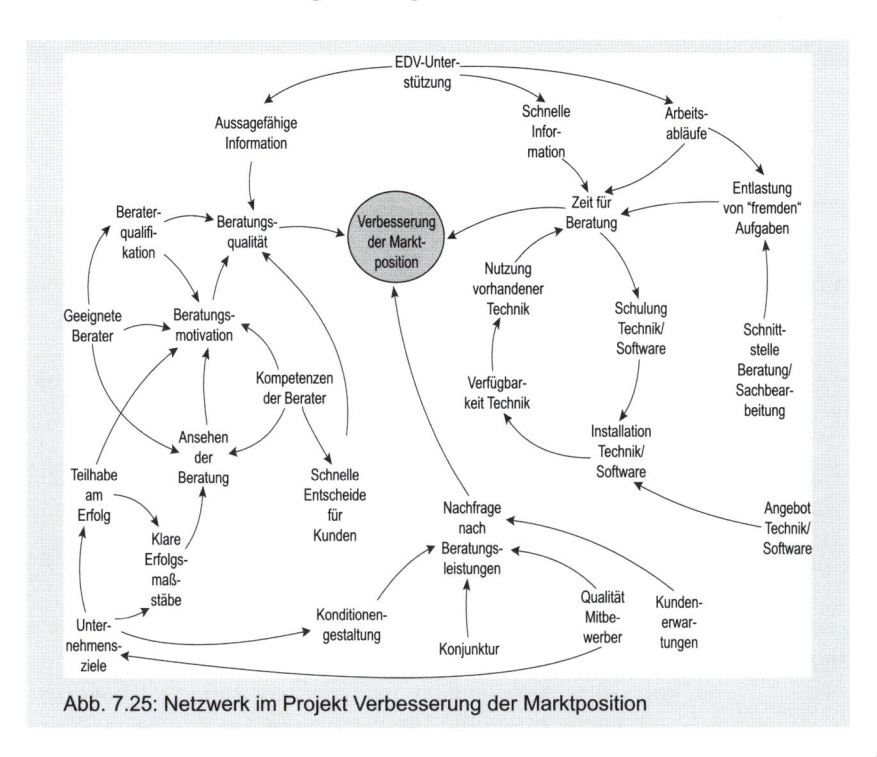

Abb. 7.25: Netzwerk im Projekt Verbesserung der Marktposition

Das vernetzte Denken unterstützt die Projektarbeit nicht nur in der Analyse, sondern auch bei den übrigen Schritten im Zyklus, wie die folgende Übersicht zeigt.

Im gesamten Zyklus anwendbar

Schritt im Zyklus	Anwendung des vernetzten Denkens
Erhebung/Analyse	Modellierung der Ausgangssituation Ermittlung des Erhebungsbedarfs durch die Modellierung
Anforderungen/Stärken/Schwächen	Ermittlung der Faktoren, welche die Zielerreichung im Ist-Zustand behindern (Ursache-Wirkungs-Ketten)
Lösungsentwurf	Ermittlung von beeinflussbaren (lenkbaren) Faktoren bzw. Varianten, die geeignet erscheinen, die Zielerreichung zu verbessern
Bewertung	Untersuchung der voraussichtlichen Wirkung (Richtung, Stärke und Fristigkeit) von Eingriffen unter Berücksichtigung des notwendigen Aufwands

Zusammenfassung	Das vernetzte Denken ist angewendetes Systemdenken. Problemsituationen werden in ihren komplexen, mehrstufigen Wirkungszusammenhängen dokumentiert, gewürdigt und daraufhin untersucht, welche Einflüsse geplante Eingriffe voraussichtlich haben werden.

Weiterführende Literatur zu diesem Abschnitt

Atteslander, P.: Methoden der empirischen Sozialforschung, 11. Aufl., Berlin 2006

George, M.L.; D. Rowland et.al.: The Lean Six Sigma Pocket Toolbook. New York / Chicago u.a. 2005

Gladen, W.: Performance Measurement – Controlling mit Kennzahlen. 3. Aufl., Wiesbaden 2005

Gomez, P.; G. Probst: Die Praxis des ganzheitlichen Problemlösens. 3. Aufl., Bern/Stuttgart/Wien 1999

Heinrich, L.J.; P. Burgholzer: Systemplanung. Die Planung von Informations- und Kommunikationssystemen. Band 1. Der Prozess der Systemplanung, Vorstudie und Feinstudie. 7. Aufl., München/Wien 1996

Jordan, C.: Datentabellen in Systemplanung und DV-Organisation. Stuttgart/Wiesbaden 1976

Koreimann, D.: Methoden der Informationsbedarfsanalyse. Berlin/New York 1976

Kosiol, E.: Die Organisation der Unternehmung. 2. Aufl., Wiesbaden 1976

Krüger, W.: Aufgabenanalyse und -synthese. In: Handwörterbuch der Organisation. Hrsg. v. E. Frese. 3. Aufl., Stuttgart 1992, Sp.221-236

Probst, G.J.B.; P. Gomez: Vernetztes Denken. Ganzheitliches Führen in der Praxis. 2. Aufl., Wiesbaden 1991

Schmidt, G.: Grundlagen der Aufbauorganisation. 4. Aufl., Gießen 2000

Ulrich,H.; G.J.B.Probst: Anleitung zum ganzheitlichen Denken und Handeln. 3. Aufl., Stuttgart 1991

8 Techniken der Anforderungsermittlung

Ziele dieses Kapitels – Was können Sie erwarten?

- Sie wissen, was Anforderungen sind und kennen deren Bedeutung für den Erfolg eines Projekts
- Sie kennen unterschiedliche Anforderungsarten
- Sie kennen Qualitätskriterien für Anforderungen
- Sie wissen, auf welchem Weg Anforderungen erarbeitet werden
- Sie kennen System-Use-Case-Diagramme und Business-Use-Case als Instrumente zur Ableitung von Anforderungen
- Sie wissen, wie eine Anforderung vollständig beschrieben wird
- Sie kennen Prüffragenkataloge, SWOT-Analyse, Benchmarking und Problemanalyse als Techniken zur Ermittlung von Anforderungen
- Sie kennen das Instrument Wertanalyse
- Sie wissen, wie Anforderungen gewichtet werden können
- Sie kennen die Bedeutung der Qualitätssicherung für Anforderungen
- Sie wissen, mit Hilfe welcher Techniken die Qualitätssicherung unterstützt werden kann.

8.1 Grundlagen

8.1.1 Einordnung des Themas

In diesem Kapitel steht die Ermittlung, Dokumentation und Prüfung von Anforderungen im Mittelpunkt. Die Bedeutung der Anforderungen für den Erfolg eines Projekts kann kaum überschätzt werden. Nur wenn die Anforderungen bekannt sind, kann die richtige Lösung erarbeitet werden. Nur wenn die Anforderungen erfüllt werden, gibt es zufriedene Kunden (Stakeholder). Nur wenn die Anforderungen in der ganzen Breite ermittelt und zu einem schlüssigen Gesamtsystem verdichtet sind, lässt sich der Aufwand für ein Projekt sinnvoll planen. Nur wenn übertriebene Anforderungen rechtzeitig „abgewehrt" werden, kann eine Lösung in vertretbarer Zeit und mit vertretbaren Kosten erarbeitet werden. Nur wenn Anforderungen frühzeitig erkannt werden, können sie mit einem vertretbaren Aufwand umgesetzt werden. Im schlimmsten Fall werden Anforderungen erst in der Einführung bewusst. Das ist ein sicherer Weg zur erheblichen Mehrkosten. Es gibt sicherlich viele mögliche Gründe für unbefriedigende oder sogar gescheiterte Projekte. Der sicherste Weg, mit einem Projekt zu scheitern, sind gravierende Mängel bei der Ermittlung der Anforderungen.

Anforderungen als kritische Erfolgsfaktoren in Projekten

Techniken der Anforderungsermittlung

In früheren Auflagen dieses Werkes wurde hier noch von der Würdigung gesprochen. Anforderungen können in der Tat aus der Würdigung einer vorgefundenen Lösung abgeleitet werden. Es gibt aber auch die Fälle, wo sie unabhängig von einem Ist-Zustand entwickelt werden. Deswegen wird hier nur noch von Anforderungen gesprochen. Die klassischen Techniken der Würdigung gehören jedoch unverändert zu diesem Schritt im Zyklus. Sie werden weiter unten ebenso behandelt wie sonstige Techniken zur Sammlung von Anforderungen. Ehe im Einzelnen auf diese Techniken eingegangen wird, sollen vorab noch einige Grundlagen geklärt werden.

Die Ermittlung der Anforderungen stellt einen Schritt im Planungszyklus dar. Modellhaft erfolgt sie im Anschluss an die Auftragsabstimmung, Erhebung und Analyse. Nachdem der Auftrag geklärt und das Material über den Ist-Zustand gesammelt und geordnet ist (Erhebung und Analyse), setzt man sich wertend mit dem Ist-Zustand auseinander und leitet daraus die Anforderungen an die neue Lösung ab. Dazu finden normalerweise Gespräche (Erhebungen) mit den Zielträgern (Stakeholdern) statt. Anforderungen können aber auch gedanklich abgeleitet werden. Wie schon mehrfach betont, stellen die Schritte im Zyklus keine Einbahnstraße dar. Das wird im Schritt Anforderungsermittlung besonders deutlich. Da die Anforderungen normalerweise bei den Stakeholdern erhoben werden, spielen die Techniken der Erhebung eine große Rolle bei ihrer Ermittlung. Außerdem kann es sein, dass neu erkannte Anforderungen nachträgliche Erhebungen über den Ist-Zustand erfordern, an die vorher noch nicht gedacht wurde. Die formale Einordnung in die Gesamtthematik zeigt die folgende Abbildung 8.01.

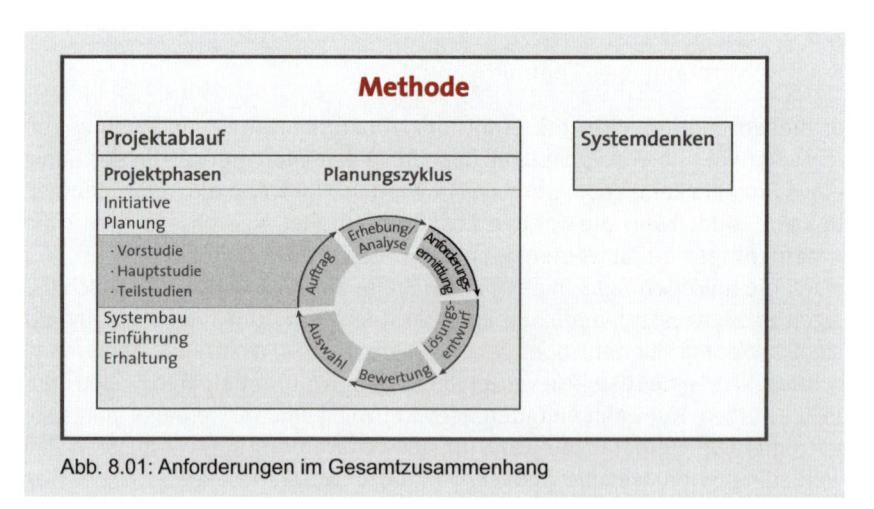

Abb. 8.01: Anforderungen im Gesamtzusammenhang

8.1.2 Anforderungsarten

> Eine Anforderung beschreibt eine Eigenschaft oder Leistung, die von einem Produkt, einem Prozess oder einer an einem Prozess beteiligten Person erwartet wird.

Definition

Betriebliche Lösungen müssen effektiv und effizient sein. Aus diesen beiden Begriffen lassen sich Anforderungen an die zukünftige Lösung ableiten. Eine Lösung ist effektiv, wenn sie dazu beiträgt, das Richtige zu tun (doing right things). Damit ist im Wesentlichen gemeint, dass eine Lösung dazu dienen muss, die Strategie eines Unternehmens oder einer Verwaltung zu erfüllen. So macht es keinen Sinn, einen Prozess zu perfektionieren, wenn dieser Prozess nicht dazu beiträgt, zentrale Ziele zu erreichen. Deswegen sollte sehr früh im Projekt die Frage gestellt werden, ob mit der heutigen oder der zukünftigen Lösung die zentralen Ziele des Unternehmens sowie der Kunden des Unternehmens erfüllt werden. Nur wenn diese Frage mit Ja beantwortet wird, macht es Sinn, die Effizienz zu steigern. Eine Lösung ist effizient, wenn sie kostengünstig und zeitgerecht die gewünschten Leistungen in der geforderten Qualität hervorbringt (doing things right).

Effektivität und Effizienz

Besonders wichtig – für den Erfolg eines Projekts – sind die Erwartungen interner oder externer Kunden. Externe Kunden sind die Abnehmer von Produkten oder Leistungen, diejenigen also, die bereit sind, einen (Markt-) Preis für die Leistung zu bezahlen. Interne Kunden sind alle Empfänger von Produkten oder Leistungen, die noch weiter bearbeitet oder verarbeitet werden müssen.

Anforderungen interner und externer Kunden

Die Ermittlung der Anforderungen aus Kundensicht wird im angelsächsischen Sprachbereich auch als Voice of the customer (VOC) bezeichnet. Dieser Stimme des Kunden zu lauschen, ist die zentrale Aufforderung bei der Ermittlung von Anforderungen.

Voice of the customer VOC

Ein kleines Beispiel soll verdeutlichen, welche Anforderungen ein Bankberater als Kunde einer IT-Anwendung stellen könnte, um seinen Kunden gerecht werden zu können.

> Der Kundenberater der Bank erwartet von der zu entwickelnden Software, dass er jederzeit sämtliche über einen Kunden verfügbaren Daten an seinem Arbeitsplatz aktuell aufrufen kann. Neben den gewährten Krediten will er die Bonitätsmerkmale des Kunden, dessen persönliche Daten, die Guthaben des Kunden auf dem laufenden Konto, auf Sparkonten und in Depots aufrufen können. Außerdem erwartet er Werkzeuge, mit denen er die Verzinsung bestimmter Anlageformen ermitteln kann.

Beispiel

Hätte es bisher für den besagten Mitarbeiter keine IT-Unterstützung gegeben, dann müssten diese Anforderungen gedanklich konstruiert oder aufgrund von Erfahrungen in anderen Banken abgeleitet werden. Gäbe es jedoch heute schon eine solche IT-Anwendung, dann könnte es auch sinnvoll sein, sich wertend mit dem Ist-Zustand auseinander zu setzen, also nach Stärken und Schwächen der bereits vorhandenen Lösung zu fragen.

Bei einer unerwünschten Abweichung von einem Soll-Zustand (z.B. die Kreditbewilligung dauert fünf Wochen, sollte aber nur maximal zwei Tage in Anspruch nehmen), spricht man von einem Problem. Es geht aber nicht nur darum, Probleme zu beseitigen. Auch vorhandene Stärken öffnen den Blick für die Anforderungen an eine neue Lösung. Stärken sollen beibehalten oder ausgebaut, Schwächen (Probleme) beseitigt werden. Aus beiden können unmittelbar Anforderungen abgeleitet werden.

Tipp Gegenüber betroffenen Mitarbeitern (Stakeholdern) sollte möglichst nicht von Problemen gesprochen werden, da diese ein Problem immer als eine Belastung, vielleicht sogar als eine persönliche Bedrohung empfinden. Viel weniger belastend ist es, wenn von Verbesserungen oder neuen Anforderungen die Rede ist.

Zwei Wege zur Anforderung Es gibt also zwei mögliche Ansätze an Anforderungsermittlung:

- Eine vorhandene Ist-Situation, die gewürdigt wird
- Eine gedanklich-konzeptionelle Erarbeitung von Anforderungen.

Im Vordergrund der Anforderungsermittlung stehen die so genannten funktionalen Anforderungen. Das sind beispielsweise Leistungen, die eine Software zur Verfügung stellt oder der unmittelbare Nutzen, den ein Produkt bietet.

Funktionale und nicht-funktionale Anforderungen Daneben gibt es aber auch noch weitere Anforderungen, die auch als nicht-funktionale Anforderungen oder als geforderte Randbedingungen bezeichnet werden. Solche nicht-funktionale Anforderungen sind beispielsweise Anforderungen an die Entwicklung einer neuen Lösung oder an nachgelagerte Prozesse wie Wartung und Unterstützung. Zum besseren Verständnis soll kurz darauf eingegangen werden.

Anforderungen	
Funktionale Anforderungen	**Nicht-funktionale Anforderungen**
▪ Die eigentliche Leistung einer Lösung oder eines Systems (z.B. verfügbare Informationen, Tools, Funktionen). Funktionale Anforderungen werden häufig in einem so genannten Use Case beschrieben (mehr dazu unter 8.2.2).	▪ Anforderungen an die Benutzerschnittstelle ▪ Technische Anforderungen ▪ Qualitätsanforderungen ▪ Anforderungen an sonstige zu liefernde Bestandteile ▪ Anforderungen an die Projektentwicklung ▪ Rechtlich-vertragliche Anforderungen.

Abb. 8.02: Funktionale und nicht-funktionale Anforderungen

Die nicht-funktionalen Anforderungen sollen hier näher erläutert werden.

Anforderungen an die Benutzerschnittstelle

Hier geht es beispielsweise darum, wie übersichtlich eine Bildschirmmaske aufgebaut ist, wie gut ein System Fehleingaben verdaut, welche Bearbeitungshilfen dem Benutzer gegeben werden oder wie einfach ein Gerät zu bedienen ist. Je besser diese Anforderungen abgedeckt sind, desto zufriedener ist ein Kunde (Anwender). Funktionale Defizite werden leichter verziehen als Mängel in der Benutzerschnittstelle. Derartige Anforderungen können sich auch auf das physische Umfeld beziehen wie zum Beispiel Licht, Lärm, Schmutz oder Temperaturbelastungen eines Anwenders.

Benutzerschnittstelle – entscheidend für die Kundenzufriedenheit

> Der iPod von Apple ist ein gutes Beispiel für die Bedeutung dieser nicht-funktionalen Anforderungen. Funktional bietet er das, was im Prinzip alle anderen MP3-Player auch zu bieten haben – die Wiedergabe komprimiert aufgezeichneter Musik. Das Besondere am iPod sind die frappierend einfache, intuitiv erlernbare Bedienung dieses Geräts und das ausgezeichnete Design. Außerdem stellt iTunes ein breites Angebot von Musik, Podcasts und Videos zur Verfügung, das auf den iPod herunter geladen werden kann. Diese nicht-funktionalen Merkmale haben dazu geführt, dass Apple Weltmarktführer bei MP3-Geräten geworden ist. Viele Kunden nehmen relativ hohe Preise und die Restriktionen einer „geschlossenen Welt" in Kauf, weil sie diese nicht-funktionalen Merkmale sehr hoch gewichten.

Beispiel iPod

Technische Anforderungen

Dazu zählt die physikalische Infrastruktur, die notwendig ist, um eine Lösung zu betreiben wie Rechner und Peripheriegeräte, Sachmittel am Arbeitsplatz, Kommunikationseinrichtungen. Bei IT-Anwendungen können hier auch Anforderungen an die Programmiersprache, an die Hardwarekomponenten, an den Datenaustausch mit anderen Anwendungen, an die eingesetzte Software oder an die Architektur eines Systems gestellt werden.

Damit die Anwendung funktioniert

> Für den iPod könnten etwa die Größe der Festplatte, die Kapazität des Akkus und die Auflösung des Displays derartige technische Anforderungen sein.

Beispiel

Qualitätsanforderungen

Beispiele für Qualitätsanforderungen sind etwa Antwortzeiten von IT-Anwendungen, fehlerfreie Ergebnisse, stabile Lösungen, geringer Aufwand zur Wiederherstellung – etwa nach Systemabstürzen – hohe Verfügbarkeit, Ordnungsmäßigkeit, Erfüllung von Normen und Standards sowie gesetzlichen Bestimmungen und sonstigen Vorschriften. Aus der Sicht der Entwickler

Viele Kriterien für Qualität sind möglich

können das auch Anforderungen an die Qualität einer Programmdokumentation, an die Modularität, an die Prüfbarkeit oder an die Wartbarkeit von Anwendungen sein.

> **Beispiel** Fehlerfreie Zugriffe auf die Festplatte oder die Schockresistenz der Festplatte sind Beispiele für Qualitätsanforderungen an einen MP3-Spieler.

Anforderungen an sonstige zu liefernde Bestandteile

Diese Anforderungen können sich beispielsweise auf Sachverhalte beziehen, die den laufenden Betrieb der Anwendung unterstützen wie zum Beispiel Service-Level-Agreements (Zusagen über die Qualität des Service) – oder die Schnelligkeit, mit der Störungen beseitigt werden, die Verfügbarkeit einer Hotline in bestimmten Zeiträumen, die Bereitstellung von Schulungen für neue Anwender oder die Zusage der Wartung über einen Zeitraum von X Jahren.

> **Beispiel** Sonstige zu liefernde Bestandteile des iPod sind zum Beispiel ein umfangreiches verfügbares Musikangebot oder Zubehör für die Nutzung auf Reisen.

Anforderungen an die Projektentwicklung

Hier geht es um Erwartungen, die sich an die Verantwortlichen im Projekt und deren eigene Arbeit richten. Die Beteiligung späterer Anwender, die Durchführung von Informationsveranstaltungen in einem bestimmten zeitlichen Rhythmus, Berichte an den Lenkungsausschuss oder die Einhaltung definierter Meilensteine im Projekt sind Beispiele für derartige Anforderungen.

Rechtlich-vertragliche Anforderungen

Hierzu zählen die vertraglichen Regelungen zwischen Auftraggeber und externem Auftragnehmer – eventuell auch im Innenverhältnis der Projektgruppe. Zahlungsmodalitäten, Umgang mit veränderten Anforderungen und alle Konsequenzen, die sich ergeben, falls Vertragsbestandteile nicht eingehalten werden, sind Beispiele für solche rechtlich-vertraglichen Anforderungen.

> **Zusammenfassung** Anforderungen sind gewünschte Leistungen oder Eigenschaften einer Lösung. Lösungen müssen effektiv und effizient sein. Bei der Weiterentwicklung von Anwendungen kann eine Würdigung dazu beitragen, Anforderungen zu erkennen. Bei Neuentwicklungen müssen die Anforderungen erhoben oder abgeleitet werden. Es werden funktionale und nicht-funktionale Anforderungen unterschieden. Bei Produkten oder Dienstleistungen hängt es häufig von der Erfüllung der nicht-funktionalen Anforderungen ab, ob sie am Markt erfolgreich sind beziehungsweise von den Nutzern akzeptiert werden oder nicht.

8.1.3 Anforderungsermittlung – eine Herausforderung

Die Ermittlung der Anforderungen stellt eine echte Herausforderung in jedem Projekt dar. Das hat im Wesentlichen die folgenden Gründe:

Stakeholder (Zielträger, Kunden) – Es wurde schon im Kapitel fünf im Abschnitt Stakeholder darauf hingewiesen, dass es schwierig ist, alle an einem Projektergebnis Interessierten zu identifizieren und die Bedeutung ihrer jeweiligen Anforderungen angemessen zu gewichten. Unterschiedliche Stakeholder haben aber nicht nur unterschiedliche, sondern häufig auch einander widersprechende Interessen. Die Berücksichtigung dieser Interessenlagen setzt viel Fingerspitzengefühl voraus und erfordert oft Entscheidungen des Auftraggebers, wenn Konflikte anders nicht beseitigt werden können.

Ziele – Stakeholder sind sich selbst oft nicht über ihre Ziele im Klaren, sie denken eher in Lösungen oder in Problemen. Es kommt immer wieder vor, dass es ihnen schwer fällt, zwischen Zielen einerseits und Anforderungen oder Lösungen andererseits zu unterscheiden. Da sich Anforderungen aber immer auf legitimierte betriebliche Ziele zurückführen lassen müssen, bleibt es die Aufgabe der Projektverantwortlichen, gemeinsam mit den Stakeholdern die übergeordneten Ziele zu ermitteln.

Stakeholder – Ziele und Anforderungen müssen zusammenpassen

Kommunikationsprobleme – Schwierigkeiten in der Verständigung bestehen insbesondere zwischen Spezialisten unterschiedlicher Fachrichtungen. Sie haben oft Probleme, eine Sprachebene zu finden, die ihr Gegenüber auch versteht. Diese Problematik tritt insbesondere immer wieder bei der Entwicklung von IT-Systemen auf, wenn Entwickler direkt mit dem Fachbereich Kontakt aufnehmen. Diese Kommunikationsprobleme sind einer der wesentlichen Gründe, weshalb der Rolle des Business Analyst seit einigen Jahren eine so hohe Bedeutung beigemessen wird. Dieser Analyst steht an der Schnittstelle zwischen Fachbereich und IT und fördert die Verständigung.

Die Verständigung als Problem – der Business Analyst kann helfen

Bewegliche Ziele (moving targets) und Anforderungen – mit dem Projektfortschritt treten neue Ziele auf. Die Anforderungen wachsen in aller Regel – mit dem Essen kommt der Appetit. Anwender wie auch Entwickler neigen dazu, eine möglichst perfekte, umfassende Lösung haben zu wollen (Goldrandlösungen). Das treibt die Kosten, verzögert die Fertigstellung und führt zudem häufig dazu, dass viele Funktionalitäten später gar nicht genutzt werden. Deswegen muss auf die Auswahl und Priorisierung von Anforderungen besonderer Wert gelegt werden. Erschwerend kommt hinzu, dass Lösungen immer schwieriger und in aller Regel auch immer teurer werden, je später die Anforderungen erkannt worden sind. Je mehr Ziele und Anforderungen erfüllt werden müssen, desto höher wird normalerweise die Komplexität der Lösung, was ebenfalls zu Kostensteigerungen und Terminverschiebungen führt.

Bewegliche Ziele und wachsender Appetit

Mehrdeutigkeit der Anforderungen – Werden Anforderungen nicht ausreichend präzise formuliert, führt das unweigerlich dazu, dass unterschiedliche Beteiligte diese Anforderungen auch unterschiedlich interpretieren. So entstehen Missverständnisse, die sich oftmals erst klären, wenn eine Anwendung

Sicherung der Qualität von Anforderungen

kurz vor der Einführung steht. Deswegen ist es bei der Ermittlung der Anforderungen wichtig, Standards und Regeln der Beschreibung und Dokumentation zu beachten. Besonders große Spielräume ergeben sich, wenn die Anforderungen nur sehr vage formuliert worden sind (siehe Kapitel 8.2.3). Deswegen sollte die Qualitätssicherung in der Anforderungsermittlung sehr ernst genommen werden.

Das sind nur einige – allerdings wichtige – Probleme, die sich in der Ermittlung der Anforderungen stellen.

Einzelne Anforderungen wie auch komplette Anforderungssysteme sollten die folgenden Qualitätskriterien erfüllen.

Qualitätskriterien

- Zielrelevant – Die Anforderung muss sich auf ein übergeordnetes betriebliches Ziel zurückführen lassen.
- Eindeutig – Die Anforderung kann nur auf eine Weise verstanden werden.
- Prüfbar – Die Anforderung muss so formuliert sein, dass sich die Erfüllung durch einen Test oder eine Messung nachweisen lässt.
- Korrekt – Die Anforderung gibt die Vorstellung des Stakeholders richtig wieder.
- Vollständig – Die Anforderung beschreibt die geforderte und zu liefernde Funktionalität umfassend. Fehlen noch Angaben, so ist das zu vermerken. Für das gesamte System sind sämtliche Anforderungen zu erfassen.
- Verbindlich – Die Anforderung muss klassifiziert sein nach „zwingend erforderlich", „erforderlich" oder „wünschbar" beziehungsweise nach der juristischen Verbindlichkeit.
- Gültig – Die Anforderung muss unverändert bestehen oder aber dem jeweiligen Stand entsprechend angepasst werden.
- Verfolgbar – Die Anforderung muss eindeutig gekennzeichnet sein (unveränderliche Anforderungsnummer). Teilanforderungen, die sich aus übergeordneten Anforderungen ableiten lassen, sollten anhand ihrer Nummer zugeordnet werden können.
- Konsistent – Die Anforderung darf in keinem direkten Widerspruch zu anderen Anforderungen stehen.

Zusammenfassung

Zur Ermittlung der Anforderungen sind zuerst die Stakeholder zu identifizieren. Deren Ziele sind zu ermitteln. Anforderungen und Anforderungssysteme sollten relevant, eindeutig, korrekt, vollständig, verbindlich, prüfbar, gültig, verfolgbar und konsistent sein.

8.1.4 Prozess der Ermittlung von Anforderungen

Oben wurde die Ermittlung der Anforderungen ganz allgemein in den Planungszyklus eingebettet. Wegen der großen Bedeutung dieser Thematik soll hier auf den Prozess der Ermittlung von Anforderungen detaillierter eingegangen werden, so wie er in der Grafik 8.03 dargestellt ist.

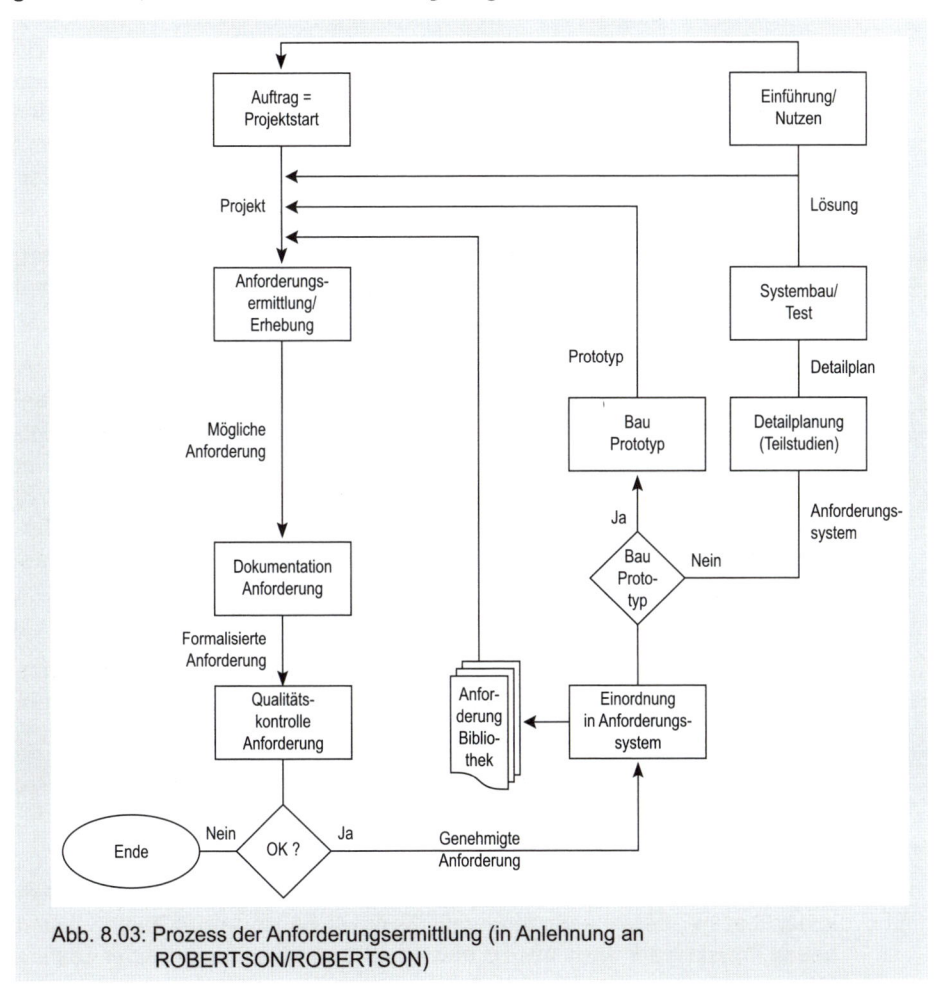

Abb. 8.03: Prozess der Anforderungsermittlung (in Anlehnung an ROBERTSON/ROBERTSON)

Wird ein Projekt gestartet, hat der Auftraggeber vermutlich bereits Vorstellungen über die umzusetzenden Anforderungen. Die Unterscheidung in funktionale und nicht-funktionale Anforderungen dürfte aber schon deutlich gemacht haben, dass in einem konkreten Projekt ein sehr breites Spektrum möglicher Anforderungen zu berücksichtigen ist. Es ist schwierig genug, alle infrage kommenden Stakeholder frühzeitig zu identifizieren. Noch anspruchsvoller wird es, deren Anforderungen zu ermitteln und dabei die oben genannten Qualitätskriterien einzuhalten. Weiterhin ist es meistens sehr schwierig, Entschei-

Stakeholder und deren Anforderungen

dungen bei sich widersprechenden Anforderungen herbeizuführen und eine angemessene Gewichtung von Anforderungen vorzunehmen.

Erhebungen und Anforderungsbibliotheken als Quelle

Um Anforderungen zu ermitteln, werden normalerweise Erhebungen durchgeführt. Dazu können viele der bereits genannten Erhebungstechniken eingesetzt werden. Darüber hinaus gibt es noch einige zusätzliche Instrumente, auf die unten eingegangen wird. Unternehmen, die ein etabliertes Anforderungsmanagementsystem besitzen, können auf eine Anforderungsbibliothek zurückgreifen, in der Anforderungen aus früheren Projekten dokumentiert und geordnet sind. Solche gesammelten Anforderungen können wie Checklisten genutzt werden. Es wird geprüft, ob sie für das konkrete vorliegende Projekt bedeutsame Hinweise enthalten. Insbesondere viele nicht-funktionale Anforderungen werden in den unterschiedlichsten Projekten wiederkehren.

Standardisierte Dokumentation

Gesammelte Anforderungen sind zu dokumentieren. Dazu hat es sich bewährt, auf Dokumentationsstandards (Templates) zurückzugreifen. Weiter unten finden sich dazu Beispiele.

Qualitätssicherung von Anforderungen

In einem weiteren Schritt sind diese formalisierten Anforderungen in enger Abstimmung mit den Stakeholdern und hier insbesondere mit dem Auftraggeber und den späteren Kunden (Anwendern) zu überprüfen. Die letzte Entscheidung über die Freigabe einer Anforderung fällt dann der Auftraggeber (Lenkungsausschuss). Die genehmigten Anforderungen werden schließlich in das Gesamtsystem aller Anforderungen eingebettet. Dabei ist die Widerspruchsfreiheit (Konsistenz) sicherzustellen. Die Anforderungen sind zu klassifizieren und zu gruppieren, so dass sie im weiteren Projektfortschritt auch bei Änderungen nachverfolgt werden können.

Prototypen zur Ermittlung

Wird in einem Projekt mit Prototypen gearbeitet, bietet der Prototyp eine ideale Grundlage, um die Erfüllung von Anforderungen zu überprüfen und um neue Anforderungen zu erkennen.

Das Anforderungssystem fließt dann in die Detailplanung und den Systembau ein. Komponenten- und Systemtests können wiederum Hinweise auf Anforderungen geben.

Nach der Einführung und Nutzung einer Lösung (eines Produkts) ergeben sich in der Regel wiederum Anforderungen, die möglicherweise zum Anstoß für ein neues Projekt oder auch nur zu einer punktuellen Änderung einer Lösung führen.

Zusammenfassung

Nach der Erhebung der Anforderungen müssen sie schriftlich dokumentiert werden. Daran schließt sich die Qualitätskontrolle der Anforderungen an. Die genehmigten Anforderungen fließen in das Anforderungssystem ein. Sie werden in einer Anforderungsbibliothek für eine spätere Verwendung gespeichert.

8.2 Dokumentationstechniken zur Ermittlung von Anforderungen

Vor der Erhebung der Anforderungen sollte die Fragestellung eingegrenzt und in kleinere, überschaubare „Pakete" (Prozesse, Funktionen) aufgegliedert werden. Für die Abgrenzung der Problemstellung und für die Aufgliederung bietet sich das Denken in Systemen an – Systemgrenze festlegen, Abgrenzung von Unter- und Teilsystemen – das im Kapitel 3 behandelt wurde. Hier werden zwei Darstellungstechniken gezeigt, mit deren Hilfe auf relativ einfache Weise komplexe Fragestellungen aufbereitet werden können, um auf dieser Grundlage dann die Anforderungen zu ermitteln. Sie gehören zu der Unified Modeling Language (UML), einem zunehmend verbreiteten Standard der Object Management Group (OMG).

- System-Use-Case-Diagram
- Business Use-Cases

Use-Cases als Grundlage zur Ermittlung von Anforderungen

Diese Dokumentationstechniken werden hier zwar getrennt von den Erhebungstechniken behandelt, oft entstehen die Dokumentationen aber gemeinsam mit den Befragten während der Erhebung, um eine Ausgangssituation zu modellieren und um sicherzustellen, dass man sich gegenseitig richtig versteht. Eine geeignete Visualisierung der betrachteten Prozesse und Funktionen ermöglicht es, die Anforderungen gezielt zu ermitteln. Die Beschreibung solcher Ausgangssituationen wird auch als Szenario bezeichnet.

Dokumentationstechniken zur Abbildung des Szenarios

8.2.1 System-Use-Case-Diagram

Ein System-Use-Case-Diagram ist ein sehr einfaches und praktikables Instrument, um einen ersten Überblick über den zu bearbeitenden Gestaltungsbereich zu erhalten. Dieses Diagramm kann in Gesprächen mit den entsprechenden Stakeholdern modelliert und laufend angepasst werden. Im Vordergrund steht das erwünschte Verhalten des Systems (Produkt, Lösung) aus der Sicht der Beteiligten. Die Prozesse innerhalb des Systems werden in dieser Phase bewusst nicht untersucht, um sich auf die Anforderungen zu konzentrieren. Im System-Use-Case-Diagram werden mehrere Anwendungsfälle (Prozesse) und ihre Beziehungen untereinander sowie zu den Beteiligten – das können Personen, organisatorische Einheiten oder IT-Anwendungen sein – grafisch dargestellt. Diese Anwendungsfälle (Funktionen) werden auch als Business-Use-Case (siehe 8.2.2) bezeichnet.

Ergebnisse stehen im Vordergrund, nicht der Weg, wie sie entstehen

Bei der Abgrenzung der einzelnen Use-Cases ist darauf zu achten, dass sie

- möglichst natürliche Bausteine sind (jeder Prozess führt zu einem gut erkennbaren Ergebnis)
- wenige innere Beziehungen (Schnittstellen) zu anderen Prozessen haben

Regeln zur Abgrenzung der Use-Cases

- **gut abgrenzbar** sind (es kann leicht erkannt werden, wo sie beginnen und enden)
- eindeutigen **Stakeholdern zugeordnet** werden können, die als Kunden oder Bearbeiter Experten für diesen Prozess sind.

Prozesslandkarte als Grundlage

Liegt für einen betroffenen Bereich bereits eine so genannte Prozesslandkarte vor, also eine systematische aufgebaute Übersicht aller dort zu bearbeitenden Prozesse, kann diese Prozesslandkarte ein guter Einstieg in die Modellierung des System-Use-Case-Diagrams sein.

Es ist wichtig, sich frühzeitig über die Systemgrenzen bewusst zu werden und alle externen Einheiten aufzuführen, die aktiv oder passiv die abgebildeten Prozesse beeinflussen. In der Sprache des Systemdenkens sind das Umsysteme, die zwar nicht durch die Lösung selbst verändert werden dürfen, mit dieser Lösung aber in Austauschbeziehungen stehen.

Hier soll nun ein einfaches Beispiel für ein System-Use-Case-Diagramm gezeigt werden.

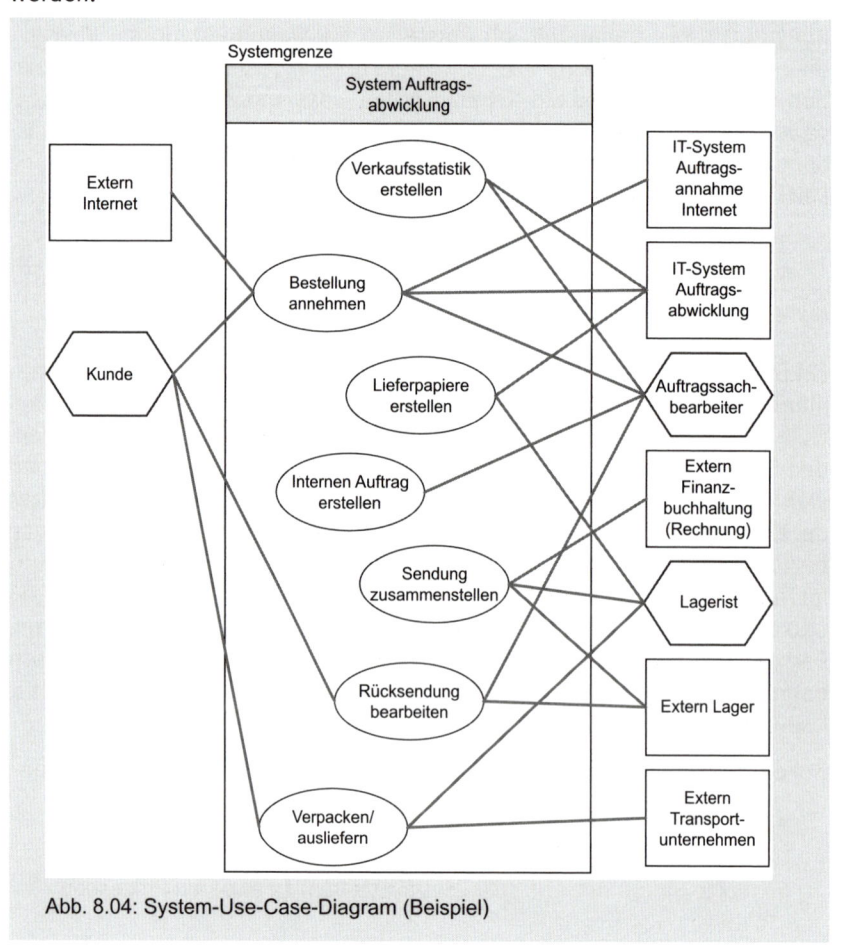

Abb. 8.04: System-Use-Case-Diagramm (Beispiel)

Ein System-Use-Case-Diagramm sollte möglichst nicht mehr als sechs bis acht Elemente umfassen, da es sonst schnell unübersichtlich wird.

In der Abbildung 8.04 sind einige Akteure als Extern gekennzeichnet. Das ist gleichbedeutend damit, dass sie außerhalb der Systemgrenze liegen. Sie müssen zukünftig genauso arbeiten können wie bisher. Zu ihnen sind geeignete Schnittstellen herzustellen.

Externe Akteure = Umsystem

Ein System-Use-Case-Diagramm ist eine einfache grafische Darstellung, um das erwünschte Verhalten eines Systems zu dokumentieren. Es erleichtert die Kommunikation mit den Stakeholdern bei der Ermittlung der Anforderungen.

Zusammenfassung

System-Use-Case-Diagramm	
Vorteile	Nachteile/Grenzen
■ Schnelle Dokumentation ■ Gut strukturierbar ■ Gut verständlich ■ Gute Grundlage für gemeinsame Diskussion ■ Grundlage für weiterführende Dokumentationsformen	■ Vollständigkeit nicht immer sichergestellt ■ Keine Darstellung der Prozesse/Funktionen im Inneren

8.2.2 (Business) Use-Case

Ein Prozess oder ein Produkt muss das leisten, was der Anwender oder der Kunde sich wünscht. In aller Regel soll ein Produkt oder Prozess diese Wünsche auch noch besser erfüllen, als das bisher der Fall war. Der Prozess selbst wird als Black-Box aufgefasst, also zur Ermittlung der Anforderungen nicht näher untersucht. Prozesse, die durch ein Ereignis ausgelöst werden und ein bestimmtes Ergebnis zur Folge haben, werden im angelsächsischen Bereich als Business-Use-Case bezeichnet. Im Folgenden soll hier ein Business-Use-Case mit einem Prozess gleichgesetzt werden, auch wenn die gleiche Denkweise bei Produkten angewendet werden kann (z.B. ein Auto oder eine Waschmaschine oder kleinere Bausteine davon), die sich in Business-Use-Cases aufgliedern und analysieren lassen.

Business Use-Case, was herauskommt ist entscheidend

Wenn ein interner oder externer Kunde etwas haben möchte, dann stößt er damit einen zuvor geplanten und in der Regel standardisierten betrieblichen Prozess an. Es gibt noch weitere Auslöser für solche Prozesse. Manche Prozesse werden beispielsweise durch die Zeit gesteuert, zu der sie planmäßig ausgelöst werden (z.B. monatliche Gehaltsabrechnung). Ein Business-Use-

Kunde oder Zeit als Auslöser für Prozesse

Case beschreibt, welche Leistung der (Teil-)Prozess aufgrund des (externen) Anstoßes erbringt. Jeder Use-Case ist Bestandteil eines größeren Systems, das beispielsweise in einem System-Use-Case-Diagramm dokumentiert werden kann (siehe Abbildung 8.04).

Standort außerhalb des Prozesses, das Ergebnis ist entscheidend

Für die Anforderungsermittlung spielen Business-Use-Cases eine große Rolle. Aus den Ergebnissen eines solchen Prozesses lassen sich sehr gut die Anforderungen ermitteln. Ohne sich mit dem Innenleben eines Prozesses auseinander zu setzen, wird deutlich, welche Ergebnisse aus diesem Business-Use-Case herauskommen sollen, welche Leistungen zu erbringen sind. Es wird bewusst ein Standort außerhalb des Systems eingenommen, um von außen auf die gewünschten Ergebnisse zu schauen. Das fällt einem Anwender unter Umständen schwer, wenn er mit den Details des Prozesses vertraut ist. Der Analytiker muss dann besonders darauf achten, dass das Hauptaugenmerk auf die gewünschten Anforderungen gerichtet wird.

Funktionale Anforderungen im Vordergrund

Bei dieser Betrachtung eines Prozesses von außen können die funktionalen Anforderungen besonders gut abgeleitet werden (z.B. was muss alles getan werden, damit eine Sendung vollständig ausgeliefert werden kann?). Die nicht-funktionalen Anforderungen liegen nicht immer auf der Hand, lassen sich aber in der Regel aus den gewünschten Ergebnissen erkennen.

Die richtigen Experten finden

Für den Erfolg der Anforderungsermittlung ist es wichtig, geeignete Stakeholder zu finden, welche die Ergebnisse des Prozesses abnehmen oder nutzen, oder solche, die als Experten für den Prozess gelten können. Die Techniken zur Erhebung dieser Anforderungen werden im nächsten Abschnitt behandelt.

Die Grafik zeigt ein Beispiel für einen Business-Use-Case. Dort wird noch der Begriff „Produkt" eingeführt. Wenn beispielsweise beabsichtigt würde, für die Aufgaben „verpacken" und „bereitstellen" eine neue – etwa vollautomatische – Lösung zu erarbeiten, dann könnte das in dem Business-Use-Case bereits gekennzeichnet werden, ohne auf die konkrete Lösung dort einzugehen. Auch hier würden vorerst wiederum die Anforderungen an dieses Produkt im Vordergrund stehen.

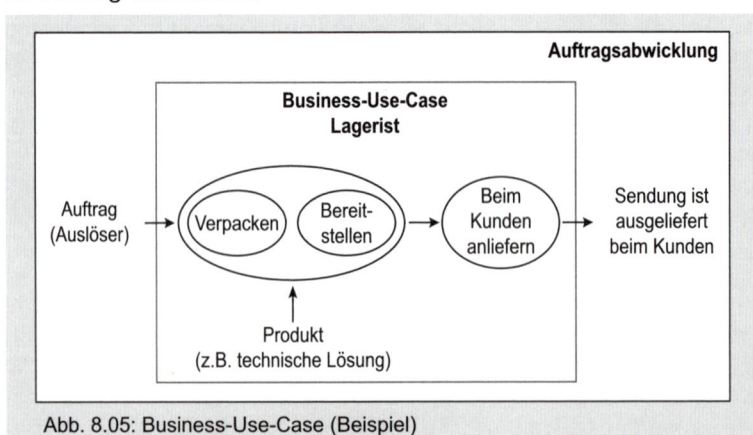

Abb. 8.05: Business-Use-Case (Beispiel)

Ein solcher Use-Case kann dann etwa folgendermaßen standardisiert dokumentiert werden (siehe dazu RUPP: Requirements-Engineering).

Name Use-Case	Buchbestellung ausliefern
Beschreibung	Ein Kunde (Buchhandlung) bestellt verfügbare Bücher zur direkten Auslieferung
Akteure	Kunde, Finanzbuchhaltung, Lager, Versand, externes Transportunternehmen, IT-System Auftragsabwicklung
Vorbedingung	Der Kunde ist registriert, alle relevanten Kundendaten liegen vor. Bestellung ist erfasst
Auslöser	Auftragsdaten kommen von Auftragsannahme
Ergebnis	Der Kunde hat die vollständige Lieferung erhalten
Normaler Prozess	1. Meldung eingegangene Bestellung mit Kundendaten, Auftragsdaten und Transportdaten 2. Erstellen Lieferpapiere und Transportpapiere 3. Zusammenstellen der Sendung, Lieferpapiere hinzufügen 4. Verpacken und versandfertig machen 5. An Logistik übergeben
Restriktionen (nicht-funktionale Anforderungen)	Lieferungen müssen innerhalb von 24 Stunden beim Kunden sein. Keine Gewichts- oder Größenbeschränkungen von Seiten des Transportunternehmens.

Abb. 8.06: Use-Case Beschreibung

Da diese Beschreibung nicht durch Symbole verschlüsselt wird, ist sie leicht verständlich und kann mit den Betroffenen gemeinsam erstellt werden.

Als Vorarbeit für die Ermittlung der Anforderungen ist darauf zu achten, dass die einzelnen Prozessschritte lösungsneutral formuliert werden. Im Prinzip sollten hier weder die Aufgabenträger noch die eingesetzten Systeme und die genutzte Technik beschrieben werden, da dieses nur den Blick für eine möglicherweise neuartige Lösung versperren könnte. So wäre es beispielsweise denkbar, dass die Prozessschritte 3 bis 5 an ein externes Unternehmen ausgegliedert (Outsourcing) werden, das dann autonom über die Bearbeitungsmodalitäten entscheidet. Würden bei der Prozessbeschreibung die derzeitigen Aufgabenträger genannt werden, würde es schwerer fallen, davon zu abstrahieren und an eine gänzlich andere Lösung zu denken.

Lösungsneutralität lässt alle Optionen offen

Zusammenfassung

Ein Use-Case ist ein isolierter Prozess (oder Modul eines Produkts), der ein Ergebnis für einen Kunden oder Anwender bringt und von dem Kunden ausgelöst wird. Bei einer Außenbetrachtung dieses Prozesses – ohne auf den Prozess selbst einzugehen – können die funktionalen Anforderungen abgeleitet werden, wenn die richtigen Experten befragt werden. Ein Use-Case kann grafisch oder verbal dokumentiert werden.

Weitere Techniken der Dokumentation, die auch zur Ermittlung und Beschreibung von Anforderungen verwendet werden können, finden sich in den Kapiteln 11 und 12.

Ehe auf die Techniken zur Ermittlung der Anforderungen eingegangen wird, soll vorher noch gezeigt werden, welche Regeln zu beachten sind, damit Anforderungen möglichst eindeutig und verständlich beschrieben werden.

8.2.3 Vollständige Beschreibung einer Anforderung

Die praktische Lebenserfahrung lehrt, dass die menschliche Sprache selten eindeutig ist, was zu vielerlei Kommunikationsstörungen und Missverständnissen führen kann. Deswegen muss großer Wert darauf gelegt werden, dass Anforderungen möglichst keine nennenswerten Interpretationsspielräume lassen. Das soll wiederum an einem Beispiel aus dem Verlag verdeutlicht werden.

Beispiel

Eine Anforderung an das System heißt „Auftragsdaten erfassen". Diese scheinbar klare Anforderung lässt durchaus noch Interpretationsspielräume zu. Zum einen ist nicht klar, was alles zu den Auftragsdaten gehört, zum anderen lässt das Verb „erfassen" noch offen, ob diese Erfassung durch das zu entwickelnde System geschehen soll oder durch einen Bediener des Systems.

Nutzung eines Glossars

Um das so genannte Objekt „Auftragsdaten" unmissverständlich zu machen, sollte es in einem Glossar definiert werden etwa nach dem Muster: Auftragsdaten sind Informationen über den Kundenstammsatz (der wiederum selbst definiert sein müsste), die bestellten Artikel und deren Mengen, über den Versandweg und über die Rechnungsstellung.

Art der Funktionalität eines Prozesses

Das Verb „erfassen" steht hier für einen Prozess, der selbst ebenfalls nicht eindeutig ist. So kann die Anforderung zum einen lauten, dass das System selbstständig die Erfassung vornimmt oder dass es einen Erfassungsprozess durch einen Dritten unterstützt. Zusätzlich kann hier noch unterschieden werden, ob ein Kunde selbst – etwa per Internet – alle relevanten Daten eingeben kann, so dass das System in diesem Fall lediglich eine Schnittstelle zur Aufnahme der Daten bereitstellt. Würde es sich bei der Entwicklung nicht um einen Prozess sondern um ein Produkt handeln – etwa den iPod – dann wären die Funktionen wie speichern, wiedergeben, anzeigen etc. die entsprechenden „Verrichtungen".

Mit der Beschreibung der Art der Funktion sind aber immer noch nicht alle möglichen Interpretationsspielräume eingeengt. Eine Anforderung kann zwingend sein – das System muss dann also diese Anforderung erfüllen. In einem anderen Fall kann es aber auch sein, dass die Anforderung zwar ein dringender Wunsch (soll), aber keine zwingende Vorgabe ist. Die schwächste Form ist eine weiche Formulierung wie „kann" (nice to have).

<small>Verbindlichkeit der Anforderung</small>

Weiterhin ist klarzustellen, unter welchen Bedingungen eine bestimmte Funktionalität bereitzustellen ist. So kann die Anforderung beispielsweise lauten: „Hat der Kunde den Auftrag per Internet selbst erfasst, ist eine Schnittstelle zur Übertragung in die Auftragsabwicklung bereitzustellen." Für jeden geforderten Prozessschritt sind also die zugehörigen logischen (z.B. wenn...dann) oder zeitlichen (z.B. am Ende jedes Arbeitstages) Bedingungen aufzuführen.

<small>Bedingungen für einen Prozess nennen</small>

Oft hilft es zur Präzisierung der Anforderung auch, wenn der Empfänger der Leistung ausdrücklich genannt wird. Die Anforderung könnte zum Beispiel lauten: „Das System ermöglicht es dem Auftragssachbearbeiter jeder Zeit, die aktuellen Lagerbestände der Artikel abzufragen."

> Die vollständige Anforderung für das obige Beispiel könnte lauten: Werden Aufträge telefonisch übermittelt, muss der Auftragssachbearbeiter mit Hilfe des Systems die Auftragsdaten erfassen können.

<small>Beispiel</small>

Folgende Grundsätze sollten also bei der Formulierung von Anforderungen beachtet werden:

- Aufbau und Nutzung eines Glossars für alle wichtigen Begriffe
- Beschreiben der Anforderung durch Verrichtung und Objekt (was soll woran getan werden?)
- Art der gewünschten Funktionalität des zu entwickelnden Systems nennen (selbständige Erledigung durch das System, Bereitstellen des Prozesses auf Anstoß durch Benutzer oder Schnittstelle zu einem anderen System)
- Verbindlichkeit der Anforderung verdeutlichen (Leistung muss, soll oder kann erbracht werden)
- Nennen der logischen oder zeitlichen Bedingung, unter der eine Leistung erbracht werden soll
- Empfänger der Leistung oder Nutzer einer Funktion.

<small>Regeln für die Formulierung von Anforderungen</small>

> Anforderungen sollen eindeutig und umfassend über die Erwartungen Auskunft geben. Dazu ist die Verbindlichkeit einer gewünschten Leistung des Systems zu beschreiben, indem Verrichtung und Objekt, die Bedingungen, unter denen sie erbracht werden muss, sowie der Empfänger angegeben werden.

<small>Zusammenfassung</small>

8.3 Techniken zur Ermittlung von Anforderungen

Anforderungsermittlung durch Erhebungen

Gemäß dem Systems-Engineering schließt sich die Ermittlung von Anforderungen an den Schritt Erhebung und Analyse im Phasenzyklus an. Es werden also Informationen über die Ausgangssituation vorausgesetzt, ehe im Einzelnen mit der Ermittlung der Anforderungen begonnen werden kann. Die Ermittlung der Anforderungen dürfte jedoch in den seltensten Fällen „im stillen Kämmerlein der Analytiker" passieren. Normalerweise werden dazu sehr umfangreiche Erhebungen bei den Stakeholdern notwendig. Aus der Sicht des Planungszyklus wird also die Erhebung auch als Instrument zur Erhebung von Anforderungen eingesetzt. Daneben haben sich die so genannten Kreativitätstechniken zur Ermittlung von Anforderungen bewährt.

Es wurde bereits erwähnt, dass die Ermittlung der Anforderungen normalerweise sehr schwierig ist. Deswegen ist es besonders wichtig, die geeigneten Techniken einzusetzen, mit deren Hilfe die Wahrscheinlichkeit steigt, die Anforderungen gezielt und vollständig zu ermitteln. Oft ist nicht eine Erhebungstechnik die beste, sondern eine Mischung verschiedener Instrumente. Zur Anforderungsermittlung können die folgenden Techniken eingesetzt werden:

- Erhebungstechniken
- Schnittstellenanalyse
- Reverse Engineering
- Kreativitätstechniken
- Techniken der Würdigung.

8.3.1 Erhebungstechniken

Zu Erhebungstechniken siehe Kapitel 6

Im Kapitel 6 wurde ein breites Spektrum von Erhebungstechniken vorgestellt. Dort wurde auch schon darauf hingewiesen, dass nicht alle Techniken geeignet sind, Anforderungen zu ermitteln. Besonders leistungsfähig sind Interviews und Erhebungsworkshops. Wichtige Aufschlüsse können auch durch Beobachtungen vor Ort gewonnen werden. Fragebogen und Selbstaufschreibungen vervollständigen das Instrumentarium, auch wenn die Letzteren zur Ermittlung von Anforderungen nur eingeschränkt empfohlen werden können – sie können allerdings bei der Entwicklung neuer Produkte eine große Rolle spielen, da mit ihrer Hilfe sehr viele Stakeholder eingebunden werden können.

8.3.2 Schnittstellenanalyse

Eine Schnittstelle ist eine Verbindung zwischen zwei Komponenten. Typische Beispiele sind:

- Benutzerschnittstelle (intern oder extern)
- Schnittstelle zu externen Systemen (Organisationseinheiten, IT-Anwendungen etc.)
- Schnittstellen zu technischen Einrichtungen (Maschinen, Computer, Automaten usw.)

Benutzer, Systeme oder technische Einrichtungen können als Stakeholder angesehen werden, deren Repräsentanten selbst am besten wissen, welche Anforderungen sie haben. Interviews und Workshops sind besonders gut geeignet, um diese Anforderungen zu ermitteln.

Schnittstellen als Stakeholder

Mit der Schnittstellenanalyse lässt sich klären, welche Eingangsgrößen benötigt werden, um bestimmte Ausgangsgrößen (Daten, Produkte, Leistungen) hervorbringen zu können. Aus der Sicht der Kunden wird damit klar, welche Anforderungen an den jeweiligen Lieferanten zu stellen sind.

Das Instrumentarium zur Zerlegung von Systemen und die Bedeutung von Schnittstellen wurden bereits im Kapitel 3 „Systemdenken" behandelt. Beispiele für Dokumentationstechniken zur Ermittlung von Anforderungen „System-Use-Case-Diagram" und „Business Use-Case" wurden im Abschnitt 8.2 gezeigt.

8.3.3 Reverse Engineering

Gibt es für eine Software oder für ein technisches System keine ausreichend aktuelle Dokumentation und ist es notwendig, die Funktionsweise der Software oder des Systems zu verstehen, ist das Reverse Engineering geeignet, die fehlenden Informationen zu gewinnen. Normalerweise wird ein System gebaut, indem von einer relativ abstrakten Beschreibung der Anforderungen zunehmend konkretisiert wird, wie diese geforderten Leistungen durch das System erbracht werden können, bis schließlich ein funktionierendes System hergestellt ist.

> Beim Reverse Engineering gibt es bereits eine Lösung, die aber nicht ausreichend gut verstanden wird. Also geht es darum, von den Ergebnissen, die das System produziert, schrittweise auf die beteiligten Systemelemente und die ablaufenden Prozesse zu schließen.

Definition

Es werden zwei Ansätze des Reverse Engineering unterschieden:

- Black Box Reverse Engineering (es wird nur das Ergebnis untersucht. Dieses ist gleichbedeutend mit der Schnittstellenanalyse, die soeben behandelt wurde.
- White Box Reverse Engineering (die Komponenten und das Funktionieren des Systems selbst werden untersucht).

Für ein White Box Reverse Engineering muss ein System entweder physisch zerlegt oder gedanklich so durchdrungen werden, dass eindeutig festgestellt werden kann, wie bestimmte Ergebnisse durch das System produziert werden.

Folgende Vorteile sind mit dem Reverse Engineering verbunden:

- Verständnis, wie ein System funktioniert
- Aktuelle Dokumentation des Systems
- Fundiertes Bewerten eines Systems
- Schutz einer Investition
- Einsicht, warum bestimmte Fehlfunktionen auftreten oder erwünschte Leistungen bisher nicht möglich sind
- Grundlage zur Formulierung von Anforderungen an ein verändertes oder verbessertes System
- Erleichtertes Umsetzen solcher Anforderungen.

8.3.4 Kreativitätstechniken

Kreativitätstechniken siehe Kapitel 9

Kreativitätstechniken dienen dazu, so genannte Denkblockaden zu überwinden. So wird es beispielsweise in einem Interview nicht immer möglich sein, alle bedeutsamen Anforderungen zu ermitteln, da ein Prozessbeteiligter häufig sehr stark in den Kategorien des vorgefundenen Zustands denkt. Er kann es sich kaum vorstellen, dass ein Prozess auch völlig anders ablaufen könnte und damit neuartige Anforderungen entstehen.

Beispiel

Ein Sachbearbeiter im Versand eines Verlags fordert, dass die Bücher in Abhängigkeit von ihren Verkaufszahlen gelagert werden sollen, um damit die Wege beim Zusammenstellen von Sendungen zu verkürzen. Aus seiner Erfahrung könnte damit viel Zeit gewonnen werden. Dieser Sachbearbeiter wird kaum darauf kommen, dass mit einer vollautomatischen Lagerverwaltung völlig andere Anforderungen verbunden sind, da er vom Ist-Zustand ausgeht, der bisher eher manuell abgewickelt wird.

Kreativitätstechniken eignen sich nicht nur zur Ermittlung von Anforderungen, sondern auch zur Entwicklung von Lösungen. Daher ist ihnen ein eigenes Kapitel 9.4 gewidmet. Alle wichtigen Instrumente, die auch zur Ermittlung von Anforderungen eingesetzt werden können, werden dort behandelt. Deswegen soll hier nicht näher darauf eingegangen werden.

8.3.5 Techniken der Würdigung

Die Würdigung setzt sich wertend mit dem Ist-Zustand auseinander. Sie fragt nach den Stärken und Schwächen einer vorhandenen Lösung. Solche Techniken sind immer dann besonders geeignet, wenn es darum geht, einen vorgefundenen Zustand zu verbessern, ohne ihn grundsätzlich in Frage zu stellen (Empirisches Vorgehen). Es kann aber auch sein, dass die Würdigung Hinweise darauf gibt, dass der vorgefundene Zustand nur dann beseitigt werden kann, wenn eine konzeptionell neue Lösung entwickelt wird.

Würdigung geht vom Ist-Zustand aus

Oft sind aufgetretene Probleme Auslöser für Projekte. Probleme sind Abweichung zwischen einem Ist-Zustand und einem erwünschten Soll-Zustand. Sie können offenkundig sein – es treten beispielsweise Störungen auf, die beseitigt werden müssen – oder sie zeigen sich als ein diffuses Störgefühl – „man sollte einmal untersuchen, ob das alles richtig läuft" – oder sie sind niemandem bewusst, weil „es ja schon immer so lief". Oft sind Abweichungen jedoch erst erkennbar, wenn von außen auf das eigene Unternehmen oder auf einen Bereich geblickt wird, wenn also ein Vergleich mit Dritten, möglichst mit den Besten vorgenommen wird. Dieser Ansatz wird als Benchmarking bezeichnet.

Probleme lösen Projekte aus

Hier sollen die folgenden Techniken behandelt werden:

- Prüffragenkataloge
- SWOT-Analyse
- Wertanalyse
- Benchmarking
- Problemanalyse
- Ursache-Wirkungs-Diagramm.

8.3.5.1 Prüffragenkataloge

Mit Prüffragenkatalogen werden gleichzeitig zwei Zielsetzungen verfolgt:

- Typische Schwachstellen – Fehler und Versäumnisse – sollen erkannt werden. Dieses Verfahren ähnelt den Diagnose-Centern für Menschen oder Automobile, die auf mögliche Defekte untersucht werden. Aus diesen Schwachstellen sollen dann Anforderungen an die neue Lösung abgeleitet werden.
- Bekannte Lösungsmöglichkeiten sollen auf ihre Anwendbarkeit im konkreten Fall untersucht werden. So kann etwa geprüft werden, ob regelmäßig Meetings einer bestimmten Mitarbeitergruppe veranstaltet werden sollten, um die Kommunikation zu verbessern.

Prüffragenkataloge haben einen entscheidenden Mangel; sie sind unsystematisch und bilden kein allgemeines Gerüst für alle Probleme. Es muss letztlich für jede Problemstellung ein eigener Prüffragenkatalog aufgestellt werden, da die Fragen immer nur ganz spezielle Sachverhalte ansprechen können. Diese Arbeit wird durch den erwähnten Umstand sehr erschwert, dass es bis-

Prüffragenkataloge immer nur für konkrete Sachverhalte

her keine allgemeine Systematik zum Aufbau von Prüffragenkatalogen gibt. Ein Prüffragenkatalog zur Untersuchung eines Materialflusses muss beispielsweise ganz anders aufgebaut sein als ein Katalog zur Verbesserung der Aufbauorganisation. Die Fragen selbst und der Detaillierungsgrad der Fragen unterscheiden sich in den beiden Fällen ganz erheblich.

Prüffragenkataloge setzen umfangreiche Erfahrungen voraus

Damit soll die Leistungsfähigkeit der Prüffragenkataloge nicht in Frage gestellt werden. Ausgereifte und problembezogene Kataloge sind ein sehr wirksames Instrument zur Erhebung von Anforderungen. Sie reichen in den Lösungsentwurf hinein. Sie kommen allerdings nur dann in Frage, wenn in einer größeren Anzahl vergleichbarer Aufgabenstellungen (Projekte) bereits umfangreiche Erfahrungen gesammelt wurden.

In Abbildung 8.07 wird ein kurzer Auszug aus einem recht allgemein gehaltenen Katalog vorgestellt. Die Fragen zielen auf generelle aufbauorganisatorische Probleme. Obwohl das Hauptanwendungsgebiet der Prüffragenkataloge die Ermittlung von Anforderungen ist, können sie auch zur Beurteilung neu konzipierter Lösungen herangezogen werden.

**Prüffragenkatalog zur Aufbauorganisation –
Stellen- und Abteilungsbildung**

1. Sind die Aufgaben der Stelle klar definiert?
2. Kann ein gedachter Aufgabenträger die erforderliche Qualifikation besitzen? Wurde die Stelle berufstypologisch (nach vorhandenen Berufsbildern) gebildet?
3. Sind alle Phasen einer Aufgabe verteilt (Entscheidungsvorbereitung, Entscheidung, Realisation und Kontrolle)?
4. Sind einzelne Aufgaben mehrfach auf verschiedene Stellen verteilt?
5. Kontrolliert ein Aufgabenträger (eine Gruppe) seine (ihre) eigene Aufgabenerfüllung?
6. Hat ein Aufgabenträger Einfluss auf die zu erreichenden Ziele?
7. Fehlen bestimmte Aufgaben, die in vergleichbaren Unternehmen anzutreffen sind (z.B. Zukunftsaufgaben)?
8. Ist die Messung der Leistung von Stelleninhabern, Gruppen, Abteilungen oder Bereichen möglich?
9. Begünstigt die Stellenbildung die Spezialisierung? Wie weit ist die Spezialisierung vorangeschritten? Sind negative Auswirkungen der Spezialisierung zu erwarten?
10. Kann der Stelleninhaber seinen eigenen Beitrag zur Leistungserfüllung deutlich erkennen?
11. ....

Abb. 8.07: Beispiel für einen Prüffragenkatalog zur Aufbauorganisation

> Prüffragenkataloge dienen dazu, typische Schwachstellen gezielt zu erkennen und die Anwendbarkeit bekannter Lösungsmöglichkeiten zu prüfen. Gute Prüflisten sind eine wesentliche Hilfe, um Anforderungen zu ermitteln. Ihr Nachteil ist, dass für jeden Problemkreis und für jede Detaillierungsstufe neue Prüffragenkataloge entwickelt werden müssen.

Zusammenfassung

8.3.5.2 SWOT-Analyse

SWOT ist ein Kunstwort, das sich aus den Anfangsbuchstaben mehrerer Begriffe zusammensetzt (Akronym). **S**trengths, **W**eaknesses, **O**pportunities, **T**hreats. Diese Begriffe können als Stärken und Schwächen, Chancen und Risiken übersetzt werden. Im angelsächsischen Sprachbereich ist jedoch der Begriff SWOT-Analyse weit verbreitet. Deswegen wird er auch hier verwendet.

SWOT - Was ist das?

Eine SWOT-Analyse setzt grundsätzlich voraus, dass die Ziele bekannt sind. Stärken und Schwächen, Chancen und Risiken bestehen immer nur im Verhältnis zu Zielvorstellungen. Wird ein Ziel gut erreicht, so ist das eine Stärke, gelingt es nicht, ein Ziel zu erreichen, so ist das eine Schwäche. Analog gilt das für Chancen und Risiken, da sich mit Chancen Gelegenheiten für die Zielerreichung bieten und Risiken die Zielerreichung bedrohen.

Ziele als Voraussetzung einer SWOT-Analyse

Stärken und Schwächen liegen immer in einem vorgefundenen Zustand begründet, sind also unmittelbar mit einer Lösung oder einem Produkt verbunden. Chancen und Risiken sind meistens externe Einflüsse, die den zukünftigen Erfolg der Lösung oder des Produkts fördern oder bedrohen können.

Häufig wird die Verbesserung einer Lösung mit der Beseitigung von Problemen gleichgesetzt. Soll die zukünftige Lösung jedoch erfolgreich sein, müssen auch die wesentlichen Übereinstimmungen zwischen dem Ist und dem Soll untersucht werden, d.h. es müssen auch die Stärken des Ist bewusst gemacht werden, um sie zu konservieren und weiterzuentwickeln.

Auch Stärken bewusst machen

Negative Abweichungen können auch erst in der Zukunft auftreten. Dann stellen sie Risiken dar. In diesen Fällen ist eine vorausschauende Aktion sinnvoll, um die Situation von vornherein in den Griff zu bekommen, d.h. vorbeugend tätig zu werden. So kann ein mögliches Problem verhindert werden oder es werden Maßnahmen ergriffen, um die Auswirkungen des Problems zu begrenzen.

Zukünftige Bedrohungen

> Die Unterstützung für eine installierte Software läuft in zwei Jahren aus, da der Anbieter bereits seit mehreren Jahren auf eine neue Produktlinie umgestiegen ist. Die fehlende Serviceleistung wird zu einem Problem. Vorbeugend kann rechtzeitig auf eine neue Anwendung umgestiegen werden (vorbeugende Maßnahme), oder man sucht am Markt ein Dienstleistungsunternehmen, das bereit ist, zukünftig die Pflege zu übernehmen (Problembegrenzung).

Beispiel

Chancen erkennen und ergreifen

Chancen sind externe Einflüsse, die eine Gelegenheit bieten, zukünftig die Ziele noch besser zu erreichen. Oft ist allerdings noch unklar, ob oder wann dieser Einfluss wirksam wird. Nur wenn ein solcher Einfluss frühzeitig erkannt und berücksichtigt wird, besteht auch die Chance, daraus Nutzen zu ziehen.

Damit ergeben sich in der SWOT-Analyse die folgenden Kombinationen.

	Positiv	Negativ
Heute	Stärken (Strengths)	Schwächen (Probleme) (Weaknesses)
Zukünftig	Chancen (Opportunities)	Risiken (Threats/Risks)

Abb. 8.08: Inhalte einer Würdigung

Bewusste Auseinandersetzung mit der Zukunft

Die SWOT-Analyse zwingt dazu, nicht nur über Probleme nachzudenken, die meistens in Projekten im Vordergrund stehen. Sie lenkt den Blick auf zu erhaltende Stärken und fordert zusätzlich auf, gezielt auch über die zukünftige Entwicklung und die Einflüsse von außen nachzudenken.

Besonders ergiebig ist eine SWOT-Analyse, wenn die vier Felder mit Hilfe einer Gruppe von Stakeholdern gemeinsam erarbeitet werden. So können die Anforderungen an eine zukünftige Lösung ermittelt werden.

Zusammenfassung

> In der SWOT-Analyse wird gezielt nach Stärken und Schwächen, Chancen und Risiken einer Lösung im Ist-Zustand gesucht. So können Anforderungen an eine neue Lösung abgeleitet werden.

8.3.5.3 Wertanalyse

Die Wertanalyse (engl. Value Analysis, Value Engineering) zielt auf die Verbesserung von Produkten oder Prozessen. Sie beinhaltet ein Denkmodell, das darauf abzielt, alles zu eliminieren, was nicht unmittelbar zum Nutzen eines Produkts oder eines Prozesses beiträgt, was also für den Kunden oder Abnehmer keinen Wert bringt. Durch die Konzentration auf wertschöpfende Funktionen oder Aufgaben können gleichzeitig die Qualität gesteigert und die Kosten gesenkt werden. In einem weiteren Sinne ist die Wertanalyse ein Vorgehensmodell, das jedoch seinen eindeutigen Schwerpunkt in der Würdigung bestehender Produkte oder Prozesse hat und deswegen hier behandelt wird. Das Vorgehen bei einer Wertanalyse entspricht den Schritten des Planungszyklus (siehe Kapitel 2.4.1.2).

Nur das bieten, wofür der Kunde zu zahlen bereit ist

Wert = subjektiver Nutzen

Zentraler Begriff der Wertanalyse ist der Wert. Unter dem Wert einer Sache, einer Dienstleistung oder einer Information versteht man die Bedeutung oder Wichtigkeit oder den Nutzen aus der Sicht eines Betrachters, Besitzers oder potenziellen Käufers.

Wertanalyse | 301

> Ein Maschinenhersteller bietet ein Spitzenprodukt an, das nahezu universell eingesetzt werden kann und extrem präzise arbeitet. Er findet nur wenige Kunden, die bereit sind, den für diese Spitzenleistungen notwendigen Preis zu zahlen. Für alle anderen ist der Nutzen kleiner als der Preis. Wenn der Produzent seinen Absatz ausweiten will, muss er für alle übrigen potenziellen Kunden ein weniger anspruchsvolles Modell entwickeln, das dann auch zu niedrigeren Kosten produziert werden kann.

Beispiel

Im Rahmen einer Wertanalyse muss somit sichergestellt werden, dass der Nutzen (Wert) für die angepeilte Zielgruppe mindestens gleich oder größer ist als der mit der Bereitstellung verursachte Aufwand (Preis).

Die Wertanalyse stellt die folgenden Fragen:

- Welche Leistungen (Funktionen) soll ein Produkt oder Prozess aus Sicht des Kunden bereitstellen oder hervorbringen?
- Welche Funktionalität ist wünschbar aber nicht zwingend notwendig?
- Welche Qualität des Produkts/der Leistung ist angemessen?
- Wie können die gewünschten oder notwendigen Leistungen (Funktionen) kostengünstig(er) erbracht werden?
- Welchen Preis ist ein Kunde oder Abnehmer bereit, für diese Leistungen (Funktionen) zu bezahlen?

Die zentralen Fragen

Die Wertanalyse kann auch angewendet werden, um bestehende Arbeitsprozesse zu verbessern.

> Der besagte Hersteller von Maschinen hat sich seit Jahren sehr erfolgreich darum bemüht, die Kosten in der Produktion zu senken und die Qualität zu steigern. Dort werden kaum noch Reserven gesehen. Ganz anders sieht es in den Verwaltungseinheiten und hier insbesondere im Vertrieb aus. Die Unterhaltung eines umfangreichen Produkt- und Ersatzteillagers und die Belieferung des Großhandels sowie der Direktverkauf an Kunden verursachen relativ hohe Kosten. Es wird ein Projekt gestartet, das die Frage klären soll, wie diese Vertriebsprozesse verbessert und kostengünstiger gestaltet werden können.

Beispiel

Um eine solche Frage zu beantworten, empfiehlt es sich, das Produkt bzw. den Prozess in einzelne Funktionen aufzugliedern und dabei drei Funktionsklassen zu unterscheiden:

- Hauptfunktionen (der eigentliche Grund dafür, dass es dieses Produkt oder diese Leistung gibt = wertschöpfende Funktionen)
- Notwendige Nebenfunktionen (Wert ermöglichende Funktionen)
- Nicht-notwendige Nebenfunktionen (nicht-wertschöpfende Funktionen).

Beispiel

> Der eigentliche Transport und die Auslieferung sind Hauptfunktionen, für die der Kunde auch bereit ist zu zahlen, da er andernfalls das Produkt selbst beim Hersteller abholen müsste. Die Bereitstellung der Begleitpapiere und die Disposition des Fuhrparks sind notwendige Nebenfunktionen, die dem Kunden allerdings keinen direkten Nutzen bringen. Werden die Mitarbeiter des Fuhrparks überwacht, beispielsweise um Diebstähle oder Umwege zu vermeiden, oder werden umfangreiche Daten über die Vertriebsprozesse gesammelt, so handelt es sich um nicht-notwendige Nebenfunktionen, für die ein Kunde prinzipiell nicht zu zahlen bereit ist.

Der Grundgedanke der Wertanalyse zielt darauf ab, nur solche Funktionen zu erfüllen, die entweder dem Kunden direkten Nutzen stiften oder aber zwingend notwendig sind, um die Hauptfunktionen bereitstellen zu können. Alle nicht notwendigen Funktionen sollen so weit wie möglich eliminiert werden. Die Hauptfunktionen und die notwendigen Nebenfunktionen sind dann so zielorientiert (z.B. Kosten, Qualität, Zeit) wie möglich zu gestalten. Dazu werden für alle Funktionen deren Kosten ermittelt, die bei der Durchführung dieser Funktion entstehen wie zum Beispiel für Material, Gehälter, Abschreibungen etc. Bei einer Wertanalyse für ein Produkt kann so ermittelt werden, welche Kosten für die einzelnen Module oder Funktionen dieses Produkts anfallen. Gleiches gilt für die Funktionen in einem Prozess.

Mithilfe der Wertanalyse können folgende Ziele erreicht werden:

Was bringt die Wertanalyse?

- Stärkeres Ausrichten am Kundennutzen
- Entwickeln und Verbessern von Produkten und Prozessen
- Verbessern der Marktposition
- Beschleunigen von Prozessen
- Senken von Produkt- und Prozesskosten
- Erkennen von Kernfunktionen und Funktionen, die ausgegliedert werden können (Outsourcing).

8.3.5.4 Benchmarking

Vergleich mit den Besten

Um eine Lösung oder ein Ergebnis als gut oder schlecht qualifizieren zu können, sind geeignete Maßstäbe notwendig. Die Umsetzung dieser selbstverständlich erscheinenden Aussage kann in der Praxis durchaus Schwierigkeiten bereiten, weil oft allgemein anerkannte Vergleichsmaßstäbe fehlen. Je höher die Latte liegt, desto kleiner sieht derjenige aus, der sie überqueren möchte. Im Benchmarking, dem Vergleich mit dem Besten, steckt man sich die denkbar höchsten Ziele, nämlich mindestens so gut zu sein, wie der Beste.

Die Technik des Vergleichs mit Dritten ist im Prinzip schon lange bekannt – so gibt es seit Jahrzehnten Vergleichszahlen innerhalb bestimmter Branchen.

Benchmarking

Das systematische Benchmarking kann heute als eine etablierte Technik angesehen werden und hat in der Wirtschaftspraxis einen hohen Stellenwert gewonnen.

Bewährte Technik

Wenn Vergleiche angestellt werden, muss geklärt werden

- was soll verglichen werden (Objekt der Messung)?
- woran soll es gemessen werden (Kriterium)?
- wo soll gemessen werden (Vergleichspartner)?
- wie soll gemessen werden (Verfahren der Messung)?
- wann soll gemessen werden (Zeitpunkt/Zeitraum der Messung)?

Diese Parameter sollen im Folgenden näher betrachtet werden.

Parameter der Messung	Mögliche Ausprägungen			
Objekt	Produkte	Prozesse	Verfahren/Technik	
Kriterien	Kosten	Funktionalität	Qualität	Zeit
Vergleichspartner	Innerhalb des eigenen Unternehmens	Innerhalb der gleichen Branche	Unabhängig von der Branche	
Verfahren	Studium von Sekundärquellen	Informationsaustausch	Besichtigung	
Zeit	Einmalig	Kontinuierlich		

Abb. 8.09: Parameter der Messung beim Benchmarking

Zu allen genannten Parametern müssen im konkreten Fall Entscheidungen gefällt werden. Aus der Tabelle (morphologischer Kasten) ist also die im Einzelfall am besten geeignete Kombination herauszufinden. Dabei ist selbstverständlich auch die Machbarkeit zu berücksichtigen.

Die Messung kann sich an dem jeweiligen Produkt orientieren. Dabei kann es sich um marktfähige Produkte handeln, also Leistungen, die für externe Kunden erbracht werden, wie auch um interne Produkte wie zum Beispiel Leistungen der IT für den Vertrieb. Es ist unerheblich, ob es sich um Dienstleistungen – z.B. Beratung für Kunden – oder um physische Produkte handelt. Die Messung kann sich auch auf Prozesse beziehen, also beispielsweise auf den Prozess der Auftragsabwicklung oder auf den Prozess der Kreditbewilligung. In diesem Fall stehen die aufbau- und prozessorganisatorischen Regelungen im Vordergrund. Die Messung und der Vergleich von Prozesskennzahlen haben

Was wird gemessen – Objekt des Benchmarking?

in den letzten Jahren einen sehr hohen Stellenwert erhalten. Schließlich kann die Messung die eingesetzten Verfahren bzw. die verwendeten Techniken – z.B. die Technik der Informationsspeicherung im Archiv und das damit verbundene Zugriffsverfahren – zum Gegenstand haben.

Woran wird gemessen?

Als Kriterien der Messung können die Kosten verwendet werden. Das liegt immer dann nahe, wenn die Produkte (Leistungen) weitgehend vergleichbar sind, diese Leistungen aber offensichtlich oder vermutlich zu unterschiedlichen Kosten erbracht werden. Bei Unterschieden in den Produkten kann auch verglichen werden, welche Leistungen – welche Funktionen – die Produkte des Vergleichspartners beinhalten. So kann sich beispielsweise herausstellen, dass Mitbewerber ihren Kunden einen Zusatznutzen bieten, der einen wesentlichen Wettbewerbsvorteil darstellt (z.B. der Lieferant von Verbrauchsmaterial übernimmt die Entsorgung des Leerguts). Schließlich kann sich der Vergleich auf die Qualität der Leistung beziehen. Mögliche Kriterien können sein die Störanfälligkeit, die ergonomische Gestaltung, die Flexibilität eines Produkts usw. Schließlich kann auch die Zeit ein wichtiger Vergleichsmaßstab sein. So ist es für die Abnehmer – insbesondere bei gleicher Qualität und bei vergleichbaren Preisen – oft entscheidend, wer schneller liefern kann oder wer schneller auf Forderungen des Markts reagieren kann.

Mit wem wird verglichen?

Vergleichspartner können im gleichen Unternehmen, z.B. in anderen Abteilungen oder Unternehmensbereichen gesucht werden. Das bietet sich z.B. bei großen Unternehmen an, in denen es viele vergleichbare Einheiten (z.B. Geschäftsstellen) gibt. Größere Abweichungen und damit größere Potenziale zeigen sich meistens, wenn man sich an den besten Mitbewerbern oder an den Besten aus der gleichen Branche misst. Noch wichtiger können Impulse aus dem Vergleich mit fremden Branchen sein, deren Kernprozesse ähnlich zu den untersuchten Prozessen sind. So kann beispielsweise ein Versandunternehmen als Vergleichsbasis für die Logistik im Lager eines produzierenden Unternehmens dienen oder der Änderungsdienst bei einem Kreditkartenunternehmen als Maßstab für die Ausgabestelle von Personalausweisen in einer Kommune.

Wie wird verglichen?

Als mögliche Verfahren kommen das Studium von Fachliteratur, der Besuch von Tagungen oder Messen in Frage. Wesentlich gezieltere Informationen sind möglich, wenn mit den Vergleichspartnern schriftlich oder mündlich Informationen ausgetauscht werden. Die unmittelbare Besichtigung liefert ohne Zweifel die besten Informationen, dieser Weg ist aber aus Wettbewerbsgründen oft versperrt. Als Ausweg bietet es sich an, neutrale Dritte wie z.B. Beratungsunternehmen mit dem Vergleich zu beauftragen.

Wird es wiederholt?

Benchmarking kann eine einmalige Aktion sein. Den größten Nutzen dürfte es jedoch bringen, wenn die Vergleiche kontinuierlich mit konstanten oder wechselnden Objekten, Kriterien und Vergleichspartnern durchgeführt werden.

Vom Benchmarking zur Anforderung

Mit der Festlegung der Objekte, der Kriterien, der Vergleichspartner und der Verfahren ist die Vorbereitung des Benchmarking abgeschlossen. In einem nächsten Schritt sind dann Abweichungen zu ermitteln, die z.B. die Kosten, die Qualität, die Zeit usw. betreffen können. Dann ist herauszufinden, auf welche Ursachen diese Abweichungen zurückzuführen sind. Daraus können dann Anforderungen abgeleitet werden.

> Als Objekte der Messung im Benchmarking bieten sich Produkte, Prozesse und Verfahren an. Kriterien können sein die Kosten, die Leistungen, die Qualität und die Zeit der Leistungen. Vergleichspartner können im eigenen Unternehmen, in der gleichen Branche oder über die Branche hinaus gefunden werden. Abweichungen werden auf ihre Ursachen untersucht. In Projekten wird dann versucht, die eigenen Potenziale zu nutzen. Die besten Erfolgschancen bietet ein kontinuierliches Benchmarking.

Zusammenfassung

8.3.5.5 Problemanalyse

Soweit Maßnahmen nicht von außen erzwungen werden, z.B. durch den Gesetzgeber oder durch Verpflichtungen gegenüber Verbänden, besteht die Freiheit, selbst zu entscheiden, ob eine Soll-Ist-Abweichung – ein Problem – groß genug ist, um darauf mit einer Maßnahme zu reagieren.

Probleme als Auslöser für Projekte

Insbesondere bei komplexen, umfangreichen Vorhaben ist ein systematisches Vorgehen einem unsystematischen, eher intuitiven Ansatz überlegen, da nur so sichergestellt werden kann, dass

Ziele einer systematischen Problemanalyse

- möglichst alle Probleme/Stärken/Chancen/Risiken erkannt werden
- Probleme klar beschrieben werden
- planmäßig nach den Ursachen gesucht wird, um nicht nur an den Symptomen zu kurieren und um Ursachenketten zu erkennen
- subjektive Einschätzungen in Grenzen gehalten werden.

Allerdings kann auch ein methodisches Vorgehen bei der Problemanalyse Subjektivität nicht verhindern. Methodisches Vorgehen kann allerdings insofern die Subjektivität in Grenzen halten als die

- Vollständigkeit (gegenüber subjektiver Einseitigkeit) und die
- Nachvollziehbarkeit einer Aussage

eher gewährleistet sind.

Zur Problemanalyse im hier verstandenen Sinne gehören die Erkennung, Untersuchung und Beurteilung von Problemen, um daraus die richtigen Anforderungen abzuleiten. Nicht immer liegen Probleme „klar auf der Hand", noch weniger sind die Problemursachen immer leicht erkennbar. Oft ist auch das von einem Auftraggeber geschilderte „Problem" beim näheren Hinsehen nur das Symptom für tiefer liegende Problemstellungen. Daher ist ein schrittweises Einkreisen und Präzisieren des Problems, seiner Struktur sowie seiner Ursa-

Probleme und Ursachen als Quellen für Anforderungen

chen erforderlich. Sonst geht die spätere Lösungssuche teilweise oder ganz am Problem vorbei. Mängel der Problemanalyse „rächen" sich spätestens bei der Einführung ungeeigneter Lösungen.

Die Problemerkennung läuft in drei Teilschritten ab, wie die Abbildung 8.10 zeigt:

- Problemsuche
- Problemdarstellung
- Problembewertung.

Stufen	Schritte
Problem-erkennung	Problemsuche → Problemdarstellung → Problembewertung
Ursachensuche	Analyse der Rahmenbedingungen → Eingangs-/Ausgangsanalyse → Systemanalyse
Dokumentation	

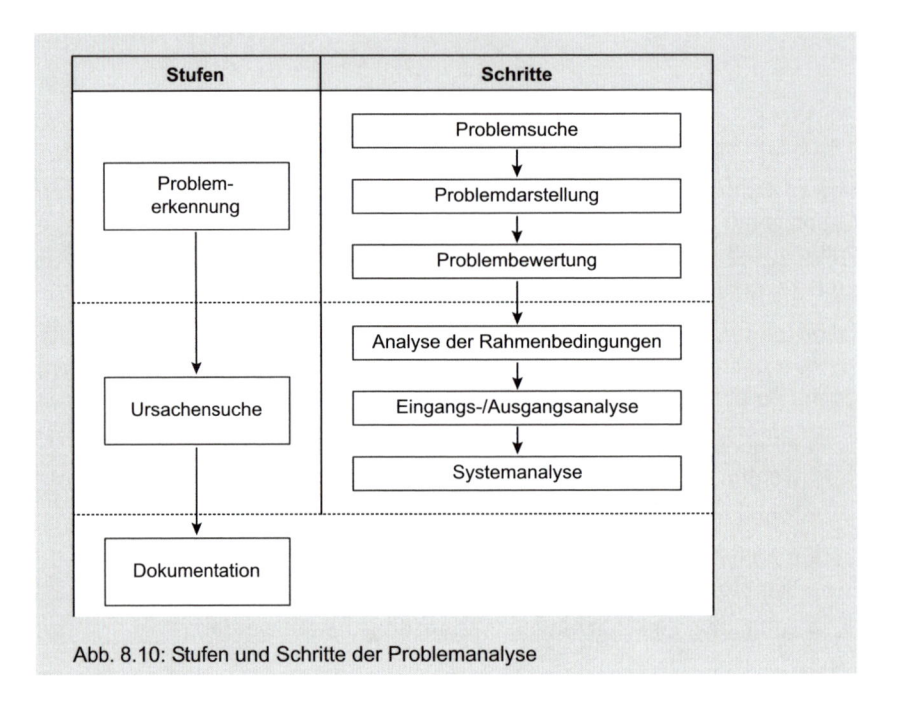

Abb. 8.10: Stufen und Schritte der Problemanalyse

Problemsuche

Abweichungen im Ergebnis und unerwünschte Auswirkungen

Gegenstand der Problemsuche sind nicht nur die Probleme (Soll-Ist-Abweichungen) der Gegenwart, sondern auch diejenigen, deren Entstehen in der Zukunft aufgrund externer oder interner Einflüsse absehbar ist. Es kann sich dabei um drohende Gefahren oder mögliche Chancen handeln. Soll-Ist-Abweichungen machen sich in erster Linie beim Ergebnis eines Prozesses (Leistung eines Produkts) bemerkbar.

Neben den Mängeln am Ergebnis der Aufgabenerfüllung selbst, können unerwünschte Auswirkungen innerhalb und außerhalb des Untersuchungsbereichs auftreten (z.B. übermäßige Belastungen der Aufgabenträger durch Überstunden). Dies kann auch der Fall sein, wenn die Aufgaben einwandfrei erfüllt werden.

Befragungen und Workshops sind die favorisierten Erhebungstechniken, um die Mängel wie auch die unerwünschten Auswirkungen zu ermitteln.

Problemdarstellung

Zur Problemdarstellung werden die folgenden Fragen gestellt und beantwortet:

- Was für eine Abweichung tritt auf? Diese Frage ist schon im Schritt „Problemsuche" beantwortet worden. Hier soll das erkannte Problem nun so präzise wie möglich beschrieben werden.
- Wo tritt die Abweichung auf bzw. wo (am bearbeiteten Objekt oder innerhalb/außerhalb des Untersuchungsbereichs) finden sich die mangelhaften Ergebnisse?
- Wann tritt die Abweichung auf (in welchem Zeitraum, zu welchen Zeitpunkten, mit welcher Zeitdauer)?
- Wie viele der bearbeiteten Objekte sind betroffen bzw. wie groß ist die Abweichung?

W-Fragen zur Problemdarstellung

Die Fragen werden für den Bereich gestellt und beantwortet, der betroffen IST. Sie werden aber auch für den Bereich gestellt, der NICHT betroffen IST, obwohl er aufgrund scheinbarer Gleichheit oder Ähnlichkeit bzw. aufgrund von Gemeinsamkeiten ebenfalls hätte betroffen sein können. Durch einen Vergleich von IST und IST-NICHT lassen sich die möglichen Ursachen besser abgrenzen. Denkbare Ursachen, die im IST wie im IST-NICHT vorkommen, können ausgeschieden werden, da Ursachen, die im IST für die Abweichung verantwortlich sind, andernfalls auch im IST-NICHT zu Abweichungen hätten führen müssen.

IST und IST-NICHT

Bei der Beschreibung des IST-NICHT handelt es sich also nicht um die Beschreibung des „Soll", sondern um eine mögliche Abweichung, die hätte auftreten können.

	IST	IST-NICHT
Was	Lange Durchlaufzeiten von Bestellungen	Lange Bearbeitungszeiten
Wo	Vertrieb Katalogprodukte	Vertrieb Sonderanfertigungen
Wann	Seit etwa zwei Monaten	Vorher
Wieviel	Es sind ca. 30% aller Bestellungen betroffen. Die Durchlaufzeiten betragen mehr als 4 Tage.	Etwa 50% aller Bestellungen werden innerhalb von einem Tag abgewickelt.

Abb.8.11: Beispiel für eine Problemdarstellung IST/IST-NICHT

Problembewertung

Ist das Problem wichtig genug, um es weiter zu bearbeiten?

Der dritte Schritt im Rahmen der Problemerkennung ist die Problembewertung, die durchzuführen ist, bevor die Ursachenforschung in Angriff genommen wird. Es geht letztendlich darum, ob nach der Beschreibung des Problems die Entscheidung dafür fällt, das Problem weiter zu untersuchen, oder ob man zu dem Ergebnis kommt, dass sich der Aufwand nicht lohnt. Ein großer Teil der in der Praxis auftretenden Probleme ist eher als unwichtig einzustufen; nur wenige Probleme sind von grundlegender Bedeutung. Mit Hilfe der Problembewertung sollen die Kernprobleme aus den Randproblemen herausgefiltert werden. Als Kriterien hierfür werden herangezogen:

Priorisierung von Vorhaben?

- Dringlichkeit des Problems (z.B. gibt es einen Termin, bis zu dem das Problem gelöst sein muss?)
- Wichtigkeit des Problems (wie groß sind die Auswirkungen?)
- Entwicklung des Problems (verschärft oder entschärft sich das Problem, je länger nichts unternommen wird?)
- Verfügbare Ressourcen (welche Kapazität steht für die Problembearbeitung bereit?)
- Abhängigkeit (ist die Lösung dieses Problems Voraussetzung für die Lösung anderer Probleme? Sollte das Problem in einem Zug mit anderen gelöst werden?).

Zusammenfassung

In der Problemdarstellung wird ermittelt, was für eine Abweichung wo, wann und in welchem Umfang auftritt, aber auch, wo sie nicht auftritt, aufgrund einer ähnlichen Situation aber hätte auftreten können. Zur Problembewertung werden die Dringlichkeit und Wichtigkeit des Problems, die Entwicklung, sowie die Verfügbarkeit von Ressourcen und die Abhängigkeit von anderen Problemen untersucht.

Ursachenermittlung

Vorgehensweise

Nach der Beschreibung der Symptome muss die Frage nach der/den Ursache(n) des Problems gestellt werden (sofern die Ursache nicht schon von vornherein bekannt ist). Erst die Kenntnis der Ursache(n) eines Problems ermöglicht es, wirkungsvolle Maßnahmen gegen das Problem zu entwickeln.

Besonderheiten geben Hinweise

Wesentliche Anhaltspunkte für die Ursache(n) ergeben sich bereits aus der Beschreibung des IST und des IST-NICHT. Ein besonderes Augenmerk ist hierbei auf die Unterschiede bzw. die Besonderheiten zu richten, die sich zwischen dem IST und dem IST-NICHT zeigen. Diese Unterschiede müssen vorhanden sein, da sonst auch der angrenzende Bereich vom Problem betroffen wäre, was ja ausdrücklich nicht der Fall ist (IST-NICHT!).

Problemanalyse

> Da beim Vertrieb von Sonderanfertigungen keine Verzögerungen auftreten, muss die Ursache im Bereich der Katalogprodukte zu suchen sein. Es muss hier irgendwelche Sonderheiten geben, da andernfalls auch der Vertrieb von Sonderanfertigungen mit dem Problem der langen Durchlaufzeiten zu tun hätte. Die Sonderheit ist, dass Katalogprodukte vom Lager verkauft werden, während Sonderanfertigungen nicht über das Lager laufen.

Beispiel

Ist ein Problem neu aufgetaucht, muss als Ursache für das Problem eine irgendwie geartete Veränderung verantwortlich sein. Diese Veränderung gilt es zu erfassen. Jede eingetretene Veränderung kommt als mögliche Ursache in Frage. Alle Veränderungen müssen deshalb geprüft werden, ob sie als Ursache in Betracht gezogen werden können. Dass die Veränderungen ursächlich sind, ist umso wahrscheinlicher, je besser sich die eingetretenen Wirkungen (IST) wie auch die nicht eingetretenen Wirkungen (IST-NICHT) durch die Veränderung erklären lassen. Je weniger das möglich ist, desto unwahrscheinlicher ist es, dass die Veränderung auch die gesuchte Ursache ist.

Neue Probleme durch Veränderungen bei Besonderheiten

> Verändert hat sich seit zwei Monaten die technische Ausstattung des Lagers. Dort wurde ein neues vollautomatisches System der Ein- und Auslagerung eingeführt. Aufgrund von Programmfehlern kommt es immer wieder zu erheblichen Verzögerungen.

Beispiel

Es wird die Hypothese aufgestellt, dass die Verzögerungen auf diese technischen Probleme zurückzuführen sind. Anschließend wird versucht, diese Hypothese durch Untersuchungen zu untermauern.

Bei der Durchführung der Problemuntersuchung empfiehlt sich die Anwendung des Systemdenkens. Das oben vorgestellte Modell der Business-Use-Cases, das letztlich nur mit anderen Begriffen operiert, kann hier ebenfalls genutzt werden. Danach sollte die Suche nach der Ursache und nach den das Problem hervorrufenden Veränderungen nach dem Prinzip vom Groben ins Detail und von außen nach innen erfolgen. Hier bieten sich drei Arbeitsschritte an:

Systemdenken als Hilfe bei der Ursachenermittlung

- Analyse der Rahmenbedingungen
- Eingangs-/Ausgangsanalyse
- Systemanalyse.

> Ursachen müssen auf Veränderungen bei den Besonderheiten des IST beruhen. Diese Veränderungen sind zu ermitteln, um Hypothesen für die Ursachen zu finden.

Zusammenfassung

Analyse der Rahmenbedingungen

Liegt die Ursache draußen? Kein Problemfeld ist völlig isoliert. Auf jedes System wirken Faktoren von außen ein. Solche Rahmenbedingungen können die Wettbewerbssituation sein, die technologische Entwicklung, rechtliche Regelungen, die Situation auf dem Arbeitsmarkt usw. Ziel der Analyse der Rahmenbedingungen ist es, die Art und den Umfang der Einflüsse von außen auf das zu betrachtende System zu ermitteln, die möglicherweise eingetretenen Veränderungen festzustellen und ihre Auswirkungen für das Problem zu erfassen.

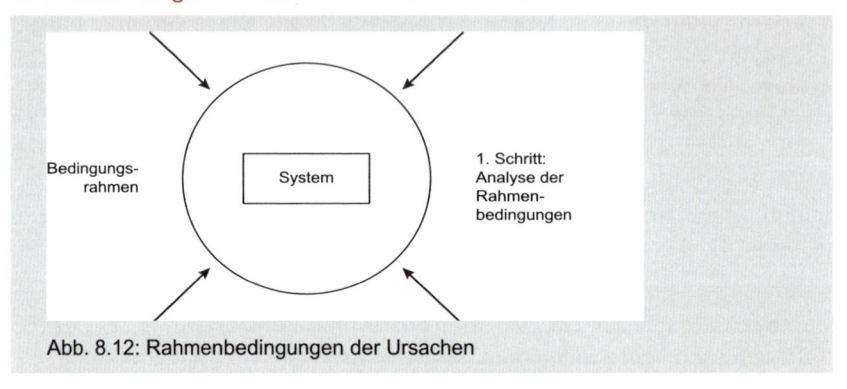

Abb. 8.12: Rahmenbedingungen der Ursachen

Beispiel Die Marktbedingungen haben sich verändert. Während früher fast ausschließlich die Bestellungen telefonisch eingingen oder durch Vertreter gesammelt wurden, bestellen heute immer mehr Kunden über das Internet. Dadurch kommt es heute öfter vor, dass Bestellungen unvollständig sind, so dass der Vertrieb die fehlenden Informationen einholen muss.

Analyse der Ein- und Ausgänge

Vorgehen von außen nach innen Sind die Probleme oder Mängel am Ausgang des betrachteten Systems bekannt, ist zu prüfen, inwieweit diese Mängel auf die Eingänge in das betrachtete System zurückzuführen sind. Das System selbst wird hier immer noch als Schwarzer Kasten (Black-Box) betrachtet.

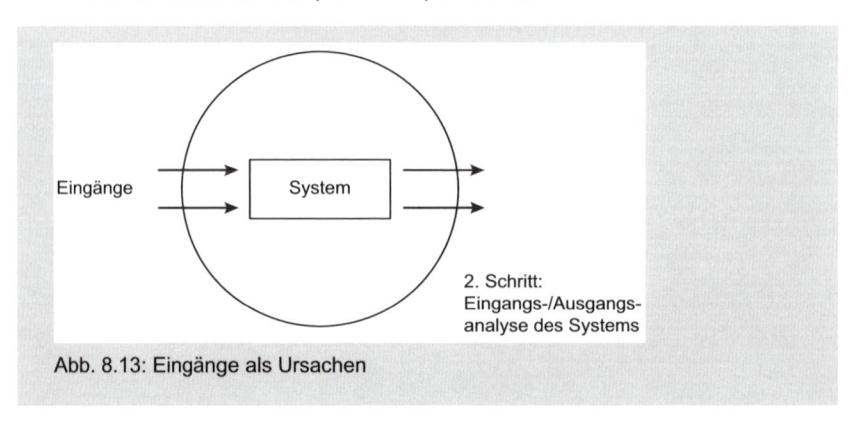

Abb. 8.13: Eingänge als Ursachen

Zeigt sich im Ausgang des Systems ein Mangel, muss dieser Mangel entweder durch das System selbst oder bereits durch die Eingänge in das System verursacht sein. Ehe man sich detailliert mit dem System auseinandersetzt, ist es besser, erst einmal die Eingänge zu überprüfen. Sollten nämlich bereits die Eingänge mit Mängeln behaftet sein, die die Abweichung im Ausgang hinreichend erklären, ist es nicht nötig, das System selbst näher zu untersuchen. Die Ursachen liegen dann offensichtlich im Vorfeld des untersuchten Systems und sind dort ausfindig zu machen. Dazu muss dann der Untersuchungsbereich entsprechend ausgeweitet werden.

Stufenweise Rückverfolgung

Systemanalyse

Erklären die Eingänge in das System nicht oder nicht hinreichend die Mängel im Ergebnis, muss das System selbst näher untersucht werden. Auch innerhalb des Systems empfiehlt sich ein Vorgehen vom Groben ins Detail und von außen nach innen. Dazu wird das System in Untersysteme (oder in einzelne Business-Use-Cases) aufgegliedert, die jedes für sich als Quelle der Ursache in Frage kommen. Bei einer ablauforientierten Betrachtung werden – ausgehend von dem Untersystem (Use-Case), welches das mängelbehaftete Ergebnis liefert – die Eingänge dieser Einheit geprüft. Wenn sie nicht oder nicht hinreichend die Abweichung im Ergebnis erklären, werden die Eingänge des vorgelagerten Untersystems (Use-Case) überprüft. Dieses Vorgehen wird so lange fortgesetzt, bis die Einheiten feststehen, deren Eingänge in Ordnung sind, deren Ausgänge jedoch Abweichungen aufweisen. Innerhalb dieser Einheiten müssen die Ursache oder die Ursachen liegen (siehe dazu die Abbildung 8.14).

Eingrenzen des verursachenden Bereichs

> Die fehlerhaften Auslieferungen treten beim Kunden auf. Der Versand kann nicht die Ursache sein, da er selbst bereits fehlerhafte Zusammenstellungen der Produkte erhält. Als nächstes wird das Lager untersucht. Auch hier kann nicht die alleinige Ursache liegen, weil das Lager fehlerhafte Lageraufträge erhält. Allerdings werden die Auslieferungen durch die Softwareprobleme im Lager teilweise verzögert. Also ist zu vermuten, dass der vorgelagerte Vertrieb die fehlerhaften Sendungen verursacht.

Beispiel

Durch dieses schrittweise Eingrenzen des Verursachers wird die Ursachensuche nicht zu früh abgebrochen. Wenn nämlich ein Eingang eine Abweichung im Ausgang nur teilweise erklärt, wird in den vorgelagerten Einheiten weiter gesucht, bis die Abweichung restlos erklärt ist. Auf diese Art und Weise können ganze Ursachenketten ermittelt werden, die insgesamt verantwortlich für die Abweichung im Ergebnis des Systems sind. Nach dem Prinzip vom Groben ins Detail müssen nun die als ursächlich erkannten Untersysteme (Business-Use-Cases) analysiert werden.

Erkennen von Ursachenketten

Abb. 8.14: Einengen des Ursachenbereichs

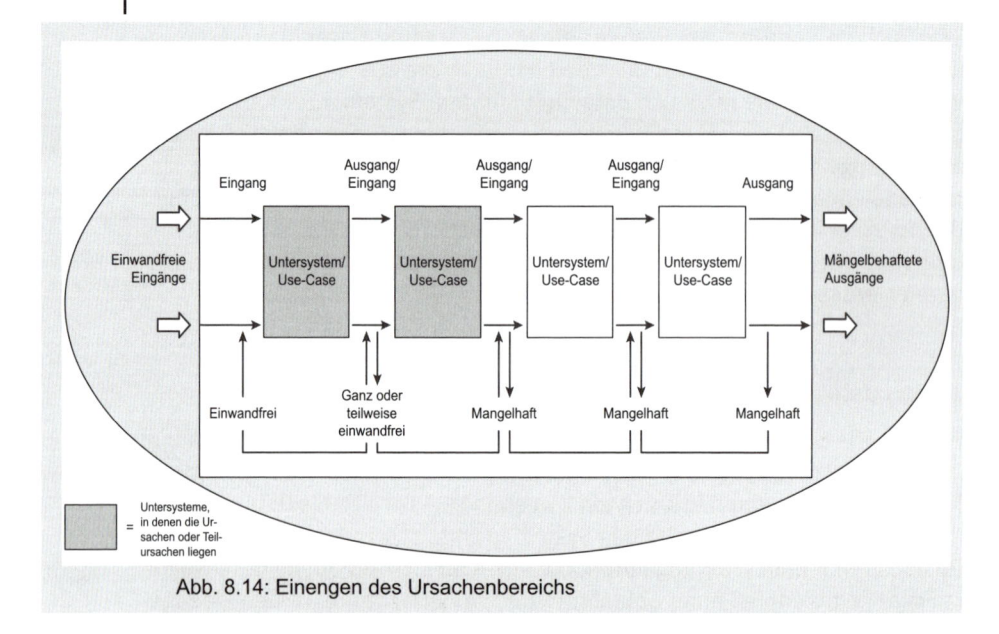

> **Zusammenfassung**
>
> Die Problemuntersuchung (Ursachenermittlung) erfolgt in den Arbeitsschritten: Analyse der Rahmenbedingungen, Analyse der Ein- und Ausgänge des betrachteten Systems, Gliederung des Systems in Untersysteme bzw. Use-Cases und schrittweise rückwärts verlaufende Untersuchung der Ein- und Ausgänge sowie Analyse der identifizierten Einheiten, in denen Abweichungen entstehen.

Problemdokumentation

Ableitung der Anforderungen aus Problemen und Ursachen

In der Problemdokumentation werden die ermittelten heutigen oder zukünftigen Probleme und die für sie verantwortlichen oder prognostizierten Ursachen oder Ursachenketten umfassend und übersichtlich dargestellt. Im gleichen Sinne können auch die festgestellten Chancen und die zu ihrer Realisierung notwendigen Voraussetzungen sowie die Risiken als Ergebnisse der Problemanalyse dokumentiert werden. Aus den Problemen und deren Ursachen wie auch aus den Chancen und Risiken können die Anforderungen an die neue Lösung abgeleitet werden.

8.3.5.6 Ursache-Wirkungs-Diagramm (Ishikawa-Diagramm)

Analyse von Ursachen für Probleme

Das Ursache-Wirkungs-Diagramm (engl. Cause and Effect Diagram) wird nach seinem Autor auch als Ishikawa-Diagramm bezeichnet. Es dient dazu, die möglichen Ursachen für ein Problem zu ermitteln und grafisch aufzubereiten. Die möglichen Ursachen werden in Haupt- und Nebenursachen zerlegt und in der Form einer Fischgräte dargestellt – daher auch die Bezeichnung Fishbone-

Ursache-Wirkungs-Diagramm (Ishikawa-Diagramm)

Diagram (Fischgräte-Diagramm). Anstelle einer negativen Formulierung (Problem) kann auch ein angestrebtes Ziel Ausgangspunkt für den Aufbau eines Ishikawa-Diagramms sein.

Normalerweise wird es in der Form eines von links nach rechts verlaufenden Pfeils dargestellt, an dessen Spitze das möglichst präzise formulierte Problem steht (z.B. unzureichende Leistung der Kundenberater). Auf diesen Pfeil stoßen die Pfeile der Haupteinflussgrößen, die zu dieser Wirkung beitragen (können). Auf diese Haupteinflussgrößen laufen dann wieder Pfeile zu, die (mögliche) Ursachen für die Haupteinflussgrößen sind.

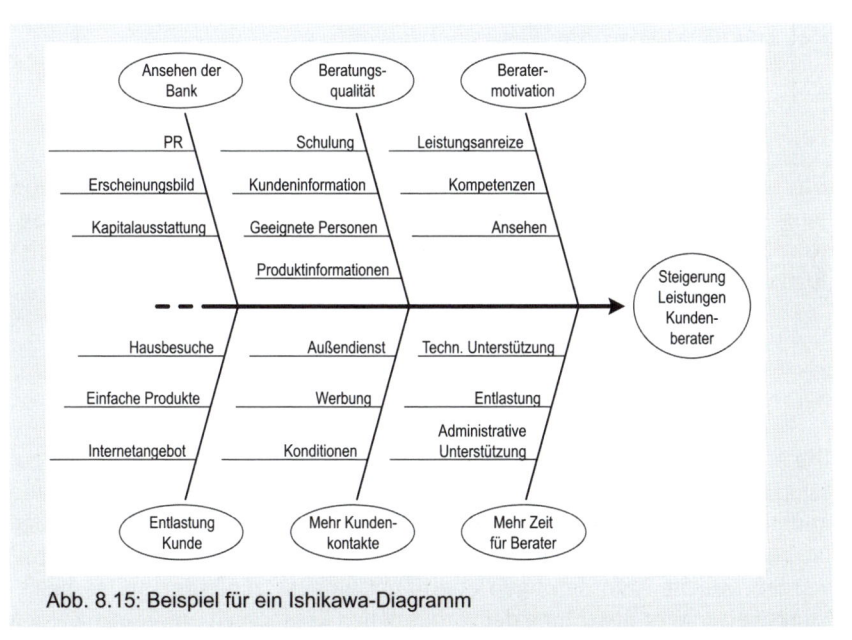

Abb. 8.15: Beispiel für ein Ishikawa-Diagramm

Die grafische Aufbereitung ist gut geeignet für Gruppenarbeiten. Schritt für Schritt werden Ursachenkategorien zusammengetragen und verfeinert. Dazu kann auch auf Kreativitätstechniken zurückgegriffen werden. Es wird empfohlen, erst einmal alle überhaupt denkbaren Ursachen zu erfassen und zu untergliedern, um sie dann in einem weiteren Schritt zu bewerten. Dazu können die folgenden Kriterien herangezogen werden:

Bewertung nach der Ermittlung

- Wahrscheinlichkeit, die wirkliche Ursache darzustellen
- Bedeutung für das Problem (Ziel) – Stärke des Einflusses
- Mögliche Effekte, wenn dieser Einfluss beseitigt würde.

Ishikawa-Diagramm	
Vorteile	Nachteile
▪ Einfache Handhabung ▪ Geringer Aufwand bei der Durchführung ▪ Gute Grundlage für Gruppenarbeit ▪ Gezielte Lenkung der Ursachensuche	▪ Unübersichtlich bei komplexen Problemstellungen ▪ Vernetzte Beziehungen können nicht dargestellt werden

Zusammenfassung — Das Ishikawa-Diagramm ist eine übersichtliche grafische Aufbereitung von möglichen Ursachen für ein Problem. Es bietet sich für die Gruppenarbeit an. Nach der Sammlung werden die möglichen Ursachen bewertet. Aus Problemen und Ursachen lassen sich wiederum Anforderungen ableiten.

8.4 Gewichtung von Anforderungen

Welche Anforderungen setzen sich durch? — Die Anforderungen haben für ihre Stakeholder nicht alle die gleiche Bedeutung. Es gibt Anforderungen, die zwingend umgesetzt werden müssen, und andere, bei denen sorgfältig zwischen Aufwand und Nutzen zu unterscheiden ist. Vor einer Qualitätssicherung der Anforderungen sollte deswegen geprüft werden, welche Anforderungen überhaupt umgesetzt werden sollen beziehungsweise unter Beachtung der vorhandenen Ressourcen umgesetzt werden können.

In vielen Fällen entscheidet der Auftraggeber in einem Projekt, welche Anforderungen realisiert werden. Diese Entscheidung kann mehr oder weniger systematisch vorbereitet werden. Häufig werden Gespräche mit den wichtigsten Stakeholdern geführt, um ein besseres Gefühl für die relative Wichtigkeit und Dringlichkeit von Anforderungen zu gewinnen. Bewährt haben sich auch Workshops, in denen Stakeholder repräsentiert sind, welche unterschiedliche Interessenlagen vertreten.

Interessenausgleich durch Kompromisse — Wie bei der Gewichtung der Ziele ist es auch bei der Gewichtung der Anforderungen sehr wichtig, die richtigen Stakeholder – auch unter Berücksichtigung ihrer konkreten Machtposition – zu beteiligen und bei abweichenden Interessen einen Kompromiss zu finden, mit dem die wichtigsten Stakeholder leben können. Viele Probleme lassen sich zumindest vorläufig lösen, wenn Projekte nach Versionen entwickelt werden und es somit eine Perspektive gibt, dass eine Anforderung zu einem späteren Zeitpunkt umgesetzt werden kann.

Im Folgenden werden zwei Techniken dargestellt, mit deren Hilfe die Anforderungen gewichtet werden können. Wie bei den Zielen gilt auch hier die Aussage, dass die Gewichtung von Anforderungen ein sehr subjektiver Vorgang ist und bleibt, auch wenn noch so viele Techniken eingesetzt werden.

8.4.1 Präferenzmatrix

Die Präferenzmatrix wurde im Kapitel 5.4.2.5 beschrieben und mit einem Beispiel dargestellt. Dort geht es um die relative Bedeutung von Zielen. Das gleiche Instrument kann herangezogen werden, um damit Anforderungen direkt miteinander zu vergleichen und so die relativ wichtigsten Anforderungen herauszufiltern. Diese Technik stößt allerdings schnell an ihre Grenzen, wenn Dutzende oder gar Hunderte von Anforderungen miteinander verglichen werden müssen. Sind die Anforderungen so wie in einer Zielhierarchie hierarchisch strukturiert, dann dürfte es meistens zumindest möglich sein, auf einer höheren Verdichtungsebene die Präferenzmatrix zu nutzen.

8.4.2 Kano-Analyse

NORIAKO KANO hat einen Ansatz entwickelt, mit dessen Hilfe Anforderungen klassifiziert werden können, um damit auch Aussagen über deren relative Bedeutung zu machen. Die nach ihm benannte Kano-Analyse bietet insbesondere bei Produkten und Leistungen eine gute Hilfe für eine erste Gewichtung.

Kano versucht unterschiedliche Arten von Anforderungen zu ermitteln, indem er potenziellen Kunden oder Abnehmern zwei Fragen stellt:

- Wie würden Sie es finden, wenn diese Anforderung erfüllt würde (positive Frage)?
- Wie würden Sie es finden, wenn diese Anforderung nicht erfüllt würde (negative Frage)?

Für beide Fragen sind vier Antwortmöglichkeiten vorgegeben:

- Fände ich gut
- Erwarte ich (ist normal, dass es geboten wird)
- Ist mir gleichgültig
- Würde mir nicht gefallen.

Werden diese Fragen und die Antwortmöglichkeiten in einer Matrix einander gegenübergestellt, ergeben sich die folgenden sinnvollen Kombinationen:

		Wie würden Sie es finden, wenn die Anforderung nicht erfüllt würde?			
		Fände ich gut	Erwarte ich	Ist mir gleichgültig	Gefiel mir nicht
Wie würden Sie es finden, wenn die Anforderung erfüllt würde?	Fände ich gut		Außerordentlich zufrieden	Außerordentlich zufrieden	Macht zufrieden
	Erwarte ich				Macht unzufrieden
	Ist mir gleichgültig				Macht unzufrieden
	Gefiel mir nicht				

Abb. 8.16: Matrix Kano-Analyse

Kano nimmt die Position des Kunden (Anwenders, Nutzers) ein und unterscheidet drei Kategorien von Anforderungen:

- Elementare Anforderungen (basic requirements)
- Performance-Anforderungen (core competitive requirements)
- Überzeugende Anforderungen (breakthrough requirements).

Elementare Anforderungen sind Muss-Bestandteile

Elementare Anforderungen sind zwingend erwartete Bestandteile oder Funktionalitäten eines Produkts, einer Leistung oder eines Prozesses. Werden diese Anforderungen nicht erfüllt, ist der Kunde äußerst unzufrieden. Damit können diese Anforderungen auch als Muss-Bestandteile angesehen werden. Kunden oder Anwender nennen diese Anforderungen häufig gar nicht, weil sie aus ihrer Sicht selbstverständlich sind. Beispiele für elementare Anforderungen an einen MP3-Player sind die Funktionalitäten, dass er Musik aufzeichnen kann, wiedergeben kann, dass die Lautstärke geregelt werden kann und so weiter.

Bessere Performance sichert Zufriedenheit

Performance-Anforderungen sind Standardmerkmale eines Produkts oder einer Leistung, die aber sehr unterschiedlich ausfallen können. Bei einem MP3-Player könnte dies beispielsweise das Speichervolumen, die Leistungsfähigkeit des Akkus oder die Auflösung des Displays sein. Hier gilt die generelle Aussage, dass je besser diese Anforderung erfüllt ist, desto zufriedener der Kunde ist.

Überzeugende Anforderungen sind Leistungen oder Funktionen eines Produkts oder eines Prozesses, die der Kunde gar nicht erwartet hat und die er deshalb von sich aus auch gar nicht als Anforderung formulieren würde. Das Angebot überrascht den Kunden, beeindruckt ihn und führt im besten Fall dazu, dass er von der Leistung des Produkts begeistert ist. Bietet ein MP3-Player erstmalig die Möglichkeit, Musik direkt aus dem Internet – ohne den Umweg über einen Computer – aufzuzeichnen, so könnte dies für viele Kunden eine Neuerung sein, die einen erheblichen Vorteil gegenüber anderen Geräten bietet und die dem Anbieter damit einen Wettbewerbsvorteil beschert – zumindest solange, wie die Mitbewerber nicht nachziehen.

Mehr als der Kunde erwartet

Den Zusammenhang zwischen dem Ausmaß der Erfüllung dieser unterschiedlichen Anforderungen und der Kundenzufriedenheit zeigt die Abbildung 8.17.

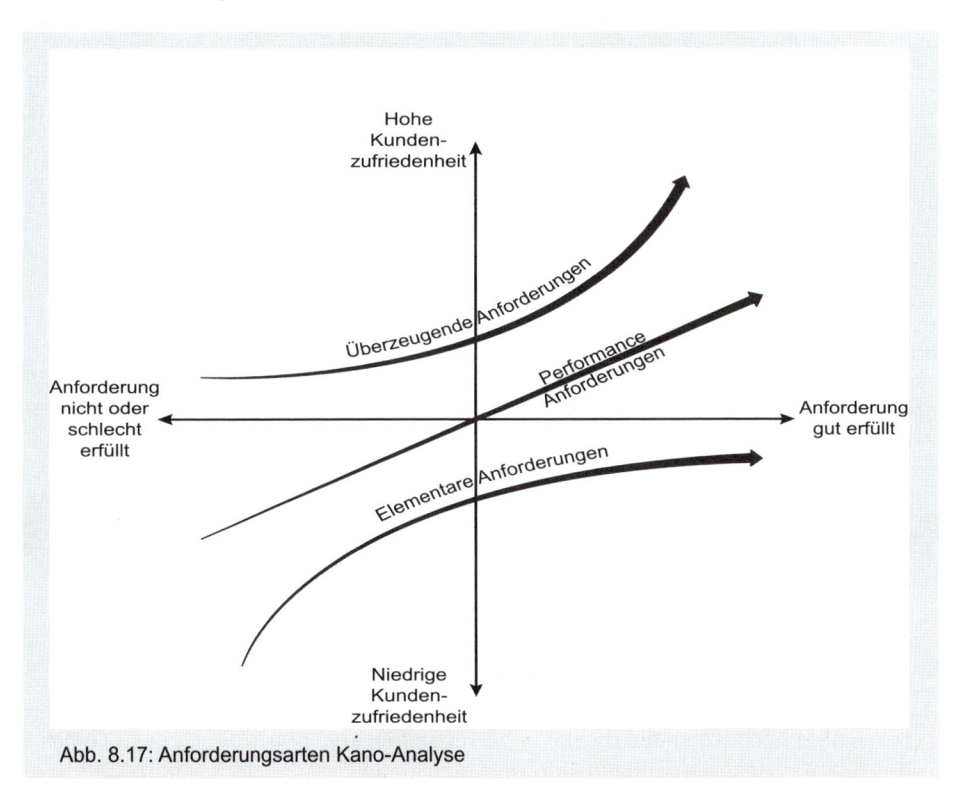

Abb. 8.17: Anforderungsarten Kano-Analyse

Werden elementare Anforderungen erfüllt, kann damit lediglich Kundenunzufriedenheit vermieden werden. Je besser die Performance-Anforderungen erfüllt werden, desto höher ist die Kundenzufriedenheit. Kann der Kunde darüber hinaus mehr bekommen als er sich „erträumt" hat, so steigt die Kundenzufriedenheit unter Umständen sehr steil an. Das ist auch die Erklärung dafür, warum die Unternehmen immer wieder versuchen, Wettbewerbsvorteile durch so genannte Alleinstellungsmerkmale (Unique Selling Proposition USP) zu gewinnen, durch Leistungsmerkmale, welche die Mitbewerber noch nicht

Wettbewerbsvorteil durch Alleinstellungsmerkmal

bieten und die von den Kunden hoch geschätzt werden. In einem marktwirtschaftlichen System führt das normalerweise dazu, dass immer mehr Anbieter diese „einmaligen" Funktionalitäten bieten, so dass permanent Innovationen gesucht werden, um erneut einen Wettbewerbsvorteil zu gewinnen. Die gleiche Aussage gilt auch für die Performance-Anforderungen. So steigen die Erwartungen der Kunden an bestimmte Leistungsmerkmale (z.B. Benzinverbrauch bei Automobilen, Ausstattung mit Airbags, Unterstützung durch elektronische Fahrhilfen) immer weiter an, je mehr ehemalige Spitzenleistungen zum Standard werden.

Die Anforderungsanalyse nach Kano kann also dazu beitragen, aus Kundensicht die richtigen Prioritäten bei den Anforderungen zu setzen.

Zusammenfassung

Die Befragung von Kunden über ihr Urteil zur Erfüllung beziehungsweise Nicht-Erfüllung von Anforderungen gibt Hinweise darauf, wie Unzufriedenheit vermieden, Kundenzufriedenheit gefördert und durch Alleinstellungsmerkmale außerordentliche Kundenzufriedenheit geschaffen werden kann. Daraus kann die Gewichtung von Anforderungen abgeleitet werden.

8.5 Qualitätssicherung von Anforderungen

8.5.1 Voraussetzungen

Qualität durch methodische Projektarbeit

Werden die weiter oben bereits genannten Voraussetzungen erfüllt, bestehen gute Chancen, dass es weder bei der Qualitätssicherung noch bei der späteren Umsetzung „böse Überraschungen" gibt. Als wesentliche Voraussetzungen wurden genannt:

- Korrekte Projektabgrenzung (siehe 5.2)
- Auswahl und Beteiligung der richtigen Stakeholder (s. 5.3)
- Beachtung der Qualitätskriterien (s. 8.1.3)
- Vollständige Beschreibung einer Anforderung (s. 8.2.3)
- Gewichtung der Anforderungen (s. 8.4).

Interessenkonflikte moderieren

Aber auch wenn alle diese Voraussetzungen gegeben sind, ist es noch nicht sicher, dass die richtigen Anforderungen ausreichend eindeutig formuliert, vollständig und widerspruchsfrei allen Erwartungen der Stakeholder gerecht werden. Insbesondere ist damit zu rechnen, dass unterschiedliche Stakeholder auch unterschiedliche Ziele verfolgen und daraus Anforderungen ableiten, die mit den Anforderungen anderer Stakeholder möglicherweise nicht verträglich sind. In solchen Fällen müssen Regeln festgelegt werden, nach denen entschieden wird, welche Anforderungen akzeptiert und umgesetzt werden. Können sich die Stakeholder nicht einigen, werden bei der Bewertung strittiger Fälle letztlich machtpolitische Kriterien den Ausschlag geben (z.B. „Ober sticht Unter", „Wer bezahlt, bestellt die Musik"). Es ist eine anspruchsvolle Aufgabe des Projektverantwortlichen, die viel Fingerspitzengefühl verlangt, hier zwischen den Interessenvertretern zu vermitteln und zu Lösungen hin zu moderieren, welche die Beteiligten das Gesicht wahren lassen und die sie akzeptieren können.

Die Qualitätssicherung der Anforderungen sollte nicht zu früh im Projektfortschritt stattfinden – also nicht etwa schon in einer Vorstudie – da dort erfahrungsgemäß der Reifegrad der Anforderungen noch nicht ausreichend ist. Erst wenn die Anforderungen umfassend erhoben und dokumentiert sind, sollte mit der Qualitätssicherung begonnen werden. Stellt es sich bei der Qualitätssicherung heraus, dass die bisherige Ermittlungsarbeit unzureichend war, kann es durchaus sein, dass vor der Umsetzung (beispielsweise in den Teilstudien) noch einmal die Qualität der Anforderungen überprüft wird.

Den richtigen Reifegrad für die Qualitätssicherung finden

In der praktischen Projektarbeit wird immer wieder gegen diese Grundsätze verstoßen, weil man glaubt, die Anforderungen zu kennen und richtig verstanden zu haben. Versäumnisse zeigen sich dann erst beim Test und in der Einführung. Die dann notwendigen Nacharbeiten sind mit großer Wahrscheinlichkeit sehr viel umfangreicher als wenn zuvor die Anforderungen noch einmal gründlich überprüft worden wären.

Versäumnisse in der Praxis

Wichtig für den Erfolg der Qualitätssicherung ist die Auswahl der geeigneten Personen. Das können einmal Mitarbeiter des Projekts sein, die sich mit den Stakeholdern austauschen. Es wird allerdings nicht immer möglich sein, die wichtigsten Stakeholder für die Qualitätssicherung zu gewinnen. Alternativ werden deswegen auch Auditoren hinzugezogen, die entweder den bearbeiteten Bereich sehr gut kennen oder aber die Anforderungen eher aus formaler Sicht beurteilen.

8.5.2 Techniken

Hier sollen vier Techniken der Qualitätssicherung kurz dargestellt und bewertet werden, die sich in der Praxis bewährt haben:

- Stellungnahme
- Walkthrough
- Inspektion
- Prototyp.

8.5.2.1 Stellungnahme

Die Stellungnahme ist ein wenig formalisierter Ansatz. Der Verfasser gibt die Anforderungen einem Dritten zu lesen, der fachlich kompetent ist, und bittet ihn um eine Stellungnahme. Anmerkungen und Anregungen werden dann von dem Autor in das Dokument eingearbeitet. Bei diesem Verfahren kann von der

Vier Augen sehen mehr...

Lebenserfahrung ausgegangen werden, dass vier Augen mehr sehen als zwei. Formale Mängel, offensichtliche Lücken und Mehrdeutigkeiten können auf diesem Weg entdeckt werden. Die Qualität des Feedback hängt entscheidend von den Erfahrungen des Gutachters und von seiner Bereitschaft ab, sich intensiv mit dem Dokument auseinander zu setzen. Außerdem kann die Stellungnahme sehr einseitig sein, abhängig von der Interessenlage und der fachlichen Position des Gutachters.

8.5.2.2 Walkthrough

In einem Walkthrough stellt der Autor oder der Projektleiter schrittweise die Anforderungen vor und erläutert, welche Aussagen und Gedanken zu diesen Anforderungen geführt haben beziehungsweise wer als Stakeholder hinter diesen Anforderungen steht. Es handelt sich also um eine wenig formalisierte Präsentation vor Personen, die in dem anstehenden Projekt als Experten gelten können.

Lernen in und durch Präsentation

Ein erster Vorteil ergibt sich bereits durch die aktive Rolle des Autors (Projektleiters). Mit der Schilderung gegenüber Dritten nimmt er eine neue Position gegenüber den Anforderungen ein. Auch ohne jedes Feedback werden ihm Mängel und Versäumnisse bewusst. Das wird durch Fragen der Teilnehmer noch wesentlich verstärkt. Da darüber hinaus die Experten Kritik üben, sowie eigene Ideen und Vorstellungen einbringen, wird die Qualität der Anforderungen durch ein Walkthrough erheblich gesteigert. Werden die eigentlichen Stakeholder zu dem Walkthrough hinzugezogen, kann das gemeinsame Verständnis der Anforderungen weiter gefördert werden. So lassen sich häufig auch Kompromisse finden, die Konflikte verhindern helfen. Ein weiterer Vorteil dieses Ansatzes ist es, dass nur relativ wenig Zeit dafür benötigt wird.

8.5.2.3 Inspektion

Formalisiertes, schrittweises Vorgehen fördert Qualität

Die Inspektion ist ein Prüfverfahren, das hauptsächlich bei IT-Entwicklungen sowohl zur Prüfung der Anforderungen wie auch für die Prüfung des Code oder der Testfälle verwendet werden kann. Es handelt sich um ein stärker formalisiertes Verfahren – insbesondere im Vergleich zu den beiden bereits genannten Ansätzen. Nach GILB/GRAHAM werden die folgenden Phasen unterschieden:

- Planung: Festlegung der Zahl und der Zeitpunkte der Inspektionen, Auswahl der Inspektoren, Erarbeitung der Checkliste(n)
- Vorbesprechung: Erste Sitzung mit den Inspektoren. Die Inspektoren erhalten die gesammelten Anforderungen. Checklisten werden verteilt, das weitere Vorgehen wird erläutert
- Individuelle Vorbereitung: Die Inspektoren prüfen die Anforderungen anhand der Checklisten und versuchen, so viele Mängel und Fehler wie möglich zu finden

- **Reviewsitzung**: Gemeinsames Treffen der Inspektoren und des Auftraggebers des Reviews. Die Inspektoren bringen alle von ihnen gefundenen Punkte ein. Diese werden bei Bedarf diskutiert und anschließend dokumentiert. Verbesserungen können sowohl die Anforderungen wie auch die Checklisten betreffen
- **Nachbearbeitung**: Die Ergebnisse des Reviews werden in die Anforderungskataloge eingearbeitet.

Durch die intensive Planung, Vorbereitung und Durchführung anhand vorgegebener Kriterien bieten die Inspektionen solide und belastbare Ergebnisse. Andererseits sind damit viel Zeitaufwand und Kosten verbunden, die bei wichtigen Vorhaben allerdings gerechtfertigt sind.

8.5.2.4 Prototyp

Im Abschnitt 2.4.2.6 wurde bereits näher auf das Prototyping eingegangen. Funktionale Prototypen und Prototypen der Benutzerschnittstelle sind sehr gut geeignet, die umgesetzten Anforderungen zu überprüfen. Da hier insbesondere die eigentlichen Anwender als Prüfer genutzt werden, wird ihnen durch den Prototyp oft erstmalig bewusst, welche Auswirkungen das neue System auf ihre Arbeit hat. Damit können sie sehr viel konkreter bisher übersehene Anforderungen und nicht geeignete Lösungen erkennen und den Projektverantwortlichen mitteilen. Insbesondere die Qualität der Benutzerschnittstelle kann praxisnah überprüft und bei Bedarf korrigiert werden. Diesen erheblichen Vorteilen stehen die Nachteile gegenüber, dass ein funktionierender Prototyp unter Umständen hohe Vorleistungen erfordert. Handelt es sich jedoch um so genannte Ausbau-Prototypen, die also nach der Überarbeitung weiter verwendet werden können, kann ein solcher Aufwand gerechtfertigt werden. Allerdings verführt der Einsatz von Prototypen leicht dazu, die Ermittlung der Anforderungen im Vorfeld der Entwicklung von Prototypen zu vernachlässigen.

Aha-Erlebnisse durch Prototypen

> Maßgeblich für die Güte der Qualitätssicherung sind die richtigen Beteiligten (Stakeholder, Inspektoren). Je formalisierter das Verfahren der Qualitätssicherung ist, desto besser sind die Ergebnisse. Die Stellungnahme ist ein einfacher aber nicht sehr leistungsfähiger Ansatz. Deutlich bessere Ergebnisse bringen Walkthrough, Inspektion und Prototyping.

Zusammenfassung

8.6 Änderungsmanagement und Traceability

8.6.1 Management von Änderungen

Es gibt vielerlei Gründe dafür, dass sich die Anforderungen in einem Projekt weiterentwickeln und verändern. Einige Beispiele dafür sind:

- Unvollständige Ermittlung in der Planung eines Projekts zwingen zu Nacharbeiten in der Realisation

Anforderungen entwickeln sich mit dem Projektfortschritt

- Stufenweise Verfeinerung und Weiterentwicklung in der Planung und in der Umsetzung
- Wachsende Anforderungen durch immer höhere Ansprüche
- Veränderte gesetzliche Anforderungen
- Veränderungen im Machtgefüge eines Unternehmens – einzelne Stakeholder können sich besser, andere jedoch schlechter mit ihren Vorstellungen durchsetzen
- Randbedingungen des Projekts haben sich geändert
- Annahmen über die Machbarkeit stellen sich als falsch heraus etc.

Sollen in mittleren oder größeren Projekten solche Veränderungen der Anforderungen vernünftig verwaltet werden, muss sichergestellt sein, dass der Entwicklungsprozess der Anforderungen nachverfolgt werden kann (engl. Traceability). Dazu sind organisatorische Vorkehrungen für den Prozess der Veränderungen erforderlich, also ein eindeutiges Verfahren, nach dem Änderungen erfasst, genehmigt und nachverfolgt werden. Dieses Verfahren muss allen Beteiligten bekannt sein. Wichtige Bestandteile eines solchen Verfahrens sind beispielsweise:

Bestandteile eines formellen Bewilligungsverfahrens für Anforderungen

- Änderungsanträge (Change Requests) müssen formell schriftlich beantragt werden
- Alle Änderungsanträge sind in einer zentralen Stelle einzureichen, in der sie gesammelt, aufbereitet und in das Gesamtsystem der Anforderungen eingeordnet werden. Diese zentrale Stelle ist meistens auch für die Weiterverfolgung und Nachvollziehbarkeit zuständig (siehe unten)
- Änderungsanträge müssen ihrer jeweiligen Bedeutung entsprechend klassifiziert werden – für diese Einordnung ist allgemein gesagt die Bedeutung oder Tragweite einer Änderung maßgeblich. Die Kriterien für diese Zuordnung sollten vorher verbindlich festgelegt werden. Je nach Klassifizierung kann im Projekt direkt entschieden werden oder es müssen formelle Bewilligungsverfahren durchlaufen werden (Eskalationsstufen)
- Die Entscheidungsbefugnisse für die verschiedenen Anforderungsklassen müssen geregelt sein (z.B. Projektleiter, Lenkungsausschuss, Lenkungsausschuss und Geschäftsführung). Oft wird für wichtige und weit reichende Änderungen auch ein spezielles Gremium eingerichtet, das beispielsweise aus Projektmitarbeitern und Stakeholdern besteht und über die Freigabe und die Priorisierung der Anforderung entscheidet (Change Control Board oder Configuration Board).

8.6.2 Nachvollziehbarkeit von Anforderungen (Traceability)

Schon bei mittelgroßen Projekten gibt es häufig hunderte von Anforderungen. Dann ist es gar nicht einfach, diese Anforderungen zu ordnen und in ihrer Entwicklung zu verfolgen.

Jede einzelne Anforderung kann durch eine Reihe von Merkmalen gekennzeichnet werden, die erfasst werden müssen. Beispiele für solche Merkmale sind:

- Stakeholder dieser Anforderung
- Ziel(e), aus dem (denen) sie sich ableiten lassen
- Version der Anforderung
- Beziehung zu, Abhängigkeit von anderen Anforderungen
- Testverfahren zur Überprüfung der Umsetzung einer Anforderung
- Status (Planung, Umsetzung, Test etc.)

Ergänzende Informationen zu Anforderungen

Solche Merkmale sollten möglichst frühzeitig bei jeder Anforderung vermerkt werden. Welche Merkmale im Einzelnen in dem konkreten Projekt maßgeblich sind, hängt von den mit der Dokumentation verfolgten Zielen ab. Die zuständige Stelle ist außerdem dafür verantwortlich, dass diese Merkmale permanent gepflegt werden. Tools können eine wichtige Hilfe bieten zur Dokumentation von Anforderungen und zugehörigen Merkmalen.

Unter Nachvollziehbarkeit (Traceability) versteht man zum einen die Möglichkeit, die Beziehung einer Anforderung zu diesen Merkmalen feststellen zu können. So kann es sehr wichtig sein, beispielsweise den Stakeholder einer Anforderung jederzeit identifizieren zu können, etwa wenn von einem Dritten eine Änderung gewünscht wird, die mit dem ursprünglichen Stakeholder abgestimmt werden muss. Zur Nachvollziehbarkeit gehört weiterhin, dass untergeordnete Detailanforderungen auf übergeordnete Anforderungen zurückgeführt werden können. Schließlich gehört es zur Nachvollziehbarkeit, dass der Werdegang einer Anforderung von seiner ursprünglichen Fassung bis zur letzten aktuellen Version – und dazu möglichst auch die Gründe für die Veränderungen – jederzeit rekonstruiert werden können (Version von Anforderungen beispielsweise über nummerische oder alfanummerische Klassifikationsverfahren).

Traceability zu Merkmalen, anderen Anforderungen und Versionen

> Anforderungen müssen dokumentiert und systematisch aufbereitet werden. Zur Aufbereitung gehören die Klassifikation der Anforderungen und die Zuordnung von relevanten Merkmalen. Für jede Anforderungskategorie gibt es ein formalisiertes Bewilligungsverfahren. Die Beziehungen der Anforderungen zu Stakeholdern, zu Zielen und zu anderen Anforderungen sind ebenso zu dokumentieren wie die Veränderungen der Anforderungen und deren Ursachen im Zeitablauf (Traceability).

Zusammenfassung

Weiterführende Literatur zu diesem Abschnitt

Alexander, I.; R. Stevens: Writing Better Requirements. Boston/San Francisco u.a. 2002

Ambler, S.: The Elements of UML 2.0 Style. Cambridge 2005

Braun, K.; Chr. Lawrence: Von der Vision über die Ziele zum Benchmarking. Zeitschrift Organisation + Führung, 1/1997, S. 16-20

Buzan, T.: The Ultimate Book of Mind Maps. London 2005

Camp, R.C.: Benchmarking: The Search for Industry Best Practices that lead to Superior Performance. Milwaukee, Wisc. 1989

EABA European Association of Business Analysis (Hrsg.): Business Analysis - Body of Knowledge. Leitfaden zur Business Analysis. Gießen 2009

George, M.L.; D. Rowland et.al.: The Lean Six Sigma Pocket Toolbook. New York/Chicago u.a. 2005

Gilb, T.; D. Graham: Software Inspection. Boston/San Francisco u.a. 1993

Harrington, H.J.: Business Process Improvement: The Breakthrough Strategy for Total Quality, Productivity and Competitiveness. New York 1991

Horvàth, P.; R.N. Herter: Benchmarking. Vergleich mit den Besten der Besten. Controlling 1/1992, S. 4-11

IIBA International Institute of Business Analysis (Hrsg.): A Guide to the Business Analysis Body of Knowledge. Version 2.0, o.O. 2009

Jordt, A.C.; K. Gscheidle: Methoden und Verfahrenstechniken der problemanalytischen Arbeit. Interner Sonderdruck der Datenzentrale Schleswig-Holstein o.J.

Kepner, Ch.H.; B.B. Tregoe: Entscheidungen vorbereiten und richtig treffen. Rationales Management – neue Herausforderung. Landsberg L. 1991

Lunau, St. (Hrsg.): Six Sigma + Lean Toolset. 2. Aufl., Berlin/Heidelberg u.a. 2007

Robertson, S.; J. Robertson: Mastering the Requirements Process. 2. Aufl., Boston/San Francisco u.a. 2006

Rupp, Chr. & die SOPHISTen: Requirements-Engineering und -Management. 4. Aufl., München/Wien 2007

VDI-ZWA (Hrsg.): Wertanalyse. Idee – Methode – System. 5. Aufl., Düsseldorf 1995

Wallmüller, E.: Software-Qualitätssicherung in der Praxis. 2. Aufl., München 2001

9 Techniken des Lösungsentwurfs

Ziele dieses Kapitels – Was können Sie erwarten?

- Sie wissen, welche Kategorien unterschiedlicher Lösungen für betriebliche Projekte in Frage kommen
- Sie kennen die Vorteile und die Grenzen des klassischen, erfahrungsbasierten Vorgehens bei der Lösungssuche
- Sie können ausgewählte und bewährte Techniken zur kreativen Lösungssuche anwenden
- Sie kennen den Aufbau einer Mind Map und wissen, wie sie zur Lösungssuche eingesetzt werden kann
- Sie kennen UML-Aktivitätsdiagramme als Instrumente zum Lösungsentwurf für IT-Anwendungen
- Sie kennen das Anliegen der BPMN (Business Process Modeling Notation) als Instrument zur Prozessautomatisierung
- Sie kennen die Fehlermöglichkeits- und Einflussanalyse (FMEA) zur vorbeugenden Suche möglicher Fehler und deren Ursachen
- Sie kennen SCAMPER als ein Modell zur strukturierten Suche von Lösungsansätzen.

9.1 Einordnung

Normalerweise folgt der Lösungsentwurf auf Erhebung, Analyse und Anforderungsermittlung. Lösungen dienen dazu, Anforderungen umzusetzen. Grundsätzlich muss dazu die Ausgangssituation, d.h. der Ist-Zustand bekannt sein. Die Bedingungen des Ist-Zustands (z.B. das Mengengerüst der Aufgaben, die personelle Struktur, das bestehende Produkt etc.) sind im Einzelfall auch dafür maßgeblich, welche Lösungen in Frage kommen bzw. besonders geeignet sind. Soll eine bestehende Lösung verbessert werden, geht es oft darum, Probleme zu beseitigen. Dazu müssen die Probleme und deren Ursachen bekannt sein.

Lösungsentwurf als Teil des Planungszyklus

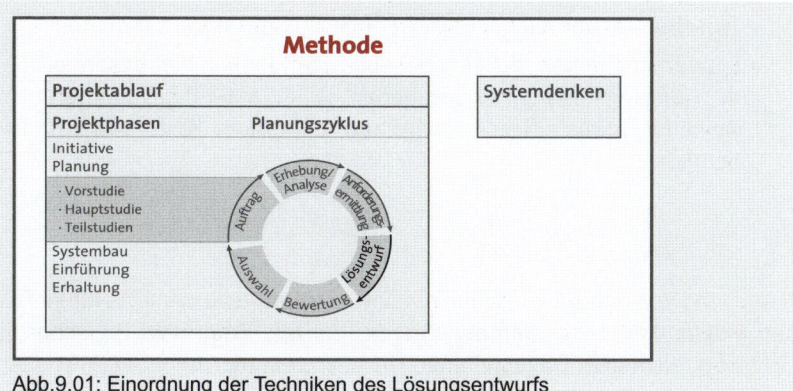

Abb.9.01: Einordnung der Techniken des Lösungsentwurfs

Mehrere Varianten statt einer Lösung

Oft stehen die Lösungen allerdings schon zu Beginn eines Projekts fest, so dass die weiteren Schritte nur noch dazu dienen, das feststehende Lösungskonzept sachgerecht umzusetzen und in die bestehende Organisation einzubetten. Grundsätzlich sollten allerdings Varianten gesucht und untersucht werden, weil die Eignung einer Lösung letztlich erst dann beurteilt werden kann, wenn sie mit anderen Varianten verglichen wurde – siehe dazu das Kapitel 10 „Bewertungstechniken".

Lösungsarten

Bei den in Frage kommenden Lösungsvarianten können verschiedene Formen unterschieden werden. Vorläufige Lösungen sollen dazu beitragen, Zeit zu gewinnen. Ohne die Ursache auszuschalten, mildert man die negativen Auswirkungen, so wie bei Kopfschmerzen Tabletten genommen werden. Anpassende Lösungen müssen in den Fällen gewählt werden, wenn sich Bedingungen geändert haben, auf die man nur reagieren kann. Abstellende Lösungen beseitigen die Ursache einer Abweichung und stellen den gewünschten Soll-Zustand wieder her.

Neben Lösungsansätzen, die bereits eingetretene Abweichungen beheben oder mildern sollen, gibt es Lösungsvarianten, die der Vorbereitung auf ein künftiges Ergebnis dienen. So können vorbeugende Maßnahmen ergriffen werden, welche die möglichen Ursachen eines in der Zukunft auftretenden Problems beseitigen oder die Wahrscheinlichkeit des Auftretens verringern sollen. Daneben gibt es Lösungsvarianten für Eventualfälle, das sind „Schubladenlösungen", die nur dann eingesetzt werden, falls ein mögliches Problem tatsächlich auftreten sollte.

Hier werden vier methodisch unterschiedliche Ansätze vorgestellt, wie Lösungen erarbeitet werden können. Dabei handelt es sich um:

- Traditionelle Technik (Erfahrungswissen)
- Techniken der Aufbau- und Prozessorganisation (siehe hier sowie Kapitel 11 und 12)
- Kreativitätstechniken als generell nutzbare Werkzeuge der geistigen Arbeit, zur Suche neuer Lösungen
- Entwurfstechniken für IT-Anwendungen, die der Kommunikation zwischen Fachbereich, Entwickler und Business-Analyst dienen
- Entwurfstechniken, die sich bei einer punktuellen Verbesserung der Ausgangslösung bewährt haben, wie SCAMPER beziehungsweise FMEA, die eingesetzt wird, um zukünftigen Fehlern vorzubeugen.

9.2 Traditionelle Technik

Experten greifen auf Erfahrungen zurück

Ausgehend von den Zielvorstellungen und den ermittelten Anforderungen werden Möglichkeiten zusammengetragen, die aus Erfahrung, logischer Einsicht, vergleichbaren Fragestellungen, d.h. aus einem vorhandenen Wissens-

potenzial heraus als Lösungen des Problems in Frage kommen. Dieser Weg wird immer dann beschritten, wenn so genannte Experten mit der Bearbeitung beauftragt werden. Sie können aufgrund ihrer Erfahrungen auf Lösungsmodelle zurückgreifen.

Ein Vorgehen, das auf Erfahrungen basiert, ergibt sich nahezu zwangsläufig, wenn lediglich Probleme beseitigt werden sollen. Dann können Werkzeuge der Würdigung eingesetzt werden, die im Kapitel 8.3.5 bereits behandelt wurden. Da die Würdigung sowohl auf die Ermittlung von Problemen wie auch auf die Suche nach Problemursachen zielt, liegen Lösungen zur Beseitigung der Problemursachen häufig „auf der Hand", so dass eine gezielte weitere Lösungssuche in vielen Fällen entbehrlich ist. Deswegen soll hier auf die bereits behandelten Instrumente lediglich verwiesen werden. Die Vorteile des Weges über die Würdigung zu einer neuen Lösung sind offenkundig. Mit relativ geringem Risiko können meistens sehr schnell Ergebnisse umgesetzt werden. Allerdings ist auch der Nachteil offensichtlich: Neue, unkonventionelle und unter Umständen Bahn brechende Lösungen dürften, wenn überhaupt, eher zufällig als systematisch entstehen. Diesem Ziel kommen die unten geschilderten Kreativitätstechniken näher.

Problembeseitigung – der Weg über die Würdigung

9.3 Techniken der Aufbau- und Prozessorganisation

In gesonderten Kapiteln werden die klassischen Techniken der Aufbau- und Prozessorganisation behandelt. Diese Techniken dienen der Erhebung und Dokumentation, der Analyse und der Anforderungsermittlung wie auch dem Entwurf neuer Lösungen. So kann beispielsweise ein systematisch erhobener Prozess, dessen Dokumentation die Zahl der berührten Stellen offensichtlich macht, Lösungen zur Verminderung der Anzahl der Bearbeitungsstationen und damit zur Reduzierung der Transportwege und -zeiten nahe legen. So gesehen sind viele der Techniken, die in den Kapiteln 11 und 12 behandelt werden, gleichzeitig Techniken zum Lösungsentwurf. Hier werden weiter unten die Unified Modeling Language UML und die Business Process Modeling Notation BPMN als Entwurfstechniken dargestellt, die einen direkten Bezug zur Umsetzung in IT-Anwendungen haben (Kapitel 9.6.1 und 9.6.2).

Dokumentationstechniken unterstützen die Lösungssuche

9.4 Kreativitätstechniken

Kreative Ideen entstehen, wenn vorhandenes Wissen und Erfahrungen in bisher unbekannter Weise kombiniert und geordnet werden. Das Ziel der Techniken ist es, aus vorhandenen Denkmustern oder Denkschablonen auszubrechen. Das menschliche Gehirn programmiert wiederkehrende Verhaltensmuster. Treten gleiche oder ähnliche Situationen auf, wird normalerweise ohne Nachdenken (unreflektiert) das Bewährte wiederholt. Diese Fähigkeit ist ungeheuer wichtig und positiv, soweit der Mensch sich in gewohnten Bahnen bewegt. Dieser Effekt ist bei Menschen sehr ausgeprägt, deren Gehirnaktivitäten sehr „linkslastig" sind, die also sehr stark vom Kopf gesteuert werden und die ein logisches, systematisch strukturiertes Vorgehen bevorzugen. Experten sprechen hier auch von „konvergentem Denken".

Kreativitätstechniken zur Vermeidung von Denkblockaden

Bei der Suche nach Neuem führt dieses Verhalten jedoch leicht zu so genannten Denkblockaden. Je mehr Erfahrungen ein Mensch gesammelt hat, desto größer werden die Denkblockaden. Viele Probleme lassen sich durch rein logisches Denken nicht ohne weiteres lösen. Ein unstrukturiertes, fantasievolles, „bauchgesteuertes" Vorgehen, ein so genanntes divergentes Denken ist notwendig, wenn es um völlig neue Lösungsansätze geht. Das fällt Menschen leichter, deren Gehirnaktivitäten „rechtslastig" sind, wie das bei Künstlern und musisch Begabten eher der Fall ist.

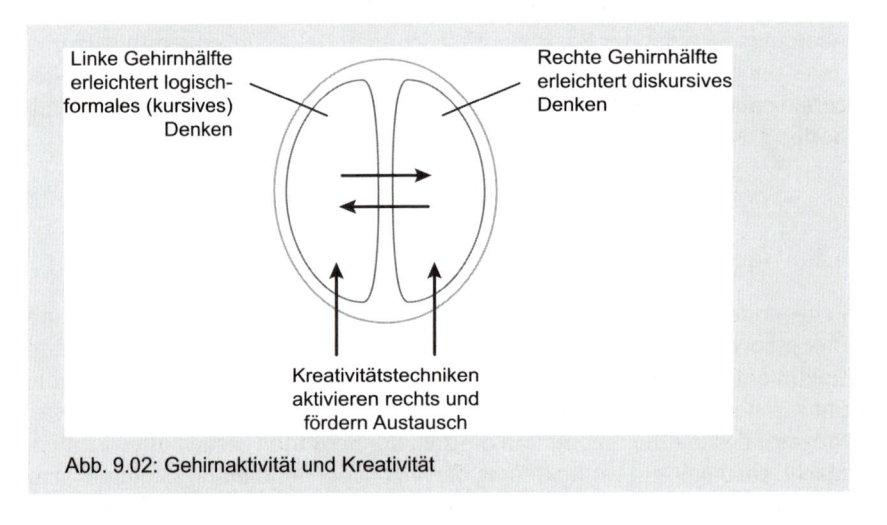

Linke Gehirnhälfte erleichtert logisch-formales (kursives) Denken

Rechte Gehirnhälfte erleichtert diskursives Denken

Kreativitätstechniken aktivieren rechts und fördern Austausch

Abb. 9.02: Gehirnaktivität und Kreativität

Nun ist es nicht immer ganz einfach, die „richtigen Gehirne" zu einer Problemlösung zusammenzubringen, zumal in den Arbeitsschritten Erhebung, Analyse und Anforderungsermittlung das formale Denken sehr gefordert ist. Durch Kreativitätstechniken können die Begrenzungen „linkslastiger" Denker zumindest teilweise aufgehoben werden. Aus einem riesigen Angebot von Kreativitätstechniken soll hier eine Auswahl gezeigt werden, die sich in der praktischen Organisationsarbeit und bei der Arbeit von Business Analysts bewährt haben.

Zusammenfassung

Lösungen können traditionell – auf Erfahrungen beruhend – mit Hilfe der Techniken der Aufbau- und Prozessorganisation oder durch den Einsatz von Kreativitätstechniken erarbeitet werden. Es steht eine Fülle von Kreativitätstechniken zur Verfügung. Sie dienen dazu, das diskursive Denken anzuregen und Denkblockaden zu überwinden.

9.4.1 Brainstorming

Brainstorming ist die bekannteste und am häufigsten angewandte Technik des Lösungsentwurfs. Sie dient gemeinsamem Nachdenken und damit gemeinsamer Ideenfindung zu einem vorgegebenen Problem unter der Leitung eines Moderators. Der Teilnehmerkreis sollte zwischen 5 und 12 Personen liegen, bei möglichst unterschiedlichem Erfahrungshintergrund. Auch ist darauf zu achten, dass keine allzu großen hierarchischen Unterschiede zwischen den Teilnehmern bestehen, da andernfalls der Ideenfluss gebremst werden könnte. In der Einladung sind Ort, Zeit, Teilnehmer und Themenkreis, möglichst aber nicht das zu behandelnde Problem bekannt zu geben, da zu viele Vorüberlegungen zu Blockaden führen können.

Zu Beginn der Brainstorming-Sitzung sind die Regeln bekannt zu geben:

- Keine Kritik oder Bewertung
- Quantität vor Qualität
- Möglichst ungewöhnliche Ideen
- Fortführen und Weiterentwickeln bereits vorgebrachter Ideen
- Auch „spinnen" ist erlaubt.

Regeln des Brainstorming

Dann wird das Thema vorgestellt und visualisiert. Es ist darauf zu achten, dass eine von allen akzeptierte Problembeschreibung – nicht zu weit und nicht zu eng gefasst – gefunden wird.

Der Moderator sorgt für die Einhaltung der Regeln, aktiviert alle Mitglieder und visualisiert die Ideen. Besonders wichtig für die ungehemmte Ideenproduktion ist, dass der Moderator durch zustimmende Gesten oder Bemerkungen positiv verstärkt und auch sinnlos erscheinende Ideen nicht abblockt.

Aufgaben des Moderators

Am Ende einer Brainstorming-Sitzung, die 30 Minuten nicht überschreiten sollte, werden die Ideen vom Moderator systematisiert, gruppiert (Bildung so genannter Cluster) und gemeinsam mit den Gruppenmitgliedern bewertet.

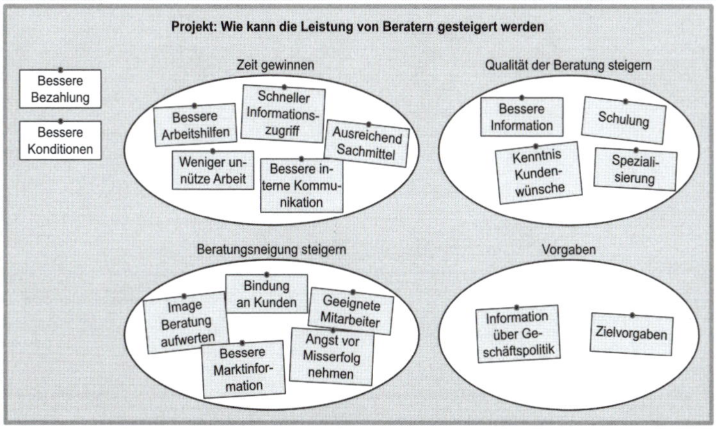

Abb. 9.03: Clustern von Ideen nach einem Brainstorming

9.4.2 Methode 635

Die Methode 635 wurde aus dem Brainstorming entwickelt und zeichnet sich durch eine höhere Formalisierung aus. Ideen werden schriftlich festgehalten und weitergereicht. Das fördert die Konzentration auf die Weiterentwicklung bereits produzierter Ideen. Gerade die systematische Vertiefung von Ideen führt häufig zu besonders guten Ergebnissen.

Ausgangsideen werden vertieft

Zu Beginn werden wiederum Regeln und Thema bekannt gegeben. Jedes Mitglied der aus 6 Teilnehmern bestehenden Gruppe schreibt 3 Ideen auf ein Blatt Papier. Danach reicht jedes Mitglied sein Blatt im Kreisverkehr weiter. Aufbauend auf den vorliegenden Gedanken sollen die Teilnehmer jeweils drei weitere Ideen zur Problemlösung ergänzen. Die Ideen sollen sich möglichst an die vorhandenen anlehnen und diese weiterentwickeln. Insgesamt werden die Blätter 5-mal weitergereicht.

Als besonderer Vorteil dieser Technik gilt, dass die Teilnehmer nicht physisch zusammenkommen müssen. Eine Kommunikation per Mail mit Rückantwort an den Veranstalter (Projektleiter) bietet sich an, da vom Veranstalter auch die Termineinhaltung überwacht werden kann.

Wegen der vertiefenden Wirkung eignet sich die Methode 635 insbesondere auch als Folgeaktion auf das Brainstorming. Die attraktivsten Vorschläge aus dem Brainstorming werden in die Kopfzeile der Blätter eingetragen. Die Methode 635 baut auf diesen Ideen auf und vertieft sie. So können auch die Vorteile des Brainstorming, insbesondere die wechselseitigen Anregungen während der Sitzung, genutzt werden.

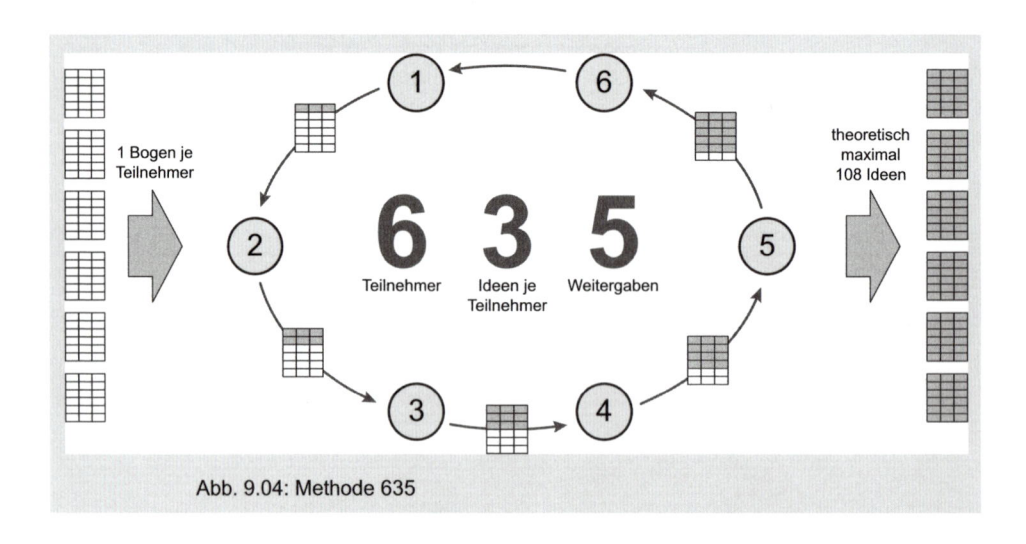

Abb. 9.04: Methode 635

9.4.3 Morphologische Analyse

Die Morphologie – Denken in geordneter Form – befasst sich mit einer Denkmethode, der Theorie des Entdeckens und Erfindens. Die morphologische Analyse dient der vollständigen Erfassung eines komplexen Problembereichs, um daraus alle möglichen Lösungen abzuleiten.

Projekt: Einrichtung eines Benutzerservice					
Teil-elemente	**Lösungsansätze**				
Anzahl	Ein zentraler Benutzerservice	Je Gebäude ein Benutzerservice			
Schulung	Alle Schulungen extern	Schulungen extern, ausgenommen Standardsoftware A, B, C	Alle Schulungen intern ausgenommen Software E	Alle Schulungen intern	
Einkauf	Nur Verbrauchsmaterial	Verbrauchsmaterial, Hardware und Software, soweit Rahmenabschlüsse bestehen	Verbrauchsmaterial, Hardware und Software	Verbrauchsmaterial, Hardware, Software, Schulungen	
Software Zuständigkeit	Nur Standardsoftware der individuellen Datenverarbeitung (IDV)	Standardsoftware IDV und ERP-Software	Jede eingesetzte Software		
Betreuungsumfang	Nur Hilfen und Fehlerbehebung	Zuzüglich Installation und Updates	Zuzüglich Entwicklung div. kleiner Anwendungen		
Personelle Besetzung	"Experten" aus den Fachabteilungen	Neu eingestellte Mitarbeiter	Mitarbeiter Fachabtlg. und "neue"		
Raum	3. Ebene, eigenes Gruppenbüro	Dachgeschoss	Großraum 4. Ebene		
Technische Kommunikation	Telefon	Telefon und internes Netzwerk	Telefon, Netzwerk und Modem für öff. Netz		
Leistungsverrechnung	Keine	Nur für Schulung	Alle Leistungen		

Abb. 9.05 : Morphologischer Kasten

Techniken des Lösungsentwurfs

Matrix bildet Handlungsspielraum ab

Kern der morphologischen Analyse ist eine Matrix (siehe Abbildung 9.05). In der Kopfspalte werden mindestens 5, maximal 10 möglichst voneinander unabhängige Teilprojekte bzw. isolierbare Problemfelder aufgelistet, für die Lösungen gefunden werden müssen. Zur Abgrenzung solcher Problemfelder kann das Systemdenken – siehe Kapitel 3 – eingesetzt werden. Für jedes Teilprojekt (Problemfeld) werden alle denkbaren Lösungsvarianten eingetragen. So entsteht ein so genannter „morphologischer Kasten". Bei der Sammlung der Teilprojekte und deren Lösungsansätze kann das Brainstorming genutzt werden, damit auch ungewöhnliche Vorschläge gemacht werden. In der Matrix werden anschließend denkbare Kombinationen der verschiedenen Lösungselemente zusammengestellt (siehe dazu die beispielhafte Linie in Abbildung 9.05). Eine Lösungsvariante für das Gesamtprojekt setzt sich dann aus der Kombination mehrerer Teillösungen zusammen. Durch diese Formalisierung des Lösungsbereichs können systematisch originelle Lösungen gefunden werden.

Der morphologische Kasten hat sich insbesondere bei der Arbeit von Projektgruppen oder in Workshops bewährt. Er kann auch als Dokumentationswerkzeug in Präsentationen eingesetzt werden.

9.4.4 Synektik

Die Synektik (griechisch: etwas miteinander in Verbindung bringen, verknüpfen) ist eine Kreativitätstechnik, in der systematisch nach Analogien gesucht wird, um damit unbewusste Denkprozesse anzuregen. Dazu wird versucht, das Bekannte zu verfremden und das Unbekannte vertraut zu machen. Diese Technik wurde schon in den fünfziger Jahren des letzten Jahrhunderts von WILLIAM GORDON entwickelt.

Verfremdung durch Analogien

Menschen neigen dazu, sich erst einmal allem Fremden und Neuen zu verschließen. Es kann aber wesentliche Einsichten bringen, wenn man das Fremde mit dem Bekannten verknüpft, das heißt, vertraute Dinge einmal aus einer ganz anderen Blickrichtung betrachtet, indem sie dazu erst einmal verfremdet werden. Erfahrungsgemäß können damit neue und überraschende Lösungsansätze entwickelt werden.

In einem Synektik-Prozess werden mehrere Stufen durchlaufen, in denen Analogien gebildet werden. Dabei entfernt man sich sachlich zuerst immer weiter von dem eigentlichen Problem. Die am Ende dieses Prozesses gefundenen Begriffe sind dann die Grundlage für die eigentliche Ideenfindung. Das folgende Beispiel soll dazu dienen, die Prozessschritte zu zeigen und diese abstrakten Aussagen verständlich zu machen.

Prozessschritt	Ergebnis	Weitergeführte Idee	
Problemdefinition und -analyse	In einer Süßwarenfabrik werden unbeschädigte Hälften von Walnüssen für die Produktion von Pralinen benötigt. Bisher werden bei der manuellen Öffnung sehr viele Nüsse verletzt (40% Ausschuss). Es soll ein Verfahren gefunden werden, mit dessen Hilfe die Nüsse geöffnet werden können, ohne dass Ausschuss entsteht		Beispiel
Brainstorming zur Sammlung spontaner Lösungsansätze	▪ Bessere Zangen zur Öffnung ▪ Weichere Unterlage beim Öffnen ▪ Meißel zum Spalten der Nuss ▪ Andere Nusssorten verwenden		
Neu-Formulierung des Problems	Wir wollen, dass die Nuss unversehrt das Licht der Welt erblickt		
Bildung einer **direkten Analogie** zum Beispiel aus der Natur	▪ Küken sprengt Eischale ▪ Eichel keimt ▪ Kiefernzapfen sprengt Samen frei ▪ Schlange streift Haut ab	Küken sprengt Eischale	
Persönliche Analogie (Identifikation) um sich weiter von dem ursprünglichen Problem zu entfernen und sich mit der Analogie zu identifizieren	Wie fühle ich mich als Küken in dem ungeöffneten Ei? ▪ Bedrückende Enge ▪ Nimmt mir die Luft zum Atmen ▪ Sehnsucht nach dem Licht ▪ Ungeduldiges Warten	Nimmt mir die Luft zum Atmen	
Symbolische Analogie Die Gefühle werden weiter verfremdet, z.B. indem ein Substantiv um ein paradoxes Adjektiv ergänzt wird = „Kontradiktionen"	▪ Schwere Luft ▪ Befreiende Fessel ▪ Atmender Panzer ▪ Schwarzes Licht	Befreiende Fessel	

Abb. 9.06a: Beispiel für Synektik (Fortsetzung nächste Seite)

Beispiel

Prozessschritt	Ergebnis	Weiterge-führte Idee
Direkte Analogie z.B. in der Technik	■ Druckbehälter ■ Überdruckventil ■ Schleuse	Schleuse
Analyse der direkten Analogie	Der Druck des in der Schleuse aufgestauten Wassers öffnet das Tor und gibt das Wasser frei	
Übertragung auf das Problem	Etwas in die Nuss hinein bringen, das sie von innen aufsprengt	
Lösung	Kanüle an der weichen Stelle in die Nussschale einführen. Stoßartig Luft unter hohem Druck in die Nuss pressen	

Abb. 9.06b : Beispiel für Synektik

Hohe Anforderungen an die Beteiligten

Dieses Verfahren setzt einen gut ausgebildeten Moderator und Teilnehmer voraus, die bereit sind, sich auf einen unkonventionellen Weg einzulassen. Im Unterschied zum Brainstorming, das eher gewohnten Denkbahnen folgt und meistens schon nach einer halben Stunde abgeschlossen ist, machen sich die Teilnehmer an einer Synektik-Sitzung auf einen längeren Weg in unbekanntes Gelände – Synektik-Sitzungen dauern häufig bis zu einem halben Tag.

Bewertung Synektik	
Vorteile	Nachteile
■ Strukturiert die Lösungssuche ■ Regt unbewusste Denkprozesse an ■ Fördert kreative, auch überraschende Ideen ■ Eine der leistungsfähigsten Kreativitätstechniken	■ Setzt qualifizierten Moderator voraus ■ Teilnehmer müssen sich überwinden ■ Zeitaufwändig

9.4.5 Sechs Hüte (DE BONO)

Das größte Problem menschlichen Denkens und Problemlösens ist laut DE BONO, dass Menschen versuchen, zu viel gleichzeitig zu tun: Die logische Durchdringung des Problems, die Berücksichtigung von Informationen, Hoffnungen und Befürchtungen, die sich mit der Problemlösung verbinden, neue Lösungswege, all das „schießt durch den Kopf" und macht es schwierig, zu einem Ergebnis zu kommen. „Es ist so, als wenn man mit zu vielen Bällen jonglieren würde" (DE BONO). Die Schwierigkeiten werden noch einmal deutlich verstärkt, wenn mehrere Menschen in einer Gruppenarbeit zusammen sitzen und gemeinsam über eine Problemlösung nachdenken – wenn sie, bildlich gesprochen, sich auch noch gegenseitig zusätzliche Bälle zuwerfen.

Sechs Hüte sollen Problemlösen vereinfachen

Die so simpel wie einleuchtend erscheinende Idee von DE BONO lautet: „Setzt euch mit allen Facetten eines Problems auseinander, aber tut es nicht gleichzeitig! Konzentriert euch jedes Mal auf nur einen Aspekt, setzt euch also gedanklich einen Hut auf und diskutiert nur und ausschließlich Sachverhalte, die zu diesem Hut gehören". Die Vorteile werden bei einer Gruppenarbeit besonders deutlich. So kommt jeder mit seiner Meinung zu dem konkreten Problem zu Wort, jeder ist dann aber auch aufgefordert, sich bewusst mit allen Hüten auseinander zu setzen, auch mit solchen, die er sonst niemals tragen würde. So kann die Intelligenz aller Beteiligten genutzt werden, kann jeder seine Erfahrungen und sein Wissen und seine Standpunkte einbringen.

Jeder Hut steht für eine Blickrichtung auf ein Problem

Die folgende Übersicht zeigt die Hüte und deren jeweilige Sicht auf die Problemstellung:

Sechs Hüte nach DE BONO	
Weißer Hut	Weiß wirkt neutral und objektiv. Der weiße Hut steht für objektiv bewiesene oder beweisbare Fakten und Zahlen. Es sind auch Aussagen über Annahmen und Vermutungen zulässig, dann müssen sie aber als solche erkennbar sein.
Roter Hut	Rot symbolisiert Emotionen und Gefühle. Der rote Hut steht für einen emotionalen Blick auf das Problem. Hier sind Aussagen zulässig wie „Mein Bauch sagt mir..." oder die Frage „Was empfinden Sie dabei?" Bewusst soll hier auf logische Begründungen verzichtet werden.
Schwarzer Hut	Schwarz wirkt eher traurig und ernsthaft. Der schwarze Hut steht für Vorsicht und warnt vor Schwächen, Widerständen und Risiken. Hier wird gezielt nach der dunklen Seite einer Lösung gefragt, ohne dass derjenige, der sie äußert, gleich in die Ecke des „ewigen Nörglers" gestellt wird.

Abb. 9.07a: Übersicht der Hüte (Fortsetzung siehe nächste Seite)

Sechs Hüte nach DE BONO	
Gelber Hut	Mit Gelb werden Sonne und positives Denken assoziiert. Der gelbe Hut lenkt die Aufmerksamkeit auf Vorteile und neue Möglichkeiten. Hier wird bewusst eine Gegenposition zum schwarzen Hut eingenommen. Es ist hier auch Platz für Visionen und Träume. Kennzeichnend sind weiter Zuversicht und Mut, etwas zu tun und durchzuziehen.
Grüner Hut	Grün steht für Natur, Wachstum und Fruchtbarkeit. Der grüne Hut betont Kreativität und neue Ideen. Die Suche nach alternativen Lösungsmöglichkeiten, die Veränderung, das Beschreiten neuer Wege stehen hier im Vordergrund. Sogar die Provokation ist ein erlaubtes Mittel, um neue Aspekte zu betonen und neue Lösungen zu finden.
Blauer Hut	Blau bedeutet Kühle und Nüchternheit. Der blaue Hut steht für die Steuerung des Prozesses und die Nutzung der übrigen Hüte, also die Rolle des Dirigenten. Die Definition des Problems und die Überwachung der Regeln gehören ebenso dazu wie Zusammenfassungen, Standortbestimmungen und Schlussfolgerungen. Diese Rolle hat normalerweise ein Moderator, jede andere Person kann sich aber ebenfalls bei Bedarf „diesen Hut aufsetzen".

Abb. 9.07b: Übersicht der Hüte

Bewertung Sechs Hüte	
Vorteile	Nachteile
■ Vereinfacht die Auseinandersetzung mit komplexen Problemen ■ Zwingt dazu, unterschiedliche Standpunkte einzunehmen ■ Integriert unterschiedliche Positionen auf emotional verträgliche Weise ■ Fördert Akzeptanz ■ Problemlösung macht Spaß ■ Beschleunigt den Problemlösungsprozess	■ Setzt erfahrenen Moderator und „willige" Beteiligte voraus

Sechs Hüte (DE BONO)

Blau
- Moderation
- Problemstellung
- Fragestellung
- Protokollierung

Definieren / Entscheiden

Weiß
- Zahlen
- Daten
- Fakten
- Tatsachen

Informationen suchen

Schwarz (begründet)
- Gefahren / Risiken
- Schwierigkeiten
- Probleme / Fehler
- Schattenseiten
- Nutzen?

Logisch / kritisch betrachten

Rot (ohne Begründung)
- Welche Gefühle?
- Intuition
- Emotionen +/−
- Stichhaltigkeit

Gefühle benennen

Gelb
- Positiv, weil ...
- Logisch, weil ...
- Praktisch, weil ...

Vorteile / Nutzen suchen

Grün
- Kreative Gedanken
- Alternativen
- (Zu neuen Ideen ermutigen!)

Informationen suchen

Blau
- Abschluss
- Protokollierung
- Nächste Schritte

Definieren / Entscheiden

Abb. 9.08: Beispiel für Vorgehen „Sechs Hüte"

Zusammenfassung

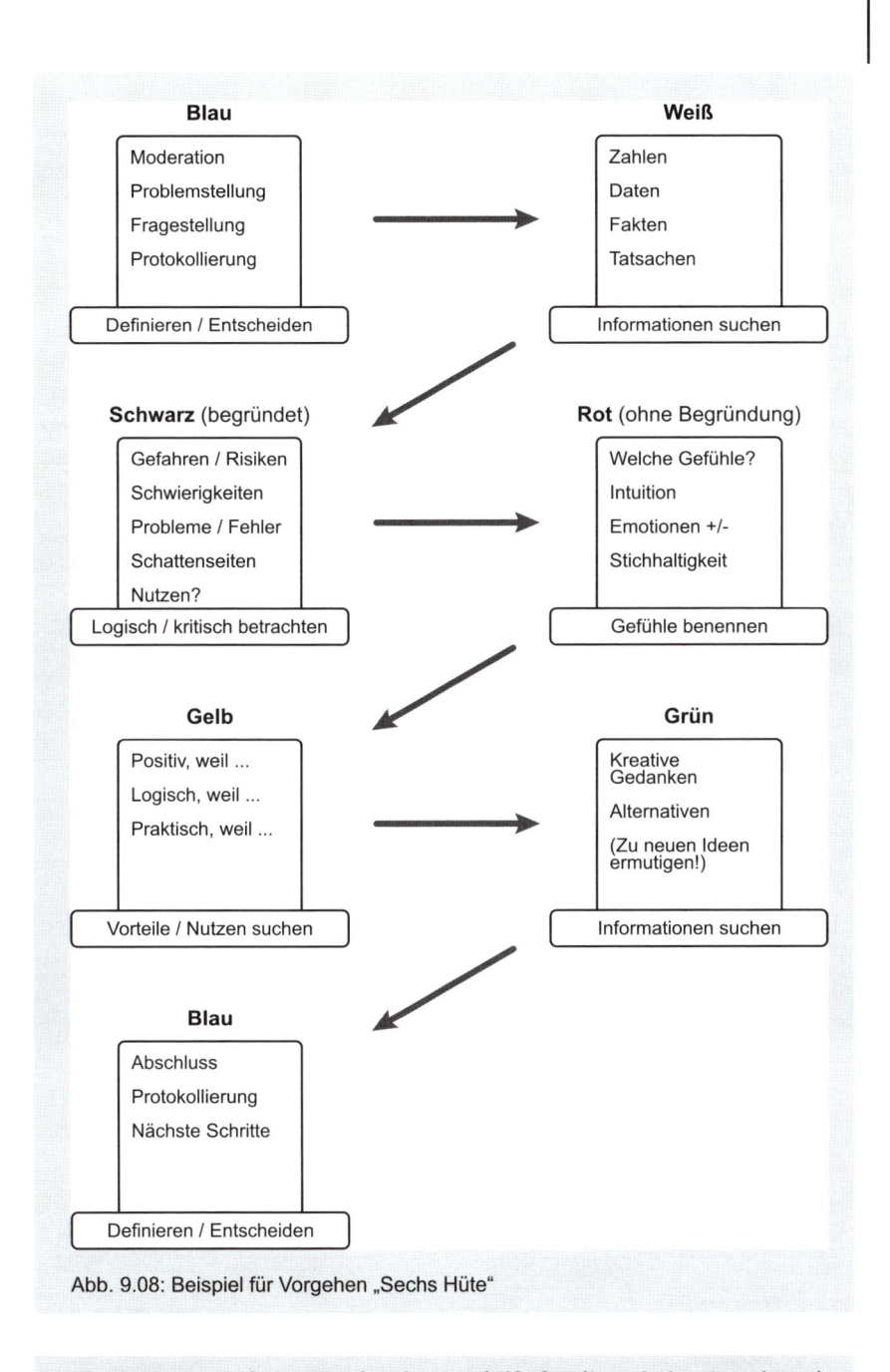

Die Sechs Hüte sind eine Strukturierungshilfe für die geistige Auseinandersetzung mit einer Aufgabenstellung. Nacheinander werden von allen Beteiligten die Hüte aufgesetzt – die jeweiligen Standpunkte eingenommen. Das fördert die sachliche Lösungsfindung und entschärft zwischenmenschliche Spannungen.

9.5 Mind Map

Mind Map, ein universell nutzbares Instrument

Eine Mind Map ist eine grafische Darstellung für eine „geistige Landkarte". Mit ihrer Hilfe sollen Begriffe, die zu einem zentralen Thema führen, aufbereitet und leicht lesbar gemacht werden. Dazu wird ein Begriff (z.B. Problem, Thema, Lösung) zentral angeordnet – bei manueller Herstellung wird ein A4-Blatt im Querformat empfohlen. Von diesem Begriff verzweigen dann Linien, die sachlich zu dem Ausgangsbegriff führen. Diese Linien können in einem mehrstufigen Prozess immer weiter aufgefächert werden, um so Teilaspekte der übergeordneten Begriffe zu erfassen. So können in einer Mind Map beispielsweise Ideen aufgegliedert werden, die zur Lösung eines Problems beisteuern können. Mit Mind Maps kann aber auch die Aufgliederung eines Produkts in seine Bestandteile dargestellt werden oder die Ursachen, die zu einem Problem geführt haben. Deswegen können Mind Maps auch in der Analyse oder in der Anforderungsermittlung genutzt werden.

Ein Beispiel soll helfen, diese etwas abstrakten Aussagen zu verdeutlichen.

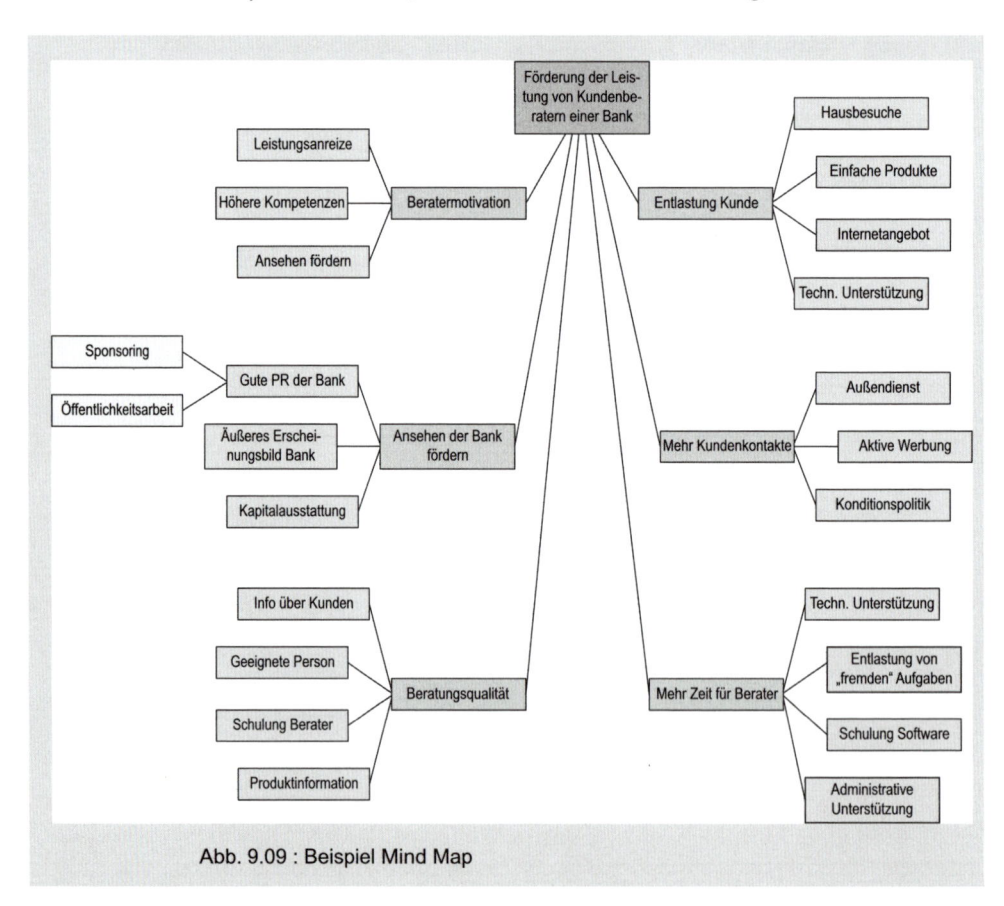

Abb. 9.09 : Beispiel Mind Map

Empfehlungen, die helfen können, dass Mind Maps übersichtlich, leicht lesbar und attraktiv sind:

- Bilder verwenden, ein zentrales Bild für das eigentliche Thema
- Einsatz von Farben und Symbolen (Bedeutung sollte vorher eindeutig geklärt sein)
- Unterschiedliche Schriftgrößen und Linienformen
- Gute Raumaufteilung
- Möglichst horizontal schreiben.

Zur Darstellung können Softwarewerkzeuge genutzt werden.

Mind Maps eignen sich sehr gut als Werkzeuge in der Gruppenarbeit. So können die in einem Brainstorming gesammelten Ideen strukturiert und visualisiert werden.

Sollen Beziehungen abgebildet werden, die nicht ausschließlich hierarchisch sind – so z.B. wechselseitige Beziehungen zwischen einzelnen Elementen oder kreisförmige Beziehungen wie in einem Regelkreis – dann sind die so genannten konzeptuellen Karten oder Netzwerkdarstellungen (engl. conceptual maps) besser geeignet (siehe dazu Kapitel 7.4).

Für lineare Zusammenhänge geeignet

Bewertung Mind Map	
Vorteile	**Nachteile**
▪ Einfache, übersichtliche Darstellung, leicht zu ergänzen und neu zu sortieren ▪ Hilft bei der gedanklichen Strukturierung und bei der nachträglichen Ordnung ▪ Attraktive Darstellung ist möglich ▪ Kaum Lernaufwand ▪ Gute technische Unterstützung durch Tools	▪ Unterstellt eine hierarchische Struktur der darzustellenden Sachverhalte ▪ Wechselseitige Abhängigkeiten und kreisförmige Beziehungen (z.B. Regelkreise) lassen sich nicht oder nur schwer abbilden ▪ Bei mehrstufigen Gliederungen wenig Platz (führt zu extrem kleinen Schriften)

Mind Maps sind grafische Darstellungen von hierarchisch gegliederten Sachverhalten, die auf ein zentrales Thema (Problem, Produkt, Lösung etc.) zurückgeführt werden.

Zusammenfassung

9.6 Entwurfstechniken

9.6.1 UML – Aktivitätsdiagramme

Für den Entwurf sowohl organisatorischer Abläufe als auch informationstechnischer Prozesse eignet sich die Unified Modeling Language (UML). Bereits in Kapitel 8.2 wurden zur Definition der Anforderungen an eine Lösung die Anwendungsfalldiagramme der UML (Business-Use-Case und System-Use-Case) vorgestellt. Hier werden die Aktivitätsdiagramme besprochen, die für die detaillierte Modellierung und Beschreibung einer Lösung als Vorgabe für die Realisierung geeignet sind.

Werkzeugkasten der UML

Aktivitätsdiagramme sind die Ablaufdiagramme der UML. Sie dienen zur weiteren Spezifikation von Anwendungsfällen, indem sie die zeitlich-logische Abfolge von Aktionen beschreiben. Das Augenmerk dieser Darstellung liegt weniger auf der Frage

- Wer führt Aktionen aus?

sondern vielmehr auf der Frage

- In welcher Abhängigkeit stehen Aktionen zueinander?

Die Semantik der Aktivitätsdiagramme hat sich seit UML 2.0 weitgehend den Petri-Netzen angenähert. Viele Tools zur Prozesssimulation beruhen ebenfalls auf Petri-Netzen. Die Notation (symbolhafte Beschreibung) der UML-Aktivitätsdiagramme ist ähnlich der Business Process Modeling Notation (kurz BPMN), einer Dokumentationstechnik für Geschäftsprozesse, die (wie die UML) von der OMG standardisiert wird.

9.6.1.1 Einsatz der Aktivitätsdiagramme

Aktivitätsdiagramme – Instrumente zur Kommunikation

Die Aktivitätsdiagramme können sowohl in der Analyse- als auch in der Entwurfsphase eines Projekts eingesetzt werden. In der Analysephase werden die Diagramme im Wesentlichen zur Untersuchung der Geschäftsprozesse genutzt. In der Entwurfsphase hingegen werden sie mit Informationen angereichert, die der Vorgabe für den späteren Systembau, also als Pflichtenheft für die Programmierung dienen. Durch diese Möglichkeit, die Detaillierung der Darstellung im Verlauf des Projekts zu erhöhen, eignen sich die Aktivitätsdiagramme besonders gut für die Kommunikation zwischen Fachabteilung, Business Analyst und Entwicklung.

Die Detaillierung der Aktivitätsdiagramme kann (in Verbindung mit anderen Diagrammen) so weit getrieben werden, dass mit Hilfe entsprechender Tools sogar eine automatische Codegenerierung für Programmmodule möglich ist. Die Grenzen zwischen Systementwurf und Systembau verschwimmen also zunehmend. Allerdings gibt es bis heute keine Codegeneratoren, die aus den

Vorgaben der Fachabteilung oder eines Business Analyst lauffertige Software erzeugen können. Vielmehr findet die eigentliche Entwicklung verstärkt in Modelldarstellungen und weniger in klassischen Programmierumgebungen statt. Insgesamt befindet sich die automatische Codegenerierung derzeit noch in den Kinderschuhen, auch wenn der eine oder andere Hersteller eines solchen Systems bereits mit Erfolgsgeschichten aufwarten kann.

Entwicklung durch Modelle

9.6.1.2 Elemente von Aktivitätsdiagrammen

Ein Aktivitätsdiagramm besteht zunächst aus Knoten und Kanten. Kanten werden als Pfeile zwischen den Knoten dargestellt und definieren die Verarbeitungsreihenfolge.

Die wichtigsten Knoten sind:

- Start- und Endknoten
- Aktionen
- (Oder-)Entscheidungen und (Und-)Gabelungen.

Kanten und Knoten als Elemente

Mithilfe dieser Knotentypen lassen sich bereits zahlreiche Prozesse als Aktivitätsdiagramm darstellen.

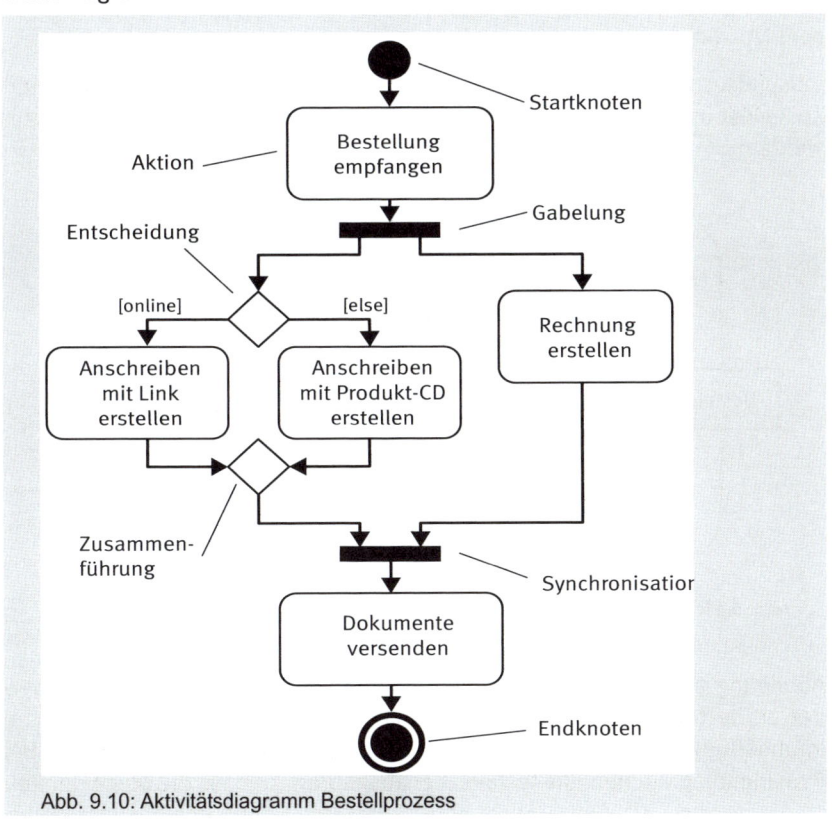

Abb. 9.10: Aktivitätsdiagramm Bestellprozess

Beispiel
: Abbildung 9.10 zeigt den Abwicklungsprozess der Bestellung eines Software-Produkts. Nachdem die Bestellung eingegangen ist, werden zwei parallele Äste gleichzeitig bearbeitet. In dem einen Ast wird die Rechnung erstellt, der andere enthält zwei Aktionen, die alternativ ausgeführt werden. Sofern es sich um eine Online-Bestellung handelt, wird ein Anschreiben mit einem Download-Link erstellt; in den anderen Fällen wird eine Produkt-CD vorbereitet. Schließlich werden alle Dokumente versendet und der Prozess mit einem Endknoten abgeschlossen.

Die Verknüpfungen nach einer Entscheidung oder Gabelung werden durch die entsprechenden Symbole, in denen die betreffenden Äste zusammenlaufen, dargestellt. Die Begriffe „Zusammenführung" und „Synchronisation" haben sich für die UML-Begriffe „merge" und „join" weitgehend durchgesetzt.

9.6.1.3 Zerlegungen (decompositions)

Zerlegungen zur Entwicklung von Modulen
: Die UML spricht von „decompositions", wenn es um das Identifizieren und Herauslösen von Teilprozessen geht. Insbesondere bei der Entwicklung von IT-Systemen ist dieser Schritt bedeutsam, da hier Programmteile abgegrenzt werden, die später nur einmalig entwickelt und an unterschiedlichen Stellen genutzt werden können.

Beispielsweise könnte ein Teil des Bestellprozesses aus Abbildung 9.10 herausgelöst und als Tochterdiagramm (subsidiary activity diagram) dargestellt werden:

Abb. 9.11: Zerlegung der Bestellabwicklung

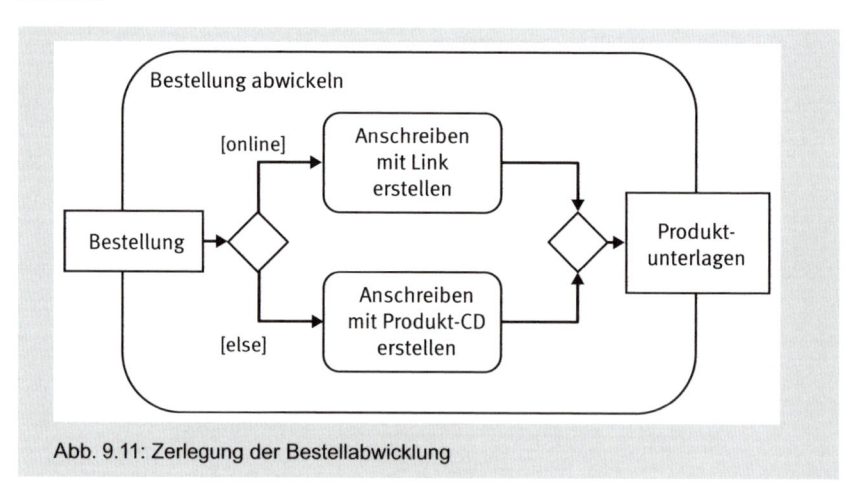

Abbildung 9.11 beinhaltet eine weitere Neuerung, die Objektknoten. Sie werden als Rechtecke ohne abgerundete Ecken dargestellt und geben an, welche Informationen in den Tochterprozess hinein bzw. aus ihm heraus fließen. Bei Aktivitätsdiagrammen, die technischer ausgeprägt sind als die obige Darstel-

lung, wären dies die Ein- und Ausgabeparameter einer Programmfunktion. Objektknoten können auch innerhalb eines Aktivitätsdiagramms genutzt werden. Sie geben dann die Informationsübergabe an wichtigen Positionen innerhalb einer Funktion an.

9.6.1.4 Teilungen (partitions)

Wie schon bemerkt, werden in Aktivitätsdiagrammen zunächst keine Organisationseinheiten (z.B. Aufgabenträger) dargestellt. Der Schwerpunkt der Modellierung wird bewusst auf die Analyse und Dokumentation der zeitlichen Reihenfolge der Aktionen gelegt. Durch Teilungen ist es jedoch möglich, die Diagramme um diese Information zu erweitern. Die Diagramme werden in Zeilen oder Spalten unterteilt, diese Zeilen oder Spalten werden mit einer Organisationseinheit assoziiert, indem ein Symbol in der „zuständigen" Spalte dargestellt wird.

Swimlane-Darstellung zur Abbildung der zuständigen Organisationseinheiten

Die Darstellung in Abbildung 9.12 zeigt die Partitionierung der Bestellabwicklung nach Organisationseinheiten. Für Geschäftsprozesse ist dies eine übliche Teilung, die auch als Swimlane-Darstellung bekannt ist. Auch für IT-Prozesse kann die Partitionierung sinnvoll eingesetzt werden. In diesem Fall wird dokumentiert, welche Programmteile die Funktionen ausführen. Diese Art der Partitionierung wird von Entwicklern oder Softwarearchitekten vorgenommen.

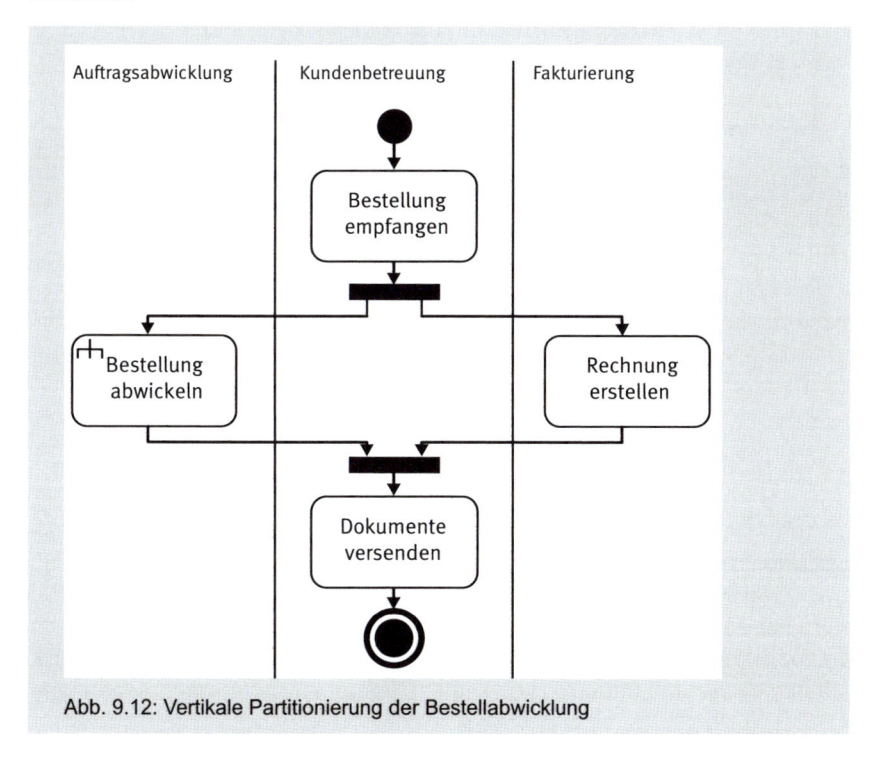

Abb. 9.12: Vertikale Partitionierung der Bestellabwicklung

Hinweis In Abbildung 9.12 wurde „Bestellung abwickeln" als Aktivität dargestellt. In dem Aktivitätssymbol zeigt ein Zerlegungszeichen an, dass für diese Aktivität ein Tochterdiagramm vorliegt. Dieses Tochterdiagramm zeigt Abbildung 9.11.

Die Aktivitätsdiagramme bieten eine ganze Reihe weiterer Elemente. Mit den hier vorgestellten Elementen kann der Entwurf von Geschäftsprozessen dokumentiert werden. Für die technische Dokumentation gibt es u.a. noch Ereignisknoten, Ausnahmebehandlungen, Schleifen und Datenspeicherknoten; sogar Pseudocode kann in Aktivitätsdiagramme integriert werden. Werden diese Elemente genutzt, geht der Systementwurf bereits in den Systembau über.

Bewertung Aktivitätsdiagramm	
Vorteile	**Nachteile**
▪ Basis für gemeinsame Sprache von Fachabteilung, Business Analyst und Entwicklung ▪ Durchgängiges Darstellen von Analyse über Entwurf bis zum Systembau ▪ Grundlage für Pflichtenheft zur externen Ausschreibung geeignet ▪ Ermöglichen (grundsätzlich) automatische Codegenerierung	▪ Für komplexe Prozesse oft unübersichtlich ▪ Verlagern eines Großteils des Aufwands vom Systembau in den Systementwurf, konkrete Teilergebnisse werden recht spät im Projekt erzeugt ▪ Nomenklatur derzeit nur in Englisch standardisiert

Zusammenfassung Aktivitätsdiagramme beschreiben den zeitlichen und logischen Ablauf von Aktionen. Sie dienen der Dokumentation von Geschäftsprozessen und Programmabläufen. Ihre Eignung für den Systementwurf liegt vor allem in der Möglichkeit, sie durch schrittweise zunehmende Detaillierung von der Geschäftsprozessbeschreibung bis zur Programmiervorgabe zu erweitern.

9.6.2 Business Process Modeling Notation (BPMN)

Die BPMN wurde durch STEPHEN WHITE bei IBM entwickelt und von der Business Process Management Initiative (BPMI) veröffentlicht, mit der Zielsetzung, einen weltweit gültigen Dokumentationsstandard zu schaffen. Die BPMI wurde 2005 von der Object Management Group (OMG) übernommen. Durch die Aktivitäten der OMG hat die BPMN schon nach kurzer Zeit ein gutes Stück auf dem Weg zum Standard zurückgelegt. Immer mehr Unternehmen nutzen

Ganzheitlicher Standard

Business Process Modeling Notation (BPMN)

diese Dokumentationsform, weil sie einen relativ gelungenen Kompromiss darstellt zwischen leichter Verständlichkeit für alle Beteiligten an der Prozessgestaltung – von der Ist-Erfassung über die Anforderungsermittlung und Soll-Beschreibung bis zur technischen Umsetzung – und der Fähigkeit, auch die Komplexität abzubilden, die mit Geschäftsprozessen normalerweise verbunden ist. Da dieses Instrumentarium bisher ausschließlich im Umfeld der Entwicklung von IT-Anwendungen genutzt wird und dort auch seine Stärken ausspielen kann, kann hier nur ein kurzer erster Überblick gegeben werden. Eine detaillierte Beschäftigung mit diesem Standard setzt eine gründliche Fortbildung voraus, die hier nicht geleistet werden kann.

Zentrales Dokument der BPMN ist das Business Process Diagram (BPD), eine grafische Prozessbeschreibung, die aus wenigen Symbolen besteht, mit denen Prozesse weitgehend vollständig abgebildet werden können. Im Vordergrund steht der Prozess der Erfüllung von Aufgaben (auch Kontrollfluss genannt). Zusätzlich kann – mit einigen Einschränkungen – auch der Datenfluss modelliert werden. Standardisiert wurden die folgenden vier Gruppen grafischer Elemente der BPMN, für die es jeweils noch eine Vielzahl von „Unterelementen" gibt:

- Fluss-Objekte (Flow objects)
- Verbindungselemente (Connecting objects)
- Weitere Elemente (Artifacts).
- Rollen/Beteiligte (Swimlanes)

Gruppen grafischer Elemente

Diese grafischen Elemente werden in der Abbildung 9.13 dargestellt und kurz beschrieben.

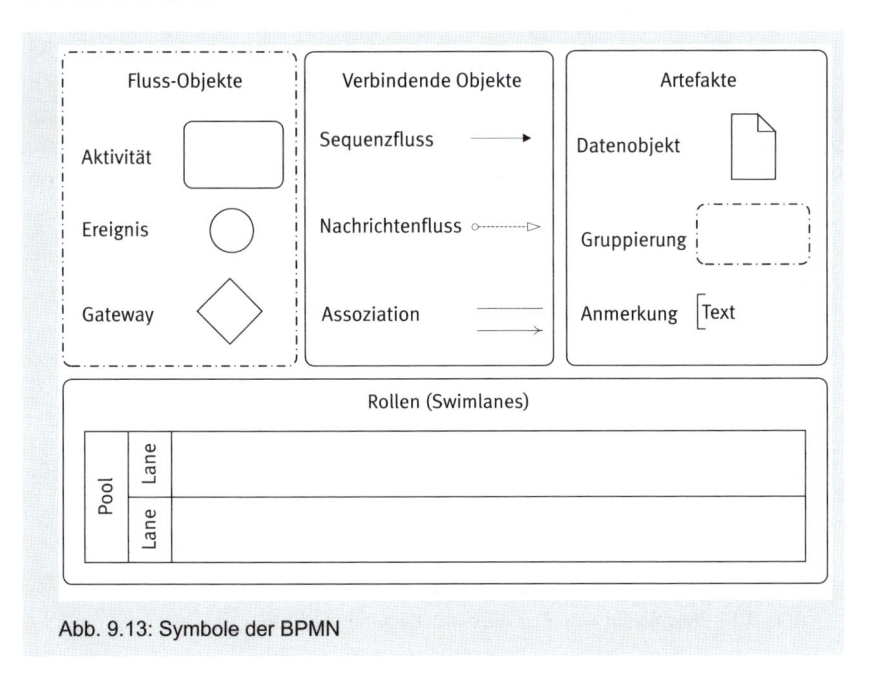

Abb. 9.13: Symbole der BPMN

346 | Techniken des Lösungsentwurfs

Die Darstellung nach der BPMN erlaubt unterschiedliche Detaillierungsgrade. Oft wird mit einer groben Prozessübersicht begonnen, die dann über mehrere Stufen zunehmend detailliert wird.

Zuständigkeiten über Swimlanes abbilden

Sollen die organisatorischen Zuständigkeiten in der Abwicklung eines Prozesses dokumentiert werden, bietet sich die Swimlane-Darstellung an, die oben bereits als vertikales Prozessdiagramm bezeichnet wurde. In der BPMN ist es möglich, diese Darstellung horizontal oder vertikal aufzubauen. Swimlanes sind Prozessbeteiligte z.B. Personen, Stellen, Abteilungen, Unternehmen, Sachmittel, Datenbanken, Programmfunktionen usw., die für bestimmte Teile im Prozess zuständig bzw. am Prozess beteiligt sind. Alle beteiligten Einheiten bilden zusammen einen Pool, so weit wie alle Prozessschritte innerhalb der betrachteten (organisatorischen) Einheit erledigt werden. Werden die Grenzen einer solchen Einheit überschritten, wird dazu bei Bedarf ein eigener Pool gebildet, in dem eigenständige Prozesse ablaufen. Bestehen Beziehungen zwischen zwei Pools, dann wird das durch Informationsbeziehungen (Message Flows) grafisch dargestellt.

BPMN unterstützt die folgenden Funktionen:

- Dokumentation von Geschäftsprozessen
- Prozessdesign
- Technische Dokumentation von Prozessen bis zur Programmierung
- Erstellen von Benutzerhandbüchern.

UML fördert Entwicklung von IT-Systemen, BPMN die Prozessautomatisierung

Die BPMN weist viele Ähnlichkeiten zur UML auf. Deswegen werden beide oft auch als „Konkurrenten" wahrgenommen. Allerdings werden diese beiden Standards von der OMG (Object Management Group) weiterentwickelt und gefördert. Dieses Nebeneinander erklärt sich aus den unterschiedlichen Zielrichtungen. Während die UML eher Instrumente zur Kommunikation von Fachbereich, Business Analysis und Entwicklern und vom Entwurf bis zur Realisierung von IT-Anwendungen dient, bietet die BPMP einen ausdifferenzierten Werkzeugkasten, der seinen eindeutigen Schwerpunkt in der Prozessautomatisierung hat.

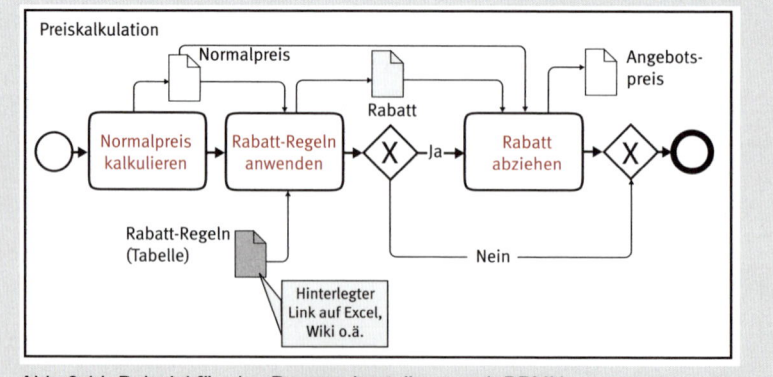

Abb. 9.14: Beispiel für eine Prozessdarstellung nach BPMN

> Die BPMN ist ein zunehmend verbreiteter Standard für alle Aktivitäten vom Entwurf bis zur Gestaltung von IT-unterstützten Prozessen. Ein stark ausdifferenzierter Werkzeugkasten mit standardisiert definierten Symbolen ermöglicht die Kommunikation zwischen Fachbereich, Business Analyst und IT-Experten und unterstützt die Umsetzung zu automatisierten Prozessen.

Zusammenfassung

9.6.3 FMEA – Fehlermöglichkeits- und Einflussanalyse

Die ursprüngliche Bezeichnung für die FMEA lautet Failure Mode and Effects Analysis. Diese Technik stammt aus dem militärischen Bereich der Vereinigten Staaten und hat dann über die Automobilindustrie der USA unter anderem auch den Weg in deutsche Industrienormen gefunden. Zu Beginn wurde sie primär in Produktionsunternehmen eingesetzt. Heute wird sie auch für organisatorische Prozesse und IT-Anwendungen genutzt.

FMEA Schwerpunkt: Entwurfsphase

Die FMEA kann auch als Technik zur Würdigung bestehender Produkte oder Prozesse verwendet werden. Sie hat jedoch ihren Anwendungsschwerpunkt in der Entwurfsphase von Produkten oder Prozessen, weswegen sie in diesem Kapitel behandelt wird.

Mit der FMEA werden mehrere Ziele verfolgt:

- Analyse des Zusammenwirkens von Teil- und Untersystemen in einem übergeordneten System
- Erkennen möglicher Fehler in Produkten und Prozessen oder Leistungen
- Abschätzen des Risikos (Wahrscheinlichkeit) für das Auftreten von Fehlern
- Auffinden von Ursachen für das Auftreten von Fehlern
- Priorisierung von Maßnahmen zur Verminderung des Risikos.

In den folgenden Anwendungsfällen lohnt sich der Einsatz der FMEA:

Einsatzgebiete

- Entwurf neuer Produkte, Prozesse oder Systeme
- Veränderungen an bestehenden Produkten und Prozessen oder Systemen
- Übertragung bestehender Produkte oder Prozesse auf andere Anwendungen (z.B. Nutzung von Modulen).

Es werden drei verschiedene Arten der FMEA unterschieden:

- Konstruktions-FMEA
- Prozess-FMEA
- System-FMEA.

In der Konstruktions-FMEA wird der Entwurf für ein neues Produkt oder eine Leistung vor der eigentlichen Herstellung mit dem Ziel untersucht, welche Fehler auftreten könnten. So sollen bereits in der Entwurfsphase mögliche Fehlfunktionen, Sicherheitsrisiken oder auch unzureichende Kundenzufriedenheit erkannt werden.

Produkte, Prozesse oder Systeme im Fokus

Eine Prozess-FMEA leitet sich bei Produkten aus der Konstruktions-FMEA ab. Generell befasst sich eine Prozess-FMEA mit möglichen Schwachstellen im Fertigungs- oder Leistungsprozess, indem das Zusammenwirken von Funktionen, Menschen, Materialien, Ausrüstung, Arbeitsmethoden etc. untersucht wird, um mögliche Fehlerquellen festzustellen.

Die System-FMEA untersucht das Zusammenwirken von Teil- und Untersystemen in einem übergeordneten Systemverbund beziehungsweise das Zusammenwirken mehrerer Komponenten in einem komplexen System. Das Hauptaugenmerk liegt hier auf den Schnittstellen zwischen den Komponenten und den sich daraus möglicherweise ergebenden Problemen.

Bei der Analyse von Prozessen kann beispielsweise ein System-Use-Case-Diagramm (siehe Abschnitt 8.2.1) oder eine Prozessübersicht (siehe Abschnitt 12.7.2.1) als Grundlage dienen.

Formblatt als Arbeitsanweisung

Die FMEA wird normalerweise durch ein Formblatt unterstützt, das die folgenden Spalten aufweist, womit gleichzeitig auch die zu erledigenden Aufgaben und deren Reihenfolge beschrieben werden:

- Beschreibung des Teilprozesses oder Teilprodukts. Bei Prozessen sollten zuerst die Schritte untersucht werden, die den größten Beitrag zum Wert dieses Prozesses liefern.
- Potenzielle Fehler, die dazu führen, dass das Produkt oder der Prozess nicht die gewünschten Ergebnisse bringt. Zur Ermittlung können beispielsweise das Brainstorming oder Workshops eingesetzt werden.
- Art der Wirkungen potenzieller Fehler auf das Ergebnis.
- Intensität der Wirkung des potenziellen Fehlers (z.B. Rangskala von 1 – 10, 10 steht für den schlimmsten möglichen Einfluss auf den Abnehmer oder Kunden).
- Mögliche Ursachen für das Auftreten des Fehlers.
- Häufigkeit des Auftretens der Fehlerursache (z.B. Skala von 1 – 10, 10 steht für die höchste Wahrscheinlichkeit).
- Welche Maßnahmen zur Fehlervermeidung werden bereits ergriffen?
- Wahrscheinlichkeit, dass die mögliche Fehlerursache entdeckt wird, bevor das Ergebnis weitergegeben wird (Werte etwa aus einer Skala von 1-10, 10 steht für die geringste Wahrscheinlichkeit, die Fehlerursache rechtzeitig zu entdecken.) Die Kriterien für alle drei Merkmale, Intensität, Häufigkeit und Entdeckungswahrschein-

lichkeit sollten allen Beteiligten „vor Augen stehen" – visualisiert werden.

- Risiko-Prioritäten-Zahl (risk priority number) RPN bilden. RPN = Intensität * Häufigkeit * Entdeckungswahrscheinlichkeit. Hohe Werte signalisieren hier großen Handlungsbedarf. Sie können also zur Priorisierung für weitere Maßnahmen herangezogen werden. Als Faustformel kann gelten, dass bei einer RPN ≥ 125 Handlungsbedarf besteht. Bei extrem hohen Werten (9 oder 10) von Intensität, Häufigkeit oder Entdeckungswahrscheinlichkeit sollte auch bei einer Zahl < 25 genauer untersucht werden, ob hier Handlungsbedarf besteht. *(Der Weg zur Risiko-Prioritäten-Zahl (RPN))*

- Maßnahmen vereinbaren, die dazu beitragen können, dass Fehlermöglichkeiten und deren Einflüsse vermindert werden. Bei komplexen Problemstellungen können dazu eigene Projekte eingerichtet werden, in einfacheren Fällen reicht es möglicherweise aus, Einzelverantwortlichkeiten zu vergeben. Vorbeugende Maßnahmen sollen dazu beitragen, dass zukünftig Fehler gar nicht erst entstehen. Falls es nicht möglich oder wirtschaftlich sinnvoll ist, vorbeugende Maßnahmen zu ergreifen, sollten Eventualmaßnahmen vorgesehen werden, auf die zurückgegriffen werden kann, wenn ein unvermeidbarer Fehler aufgetreten ist.

- Nachdem konkrete Maßnahmen vorgeschlagen wurden, wird versucht, die Auswirkungen auf die Entdeckungswahrscheinlichkeit, sowie die Intensität und die Häufigkeit des Auftretens abzuschätzen. Dazu kann erneut eine FMEA durchgeführt werden.

Bewertung FMEA	
Vorteile	Nachteile
- Verhindert Fehler schon im Entstehen – vermeidet hohe Folgekosten von Fehlern - Lenkt den Blick auf die Wirkungen/Ergebnisse - Unterstützt die Priorisierung bei der Fehlervermeidung - Gut geeignet für Teamarbeit, kann mit Kreativitätstechniken kombiniert werden - Unterstützt die Suche von Ursachen, vermeidet Symptombekämpfung	- Zeitaufwändig - Kriterien für die Rangskalen müssen individualisiert werden - Setzt erfahrenen Moderator und geschulte Mitarbeiter voraus - Denken in größeren Zusammenhängen erschwert

Abschließend wird ein vereinfachtes Beispiel für eine FMEA gezeigt (Abbildung 9.15). Dabei geht es um den Vertriebsprozess von Büchern in einem Verlag.

Prozess/Produkt: **Buchversand** Verantwortlich:										Bearbeiter: FMEA Datum:				
Prozessschritt/Input	Potenzielle Fehler	Potenzielle Auswirkungen	Intensität (1-10)	Mögliche Ursachen	Häufigkeit (1-10)	Gegenwärtige Kontrollen	Entdeckung (1-10)	RPN	Empfohlene Maßnahmen	Zuständig	Ergriffene Maßnahmen	Intensität	Häufigkeit	Entdeckung	RPN (neu)
Welcher Prozessschritt/Input wird untersucht?	Was läuft evtl. falsch (Prozess/Input)?	Was für ein Fehler kann aus Kundensicht auftreten?		Woran kann es liegen (Prozess/Input)?		Welche Kontrollen und Verfahren zur Vorbeugung gibt es?			Welche Maßnahmen können Fehler beseitigen/verringern?	Wer setzt um?	Was ist umgesetzt?				
Lieferung zusammenstellen (Bücher/Lieferpapiere)	Fehlerhafte Bestelldaten	Kunde erhält Falschlieferung	7	Falsch übertragene Artikelnummer/Menge	4	Keine	9	252	Kontrolle Auftragsdaten vor Weitergabe	KS	Doppelerfassung Auftragsdaten/Abgleich	7	2	2	28
Auslieferung	Lange Durchlaufzeiten	Lieferung spät beim Kunden	8	Ungünstiger Zeitpunkt Bestelleingang	6	Augenschein	7	336	Häufigere Übergabe an Spediteur	KS	Zwei Auslieferungen pro Tag	3	3	2	18

Abb. 9.15 : FMEA

> FMEA ist ein Instrument zur vorbeugenden Suche von Fehlern und Fehlerursachen und zur Ermittlung des Risikos für das Auftreten eines Fehlers. Es bietet den größten Nutzen in der Entwurfsphase von Produkten oder Prozessen.

Zusammenfassung

9.6.4 SCAMPER

SCAMPER ist ein Kunstwort, das sich aus den ersten Buchstaben einer Liste von Verben zusammensetzt (Akronym). Diese Verben sollen bei der Lösungssuche dazu beitragen, mögliche Lösungsansätze zu erkennen. SCAMPER kann dazu beitragen, gezielter nach Lösungsfeldern zu suchen, an die man ohne eine solche Strukturierungshilfe möglicherweise nicht gedacht hätte. Deswegen kann SCAMPER die Kreativitätstechniken ergänzen.

SCAMPER unterstützt Lösungssuche

SCAMPER steht für:

- **S**ubstitute (ersetzen)
- **C**ombine (kombinieren, verbinden)
- **A**dapt (anpassen)
- **M**odify (verändern)
- **P**ut to other uses (anderweitig verwenden)
- **E**liminate (beseitigen)
- **R**everse/rearrange (anders anordnen).

SCAMPER kann sowohl für die Weiterentwicklung von Produkten wie auch von Prozessen eingesetzt werden. Dazu empfiehlt es sich, Produkte wie auch Prozesse in kleinere Module beziehungsweise Teilprozesse oder Prozessschritte aufzugliedern und für jedes Modul beziehungsweise für jeden Teilprozess gezielt zu untersuchen, ob eine der von SCAMPER angebotenen Lösungsrichtungen im konkreten Fall angewendet werden kann. Formal kann das in einer Matrix geschehen, die als Visualisierungshilfe zum Beispiel in einem Brainstorming eingesetzt werden kann:

	S	C	A	M	P	E	R
Teilprozess 1/Modul 1							
Teilprozess 2/Modul 2							
Teilprozess 3/Modul 3							
etc.							

Abb. 9.16 : SCAMPER – Matrix zur Lösungssuche

In der folgenden Tabelle finden sich einige Erläuterungen zu den Begriffen, welche die Verwendung als Checkliste erleichtern sollen. Der Begriff Elemente steht hier ganz allgemein für Module oder Bauteile eines Produkts, Prozessschritte, Teilaktivitäten etc. abhängig vom jeweiligen Detaillierungsgrad der Betrachtung.

Substitute	Wo finden sich Elemente, die vergleichbare Ergebnisse bringen, die gleiche Wirkung haben? Welche Elemente können durch andere ersetzt werden?
Combine	Welche Elemente können anders gruppiert oder anders zusammengesetzt werden? Kann Funktionalität integriert werden? Lassen sich Module oder Prozessschritte anders gruppieren?
Adapt	Was lässt sich anpassen; können Standards genutzt werden? Können Funktionen verändert werden? Gibt es ähnliche Elemente, die durch eine Anpassung genutzt werden können?
Modify	Welche Elemente lassen sich sinnvoll modifizieren (Veränderung von Form, Farbe, Menge, Größe, Maßstab, Haptik, Akustik, Nutzung von Technik, Automatisierung, Umfang etc.)
Put to other uses	Wie kann das Produkt oder der Prozess anders genutzt werden, neuer Anwendungsbereich? Welche Elemente können in anderen Prozessen oder Produkten genutzt werden? Kann es zweckentfremdet oder anderen Zwecken zugeführt werden? Wo könnte man es sonst noch nutzen?
Eliminate	Welche Elemente könnten eliminiert werden? Welche Wirkung hätte das für das Produkt oder den Prozess? Wie kann das Produkt oder der Prozess vereinfacht werden?
Reverse/ Rearrange	Welchen Effekt hätte es, wenn die Elemente eine andere Reihenfolge durchlaufen? Kann ein Prozess – teilweise – rückwärts durchlaufen werden? Lassen sich Elemente austauschen? Sind entgegengesetzte Nutzungen denkbar?

Bewertung SCAMPER	
Vorteile	Nachteile
■ Strukturiert die Lösungssuche ■ Gibt Hinweise auf Lösungsansätze ■ Einfach zu handhaben ■ Kann zusammen mit Kreativitätstechniken genutzt werden ■ Öffnet den Blick auch für unkonventionelle Lösungsansätze	■ Gefahr, an Symptomen zu kurieren ■ Setzt erfahrenen Moderator voraus ■ Denken in größeren Zusammenhängen erschwert

SCAMPER ist ein Instrument zur gezielten Suche von Lösungen oder Lösungsbestandteilen für Produkte oder Prozesse. Es bietet Lösungsrichtungen an, die in Gruppenarbeiten durch Diskussionen vertieft werden können.

Zusammenfassung

In der folgenden Grafik werden einige Kriterien genannt, die zur Beurteilung der Eignung der hier vorgestellten Techniken herangezogen werden können. Drei Kreuze bedeuten gute Ergebnisse bzw. geringe Anforderungen, ein Kreuz bedeutet eine relativ schlechte Bewertung aus der Sicht dieses Kriteriums.

Anwendungskriterien	Techniken Lösungsentwurf								
	Brainstorming	Methode 635	Morph. Analyse	Synektik	Sechs Hüte	Mind Map	Aktivitätsdiagramm	FMEA	SCAMPER
Anforderungen an Moderator	XX	XXX	XX	X	X	XX	XX	X	XX
Anforderungen an Beteiligte	XXX	XX	XXX	X	X	XX	XX	XX	XX
Geringe emotionale Widerstände	XXX	XX	XX	X	XX	XXX	XXX	XX	XXX
Schnelle Ergebnisse/Zeitaufwand	XXX	XX	XX	X	XX	XXX	X	X	XX
Überwinden Denkblockaden	XX	XX	X	XXX	XXX	X	XX	X	X
Strukturierte Suche	X	X	XXX	XXX	XX	XX	XX	XXX	XX
Für komplexe Probleme geeignet	X	X	XX	XX	XX	XX	X	XXX	X
Vorbeugende Fehlersuche	X	X	XX	X	XX	XX	XXX	XXX	X
Eignung für Teamarbeit	XXX	X	XXX	XXX	XXX	XX	XXX	XX	XX

Abb. 9.17: Anwendungskriterien Techniken Lösungsentwurf

Weiterführende Literatur zu diesem Abschnitt

de Bono, E.: Laterales Denken. Düsseldorf 1992

de Bono, E.: Six Thinking Hats. London/New York u.a. 1999

de Bono, E.: Bewerten Beurteilen Entscheiden. Frankfurt/Wien 2004

Born, M.; E. Holz; O. Kath: Softwareentwicklung mit UML 2. Aufl., München 2004

Buzan, T.: The Ultimate Book of Mind Maps. London 2005

Fowler, M.: UML Distilled: A Brief Guide to the Standard Object Modeling Language. Boston/San Francisco u.a. 2003

Freund, J.; K. Götzer: Vom Geschäftsprozess zum Workflow. Ein Leitfaden für die Praxis. München 2008

George, M.L.; D. Rowland et.al.: The Lean Six Sigma Pocket Toolbook. New York/Chicago u.a. 2005

Knieß, M.: Kreativitätstechniken. Methoden und Übungen. Berlin 2006

Lunau, St. (Hrsg.): Six Sigma + Lean Toolset. 2. Aufl., Berlin/Heidelberg u.a. 2007

Müller, D. H.; Th. Tietjen: FMEA-Praxis. 3. Aufl., München 2003

Pilone, D.; Pitman, N.: UML 2.0 in a Nutshell. Köln 2006

Schlicksupp, H.: Ideenfindung. 6. Aufl. Würzburg 2004

10 Techniken der Bewertung

Ziele dieses Kapitels – Was können Sie erwarten?

- Sie wissen, dass Bewertungen immer subjektive Vorgänge sind
- Sie kennen die Bedeutung einer transparenten Bewertung für die Kommunikation zwischen Entscheidungsvorbereitern und Entscheidern
- Sie kennen die Bedeutung einer Vorprüfung und wissen, welche zentralen Fragen dort gestellt werden sollten
- Sie kennen grundlegende Verfahren zur Berechnung der Wirtschaftlichkeit oder Rentabilität betrieblicher Lösungen und wissen, wie unterschiedliche Zeitpunkte von Ausgaben und Einnahmen berücksichtigt werden
- Sie können eine verbale Bewertung durchführen und kennen deren Grenzen
- Sie können eine Nutzwertanalyse zur Bewertung von Lösungsvarianten erstellen und kennen deren Vorteile für die Kommunikation mit Entscheidern
- Sie kennen die Kosten-/Wirksamkeitsanalyse und wissen, wie die Ergebnisse grafisch aufbereitet werden
- Sie kennen einfache grafische Darstellungstechniken zur Visualisierung von Bewertungsergebnissen.

10.1 Probleme der Bewertung

Techniken der Bewertung dienen dazu, von den erarbeiteten Varianten die am besten geeignete auszuwählen. Dazu werden die in Frage kommenden Varianten den Zielen bzw. Kriterien gegenübergestellt. Die Eignung einer Alternative hängt ab vom Grad der Zielerreichung. Nur in den seltensten Fällen können betriebliche Lösungen ausschließlich quantitativ bewertet werden. Aufwendungen lassen sich weitgehend in Geldeinheiten ausdrücken und damit quantifizieren. Die Ertragsseite ist jedoch selten ausschließlich in Geld- oder Mengeneinheiten zu erfassen, neben quantifizierbaren Kriterien gibt es fast immer auch qualitative Beurteilungsmaßstäbe. Deswegen müssen meistens Hilfsrechnungen verwendet werden, in denen qualitative Nutzenschätzungen in „quantifizierte" Werte überführt werden. Ein weiteres Problem ist die Subjektivität jeder Bewertung, die mit quantitativen (z.B. Erwartung zukünftiger Kosten) wie mit qualitativen (z.B. gute Kundenbindung) Zielen fast immer verbunden ist. Jedes Bewertungsverfahren baut im Kern auf subjektiven Größen auf.

Bewertung ein subjektiver Vorgang

Stakeholder einbeziehen

Subjektive Einflüsse gibt es schon vor der eigentlichen Bewertung. Auch die Zielfindung (was wird als Ziel anerkannt?) und die Zielgewichtung sind nicht objektivierbar. Einseitige, subjektive Verzerrungen können begrenzt werden, indem der Zielfindungs- und Bewertungsvorgang von mehreren Mitarbeitern oder von einer Gruppe übernommen wird. Wesentlich ist dabei allerdings, dass nicht alle Bewerter die „gleiche Brille aufhaben", d.h. die gleiche Urteilsposition einnehmen, andernfalls wird die „Subjektivität" u.U. noch erhöht. Alle wichtigen Stakeholder sollten in die Bewertung eingebunden werden.

Beispiel

Es hat keinen Sinn, mehrere Verkäufer hinsichtlich der Vertriebsorganisation zu befragen. Eine Objektivierung ist zu erwarten, wenn auch der Vertriebsleiter, Kunden, Mitarbeiter des Innenbereichs etc. bei der Beurteilung mit herangezogen werden.

Transparenz oberstes Gebot

Es sollen aber nicht nur einseitige, subjektive Verzerrungen vermieden werden. Da betriebliche oder organisatorische Konzepte in aller Regel von Entscheidern verabschiedet werden, die an der Entscheidungsvorbereitung nicht mitgewirkt haben, ist die Transparenz der Bewertung oberstes Gebot. Transparenz bedeutet, dass der Entscheider den Bewertungsprozess nachvollziehen kann, dass ihm sämtliche Gesichtspunkte offen gelegt werden, die zu der Entscheidung geführt haben. Diese Forderung wird von verbalen Berichten, Gutachten etc. nicht oder nur bedingt erfüllt.

Nach der Schilderung der so genannten Vorprüfung werden einfache Wirtschaftlichkeitsrechnungen zur Bewertung vorgestellt. Dann folgen Verfahren, in denen auch der nicht-monetäre Nutzen berücksichtigt wird.

Zusammenfassung

In Bewertungen fließen quantitative und qualitative Kriterien ein. Obwohl Bewertungen immer subjektiv sind, sollten einseitige subjektive Verzerrungen durch die Beteiligung wichtiger Stakeholder begrenzt werden. Als Mindestanforderung an seriöse Bewertungen gilt, dass sie transparent und damit nachvollziehbar sein sollen.

10.2 Vorprüfung

Bevor Varianten in einer systematischen Bewertung einander gegenübergestellt werden, ist es zweckmäßig, sie einer Vorprüfung zu unterziehen. Damit werden zwei Ziele verfolgt:

- Es soll verhindert werden, dass nicht-funktionstüchtige Varianten in die Bewertungsphase gelangen
- Mangelhafte oder verbesserungsfähige Varianten sollen eine Chance zur Verbesserung erhalten.

In der folgenden Liste werden Prüffragen vorgestellt, die typischerweise in einer Vorprüfung zu beachten sind.

> **Prüffragen in einer Vorprüfung**
>
> - Ist die Lösung mit anderen Varianten vergleichbar?
>   (z.B. gleicher Konkretisierungsgrad)
> - Formale Aspekte: Sind die Restriktionen eingehalten?
> - Abläufe (nach innen gerichtete Betrachtung): Sind die Abläufe aus der Sicht der Benutzer, der Lieferanten (Material, Information, Energie etc.) und des Bedienungspersonals zu Ende gedacht?
> - Sind Normalfälle und Sonderfälle geregelt?
> - Integration (nach außen gerichtete Betrachtung): Ist die Integrationsfähigkeit sichergestellt? Was benötigt das System aus anderen Systemen und aus der Umwelt? Was liefert es? Werden die benötigten Eingänge bereitgestellt? Können die Ausgaben des Systems von der Umwelt verarbeitet werden?
> - Sicherheit, Zuverlässigkeit: Welche Möglichkeiten und Wahrscheinlichkeiten des Ausfalls von Komponenten bestehen? Welche Folgen könnten sich ergeben? Ist eine Ausfallorganisation nötig und geregelt?
> - Gibt es Regelungen für die laufende Erhaltung?
> - Voraussetzungen: Sind die Bedingungen für das Funktionieren der Lösung erfüllt?
> - Konsequenzen: Ergeben sich negative Konsequenzen bei der Wahl dieser Lösung? Wie kann negativen Konsequenzen vorgebeugt werden?

Beispiele für Prüffragen

Bevor Lösungsansätze systematisch bewertet werden, sollten sie einer Vorprüfung unterzogen werden.

Zusammenfassung

10.3 Wirtschaftlichkeitsrechnungen

10.3.1 Kostenvergleiche

Wenn den Varianten eindeutig Kosten zugerechnet werden können, lassen sich diese Varianten unmittelbar vergleichen. In den folgenden Beispielen werden die durchschnittlichen Gesamtkosten oder die Stückkosten der alternativen Lösung(en) einander gegenübergestellt.

Techniken der Bewertung

Beispiel	Lösung A	Lösung B
Personalkosten	1000	1200
Abschreibungen auf Sachmittel	200	50
Verbrauchsgüter	50	100
Gesamtkosten	1250	1350

Abb. 10.01: Kostenvergleich

Stückkosten bei unterschiedlichen Mengen

Wird unterstellt, dass beide Lösungen die gleichen mengenmäßigen Leistungen erbringen, erübrigt sich die Ermittlung von Stückkosten. Ansonsten sind die Stückkosten bei optimaler Auslastung zu ermitteln. Wird unterstellt, dass im obigen Beispiel mit der Lösung A 1000 Mengeneinheiten (ME) (etwa Drucksachen) erstellt werden können, mit der Lösung B aber 1500, so erweist sich das Verfahren B als günstiger, da die Stückkosten hier nur 0,90 gegenüber 1,25 bei der Lösung A betragen. Liegt die voraussichtliche Auslastung – die benötigte Menge – unter 1000 ME, bleibt A die günstigere Lösung.

Meistens sind nicht alle Kostengrößen konstant. Viele verändern sich in irgendeiner Form mit der Ausbringung. Es liegen also fixe und variable Kostenbestandteile vor. Fixe Kosten entstehen beispielsweise für Gehälter, Abschreibungen (AfA), Zinsen etc. Ausbringungsabhängig und damit variabel sind etwa Stücklöhne, Portokosten bei Aussendungen, Materialeinsatz, leistungsabhängige Abschreibungen, Stücklizenzen etc.

Fixe und variable Kosten

Sollen die Kosten alternativer Lösungen verglichen werden, spielt die Erwartung über die zukünftige Auslastung immer dann die erwähnte Rolle, wenn mit den Alternativen unterschiedliche Leistungsmengen hervorgebracht werden können und wenn das Verhältnis von fixen und variablen Kosten bei beiden Alternativen unterschiedlich ist. Grafisch kann diese Situation folgendermaßen abgebildet werden:

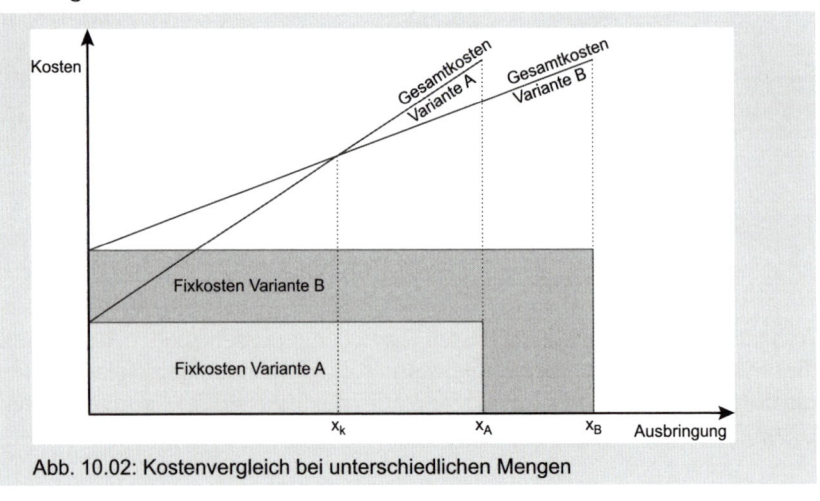

Abb. 10.02: Kostenvergleich bei unterschiedlichen Mengen

Bis zur Menge X_K (Kritische Menge) ist die Variante A kostengünstiger. Im Bereich von X_K bis X_A ist die Variante B kostengünstiger. Im Bereich X_A bis X_B kommt überhaupt nur die Alternative B in Frage, da die maximale Ausbringung der Variante A X_A Einheiten beträgt.

Die Kostenvergleichsrechnungen weisen einen erheblichen Mangel auf. Die Vergleiche berücksichtigen nicht, dass die Alternativen unter Umständen – über die Mengenunterschiede hinausgehend – mit unterschiedlichen Leistungen verbunden sind. Diese Unterschiede können in der Flexibilität, Schnelligkeit, Fehlerfreiheit, Sicherheit, Genauigkeit usw. liegen. Wenn das der Fall ist, müssen zusätzlich sonstige Vor- und Nachteile der Alternativen mit in die Überlegungen einbezogen werden. Dazu sind Nutzwertanalysen und Kosten-/Wirksamkeitsanalysen geeignet, die unten vorgestellt werden.

Kostenvergleiche sind rechnerische Gegenüberstellungen der Gesamt- oder Stückkosten mehrerer zur Auswahl stehender Lösungen.	Zusammenfassung

10.3.2 Gewinn- und Rentabilitätsvergleiche

Da die Lösungsmöglichkeiten unter Umständen unterschiedliche Leistungen (Erlöse) erbringen, sind Kostenvergleichsrechnungen häufig nicht ausreichend aussagekräftig. Sie können sogar zu Fehlschlüssen verleiten. Diesen Mangel beheben Gewinnvergleichs- oder Rentabilitätsberechnungen. Voraussetzungen für diese Rechnungen sind isolierbare, d.h. den einzelnen Varianten zurechenbare Leistungen und ihre Bewertung in Geldeinheiten (Erlöse). Diese Bedingungen liegen bei organisatorischen Lösungen recht selten vor. Es sind jedoch Anwendungsfälle denkbar, in denen einem Projekt nicht nur Kosten sondern auch Erlöse zugerechnet werden können. Ein Beispiel ist der Einsatz von Geldausgabeautomaten. Neben den Kosten können Erlöse je Auszahlung angesetzt werden. Auch in diesen Fällen bereitet jedoch die Bewertung qualitativer Sachverhalte, wie etwa weniger Wartezeiten für Kunden, geringeres Überfallrisiko usw., Probleme.

Neben den Kosten auch Erlöse berücksichtigen

Beispiel

	Variante A		Variante B	
	Ertrag/Leistung	Kosten	Ertrag/Leistung	Kosten
Umsatzerlöse	5000		6000	
Personalkosten		1000		2000
Abschreibungen		500		800
Zinsen		50		80
Material		1500		800
Gewinn	1950		2320	

Abb. 10.03: Gewinnvergleich

Bei unterschiedlichen Leistungsmengen der Alternativen muss die Berechnung auf die erwartete Ausbringung bezogen werden.

In Rentabilitätsvergleichsrechnungen wird die Verzinsung des für die Varianten notwendigen Kapitaleinsatzes verglichen. Auch organisatorische Maßnahmen sind letztlich unter dem Gesichtspunkt zu beurteilen, ob sie sich positiv auf die Verzinsung des eingesetzten Kapitals auswirken. Insofern ist dieser Ansatz sinnvoll. Es ergibt sich aber wiederum das Problem, dass organisatorischen Lösungen nur selten Gewinne direkt zugerechnet werden können.

Beispiel

	Variante A	Variante B
Jahresgewinn	1.000	800
Kapitaleinsatz	10.000	7.000
Rentabilität (Gewinn/Kapital * 100)	10%	11,4%

Abb. 10.04: Rentabilitätsvergleich

Barwertmethode berücksichtigt Fristen von Fälligkeiten

Eine ganze Reihe weiterer Rechenverfahren, die im Rahmen der Investitionsrechnungen entwickelt wurden, kann zur Beurteilung betrieblicher Lösungen herangezogen werden. Ein wichtiges Verfahren ist die Barwertmethode. Sie berücksichtigt die unterschiedlichen Zeitpunkte, zu denen Ausgaben und Einnahmen anfallen. Je früher eine Ausgabe fällig ist, desto „teurer" ist sie, da die benötigten Mittel gebunden sind und nicht anderweitig rentabel eingesetzt werden können – je später eine Ausgabe fällig wird, desto geringer ist ihr Wert zu einem früheren Zeitpunkt anzusetzen – die Mittel können in der Zwischenzeit gewinnbringend anderweitig verwendet werden. Umgekehrtes gilt für Einnahmen. Je eher sie eingehen, desto früher können sie wieder Gewinn bringend eingesetzt werden. Die unterschiedlichen Zeitpunkte der Fälligkeit von Einnahmen und Ausgaben können durch eine Abzinsung (Diskontierung) berücksichtigt werden. Dazu wird ein bestimmter – alternativ erreichbarer Zinssatz – festgelegt, um den zukünftige Werte vermindert werden. Das rechentechnische Instrumentarium lohnt sich in aller Regel bei Investitionsvorhaben, bei denen sich die zeitliche Folge der Ausgaben und Einnahmen deutlich unterscheiden.

Problematisch an diesen Investitionsrechnungen ist die Tatsache, dass die Rechengrößen meistens mit großen Unsicherheiten verbunden sind, die mit zunehmender zeitlicher Entfernung immer größer werden.

Barwerte berücksichtigen zeitliche Verteilung

Das folgende Beispiel zeigt zwei Varianten, die sich hinsichtlich des zeitlichen Verlaufs von Ausgaben und Einnahmen deutlich unterscheiden und damit zu sehr unterschiedlichen so genannten Barwerten kommen, obwohl die Einnahmen und die Ausgaben gleich hoch sind, wenn die zeitliche Verteilung nicht berücksichtigt wird. Dieses Verfahren wird auch als die Barwertmethode bezeichnet. Im Beispiel „gewinnt" die Variante A insbesondere deswegen, weil wesentliche Ausgabenanteile erst in späteren Jahren fällig werden (Zeitpunkt + x bedeutet + x Jahre).

Varianten	A				B			
	Brutto	Diskontiert	Brutto	Diskontiert	Brutto	Diskontiert	Brutto	Diskontiert
Ausgaben Zeitpunkt 0	10.000	10.000			20.000	20.000		
Ausgaben Zeitpunkt +1	4.000	3.760			1.500	1.410		
Ausgaben Zeitpunkt +2	4.000	3.534			1.500	1.325		
Ausgaben Zeitpunkt +3	4.000	3.322			1.500	1.246		
Ausgaben Zeitpunkt +4	4.000	3.123			1.500	1.171		
Einnahmen Zeitpunkt 0			5.000	5.000			3.000	3.000
Einnahmen Zeitpunkt +1			8.000	7.520			5.000	4.700
Einnahmen Zeitpunkt +2			15.000	13.254			10.000	8.836
Einnahmen Zeitpunkt +3			15.000	12.459			15.000	12.459
Einnahmen Zeitpunkt +4			15.000	11.711			17.000	13.273
Einnahmen Zeitpunkt +5			5.000	3.670			13.000	9.541
	26.000	23.740	63.000	53.614	26.000	25.152	63.000	51.808

Zinssatz 6%
Zeitpunkt + = Jahr

	A		B	
Einn. - Ausg. brutto =	37.000		37.000	
Barwert =	29.874		26.656	

Abb. 10.05: Gewinnvergleich unter Berücksichtigung der Diskontierung (Barwertmethode)

Zusammenfassung

In Gewinn- und Rentabilitätsvergleichsrechnungen werden zusätzlich zu den Kosten betrieblicher Lösungen auch deren Leistungen berücksichtigt. Ihre Einsatzmöglichkeiten sind begrenzt, da die Leistungen vieler betrieblicher Lösungen nur selten in Geldeinheiten quantifiziert werden können. Für große Investitionsprojekte kann die Barwertmethode genutzt werden, bei der die unterschiedliche zeitliche Verteilung von Einnahmen und Ausgaben durch Abzinsung auf einen gemeinsamen Zeitpunkt berücksichtigt wird.

Anhand des Beispiels einer Reorganisation des Vertriebs einer Bank sollen nun verschiedene Bewertungstechniken vorgestellt werden. Dabei wird auf den im Kapitel 5.4 erarbeiteten Zielen aufgebaut. Mit diesem Beispiel soll der Aufbau der Techniken verdeutlicht und deren Vergleich erleichtert werden.

Techniken der Bewertung

Folgende Varianten zur Reorganisation des Vertriebs wurden untersucht:

Lösungs-
varianten als
Beispiel

Varianten	
Variante 1	Spezialisten sind für bestimmte, abzugrenzende Kundengruppen zuständig wie z.B. kleine und mittlere Unternehmen, vermögende Privatkunden, Schüler und Studenten
Variante 2	Spezialisten sind für bestimmte Produkte und Kundengruppen zuständig wie z. B. Kredite, Auslandsgeschäft, Zahlungsverkehr für gewerbliche Kunden
Variante 3	Spezialisten sind für bestimmte Produkte für alle Kunden gleichermaßen zuständig wie z.B. Kreditspezialisten für alle Kunden in einer Region
Variante 4	Regionale Einteilung, jeder Mitarbeiter im Vertrieb bearbeitet alle Produkte der Kunden seiner Region

10.4 Verbale Bewertung

In der verbalen Bewertung werden den Varianten Vor- und Nachteile zugeordnet.

	Varianten Spezialisierung nach			
	Kundengruppen	Kunden und Produkten	Produkten	Region (alle Kunden, alle Produkte)
Vorteile	■ Gute Kenntnis der Kunden ■ Kundenbindung ■ Eindeutige Ansprechpartner ■ Wenig Wartezeiten ■ Transparente Lösung ■ Anspruchsvolle Aufgaben	■ Qualifizierte Berater	■ Gute Produktkenntnis	■ Kurze Wege für Kunden ■ Gute Kundenkenntnis

	Varianten Spezialisierung nach			
	Kundengruppen	Kunden und Produkten	Produkten	Region (alle Kunden, alle Produkte)
Nachteile	■ Lange Wege für Kunden	■ Hohe Personalkosten ■ Ungleichmäßige Auslastung ■ Lange Wege für den Kunden ■ Hohe Investitionskosten ■ Keine Chancengleichheit der Mitarbeiter	■ Geringe Kundenkenntnis ■ Lange Wege für den Kunden ■ Hohe Investitionskosten ■ Keine Chancengleichheit der Mitarbeiter ■ Ungleichmäßige Auslastung	■ Schlechte Produktkenntnis ■ Lange Wartezeiten ■ Wenig transparente Lösung ■ Überforderung der Mitarbeiter ■ Ungleichmäßiger Arbeitsanfall

Abb. 10.06: Beispiel für eine verbale Bewertung

Bei diesem Bewertungsverfahren kann der Entscheider sehr leicht manipuliert werden, indem der favorisierten Variante viele Vorteilsargumente und wenige Nachteilsargumente zugeordnet werden. Das ist insofern einfach, als Vor- und Nachteile nahezu beliebig aufgegliedert bzw. verdichtet werden können (z.B. kundenfreundliche Lösung einerseits oder eindeutige Ansprechpartner, kurze Wege, gute Kundenkenntnis, leichte Erreichbarkeit, gute Parkmöglichkeiten usw. andererseits). Das Verfahren macht eine Manipulation auch deswegen so leicht, weil aus der Darstellung nicht ersichtlich wird, welches Gewicht ein Vorteils- oder Nachteilsargument hat. Die verbale Bewertung verletzt somit die Grundregel der Transparenz und Nachvollziehbarkeit von Bewertungen.

Einfach, aber wenig transparent

Verbale Bewertung	
Vorteile	**Nachteile**
■ Einfach zu erstellen ■ Leicht lesbar, keine weiteren Vorkenntnisse notwendig.	■ Es werden nicht an alle Varianten die gleichen Maßstäbe angelegt (das Verfahren zwingt zumindest nicht dazu) ■ Eine Gewichtung der Ziele wird nicht berücksichtigt ■ Der Leser neigt dazu, aus der Zahl der Argumente möglicherweise irreführende Schlüsse zu ziehen.

10.5 Nutzwertanalyse

Kennzahl für den Nutzen

In der Nutzwertanalyse wird ein vergleichbares Beurteilungsmaß – ein Punktwert – für alle bewerteten Varianten ermittelt. Dieser Punktwert ist eine kompakte Kennzahl für die Vorteilhaftigkeit – den Nutzen – einer Variante im Vergleich zu allen anderen Varianten.

Eine Nutzwertanalyse läuft in sechs Stufen ab (siehe Abbildung 10.07):

1. Ermittlung der Ziele
2. Gewichtung der Ziele
3. Vergabe von Punkten für die Varianten
4. Multiplikation von Gewichten mit zugehörigen Punkten
5. Ermittlung der gewichteten Punkttotale
6. Sensitivitätsanalyse.

Voraussetzung der Nutzwertanalyse sind gewichtete Zielkataloge. Die Sammlung, Ordnung und Gewichtung von Zielen wurde bereits im Kapitel 5.4 behandelt. Die Ziele aus dem dort verwendeten Beispiel werden hier genutzt.

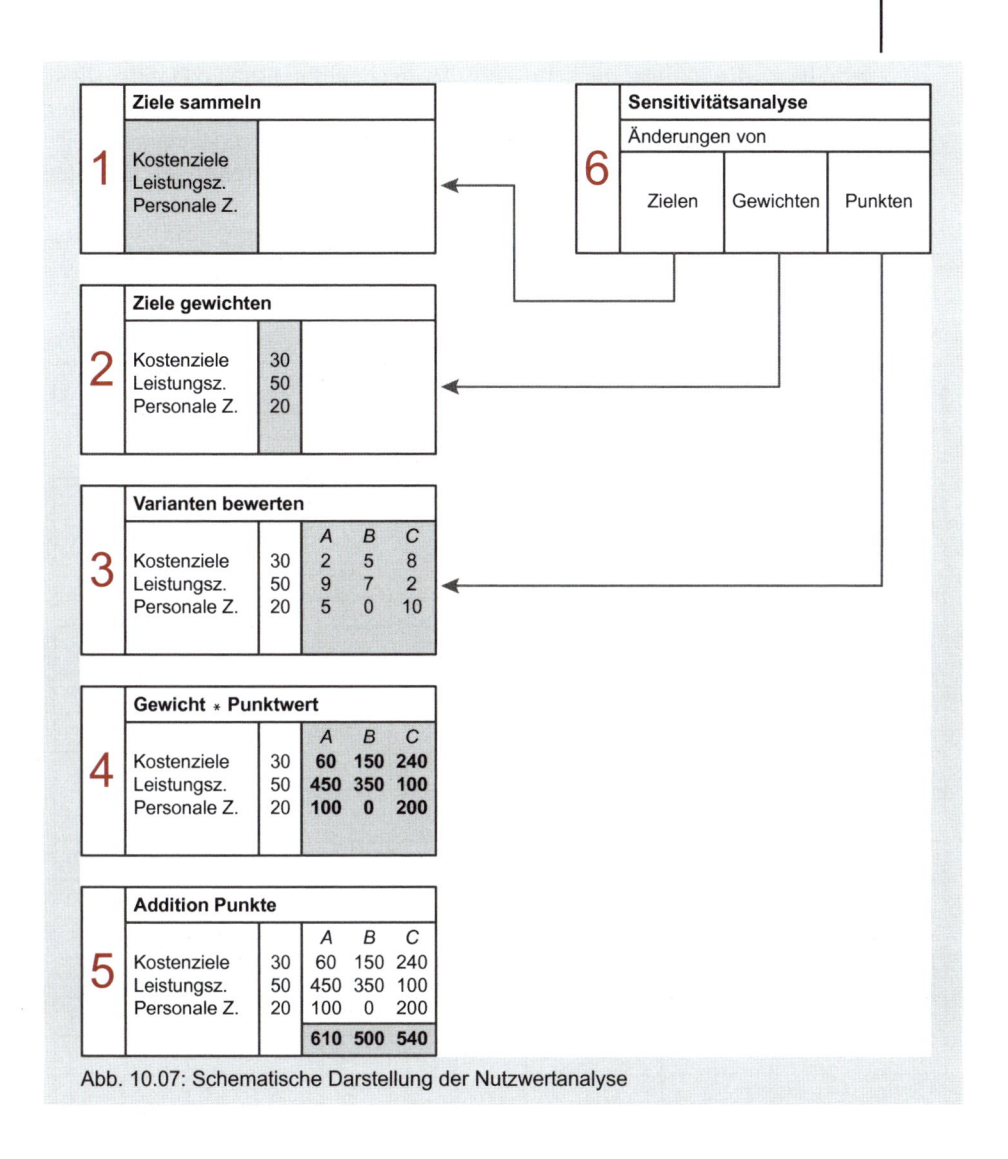

Nutzwertanalyse | 365

Abb. 10.07: Schematische Darstellung der Nutzwertanalyse

Schritt 1 – Ziele sammeln: Kostenziele, Leistungsz., Personale Z.

Schritt 2 – Ziele gewichten: Kostenziele 30, Leistungsz. 50, Personale Z. 20.

Schritt 3 – Varianten bewerten:

	Gewicht	A	B	C
Kostenziele	30	2	5	8
Leistungsz.	50	9	7	2
Personale Z.	20	5	0	10

Schritt 4 – Gewicht * Punktwert:

	Gewicht	A	B	C
Kostenziele	30	60	150	240
Leistungsz.	50	450	350	100
Personale Z.	20	100	0	200

Schritt 5 – Addition Punkte:

	Gewicht	A	B	C
Kostenziele	30	60	150	240
Leistungsz.	50	450	350	100
Personale Z.	20	100	0	200
		610	**500**	**540**

Schritt 6 – Sensitivitätsanalyse: Änderungen von Zielen, Gewichten, Punkten.

Vergabe von Punkten

Als erster Schritt sind für die betrachteten Varianten Punkte zu vergeben. Die Anzahl der Punkte hängt ab vom Grad der Zielerreichung durch die Varianten. Die Ziele werden den Lösungsmöglichkeiten gegenüber gestellt. Dazu bedient man sich zweckmäßigerweise einer Matrix (siehe Abb. 10.08). In der Kopfzeile werden die Varianten grob beschrieben. Im oberen Bereich wird geprüft, ob die Varianten die Restriktionen (Muss-Ziele) einhalten. Bei quantifizierbaren Restriktionen sollte nicht nur JA oder NEIN vermerkt sondern der effektive Wert angegeben werden. Für die übrigen Ziele werden maximal 10, minimal 0 Punkte vergeben. Normalerweise erhält die Variante, die das Ziel sehr gut

Nutzwertanalyse als Matrix

erfüllt, 10, die Lösung, die sehr schlecht abschneidet, erhält 0 Punkte. Diese Extremwerte müssen aber nicht immer vergeben werden, wenn keine Variante extrem gut oder schlecht ist. Es können auch alle untersuchten Varianten gleich benotet (bepunktet) werden, wenn sie sich bei dem betreffenden Kriterium nicht unterscheiden.

Die Zielgewichte wurden aus dem Beispiel in Kapitel 5.4.2.5 übernommen. Sie werden den Zielen zugeordnet und ebenfalls in die Matrix eingetragen.

Lösungsvarianten Muss-Ziele		A Kunden- gruppen		B Kunden + Produkt		C Produkte		D Region	
Kein zusätzliches Personal Budgeteinhaltung (2.500.000) Kein Outsourcing Vertrieb		Nein 1.800.000 Nein		Nein 900.000 Nein		Nein 900.000 Nein		Nein 2.300.000 Nein	
Kann-Ziele	Gewicht	Punkte	Produkt	Punkte	Produkt	Punkte	Produkt	Punkte	Produkt
Wirtschaftlichkeit									
- Investition für Personal	5	5	25	10	50	10	50	0	0
- Investition für Bau/Einrichtung	5	3	15	3	15	3	15	8	40
- Niedrige lfd. Personalkosten	20	4	80	0	0	10	200	6	120
Leistungsziele									
- Gute Produktkenntnisse	15	2	30	10	150	10	150	0	0
- Gute Kundenkenntnis	20	10	200	10	200	3	60	6	120
- Eindeutige Ansprechpartner	5	10	50	6	30	3	15	3	15
- Kurze Wege für Kunden	3	3	9	3	9	3	9	10	30
- Kurze Wartezeit für Kunden	3	6	18	10	30	8	24	3	9
- Schnelle Abwicklung	2	6	12	10	20	6	12	5	10
- Transparente Lösung	2	10	20	5	10	4	8	2	4
Anwenderziele									
- Anspruchsvolle Aufgaben	10	10	100	8	80	6	60	3	30
- Chancengleichheit MA	5	3	15	3	15	3	15	10	50
- Gleichmäßiger Arbeitsanfall	5	5	25	5	25	5	25	2	10
Summe	100		599		634		643		438
Zielerreichungsgrad			60%		63%		64%		44%
Mögliche nachteilige Wirkungen									

Abb. 10.08: Beispiel für eine Nutzwertanalyse

Multiplikation und Ermittlung der gewichteten Punkttotale

Die vergebenen Punkte müssen dann mit den Gewichten multipliziert werden. Die Summe der gewichteten Punkttotale wird durch die spaltenweise Addition der Produkte errechnet. Das Bewertungsbeispiel ergibt somit die Rangfolge:

Variante	Punkte
Produkte	643
Kunden + Produkt	634
Kundengruppen	599
Region	438

Nutzwertanalysen werden etwa in Präsentationen oder in Berichten üblicherweise in die Anlage „verbannt". In einer Präsentation oder in einem Bericht werden lediglich die Ergebnisse der Bewertung und die wichtigsten Gründe für „Sieg oder Niederlage" erläutert, um die Entscheider nicht mit zu vielen Zahlen zu überfordern. Bei Bedarf sollte man aber immer in der Lage sein, den Entscheidern eine vollständige Nutzwertanalyse zur Einsicht vorzulegen.

Sensitivitätsanalyse

Unter einer Sensitivitätsanalyse versteht man das Variieren von Zielen, Gewichten und Punktwerten, um die Auswirkungen dieser Veränderungen auf die Rangfolge der Varianten zu überprüfen. Wird beispielsweise ein Gewicht auf- und ein anderes abgewertet, so errechnet man die Auswirkung auf das Gesamtergebnis. Diese Sensitivitätsanalyse kann verschiedenen Zielen dienen, wie z.B. *Unterschiedliche Annahmen simulieren*

- dem Beweis, dass selbst bei veränderten Annahmen eine favorisierte Lösung standhält
- der Demonstration, wie sich die Reihenfolge ändert, wenn bestimmte Teilbewertungen (Annahmen, Prämissen) geändert werden
- dem Versuch, zu dem Ergebnis zu kommen, das man intuitiv haben möchte. Dieses Vorgehen kann durchaus legitim sein, wird dem „Manipulierer" doch auf jeden Fall deutlich, wo Abstriche gemacht werden und welche Ziele besonders hoch gewichtet werden müssen, um das gewünschte Ergebnis zu erhalten.

In einer Nutzwertanalyse werden an alle Varianten die gleichen, gewichteten Ziele angelegt. Für die Zielerreichung werden 0 bis maximal 10 Punkte vergeben. Aus der Multiplikation der Gewichte mit den Punkten und der anschließenden Addition dieser Produkte ergibt sich der Nutzwert. Mit einer Sensitivitätsanalyse kann ermittelt werden, wie stabil oder empfindlich ein Bewertungsergebnis auf veränderte Annahmen (Ziele, Gewichte, Punkte) reagiert. *Zusammenfassung*

Abschließend soll die Nutzwertanalyse selbst – verbal – bewertet werden.

Nutzwertanalyse	
Vorteile	Nachteile
■ Besser vergleichbare Bewertung, weil an alle Varianten die gleichen, gleich gewichteten Kriterien angelegt werden ■ Fördert die Transparenz, ermöglicht damit dem Entscheider, den Bewertungsvorgang nachzuvollziehen ■ Ermöglicht Sensitivitätsanalysen, so dass die Auswirkungen abweichender Annahmen durchgerechnet werden können ■ Fördert die Objektivität, wenn viele unterschiedliche Stakeholder an der Bewertung beteiligt werden.	■ Punktwerte können eine scheinbare Korrektheit oder Objektivität vortäuschen. Objektivität und Richtigkeit kann es bei Bewertungsvorgängen nie geben. Bewertungen sind immer subjektiv ■ Für die nicht in Geldeinheiten quantifizierbaren Größen ist die Nutzwertanalyse sehr sinnvoll. Nachteilig ist jedoch, dass finanzielle Größen in Punktwerte umgeformt und damit verfremdet werden.

Der zuletzt genannte Nachteil, die Umwandlung von Geldbeträgen in Punktwerte und die damit verbundene Verfremdung, kann durch die so genannte Kosten-/Wirksamkeitsanalyse behoben werden, die anschließend vorgestellt wird.

Eine Verfeinerung und Vertiefung der Nutzwertanalyse ist die Technik Analytic Hierarchy Process. Die Grundstruktur entspricht dem oben dargestellten Ansatz. Zur Gewichtung werden die hierarchisch gegliederten Ziele (Kriterien) jeweils paarweise miteinander verglichen, ähnlich wie das bei der Präferenzmatrix der Fall ist. Im Unterschied zur Präferenzmatrix werden jedoch die Ziele (Kriterien) auf allen hierarchischen Ebenen miteinander verglichen. Außerdem gibt es nicht nur die Wahlmöglichkeit zwischen 0 (verloren) und 1 (gewonnen). Vielmehr sind graduelle Abstufungen beim Vergleich der Ziele beispielsweise von 0 bis 9 möglich. Dieses von THOMAS SAATY entwickelte Verfahren ermöglicht darüber hinaus die Berechnung von Kennzahlen, die darüber Aufschluss geben, ob die einzelnen Bewertungen in sich konsistent sind. Wegen des relativ hohen mathematischen Aufwands ist dieser Ansatz bisher wenig verbreitet.

10.6 Kosten-/Wirksamkeitsanalyse (= Kosten-/Nutzenanalyse)

In der Nutzwertanalyse werden sowohl monetäre wie auch nicht-monetäre Größen zu einem Punktwert verdichtet. Das widerspricht insofern dem normalen wirtschaftlichen Denken, da Entscheider fast immer die Kosten der Lösungsvarianten kennen wollen. In der Kosten-/Wirksamkeitsanalyse[1] werden deswegen zwei Werte je Variante ermittelt

Kosten der Varianten transparent machen

- Kosten je Periode (z.B. Jahr)
- Nutzen (gemäß Nutzwertanalyse).

Damit wird – zumindest formal und vorläufig – auch das Problem umgangen, die Kostengrößen und die übrigen Größen gegeneinander zu gewichten.

Anhand des gewählten Beispiels soll die Kosten-/Wirksamkeitsanalyse demonstriert werden. Dazu wurden für jede Variante die relevanten Kosten ermittelt. Hier wird beispielhaft von drei Kostenkategorien ausgegangen. Außerdem werden die in der Nutzwertanalyse ermittelten Punktwerte um die Beträge vermindert, die aufgrund der Kostenziele erreicht wurden. So hat die Variante „Produkte" in der Nutzwertanalyse insgesamt 643 Punkte erreicht, davon allein 200 wegen der relativ niedrigen laufenden Kosten für Personal und 65 für die Investitionskosten. Es verbleiben also 378 Punkte für die nicht-monetären Ziele. Nach diesem Muster wurden auch die übrigen Punktwerte korrigiert. Bei den Kosten und Punktwerten ergeben sich die nachfolgenden Werte. Dabei ist zu beachten, dass bei den Investitionskosten lediglich die jährlichen Abschreibungen angesetzt wurden.

	Varianten			
	A	B	C	D
Investitionskosten Personal	1.000.000	200.000	200.000	2.000.000
Investitionskosten Bau/Einrichtung	500.000	500.000	500.000	100.000
Lfde. Kosten Personal	2.000.000	3.000.000	1.500.000	1.800.000
Kosten pro Jahr	3.500.000	3.700.000	2.200.000	3.900.000
Bereinigte Punktwerte	479	569	378	278
Kosten/Punkt	7.307	6.503	5.820	14.029

Abb. 10.09: Kosten-/Wirksamkeitsanalyse

---

[1] Hier wird der Begriff Kosten-/Wirksamkeitsanalyse verwendet, um deutlich zu machen, dass damit ein anderes Verfahren gemeint ist als die Kosten-/Nutzenanalyse, die in der öffentlichen Verwaltung verbreitet ist. Dort wird versucht, auch die nicht-monetären Nutzenbestandteile in monetäre Größen umzuwandeln, d.h. einen gesamten monetären Nutzenausdruck zu gewinnen. Wegen der Problematik der Bemessung von Geldwerten für das Erreichen nicht-monetärer Ziele wird dieses Verfahren hier nicht näher behandelt.

Preis-Leistungs-Verhältnis

In der letzten Zeile der Tabelle werden die Kosten den verbleibenden Punktwerten gegenübergestellt. Damit ergibt sich eine Kennziffer, die den finanziellen Aufwand für einen Qualitätspunkt ausdrückt, ein Wert, der auch als das Preis-/Leistungsverhältnis bezeichnet wird. Demnach ist Variante C am besten, weil sie den geringsten Aufwand (5.820 Geldeinheiten) je Punkt verursacht.

Die Relation Kosten zu Nutzen lässt sich informativ aufbereiten, wenn die ermittelten Größen in einem Koordinatensystem grafisch dargestellt werden. Auf der Senkrechten werden die Punktwerte, auf der Waagerechten die Geldbeträge abgebildet (siehe Abb. 10.10).

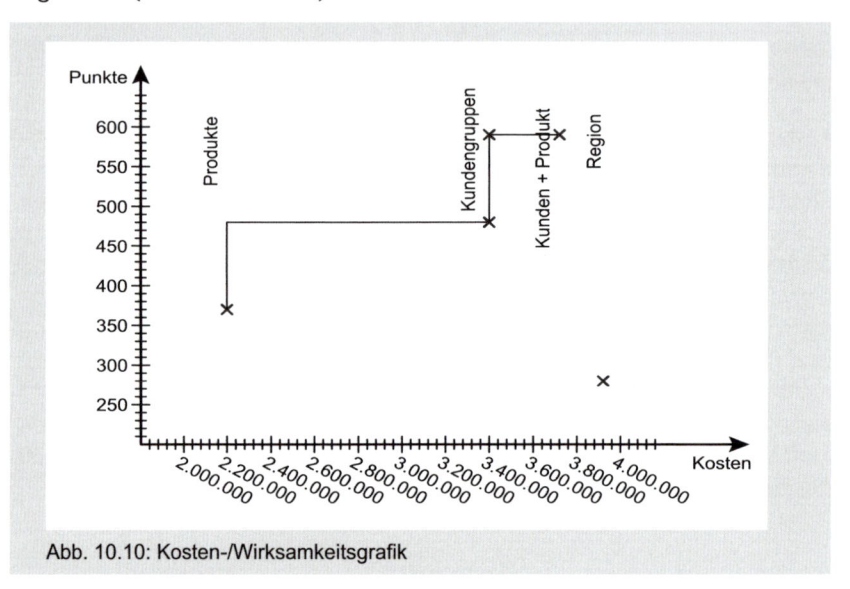

Abb. 10.10: Kosten-/Wirksamkeitsgrafik

Es werden dann alle Punkte miteinander verbunden, die im Bereich links oben liegen. Die in der Abbildung 10.10 eingetragene Variante „Region" ist nicht weiter zu verfolgen, weil sie schlechter als andere Varianten ist und dabei höhere Kosten verursacht. Durch diese Darstellung werden die überhaupt in Frage kommenden Varianten offensichtlich, ohne jedoch daraus ableiten zu können, welche die beste Variante ist. Die Entscheidung für die „beste" Variante hängt ab von der – subjektiven – Gewichtung der Kostenziele einerseits und der Qualitätsziele andererseits. Wird eine solche Bewertung vorgelegt, muss der Entscheidungsvorbereiter zusätzlich eine verbale Empfehlung abgeben.

Beispiel

„Wir empfehlen die Variante Produkte, weil sie die niedrigsten Kosten und eine hinreichende Qualität bietet". Die Empfehlung könnte aber auch heißen: „Trotz der hohen Kosten von Kunden + Produkte empfehlen wir diese Variante, weil zu den Mehrkosten von 1.5 Millionen Geldeinheiten eine deutlich höhere Qualität erreicht werden kann, die wir auch anstreben sollten". Im ersten Fall werden die Kostenziele, im zweiten Fall die Qualitätsziele höher gewichtet. Der Entscheider kann relativ leicht selbst zu einem Urteil kommen, ob er diese Gewichtung teilt.

Anwendungsbedingungen

Eine Kosten-/Wirksamkeitsanalyse empfiehlt sich, wenn

- die Kostenverursachung einer Variante eindeutig festgestellt werden kann
- die monetären Ziele gegenüber den übrigen Nutzengrößen einen relativ hohen Stellenwert haben
- neben den monetären Zielen auch die nicht-monetären Ziele bedeutend sind (andernfalls genügt eine Kostenvergleichs- oder Rentabilitätsrechnung).

> Die Kosten-/Wirksamkeitsanalyse entspricht bei den nichtfinanziellen Zielen der Nutzwertanalyse (Punktbewertung). Die Kosten werden jedoch nicht in Punkte umgerechnet, sondern periodisiert und rechnerisch (Kosten je Punkt) oder grafisch in einem Koordinatensystem den Punktwerten gegenübergestellt.

Zusammenfassung

10.7 Visuelle Bewertung

Symbole für den Nutzen

Als weitere, relativ einfache Techniken sollen hier zwei visuelle Bewertungen vorgestellt werden.

Im ersten Beispiel werden für die Zielerreichung Punktsymbole oder Kreuze vergeben. Je mehr Symbole eine Variante auf sich vereinigt, desto besser werden die Ziele erreicht. Diese Technik ist im Prinzip der Nutzwertanalyse sehr ähnlich, allerdings werden keine Gewichte berücksichtigt. Auch erscheint es für den Entscheider schwieriger, die Entscheidungsvorlage nachzuvollziehen. Sensitivitätsanalysen sind nicht möglich. Allerdings ist diese Darstellung sehr einprägsam und deswegen für Präsentationen gut geeignet.

Visualisierung in Präsentationen

Ziele \ Varianten	Verbale Bewertung	Nutzwertanalyse	Kosten-/Wirksamkeitsanalyse	Visuelle Bewertung
Beliebig viele Ziele können berücksichtigt werden	•••	•••	•••	•••
Einheitliche Maßstäbe für alle Varianten		•••	•••	•••
Berücksichtigung der Gewichte		•••	•••	
Sensitivitätsanalysen möglich		•••	•••	
Transparenz/Nachvollziehbarkeit		••	••	•
Erklärungsbedarf bei Entscheider	•••	•	•	•••
Finanzielle Auswirkungen direkt erkennbar			•••	
	6	15	18	10

Abb. 10.11: Visuelle Bewertung

Die visuelle Bewertung wird hier gleichzeitig dazu verwandt, die Leistungsfähigkeit der verschiedenen Bewertungstechniken einander gegenüberzustellen (siehe Abbildung 10.11).

Netzgrafik

Die Netzgrafik ist eine einfache und relativ transparente Form zur Darstellung einer Bewertung. Für jedes Ziel wird ein gleichlanger Strahl von einem Zentrum aus geführt, der in fünf oder zehn Segmente unterteilt ist. Je dichter ein Wert auf diesem Strahl beim Zentrum liegt, desto schlechter ist die Zielerreichung. Für jede Variante werden dann auf den Zielskalen die jeweiligen Werte eingetragen, markiert und miteinander verbunden. Die dabei entstehenden unregelmäßigen Gebilde geben zumindest einen schnellen Überblick über die wesentlichen Stärken und Schwächen einer Variante und über ihre relative Position zu den übrigen betrachteten Lösungsmöglichkeiten. Der wesentliche Mangel dieser Darstellungsform liegt darin, dass auch hier die Gewichtung der einzelnen Ziele nicht ersichtlich wird.

In der Abbildung 10.12 werden die Ergebnisse aus dem Beispiel in einer Netzgrafik dargestellt.

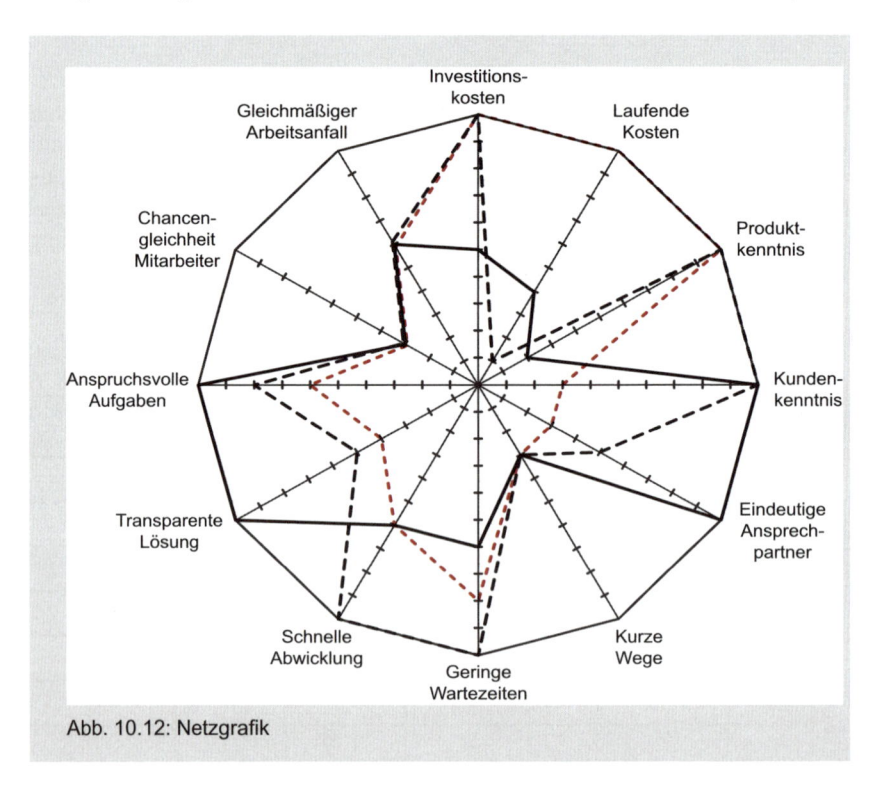

Abb. 10.12: Netzgrafik

10.8 Sammlung negativer Auswirkungen und Absicherung der Lösung

Nach der Bewertung der Varianten empfiehlt es sich, deren – potenzielle – negative Auswirkungen zu ermitteln. Dieser zusätzliche Prüfvorgang macht schon deswegen Sinn, weil bei der Bewertung zwar der Zielerreichungsgrad, weniger aber mögliche oder wahrscheinliche Nachteile für einzelne Ziele beachtet werden. Eine bewährte Technik, negative Auswirkungen zu erarbeiten, ist das Pro-und-Contra-Spiel (siehe Abb. 10.13).

Zwei Parteien, die aus jeweils 2 bis 4 Mitgliedern bestehen, bereiten sich auf Argumente für und gegen eine Lösungsvariante vor. Besonders wirkungsvoll ist dieser Ansatz, wenn Fachleute mit tatsächlich abweichenden Meinungen aufeinander treffen. Die beiden Parteien setzen sich einander gegenüber und beginnen ihre Diskussion, wobei die PRO-Partei nur Argumente dafür und die CONTRA-Partei nur Argumente dagegen bringen darf. Kommen keine neuen Argumente mehr – meistens nach 5 - 10 Minuten – werden die Rollen vertauscht, die bisher dafür waren, müssen nun dagegen argumentieren und umgekehrt. Während der gesamten Diskussion notieren zwei Protokollanten sämtliche vorgebrachten Argumente, und machen sie etwa an einer Pinnwand sichtbar. Diese Argumente werden anschließend geordnet und nach ihrer Bedeutung abgestuft. Bis dahin nicht erkannte Gegenargumente werden, soweit sie gravierend sind, vertieft und weiter bearbeitet. Diese Technik macht unangenehme Überraschungen insbesondere später in einer Präsentation zwar nicht unmöglich, aber zumindest doch weniger wahrscheinlich. Außerdem kann so glaubwürdig die Seriosität der Entscheidungsvorbereitung demonstriert werden.

Pro- und Contra-Spiel macht Gegenargumente früh bewusst

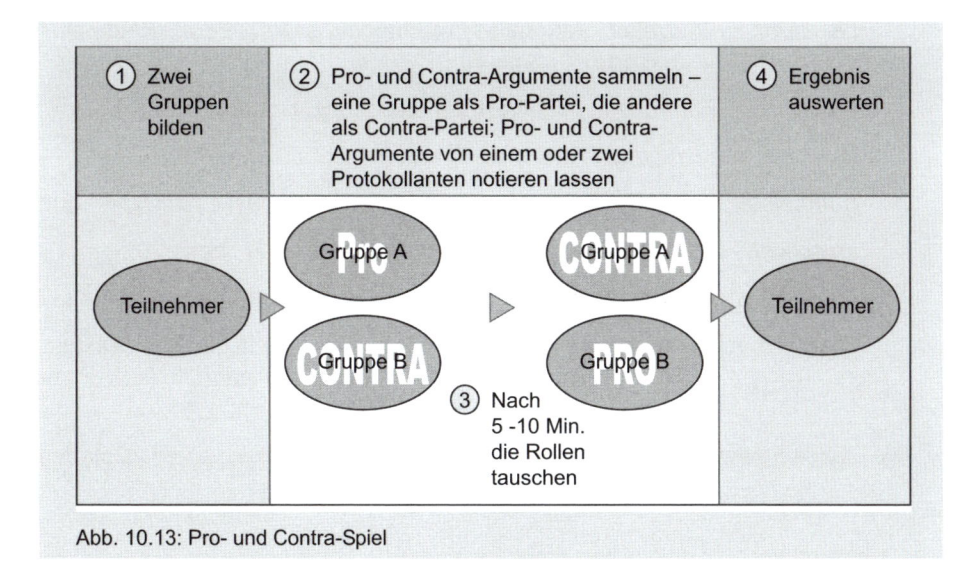

Abb. 10.13: Pro- und Contra-Spiel

Die nachteiligen Wirkungen werden nach den Kriterien Wahrscheinlichkeit und Tragweite bewertet. Varianten mit sehr wahrscheinlichen und weit reichenden möglichen negativen Auswirkungen werden auf diese Weise erkannt. Wenn die Varianten trotz der nachteiligen Wirkungen realisiert werden sollen, müssen Anstrengungen unternommen werden, um die nachteiligen Wirkungen abzufangen. Sollten damit Kosten verbunden sein, so sind diese Kosten den jeweiligen Varianten anzulasten. Das kann zu einer neuen Rangreihe der Lösungsmöglichkeiten führen.

Nach der Entscheidung für eine Variante werden vorbeugende Maßnahmen gegen potenzielle Probleme ergriffen, indem versucht wird, Ursachen möglicher Probleme auszuschalten. Solche absichernden Maßnahmen kommen allerdings nur für wahrscheinliche und weit reichende negative Abweichungen in Frage. Alternativ können Eventualmaßnahmen geplant werden, die erst zu ergreifen sind, wenn bereits Probleme aufgetreten sind.

Weiterführende Literatur zu diesem Kapitel

Bundesminister des Innern (Hrsg.): Empfehlung zur Durchführung von Wirtschaftlichkeitsbetrachtungen beim Einsatz der IT in der Bundesverwaltung. Schriftenreihe der Koordinierungs- und Beratungsstelle der Bundesregierung für Informationstechnik in der Bundesverwaltung. Köln 1992

Eisenführ, F.; M. Weber: Rationales Entscheiden. 4. Aufl., Berlin/Heidelberg u.a. 2003

Grob, H.L.: Einführung in die Investitionsrechnung. 5. Aufl., München 2006

Hirth, H.: Grundzüge der Finanzierung und Investition. München 2005

Hoffmeister, W.: Investitionsrechnung und Nutzwertanalyse. Stuttgart 2000

Kruschwitz, L.: Investitionsrechnung. 10. Aufl., München 2005

Rinza, P.; H. Schmitz: Nutzwert-Kosten-Analyse. Düsseldorf 1977

Saaty, Th. L.: Multicriteria decision making – the analytic hierarchy process Planning, priority setting, resource allocation. 2. Aufl., Pittsburgh 1990

Zangemeister, Chr.: Nutzwertanalyse in der Systemtechnik. 4. Aufl., Opladen 1981

11 Techniken der Aufbauorganisation

Ziele dieses Kapitels – Was können Sie erwarten?

- Sie wissen, welche Inhalte zur Aufbauorganisation gehören
- Sie kennen den Weg von der Aufgabenanalyse zur Aufbauorganisation
- Sie kennen den Inhalt von Stellenbeschreibung und deren Nutzen als Dokumentationsinstrument
- Sie kennen Darstellungstechniken für die Abbildung betrieblicher Hierarchien
- Sie können verschiedene Formen von Funktionendiagrammen zur Darstellung der Beziehungen von Aufgaben und Aufgabenträgern einsetzen.

11.1 Inhalte der Aufbauorganisation

Die wesentlichen Inhalte der Aufbauorganisation, die durch organisatorische Techniken unterstützt werden, sind:

- Aufgabenbeziehungen (Stellen)
- Leitungsbeziehungen (Hierarchie).

Sie können mit Hilfe der folgenden Techniken dokumentiert werden.

Inhalte	Techniken
Stellen	Stellenbeschreibung Funktionendiagramm
Leitungsbeziehungen	Organigramm Funktionendiagramm

Die hier vorgestellten Techniken sind primär Techniken zur Dokumentation der Aufbauorganisation. Eine geeignete Dokumentation kann in allen Phasen und Schritten die Projektbearbeitung unterstützen. Im Einzelnen dient eine geeignete Dokumentation der (dem)

- Erhebung
- Analyse
- Anforderungsermittlung/Würdigung
- Lösungsentwurf
- Bewertung

aufbauorganisatorischer Sachverhalte.

11.2 Von der Aufgabenanalyse zur Aufbauorganisation

Aufgaben als Bausteine

Die Stellenbildung und die Verbindung von Stellen sind zentrale Inhalte der Aufbauorganisation. Stellen sind Aufgabenbündel für Aufgabenträger (Personen). Organisatorische Regelungen setzen somit voraus, dass die zu bündelnden (verteilenden) Aufgaben vollständig bekannt sind. Um die zu verteilenden Aufgaben zu erkennen, kann die Technik der Aufgabenanalyse (siehe dazu Kapitel 7.1) eingesetzt werden.

Dimensionen müssen bekannt sein

Bei der Stellenbildung ist darüber hinaus darauf zu achten, dass der Stelleninhaber in der Lage sein muss, qualitativ und quantitativ die Aufgaben zu bewältigen. Er muss also nicht nur den inhaltlichen Anforderungen gewachsen sein, sondern auch das Mengenvolumen bewältigen können. Voraussetzung der Stellenbildung ist deswegen die Kenntnis der Dimensionen der Aufgabe: Wie oft fällt eine Aufgabe an und wie groß ist der Zeitverbrauch je Aufgabenerfüllung? Diese Sachverhalte wurden im Abschnitt Analyse ebenfalls behandelt.

Hier soll beispielhaft die Aufgabengliederung in Abbildung 11.01 zugrunde gelegt werden.

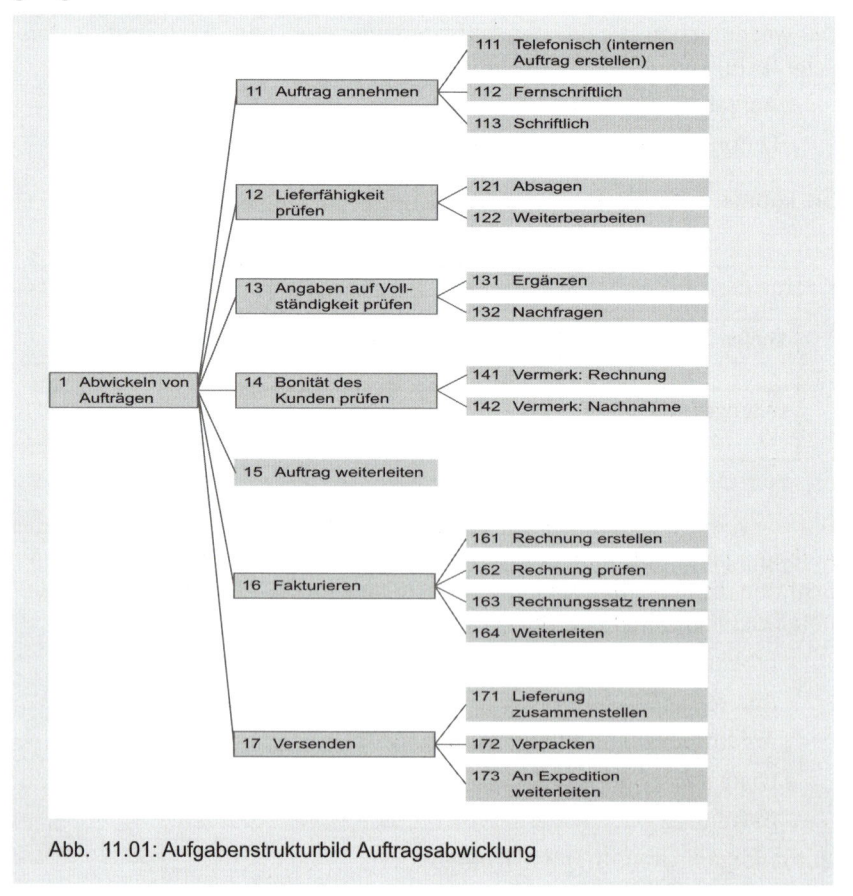

```
1 Abwickeln von Aufträgen
├── 11 Auftrag annehmen
│   ├── 111 Telefonisch (internen Auftrag erstellen)
│   ├── 112 Fernschriftlich
│   └── 113 Schriftlich
├── 12 Lieferfähigkeit prüfen
│   ├── 121 Absagen
│   └── 122 Weiterbearbeiten
├── 13 Angaben auf Vollständigkeit prüfen
│   ├── 131 Ergänzen
│   └── 132 Nachfragen
├── 14 Bonität des Kunden prüfen
│   ├── 141 Vermerk: Rechnung
│   └── 142 Vermerk: Nachnahme
├── 15 Auftrag weiterleiten
├── 16 Fakturieren
│   ├── 161 Rechnung erstellen
│   ├── 162 Rechnung prüfen
│   ├── 163 Rechnungssatz trennen
│   └── 164 Weiterleiten
└── 17 Versenden
    ├── 171 Lieferung zusammenstellen
    ├── 172 Verpacken
    └── 173 An Expedition weiterleiten
```

Abb. 11.01: Aufgabenstrukturbild Auftragsabwicklung

Von der Aufgabenanalyse zur Aufbauorganisation | 377

Die Stellenbildung in der Auftragsabwicklung könnte bei diesem Beispiel etwa so aussehen, dass die Stelleninhaber auf einzelne Teilaufgaben spezialisiert werden.

Stelle 1	Stelle 2	Stelle 3	Stelle 4
▪ Antrag annehmen ▪ Lieferfähigkeit prüfen ▪ Angaben auf Vollständigkeit prüfen und ergänzen ▪ Bonität prüfen ▪ Auftrag weiterleiten	▪ Rechnung erstellen ▪ Rechnung weiterleiten	▪ Rechnung prüfen ▪ Rechnungssatz trennen ▪ Rechnungssatz weiterleiten	▪ Lieferung zusammenstellen ▪ Verpacken ▪ An Expedition weiterleiten

Abb. 11.02: Stellenbildung als Aufgabenbündelung

Werden den ausführenden Stellen stufenweise Leitungsstellen übergeordnet, entsteht ein Leitungssystem (die Stellen werden durch Weisungswege miteinander verbunden).

Hierarchie

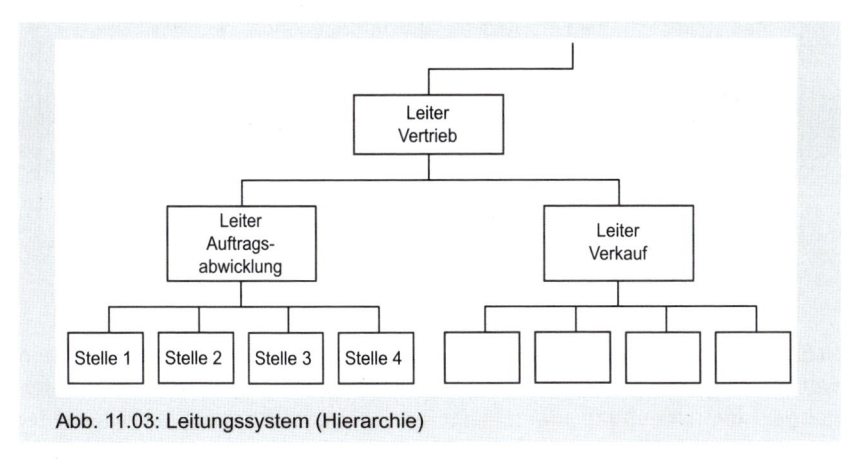

Abb. 11.03: Leitungssystem (Hierarchie)

Schließlich wird noch ein überlagerndes Netz von Kommunikationskanälen eingerichtet, damit jeder Stelleninhaber mit anderen Stellen oder Einheiten in Verbindung treten kann, soweit dies seine Aufgabe erfordert. Im Folgenden sollen nun die Techniken der Aufbauorganisation vorgestellt werden.

| Techniken der Aufbauorganisation

> **Zusammenfassung**
>
> Aufbauorganisatorische Regelungen setzen Aufgaben voraus. Aufgaben werden auf Stellen übertragen. Stellen werden durch Weisungsbeziehungen miteinander verbunden. Die Ergebnisse können durch entsprechende Dokumentations- und Gestaltungstechniken abgebildet werden.

11.3 Verbale Darstellungstechniken

11.3.1 Stellenbeschreibungen

Stellenbeschreibungen finden sich in der Literatur auch unter den Bezeichnungen „Funktionenbeschreibung", „Pflichtenheft", „Tätigkeits- oder Aufgabenbeschreibung", „Positionsbeschreibung" oder „job-description". Eine Stellenbeschreibung ist eine innerbetrieblich verbindliche Dokumentation personenbezogener Aufgabenkomplexe, zugehöriger Befugnisse sowie der organisatorischen Einordnung des Stelleninhabers. Häufig werden in Stellenbeschreibungen auch die Anforderungen an den Stelleninhaber aufgenommen.

Instanzielle Einordnung	Ziele, Aufgaben, Kompetenzen	Informations-, Kommunikationssystem	Anforderungsprofil
■ Bezeichnung der Stelle ■ (Dienst-)Rang des Stelleninhabers ■ Vorgesetzter (Unterstellung) ■ Mitarbeiter (Überstellung) ■ Stellvertretung	■ Allgemeine Zielsetzung der Stelle ■ Einzelaufgaben (Fach-/Sonderaufgaben) ■ Kompetenzen (Befugnisse) ■ Einzelaufträge	■ Eingehende Informationen ■ Ausgehende Informationen ■ Zusammenarbeit mit anderen Stellen ■ Mitarbeit in Ausschüssen, Kollegien etc.	■ Vorbildung, Erfahrung, Qualifikation, etc.

Abb. 11.04: Inhalte einer Stellenbeschreibung

Stellenbeschreibungen auf unteren Ebenen

In Stellenbeschreibungen können nur vorhersehbare Aufgaben beschrieben werden. Der Anteil vorhersehbarer, programmierbarer Aufgaben nimmt mit steigender Hierarchieebene und mit zunehmender Qualifizierung der Mitarbeiter normalerweise ab. Hat eine Stelle unvorhersehbare, nicht programmierbare Aufgaben zu erfüllen, so können in einer Stellenbeschreibung keine detaillierten Angaben über die Aufgaben gemacht werden. Lediglich zu verfolgende Ziele können daher auf der obersten Ebene angegeben werden. Mit abnehmender Höhe der hierarchischen Einordnung steigt normalerweise die Voraussehbarkeit der zukünftig anfallenden Aufgaben. Sie können exakt bestimmt und vorgegeben werden.

In den Stellenbeschreibungen werden im Einzelnen folgende Sachverhalte schriftlich fixiert:

01 Bezeichnung der Stelle

Struktur einer Stellenbeschreibung

Beispiele: Leiter Vertrieb Inland, Leiter Rechnungsprüfung, Assistent des Geschäftsführers, Einkaufssachbearbeiter.

Abteilung (z.B. Einkauf) und Unternehmungsbereich sind hier ebenfalls anzugeben, wenn das nicht deutlich aus der Bezeichnung der Stelle hervorgeht.

02 Rang des Stelleninhabers

Beispiele: Gruppenleiter, Abteilungsleiter, Hauptabteilungsleiter.

03 Vorgesetzte(r) des Stelleninhabers

Bei Mehrfachunterstellungen sind die Befugnisse der Vorgesetzten (fachlich, disziplinarisch) zu nennen.

04 Unmittelbar unterstellte Mitarbeiter

Hier werden die Stellenbezeichnungen aller fachlich und/oder disziplinarisch unterstellten Stelleninhaber genannt.

05 Stellvertretung durch

051 Stelleninhaber wird (bei Abwesenheit oder hauptamtlich) vertreten durch: (Angabe der Stellenbezeichnung sowie des Umfangs der Stellvertretung. Sind mehrere Stellvertreter vorgesehen, so sollen sie alle mit ihrem Vertretungsgebiet genannt werden).

052 Stelleninhaber vertritt: (Auch hier sind Aufgabengebiete und Umfang zu nennen).

06 Zielsetzung der Stelle

Es soll nur die Zielsetzung und evtl. die Hauptaufgabe kurz und treffend beschrieben werden.

07 Einzelaufgaben der Stelle

Alle dauerhaften einzelnen Aufgaben, die der Stelleninhaber zu erfüllen hat.

071 Fachaufgaben (Kern der Aufgabenbeschreibung)

072 Sonderaufgaben (wie z.B. Mitarbeit in Projekten, fachliche Zuständigkeiten, die über die Fachaufgaben hinausgehen).

08 Befugnisse des Stelleninhabers

Zusammenstellung aller Befugnisse, die den Stelleninhaber ermächtigen, über seine fachlichen und personellen Entscheidungsrechte hinausgehend zu handeln.

081 Vertretungsbefugnisse (z.B. Vollmachten wie Prokura)

082 Verfügungsbefugnisse (z.B. Berechtigungen, etwa im Einkaufs- und Verkaufsverkehr, Urlaubsgewährung, Gewährung von Darlehen an Mitarbeiter usf.)

083 Unterschriftsbefugnisse (z.B. Gegenzeichnung von Schriftverkehr).

09 Schriftliche Information der Stelle

091 Eingehende Berichte, Mitteilungen, Statistiken, Zugriffsrechte auf zentral geführte Datenbestände

092 Ausgehende

Evtl. zu untergliedern nach der Fristigkeit.

10 Zusammenarbeit mit anderen Stellen

Hier werden alle diejenigen Stellen genannt, mit denen der Stelleninhaber regelmäßig zusammentritt, um bestimmte – zu nennende – Aufgaben zu lösen. Die Zusammenarbeit kann sein: informativ, koordinierend, beratend, mitentscheidend, ausführend.

11 Mitarbeit in Ausschüssen, Konferenzen, Arbeitskreisen oder ähnlichen Gremien.

12 Einzelaufträge

Welche Einzelaufträge – außerhalb des üblichen Aufgabengebiets – erhält der Stelleninhaber von wem? Hier werden häufig standardisierte Formulierungen verwandt, die im Wesentlichen darauf abzielen, dass ein Stelleninhaber sich nicht nur auf die in der Stellenbeschreibung fixierten Aufgaben zurückziehen kann, wenn er unvorhergesehene Aufträge erfüllen soll.

13 Bewertungsmaßstab für die Stelle

Die Bewertungsmaßstäbe sollen als Messlatte für die Leistung des Stelleninhabers verwendbar sein. (Werden heute eher in der periodischen Zielvereinbarung dokumentiert).

14 Anforderungen an den Stelleninhaber

Berufliche Vorbildung, Erfahrungen, Qualifikationen und charakterliche Eigenschaften, die zur Wahrnehmung der Stellenaufgaben notwendig sind.

Vor der endgültigen schriftlichen Fixierung ist die organisatorische Lösung auf ihre Eignung zu prüfen und mit dem betroffenen Stelleninhaber abzustimmen.

Bedeutung hat abgenommen

Einmal eingeführte Stellenbeschreibungen müssen periodisch geprüft und u.U. überarbeitet werden. Diese Prüfung ist unerlässlich, da andernfalls nach wenigen Jahren keine Stellenbeschreibung mehr der Realität entspricht. Generell kann festgestellt werden, dass der zunehmende Zwang zu schnellen

Anpassungen wie auch die Neigung, Aufgabenverteilungen durch Arbeitsgruppen selbst vornehmen und bei Bedarf auch anpassen zu lassen, die Bedeutung der Stellenbeschreibung deutlich verringert hat. Abschließend soll die Stellenbeschreibung bewertet werden.

Stellenbeschreibung	
Vorteile	Nachteile/Gefahren
■ Klare Unterstellungsverhältnisse ■ Vermeidung von Kompetenzstreitigkeiten ■ Klare Delegation ■ Bessere Übersicht über das Gesamtsystem und damit bessere Koordination ■ Leichtere Einarbeitung neuer Mitarbeiter ■ Erleichterte Stellvertretung ■ Präzisere Vorgaben für Personalbedarfsermittlung, Personalwerbung und -einstellung ■ Bewertungsmaßstäbe bringen Sicherheit für die Stelleninhaber hinsichtlich der Beurteilung ihrer Leistung ■ Besetzungsbilder können Grundlage für die Lohn- und Gehaltsfindung sein.	■ Hoher Aufwand bei Einführung und Änderungsdienst ■ Gefahr der Überorganisation – das ist jedoch nur ein Scheinargument, denn auch wenn Stellenbeschreibungen vorliegen, kann den Stelleninhabern ein breiter Entscheidungsspielraum zugebilligt werden ■ Nicht sehr übersichtlich – insbesondere im Vergleich mit dem Funktionendiagramm ■ Keine Möglichkeit, Überschneidungen und Lücken organisatorischer Regelungen zu erkennen.

Zusammenfassung

In Stellenbeschreibungen werden die Einordnung von Stellen, Aufgaben und Kompetenzen des Stelleninhabers, sowie die Anforderungen an den Stelleninhaber festgehalten. Sie sichern klare Zuständigkeiten, Unterstellungsverhältnisse und Kompetenzen, erleichtern Zusammenarbeit, berufliche Förderung und Beurteilung der Stelleninhaber.

11.3.2 Verzeichnisse, Organisationsanweisungen, Geschäftsordnungen

Arten von Verzeichnissen

Zu den verbalen Gestaltungstechniken der Aufbauorganisation gehören außerdem Verzeichnisse, Anweisungen und Geschäftsordnungen. Folgende Arten von Verzeichnissen können z.B. als Instrumente der Dokumentation eingesetzt werden:

- Befugnisverzeichnisse
    - Vertretungsbefugnisse (Stellvertretung)
    - Verfügungsbefugnisse (Bewilligungen)
    - Unterschriftsbefugnisse
- Sachmittelverzeichnisse
- Kollegienverzeichnisse.

Die genannten Befugnisse finden sich auch in den Stellenbeschreibungen. Die Verzeichnisse dienen dazu, übergreifend für bestimmte betriebliche Bereiche oder Einheiten beispielsweise die Gesamtheit aller Verfügungsbefugnisse darzustellen.

Besonders wichtige Instrumente zur Dokumentation der Aufbauorganisation sind Organisationsanweisungen. Dies sind verbindliche Vorschriften organisatorischen Inhalts. Sie enthalten im Wesentlichen:

Inhalte von Organisationsanweisungen

- Grundsatzentscheidungen zur Geschäftspolitik und daraus resultierende Ausführungsmaßnahmen
- Festlegungen der Organisation des Unternehmens (Aufbauorganisation), seiner Bereiche, Abteilungen (Stellen- und Aufgabenbeschreibungen einschließlich Organigrammen)
- Festlegung von Ordnungsbegriffen und Normen
- Festlegung des Informationsinhalts, Informationsflusses und der Berichtstermine.

Unverbindlichen Charakter haben Mitteilungen; sie sind Veröffentlichungen über Vorgänge mit rein informatorischem Inhalt.

Bei all diesen Formen interner Veröffentlichungen, insbesondere bei den verbindlichen Anweisungen, sind bestimmte formale Gesichtspunkte zu beachten.

Eine Organisationsanweisung muss folgende Punkte enthalten:

- Bezeichnung
  Name der Anordnung und kurze Inhaltsangabe
- Ordnungsnummer
  z.B. Buchstabe des Ressorts und fortlaufende Nummer

- **Verfasser**
  Aktenzeichen und Unterschrift des Mitarbeiters, der für die fachliche und sachliche Richtigkeit, d.h. Inhalt und Form, verantwortlich ist. Die Veröffentlichung hat jedoch der Ressortleiter zu verantworten
- **Datum**
- **Seitenzahl**
- **Seitennummer**
- **Genehmigt**
  Unterschrift des Ressortleiters (ohne Unterschrift sind Anordnungen ungültig)
- **Gültig ab**
  Datum, an dem sie in Kraft tritt
- **Ersatz für**
  In dieser Rubrik ist einzutragen, ob bestehende Anordnungen aufgehoben werden
- **Verteiler**
  Bezeichnungen der empfangenden Stellen.

Struktur einer Organisationsanweisung

Es empfiehlt sich, für die Anweisungen einheitliche Formulare/Masken zu verwenden. Auf einem Formular darf nur eine Anweisung stehen. Bei Änderungen oder Nachträgen ist so die Möglichkeit gegeben, die Anweisung unter der alten Nummer mit dem neuen Datum erscheinen zu lassen und sie gegen die überholte auszutauschen. Neben diesen Aspekten des formalen Aufbaus einer Anweisung sind noch folgende organisatorische Punkte zu berücksichtigen:

Änderungsdienst erleichtern

- Die Koordination aller Anordnungen
- Die Veröffentlichungsverantwortung
- Herausgabe und Verteilung
- Änderungsdienst
- Kontrolle des Einhaltens der Anordnung.

Viele Unternehmen und öffentliche Dienststellen verwalten und veröffentlichen die Dokumentationen zu Aufbau- und Prozessorganisationen in elektronischer Form in einem Intranet.

Organisationsanweisungen sind schriftlich fixierte, verbindliche Veröffentlichungen geltender Regelungen. Aufbau und Einsatz von Anweisungen sollten vereinheitlicht werden.

Zusammenfassung

11.4 Grafische und tabellarische Techniken

11.4.1 Leitungsbeziehungen (Organigramme)

11.4.1.1 Symbole

In einem Organigramm wird die bestehende Aufgabenverteilung auf Stellen und die hierarchische Verknüpfung der Stellen abgebildet. Im Organigramm werden Leitungsstellen und Ausführungsstellen als Rechtecke und Stäbe als Ovale oder Arena dargestellt.

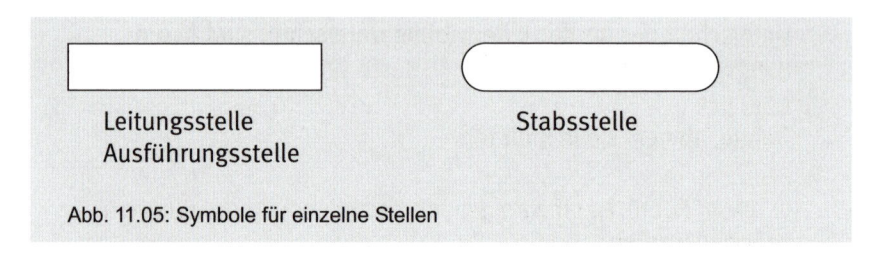

Leitungsstelle
Ausführungsstelle

Stabsstelle

Abb. 11.05: Symbole für einzelne Stellen

Sollen mehrere Stellen durch ein Symbol abgebildet werden – z.B. fünf Ausführungsstellen – dann wird der Rahmen um die Stelle verdoppelt und die Zahl der Stellen vermerkt.

In dem Feld wird normalerweise die jeweilige Stellenaufgabe angegeben, zumeist in Kurzform (z.B. Einkauf, Fertigung, Vertrieb, Verwaltung). Häufig finden sich auch Bezeichnungen über die hierarchische Position (z.B. Vorstand, Abteilungsleiter Einkauf, Hauptabteilungsleiter Fertigung usw.).

Schwerpunkt Hierarchie

Selbst wenn die Aufgaben in Kurzfassung genannt werden, so sagen Organigramme doch wenig über die vorhandene Aufgabenverteilung aus. Die eigentliche Stärke des Organigramms liegt in der Abbildung der weisungsmäßigen Beziehungen, d.h. der hierarchischen Über- und Unterordnungen.

Tiefe organigrafische Untergliederungen führen schon bei mittleren Unternehmen zu Schwierigkeiten der Darstellung, da man häufig nicht alle Stellen auf einem Bogen unterbringen kann. Es besteht dann die Möglichkeit, auf einer beliebigen Ebene abzubrechen, um dann von dieser Ebene ausgehend neue Bögen anzulegen und hier weiter zu untergliedern. Um jedoch die Übersicht zu vereinfachen und damit die Orientierung zu erleichtern, sollte man mit einem System von Ordnungsnummern arbeiten. Jede Stelle erhält eine bestimmte Stellennummer, aus der hervorgeht, in welche hierarchische Kette sie einzuordnen ist und auf welcher Ebene sie liegt.

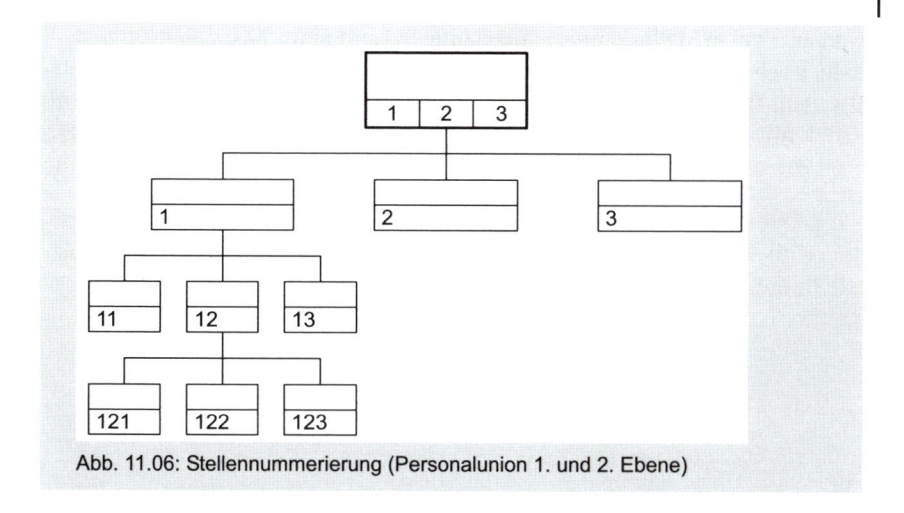

Leitungsbeziehungen (Organigramme) | 385

Abb. 11.06: Stellennummerierung (Personalunion 1. und 2. Ebene)

Die Interpretation der ersten beiden Ebenen in Abbildung 11.06 lautet: Der Vorstand oder die Geschäftsführung setzt sich aus drei Mitgliedern zusammen, die gleichzeitig Ressortleiter sind. Bestünde keine Personalunion zwischen der ersten und der zweiten Ebene, würde man auf der zweiten Ebene die Ziffern 11, 21, 31 einführen.

Die Stellennummern können auch ergänzt werden durch merktechnisch gestaltete alphanumerische Stellenkurzzeichen, die gleichzeitig als Kurzadresse dienen (z.B. BWA = Betriebswirtschaftliche Abteilung, ORG = Organisationsabteilung).

Informationen des Organigramms

Häufig werden im Organigramm auch die Kostenstellen mit angegeben, denen die einzelnen Stellen zuzuordnen sind.

In vielen Organigrammen werden auch die Namen der Stelleninhaber mit eingetragen. Da ein Organigramm dann bei jeder personellen Veränderung angepasst werden muss, empfiehlt es sich, darauf zu verzichten.

Ein Kästchen in einem Organigramm sieht häufig wie in Abb. 11.07 aus.

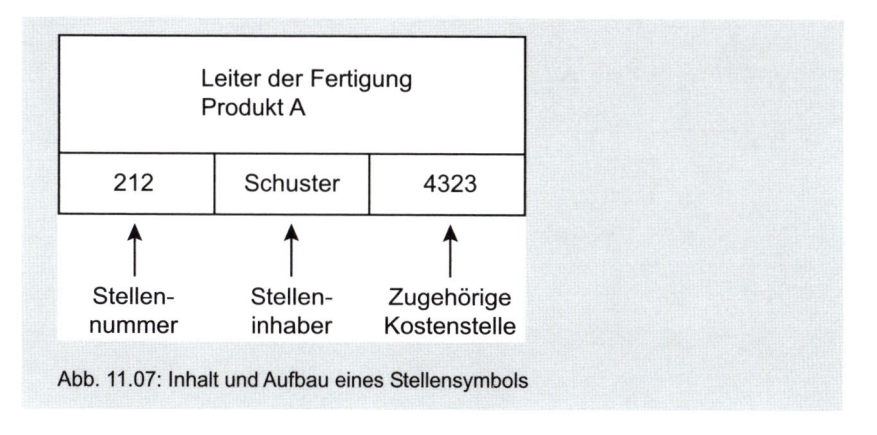

Abb. 11.07: Inhalt und Aufbau eines Stellensymbols

Nun muss eine Stelle weder zwangsläufig in Form eines Kästchens dargestellt sein, noch muss eine hierarchische Darstellungsform in jedem Fall zweckmäßig sein. Deswegen sollen hier noch einige andere Formen der organisatorischen Abbildung der hierarchischen Verknüpfungen von Stellen gezeigt werden. Vor- und Nachteile der jeweiligen Darstellungsweise werden kurz erwähnt.

Zusammenfassung	**Organigramme** bilden die Leitungsbeziehungen ab. Stellennummern erleichtern eine eindeutige Einordnung einer Stelle in die Hierarchie. Oft werden auch die Namen der Stelleninhaber und die Nummern der Kostenstelle mit angegeben.

11.4.1.2 Erscheinungsformen

Pyramide betont Hierarchie	Am weitesten verbreitet ist eine hierarchische Anordnung der Elemente des Organigramms. Das oberste Leitungsorgan (Vorstand, Geschäftsführung) ist auch grafisch zuoberst abgebildet. Dreiecksförmig verbreitern sich die daraus abgeleiteten Ebenen. Ein wesentlicher Vorteil dieser Darstellung liegt darin, dass leicht erkannt wird, wo „oben" und „unten" ist. Jede Position kann schnell im Zusammenhang lokalisiert werden. Leitungshilfsstellen (Stäbe) können zeichnerisch gut eingebaut werden. Diesen Vorteilen stehen zwei Nachteile gegenüber. Einmal fördert diese Darstellung das Denken in „Oben" und „Unten" und widerspricht damit einem kooperativen Führungsverständnis. Außerdem leidet diese Form der Abbildung unter einem technischen Mangel. Die Schaubilder „gehen stark in die Breite". Schon ab der dritten bis spätestens der vierten Ebene muss das Schaubild in Einzelbilder aufgelöst werden.
Säulenform spart Platz	Der darstellungstechnische Nachteil der hierarchischen Anordnung wird gemindert bei der so genannten Säulenform. Die ersten zwei oder drei Ebenen werden nach wie vor hierarchisch angeordnet, die der letzten horizontal gegliederten Ebene unterstehenden Ebenen werden vertikal weiter untergliedert. Dafür spricht – wie erwähnt – vor allem der Vorteil geringeren Platzbedarfs (siehe Abb. 11.08).

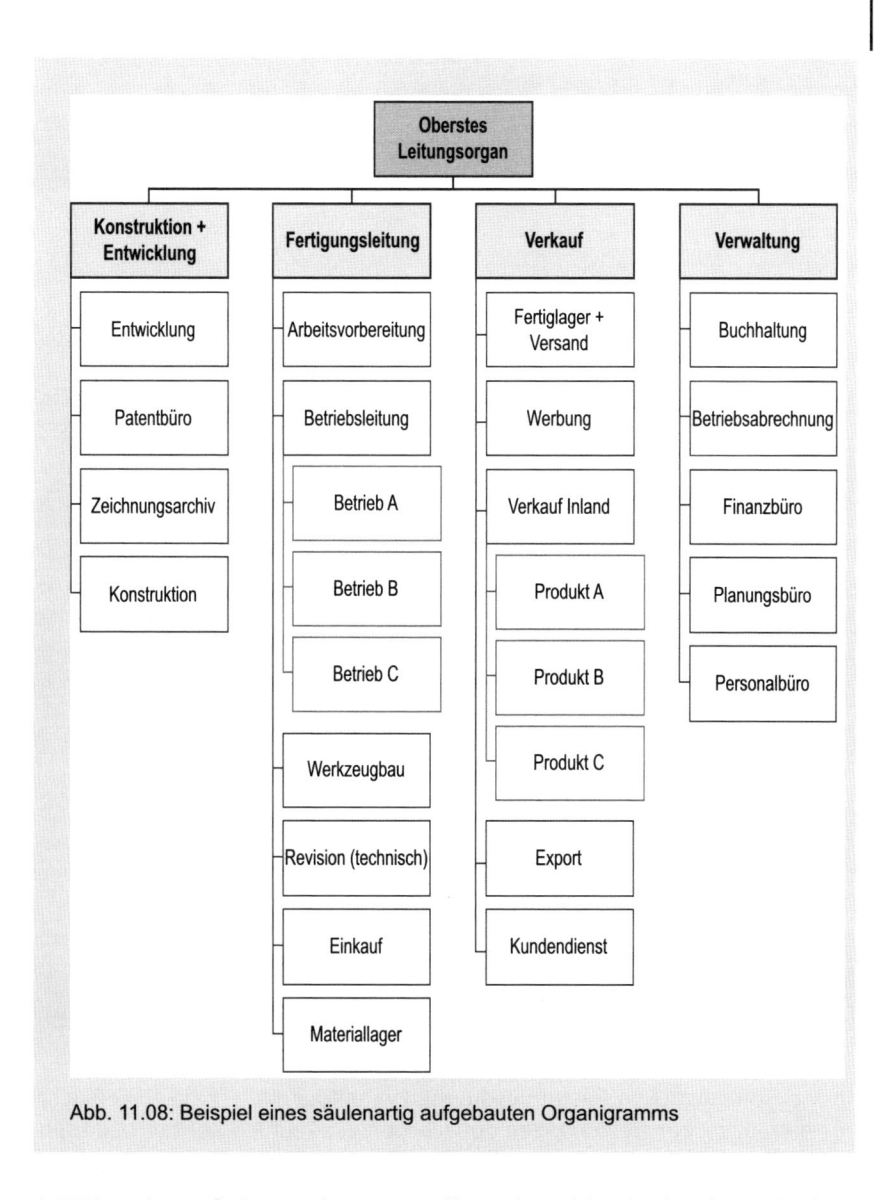

Abb. 11.08: Beispiel eines säulenartig aufgebauten Organigramms

ACKER weist auf eine andere Darstellungsform hin, in der dem gleichen Schema gefolgt wird wie bei der Aufgabengliederung. Dadurch folgt das Organigramm der normalen Leserichtung. Der verfügbare Platz wird besser genutzt als in der hierarchischen Form. Auch psychologisch bietet diese Form den Vorteil des optischen „Abbaus" der Hierarchie (Abb. 11.09).

Techniken der Aufbauorganisation

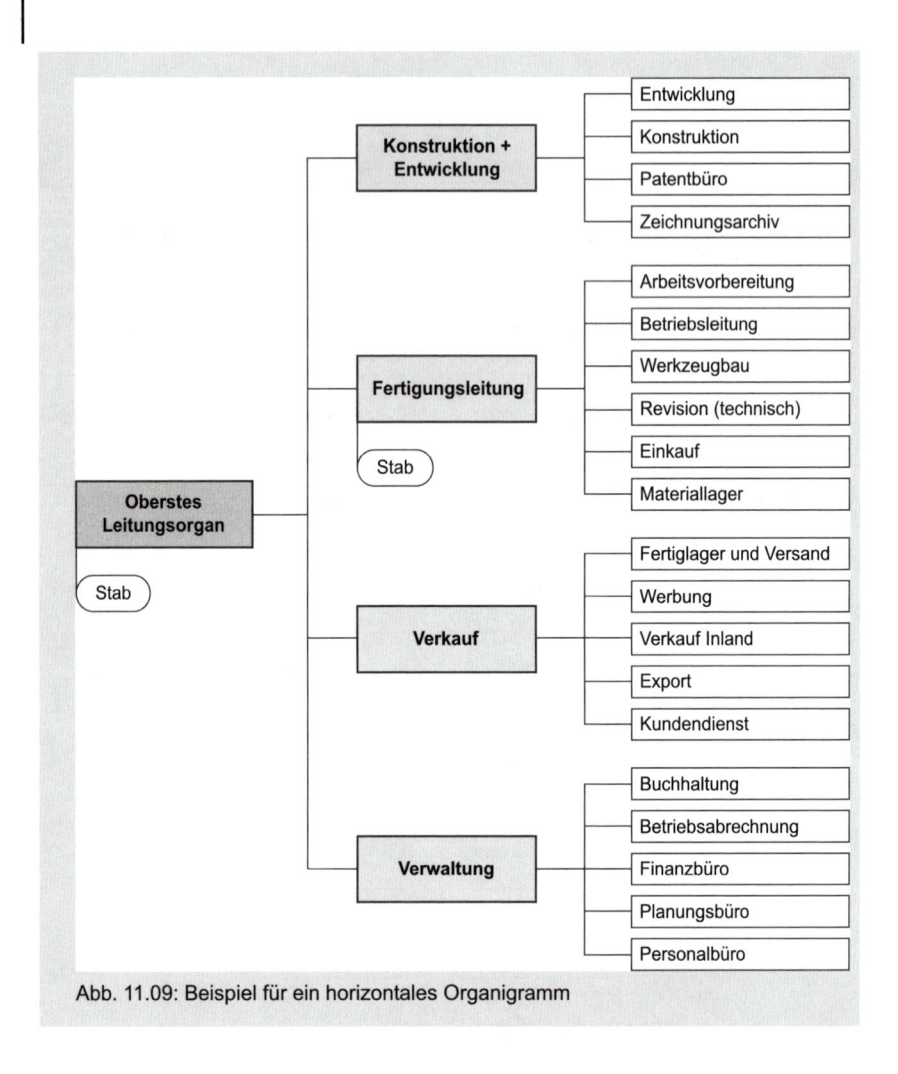

Abb. 11.09: Beispiel für ein horizontales Organigramm

Hierarchie optisch „versteckt"

In anderen möglichen Gestaltungsformen wird noch weitergehend versucht, die hierarchischen Beziehungen optisch weniger deutlich werden zu lassen. So werden in einem Blockorganigramm auf wenig Platz in rechteckiger Form alle hierarchischen Beziehungen abgebildet. Die Möglichkeit der Einflussnahme (Weisung) wird durch entsprechend breite Blöcke dargestellt, die andere Blöcke überlagern. Die leitungsmäßigen Bezüge werden auch so transparent. Stabsstellen können jedoch nur schwer abgebildet werden. Bei tief gegliederten Hierarchien wird entweder der „Kopf" übergroß, oder für die letzte abgebildete Ebene steht nur noch sehr wenig Raum je Stelle zur Verfügung (Abb. 11.10).

Oberstes Leitungsorgan																			
Konstruktion und Entwicklung			Fertigung						Verkauf					Verwaltung					
Entwicklung	Konstruktion	Patentbüro	Zeichnungsarchiv	Arbeitsvorbereitung	Betriebsleitung	Werkzeugbau	Revision (techn.)	Einkauf	Materiallager	Fertiglager und Versand	Werbung	Verkauf Inland	Export	Kundendienst	Buchhaltung	Betriebsabrechnung	Finanzbüro	Planungsbüro	Personalbüro

Abb. 11.10: Beispiel für ein Blockorganigramm

Diese Form kann leicht modifiziert werden. Jede Stelle wird links in einer Zeile eingetragen. Durch die Fortsetzung des Zeilenfreiraums nach rechts unten wird dargestellt, wie weit die Weisungsrechte (Leitungsbeziehungen) reichen (siehe Abb. 11.11).

Welche Form der Darstellung im konkreten Fall zu wählen ist, hängt von verschiedenen Faktoren ab, die hier nur stichwortartig genannt werden sollen. Welchen Faktoren dann welches Gewicht zukommt, muss im Einzelfall entschieden werden:

- Wie viele hierarchische Ebenen sind zu berücksichtigen?
- Wie viel Raum steht zur Verfügung?
- Für wen wird das Organigramm gemacht (ist leichte Verständlichkeit Voraussetzung, wie können unter Umständen Betroffene reagieren)?
- Was soll im Vordergrund stehen (klare Leitungsbeziehungen oder optische Aufbesserung hierarchischer Beziehungen)?

Kriterien für Darstellung

Im Weiteren soll nun gezeigt werden, wie die Aufgabengliederung und das Blockdiagramm kombiniert werden können, um zusätzliche Informationen zu liefern, die insbesondere für die Analyse der Aufbauorganisation sehr nützlich sind.

Zur Darstellung der Hierarchie in einem Organigramm stehen verschiedene Formen zur Verfügung. Ihre Eignung hängt ab von der Zahl der Stellen, der beabsichtigten Aussage, dem verfügbaren Platz und den beabsichtigten Adressaten.

Zusammenfassung

Oberstes Leitungsorgan
Konstruktion und Entwicklung
Entwicklung
Konstruktion
Patentbüro
Zeichnungsarchiv
Fertigung
Arbeitsvorbereitung
Betriebsleitung
Werkzeugbau
(techn.)Revision
Einkauf
Materiallager
Verkauf
Fertiglager und Versand
Werbung
Verkauf Inland
Export
Kundendienst
Verwaltung
Buchhaltung
Betriebsabrechnung
Finanzbüro
Planungsbüro
Personalbüro

Abb. 11.11: Beispiel für ein modifiziertes Blockorganigramm

11.4.2 Funktionendiagramme

Kombination von Aufgabengliederung und Organigramm

Mit Hilfe der Aufgabengliederung werden die zu erledigenden Aufgaben erfasst und transparent dargestellt. Organigramme dienen dazu, die Verteilung globaler Aufgabenpakete auf Stellen und deren hierarchische Verbindung abzubilden. Beide Ergebnisse besitzen für den Leser einen hohen Informationswert. Das Funktionendiagramm vereint beide Darstellungsinstrumente der Aufbauorganisation und bietet die Möglichkeit, weitere aufbauorganisatorische Sachverhalte detailliert darzustellen.

Während aus dem Organigramm nur die globale Zuordnung von Aufgaben auf Stellen ersichtlich ist (z.B. Leiter Einkauf, Einkaufssachbearbeiter, Verkäufer etc.) kann im Funktionendiagramm – so detailliert wie man es wünscht – die Zuordnung der Aufgaben auf Stellen abgebildet werden.

Folgende Inhalte können somit im Funktionendiagramm dargestellt werden:

- Aufgaben
- An der Aufgabenerfüllung beteiligte Stellen
- Kombination der Aufgaben bei jedem einzelnen Stelleninhaber
- Mitwirkung verschiedener Stelleninhaber an der Erfüllung einer Aufgabe und damit die Arbeitsteilung.

Inhalte eines Funktionendiagramms

Dieses sehr wirksame Instrument hat in den letzten Jahren an Bedeutung gewonnen. Leistungsfähige Software zur Erfassung und Verwaltung von Aufgaben und eine automatische Umsetzung in eine Matrix erleichtern die Handhabung. Das auf der folgenden Seite abgebildete Dokument (siehe Abb. 11.12) wurde mit Hilfe einer solchen Standard-Software erstellt.

Häufig reicht es nicht aus, lediglich die Zuständigkeiten anzugeben. Vielmehr muss differenziert werden, in welchem Umfang oder in welchen Fällen der Stelleninhaber zuständig ist. Um die Zuständigkeiten differenziert darstellen zu können, wurden früher oft grafische Symbole empfohlen. Da für die Leser eines Funktionendiagramms die Interpretation der Symbole schwierig ist, haben sich eher alphanumerische Zeichen (Buchstaben bzw. Zahlen) durchgesetzt. Zwar gibt es für diese Zeichen keine Norm, jedoch sind folgende Kürzel verbreitet:

```
G   = Gesamtzuständigkeit
EV  = Entscheidungsvorbereitung
E   = Entscheidung
EM  = Mitentscheidung
      EK = Kollektiventscheidung
      EN = Entscheidung im Normalfall
      EG = Grundsatzentscheidung
      EW = Entscheidung in wichtigen Fällen
      EA = Entscheidung im Ausnahmefall
A   = Ausführung
      AM = Mitwirkung bei der Ausführung
K   = Kontrolle
      KE = Ergebniskontrolle
      KV = Verfahrenskontrolle.
```

Diese Kürzel erlauben eine sehr differenzierte Darstellung der Zuständigkeiten. Prinzipiell sind sie vor allem geeignet, den Umfang von Funktionendiagrammen zu begrenzen, was sowohl die Lesbarkeit wie auch die Pflege erleichtert.

Techniken der Aufbauorganisation

	ORGANISATIONSHANDBUCH		AUFBAUORGANISATION		
ibo	Sachgebiet:		KAPITEL	ABSCHNITT	SEITE
	Betreff:				1

Nr	1	2	3	4	AA	PO	RW	VE	SB	PA
1	Auftrag annehmen	telef. Aufträge	entgegennehmen		x					
2			Kundendaten		x					
3			Auftragsdaten		x					
4		schriftl. Aufträge	annehmen			x				
5			Eingang stempeln			x				
6			weiterleiten			x				
7	Auftrag prüfen	Vollständigkeit	nachfragen		x					
8			ergänzen		x					
9		Bonität	klären		x					
10			vermerken	Rechnung						
11				Nachnahme	x		x	x		
12		Lieferfähigkeit	Absagen	Brief verfassen	x					
13				Brief schreiben				x		
14				Brief unterschreiben	x					
15				Brief versenden		x				
16			Papiere erstellen	Auftragspapiere	x					
17				Versandpapiere					x	
18			Papiere weiterleiten							
19	fakturieren	Rechnung erstellen	aufrufen Maske							x
20			eingeben Kundennummer							x
21			eingeben Auftragsdaten	Artikel						x
22				Menge						x
23				Mehrwertsteuer						x
24				Lieferart						x
25				Zahlweise						x
26		Papiere prüfen	Rechnung			x				
27			Versandpapiere		x		x	x		
28			Nachnahme		x		x	x		
29		Rechnungssatz trennen				x				
30		weiterleiten	A-Papiere	Versandpapiere	x		x	x		
31				Rechnungsoriginal		x				
32				Nachnahmeschein		x				
33			Rechnungskopien			x				
34	versenden	Sendung zusammenstellen						x		
35		Sendung verpacken						x		
36		Sendung an Poststelle						x		
37		Post ausliefern			x					

Erstellt: 03.09.2008	Geändert: 03.09.2008	Gültig ab:	Gültig bis:

Abb. 11.12: Beispiel Funktionendiagramm

Selbstverständlich ist es möglich, in der Matrix auch noch andere Sachverhalte abzubilden. Wird in dem Beispiel die Aufgabe „bewilligen" nicht weiter untergliedert, kann dafür in der Matrix eingetragen werden, wer bis zu welchem Betrag hin zuständig ist (siehe dazu Abb. 11.13). An dem Beispiel wird deutlich, dass auch auf diesem Weg ein Funktionendiagramm wesentlich verdichtet werden kann.

Detaillierte Dokumentation möglich

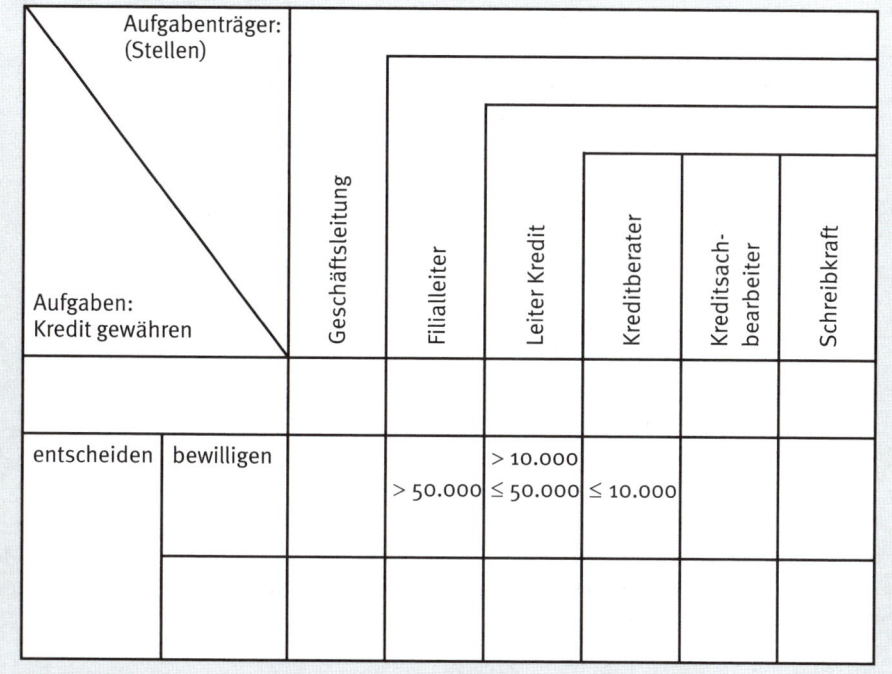

Aufgaben: Kredit gewähren		Geschäftsleitung	Filialleiter	Leiter Kredit	Kreditberater	Kreditsach-bearbeiter	Schreibkraft
entscheiden	bewilligen		> 50.000	> 10.000 ≤ 50.000	≤ 10.000		

Abb. 11.13: Erweitertes Funktionendiagramm

Das Funktionendiagramm ist ein sehr leistungsfähiges Instrument zur

- Darstellung des Ist-Zustands
- Analyse bzw. Bewertungen von Lösungen
- Dokumentation des Soll-Zustands.

Im Vergleich zur Stellenbeschreibung bildet das Funktionendiagramm nur einen Teil aller Inhalte ab. Insbesondere fehlt die Darstellung der Information, der Kommunikation und des Anforderungsprofils. Diese Nachteile relativieren sich jedoch, da der Kern einer Stellenbeschreibung (Zuordnung der Aufgaben und Kompetenzen) eindeutig aus dem Funktionendiagramm hervorgeht. Zusammenhänge werden gut sichtbar. Deswegen sind Funktionendiagramme in der Praxis weit verbreitet.

Vergleich mit Stellenbeschreibung

Abschließend sollen die Vor- und Nachteile des Funktionendiagramms aufgelistet werden.

Funktionendiagramm	
Vorteile	**Nachteile**
■ Wirtschaftliche Erstellung, beansprucht weniger Zeit als eine entsprechende Stellenbeschreibungsaktion ■ Darstellung von Zusammenhängen auf engem Raum ■ Übersichtlichkeit bei der Abgrenzung von Aufgaben und Kompetenzen ■ Hilfe bei der Würdigung und Bewertung, da fehlende oder unzweckmäßige Regelungen sofort ins Auge fallen ■ Niedriger Änderungs-/Pflegeaufwand.	■ Es ist nicht ganz einfach, eine zweckmäßige Aufgabengliederung zu erstellen, die auf ein Funktionendiagramm und die abzubildende Arbeitsteilung abgestimmt ist ■ Bestimmte Sachverhalte wie z.B. die Informations- und Kommunikationsbeziehungen und die Anforderungsprofile können nicht wiedergegeben werden. Dazu werden dann gesonderte Darstellungsinstrumente (z.B. Matrizen) benötigt.

Zusammenfassung Im Funktionendiagramm werden Aufgaben und Aufgabenträger in einer Matrix einander gegenübergestellt. In den Kreuzungspunkten werden die Zuständigkeiten durch Symbole eingetragen.

11.4.3 Anforderungsprofile

Anforderungsprofile können verbal in Stellenbeschreibungen dargestellt werden. Sollen übergreifende Zusammenhänge sichtbar gemacht werden, bietet sich eine Matrix an, um die Anforderungen an Stelleninhaber zu dokumentieren.

Drei Arten von Anforderungen können unterschieden werden:

- Aus- und Weiterbildung
- Fachspezifische Anforderungen
- Persönliche Merkmale.

Diese Anforderungen müssen dann im Einzelfall weiter untergliedert und konkretisiert werden. Die folgende Matrix zeigt ein verkürztes Beispiel:

Anforderungen \ Stellen		Zweigstellenleiter	Kundenberater	Sachbearbeiter	Schreibkraft
Aus- und Weiterbildung	Mittlere Reife	X	X		
	Lehrabschluss	X	X	X	
	Fachlehrgang Bankkaufleute	X			
	Verkaufstraining	X	X		
	Applikationsschulung	X	X	X	
	Schulung-Text-Software			X	X
Fachspezifische Anforderungen	2 Jahre Kreditabteilung	X			
	6 Monate Kreditabteilung		X	X	
	6 Monate Passivgeschäft	X	X		
	3 Jahre Beratertätigkeit	X			
Persönliche Merkmale	Sicheres Auftreten	X	X		
	Kontaktfähigkeit	X	X		
	Teamfähigkeit	X	X	X	
	Verhandlungsgeschick	X	X		
	Belastbarkeit	X	X		X

Abb. 11.14: Anforderungsprofil-Matrix

11.4.4 Kommunikationsbeziehungen

Durch die raschen Fortschritte auf dem Gebiet der Kommunikationstechnik hat die Untersuchung der kommunikativen Beziehungen erheblich an Bedeutung verloren. Technisch kann heute jeder Mitarbeiter mit jedem anderen problemlos in Verbindung treten. Die Kosten für die Infrastruktur und für die laufende Nutzung sinken ständig, so dass die Wirtschaftlichkeit der Kommunikation ständig gestiegen ist. Heute gilt eher das Problem der Überversorgung z.B. durch übervolle Mailboxen und viel zu viele Meetings. Viele Unternehmen beklagen die großen Zeitverluste, die entstehen, wenn Mitarbeiter sich mit für sie irrelevanten Sachverhalten beschäftigen müssen oder an endlosen und wenig produktiven Treffen teilnehmen. In diesem Sinne dürfte der Kommunikationsanalyse eine Renaissance bevorstehen mit dem Fokus darauf, unnötige Kommunikation zu vermeiden oder zu begrenzen.

Weiterführende Literatur zu diesem Abschnitt

Acker, H.B.: Organisationsanalyse. Verfahren und Techniken praktischer Organisationsarbeit. 9. Aufl., Baden-Baden/Bad Homburg v.d.H. 1977

Höhn, R.: Stellenbeschreibungen – aber richtig. Bad Harzburg 1977

Menzel, A.; E. Nauer: Das Funktionendiagramm, ein flexibles Organisations- und Führungsinstrument. Bonn 1972

Nordsieck, F.: Betriebsorganisation. Lehre und Technik. Tafelband – Textband. Stuttgart 1961

Nordsieck, F.: Die schaubildliche Erfassung und Untersuchung der Betriebsorganisation. 6. Aufl., Stuttgart 1962

Schmidt, G.: Grundlagen der Aufbauorganisation. 4. Aufl., Gießen 2000

Schmidt, G.: Stellenbeschreibung. In: Handwörterbuch der Betriebswirtschaft. 4. Aufl., Hrsg. von E. Grochla und W. Wittmann, Bd. 2, Stuttgart 1975, Sp. 3720-3725

Schwarz, H. u. Mitarbeiter: Arbeitsplatzbeschreibungen. 5. Aufl., Freiburg i.Br. 1972

Ulmer, G.: Stellenbeschreibungen als Führungsinstrument. Wien 2001

12 Techniken der Prozessorganisation

Ziele dieses Kapitels – Was können Sie erwarten?

- Sie kennen Inhalte und Ziele der Prozessorganisation
- Sie kennen die Grundformen von Prozessstrukturen
- Sie kennen grundlegende Darstellungsformen von Prozessen und verschiedenen Sichten auf Prozesse
- Sie können grafisch-verbale Techniken der Prozessdokumentation einsetzen
- Sie wissen, welche grafisch-strukturellen Techniken es gibt und kennen deren Nutzungsmöglichkeiten
- Sie kennen den Grundaufbau von Entscheidungstabellen und wissen, wozu sie genutzt werden können.

12.1 Inhalte der Prozessorganisation

Organisation kann untergliedert werden nach Aufbauorganisation und Prozessorganisation. Zur Aufbauorganisation gehören Regelungen zur Stellenbildung, zur Leitungsorganisation und zur Informationsversorgung. Geeignete Dokumentationstechniken wurden im Kapitel 11 vorgestellt.

In der Prozessorganisation wird geregelt

- Wie die Aufgaben im Einzelnen zu erfüllen sind
  - welche Schritte in welcher zeitlichen Folge zu tun sind
  - ob es in einem Prozess Verzweigungen gibt, z.B. für parallel arbeitende Stellen
  - unter welchen Bedingungen Aufgaben zu erledigen sind
  - ob und ggf. unter welchen Bedingungen Prozesse zurück verzweigen
  - wie das anfallende Volumen bewältigt werden soll (z.B. kontinuierlich oder stapelweise)
- Wo die Aufgaben zu erfüllen sind, wohin Arbeitsergebnisse zu liefern sind bzw. woher etwas zu beschaffen ist
- Wann und wo Kontakte mit anderen Stellen stattfinden
- Wann Informationen geliefert werden bzw. zu liefern sind
- Zu welchen Zeiten Kommunikation stattfinden kann oder soll
- Wann und wo welche Sachmittel zur Verfügung stehen bzw. genutzt werden können.

Regelungsinhalte

Hinter diesen Beispielen verbergen sich die Grundstrukturen von Prozessen und die Dimensionen der Organisation.

Dimensionen			Beispiele
Zeit	Wann	▪ Zeitpunkt der Aufgabenerledigung	Öffnen des Büros um 8.00 Uhr
		▪ Zeitliche Folge der Aufgabenerfüllung	Erst Post öffnen, dann stempeln, dann weiterleiten
		▪ Zeitpunkt der Weiterleitung von Informationen	Abgabe des Berichts jeweils zum Monatsende
	Wie lange	▪ Zeitraum der Bearbeitung	Telefondienst von 8.00 bis 12.00 Uhr
		▪ Dauer der Aufgabenerfüllung	Vorgabezeit für die Bearbeitung eines Antrags 30 Minuten
Raum	Wo	▪ Standort	Arbeitsplatz Standort Sachmittel Ort des Lagers
	Woher/ Wohin	▪ Transportwege	Abholen der Post vom Posteingang (örtlich) Lieferung der Vorlage an Sachbearbeitung (örtlich)
		▪ Weg	Transport über einen bestimmten Weg
Menge	Wie viel	▪ Anzahl	Menge zu bearbeitender Vorgänge
		▪ Gruppierung	Größe eines zu bearbeitenden Stapels Größe einer Stichprobe

Abb. 12.01: Dimensionen der Prozessorganisation

Die hier vorgestellten Techniken sind primär Techniken zur Darstellung und Analyse der Prozessorganisation. Geeignete Formen der Darstellung unterstützen in allen Phasen und Schritten die Projektbearbeitung. Im Einzelnen dient eine geeignete Darstellungstechnik der (dem)

Inhalte der Prozessorganisation | 399

- Erhebung
- Analyse
- Anforderungsermittlung/Würdigung
- Lösungsentwurf
- Bewertung

Nutzung im Zyklus

prozessorganisatorischer Sachverhalte. Damit handelt es sich bei den Techniken der Prozessorganisation im weitesten Sinne um Techniken der prozessorganisatorischen Gestaltung. Aus dem Übersichtsmodell sind damit hauptsächlich die folgenden Teile (Abb. 12.02) angesprochen.

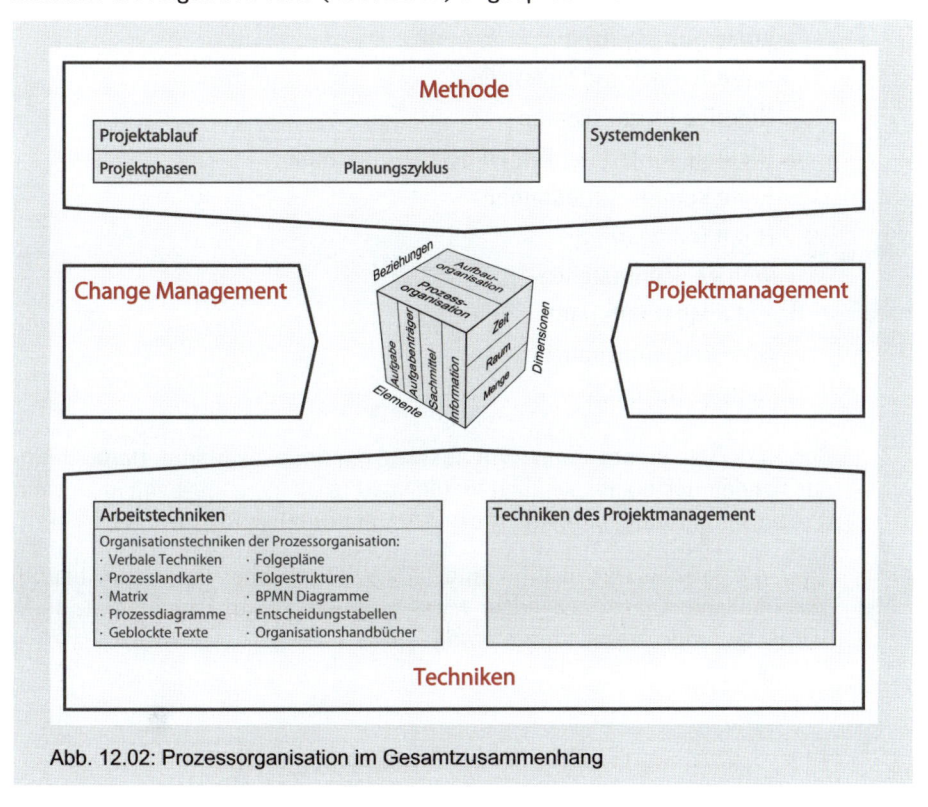

Abb. 12.02: Prozessorganisation im Gesamtzusammenhang

Detailliertere Ausführungen zum Thema Prozessorganisation finden sich in Band 9 dieser Schriftenreihe: Praxishandbuch Prozessmanagement von G. FISCHERMANNS.

In der Prozessorganisation wird die Aufgabenerfüllung geregelt. Dabei geht es um die Gestaltung verzweigter und unverzweigter Prozesse, mit oder ohne Rückkopplungen und Verknüpfungen sowie um die Regelungen der zeitlichen, räumlichen und mengenmäßigen Dimensionen.

Zusammenfassung

12.2 Ziele der Prozessorganisation

Die Ziele der Prozessorganisation leiten sich aus den allgemein gehaltenen Unternehmenszielen (z.B. Sicherstellen von kontinuierlichem Wachstum, Erzielen eines möglichst großen Gewinns, Erweitern von Marktanteilen) ab. Aus diesen eher globalen Zielen müssen Ziele abgeleitet werden, die von den Aufgabenträgern in der praktischen Arbeit umgesetzt werden können und die vor allem auch messbar sind, d.h. es muss überprüft werden können, ob bzw. inwieweit die Ziele erreicht worden sind. Wenn diese Bedingung gegeben ist, spricht man von operationalisierten Zielen.

Wichtige Ziele der Prozessorganisation sind beispielsweise:

Ziele der Prozessorganisation

- Kurze Durchlaufzeit
- Hohe Termin- und Liefertreue
- Niedrige Prozesskosten
- Niedrige Fehlerrate, Fehlerkosten, Ausschuss
- Hohe Kundenzufriedenheit
- Hohe Transparenz
- Wenige Schnittstellen
- Hohe Mitarbeitermotivation
- Gute Ressourcenauslastung
- Geringe Bestände.

Derartige Ziele dienen einmal zur Auswahl der besten Variante. Darüber hinaus können und sollen sie auch für die spätere Überwachung von Prozessen (Prozessmonitoring, laufende Prozessoptimierung) genutzt werden.

Zusammenfassung

> Ziele der Prozessorganisation sind möglichst messbar (operationalisiert) zu formulieren. Diese Ziele dienen sowohl zur Auswahl von Varianten wie auch für die laufende Prozessoptimierung.

12.3 Vorgehensweisen in der Prozessorganisation

Aufgaben als Baumaterial

Aufgaben sind Elemente oder Bausteine der Prozessorganisation. Sollen Prozesse geregelt werden, müssen die zugrunde liegenden Aufgaben bekannt sein. In der Praxis sind bei der Gestaltung von Prozessen verschiedene Ansätze anzutreffen:

Vorgehensweisen

- Erhebung des Ist-Zustands und Verbesserung des Prozesses = empirische Bearbeitung
- Ergebnisorientiertes Vorgehen (was soll der Prozess hervorbringen, welche Leistungen sind dazu zu erbringen, d.h. welche Aufgaben müssen erfüllt werden?) = konzeptionelles Vorgehen.

Wenn es einen Ist-Zustand gibt, wird meistens auf der Grundlage der vorliegenden Lösung ein verbesserter Prozess abgeleitet.

In jedem Fall werden geeignete Darstellungsinstrumente (Dokumentationstechniken) der Prozessorganisation benötigt, die im Zentrum dieses Kapitels stehen.

12.4 Gestaltung der Prozessorganisation

12.4.1 Objekt- und Verrichtungsfolgen

Aufgaben bestehen aus Verrichtungen an Objekten. So kann in der Prozessorganisation eine Regelung aus der Sicht der Objekte (Objektfolge) oder aus der Sicht der Verrichtungen (Verrichtungsfolge) vorgenommen werden.

Objektfolgen

Eine Objektfolge regelt, welches Objekt an welchem Ort zu welcher Zeit zu bearbeiten ist. Wenn Einzelbestellungen und Großaufträge gleichzeitig eingehen, so kann beispielsweise festgelegt werden, welcher Auftragstyp als erster zu bearbeiten ist. Die Objektfolge könnte heißen: Großaufträge vor Einzelaufträgen.

Objekt- und Verrichtungsfolgen

Verrichtungsfolgen

Wird für eine Auftragsart (Objekt) festgelegt, welche Verrichtungen an ihr vorzunehmen sind, wird von Verrichtungsfolgen oder Stückprozessen gesprochen. So ist bei einem Einzelauftrag der Auftrag anzunehmen, zu prüfen, die Lieferung ist zusammenzustellen, eine Rechnung ist zu schreiben, die Lieferung ist zu versenden. Diese Folge von Verrichtungen ist an dem Objekt „Einzelauftrag" vorzunehmen.

12.4.2 Grundformen von Prozessstrukturen

Selbst die kompliziertesten Prozessstrukturen bestehen immer aus einer Kombination von nur sechs Grundformen, die nun dargestellt werden sollen. Diese Grundformen tauchen in allen später darzustellenden Techniken der Prozessorganisation wieder auf. Allerdings sind nicht alle Techniken gleichermaßen geeignet, alle Grundformen zu dokumentieren.

Kette

Bei der Kette handelt es sich um eine unverzweigte Folge von Teilaufgaben. Die Pfeile zeigen die Flussrichtung des Prozesses (siehe Abb. 12.03).

```
┌─────────────────────┐
│ Rechnung schreiben  │
└──────────┬──────────┘
           ▼
┌─────────────────────┐
│ Bücher zusammenstel-│
│ len                 │
└──────────┬──────────┘
           ▼
┌─────────────────────┐
│ Rechnung beifügen   │
└──────────┬──────────┘
           ▼
┌─────────────────────┐
│ Bücher und Rechnung │
│ verpacken           │
└──────────┬──────────┘
           ▼
┌─────────────────────┐
│ Lieferung zur Post  │
│ bringen             │
└─────────────────────┘
```

Abb. 12.03: Kette

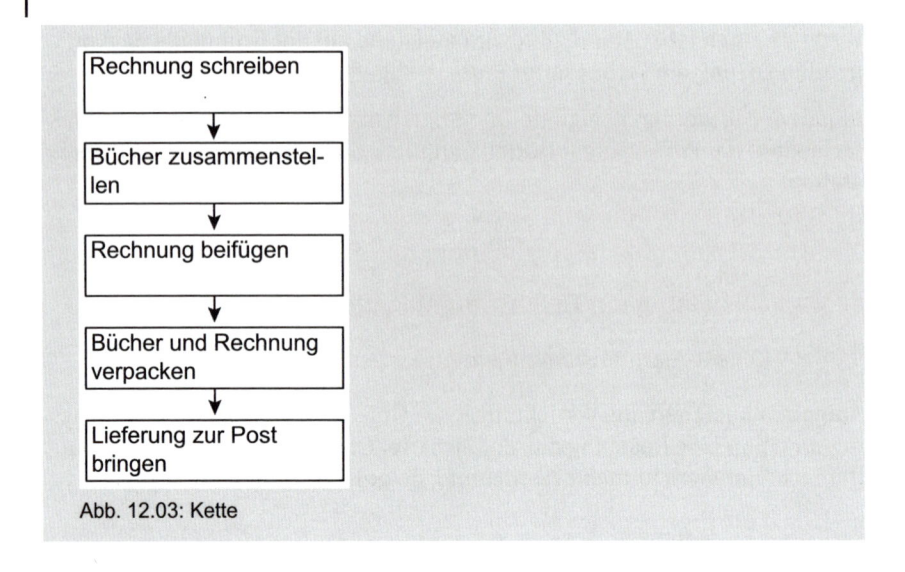

UND-Verzweigung

Können oder sollen Aufgaben parallel nebeneinander durchgeführt werden, wird dieses grafisch durch die UND-Verzweigung dargestellt (Abb. 12.04).

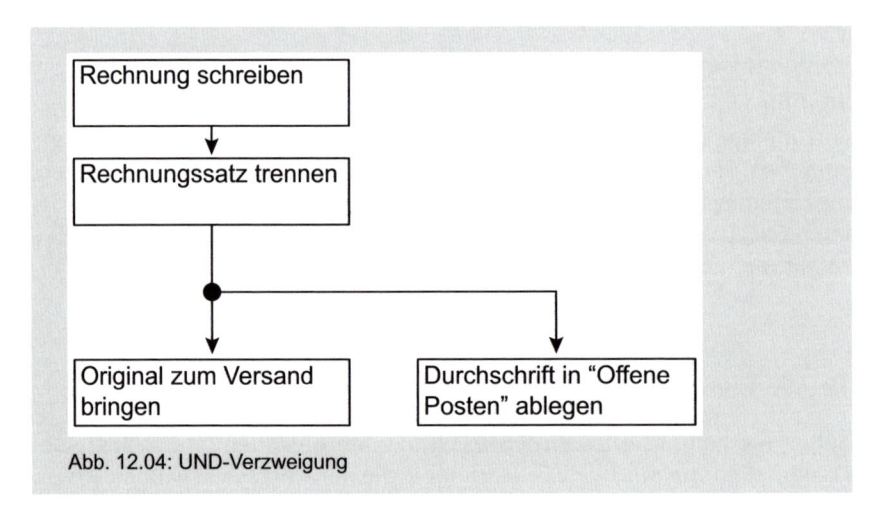

```
        ┌─────────────────────┐
        │ Rechnung schreiben  │
        └──────────┬──────────┘
                   ▼
        ┌─────────────────────┐
        │ Rechnungssatz trennen│
        └──────────┬──────────┘
                   │
          ┌────────●────────┐
          ▼                 ▼
┌──────────────────┐  ┌────────────────────┐
│ Original zum     │  │ Durchschrift in    │
│ Versand bringen  │  │ "Offene Posten"    │
│                  │  │ ablegen            │
└──────────────────┘  └────────────────────┘
```

Abb. 12.04: UND-Verzweigung

UND-Verknüpfung

Die nach einer Verzweigung parallel verlaufenden Äste können getrennt ihren Abschluss finden oder aber sich wieder vereinigen und eine gemeinsame Fortsetzung haben. Die Verknüpfung kann durch einen Punkt • gekennzeichnet werden. (Abb. 12.05).

Grundformen von Prozessstrukturen | 403

```
┌─────────────────────┐
│ Auftrag annehmen    │
└──────────┬──────────┘
           ▼
┌─────────────────────┐
│ Auftrag und Kopie   │
│ weiterleiten        │
└──────────┬──────────┘
           ●──────────────────┐
           ▼                  ▼
┌─────────────────────┐  ┌─────────────────────┐
│ Bücher zusammen-    │  │ Rechnung schreiben  │
│ stellen             │  │                     │
└──────────┬──────────┘  └──────────┬──────────┘
           ▼                        ▼
┌─────────────────────┐  ┌─────────────────────┐
│ Bücher zum Versand  │  │ Rechnung zum Versand│
│ bringen             │  │ bringen             │
└──────────┬──────────┘  └──────────┬──────────┘
           ●────────────────────────┘
           ▼
┌─────────────────────┐
│ Bücher und Rechnung │
│ zusammenfügen       │
└──────────┬──────────┘
           ▼
┌─────────────────────┐
│ Bücher und Rechnung │
│ verpacken           │
└──────────┬──────────┘
           ▼
┌─────────────────────┐
│ Lieferung zur Post  │
│ bringen             │
└─────────────────────┘
```

Abb. 12.05: UND-Verknüpfung

ODER-Verzweigung

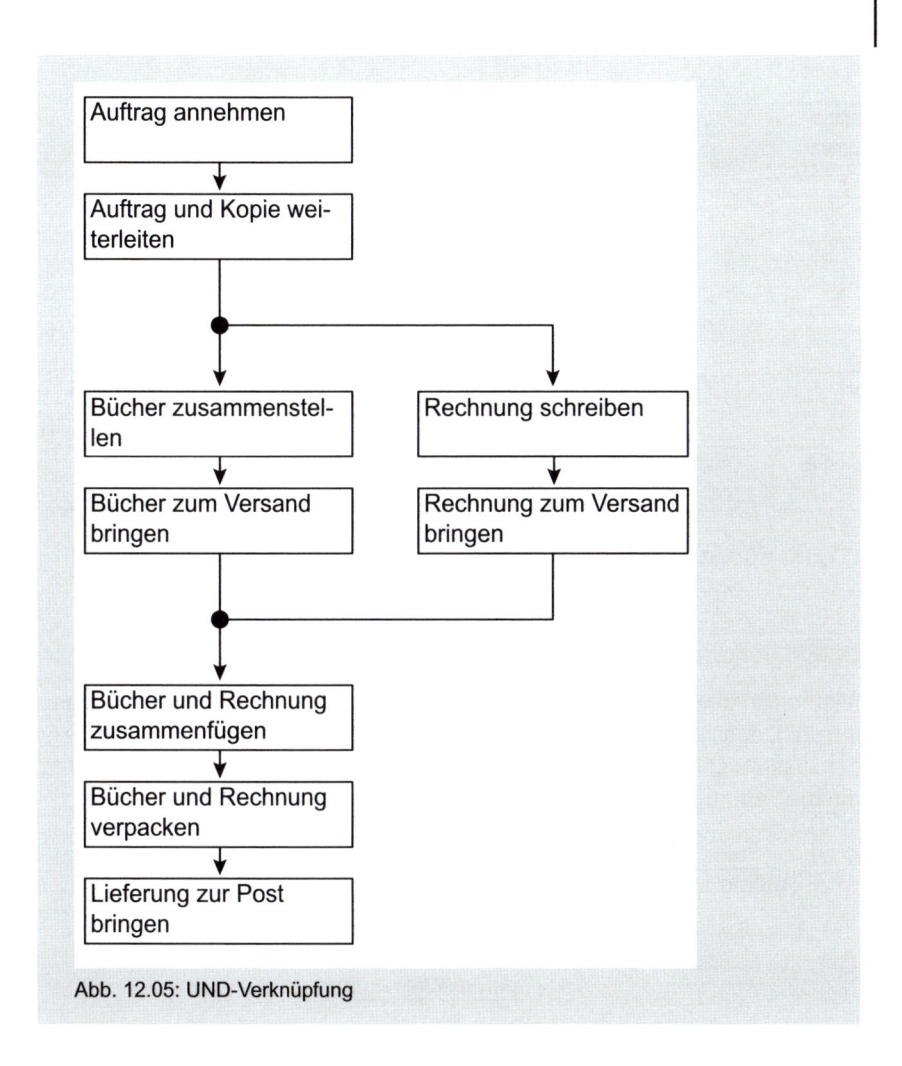

Eine ODER-Verzweigung tritt auf, wenn sich zwei oder mehr Alternativen gegenseitig ausschließen (exklusives ODER). Die Verzweigung wird meistens durch eine Raute gekennzeichnet. Im Folgenden werden Beispiele für eine Verzweigung mit zwei und drei Ausgängen dargestellt (siehe Abb. 12.06).

Abb. 12.06: Beispiele für Oder-Verzweigungen

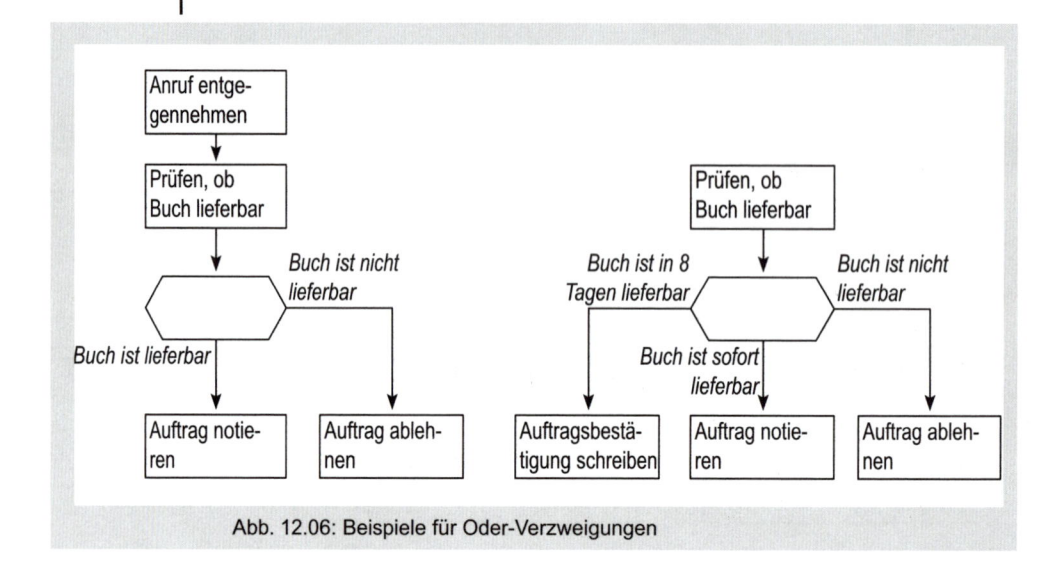

ODER-Verknüpfung

Wie im Fall der UND-Verknüpfung ist es auch nach einer ODER-Verzweigung möglich, dass die alternativen Äste gemeinsam fortgesetzt und deshalb wieder zusammengeführt werden müssen. Im Beispiel wird ein Pfeil verwendet, um die Verknüpfung der beiden Flusslinien darzustellen.

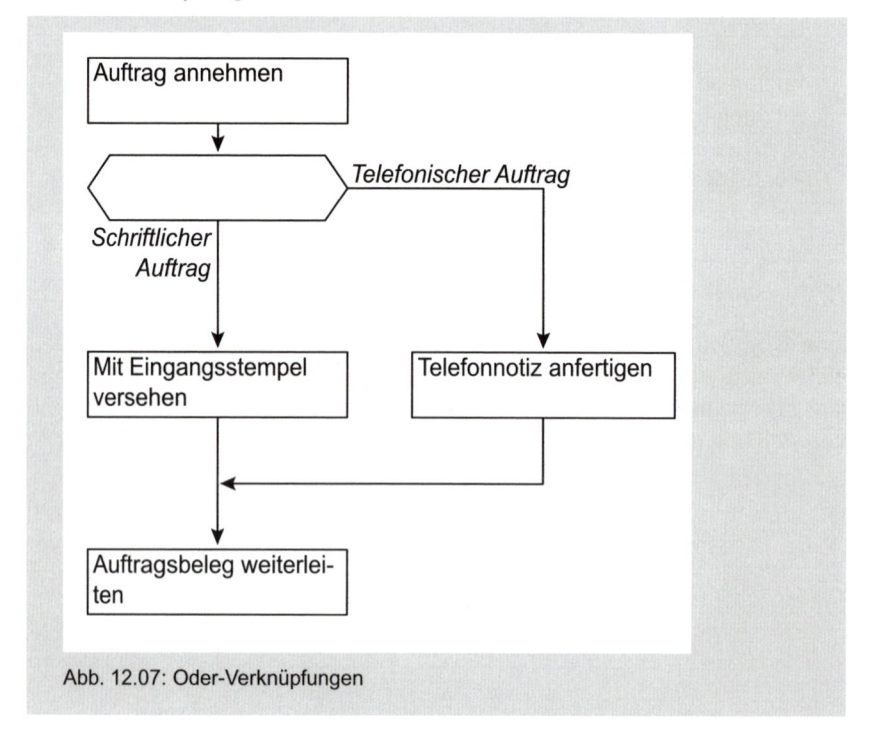

Abb. 12.07: Oder-Verknüpfungen

ODER-Rückkopplung

Wird in einem Prozess die Bedingung geprüft, ob weiter gemacht werden kann oder ob zu einer früheren Aufgabe zurückgesprungen werden muss, liegt eine ODER-Rückkopplung vor. Im Kern handelt es sich um eine ODER-Verzweigung mit einer ODER-Verknüpfung, allerdings wird hier nach „oben" und nicht nach „unten" verzweigt. Derartige ODER-Rückkopplungen treten immer auf, wenn geprüft werden muss, ob etwas fertig bearbeitet, abgeschlossen, korrekt etc. ist.

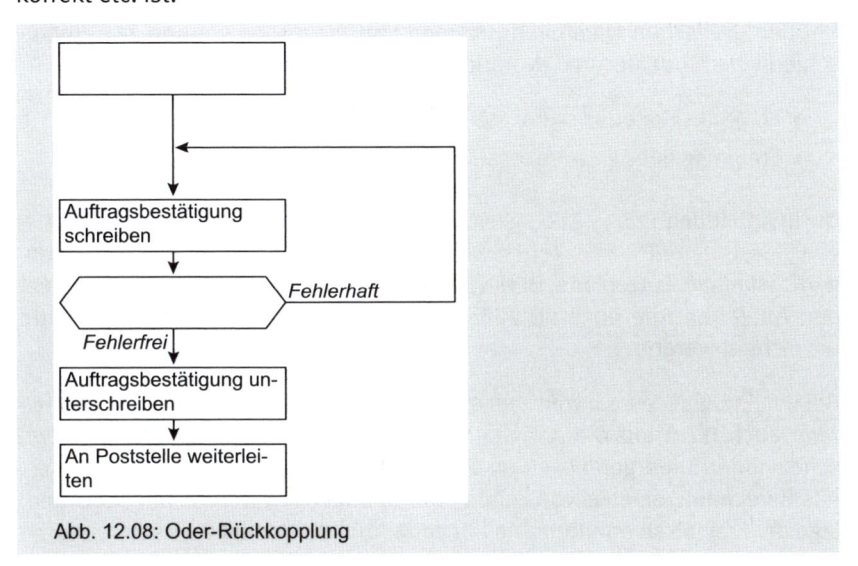

Abb. 12.08: Oder-Rückkopplung

Abschließend sollen die Grundformen noch einmal als Übersicht dargestellt werden.

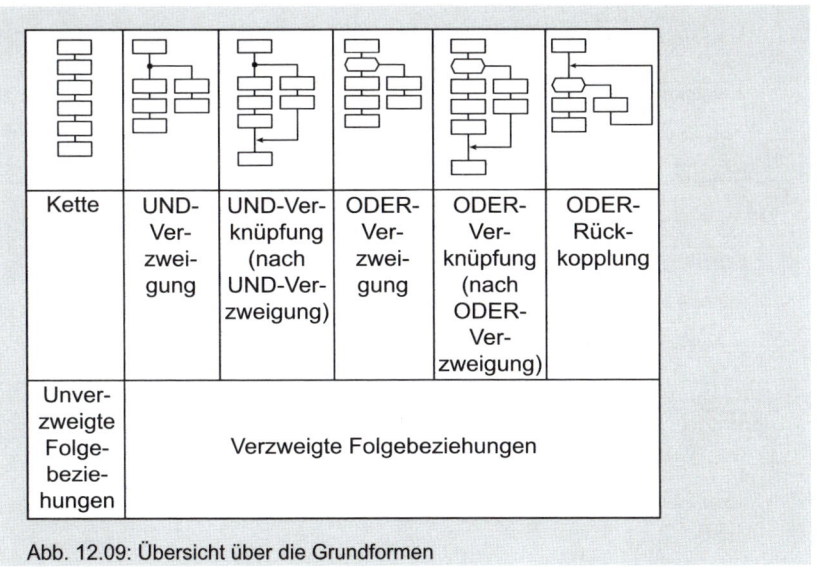

	Kette	UND-Verzweigung	UND-Verknüpfung (nach UND-Verzweigung)	ODER-Verzweigung	ODER-Verknüpfung (nach ODER-Verzweigung)	ODER-Rückkopplung
Unverzweigte Folgebeziehungen						
	Verzweigte Folgebeziehungen					

Abb. 12.09: Übersicht über die Grundformen

Techniken der Prozessorganisation

Zusammen-fassung
In der Prozessorganisation werden Objektfolgen oder Verrichtungsfolgen geregelt. Alle Prozesse können auf sechs Grundformen zurückgeführt werden. Kette, UND-Verzweigung, UND-Verknüpfung, ODER-Verzweigung, ODER-Verknüpfung und ODER-Rückkopplung.

12.5 Grundlegende Darstellungsformen von Prozessen

Formen von Prozess-Ketten
Bei den grafischen Darstellungsformen von Prozessen werden zwei unterschiedliche Modellformen (Notationen) verwendet:

- Vorgangsgesteuerte-Prozess-Ketten (VPK)
- Ereignisgesteuerte-Prozess-Ketten (EPK)

Die in Abbildung 12.03 - 12.08 gewählten Darstellungsformen sind ebenso Vorgangsgesteuerte-Prozess-Ketten wie die meisten unten folgenden Darstellungen (Swimlane, Folgepläne, BPMN). Im Vordergrund stehen die zu bewältigenden Aufgaben, die auch als Aktivitäten, Funktionen oder Prozessschritte bezeichnet werden.

Ereignisse und Funktionen in EPK
Bei den Ereignisgesteuerten-Prozess-Ketten (Event Process Chain) kann man zwar auch nicht auf die Aufgaben (Funktionen) verzichten. Auslöser, Zwischen- oder Endergebnisse von Prozessen sind jedoch immer Ereignisse. Alle Berechnungen etwa von Zeiten oder Häufigkeiten werden auf der Grundlage der Ereignisse ermittelt. Die folgende Abbildung zeigt eine sehr einfache Ereignisgesteuerte-Prozess-Kette.

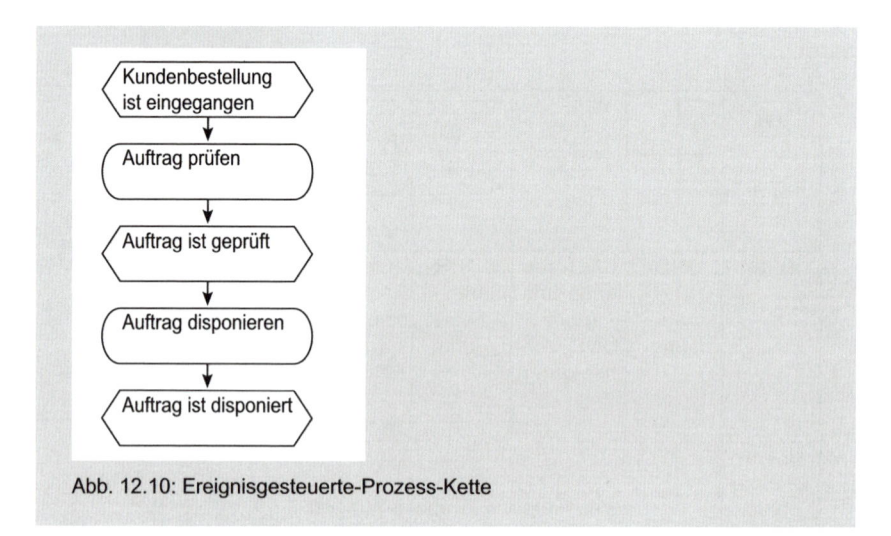

Abb. 12.10: Ereignisgesteuerte-Prozess-Kette

Einige IT-Werkzeuge und Methodenkonzepte modellieren auf der Grundlage Ereignisgesteuerter-Prozess-Ketten wie zum Beispiel die weit verbreitete Notation nach ARIS. Die heute in der Darstellung weit verbreiteten Notationen nach BPMN (Business Process Modeling Notation) sowie der UML (Unified Modeling Language) basieren dagegen auf vorgangsorientierten Prozess-Ketten.

Weitere Merkmale

Die Ereignisgesteuerte-Prozess-Kette wie auch Vorgangsgesteuerte-Prozess-Ketten können um weitere Merkmale erweitert werden, wie etwa die zuständigen Aufgabenträger, die benutzten Softwareprogramme, die genutzten oder produzierten Informationen (Daten). Dann wird von Erweiterten Ereignisgesteuerten-Prozess-Ketten (eEPK) oder Erweiterten Vorgangsgesteuerten-Prozess-Ketten gesprochen (siehe zu einer eEPK ein formalisiertes Beispiel in Abb. 12.11).

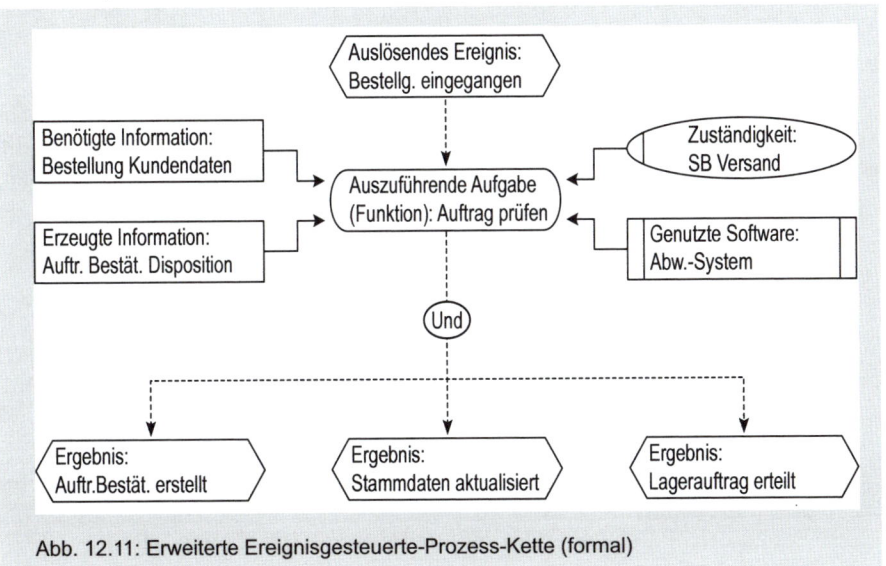

Abb. 12.11: Erweiterte Ereignisgesteuerte-Prozess-Kette (formal)

Für organisatorisch Tätige und insbesondere für Business Analysts werden Darstellungsformen benötigt, mit deren Hilfe die Verständigung zwischen den Beteiligten erleichtert wird, wenn es um die Dokumentation, Modellierung, Verbesserung oder Automatisierung von Prozessen geht. Deswegen sollte bei der Auswahl der Darstellungsform immer darauf geachtet werden, wer als Kommunikationspartner beteiligt ist. Experten der IT können sich auf eine sehr formalistische, für sie damit aber auch eindeutige Methode einigen, wie es z.B. bei einigen Darstellungstechniken der UML der Fall ist. Sollen Anwender solche Dokumentationen verstehen, dann sind weniger formalisierte, leicht verständliche Darstellungstechniken gefragt.

Nutzer für die Wahl der Darstellung maßgeblich

12.6 Sichten in der Darstellung von Prozessen

Betriebliche Prozesse bestehen immer aus Aufgaben (Funktionen) und deren zeitlich-logische Verknüpfungen. In die Prozesse fließen Daten (Informationen) ein, Daten werden be- oder verarbeitet und anschließend gespeichert und/oder weitergeleitet. Für die Erledigung der Aufgaben werden Sachmittel oder IT-Anwendungen eingesetzt. Aufgabenträger oder Organisationseinheiten sind für Prozesse, Prozessschritte oder einzelne Aufgaben zuständig.

Viele verschiedene Sichten sind möglich

Sollen organisatorische Sachverhalte dargestellt werden, ist es möglich, lediglich auf die Aufgaben zu schauen und den Prozess der Aufgabenfolge zu modellieren. Es kann auch sinnvoll sein, den Fluss der Daten darzustellen. Weiterhin ist es möglich, einen Prozess aus der Sicht der Beteiligten (wer arbeitet alles an dem Prozess mit?) darzustellen. Ähnlich kann auch die Sachmittelstruktur (etwa die an einem Prozess beteiligte Hard- und Software) dokumentiert werden. Die Hervorhebung eines dieser Teilsysteme wird auch als Sicht bezeichnet.

Transparenz und Verständlichkeit beachten

Bei der Dokumentation von Prozessen ist es nicht zu empfehlen, zu viele Sichten gleichzeitig in einem Dokument zu verwenden, da andernfalls schnell die Übersicht verloren gehen kann. Hier sollen vier Sichten unterschieden werden, die sich auch aus dem Organisationswürfel ableiten lassen:

Sichten bei der Prozessgestaltung

Prozesssicht – Struktur des Prozesses, zeitliche und logische Beziehungen zwischen den Aufgaben (siehe dazu die Abbildungen 12.03 – 12.09)

Organisationssicht – Beteiligte und deren Zuständigkeiten (siehe dazu die Abbildung 12.14, dort wird die Prozesssicht mit der Organisationssicht – wer ist für was zuständig – verbunden)

IT-Sicht – (allgemeiner Sachmittelsicht) – genutzte Sachmittel bzw. Hardware und Programme

Datensicht – eingehende, verarbeitete und ausgehende Daten (Informationen).

Nahezu alle Darstellungstechniken erlauben es, mehrere Sichten abzubilden. Dabei sollten immer die Nutzer dieser Dokumentationen im Auge behalten werden. Welcher Inhalt ist relevant, wer soll damit umgehen, wie kann ein Sachverhalt eindeutig übermittelt werden – das sind die zentralen Kriterien für die Auswahl einer Darstellungstechnik und damit auch für den Umfang an Informationen, die in eine Darstellung hinein gepackt werden.

Zusammenfassung

> Prozesse können in Ereignisgesteuerten-Prozess-Ketten (EPK) oder in Vorgangsgesteuerten-Prozess-Ketten (VPK) abgebildet werden. Häufig finden sich auch Mischformen. Neben dem Prozess mit seinen Aufgaben und den logischen und zeitlichen Beziehungen können weitere Sichten dokumentiert werden wie z.B. die Organisationssicht, die IT-Sicht oder die Datensicht.

12.7 Techniken der Prozessorganisation

12.7.1 Verbale Beschreibung

In der verbalen Beschreibung wird das geschriebene Wort in der Form eines fortlaufenden Textes verwandt. Der Leser wird lediglich optisch unterstützt durch

- Einrückungen
- Unterstreichungen
- Bildung von Absätzen oder ähnliche Mittel zur Förderung der Übersichtlichkeit von Texten.

Obwohl die verbale Beschreibung am wenigsten geeignet ist, Zusammenhänge darzustellen und Prozesse gut lesbar zu machen, ist sie in der Praxis immer noch anzutreffen.

12.7.2 Grafisch-verbale Techniken

Bei den grafisch-verbalen Techniken stehen die Texte im Vordergrund. Sie werden jedoch mehr oder weniger stark grafisch aufbereitet.

12.7.2.1 Prozesslandkarte

Prozesslandkarten sind einfache grafische Übersichten über die Prozesse eines Unternehmens oder eines Bereichs. Sie sollen zur Orientierung dienen, ohne dabei konkrete Prozesse in ihrer Struktur zu beschreiben. Prozesslandkarten können über mehrere Detaillierungsstufen zunehmend verfeinert werden. Neben dem Überblick dienen sie häufig dazu, Projekte abzugrenzen, d.h. die Systemgrenzen zu bestimmen.
Prozessübersichten

Auf oberster Ebene werden normalerweise Führungsprozesse (Managementprozesse), Ausführungsprozesse und Unterstützungsprozesse – FAU – unterschieden. Die Zuordnung zu einer dieser Kategorien ist nicht immer eindeutig. So kann die Beschaffung in einem Produktionsunternehmen ein Ausführungsprozess und in einem Dienstleistungsunternehmen ein Unterstützungsprozess sein. Hier ist die richtige Zuordnung weniger wichtig als eine möglichst vollständige Erfassung. Beispiele für Prozesse auf dieser obersten Ebene finden sich in der Abbildung 12.12.
Drei Prozessgruppen = FAU

Abb. 12.12: Beispiel Prozesslandkarte

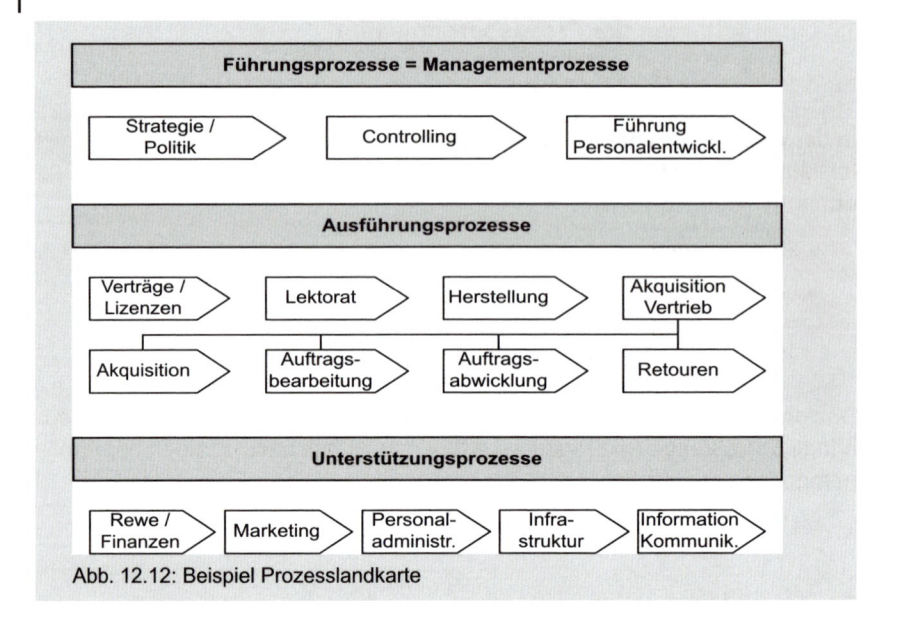

12.7.2.2 Matrix

Die Matrix ist eine der grundlegendsten Techniken der Prozessorganisation. Ihre Struktur sieht folgendermaßen aus (Abb. 12.13):

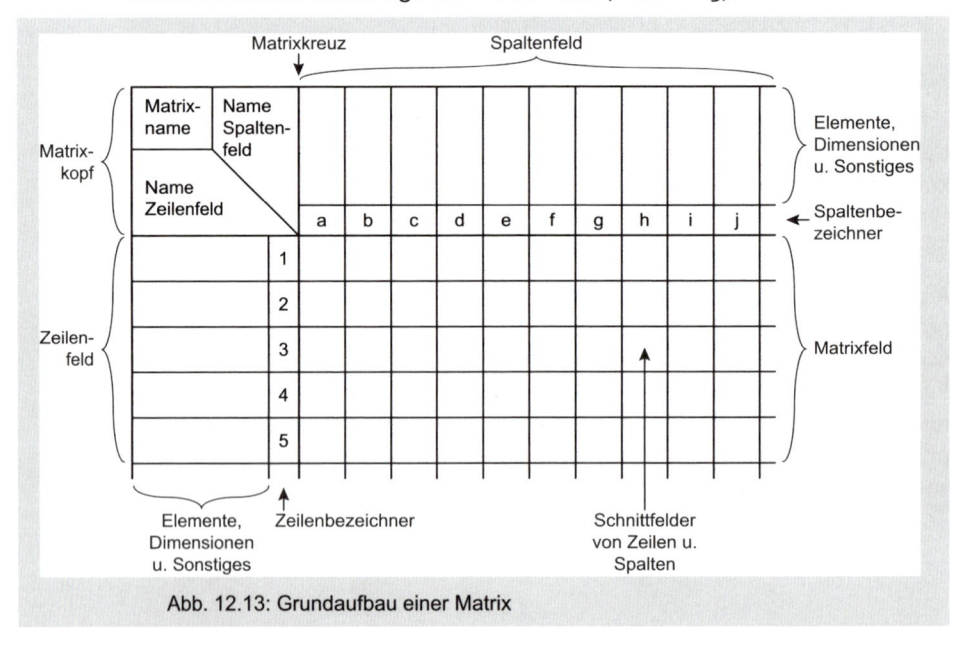

Abb. 12.13: Grundaufbau einer Matrix

In Spalten und Zeilen können die unterschiedlichsten Sachverhalte eingetragen werden.

12.7.2.3 Prozessdiagramm

Ein Prozessdiagramm ist eine grafisch unterstützte Form einer verbalen Darstellungsform. Es wurde in seiner Grundstruktur schon in den 20er-Jahren des letzten Jahrhunderts entwickelt. Da heute leistungsfähige Standardsoftware zur Verfügung steht, um Prozesse darzustellen und zu analysieren, ist dieses Instrument unter der Bezeichnung Swimlane – für jede beteiligte Stelle oder Organisationseinheit gibt es eine eigene Schwimmbahn – wieder aktuell geworden. Ein Beispiel für eine Swimlane-Darstellung findet sich in Abb. 12.14.

Swimlane wieder entdeckt

In der Kopfzeile eines Prozessdiagramms (oder in der Kopfspalte, je nachdem, ob das Diagramm vertikal oder horizontal aufgebaut ist) werden die am Prozess beteiligten Stellen oder Organisationseinheiten abgebildet. Damit stehen für alle an einem Prozess Beteiligten Spalten oder Zeilen bereit. In die Spalten oder Zeilen werden die Aufgaben eingetragen und durch Linien miteinander verbunden, um so die zeitliche Folge sichtbar zu machen.

Vertikale oder horizontale „Schwimmbahnen"

12.7.2.4 Geblockte Texte

Mit Geblockten Texten lassen sich Prozessbeziehungen grafisch unterstützt darstellen. Der Leser wird durch

- Umrahmung (Blockung der Texte)
- Anordnung im Fluss des Prozesses (von oben nach unten, von links nach rechts)
- Symbole z.B. für Beginn, Ende, Abbruch, Unterbrechung etc.

geleitet. Aufgaben, Bedingungen und weitere Informationen werden in Felder geschrieben, die durch horizontale und vertikale Trennlinien gebildet werden. Diese Felder werden Blöcke genannt. Es ist sinnvoll, Aufgaben, Aufgabenträger und Bedingungen optisch deutlich zu unterscheiden (z.B. Aufgabenträger durch Fettdruck zu kennzeichnen).

Am Markt ist Software verfügbar, die aus strukturell eindeutig definierten Abläufen automatisch Geblockte Texte generiert. Die Geblockten Texte werden häufig mit Arbeitsanweisungen gleichgesetzt. Sie sind in der Tat eine der wichtigsten Formen der Darstellung von Arbeitsanweisungen, da sie sehr benutzerfreundlich, das heißt leicht lesbar sind. Zur Verdeutlichung soll das Beispiel (Abb. 12.15) dienen.

Geeignete Form für Arbeitsanweisungen

412 | Techniken der Prozessorganisation

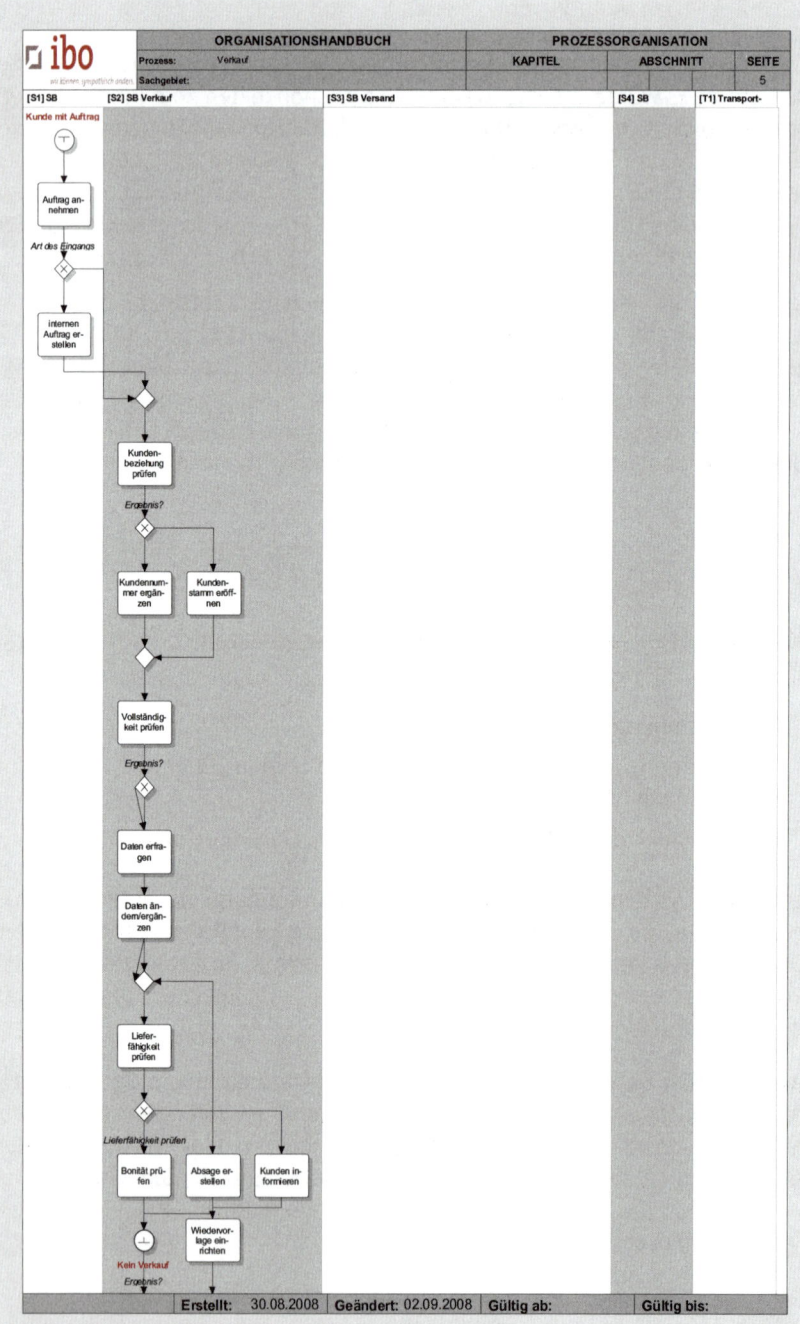

Abb. 12.14a: Vertikales Prozessdiagramm (Swimlane)

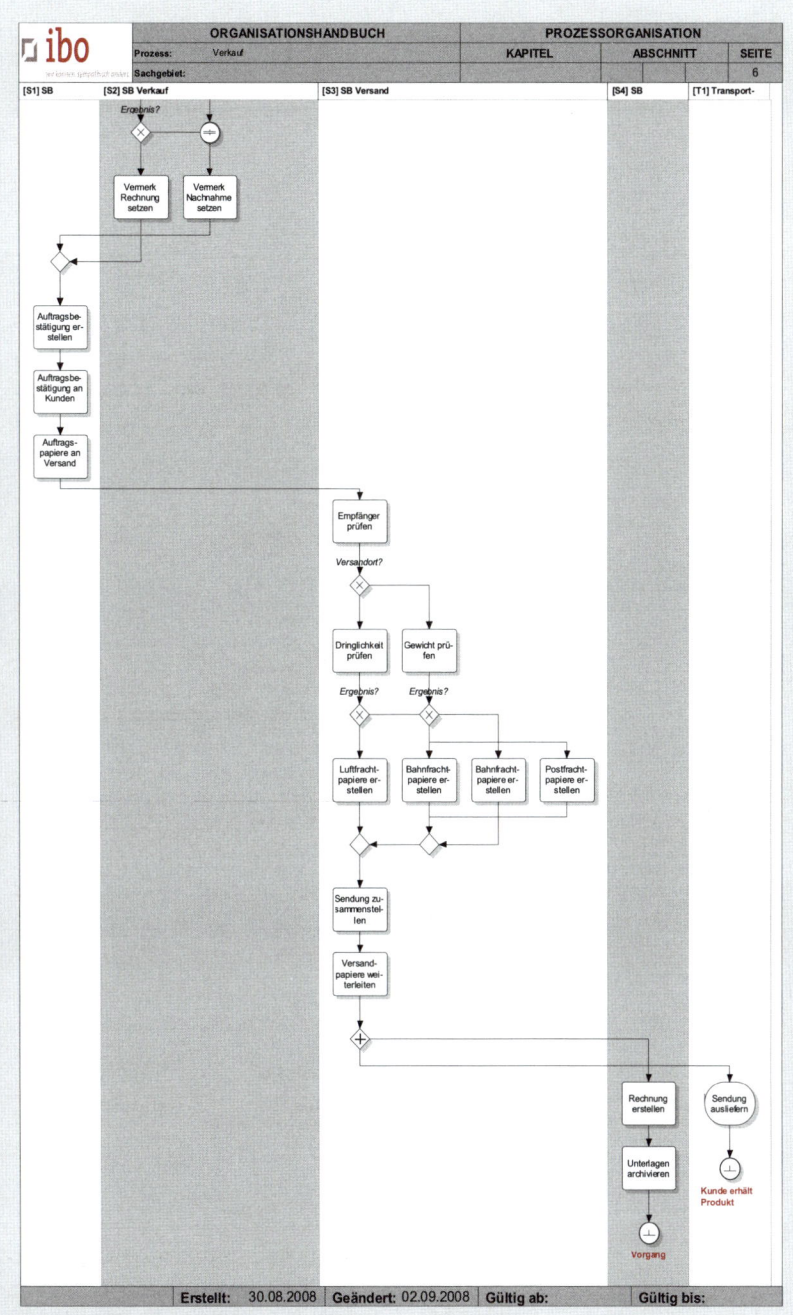

Abb. 12.14b: Vertikales Prozessdiagramm (Swimlane)

414 | Techniken der Prozessorganisation

ibo	ORGANISATIONSHANDBUCH		PROZESSORGANISATION		
Prozess:	Verkauf		KAPITEL	ABSCHNITT	SEITE
Sachgebiet:					7

KUNDE MIT AUFTRAG

SB Auftragsannahme
- Auftrag annehmen

Art des Eingangs

telefonisch	online	schriftlich

SB Auftragsannahme
- internen Auftrag erstellen

SB Verkauf
- Kundenbeziehung prüfen

Ergebnis?

Altkunde	Neukunde
SB Verkauf • Kundennummer ergänzen	**SB Verkauf** • Kundenstamm eröffnen

SB Verkauf
- Vollständigkeit prüfen

Ergebnis?

Vollständiger Auftrag	unvollständiger Auftrag
	SB Verkauf • Daten erfragen • Daten ändern/ergänzen

SB Verkauf
- Lieferfähigkeit prüfen

Lieferfähigkeit prüfen

lieferfähig	nicht lieferfähig	verspätet lieferfähig
SB Verkauf • Bonität prüfen	**SB Verkauf** • Absage erstellen **KEIN VERKAUF**	**SB Verkauf** • Kunden informieren • Wiedervorlage einrichten

Ergebnis?

Bonität i.O.	Bonität nicht i.O.
SB Verkauf • Vermerk Rechnung setzen	**SB Verkauf** • Vermerk Nachnahme setzen

SB Auftragsannahme
- Auftragsbestätigung erstellen
- Auftragsbestätigung an Kunden schicken
- Auftragspapiere an Versand weiterleiten

SB Versand
- Empfänger prüfen

Versandort?

Inland	Ausland
SB Versand • Gewicht prüfen	**SB Versand** • Dringlichkeit prüfen
Ergebnis?	*Ergebnis?*

Sendung < 10 kg	Sendung >= 10 kg	hohe Dringlichkeit	geringe Dringlichkeit
SB Versand • Postfrachtpapiere erstellen	**SB Versand** • Bahnfrachtpapiere erstellen	**SB Versand** • Luftfrachtpapiere erstellen	**SB Versand** • Bahnfrachtpapiere erstellen

SB Versand
- Sendung zusammenstellen
- Versandpapiere weiterleiten

SB Fakturierung • Rechnung erstellen • Unterlagen archivieren	**Transportunternehmen** • Sendung ausliefern **KUNDE ERHÄLT PRODUKT**

VORGANG ABGESCHLOSSEN

Erstellt: 30.08.2008	Geändert: 02.09.2008	Gültig ab:	Gültig bis:

Abb. 12.15: Geblockter Text

Folgende Regeln erleichtern die Lesbarkeit und damit die Akzeptanz der Anwender:

Praktische Tipps

- Senken (Endpunkte von Prozessen) und Rückkopplungsausgänge am rechten Rand darstellen
- Soweit möglich, die häufigsten Fälle (den so genannten Hauptast) links anordnen
- Vermeiden leerer Blöcke
- Blattbreite möglichst nutzen
- Vertikale Linien (Fluchtlinien) soweit möglich beibehalten.

Die Geblockten Texte werden in der folgenden Gegenüberstellung bewertet.

Geblockte Texte	
Vorteile	**Nachteile**
- Eindeutige Darstellung - Überblick über den Gesamtprozess (wesentlich transparenter als die verbale Beschreibung) - Auch von Anwendern leicht lesbar - Leicht zu erstellen - Wenige Akzeptanzprobleme	- Mehrere ODER-Verzweigungen nacheinander sind schwer darzustellen, da die Felder immer schmaler werden - Nur als Arbeitsanweisung sinnvoll

Grafisch-verbale Techniken nutzen nur wenige Symbole, der Text steht im Vordergrund. Reine Textbeschreibungen eignen sich selten. Matrizes können zur Abbildung der unterschiedlichsten Strukturen verwendet werden. In einem Prozessdiagramm wird die Organisationssicht mit der Prozesssicht verbunden. Geblockte Texte unterstützen die leichte Lesbarkeit von Abläufen, indem eine verbale Beschreibung grafisch aufbereitet wird. Sie sind als Arbeitsanweisungen geeignet.

Zusammenfassung

12.7.3 Grafisch-strukturelle Techniken

Komplexe Prozesse erfordern grafische Aufbereitung

Ein grundlegender Mangel der bisher behandelten Techniken liegt darin, dass umfangreiche Verzweigungen (UND-/ODER), Zusammenführungen und Rückkopplungen nur schwer darzustellen sind. Und wenn sie dargestellt werden können, wird dadurch normalerweise die Lesbarkeit beeinträchtigt. Diesen Mangel beheben die grafisch-strukturellen Techniken, mit denen alle Grundformen von Prozessstrukturen eindeutig abgebildet werden können. Als Beispiele sollen hier Folgepläne und Folgestrukturen gezeigt werden.

12.7.3.1 Folgepläne

Der Aufgabenfolgeplan setzt sich aus den bereits oben vorgestellten Grundformen von Prozessstrukturen zusammen. Mit seiner Hilfe werden die Aufgaben in eine zeitliche bzw. logische Folge gebracht.

Folgende Regeln der Darstellung gelten:

Symbole des Folgeplans

- Teilaufgaben werden in Rechtecke geschrieben
- Rechtecke werden mit einer Flusslinie verbunden
- ODER-Verzweigungen werden durch ein Sechseck oder eine Raute dargestellt
- ODER- und UND-Verknüpfungen werden durch einen Pfeil gekennzeichnet, der auf die Flusslinie zurückführt
- UND-Verzweigungen und UND-Verknüpfungen werden durch einen Punkt kenntlich gemacht.

In Aufgabenfolgeplänen werden zusätzlich noch weitere Symbole verwendet (siehe dazu Abb. 12.16).

Die wichtigsten Symbole und ihre Verwendung werden in dem folgenden, verkürzten Aufgabenfolgeplan zusammenfassend dargestellt (siehe Abb. 12.17).

Der Aufgabenfolgeplan kann – ohne die Lesbarkeit wesentlich zu beeinträchtigen – auch noch um die jeweiligen Aufgabenträger erweitert werden. Zu diesem Zweck ist das Aufgabensymbol zu teilen.

Grafisch-strukturelle Techniken | 417

Symbol	Bezeichnung	Bedeutung
▭ ○	Internes Element	Symbol für Aufgaben bzw. Aufgabenträger, die zum Gestaltungsbereich gehören (system-interne Elemente). Wahlweise kann hier ein Rechteck oder ein Kreis bei der Folgestruktur benutzt werden
⬭	Externes Element	Symbol für Aufgaben bzw. Aufgabenträger, die nicht zum Gestaltungsbereich gehören (system-externe Elemente)
☐	Sachmittel	Symbol für aktiv verarbeitende Sachmittel zur Speicherung, Verarbeitung oder zum Transport von Informationen, Informationsträgern und sonstigen materiellen Objekten
⬡ ◇	ODER-Verzweigung	Exklusives ODER Weichenstellung im Prozess
•	UND-Verzweigung	Verzweigung für Teilprozesse, die parallel nebeneinander laufen können
───	Flusslinie	Beziehung zwischen den Elementen eines Prozesses
──▶	Zusammenführung	Verbindung von Teilprozessen nach UND- oder ODER-Verzweigung
┬	Quelle	Symbol für Prozessbeginn
┴	Senke	Symbol für Prozessende
╪	Zeitliche Unterbrechung	Zeitliche Unterbrechung des Prozesses. Kann durch Angabe der Zeitdauer genauer definiert werden
⊥	Abbruch Senke	Symbol wird verwendet, wenn die Fortsetzung des Prozesses für das Projekt nicht relevant ist oder es sich um einen Ausnahmefall handelt
⌬	Elektronische Dateien	Symbol für Zusatzinformationen, die in elektronischer Form vorliegen
⌂	Konventionelle Dateien	Symbol für Zusatzinformationen, die in physischer Form vorliegen (Dokumente)
⬚	Unterprozess/ Teilprozess	Mit Hilfe dieses Symbols ist es möglich, Teile eines Prozesses in einen eigenständigen Prozess auszugliedern
⊖	Konnektor	Der Konnektor kann zur Überbrückung von Verkettungslinien genutzt werden
▭	Objekt/ Information	Symbol für Informationen, Informationsträger und sonstige materielle Objektive (nicht aktiv verarbeitende Sachmittel).

Abb. 12.16: Symbole Folgeplan/Folgestruktur

418 | Techniken der Prozessorganisation

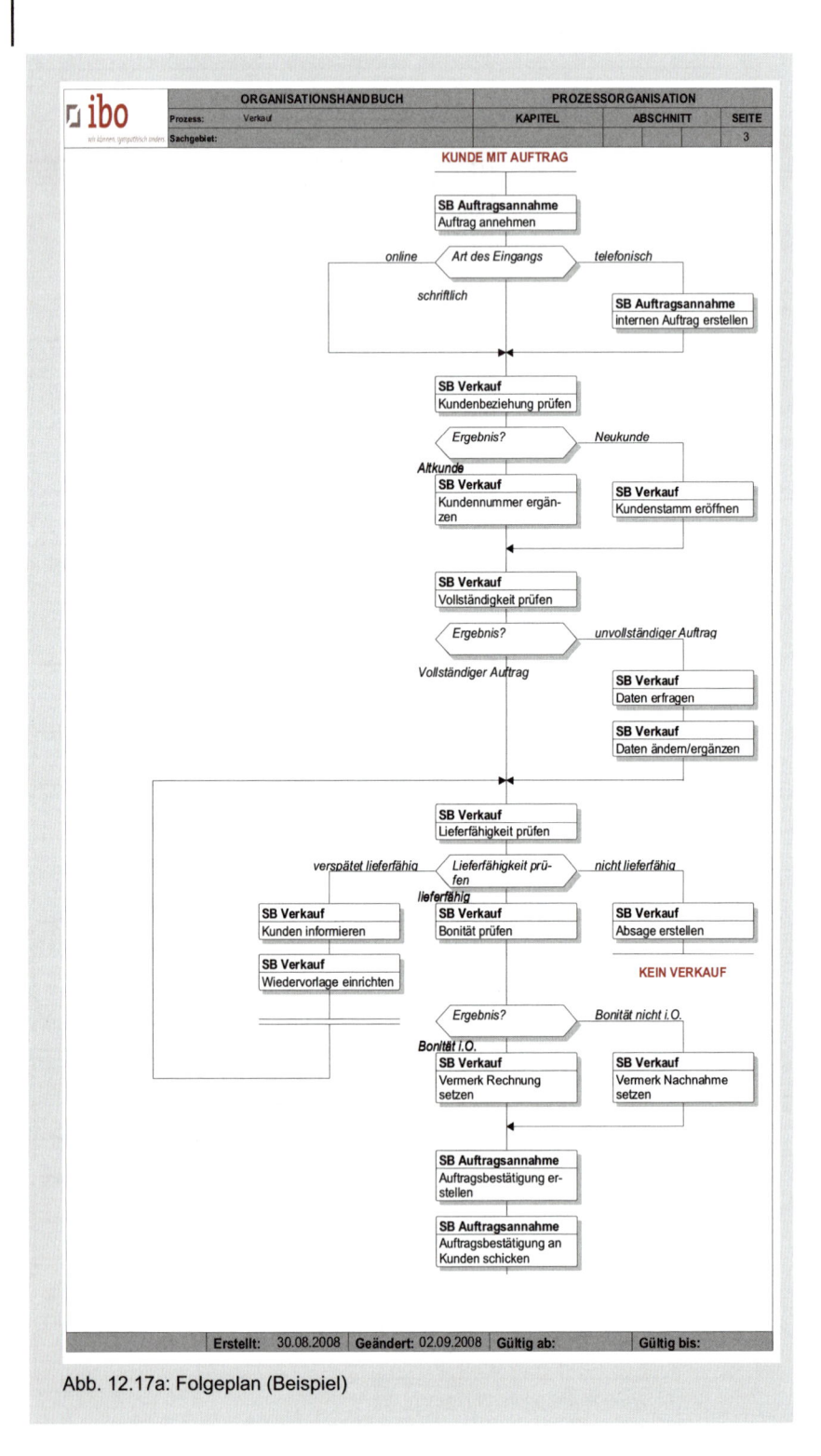

Abb. 12.17a: Folgeplan (Beispiel)

Grafisch-strukturelle Techniken | 419

Zusammenfassung

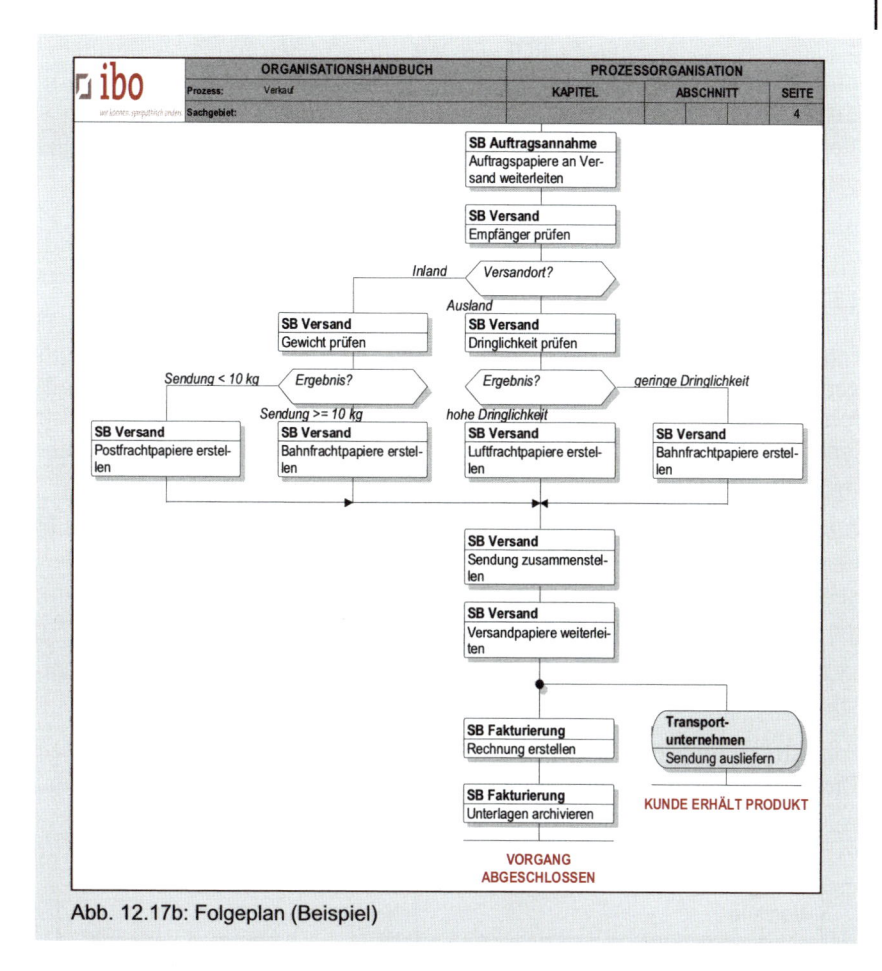

Abb. 12.17b: Folgeplan (Beispiel)

Abschließend werden die Vor- und Nachteile von Folgeplänen aufgeführt.

Folgepläne	
Vorteile	**Nachteile**
- Übersichtliche Darstellung insbesondere von Beziehungen - Problemlose Darstellung aller Grundformen von Prozessstrukturen - Relativ schnelle Dokumentation - Leicht erlernbar	- Erschwerte Übersichtlichkeit, deswegen nur bedingt für Anwender in Fachabteilungen geeignet - Relativ platzaufwändig

Zusammenfassung
: **Aufgabenfolgepläne** setzen sich aus den Grundformen von Prozessstrukturen und einigen weiteren Symbolen zusammen. Mit den Aufgabenfolgeplänen können sämtliche Prozessformen einfach und eindeutig dargestellt werden. Sie sind allerdings platzaufwändig, was ihre Übersichtlichkeit einschränkt.

12.7.3.2 Folgestrukturen

Kompakte Darstellung durch Trennung von Text und Grafik
: Folgestrukturen können dasselbe leisten wie die Folgepläne. Es können Aufgaben, Aufgabenträger, Sachmittel und Informationen und sämtliche Grundformen von Prozessstrukturen dargestellt werden. Sie unterscheiden sich lediglich in der Verdichtung. Diese Verdichtung wird durch die Größe der Symbole und die Trennung von Grafik und Text erreicht.

Die Symbole sind weitgehend identisch mit denen der Folgepläne. Auch die Regeln über den Einsatz dieser Symbole sind gleich. Der wesentliche Unterschied liegt darin, dass die Texte nicht in die Symbole, sondern in eine getrennte Erläuterungszeile geschrieben werden.

In Abbildung 12.18 wird ein Beispiel für eine Aufgaben-Folgestruktur vorgestellt.

Folgestrukturen sind als Techniken der Prozessorganisation speziell für den Fachmann geeignet. Allgemein weisen sie folgende Vor- und Nachteile auf:

Folgestruktur	
Vorteile	**Nachteile**
■ Eindeutige Darstellung aller Grundstrukturen ■ Dokumentation auf kleinstem Raum ■ Individuelle Aufnahme der jeweils benötigten Elemente ■ Durch die Komprimierung verbesserte Übersichtlichkeit ■ Schnelle Erhebung selbst im Interview möglich ■ Gute Basis für Analysen und Würdigung von Abläufen ■ Einfache Übertragung in Arbeitsanweisungen (Folgepläne, Geblockte Texte) möglich	■ Erschwerte Lesbarkeit wegen der Trennung von Symbolen und Texten ■ Aufwändig zu erlernen ■ Nicht sinnvoll für Präsentationen ■ Für Benutzer in Fachabteilungen als Arbeitsanweisung nicht brauchbar (erklärungsbedürftig)

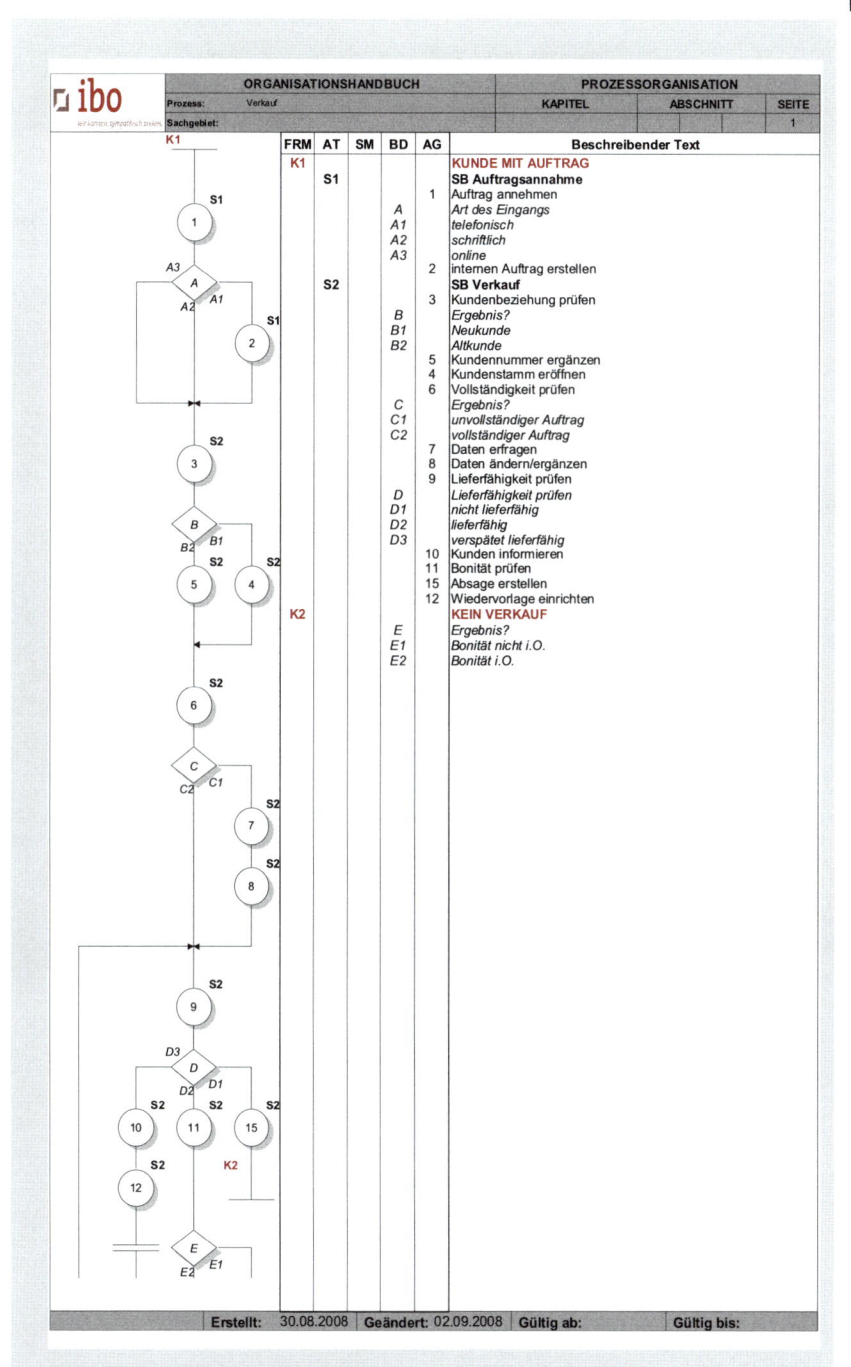

ORGANISATIONSHANDBUCH						PROZESSORGANISATION		
Prozess: Verkauf						KAPITEL	ABSCHNITT	SEITE
Sachgebiet:								1
FRM	AT	SM	BD	AG		Beschreibender Text		
K1						**KUNDE MIT AUFTRAG**		
	S1					**SB Auftragsannahme**		
				1		Auftrag annehmen		
			A			Art des Eingangs		
			A1			telefonisch		
			A2			schriftlich		
			A3			online		
				2		internen Auftrag erstellen		
	S2					**SB Verkauf**		
				3		Kundenbeziehung prüfen		
			B			Ergebnis?		
			B1			Neukunde		
			B2			Altkunde		
				5		Kundennummer ergänzen		
				4		Kundenstamm eröffnen		
				6		Vollständigkeit prüfen		
			C			Ergebnis?		
			C1			unvollständiger Auftrag		
			C2			vollständiger Auftrag		
				7		Daten erfragen		
				8		Daten ändern/ergänzen		
				9		Lieferfähigkeit prüfen		
			D			Lieferfähigkeit prüfen		
			D1			nicht lieferfähig		
			D2			lieferfähig		
			D3			verspätet lieferfähig		
				10		Kunden informieren		
				11		Bonität prüfen		
				15		Absage erstellen		
				12		Wiedervorlage einrichten		
K2						**KEIN VERKAUF**		
			E			Ergebnis?		
			E1			Bonität nicht i.O.		
			E2			Bonität i.O.		

| Erstellt: 30.08.2008 | Geändert: 02.09.2008 | Gültig ab: | Gültig bis: |

Abb. 12.18a: Aufgaben-Folgestruktur

Techniken der Prozessorganisation

Abb. 12.18b: Aufgaben-Folgestruktur

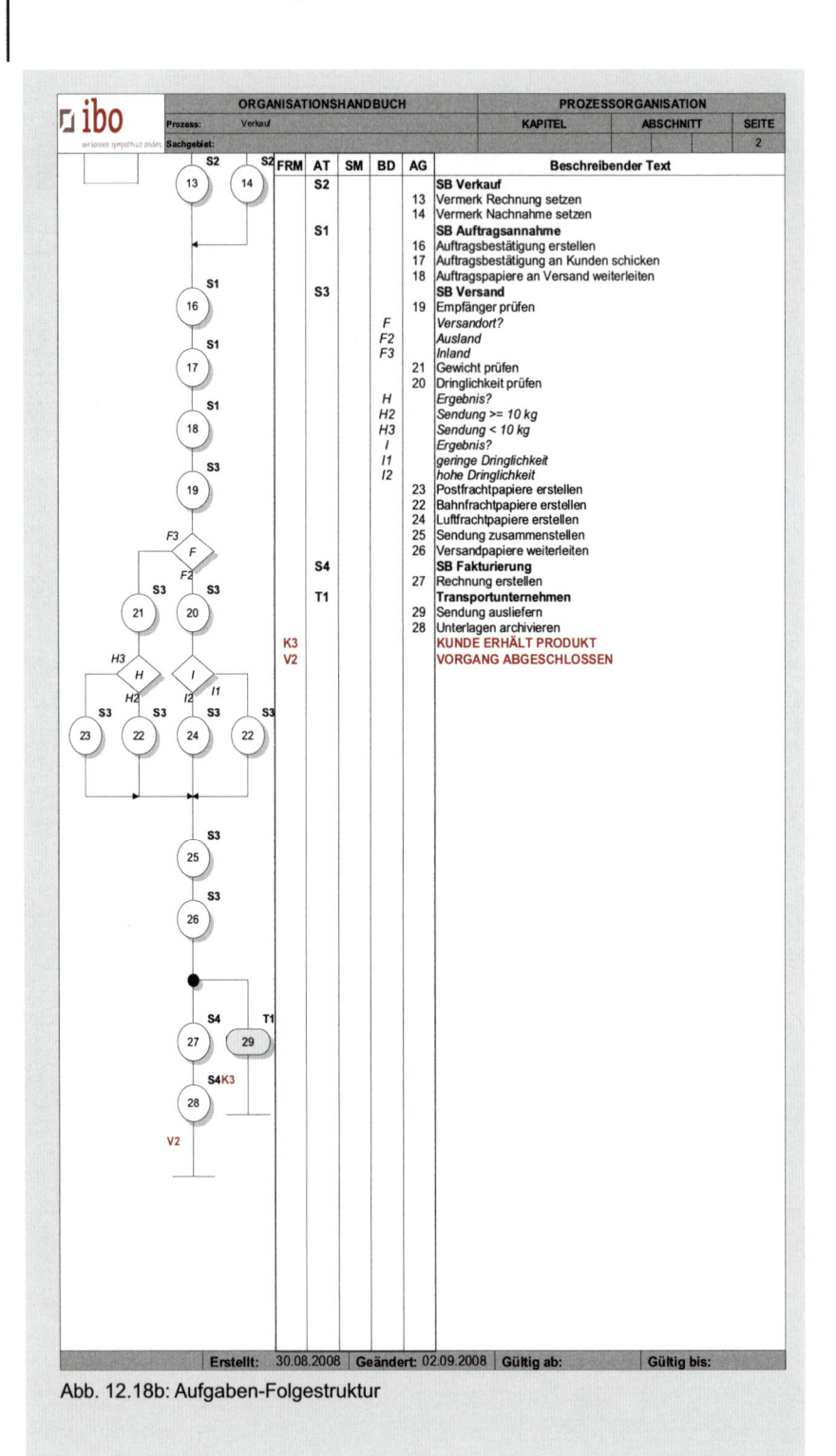

> **Folgestrukturen** bieten die gleichen Darstellungsmöglichkeiten wie die Folgepläne. Durch die Trennung von Symbolen und Text wird es möglich, Abläufe noch weiter zu verdichten und für die Analyse aufzubereiten. Das geht allerdings zu Lasten der Allgemeinverständlichkeit.

Zusammenfassung

12.7.4 Business Process Modeling Notation (BPMN)

Die BPMN wurde auf Veranlassung der Business Process Management Initiative entwickelt, mit der Zielsetzung, einen weltweit gültigen Dokumentationsstandard zu schaffen. Die BPMN hat schon nach kurzer Zeit ein gutes Stück auf dem Weg zum Standard zurückgelegt. Immer mehr Unternehmen nutzen diese Dokumentationsform, weil sie einen relativ gelungenen Kompromiss darstellt zwischen leichter Verständlichkeit für alle Beteiligten an der Prozessgestaltung – von der Ist-Erfassung über die Anforderungsermittlung und Sollbeschreibung bis zur technischen Umsetzung – und der Fähigkeit, auch die Komplexität abzubilden, die mit Geschäftsprozessen normalerweise verbunden ist.

Zentrales Dokument ist das Business Process Diagram (BPD), eine grafische Prozessbeschreibung, die aus wenigen Symbolen besteht, mit denen Prozesse weitgehend vollständig abgebildet werden können. Neben diesen Standardvorgaben hat der Anwender die Möglichkeit, aufgrund innerbetrieblicher Regelungen weitere Vereinbarungen einzuführen. Standardisiert wurden die folgenden vier Gruppen grafischer Elemente der BPMN:

- Knoten im Prozessdiagramm (Flow objects)
- Verbindungselemente (Connecting objects)
- Bereiche (Swimlanes)
- Weitere Elemente (Artifacts).

Diese grafischen Elemente werden in der Abbildung 12.19 dargestellt und kurz beschrieben. Dort werden bewusst auch die englischen Begriffe verwendet, da sie inzwischen weit verbreitet sind.

Bezeichnung	Symbol	Bedeutung
Flow Objects		
Event	 ○ ◎ O	Startereignis Zwischenereignis Endereignis
Activity	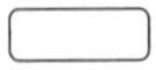 ▭	Aktivität oder Aufgabe
Gateway	 ◇+ ◇○ ◇× ◇★	UND-Verzweigung ODER-Verzweigung (exklusiv) UND-ODER-Verzweigung Ereignis-basierte Verzweigung *)
Connecting Objects		
Sequence Flow	 →	Folgebeziehung (verbindet Ereignisse, Aktivitäten und Gateways)
Message Flow	 ⇢	Informationsfluss (Datenfluss)
Association	 ⋯▸	Verbindungslinie (verbindet Daten, Texte oder andere Artifakte mit Prozesselementen)
Swimlanes		
Pool	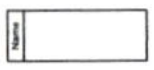	Graphischer Behälter für eine oder mehrere Einheiten, die an einem Prozess beteiligt sind
Lane	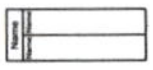	Schwimmbahn als Teil eines Pools, in der einzelne Prozessschritte stattfinden
Artifacts		
Data Object	📄	Daten oder Informationen, die von einem Prozesselement benötigt oder produziert werden
Group	 ⬚	Symbolisiert eine Gruppierung, diese ist unabhängig vom Prozessablauf
Annotation	 Text	Symbol, um weitere Zusatzinformationen zu vermerken

Abb. 12.19: Symbole des BPMN

*) eine ereignisbasierte Verzweigung liegt beispielsweise vor, wenn ein Vorgang warten muss, bis ein bestimmter Zeitpunkt erreicht ist oder bis ein bestimmtes Ergebnis vorliegt.

Die Darstellung nach der BPMN erlaubt unterschiedliche Detaillierungsgrade. Oft wird mit einer groben Prozessübersicht begonnen, die dann über mehrere Stufen zunehmend detailliert wird.

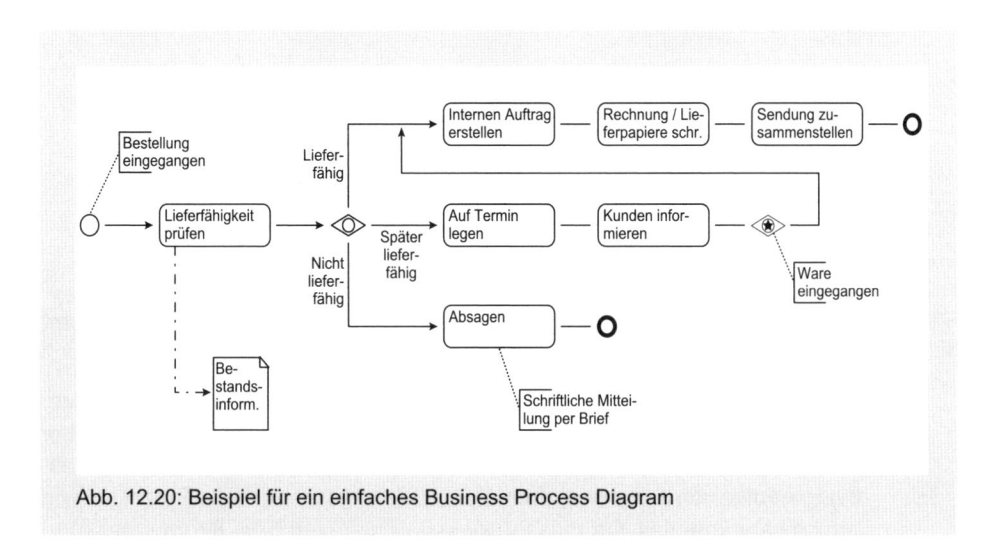

Abb. 12.20: Beispiel für ein einfaches Business Process Diagram

Sollen die organisatorischen Zuständigkeiten in der Abwicklung eines Prozesses dokumentiert werden, bietet sich die Swimlane-Darstellung an, die oben bereits als horizontales oder vertikales Prozessdiagramm bezeichnet wurde. In der BPMN ist es ebenfalls möglich, diese Darstellung horizontal oder vertikal aufzubauen. Swimlanes sind Stellen, Abteilungen oder allgemein gesagt Organisationseinheiten, die für bestimmte Teile im Prozess zuständig sind. Alle beteiligten Einheiten bilden zusammen einen Pool, dessen Größe durch alle Prozessschritte bestimmt wird, die innerhalb der betrachteten organisatorischen Einheit erledigt werden. Werden die Grenzen einer solchen Einheit überschritten, wird dazu bei Bedarf ein eigener Pool gebildet, in dem eigenständige Prozesse ablaufen. Bestehen Beziehungen zwischen zwei Pools, wird das durch Informationsbeziehungen (Message flows) grafisch dargestellt.

Sollen Prozesse dokumentiert werden oder als Mittel der Kommunikation etwa mit dem Fachbereich dienen, ist das Business Process Diagram ein einfaches und allgemein verständliches Darstellungsinstrument. Ein so dokumentierter Prozess kann bei Bedarf um weitere Informationen ergänzt oder weitergehend detailliert werden, um beispielsweise den Anforderungen der IT-Spezialisten zu genügen, die diesen Prozess umsetzen müssen.

Zusammenfassung

Die BPMN ist ein zunehmend verbreiteter Standard zur Dokumentation von Prozessen. Relativ wenige, leicht verständliche Symbole ermöglichen die Kommunikation zwischen Fachbereich, Business Analyst und IT-Experten. Bestandteil dieses Standards sind vertikale oder horizontale Prozessdiagramme (Pools mit Swimlanes).

12.7.5 Entscheidungstabellen

12.7.5.1 Grundlagen

Für komplexe Prozesse bewährt

Entscheidungstabellen sind Hilfsmittel zur Beschreibung von Entscheidungssituationen. Mit ihrer Hilfe lassen sich sehr transparent und eindeutig komplexe Abhängigkeiten dokumentieren.

Mit Hilfe der grafisch-verbalen Techniken sowie der Folgepläne und der Folgestrukturen können zwar auch verzweigte Prozesse dargestellt werden. Ihre Stärke liegt aber in der Dokumentation von Abläufen, in denen die Kette (unverzweigte Folge von Aufgaben) dominiert. Viele organisatorische Prozesse sind jedoch sehr komplex. Oft müssen viele Bedingungen bzw. Bedingungskombinationen geprüft werden, die zu unterschiedlichen Maßnahmen (Aktionen) bzw. Kombinationen von Maßnahmen führen.

Kommunikation mit Entwicklern und Anwendern

Die Transparenz und Eindeutigkeit von Entscheidungstabellen fördern vollständige Lösungen. Es ist ohne weiteres möglich, für alle überhaupt denkbaren Fälle zu prüfen, ob sie in der Praxis vorkommen können und falls ja, welche Regelungen für diese Fälle zu treffen sind. Außerdem erleichtern Entscheidungstabellen die Kommunikation zwischen Fachabteilung und Analytiker. Entscheidungstabellen enthalten präzise Vorgaben für die Programmierung. Aus Entscheidungstabellen können mit Hilfe entsprechender Generatoren Programme automatisch erstellt werden. Schließlich können Entscheidungstabellen auch als Arbeitsanweisungen eingesetzt werden.

12.7.5.2 Grundaufbau

Entscheidungstabellen bestehen aus vier Feldern. In den beiden oberen Feldern werden die Bedingungen angegeben und in den beiden unteren Feldern die so genannten Aktionen (Maßnahmen, Aufgaben, Entscheidungen). Im linken oberen Feld stehen die Bedingungen (Bedingungsbezeichner), und im oberen rechten Feld wird durch Texte oder Symbole angezeigt, welche Bedingungen erfüllt, nicht erfüllt oder unerheblich sind. Wenn die Bedingungen durch Symbole angezeigt werden, werden normalerweise folgende Kürzel genutzt:

J   Bedingung ist erfüllt
N   Bedingung ist nicht erfüllt
–   Bedingung ist unerheblich.

Das linke untere Feld enthält den Aktionsteil mit allen möglichen Aktionen, die auf die Bedingungen folgen können. Im Feld rechts unten, in dem so genannten Aktionsanzeigerteil wird dokumentiert, welche Aktionen oder Entscheidungen bei den jeweiligen Bedingungskombinationen ausgelöst werden sollen. Werden Aktionen durch Symbole angezeigt, werden folgende Kürzel verwendet:

Verknüpft Bedingungen und Aktionen

X   Aktion wird ausgelöst
„ „ (Blank) Aktion wird nicht ausgelöst.

Jede Spalte mit den angezeigten Bedingungen und den dazugehörigen Aktionen stellt eine Entscheidungsregel dar.

Somit sieht der Grundaufbau einer Entscheidungstabelle folgendermaßen aus:

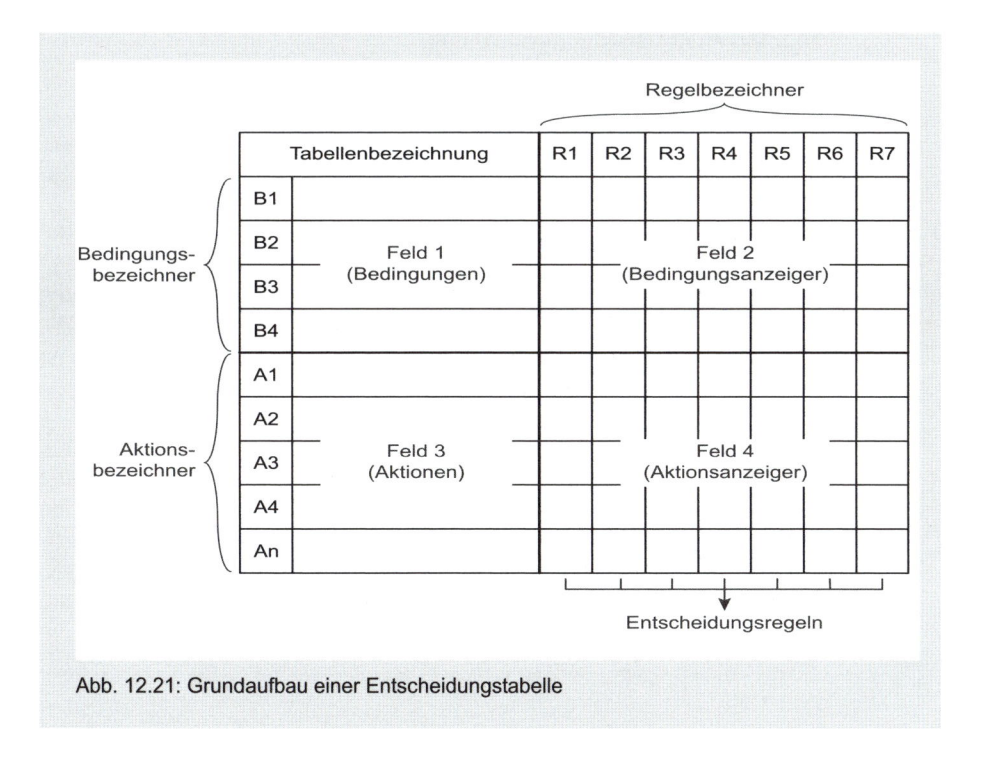

Abb. 12.21: Grundaufbau einer Entscheidungstabelle

| Zusammen-fassung | **Entscheidungstabellen** bilden übersichtlich und eindeutig auch die komplexesten Entscheidungssituationen ab. Entscheidungstabellen bestehen aus Feldern für Bedingungen und Bedingungsanzeiger sowie Aktionen und Aktionsanzeiger. |

12.7.5.3 Erstellen von Entscheidungstabellen

Entscheidungstabellen werden normalerweise in folgenden Schritten aufgebaut:

- Ermitteln aller Bedingungen
- Überprüfen aller Bedingungen (vervollständigen, eliminieren identischer Bedingungen)
- Ermitteln aller Aktionen
- Überprüfen aller Aktionen
- Eintragen der Bedingungen und Aktionen in den jeweiligen Beschreibungsteil
- Ermitteln der Anzahl der Entscheidungsregeln
- Eintragen der Bedingungsanzeiger
- Eliminieren von Bedingungskombinationen, die in der Praxis nicht vorkommen
- Eintragen der Aktionsanzeiger.

| Begrenzte und erweiterte Entscheidungstabellen | Anhand eines einfachen Beispiels soll der Grundaufbau einer so genannten begrenzten Entscheidungstabelle gezeigt werden. Entscheidungstabellen werden begrenzt genannt, wenn Bedingungen und Aktionen so vollständig bezeichnet sind, dass im jeweiligen Anzeigerteil nur die Symbole J, N, „-" bzw. X und „ " (Blank) verwendet werden. Dieser Typ von Entscheidungstabellen ist aufgrund seiner Standardisierung als Programmvorgabe geeignet. |

Von den begrenzten Entscheidungstabellen werden die erweiterten Entscheidungstabellen unterschieden. In erweiterten Entscheidungstabellen sind die Bedingungen und die Aktionen unvollständig beschrieben, so dass sie in den jeweiligen Anzeigerteilen ergänzt werden müssen, damit sie vollständig definiert sind. Hier ist auch jede beliebige Anzeigeform erlaubt, nicht nur J und N. Weiter unten werden Beispiele für erweiterte Entscheidungstabellen vorgestellt.

Entscheidungstabellen

	Entscheidungsregeln															
	1	2	3	4	5	6	7	8	9	10	11	12	13	14	15	16
B1 Besteller ist bereits Kunde	J	J	J	J	J	J	J	J	N	N	N	N	N	N	N	N
B2 Auftrag ist vollständig	J	J	J	J	N	N	N	N	J	J	J	J	N	N	N	N
B3 Artikel ist lieferbar	J	J	N	N	J	J	N	N	J	J	N	N	J	J	N	N
B4 Bonität ist in Ordnung	J	N	J	N	J	N	J	N	J	N	J	N	J	N	J	N
A1 Vervollständigen Auftrag					X	X							X	X		
A2 Liefern mit Rechnung	X				X				X				X			
A3 Liefern mit Nachnahme		X				X				X				X		
A4 Kundenstammsatz anlegen									X	X			X	X		
A5 Nichtlieferfähigkeit mitteilen			X	X			X	X			X	X			X	X
A6 Bonität prüfen	X	X			X	X			X	X			X	X		

Abb. 12.22: Beispiel für eine begrenzte Entscheidungstabelle

Aus der Anzahl der Bedingungen lässt sich die maximale Anzahl der Entscheidungsregeln errechnen. Wird die Anzahl der Bedingungen mit „n" bezeichnet, beträgt die Zahl der Entscheidungsregeln 2^n. Bei vier Bedingungen ergeben sich somit $2^4 = 2 \times 2 \times 2 \times 2 = 16$ Entscheidungsregeln. Werden alle theoretisch möglichen Bedingungskombinationen darauf überprüft, ob sie in der Praxis überhaupt vorkommen können, ist gewährleistet, dass auch der berühmte Sonderfall nicht vergessen wird.

Anzahl möglicher Entscheidungsregeln

Da diese Entscheidungstabellen jedoch sehr umfangreich werden können, wurden Verfahren zur Reduktion (Verdichtung bzw. Konsolidierung und Gliederung) entwickelt. Mit ihrer Hilfe sollen Entscheidungstabellen bzw. Entscheidungstabellensysteme überschaubar gemacht werden.

In begrenzten Entscheidungstabellen sind Bedingungen und Aktionen im Beschreibungsteil vollständig dargestellt. Bei erweiterten Entscheidungstabellen müssen demgegenüber im Anzeigerteil noch weitere Angaben gemacht werden.

Zusammenfassung

12.7.5.4 Analyse von Entscheidungstabellen

Redundanz- und Widerspruchstest

Redundanzen und Widersprüche beseitigen

Durch Redundanz- und Widerspruchstests können in einer Entscheidungstabelle überflüssige (redundante) und widersprüchliche Entscheidungsregeln aufgedeckt werden. Zwei Entscheidungsregeln werden als redundant bezeichnet, wenn es mindestens zwei gleiche Bedingungskombinationen gibt, die gleiche Aktionen hervorrufen. Zwei Entscheidungsregeln werden als widersprüchlich bezeichnet, wenn es gleichartige Bedingungskombinationen gibt, die zu unterschiedlichen Aktionen führen. Um Redundanz und Widerspruch festzustellen, wird jede Entscheidungsregel mit jeder anderen Entscheidungsregel verglichen.

Wenn eine Entscheidungstabelle keine widersprüchlichen oder redundanten Entscheidungsregeln mehr enthält, kann sie verdichtet werden, falls die Entscheidungstabelle Entscheidungsregeln mit identischen Aktionen oder Aktionsfolgen enthält.

Verdichtung von Entscheidungstabellen

Es gibt verschiedene Hilfen, um Entscheidungstabellen zu verdichten. Zwei davon sollen hier vorgestellt werden.

Unerhebliche Bedingungen

Entscheidungstabellen werden systematisch auf solche Bedingungen untersucht, die alle weiteren Bedingungen unerheblich machen. Die dritte Entscheidungsregel in der Abb. 12.22 besagt, dass die Kunden über die Nichtlieferbarkeit benachrichtigt werden. Die gleiche Aktion ergibt sich bei der Regel vier, es ist mit anderen Worten unerheblich, ob die Bonität des Kunden in Ordnung ist oder nicht. Auf die gleiche Art und Weise können die Entscheidungsregeln 7 und 8, 11 und 12 sowie 15 und 16 zusammengefasst werden. Die so entstehende, bereits verdichtete Entscheidungstabelle kann in weiteren Schritten nach dem gleichen Prinzip weiter verdichtet werden. Das Ergebnis einer Verdichtung über drei Stufen sieht dann folgendermaßen aus (Abb. 12.23). Insgesamt wurden sieben Regeln eingespart – aus den ehemals sechzehn Regeln sind nun noch neun übrig geblieben.

Aus Entscheidungstabellen, die nach diesem Verfahren verdichtet wurden, kann rechnerisch ermittelt werden, wie viele Entscheidungsregeln ursprünglich vorhanden waren. Damit kann zugleich geprüft werden, ob bei der Zusammenfassung der Tabellen unter Umständen Fehler aufgetreten sind, etwa indem ganze Entscheidungsregeln vergessen wurden.

Anzahl ursprünglicher Entscheidungsregeln

Die Zahl der Stellen in einer Entscheidungsregel, die ein „-" aufweisen, soll r genannt werden. Eine Entscheidungsregel mit $r \ast$ „-" entspricht 2^r reinen Entscheidungsregeln. In dem Beispiel gibt es acht nicht verdichtete Entscheidungsregeln. Hinzu kommen $2^3 = 2 \times 2 \times 2 = 8$ Regeln, die zu einer verdichtet wurden. Die Ursprungstabelle beinhaltet also 16 Regeln.

Entscheidungstabellen

	Entscheidungsregeln								
	1	2	3	4	5	6	7	8	9
B1 Besteller ist bereits Kunde	J	J	-	J	J	N	N	N	N
B2 Auftrag ist vollständig	J	J	-	N	N	J	J	N	N
B3 Artikel ist lieferbar	J	J	N	J	J	J	J	J	J
B4 Bonität ist in Ordnung	J	N	-	J	N	J	N	J	N
A1 Vervollständigen Auftrag				X	X			X	X
A2 Liefern mit Rechnung	X			X		X		X	
A3 Liefern mit Nachnahme		X			X		X		X
A4 Kundenstammsatz anlegen						X	X	X	X
A5 Nichtlieferfähigkeit mitteilen			X						
A6 Bonität prüfen	X	X		X	X	X	X	X	X

Abb. 12.23: Verdichtete begrenzte Entscheidungstabelle

Mit Hilfe eines modifizierten Beispiels sollen erweiterte bzw. gemischte Entscheidungstabellen und eine weitere Form der Verdichtung gezeigt werden.

Wenn sich zwei oder mehr Bedingungen gegenseitig ausschließen, kann eine andere Darstellung gewählt werden, die auch als erweiterte Entscheidungstabelle bezeichnet wird. Als Besteller kommen der Einzelhandel, Grossisten und Privatkunden in Frage. Die Bedingungen „Besteller Einzelhandel" (E), „Besteller Grossist" (G) und „Privatkunde" (P) können dann im Bedingungsanzeigerteil statt im Bedingungsteil gekennzeichnet werden.

Sich ausschließende Bedingungen

	Entscheidungsregeln											
	1	2	3	4	5	6	7	8	9	10	11	12
B1 Besteller	E	E	E	E	G	G	G	G	P	P	P	P
B4 Buch ist lieferbar	J	J	N	N	J	J	N	N	J	J	N	N
B5 Bonität ist in Ordnung	J	N	J	N	J	N	J	N	J	N	J	N
A1 Nichtlieferfähigkeit mitteilen			X	X			X	X			X	X
A2 Liefern mit Rechnung	X											
A3 Liefern mit Nachnahme		X				X			X	X		
A4 Monatliche Abrechnung					X							

Abb. 12.24: Erweiterte Entscheidungstabelle

Verdichten mit ELSE-Regel

Diese Tabelle kann nach dem schon vorgestellten Verfahren weiter verdichtet werden. So können die Regeln 2, 6 und 10 zusammengefasst werden – es ist gleichgültig wer Besteller ist, wenn das Buch geliefert werden kann und die Bonität ist nicht in Ordnung, dann wird per Nachnahme geliefert. Damit gibt es vier Entscheidungsregeln, auf die unterschiedliche Aktionen folgen. Alle übrigen Regeln können dann zu der so genannten ELSE-Regel („else decision rule") zusammengefasst werden, wie das folgende Beispiel zeigt. Allerdings kann aus einer Entscheidungstabelle mit einer ELSE-Entscheidungsregel nicht mehr die Zahl der ursprünglichen Entscheidungsregeln errechnet werden.

	Entscheidungsregeln				
	1	2	3	4	5
B1 Besteller	E	-	G	P	ELSE
B4 Buch ist lieferbar	J	J	J	J	
B5 Bonität ist in Ordnung	J	N	J	J	
A1 Nichtlieferfähigkeit mitteilen					X
A2 Liefern mit Rechnung	X				
A3 Liefern mit Nachnahme		X		X	
A4 Monatliche Abrechnung			X		

Abb. 12.25: Erweiterte Entscheidungstabelle mit ELSE-Regel

Entscheidungstabelle als Arbeitsanweisung

Diese Entscheidungstabelle kann noch weiter modifiziert werden, indem die Aktionsanzeige als Text unter die Bedingungsanzeige gesetzt wird. Das kann vor allem dann sinnvoll sein, wenn die Entscheidungstabelle auch als Arbeitsanweisung verwendet werden soll. Dazu ein weiteres Beispiel:

	Entscheidungsregeln				
	1	2	3	4	5
B1 Besteller	E	-	G	P	ELSE
B4 Buch ist lieferbar	J	J	J	J	
B5 Bonität ist in Ordnung	J	N	J	J	
A Art der Behandlung	Liefern mit Rechnung	Liefern mit Nachnahme	Liefern mit Monatsrechnung	Liefern mit Nachnahme	Absagen

Abb. 12.26: Erweiterte, verdichtete Entscheidungstabelle

Erweiterte Entscheidungstabellen können helfen, auch sehr große Entscheidungstabellen zu reduzieren und damit für den Leser überschaubarer zu machen.

Mit einem abschließenden Beispiel soll eine Entscheidungstabelle gezeigt werden, die als Arbeitsanweisung konzipiert wurde und ausschließlich aus Texten besteht.

	Entscheidungsregeln				
	1	2	3	4	5
B1 Auftrag durch	E.-Händler	Unerheblich	Grossist	Privatkunde	E
B4 Buch ist	Lieferbar	Lieferbar	Lieferbar	Lieferbar	L
B5 Bonität ist	Gut	Schlecht	Unerheblich	Nachnahme	S E
A1 Liefern	Mit Rechnung	Mit Nachnahme	Mit Monatsrechnung	Mit Nachnahme	
A2 Nicht liefern					Mitteilen

Abb. 12.27: Entscheidungstabelle als Arbeitsanweisung

12.7.5.5 Beurteilung der Entscheidungstabellentechnik

Entscheidungstabellen können zur Erhebung und Analyse herangezogen werden. Ein Analytiker kann bereits bei der Aufnahme des Ist-Zustands Entscheidungstabellen erstellen, indem er systematisch alle möglichen Bedingungen und Bedingungskombinationen sowie die daraus resultierenden Aktionen und Aktionskombinationen abfragt. Die Anwendung auf der Stufe der Erhebung ist jedoch selten, da das Erstellen von Entscheidungstabellen aufwändig ist. Werden Entscheidungstabellen zur Analyse herangezogen, so erleichtern sie die Prüfung des logischen Aufbaus und der Vollständigkeit der Analyse. Der Hauptanwendungsbereich liegt jedoch im Lösungsentwurf. Hier können ebenfalls logische Richtigkeit, Vollständigkeit, Redundanzfreiheit und Widerspruchsfreiheit geprüft werden. Generell erleichtern Entscheidungstabellen das Verständnis zwischen Analytikern, Programmierern und Mitarbeitern von Fachbereichen. Besonders hervorzuheben sind folgende weitere Vorteile:

Vielfältige Einsatzmöglichkeiten

- Eindeutige Richtlinien (Arbeitsanweisungen) für den Fachbereich
- Kurze und präzise Vorgaben für die Programmierung
- Direkte Umsetzung in Programme möglich.

Weiterhin eignen sich Entscheidungstabellen auch für die Dokumentation bestehender oder geplanter organisatorischer Lösungen.

Zusammenfassung

> **Redundanz- und Widerspruchstests** dienen dazu, überflüssige oder widersprüchliche Entscheidungsregeln zu eliminieren. Durch Verdichtung werden Entscheidungstabellen verkleinert. Entscheidungstabellen eignen sich auch zur Kommunikation mit Entwicklern und als Arbeitsanweisungen.

12.8 Organisationshandbücher

Sammlung betrieblicher Regelungen

Unter einem Organisationshandbuch wird eine gegliederte Zusammenfassung der allgemein gültigen betrieblichen Regelungen und Vorschriften verstanden. Es dient damit der Dokumentation auch solcher Normen, die nicht im engeren Sinne als organisatorisch zu bezeichnen sind. Das Organisationshandbuch kann als das Gesetzbuch einer Unternehmung verstanden werden. Es sollte grundsätzlich alle Vorschriften und Regelungen beinhalten, die durch Rundschreiben, Organisationsanweisungen und Betriebsvereinbarungen bekannt gemacht worden sind. Heute werden solche Organisationshandbücher zunehmend elektronisch verwaltet. Über Intranet-Systeme haben dann die Anwender einen direkten Zugriff auf die jeweilig aktuellste Version.

Umfangreiche Organisationshandbücher bestehen normalerweise aus vier Abteilungen:

Inhalte

1) Allgemeiner Teil (1. Teil)

In diesem Abschnitt werden die Strategie, Unternehmungsziele, Unternehmungspolitik, Satzung, sowie generelle Organisationsprinzipien dargestellt. Oft ist es auch üblich, eine allgemeine Führungsanweisung wiederzugeben.

2) Aufbauorganisation (2. Teil)

Dieser Teil besteht in der Regel aus folgenden verbalen und grafischen Unterlagen:

- Organigramm
- Besetzungsplan
- Kostenstellenplan
- Stellenbeschreibungen
- Geschäftsordnung
- Unterschriftenregelung
- Kassenvollmachten.

3) Prozessorganisation (3. Teil)

Dieser Teil enthält Arbeitsanweisungen (Prozessbeschreibungen) und darüber hinaus Verfahrensregelungen, wie z.B. Kassenordnung und Spesenordnung, Regelung der Aus- und Weiterbildung, Benutzung des Rechenzentrums, Benutzung von Dienstwagen und ähnliches.

4) Anhang (4. Teil)

Der Anhang kann folgende Unterlagen beinhalten:

- Begriffssystem
- Nummernsystem
- Formularverzeichnis
- Abkürzungsverzeichnis
- Verkaufs- und Lieferbedingungen
- Organisationsmittel-Verzeichnis
- Lage- und Wegeplan.

In der Praxis haben sich verschiedene Arten von Organisationshandbüchern herausgebildet. Handbücher für das Gesamtunternehmen sind in der Regel so untergliedert, wie eben beschrieben wurde. Daneben gibt es Handbücher für Teilbereiche der Unternehmung, in denen der oben geschilderte allgemeine Teil normalerweise fehlt. Außerdem gibt es Handbücher für die Darstellung von Prozessen und Verfahren, sowie Handbücher für einzelne Bereiche eines Unternehmens (z.B. Personal, Einkauf, Rechnungswesen). Schließlich gibt es noch Handbücher für Projektmitarbeiter und IT-Analytiker, in denen auch die Regelungen für das Vorgehen in Projekten zusammengefasst sind (Projektverfahren, Handbuch der Systementwicklung, Organisationshandbuch etc.)

Organisationshandbücher beinhalten eine schriftliche Dokumentation der allgemein gültigen betrieblichen Regelungen und Vorschriften. Sie bestehen normalerweise aus vier Teilen – Allgemeiner Teil, Aufbauorganisation, Prozessorganisation, Anhang. Neben Handbüchern für das Gesamtunternehmen gibt es Handbücher für Teilbereiche, Handbücher für die Darstellung von Prozessen und Verfahren und Handbücher mit Verfahrensregelungen.

Zusammenfassung

Weiterführende Literatur zu diesem Abschnitt

Fischermanns, G.: Praxishandbuch Prozessmanagement. 8. Aufl., Gießen 2009

Fowler, M.: UML Distilled. 3. Aufl., Boston/San Francisco 2006

Gadatsch, A.: Grundkurs Geschäftsprozess-Management. 5. Aufl., Wiesbaden 2008

Gaitanides, M.: Ablauforganisation. In: Handwörterbuch der Organisation. Hrsg. v. E. Frese, 3. Aufl., Stuttgart 1992, Sp. 1-18

Gaitanides, M.: Prozeßorganisation – Entwicklung, Ansätze und Programme prozeßorientierter Organisationsgestaltung. München 1983

Jordt, A.; K. Gscheidle: Ist-Aufnahme von Arbeitsabläufen in Büro und Verwaltung. Industrial Engineering. Heft 1/1971

Müller-Nobiling, H.-M.: Organisationshandbuch. In: Handwörterbuch der Organisation. Hrsg. v. E. Grochla, Stuttgart 1980, Sp. 1557-1563

REFA (Hrsg.): Methodenlehre der Organisation. Teil 2. Ablauforganisation. München 1985

Scheer, A.-W.: ARIS – Modellierungsmethoden, Metamodelle, Anwendungen. 4. Aufl., Berlin 2001

Staudt, J. L.: Geschäftsprozessanalyse: Ereignisgesteuerte Prozessketten und objektorientierte Geschäftsprozessmodellierung für Betriebswirtschaftliche Standardsoftware. 3. Aufl., Berlin 2001

Strunz, H.: Entscheidungstabellentechnik. München/Wien 1977

Thurner, R.: Entscheidungstabellen. Aufbau, Anwendung und Programmierung. Düsseldorf 1972

13 Managementtechniken

Ziele dieses Kapitels – Was können Sie erwarten?

- Sie kennen die Kriterien für die Ermittlung von Projektprioritäten und können Projekte priorisieren
- Sie wissen, wie Aufgaben für Projekte ermittelt werden
- Sie wissen, wie Zeiten in Projekten geschätzt werden können
- Sie kennen die Grundlagen der Netzplantechnik und der Balkendiagramme zur Planung und Steuerung von Projekten
- Sie kennen die wichtigsten Ziele von Präsentationen
- Sie wissen, welche Aufgaben zur Vorbereitung einer Präsentation gehören
- Sie wissen, wie eine Präsentation inhaltlich aufgebaut, durchgeführt und ausgewertet wird.

13.1 Einordnung

In den vorangegangenen Abschnitten wurden Arbeitstechniken behandelt. Die Arbeitstechniken dienen dazu, betriebliche bzw. organisatorische Lösungen unmittelbar zu gestalten. So müssen Informationen erhoben, analysiert und Anforderungen ermittelt werden, um sinnvolle, d.h. zielgerechte Lösungsvarianten zu erarbeiten. Dazu werden geeignete Zielformulierungs-, Erhebungs-, Analyse-, Anforderungsermittlungs-, Lösungsentwurfs- und Bewertungstechniken eingesetzt. Die Techniken der Aufbau- und Prozessorganisation stellen weitere Werkzeuge bereit, um Ist-Lösungen abzubilden, sie für die Analyse aufzubereiten und Soll-Lösungen zu dokumentieren.

Demgegenüber helfen die Managementtechniken den Beteiligten bei der Organisation der Projektarbeit. Sie unterstützen beispielsweise die Planung von Projektprioritäten, die Aufgaben- und Zeitplanung des Projekts – was muss im Projekt alles getan werden und in welcher zeitlichen Folge? – und die Information über Projektergebnisse – z.B. wie präsentiert man ein Ergebnis?

Managementtechniken unterstützen die Funktionen im Projekt

Hier sollen nur einige ausgewählte Managementtechniken zur Projektplanung und -kontrolle behandelt werden, die für die praktische Arbeit wichtig sind. Darüber hinaus wird die Präsentationstechnik als ein Instrument zur Projektinformation dargestellt. Die Projektdokumentation – was wird wie dokumentiert? – ist normalerweise von Unternehmen zu Unternehmen sehr unterschiedlich geregelt, so dass dieses Thema hier nicht behandelt werden soll.

13.2 Projektprioritäten

Normalerweise reichen die personellen und finanziellen Mittel nicht aus, um alle angetragenen Wünsche unmittelbar, d.h. ohne zeitliche Verzögerung zu erfüllen. Oft werden auch Wünsche geäußert, die nicht unbedingt erfüllt werden müssen. Nicht alles, was z.B. der Fachbereich gern hätte, ist auch mit einem wirtschaftlich vertretbaren Aufwand zu bewältigen. Die Prioritätenplanung soll somit zwei Fragen beantworten:

- Welche Projekte müssen – bei begrenzten Ressourcen – überhaupt bearbeitet werden?
- In welcher zeitlichen Folge sollen die anstehenden Projekte abgewickelt werden?

13.2.1 Kriterien für Projektprioritäten

Sollen die beiden genannten Fragen beantwortet werden, sind Entscheidungskriterien notwendig. Um die Handhabung der Vergabe von Prioritäten zu erleichtern und um die Transparenz zu fördern, sollten möglichst wenige Kriterien verwendet werden. Die beiden Hauptkriterien sind die

- Dringlichkeit und die
- Wichtigkeit eines Projekts.

Priorisierung nach Dringlichkeit und Wichtigkeit

Projekte, die gleichzeitig wichtig und dringlich sind, erhalten eine hohe Priorität. Dringliche, aber weniger wichtige bzw. wichtige aber weniger dringliche Projekte erhalten eine mittlere Priorität und weniger wichtige und weniger dringliche Vorhaben rangieren weit hinten oder fallen sogar ganz heraus.

Diese beiden Kriterien können noch weiter unterteilt und operationalisiert werden, wie die folgende Übersicht zeigt.

Kriterien	Beschreibung
Wichtigkeit	
Art positiver oder negativer Auswirkungen Umfang der Auswirkungen	- Was ist das Ziel/Problem? Ist das Ziel/Problem bedeutsam oder relativ unwichtig? - Wie wichtig ist es im Vergleich zu anderen Projekten im Hinblick auf übergeordnete Ziele? - Sind die Abweichungen von einem gewünschten Soll-Zustand – unabhängig von der Gewichtung des Ziels/Problems – klein oder groß?

Abb. 13.01a: Kriterien für Prioritäten

Kriterien	Beschreibung
Dringlichkeit	
Aktuelle Dringlichkeit	■ Wie ist die Dringlichkeit momentan zu beurteilen? Ist das Projekt sehr eilig, eilig oder kann es warten?
Tendenzielle Dringlichkeit	■ Würde sich das Ziel/Problem durch „Liegenlassen von selbst erledigen", oder würde es durch Aufschieben nur schwieriger?

Abb. 13.01b: Kriterien für Prioritäten

In einzelnen Fällen kann es notwendig sein, weitere Kriterien hinzuzuziehen. Einige Beispiele für weitere Kriterien sind:

- Gesetzliche oder vertragliche Verpflichtungen (wie frei kann darüber entschieden werden, ob und wann ein Vorhaben erledigt wird?)
- Verfügbarkeit von Ressourcen (gibt es ausreichend Personal, finanzielle Mittel?)
- Belastung der Betroffenen (z.B. gibt es unzumutbaren „Änderungsstress" bei den Betroffenen?)
- Abhängigkeiten zwischen verschiedenen Projekten (muss z.B. ein Projekt fertig sein, ehe mit einem anderen überhaupt begonnen werden kann oder sollten zwei Projekte direkt nacheinander bearbeitet werden, weil sich daraus Effizienzvorteile ergeben?)
- Abbruch- oder Verschiebungskosten bei bereits begonnenen Projekten.

Weitere Kriterien

Wenn eine größere Anzahl von Zielen berücksichtigt wird, ist es sinnvoll, die Nutzwertanalyse zur Vergabe von Projektprioritäten einzusetzen. Beschränkt man sich auf die Kriterien Wichtigkeit und Dringlichkeit, kann das folgende Rangziffernverfahren verwendet werden.

13.2.2 Rangziffernverfahren zur Vergabe von Prioritäten

Die genannten Kriterien müssen an alle anstehenden Projekte angelegt werden. Dabei kann nicht absolut bewertet werden. Vielmehr ist darauf zu achten, dass die Projekte relativ zueinander „richtig" bewertet werden. Aus diesem Grund empfiehlt sich ein Rangziffernverfahren. Das Projekt, das hinsichtlich eines Kriteriums die höchste Priorität hat, erhält die Rangziffer 1, das Projekt mit der zweithöchsten Priorität erhält die Rangziffer 2 usw. Nach diesem Muster werden an Hand aller vier Kriterien Rangziffern vergeben. Diese Rangziffern sind zu addieren. Das Projekt mit der kleinsten Summe erhält die höchste Prioritätsstufe, das mit der zweitkleinsten Summe die zweite Prioritätsstufe usw.

Berücksichtigung von Gewichten möglich

Bei dieser Bewertung wird vereinfachend unterstellt, dass alle vier Kriterien gleichgewichtig sind. Selbstverständlich können die Kriterien unterschiedlich gewichtet werden, indem die entsprechenden Rangziffern durch Multiplikation mit Konstanten auf- oder abgewertet werden.

Ist nur zwischen drei Projekten zu entscheiden, kann die Stärke dieses Verfahrens nicht sehr überzeugend demonstriert werden. Je mehr Projekte vorliegen, desto schwieriger wird der Überblick, desto größer ist die Versuchung, intuitiv vorzugehen und sich beispielsweise dabei vom Status bzw. vom Durchsetzungsvermögen des Auftraggebers oder von eigenen Präferenzen leiten zu lassen.

Priorisierung fördert Transparenz

Da es sich um ein Bewertungsverfahren handelt, können die Prioritäten natürlich nicht „objektiv richtig" sein. Die Kriterien und deren Gewichtung sind ebenso subjektiv wie die Vergabe der Rangziffern. Dennoch objektiviert dieses Vorgehen die Bestimmung der Prioritäten. Zum einen werden an alle anstehenden Projekte die gleichen Kriterien angelegt. Eine Leistung, die schon bei drei bis vier Projekten im Kopf nicht mehr zu erbringen ist. Zum anderen können zur Bestimmung der Prioritäten mehrere Stellen eingeschaltet werden, wodurch einseitige Urteile ausgeschaltet werden. Vor allen Dingen aber verbessert sich die Position des Beauftragten gegenüber den Auftraggebern. Es ist wesentlich leichter, jemanden davon zu überzeugen, dass ein Projekt noch nicht an der Reihe ist, wenn ihm an Hand des Verfahrens verdeutlicht werden kann, weshalb andere Projekte eine höhere Priorität erhalten haben (siehe Abb. 13.02).

Die Prioritäten sollten periodisch überarbeitet werden, um die neu hinzugekommenen Projektanforderungen „einzurütteln".

Zusammenfassung

Wichtigkeit und Dringlichkeit sind die Kriterien zur Bestimmung von Projektprioritäten. Diese Kriterien sollten an alle anstehenden Projekte angelegt werden, um dann über Rangziffern die Prioritäten zu ermitteln.

	Projekt		
	Fakturierung ändern	Mahnwesen ändern	Verkaufsstatistiken erstellen
Wichtigkeit / **Art der Auswirkungen**	Gegenwärtig können keine Rechnungen erstellt werden. Image gegenüber Kunden. Liquiditätsverlust. Zinsentgang. **1**	Mahnungen zu spät. Liquiditäts- und Zinsverlust. Mahnungen auch an gute Kunden. Ärger. **3**	Fundierte Beurteilung der Kundenbeziehung fehlt. Erschwerte Kundenansprache. Umsatzeinbußen. **2**
Umfang der Auswirkungen	Betrifft sämtliche Rechnungen. Sehr hohe finanzielle Auswirkungen. **1**	Relativ großer Anteil säumiger Kunden. **2**	Betrifft vor allem die große Zahl der kleineren und mittleren Kunden. **3**
Dringlichkeit: aktuell	Sehr groß **1**	Nicht allzu dringlich **3**	Groß **2**
tendenziell	Stark zunehmende Verschärfung **1**	Gleichbleibende Problematik **3**	Leicht zunehmende Problematik bei starken Aktivitäten der Konkurrenz **2**
Rangfolge gesamt	(1) 4	(3) 11	(2) 9

Abb. 13.02: Beispiel für eine Prioritätsermittlung

13.3 Aufgabenplanung/Projektstrukturplan

Die im Projekt zu erledigenden Aufgaben müssen bekannt sein, ehe alle übrigen Pläne erstellt werden können. Erst wenn bekannt ist, welche Aufgaben (Teilprojekte, Aktivitäten) anstehen, können Aussagen gemacht werden über die benötigten Ressourcen (Mitarbeiter, Sachmittel, Finanzen), über den Zeitbedarf des Projekts und damit über Termine (Start- und Endtermine), über den Projektablauf und Meilensteine im Ablauf sowie schließlich über die Kosten des Projekts. Da in Projekten aber sehr oft Neuland betreten wird, ist es gar nicht einfach, die Aufgaben rechtzeitig zu erkennen.

Aufgaben als Grundlage der Projektplanung

Zur Aufgabenplanung kann auf drei methodische Hilfen zurückgegriffen werden, die in früheren Kapiteln bereits beschrieben wurden:

- Projektphasen und Planungszyklus
- Systemdenken
- Technik der Aufgabenanalyse.

Die Projektphasen und der Planungszyklus wurden im Kapitel 2.4 ausführlich behandelt. Die Projektphasen können als (grobe und allgemeine) Aufgabenkomplexe in einem Projekt angesehen werden, die durch den Planungszyklus präzisiert werden. Die Schritte im Planungszyklus können zusammengefasst oder gruppiert werden, wie das folgende Beispiel zeigt.

Aufgaben leiten sich aus Zyklus ab

Vorstudie durchführen	- Ausgangssituation untersuchen - Grobkonzepte erarbeiten und bewerten - Präsentation vorbereiten und durchführen
Hauptstudie durchführen	- Informationen über die Ausgangssituation verfeinern - Lösungen für Teilprojekt I erarbeiten und bewerten - Präsentation für Teilprojekt I vorbereiten und durchführen - Lösung für Teilprojekt II erarbeiten und bewerten - Präsentation für Teilprojekt II vorbereiten und durchführen - usw.
Teilstudien durchführen	-
Systeme bauen	- Teilprojekt I realisieren - Teilprojekt I testen - Projektdokumentation abschließen - Einführung vorbereiten - usw.
Lösungen einführen	- Indirekt Betroffene informieren - Direkt Betroffene schulen - Einführungsunterstützung bieten - usw.

Abb. 13.03: Grobaufgaben abgeleitet aus Projektphasen und Planungszyklus

Systemdenken zur Ermittlung von Projektaufgaben

Im konkreten Einzelfall wird es normalerweise notwendig sein, die Aufgaben zusätzlich zu konkretisieren und zu detaillieren. Eine wesentliche Hilfe bietet das Systemdenken, das bereits im Kapitel 3 näher beschrieben wurde. Insbesondere das dort behandelte Modell zur Abgrenzung von Unter- und Teilsystemen (Kapitel 3.3.3) kann dazu beitragen, Teilprojekte zu ermitteln, die geplant, realisiert und eingeführt werden müssen.

Lautet die Aufgabenstellung eines Projekts beispielsweise, einen IT-Benutzerservice einzurichten, dann können mit Hilfe des Systemdenkens unter anderem folgende Teilprojekte abgeleitet werden:

- Aufgaben des Benutzerservice festlegen (Teilprojekt I)
- Hierarchische Einordnung des Benutzerservice (Teilprojekt II)
- Personelle Besetzung (Teilprojekt III)
- Sachmitteltechnische Ausstattung des Benutzerservice (Teilprojekt IV)
- (Teilprojekt V).

In einem nächsten Schritt sind dann der Projektablauf und das Systemdenken miteinander zu verbinden, wie am Beispiel der Hauptstudie auszugsweise gezeigt werden soll:

Hauptstudie durchführen	**Teilprojekt I** ■ Mögliche Aufgaben eines IT-Benutzerservice erheben und analysieren. Stärken und Schwächen des Ist-Zustands ermitteln ■ Lösungsvarianten für die Zuständigkeiten des Benutzerservice erarbeiten und bewerten ■ Präsentation für Teilprojekt I vorbereiten und durchführen **Teilprojekt II** ■ Lösungsvarianten für Teilprojekt II erarbeiten und bewerten ■ Präsentation für Teilprojekt II vorbereiten und durchführen **Teilprojekt III** .... **Teilprojekt IV** ■ Heutige Sachmittelausstattung und räumliche Situation untersuchen und würdigen ■ Marktuntersuchung für geeignete Sachmittel ■ Lösungsvarianten für die Sachmittelausstattung erarbeiten und bewerten ■ Präsentation vorbereiten und durchführen

Abb. 13.04: Projektstrukturplan (Ausschnitt)

Sind die Teilprojekte bekannt, lassen sich relativ einfach die Aufgaben ableiten, die in der weiteren Planung, im Systembau und in der Einführung anfallen.

Die – unabhängig vom Projektablauf ermittelten – Aufgaben werden in dem so genannten Projektstrukturplan dargestellt, der für dieses Beispielprojekt stark verkürzt folgendermaßen aussehen könnte:

Beispiel

Strukturplan zum Projekt „Einrichtung eines Benutzerservice"				
Vorstudie	Hauptstudie	Teilstudien	Systembau	Einführung
Ausgangssituation untersuchen. Grobkonzepte erarbeiten und bewerten. Präsentation vorbereiten und durchführen.	Teilprojekte abgrenzen. Teilprojekt I Mögliche Aufgaben erheben/analysieren. Anforderungen ermitteln. Lösungsvarianten für Zuständigkeiten erarbeiten und bewerten. Präsentation vorbereiten und durchführen. Teilprojekt II Lösungsvarianten für Teilprojekt II erarbeiten und bewerten. Präsentation vorbereiten und durchführen.	Teilprojekt I Formulierung von Stellenbeschreibungen. Teilprojekt II .... Teilprojekt III .... Teilprojekt IV Detaillierte Bedarfsermittlung Sachmittel. Pflichtenheft erstellen. Angebote einholen. Angebote auswerten. Entscheidungsvorlage erarbeiten.	Teilprojekt I Herstellung der Stellenbeschreibungen. Teilprojekt II .... Teilprojekt III .... Teilprojekt IV Bestellen der Sachmittel. Installation. Tests. Schulung zum Sachmitteleinsatz vorbereiten.	Teilprojekt I Schulung der Mitarbeiter im Benutzerservice. Teilprojekt II .... Teilprojekt III .... Teilprojekt IV Schulung der Anwender. Unterstützung in der Einführungsphase.

Abb. 13.05: Beispiel für einen Projektstrukturplan

Die im Projektstrukturplan ermittelten Aufgaben werden auf den oberen Ebenen auch als Teilprojekte, auf den mittleren Ebenen als Aufgabenkomplexe und auf der letzten Zerlegungsstufe als Arbeitspakete bezeichnet. Bei der Abgrenzung solcher kleineren Einheiten sind folgende Grundsätze zu beachten:

Grundsatz	Teilprojekte, Aufgabenkomplexe oder Arbeitspakete sind so abzugrenzen, dass...
Innerer Zusammenhang	■ Module entstehen, die möglichst wenige Schnittstellen nach außen haben (Übergewicht der inneren Bindung).
Vorhandene Ressourcen	■ sie auf entsprechend qualifizierte Spezialisten übertragen werden können.
Vollständigkeit	■ vollständig alle im Projekt zu bewältigenden Aufgaben abgedeckt werden.
Angemessene Zerlegungstiefe	■ sie für die Verteilung auf Mitarbeiter, für die Zeit-, Kosten- und Ablaufplanung geeignet sind.
Rollende Planung	■ sie mit dem Projektfortschritt immer detaillierter und genauer geplant werden.

Grundsätze für die Abgrenzung

An die Aufgabenplanung schließen sich die Ressourcenplanung, die Zeitschätzung, die Kostenschätzung und die Ablaufplanung an, die in den folgenden Abschnitten behandelt werden.

Die Planung der Aufgaben eines Projekts basiert methodisch auf dem Projektablauf, dem Systemdenken und der Aufgabenanalyse. Vollständigkeit, angemessene Tiefe (bei rollender Planung), verteilungsfähige Pakete und möglichst wenige Schnittstellen sind anzustreben, um die Zuordnung auf Aufgabenträger sowie die Planung der Ressourcen, Kosten und Zeiten zu ermöglichen.

Zusammenfassung

13.4 Ressourcenplanung (-schätzung)

Die Ermittlung der notwendigen Ressourcen für Projekte ist in der Praxis ein sehr schwieriges Kapitel. Normalerweise wird in einem Projekt ja Neuland betreten. Damit sind Überraschungen nahezu programmiert. Es können sich im Laufe des Projekts neue Entwicklungen ergeben, neue Erfahrungen können gemacht, neue oder zusätzliche Anforderungen gestellt werden. Dennoch muss der Projektverantwortliche Aussagen machen über den vermutlichen Bedarf an Ressourcen, sonst würde ein Projekt für jede Unternehmung ein völlig unkalkulierbares Risiko.

13.4.1 Zeitschätzung

Die Terminplanung (Ablaufplanung) von Projekten umfasst die Planung von

- wichtigen Zwischenterminen (Projektmeilensteine) und
- Endterminen.

Voraussetzung der Terminplanung ist die Schätzung des zeitlichen Aufwands für die zu erledigenden Aufgaben. Hilfen zur Zeitschätzung sind:

Hilfen für die Zeitschätzung

- Zerlegung des Projekts in überschaubare Bestandteile (siehe dazu die Ausführungen zum Projektstrukturplan, der evtl. für die Zeitschätzung noch detailliert werden muss)
- Systematische Aufzeichnungen über den Zeitbedarf abgeschlossener Teilprojekte, die dann später zum Vergleich verwendet werden können (wenn Aufzeichnungen aus früheren Projekten vorhanden sind, können ähnliche Teilprojekte und deren Zeitbedarf ermittelt werden)
- Berücksichtigung von Sondereinflüssen (z.B. die Qualifikation damaliger und heutiger Mitarbeiter, besondere Erschwernisse oder Erleichterungen etc.)
- Berücksichtigung auch extremer Zeitüber- oder -unterschreitungen, indem z.B. die aus der Netzplantechnik bekannte Formel (Drei-Zeiten-Verfahren) angewandt wird.

$$t^1 = \frac{1\,t_p + 4\,t_w + 1\,t_o}{6}$$

t^1 = geschätzte Zeit für den Projektabschnitt
t_p = pessimistischste Zeitschätzung
t_w = wahrscheinlichste Zeitschätzung
t_o = optimistischste Zeitschätzung

In jedem Fall sollte eine Zeitreserve von ca. 10% von vornherein mit eingeplant werden, die der Projektleitung zum Ausgleich von Zeitüberziehungen zur Verfügung steht.

Die so ermittelten Zeitwerte geben Aufschluss über die Menge und Qualität des benötigten Personals. Außerdem fließen sie in die später noch zu behandelnde Ablaufplanung ein.

13.4.2 Kostenschätzung/Budgetierung

Um die Kosten schätzen zu können, muss der Projektverantwortliche zuvor die Aufgaben im Projekt geplant, den notwendigen Personalbedarf ermittelt und die Beschaffung (Investition) oder Inanspruchnahme von sonstigen Kapazitäten (z.B. IT-Zeiten, Nutzung externer Beratungsleistungen usw.) festgestellt haben. Diese Anforderungen werden mit Kostensätzen versehen und zu einem Budgetantrag verdichtet. Unter einem Budget wird ein finanzieller Rahmen verstanden, der für ein Projekt oder eine Projektphase freigegeben, d.h. von einer entscheidungsberechtigten Instanz zur Verfügung gestellt wird. Das Budget ist gelegentlich bereits im Projektauftrag enthalten, oft muss es aber auch in einem formalisierten innerbetrieblichen Verfahren beantragt werden.

Üblicherweise wird bei größeren Projekten zu Beginn der Projektplanung nur ein grober finanzieller Gesamtrahmen abgesteckt. Die Freigabe von einzelnen Teilbudgets erfolgt dann entsprechend dem Projektfortschritt für einzelne Projektphasen. *Stufenweise Budgets*

Aus dem bewilligten Budget muss der Projektleiter bei arbeitsteiliger Projektbearbeitung Teilbudgets auf Projektbearbeiter bzw. auf verschiedene Projektgruppen aufteilen. Dabei sollten von vornherein 10% nicht freigegeben, sondern für unvorhergesehene Aufwendungen einbehalten werden.

Die Budgetplanung erfolgt ebenso wie die Terminplanung rollend; d.h. nachdem bestimmte Meilensteine erreicht wurden, wird ein Soll-Ist-Vergleich vorgenommen und die Schätzung des zukünftigen Zeit- bzw. Kostenaufwands präzisiert. So können rechtzeitig Über- oder Unterschreitungen erkannt werden. Die veränderten Plangrößen werden dann Bestandteil der Vorschläge für Projektaufträge. Wenn diese Vorschläge bewilligt werden, bestehen neue verbindliche Termin- und Budgetvorgaben.

> Bei der Ressourcenplanung geht es um die (rollende) Planung von Zeiten und Kosten für die im Projekt zu erledigenden Aufgaben. Aus dem Zeitbedarf kann auf die Menge und Qualität des benötigten Personals geschlossen werden. Für die Kostenschätzung werden der notwendige Personalbedarf, die geplanten Anschaffungen und die Inanspruchnahme sonstiger Kapazitäten ermittelt, mit Kostensätzen versehen und im Budget verdichtet. Bei größeren Projekten wird das Budget in Teilbudgets aufgeteilt und entsprechend dem Projektfortschritt für einzelne Projektphasen freigegeben.

Zusammenfassung

13.5 Ablaufplanung von Projekten

13.5.1 Balkendiagramm

Balkendiagramme werden nach ihrem geistigen Vater auch Gantt-Diagramme genannt. Sie sind wohl die älteste Technik zur Darstellung von Projektabläufen und bestehen aus einem zweidimensionalen Koordinatensystem. Horizontal wird üblicherweise ein Zeitmaßstab eingetragen, vertikal werden Aufgabenträger oder Sachmittel dargestellt, um abzubilden, zu welcher Zeit diese Kapazitäten genutzt werden. Alternativ können der Vertikalen auch Aufgaben zugeordnet werden, um dann darzustellen, wie viel Zeit die Erledigung der Aufgaben beansprucht. *Ressourcen und Zeitverbrauch*

Werden in der Vertikalen Aufgaben dargestellt, spricht man auch von einem Auftrags- bzw. Projektfortschrittsplan, der für die Planung kleinerer oder mittlerer Projekte eingesetzt werden kann. Die Länge der Balken gibt die geplante und/oder tatsächliche Dauer für die Durchführung der einzelnen Projektaufgaben an. Die Lage der Balken zueinander bildet zeitliche Abhängigkeiten ab. Damit müssen die Aufgaben (Teilaufgaben, Projektschritte, Aktivitäten) ebenso bekannt sein wie ihr voraussichtlicher Zeitbedarf.

Für das Balkendiagramm sowie für die Netzplantechnik wird ein gemeinsames Beispiel als Grundlage verwendet, um dadurch auch die Vorteile und Grenzen der beiden Verfahren besser erkennen zu können. Es handelt sich um einen Verlag, in dem die Herausgabe eines neuen Buches geplant wird. Die folgende Vorgangsliste zeigt, welche Teilaufgaben anfallen, wie groß der Zeitverbrauch ist und welche Aufgaben erfüllt sein müssen, damit später folgende Aufgaben begonnen oder abgeschlossen werden können.

Nr.	Name	Beschreibung	Dauer	Berechnetes Ende	VG	NF
1	Start	Projektbeginn	0 t	10.03.		2
2	Vertrag	Vertrag abschließen	5 t	16.03.	1	3;5;6
3	Manuskript	Manuskript herstellen	30 t	27.04.	2	4;7
4	Satzvorbereitung	Satzvorbereitung Manuskript	15 t	18.05.	3	9
5	Angebote	Angebote einholen	5 t	23.03.	2	9
6	Info Handel	Information des Handels	15 t	06.04.	2	14
7	Werbg. Vorb.	Vorbereitung der Werbung	20 t	25.05.	3	8
8	Werbung	Werbung	25 t	29.06.	7	14
9	Satz	Satz der Texte	20 t	15.06.	4;5	10;11
10	Korrekturen	Korrektur der gesetzten Texte	15 t	06.07.	9	12
11	Zeichnungen	Anfertigungen der Zeichnungen	20 t	13.07.	9	12
12	Umbruch	Layout	10 t	27.07.	10;11	13
13	Herstellung	Einrichten, Druck, Buchbinden	10 t	10.08.	12	14
14	Ende	Projektende	0 t	10.08	13;6;8	

Abb. 13.06: Vorgangsliste

VG = Vorgänger (welche Aufgaben müssen fertig sein, damit mit dieser Aufgabe begonnen werden kann?)

NF = Nachfolger (welche Aufgaben können erst nach dieser Aufgabe begonnen werden?)

In der Abbildung 13.07 wird ein Balkendiagramm mit Planwerten gezeigt.

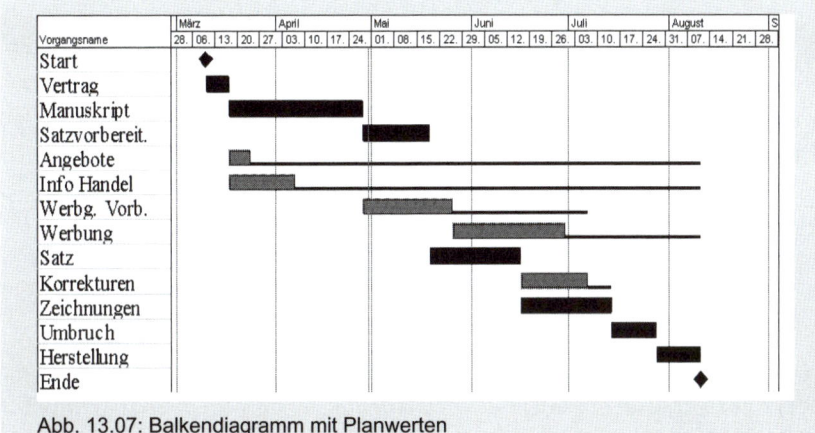

Abb. 13.07: Balkendiagramm mit Planwerten

Zum Vergleich wird in Abbildung 13.08 das gleiche Balkendiagramm noch einmal gezeigt, nun allerdings ergänzt um einige inzwischen eingetretene Ist-Werte. So wird deutlich, dass die Manuskriptherstellung einige Tage verspätet begann – was zu Reserven beim Vertragsabschluss führte – und außerdem auch noch länger gedauert hat als ursprünglich vorgesehen. Die Verschiebung um fast vier Wochen hat Auswirkungen auf den Starttermin der Satzvorbereitung und der Werbungsvorbereitung sowie auf den Endtermin des gesamten Vorhabens. Die Information des Handels hat ebenfalls mit einer vierwöchigen Verspätung begonnen, was aber keine Auswirkungen hat, da hier große Zeitreserven bestanden. Das Einholen der Angebote begann drei Tage verspätet und dauerte zwei Wochen, wirkt sich aber nicht weiter aus, da auch hier ausreichende Zeitreserven vorlagen.

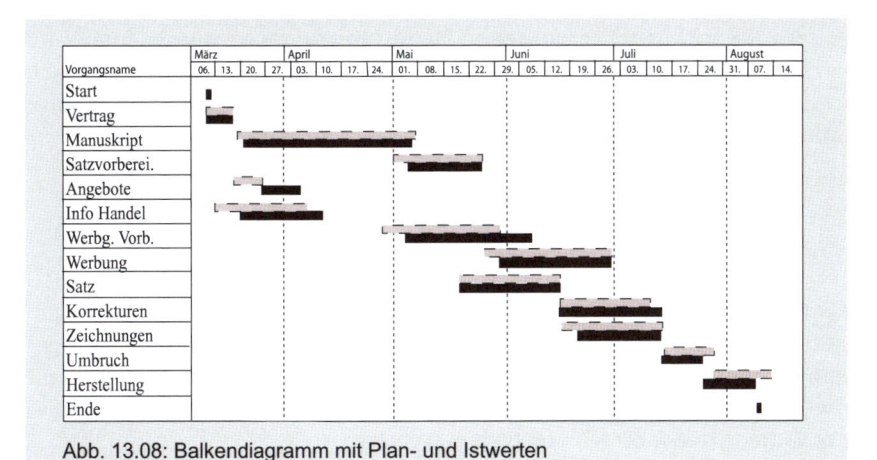

Plan- und Istwerte

Abb. 13.08: Balkendiagramm mit Plan- und Istwerten

Durch die Berücksichtigung von Plan- und Istwerten ist das Balkendiagramm ein geeignetes Werkzeug zur Projektkontrolle und Projektsteuerung.

Zusammenfassung

> In einem Balkendiagramm in der Form des Projektfortschrittplans können Projektabläufe grafisch dargestellt werden. Diese Technik eignet sich bei kleinen und mittleren Projekten. Sehr leicht können Ist- und Planwerte dargestellt und verglichen werden.

13.5.2 Netzplantechnik

13.5.2.1 Grundlagen

Die Netzplantechnik ist ein Verfahren zur Planung, Kontrolle und Steuerung großer Projekte. Sie ist eine grafische Darstellungstechnik für die Ablaufstruktur eines Projekts wie auch eine Rechentechnik, mit der Projektdauer, Anfangs- und Endtermine der Vorgänge (Teilaufgaben), Kapazitätsbedarf und Kostenverlauf geplant bzw. ermittelt werden können. Im Einzelnen unterstützt die Netzplantechnik somit die

- Strukturplanung
- Zeitplanung
- Kapazitätsplanung
- Kostenplanung.

Es gibt verschiedene Typen von Netzplänen. Hier soll jedoch nur der heute am weitesten verbreitete Typ, der so genannte Vorgangsknoten-Netzplan vorgestellt werden. Die Knoten des Netzes stellen Vorgänge und die Pfeile oder Kanten stellen Folgebeziehungen dar.

Für die Netzplantechnik wurden leistungsfähige Standardprogramme entwickelt. Dadurch wurde die Akzeptanz dieser Planungstechnik erheblich gesteigert. Die hier gezeigten Beispiele wurden mit einer solchen Standardsoftware[1] hergestellt.

13.5.2.2 Ablaufstrukturplanung

Mit Hilfe der Strukturplanung soll die Ablaufstruktur eines Projekts grafisch dargestellt werden. Zuerst müssen die zu erledigenden Aufgaben (Vorgänge) ermittelt und die Reihenfolge der Bearbeitung – was muss fertig sein, um mit diesem Vorgang zu beginnen, was kann erst begonnen werden, nachdem dieser Vorgang beendet ist? – festgelegt werden.

---

[1] MS-Project

Hier soll auf das Beispiel in Abbildung 13.06 zurückgegriffen werden. Der Netzplan wird aufgrund dieser Angaben automatisch erstellt. Abbildung 13.09 zeigt für das Beispiel einen Netzplan.

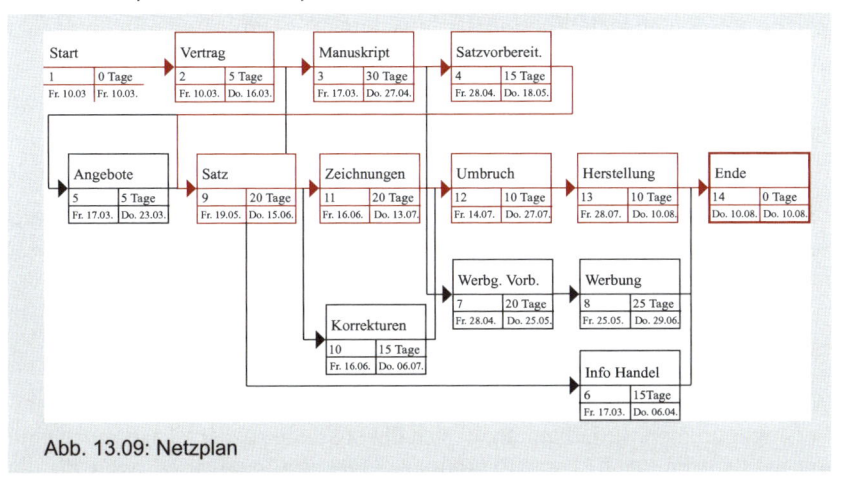

Abb. 13.09: Netzplan

Die Netzplantechnik unterstützt die Struktur-, Zeit-, Kosten- und Kapazitätsplanung von Projekten. Mithilfe eines Netzplans kann die Ablaufstruktur eines Projekts grafisch dargestellt werden.

Zusammenfassung

13.5.2.3 Zeitplanung

Ziele der Zeitplanung sind:

- Ermitteln der Projektdauer und damit des Endtermins
- Bestimmen der Anfangs- und Endtermine der einzelnen Vorgänge
- Ermitteln der Pufferzeiten, d.h. der Zeitreserven je Vorgang
- Feststellen des sogenannten kritischen Weges, d.h. des Weges durch das Projekt, auf dem keinerlei Zeitreserven verfügbar sind – zeitliche Verzögerungen auf diesem Weg führen also zu einer Verschiebung des Endtermins.

Bei der Zeitplanung werden folgende Schritte durchlaufen:

Vorgehen

- Ermitteln der Dauer jedes Vorgangs
- Bestimmen der frühesten zeitlichen Lage jeden Vorgangs (Start- und Endtermin)
- Errechnen der Projektdauer
- Bestimmen der spätesten zeitlichen Lage jeden Vorgangs
- Errechnen der Zeitreserven je Vorgang
- Ermitteln des kritischen Weges.

Ermitteln der Dauer jeden Vorgangs

Als geschätzte Zeiten werden die Vorgangsdauern aus der Abbildung 13.06 zugrunde gelegt. Sie werden in Tagen gemessen. Bei Projekten bis zu einer Woche empfehlen sich Stunden als Zeiteinheit. Bei Projekten, die länger als ein halbes Jahr dauern, sind Wochen geeignete Zeiteinheiten.

Bestimmen der frühesten Lage, sowie des frühesten Endes jeden Vorgangs

Die frühest möglichen Anfangszeitpunkte werden ermittelt, indem beim Starttermin beginnend vorwärts gerechnet wird. Damit ergibt sich auch das frühest mögliche Ende jeden Vorgangs.

Bestimmen der spätesten zeitlichen Lage jeden Vorgangs

Wenn im Beispiel der späteste Endtermin des Projekts also der 15. September angenommen wird, dann ergibt sich die späteste zeitliche Lage durch eine Rückwärtsrechnung, d.h. vom Endtermin werden die Zeiten abgezogen, die die Vorgänge beanspruchen. Spätester Starttermin für die Werbung ist somit der 15. September minus 25 Arbeitstage, d.h. der 14. August, spätester Starttermin für die Vorbereitung der Werbung ist der 14. August minus 20 Arbeitstage, d.h. der 17. Juli usw. Hat ein Vorgang zwei oder mehr Vorgänger, dann ist der späteste Starttermin abhängig vom längeren Weg. So ist der späteste Starttermin für die Manuskripterstellung von dem spätesten Termin für die Satzvorbereitung abhängig und nicht vom spätesten Termin für die Werbungsvorbereitung.

Ermittlung der Zeitreserven je Vorgang

Zeitreserven werden in der Netzplantechnik „Pufferzeiten" genannt. Innerhalb dieser Zeitreserven kann ein Vorgang verschoben oder verlängert werden, ohne die Projektdauer zu gefährden. Sie erweitern damit den Gestaltungsspielraum des Planers. Besonders wichtig ist die Gesamtpufferzeit. Sie sagt aus, um wie viele Zeiteinheiten ein Vorgang verlängert oder nach vorne verschoben werden kann, so dass der oder die Nachfolger gerade noch zum spätesterlaubten Anfangszeitpunkt beginnen können. Man errechnet die Gesamtpufferzeit eines Vorgangs, indem man vom spätesten Endzeitpunkt den frühesten Endzeitpunkt subtrahiert. Für die Werbung beträgt die Gesamtpufferzeit somit vom 14. August bis 15. September, das sind 30 Tage. Diese Pufferzeiten können auch gut aus dem Balkendiagramm in Abbildung 13.7 abgelesen werden.

Ermitteln der Projektdauer und des kritischen Weges

Der kritische Weg ist der zeitlängste Weg durch das Projekt, d.h. der Weg, auf dem keine Zeitreserven mehr verfügbar sind. Die Projektdauer ist identisch mit dem zeitlängsten Weg.

Die Ergebnisse dieser Berechnungen für das Beispielprojekt finden sich in Abbildung 13.10.

Name	Beschreibung	Berechneter Anfang	Berechnetes Ende	Dauer
Start	Projektbeginn	10.03.	10.03.	0 t
Vertrag	Vertrag abschließen	10.03.	16.03.	5 t
Manuskript	Manuskript herstellen	21.03.	27.04.	30 t
Satzvorbereitung	Satzvorbereitung Manuskript	09.05.	18.05.	15 t
Angebote	Angebote einholen	31.03.	23.03.	5 t
Info Handel	Information des Handels	22.03.	06.04.	15 t
Werbg. Vorb.	Vorbereitung der Werbung	09.05.	25.05.	20 t
Werbung	Werbung	06.06.	29.06.	25 t
Satz	Satz der Texte	30.05.	15.06.	20 t
Korrekturen	Korrektur der gesetzten Texte	27.06.	06.07.	15 t
Zeichnungen	Anfertigungen der Zeichnungen	27.06.	13.07.	20 t
Umbruch	Umbruch der Fahnen	25.07.	27.07.	10 t
Herstellung	Einrichten, Druck, Buchbinden	08.08.	10.08.	10 t
Ende	Projektende	10.08.	10.08	0 t

Abb. 13.10: Zeitplanung mit Hilfe der Netzplantechnik

Die Berechnung der spätesten Lage der Vorgänge und des Puffers geht aus Abbildung 13.11 hervor. Es ist offenkundig, dass bei mittleren bis größeren Projekten diese Berechnungen nur mit einem wirtschaftlich vertretbaren Aufwand vorgenommen werden können, wenn sie maschinell unterstützt werden.

Name	Spätester Anfang	Spätestes Ende	Gesamte Pufferzeit
Start	10.03.	10.03.	0 t
Vertrag	10.03.	16.03.	0 t
Manuskript	21.03.	27.04.	0 t
Satzvorbereitung	09.05.	18.05.	0 t
Angebote	31.03.	23.03.	0 t
Info Handel	22.03.	06.04.	0 t
Werbg. Vorb.	09.05.	25.05.	30 t
Werbung	06.06.	29.06.	30 t
Satz	30.05.	15.06.	0 t
Korrekturen	27.06.	06.07.	5 t
Zeichnungen	27.06.	13.07.	0 t
Umbruch	25.07.	27.07.	0 t
Herstellung	08.08.	10.08.	0 t
Ende	10.08.	10.08	0 t

Abb. 13.11: Späteste Lage und Pufferzeiten

Zusammenfassung — Mit der Zeitplanung werden Projektdauer, früheste und späteste Anfangs- und Endtermine, der kritische Weg und die Pufferzeiten ermittelt. Diese Werte ergeben sich durch Vorwärts- bzw. Rückwärtsrechnung.

13.5.2.4 Kapazitätsplanung

Jeder Schätzung über den Zeitverbrauch bestimmter Vorgänge liegt eine Annahme über die Zahl der einzusetzenden Aufgabenträger und Sachmittel zugrunde. Da die früheste und späteste Lage der Vorgänge bereits errechnet wurden, kann vorausgesagt werden, innerhalb welcher Zeiträume wie viele Aufgabenträger und Sachmittel benötigt werden, vorausgesetzt, die Leistung dieser Kapazitäten ist bekannt.

Grafische Darstellung des Kapazitätsbedarfs — Wenn bei einzelnen Vorgängen Pufferzeiten vorhanden sind, können die Vorgänge verschoben werden mit dem Ziel, die vorhandenen Kapazitäten möglichst gut zu nutzen. In der Abbildung 13.12 sind zwei Kapazitätsanforderungsprofile dargestellt, je eines für den frühest möglichen (FA) und eines für den spätest möglichen (SA) Anfang der Tätigkeiten. Diese Profile zeigen den Kapazitätsbedarf im Zeitablauf des Projekts.

Abb. 13.12: Kapazitätsanforderungsprofile

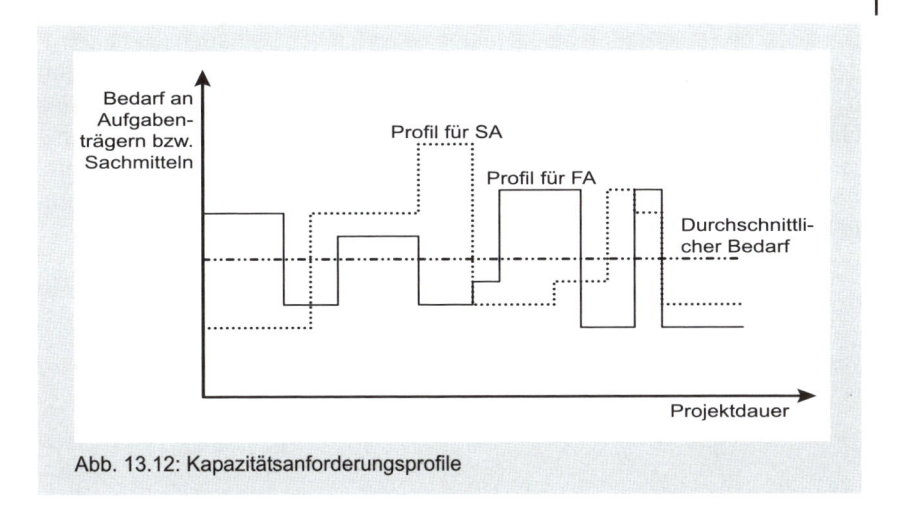

Ziel der Planung kann es nun sein, möglichst gleichmäßig die Kapazitäten zu nutzen, d.h. so nahe wie möglich an den durchschnittlichen Bedarf heranzukommen, oder aber auch bewusst Spitzen einzuplanen, etwa wenn benötigte Mitarbeiter für dieses Projekt nur zu bestimmten Zeiten zur Verfügung stehen.

13.5.2.5 Kostenplanung

Prinzipiell ähnelt die Kostenplanung der Kapazitätsplanung. Es werden die Kosten ermittelt, die jeder Vorgang verursacht. Die Addition der einzelnen Vorgangskosten ergibt die Gesamtkosten. In einem Koordinatensystem kann analog zur Kapazitätsbedarfskurve der Projektkostenverlauf in Abhängigkeit von der zeitlichen Lage der Vorgänge ermittelt und dargestellt werden.

Kapazitätsanforderungsprofile werden für den frühesten Anfang und den spätesten Anfang ermittelt. Durch die Verschiebung der Vorgänge mit Pufferzeiten kann der Bedarf an die verfügbaren Kapazitäten angepasst werden. Analog können die Kosten der Vorgänge ermittelt und dargestellt werden.	Zusammenfassung

13.6 Präsentationstechnik

13.6.1 Präsentation im Rahmen des Projektablaufs

Hier sollen nur einige grundlegende Bemerkungen zur Präsentationstechnik gemacht werden. Eine ausführliche Darstellung findet sich im Bd. 6 dieser Schriftenreihe „Techniken der Präsentation".

Die typische Präsentation bei kleineren betrieblichen Vorhaben liegt als Entscheidungssitzung vor dem so genannten Systembau. Hier soll von den Entscheidungsberechtigten (Lenkungsausschuss) grünes Licht eingeholt bzw. eine Entscheidung für eine von mehreren Konzeptionen gefällt werden. Bei umfangreichen Vorhaben finden im Laufe der Projektarbeit häufig mehrere Präsentationen mit unterschiedlichen Inhalten und unterschiedlichen Zielvorstellungen statt.

Drei verschiedene Anlässe von Präsentationen können unterschieden werden:

Ziele von Präsentationen

- Präsentation zur Entscheidungsfindung
- Präsentation zur Information
- Präsentation zur Meinungsbildung.

Präsentationen zur Entscheidungsfindung

Vor Lenkungsausschuss präsentieren

Entscheidungspräsentationen finden zu ereignis- und u.U. auch zu zeitpunktorientierten Entscheidungsfindungen statt. Sie sind mit Verkaufssitzungen vergleichbar. Der Leiter der Projektgruppe präsentiert allein oder mit seinen Projektmitarbeitern vor dem Entscheider, um grünes Licht für die Fortführung des Projekts zu erhalten, oder um zu erfahren, welchen Weg sie weiter verfolgen sollen.

Präsentationen zur Information

Bei den Präsentationen zur Information stehen die Ergebnisse fest. Es sind keine Entscheidungen zu fällen. Die Veranstaltungen dienen lediglich dazu, entwickelte und verabschiedete Lösungen vorzustellen, zu erläutern und zu begründen. Sie unterstützen die Politik der offenen Tür während der Projektarbeit und dienen der Einführung neuer Lösungen.

Präsentationen zur Meinungsbildung

Beteiligung von Stakeholdern

Bei Präsentationen zur Meinungsbildung – häufig auch Workshop genannt – soll weniger ein geplantes Ergebnis verkauft, als vielmehr eine breite gemeinsame Basis für Lösungen gefunden werden. Stakeholder wie z.B. Mitglieder des betroffenen Bereichs werden mit Lösungsansätzen und offenen Fragen konfrontiert. Die Beteiligung der vom Vorhaben Betroffenen bringt neben sachlichen Hinweisen normalerweise auch psychologisch positive Folgen mit sich. Durch die Beteiligung wird meistens eine Identifikation mit dem Projekt erreicht. Die Ergebnisse der Projektarbeit werden eher akzeptiert. Aus diesen Überlegungen heraus sollte regelmäßig geprüft werden, ob und in welchem Umfang Präsentationen zur Meinungsbildung abzuhalten sind.

> Hinsichtlich ihrer Zielsetzung können Präsentationen zur Entscheidungsfindung, zur Information und zur Meinungsbildung unterschieden werden.

Zusammenfassung

Präsentationen bieten viele Chancen, bergen allerdings immer auch Risiken in sich. Gelingt eine Präsentation, gewinnt die Projektgruppe Vertrauen. In der Einführung werden eher weniger Widerstände zu überwinden sein. Eine Präsentation ist eine Leistungsschau der Projektverantwortlichen, nicht eine lästige Pflichtübung. Misslungene Präsentationen sind häufig auf eine mangelhafte Vorbereitung, nicht auf schlechte Sachlösungen zurückzuführen. Die Vorbereitung kann in zweierlei Hinsicht mangelhaft sein: Zum einen sind möglicherweise elementare technische Regeln nicht beachtet worden, zum anderen wurde die psychologische Komponente der Präsentation unterschätzt. Was für den geschulten Verkäufer ein Gemeinplatz ist, wird von vielen Projektleitern noch nicht ausreichend beachtet: Neben rationalen, sachorientierten Argumenten muss die Befindlichkeit der Beteiligten, müssen Wünsche, Bedürfnisse, Befürchtungen, Werthaltungen, Erfahrungen bewusst berücksichtigt und angesprochen werden.

Präsentationen sind Verkaufsveranstaltungen

13.6.2 Vorbereitung der Präsentation

Adressatenanalyse – Teilnehmerkreis

Für den Erfolg einer Präsentation ist es sehr wichtig, die richtigen Adressaten zu finden und sie korrekt einzuschätzen. Die Wahl der Adressaten hängt zum einen ab vom Ziel der Präsentation und zum anderen von den Interessen, die von Stakeholdern in das Projekt hineingetragen werden (zu den Stakeholdern siehe Kapitel 5.3). Der Teilnehmerkreis sollte klein gehalten werden – maximal 15 bis 20 Teilnehmer, bei meinungsbildenden Präsentationen deutlich weniger – da andernfalls die Präsentation zu einem Vortrag entartet und nicht zu einer gemeinsamen Diskussion führt.

Die richtigen Ansprechpartner finden und korrekt einschätzen

Bei der Analyse der Adressaten sind unter anderem die folgenden Punkte zu beachten:

- Welche Ziele verfolgen die Adressaten?
- Welche Einstellung zu den Präsentationsinhalten ist zu erwarten?
- Welches Vorwissen bringen sie mit?
- Was wollen, was sollen sie wissen?
- Welche Einwände sind zu erwarten? (siehe dazu Pro- und Contra-Spiel Kapitel 10.8)
- Welches Interesse kann vorausgesetzt werden?
- Wer sind die Schlüsselpersonen?
- Welche Erwartungen haben sie an die Präsentation (Visualisierung, Medieneinsatz, Beteiligung etc.)?

Die Ergebnisse der Adressatenanalyse sind Grundlage für eine adressatengerechte Argumentation und für eine angemessene Vorbereitung und Durchführung der Präsentation selbst.

Information

Entscheider vor großen Überraschungen bewahren

Die Vorabinformation der Teilnehmer beschränkt sich auf technische Daten. Ort, Zeit, voraussichtliche Dauer, Teilnehmer, Begründung, Thema und Ziel der Veranstaltung sind mitzuteilen. Im Normalfall sollten keine Informationen über Inhalte, Lösungsansätze, Thesen usf. vorab gegeben werden. Derartige Vorabinformationen führen zu Diskussionen und Meinungsbildungsprozessen vor der Präsentation, die nicht beeinflusst werden können. Die Teilnehmer kommen dann u.U. schon mit fest gefügten Standpunkten in die Präsentation und sind nicht mehr offen für einen gemeinsamen Meinungsbildungsprozess. Allerdings sollte bei wichtigen Entscheidern bereits im Vorfeld der Präsentation geklärt werden, ob grundsätzliche Bedenken gegen die beabsichtigten Vorschläge bestehen, bzw. ob die mit dem Projekt verbundenen Erwartungen voraussichtlich erfüllt werden. Dazu muss für diese Zielgruppe der „Schleier" vorher schon ein wenig gelüftet werden.

Raum

Die Präsentation sollte möglichst in einem Raum stattfinden, in dem die benötigten technischen Hilfsmittel verfügbar sind. Tafeln, Tageslichtschreiber, Beamer, Flip-Charts und Steckwände sollten selbstverständliche Utensilien jedes Präsentationsraumes sein.

Träger und Arbeitsteilung

Arbeitsteilige Präsentation

Die Vortragsphase einer Präsentation, die normalerweise nicht länger als 15 bis 20 Minuten dauern sollte, kann vom Projektleiter, vom rhetorisch geschicktesten Mitglied der Projektgruppe oder von mehreren Mitgliedern der Projektgruppe bestritten werden. Für den Projektleiter spricht die Übersicht über das gesamte Projekt und die Übung im Umgang mit Menschen, insbesondere mit Vorgesetzten. Für den rhetorisch Begabtesten spricht die Überzeugungskraft, die von einem gekonnten Vortrag ausgeht. Die Mehrheit der Argumente scheint jedoch für den Einsatz mehrerer Mitglieder der Projektgruppe zu sprechen. Ein Wechsel der Präsentierenden weckt neues Interesse und erhöht damit die Aufmerksamkeit. Allerdings darf der Wechsel nicht zu häufig stattfinden – maximal drei Präsentierende in 15-20 Minuten – da er sonst eher störend wirkt und zuviel Aufmerksamkeit durch die jeweils neue Person absorbiert wird. Darüber hinaus spricht für die arbeitsteilige Präsentation, dass der jeweilige Fachmann der Projektgruppe – wenn er ausreichend rhetorisch geschickt ist – über sein Spezialgebiet Auskunft geben kann. Schließlich – und dieses Argument wiegt aus Führungsüberlegungen heraus schwer – haben auf diese Weise mehrere Mitarbeiter Gelegenheit, aus dem Schatten der Anonymität herauszutreten und ihre eigene Arbeit vorzustellen. Diese Chance erhöht die Motivation und die Identifikation mit dem Projekt.

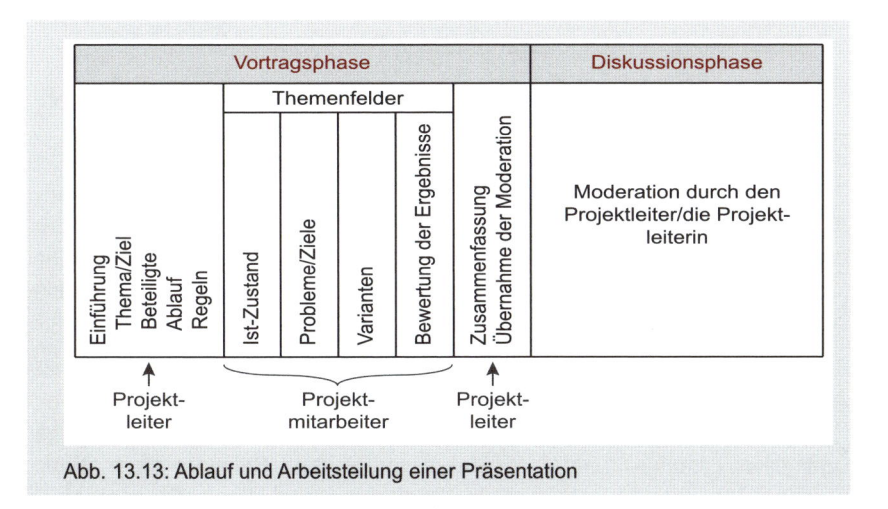

Abb. 13.13: Ablauf und Arbeitsteilung einer Präsentation

Wenn mehrere Mitarbeiter präsentieren, ist der Projektleiter für den Rahmen zuständig. Er erläutert zu Beginn Zielsetzung und Themenschwerpunkte und stellt die Präsentierenden vor. Nach den Teilpräsentationen fasst er die Ergebnisse noch einmal stichwortartig zusammen und leitet in die nächste Phase – Diskussionsphase – über. Diese Arbeitsteilung führt zu einer „Sandwich-Präsentation". Der Projektleiter fungiert als Klammer, die Projektmitarbeiter bringen die eigentlichen Sachaussagen. Dadurch wird die Rolle des Projektleiters bewusst neutralisiert, ohne dass seine Verantwortlichkeit für das Projekt verwischt wird. Der Projektleiter hat sich nicht selbst zu sehr als Partei engagiert; das erleichtert seine Moderationsrolle in der Diskussionsphase wesentlich.

Projektleiter als Klammer und Moderator

Diese Diskussionsphase folgt auf die Vortragsphase und dauert üblicherweise 45-60 Minuten.

Struktur

Die Struktur einer Präsentation wird in Abbildung 13.13 grob skizziert. Hier sollen die einzelnen Themenfelder etwas eingehender dargestellt werden. Jede Präsentation umfasst in der Vortragsphase nach den einleitenden Bemerkungen die folgenden vier Themenfelder, die normalerweise auch in dieser Reihenfolge zu behandeln sind:

Managementtechniken

Themenfelder einer Präsentation

1. Ist-Zustand
2. Anforderungen, Probleme des Ist-Zustands bzw. Ziele dieses Projekts (was soll verbessert werden?)
3. Mögliche Lösungsvarianten
4. Bewertung der Lösungsvarianten und Empfehlung.

Diese Themenfelder sind allerdings der Zielgruppe und der Zielsetzung der Präsentation entsprechend unterschiedlich intensiv zu behandeln.

Der Ist-Zustand ist den von der Lösung Betroffenen normalerweise bekannt; die Entscheidungsberechtigten dürfte er kaum interessieren. Bei einer Präsentation zur Meinungsbildung kann es jedoch notwendig sein, das Ist etwas ausführlicher darzustellen, besonders wenn nicht alle den gleichen Informationsstand besitzen.

Ziele besser als Probleme

Anforderungen an die Lösung ergeben sich oft aus den Problemen des Ist-Zustands. Deswegen müssen die Soll-Ist-Abweichungen normalerweise ausführlich geschildert werden, da aus ihnen die Begründung für die vorgeschlagenen Lösungsvarianten abgeleitet werden kann. Bei einer Informationspräsentation können aufgetretene Probleme zurücktreten. Psychologisch dürfte es besser sein, nicht von den Problemen sondern von Verbesserungsmöglichkeiten (Zielen) zu sprechen. Damit können insbesondere die Betroffenen und deren Vorgesetzte meistens besser umgehen.

Die Beschreibung der Varianten sollte speziell in einer Entscheidungspräsentation sehr kurz gefasst werden, da die Entscheider sich mit den grundsätzlichen Vor- und Nachteilen, mit der Eignung der Lösungen auseinandersetzen sollten, nicht mit den Lösungsdetails. Präsentationen vor den späteren Benutzern können demgegenüber detailliertere Ausführungen über die Varianten erfordern.

Normalerweise sollten in Entscheidungspräsentationen und in Meinungsbildungspräsentationen mehrere Varianten vorgestellt werden. Nur so lässt sich der Eindruck vermeiden, dass die Anwesenden vor vollendete Tatsachen gestellt werden sollen. Gleichzeitig wird deutlich, dass die Projektträger sich bemüht haben, den gesamten Bereich möglicher Lösungen zu untersuchen.

Vom Ziel zur Empfehlung – durchgängig argumentieren

Die Bewertung der Ergebnisse sollte bei allen Präsentationen (ausgenommen Informationspräsentationen) den breitesten Raum einnehmen. Nur wenn es gelingt, überzeugend die Vorteile der favorisierten Lösung herauszuarbeiten, ist zu erwarten, dass der Vorschlag angenommen wird. Die Argumentation wirkt in der Bewertung besonders schlüssig, wenn – möglichst auch optisch – deutlich gemacht wird, dass die früher genannten Probleme durch den favorisierten Lösungsvorschlag beseitigt werden bzw. die angestrebten Ziele auch erreicht werden können. Grundsätzlich steigt das Vertrauen in die Seriosität der Präsentation, wenn die Präsentierenden von sich aus Schwachstellen nennen. Allerdings sollte dann eine überzeugende Liste von Vorteilen vorbereitet sein, die ein eindeutiges Übergewicht haben müssen. Das bereits erwähnte Pro- und Contra-Spiel kann dazu beitragen, frühzeitig mögliche Schwächen zu erkennen und sich argumentativ darauf vorzubereiten.

Der Vortragsteil einer Präsentation besteht normalerweise aus vier Themenfeldern – Ist, Anforderungen/Probleme/Ziele, Varianten, Bewertung – die abhängig vom Ziel und abhängig von den Beteiligten zeitlich unterschiedlich zu gewichten sind. Besonders wichtig ist es, mögliche Gegenargumente rechtzeitig zu erkennen und zu entschärfen.

Zusammenfassung

	Ist-Zustand	Anforderungen/ Probleme/ Ziele	Varianten/ Verfahrensbeschreibung	Bewertung der Ergebnisse
Entscheidungspräsentation		▬▬▬		▬▬▬
Informationspräsentation (etwa vor Betroffenen)			▬▬▬	▬▬▬
Präsentation zur Meinungsbildung	▬▬▬		▬▬▬	▬▬▬
Überzeugungspräsentation	▬▬▬			▬▬▬

Abb. 13.14: Zeitanteile in der Vortragsphase einer Präsentation

Visualisierung

Die Technik der Visualisierung ist ein wichtiges Instrument der Projektarbeit. Einem Sprichwort zufolge sagt ein Bild mehr als tausend Worte. Aus dieser allgemeinen Formulierung lassen sich die Vorteile der Visualisierung ableiten:

- Leichteres Erkennen von Zusammenhängen
- Aufmerksamkeitswirkung
- Orientierungshilfe für Vortragenden wie Zuhörende bzw. Diskussionspartner
- Hervorheben von Aussagen
- Besseres Behalten von Gesehenem und Gehörtem.

Visualisierung durch Bild und Text

Da zur Visualisierung nicht nur der Einsatz von Bildern, sondern auch von Texten zählt, kann auch eine Diskussion visualisiert werden, indem die wichtigsten Aussagen für alle sichtbar stichwortartig festgehalten werden.

Dadurch liegt nach Ablauf der Sitzung gleich ein (lebendes) Stichwortprotokoll vor. Für beide Formen der Visualisierung, Text und Bild, gelten unterschiedliche Regeln und Gesetzmäßigkeiten, die im Folgenden skizziert werden sollen.

Erklärungsbedürftige Stichworte

Visualisierung durch Text kann mit erklärungsbedürftigen Stichworten und mit selbst sprechenden Aussagen erfolgen. Für die Präsentation empfiehlt sich zumeist das erklärungsbedürftige Stichwort; dies weckt die Neugier des Zuhörers, während bei selbst sprechenden Aussagen leicht die Aufmerksamkeit vom Präsentierenden auf die Texte übergeht. Die Teilnehmer lesen die Aussagen durch, lehnen sich zurück und schalten ab.

Aussagen, Vor- und Nachteile sollten in dem Umfang visualisiert werden, wie sie das Nachvollziehen des Vortrags, das Erkennen der Zusammenhänge erleichtern. Zusätzlich kann eine Visualisierung an Stelle eines Manuskripts dem Präsentierenden als Leitfaden dienen. Er schützt sich durch die Visualisierung davor, vom beabsichtigten Weg abzuweichen und wichtige Aussagen zu vergessen.

Inhalt wichtiger als perfekte Form

Einige technische Regeln zur verbalen Visualisierung sind zu beachten. So muss die Schriftgröße auf die Größe des Raums und die Zahl der Teilnehmer abgestellt sein. Farben sind ein wichtiges Mittel, um bedeutsame Aussagen herauszustellen. Weitere Formen für Hervorhebungen sind Unterstreichungen, Einrahmungen, Unterlegung, Wechsel von Groß- und Kleinschreibung. Es ist zu beachten, dass die Anforderungen an die Qualität der Visualisierung – insbesondere bei Folien und Tischvorlagen – in den letzten Jahren aufgrund der immer besseren Unterstützung durch geeignete Tools deutlich gestiegen sind.

Die bildhafte Darstellung von Vor- und Nachteilen, Einsparungen, Mengen-, Zeit- oder Wertrelationen wird in der betrieblichen Projektarbeit noch sehr wenig praktiziert. Durch eine geschickte Aufbereitung können jedoch manche Aussagen wesentlich besser „rübergebracht" werden. Sie können heute mit relativ geringem Aufwand angefertigt werden. Technische Hinweise sollen sich hier auf die Herstellung und einige Grundregeln beschränken.

Regeln für die Visualisierung

- Wenige Aussagen pro Bild
- Nicht zu viele Bilder (3-6 pro Präsentation)
- Vergleiche nebeneinander abbilden
- Verwendung von Farben zur Hervorhebung
- Nicht mehr als 3 Farben pro Bild
- Wichtige Aussagen ins Bildzentrum
- Harmonie von Bild und Text
- Gute Nutzung der Fläche.

Als letztes soll hier noch auf die technischen Hilfsmittel der Präsentation eingegangen werden. Zur Verfügung stehen beispielsweise Tafel (Whiteboard), Tageslichtprojektor, Flipchart, Steckwand, Packpapier oder Beamer – zur

Projektion von Bildschirminhalten – die alle je nach Darstellungsinhalt, räumlichen Gegebenheiten, Teilnehmerkreis etc. unterschiedlich geeignet sein können. Eine Beurteilungshilfe soll Abbildung 13.15 bieten.

Hilfsmittel \\ Kriterien	Tafel/White board	Tageslichtprojektor	Flipchart (Papierständer)	Steckwand (Weichfaserplatten)	Packpapier	Beamer
Anschaffungskosten	+	-	+	+	++	-
Unterhaltungskosten	++	+	-	++	++	+
Transportierbar	+-	+-	+	-	++	+
Dauerhafte Dokumentation	-	+	+	o	+	o
Duplizierbar	-	+	+-	o	-	+
Anforderungen an den Raum	+	+-	+	-	+	+
Vorbereitungszeitaufwand	+	+	+	o	+	+
Gleichzeitig mehrere Darstellungen möglich	-	-	+	+	+	-
Platzbedarf	-	+	+	+	+	+
Aktiviert Teilnehmer zu Ergänzungen	+	-	+	+	++	-
Entwickeln von Aussagen	-	+	+	+	++	++

Abb. 13.15: Bewertungsmatrix für Visualisierungshilfsmittel

Die textliche und bildliche Visualisierung wichtiger Ergebnisse und Aussagen helfen Präsentierenden und Teilnehmern. Eine ansprechende optische Aufbereitung, bei der elementare technische Regeln beachtet werden, fördert die Verständigung und erhöht die Akzeptanz.

Zusammenfassung

Unterlagen

Es gilt das Prinzip Qualität vor Quantität. Zu viele Unterlagen lenken von der eigentlichen Präsentation ab. Zu ausführliche Texte verhindern ebenfalls aufmerksames Zuhören. In geraffter Form sollten die wichtigsten Aussagen zur Verfügung gestellt werden. Besonders ist darauf zu achten, dass alle visualisierten Sachverhalte in den Teilnehmerunterlagen enthalten sind. Das ist ein Schutz gegen technische Pannen – Tageslichtschreiber oder Beamer fällt aus, oder jemand hat seine Brille vergessen – und kommt dem offensichtlich elementaren menschlichen Bedürfnissen entgegen, Gesehenes auch nach Hause tragen zu wollen.

Unterlagen ankündigen

Es empfiehlt sich, die Teilnehmer zu Beginn der Sitzung darauf hinzuweisen, dass nach Abschluss der Präsentation eine aussagekräftige Dokumentation zur Verfügung gestellt wird. Das verhindert Aufmerksamkeit bindendes Mitschreiben oder Blättern in den Unterlagen.

13.6.3 Durchführung der Präsentation

Einleitung

Neben der Begrüßung der Teilnehmer und einigen technischen Informationen (Vorstellung Beteiligte, Zeitdauer, Trennung in Vortrags- und Diskussionsphase, Regeln) dient die Einleitung insbesondere auch dazu, das Interesse zu wecken und den Anwesenden das Ziel der Präsentation und damit die Erwartungen an ihren Beitrag zu verdeutlichen. Wichtig für den Erfolg der Präsentation ist es auch, ganz zu Beginn eine positive Beziehung zu den Anwesenden aufzubauen (Sympathiefeld).

Vortragsphase

Konzentrationsspanne beachten

Wie schon erwähnt, gliedert sich eine Präsentation in eine Vortrags- und in eine Diskussionsphase. Die Vortragsphase sollte etwa 1/4 der Präsentationszeit nicht überschreiten, insgesamt normalerweise nicht länger als 15-20 Minuten dauern. Das bedingt im Regelfall Mut zur Lücke und eine Konzentration auf die wichtigsten Aussagen. Langwierige Vorträge führen schnell zu sinkender Konzentration bei den Zuhörern.

Rhetorisches Geschick gefragt

Es versteht sich von selbst, dass in dieser Phase die Regeln der Rhetorik, wie freie Rede, Blickkontakt, Variation der Lautstärke und Modulation, Gestik, Mimik usf. gelten. Sind die Präsentatoren in der Kunst der freien Rede wenig geübt, sollten Präsentationen zuvor trainiert werden.

Diskussionsphase

Ausreichend Zeit für die Diskussion

Die Diskussionsphase sollte etwa 3/4 der Präsentationszeit einnehmen. Je nach Präsentationsziel gilt es, Anregungen zu erhalten, offene Fragen zu klären, zu Einwänden Stellung zu nehmen, Bedenken zu zerstreuen oder die Teilnehmer positiv einzustimmen. Der Projektleiter dient als Moderator zwischen Teilnehmern und Projektgruppenmitgliedern; er fasst die Ergebnisse zusammen und sorgt für die Beteiligung der Anwesenden. Einige bewährte Beteiligungstechniken, die dazu beitragen sollen, die Teilnehmer zum Mitdenken, zu Kritik, zu Verbesserungsvorschlägen etc. zu aktivieren, sollen hier genannt werden.

Eine wichtige Beteiligungstechnik ist das „motivierende Gruppenverhalten". Der Moderator versucht, die Diskussion zu aktivieren, indem er Diskussionsregeln bekannt gibt, z.B. Beschränkung der Redezeit, Visualisierung aller gemachten Aussagen etc. Er versucht, möglichst alle Teilnehmer einzubeziehen, spricht auftretende Spannungen offen an und versucht auf diesem Wege, sie zu beseitigen, verhindert so genannte Killerphrasen, geht auf die Gruppenmeinung ein, d.h. moderiert statt zu leiten!

Motivation zur Mitarbeit

Zur Beteiligung der Teilnehmer können auch Abfragetechniken verwendet werden. Wenn in kürzester Zeit Tatbestände, Daten, Erfahrungen, Haltungen, Einstellungen usf. gesammelt werden sollen, kann dieses auf dem Weg einer offenen oder einer anonymen schriftlichen Befragung geschehen. Mit anonymen Abfragen gelingt es eher, auch schweigsame Teilnehmer zur Mitarbeit zu bewegen. Diese Technik eignet sich insbesondere, wenn auch unkonventionelle Äußerungen erwartet werden, zu denen man sich unter Umständen in der Gruppe nicht trauen würde. Wichtig ist eine präzise Abgrenzung und verständliche Formulierung des Themas. Zur weiteren Bearbeitung ist es sinnvoll, dass die Teilnehmer ihre Gedanken stichwortartig auf Karten festhalten.

Anonyme oder offene Abfragen

Schließlich sollen hier – ohne Anspruch auf Vollständigkeit – noch Techniken genannt werden, die dazu dienen können, die Meinung der Teilnehmer etwa über Prioritäten, Präferenzen, Schwerpunkte usw. festzustellen. Beim Punktverfahren erhält jeder Teilnehmer einige selbstklebende Punkte, die er bei der Abfrage z.B. auf die seiner Ansicht nach beste(n) Variante(n), wichtigsten Fälle usf. verteilt, d.h. er klebt sie an die entsprechende Stelle in einem vorbereiteten Schema. Da diese Abfrage nicht anonym ist, können allerdings stark verzerrende Wirkungen auftreten, wenn starke „Opinion leaders" anwesend sind.

Visualisierung der Abfragen

Bei der Informationspräsentation werden am Ende der Diskussionsphase die Lösungen noch einmal vom Projektleiter zusammengefasst, dargestellt und die weiteren Schritte erläutert. Bei einer Präsentation zur Meinungsbildung und bei Entscheidungspräsentationen werden ebenfalls die erarbeiteten Ergebnisse zusammengefasst und der Projektfortschritt aufgezeigt. Zusätzlich muss aber versucht werden, von den Anwesenden eine Entscheidung bzw. das Signal einer Zustimmung zu erhalten, da die weitere Arbeit am Vorhaben unmittelbar davon abhängt.

Ergebnisse einfordern und bewusst machen

Abschluss

Der Projektleiter fasst noch einmal die wichtigsten Resultate zusammen, schildert das beabsichtigte weitere Vorgehen und bedankt sich für die Zusammenarbeit mit den Adressaten.

Auswertung der Präsentation

Nach Abschluss der Präsentation ist ein Protokoll anzufertigen. Daran sollten möglichst alle Mitglieder der Projektgruppe mitarbeiten, um Fehlinterpretationen und Missverständnisse zu vermeiden. Das Protokoll ist allen Teilnehmern sowie den verhinderten Mitgliedern des Lenkungsausschusses zuzuleiten. Es

Abschlussprotokoll und Manöverkritik

sollte sich auf das Wesentliche beschränken (Ergebnisprotokoll). Ein nicht innerhalb gewisser Frist reklamiertes Protokoll sollte vereinbarungsgemäß als verabschiedet gelten.

Weiter empfiehlt sich eine Manöverkritik in der Projektgruppe, sowohl aus inhaltlicher wie auch aus präsentationstechnischer Sicht. Pannen, Probleme, aber auch Erfolge sollten analysiert werden, um aus den Erfahrungen für weitere Präsentationen zu lernen.

> **Zusammenfassung**
>
> Während der Präsentation ist neben der sachlichen Argumentation bewusst zu versuchen, ein Sympathiefeld aufzubauen. Nach der Vortragsphase (etwa 15-20 Minuten) folgt die Diskussionsphase (2-3fache Zeit der Vortragsphase), deren Effizienz durch den gezielten Einsatz von Visualisierungs- und Beteiligungstechniken gesteigert werden kann. Nach Abschluss der Präsentation muss ein Protokoll angefertigt werden. Die Projektgruppe sollte anschließend eine Manöverkritik durchführen.

Weiterführende Literatur zu diesem Abschnitt

Bialas, M.; W. Paulsen et. al: Techniken der Präsentation. 6. Aufl., Gießen 2001

Burke, R.: Projektmanagement – Planungs – und Kontrolltechniken. Bonn 2004

Goldmann, H. M.: Wie Sie Menschen überzeugen. Kommunikation für Führungskräfte. Düsseldorf/Wien/New York 1990

Hierhold, E.: Sicher präsentieren – wirksamer vortragen. 7. Aufl., Heidelberg 2006

Huber, F. (Hrsg. von W.F. Daenzer): Systems Engineering. Methodik und Praxis. 11. Aufl., Zürich 2002

Kulich, K.: Erfolgreich präsentieren. 2. Aufl., Ehningen 1990

Litke, H-D.: Projektmanagement. Methoden, Techniken, Verhaltensweisen. 9. Aufl., München/Wien 1995

Pfetzing, K.; A. Rohde: Ganzheitliches Projektmanagement. 3. überarbeitete Aufl., Gießen 2009

Schnelle-Cölln, T.: Optische Rhetorik für Vortrag und Präsentation. Quickborn 1988

Seifert, J. W.: Visualisieren. Präsentieren. Moderieren. 23. Aufl., Offenbach 2007

Thiele, A.: Überzeugend präsentieren. Präsentationstechnik für Fach- und Führungskräfte. Düsseldorf 1991

14 Einführung betrieblicher Neuerungen

Ziele dieses Kapitels – Was können Sie erwarten?

- Sie wissen, welche laufenden Maßnahmen zur Förderung der Akzeptanz von Lösungen ergriffen werden können
- Sie kennen die wichtigsten Adressaten der Einführung und deren Informationsbedürfnis
- Sie kennen die zentralen Inhalte, die in einer Einführung zu vermitteln sind, und kennen unterschiedliche Verfahren der Einführung
- Sie kennen die Vor- und Nachteile unterschiedlicher Träger der Einführung
- Sie kennen wichtige Regeln, die bei einer Einführung zu beachten sind.

14.1 Maßnahmen zur Akzeptanzsteigerung

Die wirksamsten Wege, um Akzeptanz zu fördern und Widerstände abzubauen, wurden schon im Grundlagenkapitel 1 genannt. Diese Maßnahmen sind auch geeignet, die Einführung von Lösungen zu fördern. Sie sollen zur Erinnerung noch einmal aufgelistet werden:

- Beteiligung der Betroffenen (Stakeholder)
- Laufende Information der Betroffenen über die Ziele des Vorhabens und über den Projektfortschritt
- Berücksichtigung der Ziele der Betroffenen
- Adressatengerechte Argumentation
- Gewinnen von Sponsoren
- Selbstverständnis des Projektverantwortlichen als „Berater" (Inhouse consultant)
- Gut vorbereitete Einführungen.

Einführung beginnt mit dem Projektstart

Die Summe aller Maßnahmen, die dazu beitragen, dass neue Lösungen auch akzeptiert und getragen werden, wird als Projektmarketing bezeichnet. Das Projektmarketing stellt eine Kernaufgabe des Projektleiters dar. Der gute Projektverantwortliche ist immer auch ein guter Verkäufer. Das ist bei heiklen Projekten sogar noch wichtiger als die fachliche/inhaltliche Qualifikation, die durch entsprechende Experten in das Projekt eingebracht werden kann.

Vermarkten des Projekts

Projektbegleitende Maßnahmen

Stakeholder können während aller Planungsphasen eines Projekts eingebunden werden. Ihre Beteiligung fördert die Chancen, dass sie ihre Interessen vertreten können und anschließend für die gewählte Lösung Verständnis aufbringen, selbst wenn ihre Vorstellungen nicht in allen Punkten umgesetzt werden konnten. Diesem Ziel dient auch die laufende Information wichtiger Stakeholder, die projektbegleitend informiert werden. Diese Information sollte spätestens mit der Hauptstudie beginnen. Die systematische Erarbeitung der Anforderungen in allen Planungsphasen stellt sicher, dass die Ziele der Betroffenen bekannt und – soweit möglich und sinnvoll – umgesetzt werden. Diese wenigen Hinweise sollen zeigen, dass das Fundament für eine erfolgreiche Einführung bereits in den frühen Planungsphasen eines Projekts gelegt wird.

In größeren Projekten kann die Einführung als ein eigenständiges Teilprojekt angesehen werden. Dieses Teilprojekt startet bereits in der Hauptstudie, spätestens aber in den Teilstudien.

14.2 Vorbereiten der Einführung

Zur Einführung sind Entscheidungen über die folgenden Sachverhalte zu fällen.

Themen der Vorbereitung

Vorbereitung der Einführung	
Adressaten	Wer ist zu informieren/schulen?
Inhalte	Was müssen/sollen die Adressaten wissen?
Form	Wie wird informiert (schriftlich/mündlich)?
Träger	Wer übernimmt die Einführungsaktivitäten?
Verfahren	Welche Modalität wird gewählt (schlagartige, stufenweise oder parallel laufende Einführung)?
Zeit und Ort	Wann und wo findet die Einführung statt?

Wer ist zu informieren/schulen?

Abhängig vom Informationsbedarf können verschiedene Gruppen von Adressaten unterschieden werden.

Adressaten		
Adressaten benötigen Informationen über was (Beispiele)	Adressaten benötigen Informationen über was und warum	Adressaten benötigen Informationen über was, warum und wie (Training)
■ Mitarbeiter, die es lediglich wissen sollten (weil sie nicht selbst betroffen sind) ■ Kunden ■ Lieferanten ■ Öffentlichkeit	■ Management ■ Mitarbeiter des betroffenen Bereichs/der betroffenen Bereiche ■ Andere Stakeholder	■ Anwender ■ Eigentliche Benutzer ■ Wartungsspezialisten ■ „Entlastete", freigesetzte Mitarbeiter

Was muss den Adressaten vermittelt werden?

Grundsätzlich können folgende wichtige Themenbereiche unterschieden werden, die jedoch adressatengerecht ausgewählt und gewichtet werden müssen.

Inhalte der Information an die Adressaten	■ Ist-Zustand, Ausgangssituation ■ Angestrebte Verbesserungen/Anforderungen/ Probleme im Ist-Zustand und Ursachen für die Probleme ■ Untersuchte Lösungsvarianten ■ Beschreibung der vorgeschlagenen Lösung ■ Vorteile und Nachteile der vorgeschlagenen Lösung, Hintergründe für die Lösung, Behandlung von Einwänden ■ Beschreibung und Demonstration der Anwendung der Lösung ■ Unterstützung in der Anwendung während der Lernphase

Themenbereiche der Einführung

Wie ist einzuführen?

Eine Einführung kann

- ausschließlich schriftlich
- schriftlich und mündlich (Präsentation, Schulung)
- nur mündlich

durchgeführt werden.

Schriftliche Einführung als Ausnahme

Es wurde schon erwähnt, dass für die Einführung eine Benutzerdokumentation erstellt werden muss. Dabei kann es sich handeln um Arbeitsanweisungen, Stellenbeschreibungen, Organigramme, Bedienungsanleitungen usw. Solche Dokumente sind notwendig, normalerweise jedoch nicht hinreichend. Als Regel muss gelten: Keine Einführung ohne schriftliche Unterlage, aber auch keine Einführung nur auf dem Schriftweg. Dazu einige Begründungen:

- Kein Dokument kann auch nur annähernd so gut verkaufen wie eine Person
- Kein Dokument kann so umfassend informieren, dass keine Fragen offen bleiben
- Die meisten Menschen lesen solche Dokumente nur flüchtig oder gar nicht (nicht ohne Grund spricht man von Hardware, Software und Schrankware – mit letzterer sind dann solche Dokumentationen gemeint, die früher in Schränken aufbewahrt wurden), so dass sich in der Einführungsphase Probleme ergeben können, die dann den Projektverantwortlichen angelastet werden.

Organisatorische Neuerungen sollten erst in Präsentationen vorgestellt und erläutert werden (siehe dazu Kapitel 13.6). Bei veränderten Abläufen, neuen IT-Anwendungen und dem Einsatz neuer Sachmittel sollten die Mitarbeiter Gelegenheit bekommen, die Neuerungen einzuüben. Diese Übungen sollten von Fachleuten begleitet werden.

Direkte Ansprache in Kleingruppen

Präsentationen zur Einführung sollten grundsätzlich nur vor kleinen Gruppen stattfinden. Besonders geeignet sind Gruppen bis maximal 12-15 Teilnehmer. In einem kleinen Kreis hat fast jeder Beteiligte noch den Mut, Fragen zu stellen. Man kann individuell auf die Einzelnen eingehen. Bei Massenveranstaltungen bleiben demgegenüber Fragen offen. Sie werden dann später mit den Kollegen besprochen. Erfahrungsgemäß ist das eine Quelle für Missverständnisse und abweichende Interpretationen.

Wird bei der Einführung an Geräten trainiert, z.B. bei der Einführung neuer Software, dann können in einer ersten Phase durchaus zwei Übende je Arbeitsplatz vorgesehen werden. Zwei Personen können sich gegenseitig helfen und dabei dennoch sehr intensiv trainieren. Wenn es um die Festigung und Vertiefung der Handhabung geht, sollte für jeden Mitarbeiter ein eigener Übungsarbeitsplatz bereitgestellt werden. Nutzt jeder Übende ein eigenes Gerät, kann ein Betreuer maximal 8-10 Teilnehmer gleichzeitig betreuen.

Wer übernimmt die Einführung?

Die Einführung kann von unterschiedlichen Mitarbeitergruppen übernommen werden. In Frage kommen:

- Mitarbeiter aus dem Projekt (z.B. Mitarbeiter aus Organisation oder Business Analysis)
- Speziell dafür vorbereitete Mitarbeiter – so genannte Multiplikatoren, die sich immer dann anbieten, wenn eine große Anzahl Betroffener zu informieren bzw. zu schulen ist. Hier können wiederum drei verschiedene Gruppen unterschieden werden

    - Spezialisten der Aus- und Weiterbildung (Schulungsspezialisten)

    - Mitarbeiter in den Fachabteilungen, die – normalerweise als Nebenaufgabe – bestimmte Betreuungsfunktionen bei organisatorischen oder IT-Anwendungen übernommen haben. Solche Mitarbeiter werden auch als ORG/IT-Koordinatoren in den Fachbereichen bezeichnet. Sie können eine wichtige Rolle als Multiplikator in der Einführung neuer Anwendungen übernehmen. Sie dienen darüber hinaus auch als erste Anlaufstelle bei Fragen zu bereits eingeführten Anwendungen (so genannter „First level support"). Außerdem wirken sie als Ansprechpartner der zentralen Stäbe bei Neuentwicklungen mit

    - Vorgesetzte der betroffenen Fachbereiche (z.B. Abteilungs- oder Gruppenleiter, Zweigstellenleiter), die normalerweise nicht von den Anwendungen betroffen sind.

Multiplikatoren

Diese Lösungen bringen Vor- und Nachteile mit sich, die in der Abbildung 14.01 genannt werden.

Beim Einsatz von Multiplikatoren ist zu beachten, dass diese Mittler sehr gründlich vorzubereiten sind. Das bei der Einführung verwendete Material ist zentral zu erstellen und sehr weit zu detaillieren, da sonst Fehlinterpretationen und Missverständnissen Tür und Tor geöffnet sind. Ein Schneeballsystem – Multiplikatoren schulen Multiplikatoren – hat sich in der Praxis nicht bewährt.

Sorgfältige Vorbereitung von Multiplikatoren

Träger der Einführung			
Mitarbeiter aus dem Projekt	Multiplikatoren		
	Spezialisten der Aus- und Weiterbildung	ORG / IT - Koordinatoren	Vorgesetzte im Fachbereich
+ Sachkenntnis im Projekt hoch + Motivation für Projekt eher hoch - Akzeptanz gelegentlich gering - Sachkenntnis über Fachabteilung eher gering - Kapazität für weitere Projekte blockiert	+ Schulungsspezialisten + Ausreichend Zeit für Einführung - Projektkenntnisse gering - Fachabteilungskenntnisse eher gering - Motivation für Projekt u.U. eher gering	+ Gute Kenntnis der Fachabteilung + Hohe Akzeptanz in der Fachabteilung möglich + Mittel- bis langfristig hohes Wissenspotenzial (wichtiger Ansprechpartner im Fachbereich) - Projektkenntnis u.U. eher gering	+ Hohe Autorität + Signalisiert, dass die Linie hinter der Lösung steht - Sachkenntnis im Projekt eher gering - Sachkenntnis im Fachbereichsdetail oft eher gering - Motivation kann gering sein (Alibi-Information) - Hierarchische Position behindert Rückfragen

Abb. 14.01: Träger der Einführung – Vor- und Nachteile

Wie wird zeitlich eingeführt?

Bei der Einführung werden drei Formen unterschieden:

- Schlagartige Einführung
- Stufenweise Einführung
- Parallel laufende Einführung.

Volle Nutzung = volles Risiko

Bei der schlagartigen Einführung wird zu einem festen Termin von dem alten auf das neue Verfahren umgestellt. Diese Einführungsform birgt zwar das größte Risiko in sich, führt aber in aller Regel zu weniger Brüchen und Übergangslösungen. Komplexe technische Systeme lassen sich oft nur schlagartig einführen, weil aus Kapazitäts- oder Kostengründen ein anderer Weg nicht beschritten werden kann, oder weil die Nutzung einer Teilanwendung den Betrieb anderer Anwendungsbestandteile voraussetzt.

Eine stufenweise Einführung liegt vor, wenn Teillösungen nacheinander eingeführt werden oder wenn verschiedene Organisationseinheiten nicht gleichzeitig umgestellt werden – erst werden Lösungen in ausgewählten Einheiten pilotiert. Die erste Form der stufenweisen Einführung bietet sich immer dann an, wenn das Vorhaben in kleinere, voneinander relativ unabhängige Pakete aufgegliedert werden kann, die nacheinander eingeführt werden, und wenn es möglich ist, für die Übergangszeit die Schnittstellenprobleme zu lösen. Damit wird das Einführungsrisiko auf ein einzelnes Teilprojekt reduziert. So könnten beispielsweise erst das Modul für die Standardfälle und später die Module für die Spezialfälle eingeführt werden. Der zweite Fall wird oft bevorzugt, wenn es mehrere Anwender für die gleiche Lösung gibt – z.B. Umstellung einer von mehreren Geschäftsstellen.

Teillösungen oder Pilotanwendungen

Das mit Abstand sicherste aber auch aufwändigste Einführungsverfahren ist der Parallellauf. Im strengsten Sinne werden in der Einführungsphase alle anfallenden Geschäftsfälle doppelt bearbeitet. Die alte und die neue Lösung laufen für eine bestimmte Zeit parallel, bis die neue Anwendung ausreichend stabilisiert ist. Häufig wird zwar umgestellt, die alte Lösung aber als Ausfallverfahren genutzt, d.h. das neue Verfahren wird grundsätzlich angewendet, wenn es „abstürzen" sollte, geht man zum alten Verfahren zurück (man fällt in das aufgespannte Sicherheitsnetz). Was sich so einfach anhört, birgt in der Praxis meistens eine Fülle von Schnittstellenproblemen – an den Übergängen von dem neuen auf das alte Verfahren und zurück – in sich.

Parallellauf: Kosten gegen Sicherheit

Wann und wo finden die Einführungsmaßnahmen statt?

In diesem Zusammenhang sind unter anderem die folgenden zeitlichen Aspekte zu planen:

- Zeitpunkte von Informationsveranstaltungen und Schulungen
- Die voraussichtliche Zeitdauer dieser Veranstaltungen
- Zeitpunkte des Versands von Informationsmaterial
- Zeitrahmen, innerhalb dessen die Einführung als Ganzes abgeschlossen sein muss, wenn also zum Tagesgeschäft übergegangen werden soll.

Außerdem sind die Orte der Veranstaltungen, die dazu notwendige räumliche und technische Infrastruktur zu planen und zu reservieren bzw. bereitzustellen.

Bei der Planung der Einführung ist zu bestimmen, welchen Adressaten welche Sachverhalte vermittelt werden müssen. Die Einführung sollte möglichst nicht nur auf dem schriftlichen Weg stattfinden. Bei einer großen Anzahl Betroffener kann es sinnvoll sein, Schulungsspezialisten oder Koordinatoren als Multiplikatoren einzusetzen. Multiplikatoren müssen sehr gründ-

Zusammenfassung

> lich vorbereitet werden. Abhängig vom Einführungsrisiko und von den Kosten ist zu entscheiden, ob schlagartig, stufenweise oder parallel laufend eingeführt wird. Zeiten und Orte der Einführung sind festzulegen.

14.3 Grundsätze der Einführung

Hier sollen nur noch einige zusätzliche Hinweise gegeben werden, die bei der Durchführung einer Einführung zu beachten sind. Die Regeln in der Einführung lauten:

- Mitarbeiter nicht überfordern
- Persönliche Betreuung vor Ort
- Hotline für Rückfragen einrichten
- Alte Regelungen außer Kraft setzen
- Stabilisieren der Lösung.

Nicht überfordern

Es hört sich wie eine Selbstverständlichkeit an, und dennoch wird in der Praxis oft dagegen verstoßen: Die Mitarbeiter sollten durch die Einführung nicht überfordert werden. Das bedeutet zum einen, dass nicht zu viel auf einmal eingeführt wird – etwa nach dem Motto: „Wenn wir schon mal dabei sind, können wir das auch noch mit erledigen"! – Zum anderen bedeutet das, sich der subjektiven Belastung der Betroffenen bewusst zu sein, die – aus der Sicht der Projektbeteiligten – „kleine" Veränderungen oft gar nicht als klein empfinden.

Routine erschwert das Umlernen

Mitarbeitern, die immer wieder an Veränderungen mitwirken und die vorwiegend in Projekten arbeiten, fällt es oft besonders schwer, sich in die Rolle der Betroffenen hinein zu versetzen. Während es das tägliche Brot der Projektmitarbeiter ist, sich mit Neuerungen zu beschäftigen, sie also gewohnt sind, mit Neuerungen umzugehen, lebt der erfolgreiche Mitarbeiter in der Fachabteilung von den fest gespeicherten Programmen. Je fester die Programme „verdrahtet" sind und je mehr Programme er gespeichert hat, desto „erfahrener" ist er. Diesem unbestreitbaren Vorteil der Erfahrung steht aber der Nachteil gegenüber, dass es sehr schwer fällt, solche Programme zu löschen – jeder Sportler kann ein Lied davon singen – und gerade das verlangt eine Reorganisation oder die Einführung anderer Neuerungen.

Persönlich betreuen vor Ort

Anlaufprobleme überdecken Stärken der Lösung

Die Erfahrung der Mitarbeiter in den Fachabteilungen bietet auch eine Erklärung dafür, dass es nach der Einführung von Neuerungen normalerweise erst einmal schlechter läuft, ganz gleich, wie gut die Neuerung sein mag. Bei der Umstellung entstehen Fehler, die bei den Betroffenen den Eindruck erwecken, als sei früher doch alles besser gewesen. So können sich Widerstände aufbauen, die zuvor gar nicht erkennbar waren. Darum ist es wichtig, die Betroffenen in der Einführung persönlich zu betreuen. Nur so kann vor Ort versucht werden, die Motivation für die neue Lösung zu erhalten oder zu gewinnen. Erst jetzt erkannte Schwachstellen können beseitigt oder in ihren Auswirkungen gemildert werden.

Hotline

In der Einführungsphase sollte auch ein „heißer Draht" (Hotline) eingerichtet werden, der insbesondere beim Einsatz von Multiplikatoren wichtig ist. Eine Hotline ist ein ständig besetztes Telefon, um bei Bedarf Anfragen beantworten zu können. Diese Hotline wird bei IT-Anwendungen dann meistens auch in das Tagesgeschäft übernommen.

Alte Regelungen außer Kraft setzen

Im Falle einer Reorganisation ist bei der Einführung außerdem daran zu denken, bisher geltende Regelungen oder Anweisungen außer Kraft zu setzen.

Stabilisieren

In der Einführungsphase, die bei komplexen Projekten durchaus mehrere Monate dauern kann, treten normalerweise Störungen auf oder es werden Mängel erkannt, welche die normale Nutzung erheblich beeinträchtigen können. In diesen Fällen ist dafür zu sorgen, dass Störungen beseitigt und Mängel behoben werden. Diese Nachbesserungsarbeiten werden auch als Stabilisierung bezeichnet. Das Projekt gilt erst dann als abgeschlossen, wenn die Lösung stabil funktioniert.

14.4 Übergabe in den Tagesbetrieb

Die Einführungsphase ist abgeschlossen, wenn der Nachweis erbracht wurde, dass sie betriebsfertig ist. Ergänzungs- und Anpassungswünsche stehen einer Nutzungsfreigabe nicht im Weg. Es sollte eine formelle Übergabe stattfinden, die gleichzeitig das Ende des (Teil-)Projekts bedeutet.

Nach der Einführungsphase sollten sich alle Beteiligten zusammensetzen, um eine Manöverkritik abzuhalten. Damit soll vor allem sichergestellt werden, dass Fehler zukünftig vermieden, aber auch, dass bewährte Ansätze weiterhin angewendet werden.

| Einführung betrieblicher Neuerungen

Zusammen-
fassung

Bei der Einführung sind folgende Regeln zu beachten: Nicht überfordern, Unterstützung und Betreuung vor Ort, Rückfragemöglichkeiten (evtl. Hotline) bieten sowie alte Regelungen außer Kraft setzen. Formell ist der Projektabschluss zu vereinbaren, nachdem die Stabilisierung der Lösung abgeschlossen ist.

Weiterführende Literatur zu diesem Abschnitt

Berger, M.; J. Chalupsky; F. Hartmann: Change Management. (Über-)Leben in Organisationen. 6. Aufl., Gießen 2008

Comelli, G.; L.v. Rosenstiel: Mitarbeiter für Organisationsziele gewinnen. 2. Aufl., München 2001

Doppler, K.; Chr. Lauterburg: Change Management – Den Unternehmenswandel gestalten. 11. Aufl., Frankfurt 2005

Literaturverzeichnis

Acker, H.B.: Organisationsanalyse. Verfahren und Techniken praktischer Organisationsarbeit. 9. Aufl., Baden-Baden/Bad Homburg v.d.H. 1977

Alexander, I.; R. Stevens: Writing Better Requirements. Boston/San Francisco u.a. 2002

Altrogge, G.: Investition. 2. Aufl., München et. al. 1991

Ambler, S.: The Elements of UML 2.0 Style. Cambridge 2005

Atteslander, P.: Methoden der empirischen Sozialforschung. 11. Aufl., Berlin 2006

Balzert, H.: Lehrbuch der Softwaretechnik. Softwaremanagement. Berlin/Heidelberg 2008

Beck, K.: Extreme Programming – das Manifest. Die revolutionäre Methode für Softwareentwicklung in kleinen Teams. 2000

Berger, M; J. Chalupsky; F. Hartmann: Change Management – (Über-)Leben in Organisationen. 6. völlig neu bearbeitete Aufl., Gießen 2008

Bertalanffy, L. v.: General system theory. 7. Aufl., New York 1980

Bialas, M.; W. Paulsen et. al: Techniken der Präsentation. 6. Aufl., Gießen 2001

Blohm, H.; K. Lüder: Investition. 6. Aufl., München 1988

Boehm, B.W.: A Spiral Model of Software Development and Enhancement. In: IEEE Computer, Vol. 21, S. 61 - 72

Braun, K.; Chr. Lawrence: Von der Vision über die Ziele zum Benchmarking. Zeitschrift Organisation + Führung, 1/1997, S. 16 - 20

Bröhl, A.P.; W. Dröschel: Das V-Model. 2. Aufl., München/Wien 1999

Bühner, R.: Betriebswirtschaftliche Organisationslehre. 9. Aufl., München u.a. 1988

Bundesminister des Innern (Hrsg.): Empfehlung zur Durchführung von Wirtschaftlichkeitsbetrachtungen beim Einsatz der IT in der Bundesverwaltung. Schriftenreihe der Koordinierungs- und Beratungsstelle der Bundesregierung für Informationstechnik in der Bundesverwaltung. Köln 1992

Bundesrepublik Deutschland: V-Modell XT, o.O. 2004

Burke, R.: Projektmanagement – Planungs- und Kontrolltechniken. Bonn 2004

Buzan, T.: The Ultimate Book of Mind Maps. London 2005

Camp, R.C.: Benchmarking: The Search for Industry Best Practices that Lead to Superior Performance. Milwaukee, Wisc. 1989

Chestnut, H.: Methoden der Systementwicklung. München 1973

Churchman, C.W.: The systems approach. München 1979

Cleland, D.I.; W.R. King (Hrsg.): Project Management Handbook. New York 1988

Cockburn, A.: Agile Software Development. Boston/San Francisco u.a. 2001

Comelli, G.; L.v. Rosenstiel: Mitarbeiter für Organisationsziele gewinnen. 2. Aufl., München 2001

de Bono, E.: Laterales Denken. Düsseldorf 1992

de Bono, E.: Six Thinking Hats. London/New York u.a. 1999

de Bono, E.: Bewerten Beurteilen Entscheiden. Frankfurt/Wien 2004

Doppler, K.; Chr. Lauterburg: Change Management – Den Unternehmenswandel gestalten. 11. Aufl., Frankfurt 2005

Dröschel, W.; M. Wiemers: Das V-Model 97. Der Standard für die Entwicklung von IT-Systemen mit Anleitungen für den Praxiseinsatz. München 1999

EABA European Association of Business Analysis (Hrsg.): Business Analysis - Body of Knowledge. Leitfaden zur Business Analysis. Gießen 2009

Eisenführ, F.; M. Weber: Rationales Entscheiden. 2. Aufl., Berlin/Heidelberg u.a. 1994

Fischermanns, G.: Praxishandbuch Prozessmanagement. 8. Aufl., Gießen 2009

Fowler, M.: UML Distilled Third Edition. A Brief Guide to the Standard Object Modeling Language. Boston/San Francisco u.a. 2006

Freund, J.; K. Götzer: Vom Geschäftsprozess zum Workflow. Ein Leitfaden für die Praxis. München 2008

Frühauf, K.; J. Ludewig; H. Sandmayr: Software-Projektmanagement und -Qualitätssicherung. 2. Aufl., Stuttgart 1991

Füting, U. Ch.; I. Hahn: Projektcontrolling leicht gemacht. Frankfurt 2005

Gadatsch, A.: Grundkurs Geschäftsprozess-Management. 5. Aufl., Wiesbaden 2008

Gaitanides, M.: Ablauforganisation. In: Handwörterbuch der Organisation. Hrsg. v. E. Frese, 3. Aufl., Stuttgart 1992, Sp. 1 - 18

Gaitanides, M.: Prozessorganisation – Entwicklung, Ansätze und Programme prozessorientierter Organisationsgestaltung. München 1983

George, M.L.; D. Rowland et.al.: The Lean Six Sigma Pocket Toolbook. New York/Chicago u.a. 2005

Gilb,T.; D. Graham: Software Inspection. Boston/San Francisco u.a. 1993

Gilsa, M.v.; R. Huber; T. Ruß: Virtuelle Projektarbeit. Leitfaden für die Praxis. Berlin 2004

Gladen, W.: Performance Measurement – Controlling mit Kennzahlen. 3. Aufl., Wiesbaden 2005

Goldmann, H. M.: Wie Sie Menschen überzeugen. Kommunikation für Führungskräfte. Düsseldorf/Wien/New York 1990

Gomez, P.; G. Probst: Die Praxis des ganzheitlichen Problemlösens. 3. Aufl., Bern/Stuttgart/Wien 1999

Gottesdiener, E.: Requirements by Collaboration: Workshops for Defining Needs. Boston/San Francisco u. a. 2002

Grob, H.L.: Einführung in die Investitionsrechnung. 5. Aufl., München 2006

Haberfellner, R.: Die Unternehmung als dynamisches System. Der Prozeßcharakter der Unternehmungsaktivitäten. 2. Aufl., Zürich 1975

Haller-Wedel, E.: Das Multimoment-Verfahren in Theorie und Praxis. Ein statistisches Verfahren zur Untersuchung von Vorgängen in Industrie, Wirtschaft und Verwaltung. Bd. II, 2. Aufl., München 1969

Harrington, H.J.: Business Process Improvement: The Breakthrough Strategy for Total Quality, Productivity and Competitiveness. New York 1991

Hauschild, J.: Zielbildung und Problemlösung. In: Innovative Entscheidungsprozesse. Hrsg. V. E. Witte; J. Hauschild; O. Grün. Tübingen 1988

Heinrich, L.J.; P. Burgholzer: Systemplanung. Die Planung von Informations- und Kommunikationssystemen. Band 1. Der Prozess der Systemplanung, Vorstudie und Feinstudie. 7. Aufl., München/Wien 1996

Hierhold, E.: Sicher präsentieren – wirksamer vortragen. 7. Aufl., Heidelberg 2006

Hirth, H.: Grundzüge der Finanzierung und Investition. München 2005

Hoffmeister, W.: Investitionsrechnung und Nutzwertanalyse. Stuttgart 2000

Höhn, R.: Stellenbeschreibungen – aber richtig. Bad Harzburg 1977

Horvàth, P.; R.N. Herter: Benchmarking. Vergleich mit den Besten der Besten. Controlling 1/1992, S. 4 - 11

Huber, F. (Hrsg. von W.F. Daenzer): Systems Engineering. Methodik und Praxis. 11. Aufl., Zürich 2002

IIBA International Institute of Business Analysis (Hrsg.): A Guide to the Business Analysis Body of Knowledge. Version 2.0, o.O. 2009

IJordan, C.: Datentabellen in Systemplanung und DV-Organisation. Stuttgart/Wiesbaden 1976

Jordt, A.C.; K. Gscheidle: Ist-Aufnahme von Arbeitsabläufen in Büro und Verwaltung. Industrial Engineering. Heft 1/1971

Jordt, A.C.; K. Gscheidle: Methoden und Verfahrenstechniken der problemanalytischen Arbeit. Interner Sonderdruck der Datenzentrale Schleswig-Holstein o. J.

Kahn, R. L.; Ch. F. Cannel: The Dynamics of Interviewing. Theory, Technique and Cases. London/Sydney 1964

Kepner, Ch.H.; B.B. Tregoe: Entscheidungen vorbereiten und richtig treffen. Rationales Management – neue Herausforderung. Landsberg L. 1992

Kerzner, H.: Projektmanagement. 8. Aufl., Bonn 2003

Knieß, M.: Kreativitätstechniken. Methoden und Übungen. Berlin 2006

Kommunale Gemeinschaftsstelle für Verwaltungsvereinfachung: Organisationsuntersuchungen in der Kommunalverwaltung. 5. Aufl., Köln 1998

Koreimann, D.: Methoden der Informationsbedarfsanalyse. Berlin/New York 1976

Kosiol, E.: Die Organisation der Unternehmung. 2. Aufl., Wiesbaden 1976

Kostka, C.; S. Kostka: Der kontinuierliche Verbesserungsprozess. Methoden des KVP. 3. Aufl., München 2006

Krüger, W.: Aufgabenanalyse und -synthese. In: Handwörterbuch der Organisation. Hrsg. v. E. Frese. 3. Aufl., Stuttgart 1992, Sp. 221 - 236

Krüger, W.: Organisation der Unternehmung. 3. Aufl., Stuttgart 1994

Krüger, W.: Zielbildung und Bewertung in der Organisationsplanung. Wiesbaden o. J.

Kruschwitz, L.: Investitionsrechnung. 10. Aufl.; München 2005

Kühl, S.; P. Strodtholz (Hrsg.): Methoden der Organisationsforschung. Reinbek 2002

Kulich, K.: Erfolgreich präsentieren. 2. Aufl., Ehningen 1990

Kupper, H.: Die Kunst der Projektsteuerung. 9. Aufl., München/Wien 2000

Lauesen, S.: Software Requirements. Styles and Techniques. Boston/San Francisco u.a. 2002

Litke, H-D.: Projektmanagement. Methoden, Techniken, Verhaltensweisen. 9. Aufl., München/Wien 1995

Luhmann, N.: Zweckbegriff und Systemrationalität; über die Funktionen von Zwecken in sozialen Systemen. 2. Aufl., Tübingen 1973

Lunau, St. (Hrsg.): Six Sigma + Lean Toolset. 2. Aufl., Berlin/Heidelberg u.a. 2007

Madauss, B.J.: Handbuch Projektmanagement. 5. Aufl., Stuttgart 1994

Masaaki, I.: Gemba Kaizen: Permanente Qualitätsverbesserung, Zeitersparnis und Kostensenkung am Arbeitsplatz. München 1997

Menzel, A.; E. Nauer: Das Funktionendiagramm, ein flexibles Organisations- und Führungsinstrument. Bonn 1972

Meyer, M.: Ziele in Organisationen. Funktionen und Äquivalente von Zielentscheidungen. Wiesbaden 1994

Müller, D. H.; Th. Tietjen: FMEA-Praxis. 3. Aufl., München 2003

Müller-Nobiling, H.-M.: Organisationshandbuch. In: Handwörterbuch der Organisation. Hrsg. v. E. Grochla, Stuttgart 1980, Sp. 1557 - 1563

Nordsieck, F.: Betriebsorganisation. Lehre und Technik. Tafelband – Textband. Stuttgart 1961

Nordsieck, F.: Die schaubildliche Erfassung und Untersuchung der Betriebsorganisation. 6. Aufl., Stuttgart 1962

Osterloh, G.: Veränderungsmanagement. Wiesbaden 1996

Page-Jones, M.: Praktisches DV-Projektmanagement. Grundlagen und Strategien. München/Wien 1991

Pfetzing, K.; A. Rohde: Ganzheitliches Projektmanagement. 3. überarbeitete Aufl., Gießen 2009

Pilone, D.; Pitman N.: UML 2.0 in a Nutshell. Köln 2006

Probst, G.J.B.; P. Gomez: Vernetztes Denken. Ganzheitliches Führen in der Praxis. 2. Aufl., Wiesbaden 1991

REFA (Hrsg.): Methodenlehre des Arbeitsstudiums. Datenermittlung. München 1997

REFA (Hrsg.): Methodenlehre der Organisation. Teil 2. Ablauforganisation. München 1985

Rinza, P.; H. Schmitz: Nutzwert-Kosten-Analyse. Düsseldorf 1977

Robertson, S.; J. Robertson: Mastering the Requirements Process. 2. Aufl., Boston/San Francisco u.a. 2006

Rosenstiel, L.v.: Grundlagen der Organisationspsychologie. 6. Aufl., Stuttgart 2007

Rupp, Chr. & die SOPHISTen: Requirements-Engineering und – Management. 4. Aufl., München/Wien 2007

Saaty, Th. L.: Multicriteria decision making – the analytic hierarchy process. Planning, priority setting, resource allocation. 2. Aufl., Pittsburgh 1990

Scheer, A.-W.: ARIS – Modellierungsmethoden, Metamodelle, Anwendungen. 4. Aufl., Berlin 2001

Schelle, H.; R. Ottmann; A. Pfeiffer: Projektmanager. Nürnberg 2005

Schelle, H.; H. Reschke et al. (Hrsg): Projekte erfolgreich managen. Köln 2004

Schlicksupp, H.: Ideenfindung. 6. Aufl., Würzburg 2004

Schmidt, G.: Grundlagen der Aufbauorganisation. 4. Aufl., Gießen 2000

Schmidt, G.: Grundbegriffe der Organisation. 13. Aufl., Gießen 2006

Schmidt, G.: Organisationstechniken. In: Handwörterbuch der Organisation. 3. Aufl., Hrsg. v. E. Frese, Stuttgart 1992, Sp. 1688 - 1706

Schmidt, G.: Stellenbeschreibung. In: Handwörterbuch der Betriebswirtschaft. 4. Aufl. Hrsg. von E. Grochla und W. Wittmann, Bd. 2, Stuttgart 1975, Sp. 3720 - 3725

Schmidt, R.-B.: Zielsysteme der Unternehmung. In: Handwörterbuch der Betriebswirtschaft. Hrsg. v. W. Wittmann et al., 5. Aufl., Stuttgart 1993, Sp. 4794 - 4806

Schneider, D.: Investition und Finanzierung. 6. Aufl., Wiesbaden 1990

Schnell, R.; P.B. Hill; E. Esser: Methoden der empirischen Sozialforschung. 2. Aufl., München/Wien 1989

Schnelle-Cölln, T.: Optische Rhetorik für Vortrag und Präsentation. Quickborn 1988

Schönbach, G.: Total Quality Management bei Projekten. Projekt Management 4/1993, S. 9 - 23

Schwarz, H. u. Mitarbeiter: Arbeitsplatzbeschreibungen. 5. Aufl., Freiburg i.Br. 1972

Seifert, J. W.: Visualisieren. Präsentieren. Moderieren. 23. Aufl., Offenbach 2007

Senge, P.M.: Die fünfte Disziplin. Theorie und Kunst der lernenden Organisation. 10. Aufl., Stuttgart 2006

Siemens AG (Hrsg.): Organisationsplanung. Planung durch Kooperation. 8. Aufl., Berlin/München 1992

Staudt, J. L.: Geschäftsprozessanalyse: Ereignisgesteuerte Prozessketten und objektorientierte Geschäftsprozessmodellierung für Betriebswirtschaftliche Standardsoftware. 3. Aufl., Berlin 2001

Strunz, H.: Entscheidungstabellentechnik. München/Wien 1977

Sulzberger, M. (Hrsg.): Die vitale Organisation. Entwicklungen zwischen Dynamik und Tradition. Bern/Stuttgart/Wien 2007

Thiele, A.: Überzeugend präsentieren. Präsentationstechnik für Fach- und Führungskräfte. Düsseldorf 1991

Thurner, R.: Entscheidungstabellen. Aufbau, Anwendung und Programmierung. Düsseldorf 1972

Ulmer, G.: Stellenbeschreibungen als Führungsinstrument. Wien 2001

Ulrich, H.; G.J.B. Probst: Anleitung zum ganzheitlichen Denken und Handeln. 3. Aufl., Stuttgart 1991

Vahs, D.: Organisation – Einführung in die Organisationstheorie und - Praxis. 6. Aufl., Stuttgart 2007

Vahs, D.; W. Leiser: Change Management in schwierigen Zeiten. Wiesbaden 2003

VDI-ZWA (Hrsg.): Wertanalyse. Idee – Methode – System. 5. Aufl., Düsseldorf 1995

Wallmüller, E.: Software-Qualitätssicherung in der Praxis. 2. Aufl., München 2001

Wenger, A. P.; N. Thom: Organisationsarbeit – eine Tätigkeit im Wandel. Glattbrugg 2005

Wild, J.: Grundlagen der Unternehmensplanung. 3. Aufl., Opladen 1981

Zangemeister, Chr.: Nutzwertanalyse in der Systemtechnik. 4. Aufl., Opladen 1981

Zehnder, C.A.: Informatik-Projektentwicklung. 2. Aufl., Stuttgart 1991

Stichwortverzeichnis

ABC-Analyse 267
Abfragetechniken 465
Ablauforganisation 22
Ablaufstrukturplanung 450
Abweichungen 144
Adressaten 469
Adressatenanalyse 457
Agile Modeling 94
Agile Werte 95
Aktivitäten 93
Aktivitätsdiagramm 340
Akzeptanz 28, 43, 56, 467
Alternativen 53, 76
Analogien 332
Analogieverfahren 142
Analyse 73, 132, 245
Analytic Hierarchy Process 368
Änderungsanträge 322
Änderungsmanagement 93, 321
Anforderungen 16, 47, 56, 74, 88, 172, 277, 468
Anforderungen, funktionale 280, 290
Anforderungen, nicht-funktionale 280
Anforderungen, Gewichtung von 314
Anforderungen, Qualitätssicherung von 318
Anforderungsarten 279

Anforderungsbibliothek 286
Anforderungsermittlung 39, 277
Anforderungsprofil 394
Anstoß 50
Antragsteller 154
Apprenticing 220
Arbeitsanweisung 20, 411, 426, 433
Arbeitspakete 123
Arbeitstechniken 27
Arbeitszufriedenheit 21
Artifacts 345
Aufbauorganisation 22, 139, 375, 397
Aufbauorganisation von Projekten 156
Aufgaben 18, 20, 139, 142, 376, 408
Aufgabenanalyse 246, 376
Aufgabenanalysetechnik 247
Aufgabenbeziehungen 375
Aufgabenerfüllungs-merkmale 248
Aufgabenfolgeplan 416
Aufgabengliederung 247
Aufgabenmerkmale 248
Aufgabenpakete 142
Aufgabenplanung 441
Auftrag 51, 71, 140
Auftraggeber 38, 51, 64, 140, 148

Auftragnehmer 148
Ausbau-Prototypen 88
Ausführungsstellen 384
Ausgangssituation 105
Auswahl 77
Auswahlentscheidung 77

Balkendiagramm 447
Barwertmethode 360
Bedürfnisse 21
Befragung, schriftliche 214
Befugnisse 156
Begleitpapiere 235
Benchmarking 302
Benutzerdokumentation 62, 470
Benutzerschnittstelle 57, 281
Benutzervertreter 17, 155
Beobachtung 219
Beobachtung, offene 219
Beobachtung, verdeckte 220
Beobachtungsmerkmale 224
Bericht 65
Berichtspflichten 51
Beteiligte 18, 27, 147
Beteiligung 30
Betriebsbereitschaft 63
Betroffene 27, 30, 38
Bewertung 77, 355

Stichwortverzeichnis

Bewertung, verbal 362
Bewertung, visuell 371
Bewilligungsgremium 140, 154
Beziehungen 20, 108, 132
Black-Box 127
Blockorganigramm 388
BPMN 340, 344, 407, 423
Brainstorming 329, 339
Budget 149
Budgetierung 446
Budgetplanung 154
Business-Analysis 16
Business Analyst 16, 283
Business Case 72, 166, 192
Business Plan 166
Business Process Diagram 423
Business Process Modeling Notation 340, 344, 407, 423
Business Process Reengineering 46
Business-Use-Case 287, 289, 309

Chancen 75
Change Management 18, 27
Codegenerierung, automatische 340
Connecting objects 345

Darstellungstechnik, tabellarische 384
Darstellungstechnik, grafische 384
Darstellungstechniken, verbale 378
Datadictionary 257
Datenanalyse 256
Datenfeld 257
Datensicht 408
Decision Committee 140
Decompositions 342
Denkblockaden 328
Denken, divergentes 328
Denken, konvergentes 328
Dimensionen 20, 23, 132, 397
DMAIC 100
DMAIC-Vorgehensmodell 101
Dokumentation 62, 137, 375
Dokumentationsstandards 286
Dokumentationstechniken 287
Dokumentenstudium 230
Dot Plot 266
Dynamik 107

Effektivität 279
Effizienz 279
Einflussgrößen 111, 116, 167
Einführung 31, 62, 70, 467
Einführung, Form der 470
Einführung, Grundsätze der 474
Einführung, schlagartige 472
Einführung, stufenweise 473
Einführung, Träger der 471
Einführungsvorbereitung 31, 81, 468
Elemente 20, 108, 132
Entscheidungen 64
Entscheidungsgremium 51, 140
Entscheidungsgrundlagen 77
Entscheidungsinstanzen 148
Entscheidungspunkt 51, 92
Entscheidungsregel 427
Entscheidungstabelle 426
Entscheidungstabelle, begrenzte 428
Entscheidungstabelle, erweiterte 428
Entscheidungstabellen, Analyse von 430
Entscheidungstabellen, Verdichtung von 430
Entscheidungsvorlage 72
Entwurfstechniken 326
Ereignisgesteuerte-Prozess-Ketten (EPK) 406
Ereignisorientierte Entscheidungspunkte 64

Erhaltung 63, 70
Erhebung 73, 127, 197, 278, 294
Erhebung, Inhalte der 198
Erhebungs-Mix 239
Erhebungstechniken 73, 142, 200, 286, 294
Erhebungsworkshop 238
Event Process Chain 406
Extreme Programmierung 48, 94

Fachabteilungen 17
Fachbereichsbetreuer 17
Fachbereichskoordinatoren 155
Fachbereichsleitung 155
Failure Mode and Effects Analysis 347
First level support 471
Fishbone-Diagram 312
FMEA 347
Folgepläne 416
Fragebogen 214
Fragebogenaktion 215
Fragetechnik 210
Freigabe 62
Führung 26, 147
Funktionen 26
Funktionendiagramm 390

Gantt-Diagramm 447
Geblockte Texte 411

Gemeinsamkeiten 111, 133
Genauigkeit 222
Gesamtkosten 357
Gesamtmodell 25
Geschäftsordnungen 382
Gestaltungsbereich 52, 112, 287
Gestaltungsinhalte 19, 24
Gewinnvergleich 359
Glossar 292
Groblösungen 53
Gruppenarbeit 335

Haubentaucher-Modell 84
Häufigkeitsverteilung 266
Hauptstudie 55, 68
Hierarchie 375
Histogramm 272
Holschuld 51

Ideenfindung 329
Informationen 21
Informationsanalyse 254
Informationsbedarf 255
Informationssystem 22, 106
Inhouse Consultants 15
Insellösungen 42, 108, 125
Inspektion 320
Integration 130, 131
Integrität 145

Interview 200, 217, 247
Interview, nicht-standardisiertes 204
Interview, standardisiertes 204
Interviewformen 204
Interviewintensitäten 206
Interviewleitfaden 204
Interviewort 202
Interviewpartner 202
Interviewphasen 208
Interviewzeit 203
Investition 72
Investitionsentscheidungen 16
Investitionsrechnungen 360
Ishikawa-Diagramm 312
Ist-Zustand 73, 280
IT-Anwendungen 88
IT-Entwickler 16
IT-Sicht 408
IT-Systementwicklung 47, 91

job-description 378
Joint Application Design 238

Kaizen 46, 97
Kano-Analyse 315
Kapazitätsplanung 454
Kennzahl 262, 364
Kette 401
Kick-off-Sitzung 140

Stichwortverzeichnis

Kognitive Karte 123
Kommunikationsbeziehungen 396
Kommunikationssystem 22
Kompatibilität 145
Kompetenz, soziale 18
Kompetenzsystem 121
Komplexität 56
Konfigurationsmanagement 93
Konflikte 28
Konstruktions-FMEA 348
Kontinuierliche Veränderungsprozesse 97, 99
Koordination 130
Kosten 143
Kosten-/Nutzenanalyse 57, 369
Kosten-/Wirksamkeitsanalyse 369
Kostenbestandteile 358
Kosten-Nutzen-Schätzung 53
Kostenplanung 455
Kostenschätzung 446
Kostenvergleiche 357
Kreativitätstechniken 294, 296, 327
Kreisdiagramm 266
Kriterien 52, 145
KROKUS-Regel 210
Kundenorientierung 98
KVP 97

Lastenheft 92
Laufzettelverfahren 235
Leistungsbereitschaft 21
Leistungsgrad 230
Leitfaden 49
Leitungsbeziehungen 375, 384
Leitungsorganisation 156
Leitungsstellen 384
Leitungssystem 22, 377
Lenkungsausschuss 140, 149
Lorenzkurve 269
Lösungsbereiche 118
Lösungsentwurf 76, 325
Lösungsvarianten 76

Macht 140
Managementkonzepte 15
Managementtechniken 27, 437
Matrix 126, 134, 410
Matrix-Projektorganisation 160
Median 263
Meilensteine 51, 65, 143, 149
Menge 23
Mengenanalyse 262
Mensch 21, 27
Mental map 123
Methode 18, 26, 35
Methode 635 330
Mind Map 338
Mitarbeiterentwicklung 150
Mitteilungen 382

Mittelwert 263
Modelle 18
Modellierung 94, 274
Modularität 145
Module 123
Morphologische Analyse 331
Morphologischer Kasten 303
Motivation 28
Multimomentstudie 222
Multimomentstudien mit Selbstnotierung 227
Multiplikatoren 155, 471
Multiprojektmanagement 148

Netzgrafik 372
Netzplantechnik 450
Netzwerkdarstellung 339
Neuerungsfeindlichkeit 29
Normalisierung 258
Normalisierungsmethode 256
Normalverteilung 264
Notationen 406
Notierungen 224
Null-Variante 54
Nutzen 32
Nutzwertanalyse 364, 439

Objektanalyse 250
Objektfolgen 401

Stichwortverzeichnis

ODER-Rückkopplung 405
ODER-Verknüpfung 404
ODER-Verzweigung 403
operationalisieren 186
Organigramme 384
Organisation 19, 25
Organisationsanweisungen 382
Organisationsarbeit, proaktive 50
Organisationsarbeit, reaktive 50
Organisationscontrolling 63
Organisationshandbücher 434
Organisationssicht 408
Organisationswürfel 24, 73
Organisatoren 16

Paarprogrammieren 96
Parallellauf 473
Pareto-Verteilung 267
Personalbemessung 23
Pflichtenheft 92
Phasen, Zusammenlegen von 82
Planung, iterative 131
Planungsphase 52, 71
Planungszyklus 49, 54, 71, 105, 132, 278, 300
Präferenzmatrix 187, 315, 368
Präsentation 65
Präsentation, Auswertung der 465
Präsentation, Durchführung der 464
Präsentation, Unterlagen von 463
Präsentationstechnik 455
Primärschlüssel 257
Prioritäten 57
Problem 280
Problemanalyse 305
Problembewertung 308
Problemdarstellung 307
Problemdokumentation 312
Problemerkennung 306
Problemfelder 56
Problemgrenzen 40
Problemlösungsprozess 40
Problemsuche 306
Produkte 93
Produktfluss 93
project charter 71, 165
Projekt 17, 26, 27, 35, 139
Projektabbruch 54
Projektabgrenzung 165
Projektablauf 35, 136, 142, 143, 176
Projektabschluss 163
Projektanträge 50, 63, 140
Projektantragsverfahren 50
Projektaufbau 26, 143, 147
Projektauftrag 51, 57, 165, 195
Projektaufwand 108
Projektdiagnose 26, 144
Projektdokumentation 43, 62, 144
Projekte, Ablauf von 26,
Projekteinstieg 83
Projektfortschrittsplan 448
Projektführung 147
Projektfunktionen 141
Projektgruppe 150
Projektinformation 144
Projektinitiative 26, 139
Projektkoordinator 149
Projektleiter 51, 141, 149
Projektleiter, -befugnisse 150
Projektmanagement 26, 93, 148
Projektmarketing 56, 144, 147, 467
Projektmitarbeiter 150
Projektorganisation 156
Projektphasen 49, 83, 105
Projektphasen, überlappende 80
Projektplanung 26, 141
Projektportfolio 140
Projektpriorität 51, 438
Projektrahmenorganisation 148
Projektrealisation 26, 147
Projektservicestelle 155
Projektstart 50

Stichwortverzeichnis

Projektsteuerung 26, 144
Projektstrukturplan 142, 441
Projektwürdigkeit 140
Projektzeitdauer 143
Projektziele 141, 172
Promotor 53
Protokoll 465
Prototyp 57, 91, 286, 321
Prototyp, funktionaler 88
Prototyping 88
Pro-und-Contra-Spiel 373
Prozentsatzverfahren 143
Prozess 121, 289
Prozessdiagramm 411
Prozess-FMEA 348
Prozesslandkarte 288, 409
Prozessorganisation 22, 49, 397
Prozessorganisation, Techniken der 397, 409
Prozessorientierung 98
Prozesssicht 408
Prozessstrukturen, Grundformen von 401
Prüffragenkataloge 297

Qualität 17, 39, 63, 66, 75, 98
Qualitätsanforderungen 281
Qualitätskontrolle 66
Qualitätskriterien 284
Qualitätsmanagement 97
Qualitätsorientierung 98
Qualitätsplanung 66
Qualitätssicherung 93, 145, 284, 318

Rahmenprojektorganisation 154
Randbedingungen 280
Rangziffernverfahren 439
Rapid Prototyping 89
Rationalisierungspotenziale 42, 108
Raum 23
Realisierung 61, 131
Redaktionsschluss 60
Refactoring 96
Reine Projektorganisation 158
Rentabilitätsvergleich 359
Requirements-Engineering 38, 74
Ressourcen 143
Ressourcenplanung 445
Restriktionen 40, 51, 116, 173
Reverse Engineering 295
Rhetorik 464
Risiken 75
Risiko-Prioritäten-Zahl 349
Rolle 17, 26

Sachmittel 21
Sachmittelsystem 22
Sandwich-Präsentation 459
Säulendarstellung 272
SCAMPER 351
Schätzungen 237
Schätzverfahren 142
Schichtenmodell 169
Schnittstellen 56, 111, 115, 125, 130
Schnittstellenanalyse 294
Schnittstellenmatrix 128
Schwachstellen 75
Scope 72, 165
Sechs Hüte 335
Sekundärorganisation 164
Selbstaufschreibung 232
Selektion 29
Sensitivitätsanalyse 367
Sicherheit, statistische 222
Sicherheitsbedürfnis 29
Simultaneous Engineering 80
Six Sigma 100
Slowly growing system 86
Softwareentwicklung 90
Softwareentwicklungsprozess 94
Soll-Ist-Vergleiche 144
Spannweite 264
Spiralmodell 48, 91
Sponsoren 30, 32, 53, 153

Stichwortverzeichnis

Stabs-Projekt-
organisation 156
Stabsstelle 384
Stakeholder
38, 51, 72, 88, 165, 168,
179, 278, 283, 314, 468
Standardabweichung
265
Stärken 75, 280
Steering Committee 149
Stelle 22, 375
Stellenbeschreibung
378
Stellenbildung 376
Stellvertretung 379
Steuerung 64
Stichprobe 222
Störungen 63, 99
Strategie 279
Struktur einer Präsentation 459
Stückkosten 357
Stückprozesse 401
Swimlane 345, 411, 423
Swimlane-Darstellung
343
SWOT-Analyse 299
Sympathiefeld 201, 464
Synektik 332
System 108
Systemabgrenzung 123
Systemanalyse 311
Systembau 61, 70
Systemdenken
26, 35, 56, 105, 142, 166,
171, 309
Systementwicklung,
Agile 37, 94, 131

Systementwicklung,
inkrementelle 48, 94
System-FMEA 348
Systemgrenze
109, 111, 116, 166, 287
Systems-Engineering
37, 47, 49, 90, 107
Systemumwelt 109
System-Use-Case-
Diagramm 287
Systemziele 145, 173
Szenario 72, 287

Tagesbericht 232
Teilprojekt 84, 136
Teilstudien 59, 69
Teilsystem
108, 111, 125, 130, 167, 287
Teilsystembeziehungen
126
time boxes 48
Tochterdiagramm 342
Total Quality Control 98
Traceability 321
Transparenz 356

UML 407
UML – Aktivitäts-
diagramme 340
Umsystem 109, 126
Umwelt 53, 108
UND-Verknüpfung 402
UND-Verzweigung 402
Unified Modeling
Language 340, 407
Unternehmensziele 72

Untersuchungsbereich
113
Untersystem
111, 119, 125, 167, 287
Ursachen 75
Ursachenermittlung 308
Ursache-Wirkungs-
Diagramm 312
Use-Case 289
User Stories 96

Value Analysis 300
Value Engineering 300
Value-Focused Thinking
174
Varianten 76, 460
Varianz 264
Verarbeitungsreihenfolge
341
Verbale Beschreibung
409
Verbale Bewertung 362
Verfahrensdokumentation 62
Verlustquellen 99
Vernetztes Denken 273
Verrichtungsanalyse 249
Verrichtungsfolgen 401
Version 60
Versionenkonzept 86
Verteilungen 266
Vertrag 51
Verzeichnisse 382
Visualisierung 461
Visuelle Bewertung 371
V-Modell 48, 92

Voice of the customer (VOC) 168, 279
Vollständigkeit 145
Vorgangsgesteuerte-Prozess-Ketten (VPK) 406
Vorgehen, empirisches 46
Vorgehen, iteratives 47
Vorgehen, konzeptionelles 46
Vorgehensleitfaden 39
Vorgehensmodelle 90
Vorgehensplan 64
Vorgehensziele 145, 173, 184
Vorprüfung 356
Vorschlagswesen 234
Vorstudie 50, 52, 68

Wahrnehmung 27, 29
Wahrscheinlichkeit 222
Walkthrough 320
Wartbarkeit 145
Wartung 63
Wasserfall-Modell 47, 49, 90
Wegwerf-Prototypen 88
Werkzeuge 16, 18, 132
Wert, häufigster 263
Wertanalyse 300
White-Boxes 130
Widerstände 28, 467
Wirtschaftlichkeitsrechnungen 357
Workshop 127

Würdigung 75, 278, 327, 347
Würdigung, Techniken der 296
Würfel 132

Zeit 23
Zeitanalyse 271
Zeitaufnahme 230
Zeitaufwandsplanung 142
Zeitdauer 142
Zeitorientierte Entscheidungspunkte 64
Zeitplanung 451
Zeitreihen 271
Zeitschätzung 446
Zeitschätzung, analytische 237
Zerlegungen 342
Zielausprägung 186
Ziele 37, 51, 52, 72, 172, 283, 355, 400
Zielentscheidung 191
Zielerreichung 355, 365
Zielfindung 8, 178
Zielformulierung 141
Zielgewichtung 187
Zielhierarchie 183
Zielkatalog 364
Zielstruktur 181
Zielträger 179, 283
Zielträgermodell 180
Zielwirksamkeit 145
Zusammenarbeit 26